全国计算机技术与软件专业技术资格（水

U0667563

信息系统监理师
考试试题分类精解

耿洪彪 编著

清华大学出版社
北京

内 容 简 介

信息系统监理师考试是全国计算机技术与软件专业资格（水平）考试的中级职称考试，是信息系统监理行业的从业资格考试，也是信息系统工程监理企业评定资质所必需的证书，是历年软考报名中的热点。

本书按照信息系统监理师考试的考点对 2005 年上半年至 2013 年下半年 17 次考试的全部试题进行了系统的分类，每道题目都配有权威和精当的解析。

参加考试的考生，认真读懂本书的内容后，可以全面覆盖考试涉及的所有知识点、可以透彻地掌握考试的难点、重点，可以清晰理解考试的命题规律、命题思路，可以大幅提高考试的通过率。

图书在版编目（CIP）数据

信息系统监理师考试试题分类精解/耿洪彪编著.--北京：清华大学出版社，2014
全国计算机技术与软件专业技术资格（水平）考试辅导用书
ISBN 978-7-302-37916-4

Ⅰ.①信…　Ⅱ.①耿…　Ⅲ.信息系统－监管制度－工程技术人员－资格考试－题解　Ⅳ. G202－44

中国版本图书馆 CIP 数据核字（2014）第 204974 号

责任编辑：柴文强　李　晔
封面设计：常雪影
责任校对：胡伟民
责任印制：宋　林

出版发行：清华大学出版社
　　　　　网　　　址：http://www.tup.com.cn，http://www.wqbook.com
　　　　　地　　　址：北京清华大学学研大厦 A 座　　　　邮　　编：100084
　　　　　社 总 机：010-62770175　　　　　　　　　　邮　　购：010-62786544
　　　　　投稿与读者服务：010-62776969，c-service@tup.tsinghua.edu.cn
　　　　　质 量 反 馈：010-62772015，zhiliang@tup.tsinghua.edu.cn
印 刷 者：清华大学印刷厂
装 订 者：三河市新茂装订有限公司
经　　销：全国新华书店
开　　本：185mm×230mm　　印　张：46　防伪页：1　　字　　数：1120 千字
版　　次：2014 年 10 月第 1 版　　　　　　　　　　印　次：2014 年 10 月第 1 次印刷
印　　数：1～3000
定　　价：89.00 元

产品编号：056248-01

前　言

首先，前言为本书最重要的部分，熟读三遍、受益匪浅！

一、缘起

- 社会背景：需求与供给的矛盾：
  - IT 行业急缺大量持证的信息系统监理师，持有信息系统监理师证书的人才目前在就业市场上供不应求。
  - 信息系统监理师考试难度越来越大，通过率每况愈下（已连续 3 年低于 10%），通过率 10%意味着什么，意味着平均每个考生要参加 10 次考试，也就是 5 年才能通过，堪比范进中举！
- 培训过程中收到的学员反馈：
  - 考生复习时间有限，信息系统监理师的考生都是所在单位的技术骨干，年龄在 30 岁左右，工作生活压力都很大，很多学员白天听完培训，下课后还要立即回单位加班至深夜，对于 40 岁以上的大龄考生来说备考过程更是苦不堪言、无比心酸。
  - 软考复习资料太多，准确地说是垃圾资料太多，真正对考生通过考试有帮助的资料太少。
    - 目前在网络上能搜集到的电子版资料，不包括音频和视频，单 PPT、DOC、PDF 格式的文件就足有 2GB 多。
    - 目前各出版社出版的纸介质书籍，足有 20 种。
    - 考生以极其有限的时间面对铺天盖地的资料，彻底被信息淹没，以至于茫然无措，不知道该看什么，不知道该怎么看。

心酸软考故事

天天去附近的 ATM 机的小房间里熬夜看书。

昨天大概看了 2 个小时左右，有个警察来敲门，问我在里面干嘛，我说马上要考信息系统监理师了；

他问我为什么在这里看，我说我看不下去的时候就把银行卡插进去看看余额，就有心思接着看书了。

他听了我这番话后，眼睛里都是星星点点的东西，就让我早点回家休息。

- ◆ 更糟糕的是，这些材料良莠不齐、滥竽充数者居多；其害轻者，不但不能减轻考生负担反而事倍功半、浪费时间；其害重者，误导考生，引入歧途。目前网上流传的很多答案或解析都是错的，或者是不完全正确的，很多培训机构提供的所谓的标准答案和解析，从判卷角度都是不能得分或不能得满分的。
  - ◆ 网络上流传的各种考前押题、选择题秘笈、案例题万能回答等亦属此列。
- 根据长期软考培训实践，我总结，考生实际只需要三样东西：

（1）官方教程：清华大学出版社的《信息系统监理师教程》。

（2）难点讲解，解决考生自己看书无法看懂的关键难点，面授培训是最好的方法，音视频其次，书籍效果最差。

（3）考试题库，将历年试题按照考点（知识点）进行分类，并有精当的解析。

- 应该说，每个考生都是从小学到大学、久经考验的、身经百考的战士，大家都很清楚自己需要什么。每次与考生交流，都能感受到他们对考试题库的强烈需求。但很不幸，目前市面上还没有合适的产品推荐给他们，因为，已经出版的各种试题解析：
  - ■ 或是只有试题和答案，而没有解析，价值较低；
  - ■ 或是只有几道题的举例解析，蜻蜓点水，未对历年试题全覆盖；
  - ■ 或是未按考试的考点分类，而是按照考试的时间分章节，不利于考生学习和使用；
  - ■ 或是由多人拼接完成、无自洽性，试题解析之间自相矛盾；
  - ■ 或是应考特点不鲜明，题目解析者不从事一线考前培训，冗长烦琐而抓不住考点，拼凑字数情况严重，不利于考生使用。

二、行动

- 我与 IT 监理和软考结缘已久。
  - ■ 作为国内第一批信息系统工程监理从业人员，我在 2001 年即开始在国内外各种媒体发表多篇文章介绍宣传 IT 监理，并多次参加过数亿元的重大信息化工程项目的建设与监理工作。
  - ■ 2004 年开始，作为信息产业部技术培训中心的信息系统监理工程师培训专家，先后为上海、北京、天津等数千学员进行培训。
  - ■ 2006 年开始全国计算机技术与软件专业技术资格（水平）考试的应试培训，至今累计培训学员已过万人。
- 然而，面对超低的考试通过率，作为一线软考培训专家，吾深以为憾。
- 回顾 2011 和 2012 年，全国各地辛苦奔波 2 年，却不过培训了寥寥三千名考生，深感杯水车薪；若要辛酸软考的局面有所改善，必须基于更大的媒介平台，为此决心编写此套软考题库，以为全国考生解忧。

- 软考题库的想法甫一产生，就得到了清华大学出版社编辑的鼓励和帮助，以及全国计算机专业技术资格考试办公室的指导，更得到了信息系统工程监理行业用人单位尤其是广大考生的强烈支持，这也使我愈加感觉此书的必要和紧迫。
- 本书原拟名称为《信息系统监理师考试题库》，但由于软考试题每年重新命题，为免误导，故更名为《信息系统监理师历年试题分类精解》。

三、思路

- 催眠药。
  - 曾经有好几位考生告诉我，我国"药典"中又添了一味"神药"：《信息系统监理师教程》，主治失眠，药效神奇，捧起这本书，通常翻不到 20 页就睡着了。
  - 睡着的原因有 3 个：
    - 一是看不懂，信息系统监理的理论与大家的一线工作实践有一定距离，这个问题听完培训就解决了。
    - 二是看着太累，信息系统监理的很多理念和方法都沿袭自建设工程监理，建筑行业的东西转套进信息化建设的框架中后，别扭费解，但只能面对和接受。
    - 三是没有头绪，大家都知道教程很重要，要看，但要重点看哪些内容，哪些内容要逐字逐句地背，哪些内容可以一目十行地略读，详略不得当，目标不明确，漫无目的地翻看，必然会睡着。
  - 结论：抓不住考试的重点，无法有的放矢地学习和复习，考试注定失败！
- 划重点：
  - 每次培训开始时，都有学员问我，能不能给划一下重点，能不能给押押题？
  - 每次培训时，当把历年试题讲解完，我都问学员，还有没有人不知道重点？还有没有人需要押题？没人再需要了。
  - 枪声代表着敌人的方向，考题指引着复习的方向！
  - 看完历年试题，考试考什么，考点是哪些，考多深，你自己最清楚；之后，再去看教程就会有目的性，就会有所详略，速度就会大人加快，你也不会再困；之前，你可能每天只能看 20 页，一本教程要看 30 天，现在你 5 天就能把教程翻一遍，因为你只看那些考试常考的内容！
  - 软考也遵循 80-20 律，80%的考题出自 20%的考点。
- 考试点：
  - 有同学问，把历年考试题答案都背下来，能不能通过今年的考试？答曰：不能！考题几乎不重复。
  - 但是，考点，也就是知识点，却从来没有改变！你只要把历年试题背后涉及的知识点都搞清楚，就必然能通过考试！

- 何谓考点，回想一下小学数学考试，题目变化万千，这次考 3*6-8/2，下次考 4-3+6*7，但是你只需要把四则混合运算规则搞清楚，出什么题目都不在话下。
- 有同学问，今年考试，会不会出历年考试从未出过的考点？答曰：非常有可能！但最多只有 5 分，还有 70 分是历年反复考的考点，你只需要吃透 80%，70×0.8=56 分，足够达到及格线（注：软考各科目通通是 75 分满分，45 分及格）。
- 何谓吃透：每道题的每个选项都要理解为什么对、为什么错；重在理解考点而非记忆答案；要善于举一反三、融会贯通。
- 怎么才能知道我是否吃透：
  - 每章后面将留 10 道真题，作为通关测试，答对 8 道以上的就算过关。
  - 每章最后都有一页纸的考点汇总，如果每个你都清楚，说明你已经把书看薄了。
  - 本书下篇为最新的二套真题，作为最后的总通关测试，信度相当高，根据众多同学的经验，真实考试的分数通常就是真题模考成绩减去 5 分。

- 我能通过么？
  - 培训时，经常有学员来问，这次我能过么？这次考试题目会不会难一些？
  - 首先，信息系统监理师不能靠天吃饭，要靠自己的实力而不靠运气活着，无论题目难易，我们都要通过。
  - 其次，最近 3 年的试题难度比较稳定，波动不大，都比较难，不做认真准备而把希望寄托在运气或押题上的同学基本都过不了关。
  - 最后，能否通过，不需要考试后知道，考前你就可以知道自己能得多少分，软考试题同样遵从概率与统计规律，做完历年试题后，你就会非常深刻地了解自己的水平和知识薄弱点，从而有针对性的进行复习。每章后面的通关测试信度极高，每关皆过的同学都通过了考试。

四、特色

（一）专为应考

- 应考特色鲜明，所有解析都直扣考点，没有废话；
- 与考试直接相关，考试考的有，不考的没有，重点考的重点讲，少考的少讲；
- 出版这本书的目的就是为了帮助读者通过信息系统监理师考试；
- 实践证明，系统学习了本书的同学，很难不通过考试。

（二）全面覆盖

- 本书对信息系统监理师历年考试题进行了全覆盖，从 2005 年上半年至 2013 年下半年共 17 次考试，切实做到了"一本通"。
- 说明：随着计算机技术的日新月异，国家政策的不断调整（信息系统工程监理资质取消审批)，一些考题已经陈旧或不再严谨，为此本书删除了 2 道不再适用的考题，调整了 7 道不严谨考题的表述，其余考题则仍保持原貌。

- 历年试题按时间排序，恰好难度由浅入深，便于学习和阅读。

(三) 分类精解

- 按照考试的考点进行分类，每道题目配有独家精当解析；
- 全书由作者一人独立完成，有机且自洽，无自相矛盾；
- 通俗易懂、简洁(Simple)，内容尽量精简，不凑字数，不大段大段抄教程；
- 关于每个知识点或考点的系统讲解，经过斟酌，决定不纳入书中，一是因为，这方面已经出版的书籍已经太多了；二是因为，试题解析中已经包含了足够的信息量，篇幅有限，无须重复；即本书的构成就是：题+解析；
- 试题中涉及的法律法规、行业标准不占用纸介质书籍的宝贵篇幅，将以电子版形式提供给读者；
- 本书大部分章节惜墨如金，前面讲过的知识尽量不再重复（因此，你必须按顺序阅读!），但有时却不惜篇幅，讲透为止，甚至一道题可以洋洋洒洒五六页。

(四) 持续改进

- 本书为"软考历年试题分类精解"系列丛书的第三本，之前我已出版《系统集成项目管理工程师历年试题分类精解》、《信息系统项目管理师历年试题分类精解》，接下来我还会逐步推出《软件设计师历年试题分类精解》和《网络工程师历年试题分类精解》等。
- 同时希望电子题库软件或手机 APP 的开发者以及网络培训服务商能积极与我联系，使广大考生能够早日通过多种媒介进行学习。
- 本书将 Nonstop 持续更新，并将不断地把未来的 2014、2015 年的试题解析通过网络以电子版形式提供给广大读者，联络作者，请发邮件至 biger@139.com 或加我的 QQ：25280910。

五、目标

- 我有一个梦想：希望通过本书的出版以及培训界同行和广大考生的努力，使得信息系统监理师考试的通过率能够提高十个百分点。

耿洪彪

2014 年 7 月

附表 1：历年试题分布（2005 上～2012 下）

本书试题分类	《信息系统监理师教程》对应章节	上午题量	下午题量
1. 监理基础	第 1 章信息系统工程监理引论 第 3 章信息系统工程监理资质管理 第 4 章监理单位的组织建设 第 5 章监理项目的组织和规划	6.6	3.3
2. 项目管理	第 2 章信息系统项目管理	2.2	0
3. 质量控制	第 6 章质量控制	7.6	14
4. 进度控制	第 7 章信息系统工程进度控制	4.8	8.7
5. 投资控制	第 8 章投资控制	4	4.2
6. 变更控制	第 9 章变更控制	1.4	1.8
7. 合同管理	第 10 章信息系统工程的合同管理	4.9	19
8. 知识产权保护	第 10.6 节知识产权保护管理	2	0.3
9. 信息安全管理	第 11 章信息安全管理	4.3	2.3
10. 信息管理	第 12 章信息管理	2	1.4
11. 组织协调	第 13 章信息系统工程建设的组织协调	0.7	0.3
12. 计算机基础		6.2	0
13. 网络技术	第二篇 信息网络系统建设监理	8.9	2.4
14. 机房工程与综合布线	第 16.5 节、17.3～17.6 节、18.5 节	4.1	4.9
15. 软件技术	第三篇 信息应用系统建设监理	9.6	6.6
16. 软件质量、软件测试和配置管理	第 19.3~19.4 节、20.3 节	5.7	5.7
总计		75	75

附表 2：通关测试估分表

本书试题分类	权重	通关测试得分	得分×权重
1. 监理基础	6.6		
2. 项目管理	2.2		
3. 质量控制	7.6		
4. 进度控制	4.8		
5. 投资控制	4		
6. 变更控制	1.4		
7. 合同管理	4.9		
8. 知识产权保护	2		
9. 信息安全管理	4.3		
10. 信息管理	2		
11. 组织协调	0.7		
12. 计算机基础	6.2		
13. 网络技术	8.9		

续表

本书试题分类	权重	通关测试得分	得分×权重
14. 机房工程与综合布线	4.1		
15. 软件技术	9.6		
16. 软件质量、软件测试和配置管理	5.7		
总计	**75**	——	

➢　通关测试每题 1 分，满分 10 分。

➢　得分×权重的总和（满分为 750 分），除以 10 即为考生考试得分的估算值。

附表 3：综合估分表

通关测试估分	真题模考估分（2013 上）	真题模考估分（2013 下）	最终估分

➢　最终估分为前面 3 个分数估算的算术平均值。

目　录

上篇　信息系统工程监理基础知识（上午考试）全题精解
（2005 年上半年 ~ 2012 年下半年）

中篇　案例分析（下午考试）全题精解（2005 年上半年 ~ 2012 年下半年）

下篇　真题模拟考试（2013 年上半年～2013 年下半年）

上篇　信息系统工程监理基础知识（上午考试）全题精解（2005年上半年～2012年下半年）

历年真题，就是命题组给你划的考试重点。

第1章 监理概述

本章集成了《信息系统监理师教程》之第1章信息系统工程监理引论、第3章信息系统工程监理资质管理、第4章监理单位的组织建设、第5章监理项目的组织和规划四部分的考试内容，平均到每次考试，上午题量为6.6分，下午题量为3.3分。

** 涉及到监理资质的所有题目均已按照《信息系统工程监理单位资质等级评定条件（2012年修订版）》进行了调整。

1.1 历年试题解析

（**2005** 上）我国信息产业与信息化建设主管部门和领导机构，在积极推进信息化建设的过程中，对所产生的问题予以密切关注，并逐步采取了有效的措施，概括想来，主要是实施计算机信息系统（38）管理制度；推行计算机系统集成（39）制度以及信息系统工程监理制度。

（38）A. 集成资质　　　　B. 集成资格　　　C. 监理质量　　　D. 监理资质

（39）A. 监理工程师资格管理　　　　　　　B. 项目经理

　　　C. 价格听证　　　　　　　　　　　　D. 监理单位资格管理

- 我国信息产业与信息化建设的主管部门采取的主要措施有：
（1）计算机信息系统集成单位资质管理；
（2）信息系统项目经理资格管理；
（3）信息系统工程监理单位资质管理；
（4）信息系统工程监理人员资格管理。

- 这道题的说法非常微妙：
  - （38）只能选A，因为下一句已经提到信息系统工程监理制度了，所以不能选D。
  - （39）只能选B，因为题干中"推行计算机系统集成（39）制度"中的"集成"二字已经做出了限定，不能选A和D了。

答案：（38）A、（39）B

（**2005 上**）信息系统的特点决定了信息系统的监理要采取不同于其他系统的监理方式，下面有关信息监理的描述，正确的是（40）。

A. 在信息系统实施过程中，业主需求变更的情况比较常见，为了使信息系统更好的满足业主的需求，因此在信息系统监理过程中对于业主方提出的需求变更申请要予以支持

B. 由于信息系统可检查性强，因此，在信息系统监理中要加强旁站、巡视等监理手段的使用

C. 信息技术更新速度较快，为了提高信息系统监理的技术水平，要鼓励信息系统集成企业从事信息系统监理工作

D. 由于信息系统质量缺陷比较隐蔽，因此信息系统监理过程中要进行经常测试工作

- A 错，需求变更必须走变更控制流程，无论是哪一方提出的变更。不能一味支持业主方提出的需求变更。正是因为信息系统实施过程中的"变更"问题如此突出，所以，信息系统工程监理在建筑工程监理的"三控"（质量控制、进度控制、成本控制）之外，又增加了变更控制而成为"四控"。

- B 错，建筑工程项目可视性、可检查性强；信息系统工程项目可视性差，而且在度量和检查方面难度较高。由于建筑工程可视性强，所以广泛采用现场监理手段，如旁站、巡视、进场材料核查、工序检查等等。同样的手段对信息系统工程监理基本不适用，而需要独辟蹊径。例如，在设计阶段采用专家会审的方法，而在验收阶段则强调定量测试等等。

- C 错，信息系统工程监理业与信息系统集成业不能两业兼营。即工程监理业务的承担者不能是信息系统集成商，而监理公司也不能参与信息系统集成市场的竞争。或者说，任何单位只能在信息系统集成或信息系统监理中择一而从。也就是说，如果任何单位获得了信息系统集成的一、二、三、四级中的某一级资质，则就不能拥有信息系统工程监理的甲、乙、丙级中的任一级资质；反之亦然。

答案：D

（**2005 上**）以下关于信息系统工程监理单位资质管理的描述，正确的是（41）。

A. 具备独立企业法人资格，且从事超过三个投资数额在 500 万元以上的信息系统工程项目监理的单位，即获得信息系统工程监理资质

B. 通过省、自治区、直辖市信息产业主管部门资质评审的监理公司，即可获得乙级资质

C. 获得监理资质的单位，由信息产业部统一颁发《信息系统工程监理资质证书》

D. 丙级和乙级监理单位在获得资质一年后可向评审机构提出升级申请

- A 错，"即获得"这种表述是错误的，申办监理资质需要监理企业在综合实力、财务、信誉、业绩、管理、技术、人才这 7 个方面都符合相应级别的条件才行。
- B 错，信息产业部负责审批及管理甲级、乙级信息系统工程监理单位资质；省、自治区、直辖市信息产业主管部门负责审批及管理本行政区域内丙级信息系统工程监理单位资质，初审本行政区域内甲级、乙级信息系统工程监理单位。
- C 正确，获得监理资质的单位，由信息产业部统一颁发《信息系统工程监理资质证书》。《信息系统工程监理资质证书》由信息产业部统一印制。
- D 错，丙级监理单位在获得资质一年后可申请乙级，但乙级监理单位在获得资质二年后方可申请甲级资质。

答案：C

（2005 上）下列内容中（47）不适合作为监理规划的内容。

A．工程项目概况

B．监理工具和设施

C．监理项目部的组织结构与人员配备

D．质量控制要点及目标

- 监理规划的主要内容有：
（1）工程项目概况；
（2）监理的范围、内容与目标；
（3）监理项目部的组织结构与人员配备；
（4）监理依据、程序、措施及制度；
（5）监理工具和设施。
- D 是监理实施细则的内容。

答案：D

（2005 上）在信息系统工程监理工作中，监理大纲、监理规划以及监理实施细则是监理工作的三种关键文件，下面关于三种文件的描述，正确的是（49）。

A．监理规划在监理委托合同签定后由监理公司的技术总监主持编制，并交业主单位审核

B．编制监理大纲的目的是表示本监理方案能够协助建设单位圆满实现预定的投资目标和建设意图

C．虽然监理大纲、监理规划和监理实施细则都是在监理工作启动之后不同监理阶段所产生的关键文件，但是它们之间也有一定的关联性和一致性

D．监理实施细则应该在专业监理工程师的配合下，由总监理工程师主持编制，并报

业主方批准备案

- A 错，监理规划由总监理工程师主持编制。
- C 错，监理大纲是监理工作启动之前的文件。
- D 错，监理实施细则不需要报业主方批准。
- 监理工作中有三份重要的指导文件：
  - **监理大纲**，在建设单位选择合适的监理单位时，监理单位为了获得监理任务，在项目监理招标阶段编制的项目监理方案。它是监理单位参与投标时，投标书内容的重要组成部分。编制监理大纲的目的是，要使建设单位信服，采用本监理单位制定的监理单位案，能够圆满实现建设单位的投资目标和建设意图，进而赢得竞争投标的胜利。
  - **监理规划**，在监理委托合同签订后，由监理单位制定的指导监理工作开展的纲领性文件。由于监理规划是在委托合同签订后编制的，监理委托关系和监理授权范围都已经很明确，工程项目特点及建设条件等资料也都比较翔实。因此，监理规划在内容和深度等方面比监理委托合同更加具体化，更加具有指导监理工作的实际价值。
  - **监理实施细则**，在监理规划指导下，监理项目部已经建立，各项专业监理工作责任制已经落实，配备的专业监理工程师已经上岗，再由专业监理工程师根据专业项目特点及本专业技术要求所编制的、具有实施性和可操作性的业务性文件。监理实施细则由各专业监理工程师负责主持编制，并报送项目总监理工程师认可批准执行。
- 三者的区别如下图所示：

名称	编制对象	负责人	编制时间	编制目的	编制作用	编制内容		
						为什么	做什么	如何做
监理大纲	项目整体	公司总监	监理招标阶段	供建设单位审查监理能力	增强监理任务中标的可能性	重点	一般	无
监理规划	项目整体	项目总监	监理委托合同签订后	项目监理的工作纲领	对监理自身工作的指导、考核	一般	重点	重点
监理实施细则	某项专业监理工作	专业监理工程师	监理项目部建立、责任明确后	专业监理实施的操作指南	规定专业监理程序、方法、标准，使监理工作规范化	无	一般	重点

- 举一反三：监理规划需要由建设单位认可或批准。

答案：B

（2005 上） 在监理执行过程中，监理单位（56）调换监理机构的总监理工程师人选。

A．同建设单位商议后可以
B．和建设单位、承建单位达成一致意见后可以
C．取得建设单位书面同意后可以
D．不能

- 当总监理工程师需要调整时，监理单位应征得建设单位同意并书面通知承建单位。
- 当专业监理工程师需要调整时，总监理工程师应书面通知建设单位和承建单位。
- A 错，商议≠同意，此外，口头同意≠书面同意。
- B 错，不需要跟承建单位达成一致意见。

答案：C

（2005 下）《项目经理管理办法》将系统集成项目经理分为（38）。
A．项目经理、高级项目经理两个级别
B．项目经理、高级项目经理和资深项目经理三个级别
C．一级项目经理、二级项目经理两个级别
D．一级项目经理、二级项目经理和三级项目经理三个级别

- 系统集成项目经理分为项目经理、高级项目经理和资深项目经理三个级别。
- 截至 2014 年 6 月，我国已有 3.5 万名在册项目经理，1.2 万名在册高级项目经理，但资深项目经理目前还尚未开始评定。
- 提醒：截至 2014 年 6 月 26 日，我国仅有 3846 名在册的信息系统监理师，各位读者，请继续努力！

答案：B

（2005 下）信息系统工程是指信息化工程建设中（39）的新建、升级、改造工程。
①信息数据系统　　　　②信息资源系统
③信息应用系统　　　　④信息网络系统
A．①、②、③　　　　　B．②、③、④
C．①、②、③、④　　　D．①、③、④

- 信息系统工程是指信息化工程建设中的信息网络系统、信息资源系统、信息应用系统的新建、升级、改造工程。
  - 信息网络系统是指以信息技术为主要手段建立的信息处理、传输、交换和分发的计算机网络系统。
  - 信息资源系统是指以信息技术为主要手段建立的信息资源采集、存储、处理的

　　　资源系统。
- 信息应用系统是指以信息技术为主要手段建立的各类业务管理的应用系统。

答案：B

（2005 下） 在监理委托合同签订之后，由监理单位指定的指导监理工作开展的纲领性文件是（40）。

A. 监理大纲　　　B. 监理规划　　　C. 监理实施细则　　　D. 以上都是

- 监理规划是在监理委托合同签订后，由监理单位制定的指导监理工作开展的纲领性文件。

答案：B

（2005 下） 信息系统工程监理活动的（56）是控制工程建设的投资、进度、工程质量、变更处理，进行工程建设合同管理、信息管理和安全管理，协调有关单位间的工作关系，被概括为"四控、三管、一协调"。

A. 中心任务　　　B. 基本方法　　　C. 主要目的　　　　D. 主要内容

- "四控、三管、一协调"是信息系统工程监理活动的主要内容。

答案：D

（2005 下） 下列有关信息工程监理资质的描述正确的是（57）。

A. 资质证书有效期为三年。届满三年应及时申请更换新证，其资质等级保持不变
B. 丙级和乙级监理单位在获得资质两年后可向评审机构提出升级申请
C. 信息系统工程监理实行年检制度，监理单位的监理资质由信息产业部负责年检
D. 监理企业的技术负责人应具有本专业高级职称且从事信息系统工程监理年限不少于五年

- A 错，《信息系统工程监理资质证书》有效期为四年，届满四年更换新证。
- B 正确，丙级监理单位在获得资质一年后可申请乙级，但乙级监理单位在获得资质二年后方可申请甲级资质。这个选项比较像文字游戏，好多考生都被绕进去了。
- C 错，信息系统工程监理资质实行年检制度。甲级、乙级资质由信息产业部负责年检；丙级资质由省市信息产业主管部门负责年检，并将结果报信息产业部备案。
- D 错，这是对甲级资质监理企业的要求，其他级别并不需要。
  - 甲级资质：主要技术负责人应具有信息系统工程监理工程师资格和电子信息类高级职称、且从事信息系统工程监理工作的经历不少于五年。

> ▪ 乙级资质：主要技术负责人应具有信息系统工程监理工程师资格和电子信息类高级职称、且从事信息系统工程监理工作的经历不少于四年。
>
> ▪ 丙级资质：主要技术负责人应具有信息系统工程监理工程师资格和电子信息类专业硕士及以上学位或电子信息类中级及以上职称、且从事信息系统工程监理工作不少于三年。
>
> ▪ 丙级资质（暂定）：主要技术负责人应具有信息系统工程监理工程师资格和电子信息类专业硕士及以上学位或电子信息类中级及以上职称、且从事信息系统工程监理工作不少于两年。

答案：B

（2006 上）信息系统工程建设监理单位要能胜任一定范围内的工程监理服务业务，应当具有一定数量的监理工程师、完善的监理工作制度、相应的组织机构和（26）等，对于一个项目监理机构而言应当配备满足监理工作需要的（27）。

(26) A. 所有监理设施　　　　　　　　　B. 主要监理设施
　　　 C. 所有检测设备和工具　　　　　　D. 常规检测设备和工具
(27) A. 所有监理设施　　　　　　　　　B. 主要监理设施
　　　 C. 所有检测设备和工具　　　　　　D. 常规检测设备和工具

> ● 信息系统工程建设监理单位必须要能胜任一定范围内的工程监理服务业务，设立信息系统工程建设监理单位应具备一定的条件，包括具有一定数量的专业人员、完善的监理工作制度、相应的组织机构、具备一定数量的监理设施。
> ● 对于一个项目监理机构而言应当配备满足监理工作需要的常规检测设备和工具。
> ● 信息系统工程监理单位的设施包括硬件设施和软件设施。
> > ▪ 硬件设施有办公场所、运输机具、通信设备、自动化办公设备、检测及测试设施，以及生活与工作的物质条件等。
> > ▪ 软件设施包括检测、分析、管理信息系统工程的软件工具；信息收集、分工、分析、检索、存储等计算机处理的软件系统；成本、质量、计划等监理目标的控制系统；合同、索赔、文书档案等信息管理系统，以及信息系统工程监理技术、经济、控制、管理等工作体系。
> ● 点评：（27）题考验大家的汉语言水平和语感。

答案：（26）B、（27）D

（2006 上）监理实施细则是指导监理单位各项监理活动的技术、经济、组织和管理的综合性文件，信息系统工程监理实施细则是在（31）的基础上，由项目总监理工程师主持，专业监理工程师参加，根据监理委托合同规定范围和建设单位的具体要求，以（32）为对象而编制。

（31）A．监理规划　　　　B．监理大纲　　　　C．建设合同　　　　D．监理合同

（32）A．被监理的承建单位　　　　　　　B．监理机构

　　　　C．被监理的信息系统工程项目　　D．建设单位

- 监理实施细则是以被监理的信息系统工程项目为对象而编制的,用于指导监理单位各项监理活动的技术、经济、组织和管理的综合性文件。
- 信息系统工程监理实施细则是在监理规划的基础上,根据项目实际情况对各项监理工作的具体实施和操作要求的具体化、详细化,用以指导项目监理部全面开展监理业务。监理实施细则应符合监理规划中的相关要求,并应结合信息系统工程项目的专业特点,做到详细具体,具有可操作性。

答案:（31）A、（32）C

（2006 上）信息系统工程建设涉及到业主、承建方和监理方,其中甲为业主方项目管理负责人,乙为承建方项目经理,丙为监理方总监理工程师,在工作中,下列①～③是关于甲、乙、丙关系的描述,（37）是正确的。

① 甲、乙、丙所代表的三方都需要采用项目管理的方法完成其在项目实施中所肩负的责任

② 在项目监理过程中,丙要听取业主单位的意见,对于甲的意见在监理工作中要认真执行

③ 在项目实施过程中,承建单位的软件配置管理工作一直是薄弱环节,乙作为项目经理非常重视,乙、丙通过沟通,决定由监理方与承建方签订合同,由监理方帮助承建单位梳理软件配置管理流程,培训相关人员

A．①　　　　　B．①、②　　　　　C．①、③　　　　　D．①、②、③

- ②错,违反了监理单位的"公正"行为准则,监理单位在处理建设单位与承建单位之间的矛盾和纠纷时,要做到不偏袒任何一方,是谁的责任就由谁承担,该维护谁的权益就维护谁的利益,绝不能因为监理单位受建设单位的委托,就偏袒建设单位。
- ③错,监理单位不得与被监理项目的承建单位存在隶属关系和利益关系,不得作为其投资者或合伙经营者。

答案: A

（2006 上）在监理工作过程中,项目监理机构一般不具有（38）。

A．工程建设重大问题的决策权　　　　B．工程建设重大问题的建议权

C．工程建设有关问题的决策权　　　　D．工程建设有关问题的建议权

- 工程建设重大问题的决策权归业主单位（建设单位）所有。
- B、C、D 中的权力，项目监理机构都可以具有。

答案：A

（2006 上）计算机信息系统集成资质等级从高到低依次为（42），在信息工程项目建设合同中，项目经理是（43）授权的、项目实施的承建方的总负责人。

（42）A．一、二、三、四级　　　　　B．一、二、三级
　　　 C．甲、乙、丙、丁级　　　　　D．甲、乙、丙级

（43）A．建设单位法定代表人　　　　B．承建单位法定代表人
　　　 C．总监理工程师　　　　　　　D．建设单位代表

- 计算机信息系统集成资质等级从高到低依次为一、二、三、四级，一级为最高级。
- 承建方的项目经理是承建单位法定代表人授权的、项目实施的承建方的总负责人。
- 提示：2012 年 7 月工业和信息化部计算机信息系统集成资质认证工作办公室还曾推出了系统集成特一级资质，并于 2013 年 9 月首批评审通过了 4 家企业，不过随着 2014 年 2 月 15 日《国务院关于取消和下放一批行政审批项目的决定》国发【2014】5 号文的发布，都灰飞烟灭了。

答案：（42）A、（43）B

（2006 下）在项目监理工作中，总监理工程师应履行的职责是（46）。

A．签署工程计量原始凭证　　　　B．编制各专业的监理实施细则
C．负责合同争议调解　　　　　　D．负责各专业监理资料的收集、汇总及整理

- A 是监理员的职责。
- B、D 是专业监理工程师的职责。

答案：C

（2006 下）对照①～⑤的描述，信息化建设工程监理规划的作用有（47）。

① 监理规划是信息系统工程监理管理部门对监理单位进行监督管理的主要内容
② 监理规划是建设单位检查监理单位是否能够认真、全面履行信息、系统工程监理委托合同的重要依据
③ 监理规划是监理项目部职能的具体体现
④ 监理规划是指导监理项目部全面开展工作的纲领性文件
⑤ 监理规划是监理单位内部考核的主要依据和重要的存档资料

A．①、②　　　　　　　　　　　B．①、②、③

C. ①、②、③、④　　　　　　D. ①、②、③、④、⑤

- 监理规划的作用有：

（1）监理规划是监理项目部职能的具体体现；

（2）监理规划是指导监理项目部全面开展工作的纲领性文件；

（3）监理规划是信息系统工程监理管理部门对监理单位进行监督管理的主要内容；

（4）监理规划是建设单位检查监理单位是否能够认真、全面履行信息系统工程监理委托合同的重要依据；

（5）监理规划是具有合同效力的一种文件。

答案：C

（**2006 下**）信息系统建设过程中暴露出各种问题，虽然不是主流，但也不容忽视，针对①～⑤的描述，项目建设过程中普遍存在（56）的问题。

① 系统质量不能满足应用的基本需求

② 没有采用先进技术

③ 项目文档不全甚至严重缺失

④ 系统存在着安全漏洞和隐患

⑤ 工程进度拖后延期

A. ①、②、③、④、⑤　　　　B. ①、③、④、⑤

C. ①、②、③、⑤　　　　　　D. ①、②、③、④

- 信息化建设普遍存在的主要问题：

（1）系统质量不能满足应用的基本需求；

（2）工程进度拖后延期；

（3）项目资金使用不合理或严重超出预算；

（4）项目文档不全甚至严重缺失；

（5）在项目实施过程中系统业务需求一变再变；

（6）在项目实施过程中经常出现扯皮、推诿现象；

（7）系统存在着安全漏洞和隐患；

（8）重硬件、轻软件，重开发、轻维护，重建设、轻使用。

答案：B

（**2007 上**）监理规划的作用体现在以下（40）几点。

① 监理规划是建设方项目部职能的具体体现

② 监理规划是指导监理项目部全面开展工作的纲领性文件

③ 监理规划是建设单位对监理单位进行监督管理的主要内容

④ 监理规划是建设单位检查监理单位是否能够认真、全面履行信息系统工程监理委托合同的重要依据

A. ①、②、③、④   B. ②、③、④

C. ②、④   D. ①、②、③

- ①错，监理规划是监理项目部职能的具体体现。
- ③错，监理规划是信息系统工程监理管理部门对监理单位进行监督管理的主要内容。

答案：C

（**2007 上**）对于监理风险较大的监理项目，监理单位可以采用的分担风险的方式是（52）。

A. 将监理业务转让给其他监理单位

B. 向保险公司投保

C. 与业主组成监理联合体

D. 与其他监理单位组成监理联合体

- 将监理业务转包不符合信息系统工程监理的法规。
- 投保是一种常用的风险转嫁（Transfer）/风险分担（Share）方式，但监理项目投保很少用于工程实践。
- 与业主组成监理联合体是干扰项。

答案：D

（**2007 上**）我国的信息工程监理是指具有相应资质的工程监理企业，接受建设单位的委托对承建单位的（53）。

A. 建设行为进行监控的专业化服务活动

B. 工程质量进行严格的检验与验收

C. 建设活动进行全过程、全方位的系统控制

D. 实施过程进行监督与管理

- 这道题是从建设工程监理的定义套过来的。
- 建设工程监理是指具有相应资质的工程监理企业，接受建设单位的委托，承担其项目管理工作，并代表建设单位对施工企业的建设行为进行监督的专业化服务活动。
- 信息系统工程监理的官方定义是：依法设立且具备相应资质的信息系统工程监理单

位（以下简称监理单位），受业主单位委托，依据国家有关法律法规、技术标准和信息系统工程监理合同，对信息系统工程项目实施的监督管理。

答案：A

（2007 上） 在实行监理的工作中，总监理工程师具有（61）。

A．组织项目施工验收权
B．工程款支付凭证签认权
C．工程建设规模的确认权
D．分包单位选定权

- A 是建设单位的权力。
- B 是立项批复部门（比如发改委）的权力。
- D 是总包单位的权力。

答案：B

（2007 下） 项目监理实施过程中使用的监理工具和设施通常在（44）中加以说明。

A．监理规划
B．监理工作计划
C．监理实施细则
D．监理专题报告

- 监理规划的主要内容有：
（1）工程项目概况；
（2）监理的范围、内容与目标；
（3）监理项目部的组织结构与人员配备；
（4）监理依据、程序、措施及制度；
（5）监理工具和设施。

答案：A

（2007 下） 监理规划编制的依据为（69）。

A．业主的要求
B．监理合同
C．工程承包合同
D．工程阶段信息

- 编制监理规划的依据是：
（1）与信息系统工程建设有关的法律、法规及项目审批文件等；
（2）与信息系统工程监理有关的法律、法规及管理办法等；
（3）与本工程项目有关的标准、设计文件、技术资料等，其中标准应包含公认应该遵循的相关国际标准、国家或地方标准；

（4）监理大纲、监理合同文件以及与本项目建设有关的合同文件。

答案：B

（2007 下）监理单位在业主开始委托监理的过程中，为承揽监理业务而编写的监理方案性文件是（70）。

A．监理大纲　　　　　　　　　　　B．监理实施细则

C．监理规划　　　　　　　　　　　D．上述都不是

- 监理单位在业主开始委托监理的过程中，为承揽监理业务而编写的监理方案性文件是监理大纲。

答案：A

（2008 上）对专业性较强的工程项目，项目监理机构应编制工程建设监理实施细则，并必须经（36）批准后执行。

A．监理单位负责人　　　　　　　　B．监理单位技术负责人

C．总监理工程师　　　　　　　　　D．监理工程师

- 监理实施细则须经总监理工程师批准。

答案：C

（2008 上）在文件（46）中就应该描述在项目中使用的监理工具和设施。

A．监理规划　　　B．监理工作计划　　　C．监理实施细则　　　D．监理专题报告

- 监理规划中应描述在项目中使用的监理工具和设施。

答案：A

（2008 上）外购材料、配件、线缆只须（53）签字后就能在工程上使用或安装，承建单位即可进行下一道工序。

A．监理工程师　　　　　　　　　　B．监理单位负责人

C．技术负责人　　　　　　　　　　D．总监理工程师

- 专业监理工程师负责核查本专业投入软、硬件设备和工具的原始凭证、检测报告等质量证明文件及其实物的质量情况；根据实际情况有必要时对上述进行检验。
- 有同学问为什么不选 D，回答：总监签字肯定是管用的，但显然 D 不是最佳选项。

答案：A

（2008 上）总监理工程师的代表经授权后，可以承担的职责包括（54）。
① 审查和处理工程变更　　　　② 审查分包单位资质
③ 调换不称职的监理人员　　　④ 参与工程质量事故调查
⑤ 调解建设单位和承建单位的合同争议
A. ①④⑤　　　　B. ②④⑤　　　　C. ①②④　　　　D. ①③④

• 总监理工程师不得将下列工作委托总监理工程师代表：
（1）根据工程项目的进展情况进行监理人员的调配，调换不称职的监理人员；
（2）主持编写工程项目监理规划及审批监理实施方案；
（3）签发工程开工/复工报审表、工程暂停令、工程款支付证书、工程项目的竣工验收文件；
（4）审核签认竣工结算；
（5）调解建设单位和承建单位的合同争议，处理索赔，审批工程延期。
答案：C

（2008 上）开展信息系统工程监理工作，应当遵守（55）的原则。
A. 公正、独立、自主、科学　　　　B. 守法、热情、公平、严格
C. 守法、严格、公平、公正　　　　D. 守法、公平、公正、独立

• 从事信息系统工程监理活动，应当遵循守法、公平、公正、独立的原则。
答案：D

（2008 上）监理规划应在（56）后开始编制。不属于建设工程监理规划作用的是（57）。
（56）A. 监理工作范围、内容确定　　B. 监理工作程序确定
　　　C. 签订监理合同　　　　　　　D. 明确项目监理机构的工作目标
（57）A. 监理规划是监理主管机关对监理单位监督管理的依据
　　　B. 监理规划指导项目监理机构全面开展监理工作
　　　C. 监理规划指导具体监理业务的开展
　　　D. 监理规划是业主确认监理单位履行合同的主要依据

• 监理规划，在监理委托合同签订后，由监理单位制定的指导监理工作开展的纲领性文件。
• 监理实施细则，在监理规划指导下，监理项目部已经建立，各项专业监理工作责任

制已经落实,配备的专业监理工程师已经上岗,再由专业监理工程师根据专业项目特点及本专业技术要求所编制的、具有实施性和可操作性的业务性文件。

- 指导具体监理业务开展的是监理实施细则。

答案:(56) C、(57) C

(2008 下) 总监理工程师应履行的职责是(47)。

A. 签署工程计量原始凭证　　　B. 编制各专业的监理实施细则

C. 负责合同争议调解　　　D. 负责各专业监理资料的收集、汇总及整理

- A 是监理员的职责。
- B、D 是专业监理工程师的职责。

答案:C

(2008 下) 监理规划是开展监理工作的重要文件,它对建设单位的作用是(50)。

A. 指导开展项目管理工作　　　B. 监督监理单位全面履行监理合同

C. 监督管理监理单位的活动　　　D. 提供工程竣工的档案依据

- 监理规划是建设单位检查监理单位是否能够认真、全面履行信息系统工程监理委托合同的重要依据。
- A 是对监理项目部的作用,C 是对信息系统工程监理管理部门的作用。

答案:B

(2008 下) 不影响监理效率的因素是(51)。

A. 建设工程强度　　　B. 对工程的熟悉程度

C. 监理人员素质　　　D. 监理管理水平

- 用排除法,B、C、D 都明显影响监理工作的效率。
- 也可用归谬法,如果"工程强度越大,监理效率越低",是否"大型复杂项目"请监理事半功倍?是否工程强度大到一定限度,监理会完全失去效率?

答案:A

(2008 下) 监理单位的义务包括(54)。

① 选择承担工程项目建设的承建单位

② 与承建单位签订施工合同

③ 公正地维护有关各方的合法权益

④ 不得泄露与本工程有关的保密资料

⑤ 不得参与可能与业主利益相冲突的承建单位组织的活动

A．①③⑤　　　　　B．①④⑤　　　　C．②③④　　　　D．③④⑤

- 监理单位的义务：

（1）应按照"守法、公平、公正、独立"的原则，开展信息系统工程监理工作，维护建设单位与承建单位的合法权益。

（2）不得承包信息系统工程。

（3）不得与被监理项目的承建单位存在隶属关系和利益关系。

（4）不得以任何形式侵害建设单位和承建单位的知识产权。

（5）在监理过程中因违犯国家法律、法规，造成重大质量、安全事故的，应承担相应的经济责任和法律责任。

答案：D

（**2008 下**）建设工程监理规划的审核应侧重于（60）是否与合同要求和业主建设意图一致。

A．监理范围、工作内容及监理目标　　　　B．项目监理机构结构

C．投资、进度、质量目标控制方法和措施　　D．监理工作制度

- 对监理规划的审核应侧重于监理范围、工作内容及监理目标是否与合同要求和业主建设意图一致。
- C 选项是监理实施细则的审核重点。
- 其实这道题凭借语感即可选出答案，软考对大家的语文水平要求很高。

答案：A

（**2009 上**）以下有关监理服务质量管理方面的叙述，不正确的是（41）。

A．监理单位对监理服务质量的管理有两种方式，一种是以单位管理为主，另一种是以监理项目部自我管理为主

B．监理服务质量的控制方式按照时间可分为预防性控制、监督性控制、补偿性控制

C．监理服务质量的预防性控制以总监理工程师为主，监督性控制以单位质保部门为主

D．监理服务质量控制可采取文件审核、现场考察、询问、征求意见等方式进行

- A 正确，监理单位对监理服务质量的管理有两种方式：
  - 以单位管理为主的质量管理模式的优点是可以保证监理单位各个监理项目部

按照统一的要求进行监理，易于控制；缺点是限制了总监理工程师质量控制的积极性，管理费用大。

- ■ 以监理项目部自我管理为主的质量管理模式的优点与缺点正好相反。
- • B 正确，监理服务质量的控制方式：
  - ■ 按照时间可分为预防性控制、监督性控制、补偿性控制；
  - ■ 按照控制主体可分为单位质保部门和监理项目部；
  - ■ 按照评价方式可分为内部评价和外部评价。
- • C 错误。
  - ■ 预防性控制，以单位质保部门为管理主体，控制的内容包括对监理人员的认可、监理规划、监理细则的审批、监理设施的认可等。
  - ■ 监督性控制，是控制的主要过程，以总监理工程师为主，采取计划、监督、评价等方式，按照系统对各项工作进行抽样检查，主要控制各项监理工作是否按规定要求实施、是否及时、是否到位、是否有效。
  - ■ 补偿性控制，如监理单位质保部门定期（每季度或半年一次）进行的检查考核，也是非常必要的，可以作为今后监理服务积累经验和教训。
- • D 正确，监理服务质量控制可采取文件审核（包括监理规划、监理细则审批、审阅月报、抽查监理资料）、现场考察、询问、征求意见等方式进行。

答案：C

（2009 上）监理合同是指委托人与监理单位就委托的工程项目管理内容签订的明确双方权利和义务的协议。（42）不属于监理单位的义务或职责，（43）不属于监理单位的权利。

（42）A. 合同履行过程中如需更换总监理工程师，必须首先经过委托方同意

　　　B. 不得与被监理项目的承建单位存在隶属关系或利益关系

　　　C. 当业主方与承建单位发生争议时，监理应根据自己职能进行调解，最大程度地维护业主方的利益

　　　D. 在合同终止后，未征得有关方同意，不得泄露与本工程合同业务相关的保密资料

（43）A. 对实施项目的质量、工期和费用的监督控制权

　　　B. 完成监理任务后获得酬金的权利

　　　C. 对承建单位的选定权

　　　D. 终止合同的权利

- • （42）题 C 错，监理单位应按照"守法、公平、公正、独立"的原则，开展信息系统工程监理工作，维护建设单位与承建单位的合法权益。
- • （43）题选定承建单位是建设单位的权力。

答案：（42）C、（43）C

（2009 上）监理大纲是在建设单位选择合适的监理单位时，监理单位为了获得监理任务，在项目监理招标阶段编制的项目监理单位方案性文件，由监理单位的（44）负责主持编制，而监理规划是在监理单位的（45）主持下编制。

（44）A．公司总监　　　B．总监理工程师　　　C．专家组　　　D．专业监理工程师
（45）A．公司总监　　　B．总监理工程师　　　C．专家组　　　D．专业监理工程师

- 监理大纲由监理单位的公司总监负责主持编制。
- 监理规划由监理项目部的总监理工程师主持编制。
- 点评：（45）题的表述不够严谨，监理单位可以有多个监理项目部，每个项目部都有各自的总监理工程师。

答案：（44）A、（45）B

（2009 上）（46）是总监理工程师可以委托总监理工程师代表行使的职责。

A．签发工程开工令　　　　　　　　　B．审核签认竣工结算
C．主持编写并签发监理月报　　　　　D．调解建设单位与承建单位的合同争议

- 总监理工程师不得将下列工作委托总监理工程师代表：
（1）根据工程项目的进展情况进行监理人员的调配，调换不称职的监理人员；
（2）主持编写工程项目监理规划及审批监理实施方案；
（3）签发工程开工/复工报审表、工程暂停令、工程款支付证书、工程项目的竣工验收文件；
（4）审核签认竣工结算；
（5）调解建设单位和承建单位的合同争议，处理索赔，审批工程延期。

答案：C

（2009 上）信息系统工程监理实行总监理工程师负责制，总监理工程师具有（48）。

A．承包单位选定权　　　　　　　　　B．工程设计变更审批权
C．分包单位否决权　　　　　　　　　D．工程建设规模确认权

- 监理方应审查分包单位的资质，对不符合条件的分包单位具有否决权。
- A 和 B 是建设单位的权力。
- D 是立项批复部门（比如发改委）的权力。

答案：C

（2009 上）在实施全过程监理的建设工程上，（49）是建设项目的管理主体。

A．建设单位　　　　B．设计单位　　　C．施工单位　　　D．监理单位

- 建设单位是建设项目的管理主体，无论工程采用咨询式监理、里程碑式监理还是全过程式监理。

答案：A

（2009 上）监理机构在实施信息化工程监理时，应对（64）进行控制。

A．施工质量、施工工期和施工成本

B．工程项目的功能、使用要求和质量

C．工程项目投资方向和投资结构

D．工程质量、工程工期和工程建设资金使用

- 四控：质量控制、进度控制、成本控制、变更控制。
- A 选项的问题在于只考虑了施工阶段，而不是工程的全生命周期：
  - 工程质量=设计质量+施工质量+验收质量。
  - 施工工期只是工程总工期的一部分。
  - 施工成本也只是工程建设资金一部分，在《信息系统监理师教程》第 8 章中我们会重点讲解信息系统工程投资的构成。

答案：D

（2009 上）项目监理机构应当根据（65）开展监理活动。

A．项目法人的要求　　B．监理合同　　　C．监理大纲　　　D．招标文件

- 监理工作的主要依据有：

（1）与信息系统工程建设有关的法律、法规及项目审批文件等；

（2）与信息系统工程监理有关的法律、法规及管理办法等；

（3）与本工程项目有关的标准、设计文件、技术资料等，其中标准应包含公认应该遵循的相关国际标准、国家或地方标准；

（4）监理合同文件以及与本项目建设有关的合同文件。

答案：B

（2010 上）在项目建设过程中，负责项目日常监理工作和一般性监理文件签发的是（23）。

A．总监理工程师　　　　　　　　　　　B．总监理工程师代表

C. 专业监理工程师   D. 监理员

- 总监理工程师代表由总监理工程师授权,负责本项目的日常监理工作和一般性监理文件的签发,负责总监理工程师指定或交办的监理工作。
- 这道题的不严谨之处在于:总监理工程师代表不是监理项目部的必需成员,小一点的监理项目部(比如只有两三个人的监理项目部)通常不设总监理工程师代表。

答案:B

(**2010 上**)Simple 公司总监理工程师在处理建设单位之间的合同纠纷时,考虑到其受建设单位委托,而有意回避掉部分应由建设单位承担的责任,这种行为违背了监理方(24)的行为准则。

A. 诚信   B. 守法   C. 科学   D. 公正

- 这种行为违背了监理方的"公正"行为准则,监理单位在处理建设单位与承建单位之间的矛盾和纠纷时,要做到不偏袒任何一方,是谁的责任就由谁承担,该维护谁的权益就维护谁的利益,决不能因为监理单位受建设单位的委托,就偏袒建设单位。

答案:D

(**2010 上**)信息系统监理工程师及监理单位在项目的监理过程中必须遵循相应的法律法规,下列做法中,仅属于违反职业道德的是(25)。

A. 利用工作之便,将项目承建单位内部技术文件发送项目无关人员

B. 参与被监理项目的产品采购

C. 从事超出个人专业范围的监理工作

D. 因未通过企业年审,篡改《信息系统工程监理资质证书》有效期

- A、B、C 均已违反相关法律法规,已不仅仅是职业道德问题。
- "从事超出个人专业范围的监理工作",就好比一个长期从事机房装修、综合布线监理的工程师,跑去监理软件开发项目,典型的没有职业道德。

答案:C

(**2010 上**)在中央财政款的某大型电子政务工程建设过程中,应对项目建设进度、质量、资金管理及运行管理等负总责的是(35)。

A. 项目批复单位的主管领导   B. 承建单位项目经理

C. 总监理工程师   D. 项目建设单位主管领导

- 项目建设单位主管领导对项目建设进度、质量、资金管理及运行管理等负总责。
- 项目批复单位通常是发改委这样的机构。

答案：D

（**2010 上**）2009 年 11 月工业和信息化部计算机信息系统集成资质认证工作办公室发布《关于开展信息系统工程监理工程师资格认定有关事项的通知》（工信计资[2009]8 号），要求信息系统工程监理工程师申请人所参加过的信息系统工程监理项目累计投资总值在（41）万元以上。

A. 200　　　　　　　B. 1000　　　　　C. 400　　　　　D. 500

- 信息系统工程监理工程师申请人参加过的信息系统工程监理项目累计投资总值在 500 万元以上，其中至少承担并完成两个以上信息系统工程监理项目。

答案：D

（**2010 上**）监理单位在委托监理合同签订后应首先尽快将（42）书面通知建设单位。
① 监理项目部的组织形式　　　② 监理细则
③ 总监理工程师的任命书　　　④ 监理项目项目部的人员构成
A. ①②③④　　　　B. ①③④　　　　C. ①②④　　　　D. ①②③

- 一般来说，监理单位应于委托监理合同签订后 10 个工作日内将监理项目部的组织形式、人员构成及对总监理工程师的任命书书面通知建设单位。
- 监理实施细则是在监理规划指导下，监理项目部已经建立，各项专业监理工作责任制已经落实，配备的专业监理工程师已经上岗，再由专业监理工程师根据专业项目特点及本专业技术要求所编制的、具有实施性和可操作性的业务性文件。
- 简言之，监理实施细则不可能、也不需要在监理合同签订后尽快提交。

答案：B

（**2010 上**）在监理技术文档编制过程中，首先应提交的是（44）。
A. 投标文件　　　B. 监理大纲　　　C. 监理规划　　　D. 监理细则

- 监理大纲是在建设单位选择合适的监理单位时，监理单位为了获得监理任务，在项目监理招标阶段编制的项目监理单位方案性文件。它是监理单位参与投标时，投标书内容的重要组成部分。编制监理大纲的目的是，要使建设单位信服，采用本监理单位制定的监理方案，能够圆满实现建设单位的投资目标和建设意图，进而赢得竞争投标的胜利。

- 招标文件和监理大纲不算监理技术文档。

答案：C

（**2010** 上）为确保监理工作的顺利进行，应在（45）中对监理项目中的关键点和实施难点设置"质量控制点"。

A．监理计划　　　　B．监理细则　　　C．监理规划　　　D．监理大纲

- 监理实施细则的主要内容有：
  （1）工程专业的特点；
  （2）监理流程；
  （3）监理的控制要点及目标；
  （4）监理方法及措施。
- 监理的控制要点包含控制点和质量、进度、投资、变更等控制需要注意的事项。监理工程师应根据专业的特点，在工程过程中设置一些容易检测和纠正的标志性时机作为控制点，为每个控制点确定检测标准，也就是该控制点的目标。这样，在实施监理工作时，监理工程师通过对这些关键点的控制达到对本专业的控制。

答案：B

（**2010** 上）监理大纲是监理单位为了获得监理任务而编制的方案性文件，其应由（67）批准。

A．建设单位代表　　　　　　　　B．总监理工程师

C．监理单位技术负责人　　　　　D．招标机构代表

- 监理大纲应由监理单位技术负责人（公司总监）批准。
- 注意：此时尚未成立监理项目部，因此该项目的总监理工程师也不存在。

答案：C

（**2010** 下）在工程监理工作中，负责主持审查工程变更的是（23）。

A．总监理工程师　　　　　　　　B．总监理工程师代表

C．专业监理工程师　　　　　　　D．监理员

- 主持审查和处理工程变更是总监理工程师的职责。
- 这道题不够严谨，依据《信息系统监理师教程》，总监理工程师不得委托总监理工程师代表的工作中并不包含"主持审查工程变更工作"，即"主持审查工程变更工作"可以委托给总监理工程师代表。

- 总监理工程师不得将下列工作委托总监理工程师代表：

（1）根据工程项目的进展情况进行监理人员的调配，调换不称职的监理人员；

（2）主持编写工程项目监理规划及审批监理实施方案；

（3）签发工程开工/复工报审表、工程暂停令、工程款支付证书、工程项目的竣工验收文件；

（4）审核签认竣工结算；

（5）调解建设单位和承建单位的合同争议，处理索赔，审批工程延期。

答案：A

（2010 下）某监理工程师采用不适用的设备开展网络测试工作，这种行为违背了监理方（24）的行为准则。

A．可靠性　　　　　B．先进性　　　　　C．科学性　　　　　D．合法性

- 这种行为违背了监理方的"科学"行为准则，信息系统工程是代表高科技的工程，监理的业务活动要依据科学的方案，运用科学的手段，采取科学的方法，进行科学的总结。
- 注意，监理方的行为准则有 5 个：守法、公正、独立、科学、保密，不要将其与"守法、公平、公正、独立" 8 字方针相混淆！
- 详见《信息系统监理师教程》53 页。

答案：C

（2010 下）下列关于监理工程师行为的叙述中，不属于违反职业道德的是（25）。

A．同时在两个以上监理单位从事监理活动

B．以个人名义承揽监理业务

C．未按时提交监理项目的文档资料

D．接受承建单位赠送的礼物

- A、B、D 都严重违反职业道德。
- "未按时提交监理项目的文档资料"是属于工作失职。

答案：C

（2010 下）关于监理人员的权利和义务的叙述中，不正确的是（39）

A．监理人员应根据监理合同独立执行工程监理业务

B．监理人员应保守承建单位的技术秘密和商业秘密

C．监理人员必须满足建设单位的要求和指令

D. 监理人员不得同时从事与被监理项目相关的技术和业务活动

- 监理单位的义务：

（1）应按照"守法、公平、公正、独立"的原则，开展信息系统工程监理工作，维护建设单位与承建单位的合法权益。

（2）不得承包信息系统工程。

（3）不得与被监理项目的承建单位存在隶属关系和利益关系。

（4）不得以任何形式侵害建设单位和承建单位的知识产权。

（5）在监理过程中因违犯国家法律、法规，造成重大质量、安全事故的，应承担相应的经济责任和法律责任。

答案：C

（2010 下）根据工业和信息化部计算机信息系统集成资质认证工作办公室发布的规定，自 2012 年 5 月 2 日起，申请信息系统工程监理甲级资质的单位，取得监理工程师资格人数应不少于（41）人。

A. 10 　　　　　　 B. 25 　　　　　　　 C. 20 　　　　　 D. 30

- 根据 2012 年 5 月 2 日发布的工信计资［2012］8 号《信息系统工程监理单位资质等级评定条件（2012 年修订版）》：申请甲级资质的单位具有信息系统工程监理工程师资格的人数不少于 25 名。

答案：B

（2010 下）监理大纲应在（44）阶段编制。

A. 监理合同签订 　　 B. 监理招投标 　　　　 C. 监理实施 　　 D. 监理总结

- 监理大纲应在监理招投标阶段编制。它是监理单位参与投标时，投标书内容的重要组成部分。

答案：B

（2010 下）监理单位把（45）提供给承建单位，能起到工作联系单或通知书的作用。

A. 监理总结 　　　　 B. 监理细则 　　　　 C. 监理规划 　　 D. 监理大纲

- 监理单位把监理实施细则提供给承建单位，能起工作联系单或通知书的作用。因为，除了强制性要求的验收内容外，承建单位不清楚还有哪些工序监理项目组必须进行检查。而细则中通过质量控制点设置的安排，可告诉承建单位在相应的质量控制点到来前必须通知监理项目组，避免承建单位遗忘通知监理单位，从而避免了由此引发的纠纷。

- 监理单位把监理实施细则提供给承建单位，能为承建单位起到提醒与警示的作用。主要是提醒承建单位注意质量通病，使之为预防通病出现应采取相应的措施，同时提醒承建单位对工程过程中可能出现的问题采取相应的应急措施。

答案：B

（**2011 上**）信息系统工程建设过程比较复杂，涉及基础设施、网络、软件开发、系统集成等各个方面。下列叙述中，不正确的是（1）。

A. 由于信息系统工程属于典型的多学科合作项目，因此承建单位除了要有 IT 方面的技术外，还要有行业应用的丰富经验

B. 信息系统工程可以采用软件复用技术，因此能够标准化快速开发完成

C. 信息系统工程行业特征比较明显，行业差异比较大

D. 信息系统工程在逐渐明晰的过程中产生很多变更，意味着工作范围可能发生变更

- B 错，与建筑工程不同，信息系统工程一直没法标准化快速开发完成，软件复用技术有点用处，但杯水车薪。

答案：B

（**2011 上**）在"四控，三管，一协调"的监理内容中，（40）活动属于"三管"的内容。

A. 监理单位对隐蔽工程进行旁站和检查

B. 监理单位进行工程投资决算

C. 监理单位进行合同索赔的处理

D. 监理单位主持召开项目的三方工程例会和专题会议

- A 是质量控制，B 是投资控制，C 是合同管理，D 是组织协调。

答案：C

（**2011 上**）用于指导监理项目部全面开展工作的纲领性文件是（41）。

A. 监理大纲　　　B. 监理规划　　　C. 监理细则　　　D. 监理合同

- 用于指导监理项目部全面开展工作的纲领性文件是监理规划。

答案：B

（**2011 上**）下列有关监理服务质量管理方面的叙述，正确的是（42）。

A．采用单位管理为主的监理服务质量的管理方式，有利于调动总监理工程师质量控制的积极性

B．监理服务质量控制可采取文件审核、旁站、询问、征求意见等方式进行

C．监理服务质量的控制方式按照评价方式可分为预防性控制、监督性控制、补偿性控制

D．采用监理项目部自我管理为主的监理服务质量的管理方式，可以保证单位各个监理项目部按照统一的要求进行监理，易于控制

- A、D 都说反了，以单位管理为主的质量管理模式的优点是可以保证监理单位各个监理项目部按照统一的要求进行监理，易于控制；缺点是限制了总监理工程师质量控制的积极性，管理费用大。以监理项目部为主的质量管理模式的优点与缺点正好相反。

- C 错，监理服务质量的控制方式按照时间可分为预防性控制、监督性控制、补偿性控制；按照控制主体可分为单位质保部门和监理项目部；按照评价方式可分为内部评价和外部评价。

- B 正确，监理服务质量控制可采取文件审核（包括监理规划、监理细则审批、审阅月报、抽查监理资料）、现场考察、询问、征求意见等方式进行。

答案：B

（2011 上）监理工程师未能正确地履行合同中规定的职责，在工作中发生失职行为造成损失，属于监理工作的（43）。

A．行为责任风险　　　　　　　　　　B．工作技能风险

C．技术资源风险　　　　　　　　　　D．管理风险

- 监理工作的行为责任风险来自三个方面：

（1）监理工程师超出建设单位委托的工作范围，从事了自身职责外的工作，并造成了工作上的损失；

（2）监理工程师未能正确地履行合同中规定的职责，在工作中发生失职行为造成损失；

（3）监理工程师由于主观上的无意行为未能严格履行职责并造成了损失。

答案：A

（2011 上）监理实施细则是以（44）为对象而编制的，用以指导各项监理活动的技术、经济、组织和管理的综合性文件。一般情况下，（45）不适合作为监理实施细则的内容。

（44）A．监理单位　　　　　B．监理项目　　　　C．监理规划　　　　D．监理结构

（45）A．工程专业特点　　　　　　　　　B．监理工作流程

C．监理组织结构　　　　　　　　　　　　D．监理控制要点

- 监理实施细则是以被监理的信息系统工程项目为对象而编制的，用于指导监理单位各项监理活动的技术、经济、组织和管理的综合性文件。
- 监理实施细则的主要内容有：
（1）工程专业的特点；
（2）监理流程；
（3）监理的控制要点及目标；
（4）监理方法及措施。
- 监理项目部的组织结构属于监理规划的内容。

答案：（44）B、（45）C

（**2011 上**）（46）不是总监理工程师代表可以行使的职责。

A．负责项目日常监理工作　　　　　　　B．调换不称职的监理人员

C．主持编写并签发监理周报　　　　　　D．参与工程质量事故的调查

- 总监理工程师不得将下列工作委托总监理工程师代表：
（1）根据工程项目的进展情况进行监理人员的调配，调换不称职的监理人员；
（2）主持编写工程项目监理规划及审批监理实施方案；
（3）签发工程开工/复工报审表、工程暂停令、工程款支付证书、工程项目的竣工验收文件；
（4）审核签认竣工结算；
（5）调解建设单位和承建单位的合同争议，处理索赔，审批工程延期。

答案：B

（**2011 下**）下列有关建立项目监理机构的工作，应按照（40）顺序开展。

① 确定各项监理工作，并分类、归并形成机构
② 明确监理总目标并确定各项监理任务
③ 制定监理工作流程
④ 建立监理组织结构图
⑤ 制定监理机构和人员任务、工作、职能分工

A．①②③④⑤　　　B．④①③②⑤　　　C．②①④⑤③　　　D．④②⑤①③

- 首先要确定明确监理总目标，即②应在最前，只有 C 符合。
- 目标明确了才能确定工作任务。

- 只有工作任务清楚了，才能定监理机构。
- 只有组织结构清楚了，才能确定人员和分工。
- 只有人员和职责分工都有了，才能确定工作流程。

答案：C

（2011 下）监理工程师必须具备的条件有（41）。

① 具有高级职称

② 取得监理工程师培训证书

③ 通过信息系统监理师考试

④ 参加全国或地方信息监理协会

⑤ 取得主管部门颁发的《信息系统工程监理工程师证书》并从事监理工作

A．①②③④⑤　　　　B．③④⑤　　　　C．③⑤　　　　D．④⑤

- ①②④均不是必需的。
- "信息系统工程监理工程师"资格认定条件：

（一）参加人力资源和社会保障部、工业和信息化部共同组织的全国计算机技术与软件专业技术资格（水平）考试中的信息系统监理师考试且成绩合格。

（二）符合以下学历及从业要求：

1. 硕士、博士研究生毕业后从事信息系统工程相关工作不少于 3 年，且从事信息系统工程监理工作不少于 2 年；

2. 本科毕业后从事信息系统工程相关工作不少于 4 年，且从事信息系统工程监理工作不少于 2 年；

3. 专科毕业后从事信息系统工程相关工作不少于 6 年，且从事信息系统工程监理工作不少于 3 年。

（三）参加过的信息系统工程监理项目累计投资总值在 500 万元以上，其中至少承担并完成两个以上信息系统工程监理项目。

- "信息系统工程监理工程师"申请和认定程序：

（一）申请监理工程师资格的，应由申请人所在单位向地方工业和信息化主管部门提交《信息系统工程监理工程师资格申请表》及附件。

（二）地方主管部门接收到申报材料后，组织审查，并将审查结果报资质办。对监理工程师资格审查包括以下内容：

1. 监理工程师考试合格证明；

2. 申请人的学历、学位证书、专业技术职称证书；

3. 申请人从事信息系统工程监理项目管理的工作简历和主要业绩。

（三）工业和信息化部对符合认定条件的予以审批，并颁发《信息系统工程监理工程师资格证书》（以下称资格证书）。资格证书有效期为 3 年。

- 取得《信息系统工程监理工程师资格证书》者，须在一年内向所在地方登记机构登记。经登记后方可从事信息系统工程监理业务。登记手续由聘用单位统一办理。
- 简言之，从事信息系统工程监理业务先要有《信息系统工程监理工程师资格证书》（即取得信息系统工程监理工程师资格认定），而要拿到该证书，又必须先通过软考之信息系统监理师考试，所以，③和⑤是正确的。

答案：C

（2011 下）签订监理合同后，监理单位针对该工程的首要工作是（46）。

A. 编制监理大纲　　　　　　　　　　B. 编制监理规划

C. 编制监理实施细则　　　　　　　　D. 组建项目监理机构

- 首先可将 A 和 C 排除。
- 监理规划由总监理工程师主持编制，如果项目监理机构尚未组建，也无法编制监理规划。
- 简言之，组建项目监理机构在前，编制监理规划在后。
- 一般来说，监理单位应于委托监理合同签订后 10 个工作日内将监理项目部的组织形式、人员构成及对总监理工程师的任命书书面通知建设单位。

答案：D

（2011 下）以下表述中错误的是（48）。

A. 监理单位编制监理大纲目的之一是承揽到监理工作

B. 监理单位编制监理大纲目的之二是为今后开展监理工作制定基本的方案

C. 监理实施细则的作用是指导本专业或本子项目具体监理业务的开展

D. 监理大纲、监理规划、监理实施细则互相关联，必须齐全，缺一不可

- 监理大纲、监理规划、监理实施细则是监理工作的三个重要文件，但还不至于缺一不可。
- 比如，技术复杂、专业性较强的大中型信息系统工程项目，监理机构应该编制监理实施细则。但技术简单、专业性较弱的小型项目，就可以不编制监理实施细则。

答案：D

（2011 下）（49）是由总监理工程师履行的职责。

A. 签署工程计量原始凭证

B. 编制各专业的监理实施细则

C. 负责合同争议调解

D. 负责各专业监理资料的收集、汇总及整理

- 这道题已经考过 3 次了。

答案：C

（2012 上）在某电子政务系统建设过程中，（23）是恰当的处理方式。

A. 公司技术总监在充分考核项目实际和人员水平的基础上调换被投诉的监理工程师

B. 总监理工程师代表根据合同中付款的相关规定，签发符合付款条件的支付证书

C. 监理辅助人员对采购的网络设备联调测试进行监督和记录

D. 专业监理工程师负责编写监理细则并交叉审批

- A 不妥，调换不称职的监理工程师是总监理工程师的职责。
- B 不妥，签发工程款支付证书是总监理工程师的职责，不能委托给总监理工程师代表。
- D 不妥，监理实施细则应由总监理工程师审批。
- C 妥当，监理员（监理辅助人员）的职责如下：

（1）在监理工程师的指导下开展监理工作；

（2）检查承建单位投入工程项目的软硬件设备、人力及其使用、运行情况，并做好检查记录；

（3）复核或从实施现场直接获取工程量核定的有关数据并签署原始凭证、文件；

（4）按详细设计说明书及有关标准，对承建单位的实施过程进行检查和记录，对安装、调试过程及测试结果进行记录；

（5）做好督导工作，发现问题及时指出并向本专业监理工程师报告；

（6）做好监理日记和有关的监理记录。

答案：C

（2012 上）以下关于在工程建设过程中如何处理监理方与承建方之间的关系的叙述，正确的是（24）。

A. 监理公司可与承建单位属于同一业务领域

B. 监理公司可以向承建方索要因工程延期所增加的费用

C. 监理方与项目承建方拥有同一法人代表

D. 监理方不得与项目承建方就工程重大问题进行协商

- B 错、C 错，监理单位不得与被监理项目的承建单位存在隶属关系和利益关系，不

得作为其投资者或合伙经营者。
- D 错，监理方应与项目承建方就工程重大问题进行充分协商，这是组织协调的重点内容。
- A 妥当，监理公司可与承建单位属于同一业务领域，比如一个专门做税务领域的信息系统集成，一个专门做税务领域的信息系统工程监理。

答案：A

（2012 上）作为监理工程师，当出现情况（25）时，应予以拒绝。
A．建设方要求对监理方进行考察
B．拟投标人在招标前向监理方询问建设信息
C．承建方在实施过程中提出的公司现场考察邀请
D．承建方在实施过程中提出的办公场所协调申请

- B 不妥，如有需要，拟投标人可在招标前向招标人（建设单位）询问建设信息。

答案：B

（2012 上）最适合担任软件外部技术评审专家的是（34）。
A．在软件工程理论领域有所建树的高校教授
B．所在机构上级管理机构相关部门的直属领导
C．具有多年技术经验的项目承建单位总架构师
D．具有同行业同规模相关系统建设经验的高级咨询师

- A 不妥，高校教授通常缺乏同行业同规模相关系统建设经验。
- B 不妥，上级领导不是"技术"评审专家。
- C 不妥，项目承建单位总架构师不是"外部"的。

答案：D

（2012 上）由承建单位采购的设备，采购前要向（39）提交设备采购方案，经审查同意后，方可实施。

A．总监理工程师   B．监理工程师
C．总工程师   D．设备安装工程师

- 专业监理工程师的职责如下：
（1）负责编制监理规划中本专业部分以及本专业监理实施方案；
（2）按专业分工并配合其他专业对工程进行抽检、监理测试或确认见证数据，负责本

专业的测试审核、单元工程验收，对本专业的子系统工程验收提出验收意见；

（3）负责审核系统实施方案中的本专业部分；

（4）负责审核承建单位提交的涉及本专业的计划、方案、申请、变更，并向总监理工程师提出报告；

（5）负责核查本专业投入软、硬件设备和工具的原始凭证、检测报告等质量证明文件及其实物的质量情况；根据实际情况有必要时对上述进行检验；

（6）负责本专业工程量的核定，审核工程量的数据和原始凭证；

（7）负责本专业监理资料的收集、汇总及整理，参与编写监理日志、监理月报。

答案：B

（2012 上）信息工程监理的主要内容可概括为"四控三管一协调"，其中三管是指（40）
①组织管理　②合同管理　③信息管理　④文档管理　⑤安全管理
A．①③⑤　　　　B．②④⑤　　　　C．②③⑤　　　　D．①④⑤

- 三管：合同管理、信息管理、安全管理。

答案：C

（2012 上）监理合同是监理单位开展工作的依据之一，以下关于监理合同的说法不正确的是（43）。

A．监理合同规定了监理工作的成果

B．监理合同规定了主要监理设备由监理单位提供

C．监理合同规定了监理工作的范围

D．监理合同规定了由承建单位支付监理费用

- D 错，监理费用由建设单位支付，监理单位不得与被监理项目的承建单位存在利益关系。

答案：D

亲爱的同学：当你做到这里，本章的所有考点你都已经见识过了，现在准备毕业吧！

1.2　通关测试

以下 10 题答对 8 题以上的可以通关！

（2012 上）监理单位为获得监理任务而编制的文件是（44）。

A．监理大纲　　　B．监理规划　　　C．监理细则　　　D．监理合同

（**2012 上**）以下对监理规划理解不正确的是（45）。

A．总监理工程师对监理机构的监理规划和它在工程监理过程中的实施效果进行检查

B．监理规划是对监理委托合同的签订双方责、权、利的进一步细化，具有合同效力

C．监理规划的依据包括建设单位与承建单位签订的合同

D．监理规划应对所有监理项目中的关键点和实施难点设置"质量控制点"

（**2012 上**）某大型信息系统工程主要涉及安全系统、标准体系、数据中心、门户系统、系统集成、软件研发等建设内容。为了加强管理，建设单位先期选定了监理单位，同时开展了软件开发、数据中心、标准体系的建设，作为总监理工程师，你认为监理实施细则中首要明确的任务是（46）。

A．监理工作范围　　　　　　　　B．监理工作流程

C．监理工作重难点分析　　　　　D．监理工作质量控制点

（**2012 上**）监理应具有的职业道德操守是（70）。

① 监理应在核定的业务范围内开展相应的监理工作

② 严格遵照执行监理合同

③ 遵守建设单位的有关行政管理、经济管理、技术管理等方面的规章制度要求

④ 在处理事务时，敢于坚持正确观点，实事求是，不唯建设单位的意见是从

A．①　　　　　B．①②　　　　C．①②③　　　　D．①②③④

（**2012 下**）（44）不是信息化工程监理大纲的编制依据。

A．信息化工程项目概况

B．建设单位所要达到的监理目标和要求

C．信息化工程项目监理任务的招标文件

D．信息化工程项目监理合同

（**2012 下**）监理大纲是（45）。

A．由监理单位制定的，起着指导监理工作开展作用的纲领性文件

B．根据项目特点及技术要求所编制的，具有实施性和可操作性

C．将监理委托合同规定的责任和任务具体化的纲要性文件

D．为监理单位的经营目标服务的，起着承接监理任务的作用

（**2012 下**）编制监理规划的步骤为（46）。

（1）确定监理工作内容

（2）规划信息的收集与处理

（3）按照监理工作性质及内容进行工作分解

（4）项目规划目标的确认

A．（2）（4）（1）（3）　　　　　　B．（3）（1）（2）（4）

C．（1）（2）（3）（4）　　　　　　D．（2）（1）（4）（3）

（2012 下） 以下关于监理工程师的权利和义务的叙述，不正确的是（49）。

A．根据监理合同独立执行工程监理业务

B．要求监理单位支付其劳动报酬

C．向总监理工程师汇报项目情况

D．根据建设单位要求开展监理工作

（2012 下） 监理活动的主要内容被概括为"四控、三管、一协调"，所谓"四控"不包括（50）。

A．投资控制　　　B．风险控制　　　C．变更控制　　　D．进度控制

（2012 下） 信息系统监理单位行为准则包括（55）。

①科学　　②规范　　③守法　　④保密

A．①②③　　　　B．①③④　　　　C．②③④　　　　D．①②③④

1.3　通关测试解析

（2012 上） 监理单位为获得监理任务而编制的文件是（44）。

A．监理大纲　　　B．监理规划　　　C．监理细则　　　D．监理合同

- 监理单位为获得监理任务而编制的文件是监理大纲。

答案：A

（2012 上） 以下对监理规划理解不正确的是（45）。

A．总监理工程师对监理机构的监理规划和它在工程监理过程中的实施效果进行检查

B．监理规划是对监理委托合同的签订双方责、权、利的进一步细化，具有合同效力

C．监理规划的依据包括建设单位与承建单位签订的合同

D．监理规划应对所有监理项目中的关键点和实施难点设置"质量控制点"

- D 错，质量控制点是监理细则的内容。

答案：D

（**2012 上**）某大型信息系统工程主要涉及安全系统、标准体系、数据中心、门户系统、系统集成、软件研发等建设内容。为了加强管理，建设单位先期选定了监理单位，同时开展了软件开发、数据中心、标准体系的建设，作为总监理工程师，你认为监理实施细则中首要明确的任务是（46）。

A．监理工作范围　　　　　　　　B．监理工作流程

C．监理工作重难点分析　　　　　D．监理工作质量控制点

- 监理实施细则的主要内容有：

（1）工程专业的特点；

（2）监理流程；

（3）监理的控制要点及目标；

（4）监理方法及措施。

- 监理的对象是一个具体的信息系统工程项目，监理工程师首先要做的工作就是了解工程的情况，特别要细致分析工程的专业特点和监理工作的重难点。这种分析对有针对性地采取监理技术和手段有相当重要的作用。了解了工程各专业技术的特点和监理工作的重难点，就为编写监理的控制要点和方法措施奠定了基础，也使监理工程师更有效地实施监理工作有了充分准备。

- 监理工作范围是监理规划的内容。

答案：C

（**2012 上**）监理应具有的职业道德操守是（70）。

① 监理应在核定的业务范围内开展相应的监理工作

② 严格遵照执行监理合同

③ 遵守建设单位的有关行政管理、经济管理、技术管理等方面的规章制度要求

④ 在处理事务时，敢于坚持正确观点，实事求是，不唯建设单位的意见是从

A．①　　　　　　B．①②　　　　　C．①②③　　　　D．①②③④

- ①②③④全是监理应具有的职业道德操守。

答案：D

（**2012 下**）（44）不是信息化工程监理大纲的编制依据。

A．信息化工程项目概况

B．建设单位所要达到的监理目标和要求

C．信息化工程项目监理任务的招标文件

D．信息化工程项目监理合同

- 监理大纲在先，中了标才有监理合同，监理合同不可能是监理大纲的编制依据。

答案：D

（**2012 下**）监理大纲是（45）。

A. 由监理单位制定的，起着指导监理工作开展作用的纲领性文件

B. 根据项目特点及技术要求所编制的，具有实施性和可操作性

C. 将监理委托合同规定的责任和任务具体化的纲要性文件

D. 为监理单位的经营目标服务的，起着承接监理任务的作用

- A 和 C 描述的是监理规划。
- B 描述的是监理实施细则。
- C 描述的是监理大纲。

答案：D

（**2012 下**）编制监理规划的步骤为（46）。

（1）确定监理工作内容

（2）规划信息的收集与处理

（3）按照监理工作性质及内容进行工作分解

（4）项目规划目标的确认

A.（2）（4）（1）（3）　　　　　B.（3）（1）（2）（4）

C.（1）（2）（3）（4）　　　　　D.（2）（1）（4）（3）

- 编制监理规划的步骤如下：

（1）规划信息的收集与处理，所谓规划信息，就是指与监理规划相关的信息，如所监理的信息系统工程项目的情况（一般由建设单位提供）、承建单位（可能还包括设计单位、分包单位）的情况、建设单位的情况、监理委托合同所规定的各项监理任务等信息，在编制监理规划以前，应该广泛收集相关的监理信息，在整理和消化这些材料的基础上开始着手编制项目监理规划。

（2）项目规划目标的确认，依据上一步收集到的项目规划信息，来确定项目规划的目标，并对目标进行识别、排序和量化，为下一步确定监理工作做准备。

（3）确定监理工作内容，在对监理规划目标进行确认的基础上，具体确定监理单位应该做的工作。在这里，监理工作的工作内容、工作程序和工作要求等，都将得到确定。确定的依据一方面来自于上边所确定的监理规划目标，另一方面来自于监理委托合同。

（4）按照监理工作性质及内容进行工作分解，紧承上一步，在对监理工作进行初步确认的基础上，对监理工作进行细分，确定不同小组的责任，以此来确定各自的监理任务。

答案：A

（**2012 下**）以下关于监理工程师的权利和义务的叙述，不正确的是（49）。

A．根据监理合同独立执行工程监理业务

B．要求监理单位支付其劳动报酬

C．向总监理工程师汇报项目情况

D．根据建设单位要求开展监理工作

- 监理方应根据监理合同独立执行工程监理业务，而不是根据建设单位要求开展监理工作。

答案：D

（**2012 下**）监理活动的主要内容被概括为"四控、三管、一协调"，所谓"四控"不包括（50）。

A．投资控制　　　B．风险控制　　　C．变更控制　　　D．进度控制

- 四控：质量控制、进度控制、成本控制、变更控制。

答案：B

（**2012 下**）信息系统监理单位行为准则包括（55）。

①科学　　②规范　　③守法　　④保密

A．①②③　　　　B．①③④　　　　C．②③④　　　　D．①②③④

- 监理行为准则：守法、公正、独立、科学、保密。

答案：B

　　　想知道你考试能得多少分么？本书提供了两种估算方法：1. 将每章通关测试得分乘以该章的权重（前言中附有题量统计），累加即可；2. 进行下篇的真题模拟考试。两种方法互为校验，信度极高！

第2章 项目管理

本章对应《信息系统监理师教程》之第2章信息系统项目管理的考试内容，平均到每次考试，上午题量为2.2分，下午题量为0分。

** 将项目管理单独设为一章是因为本章内容与其他章节为不同知识体系，格格不入、且用词容易混淆。对于没有系统学习过PMBOK的考生，本章难度极大。

2.1 历年试题解析

（2005上）信息系统项目的实施涉及到主建方、承建单位、监理单位三方，而在三方都需要采用项目管理的方法以完成其在项目实施中所肩负的责任。下图（48）正确表达了这种"三方一法"的关系。

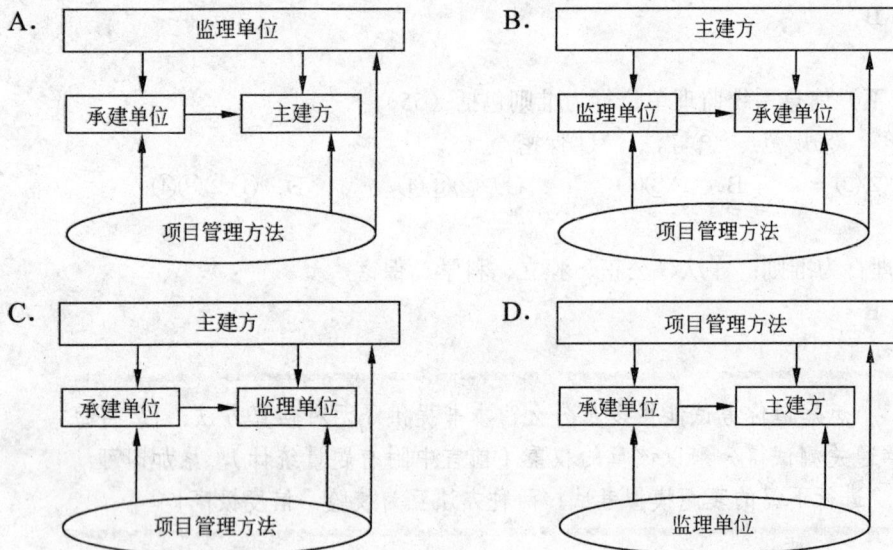

- 《信息系统监理师教程》32页原图。

答案：C

（2005下）信息工程的特点决定在监理工作中应该把变更与风险放在一起考虑。（45）

是应对风险的三项基本原则。

A．忽略、减轻、规避　　　　　　　　B．规避、追踪、接受
C．规避、接受、减轻　　　　　　　　D．接受、调整、减轻

- 应对负面风险（威胁）的三项基本措施是：规避、接受和减轻。
  - 回避/避免/规避（Avoid）——改变项目计划，以完全消除威胁；最极端的回避策略是取消整个项目。
  - 接受（Accept）——项目团队已决定不为处理某风险而变更项目管理计划，或者无法找到任何其他的合理应对策略。
  - 减轻/缓解（Mitigate）——是指把不利风险事件的概率或影响降低到可接受的临界值范围内。
- 提示：在 PMBOK 中还有一种风险应对措施：转移/转嫁（Transfer），但在《信息系统监理师教程》中没有讲述。

答案：C

（2006 下）下列的描述中，（60）不是项目特点。

A．项目具有生命周期，它经历项目的开始阶段、项目的实施阶段和项目的结束阶段
B．项目具有特定的目标，项目实施的目的是为了达到项目的目标
C．项目组的成员面临着比企业中其他成员更多的冲突
D．项目的实施具有周而复始的循环性，类似于企业的运作

- 项目是为创造独特的产品、服务或成果而进行的临时性工作。
- 项目具有"独特性（unique）"和"临时性（temporary）"。
- 世界上没有两个同样的项目，每个项目都是独一无二的。
- 每个项目都有明确的起点和终点。
- 每个项目都只进行一次。项目团队只有一次机会把项目做成功。失败后重做就是另外一个项目了（比如，一伙歹徒抢劫银行失败，监狱里呆十年放出来后再次策划抢银行，这次与十年前那次明显是两个不同的项目）。
- 与项目不同，日常运作（Ongoing Operation）通常是遵循组织已有流程的重复性过程，周而复始地循环着。

答案：D

（2007 上）以下关于信息系统项目管理的说法正确的是（38）。

A．立项阶段的主要工作内容是投标招标
B．组织结构的三种类型为职能型、项目型、矩阵型

C. 项目经理需要很深的技术功底

D. 项目可以边验收边测试

- A 错，立项阶段的主要工作内容是：

（1）立项准备——在应用驱动下，经过调查研究和需求分析，准确描述出项目的目标和可交付的成果。

（2）立项申请——形成立项申请书或者更细化地分成项目建议书和项目可行性研究报告。

（3）立项审批——根据业务需求、预定目标、可行性、资金实力、效益分析等要素进行。

（4）招投标及合同签订——进行招标（邀标）、投标、评标（议标）、商务谈判，选定信息系统集成商和信息系统监理单位签订合同。

- C 错，项目经理的主要职责是管理项目，不需要是技术专家。
- D 错，项目不能边验收边测试，完成测试才能进行验收。
- 组织结构可能影响资源的可用性和项目的执行方式。组织结构的类型包括职能型、项目型及位于这两者之间的各种矩阵型结构。

如图 2-1 所示，典型的职能型组织是一种层级结构，每位雇员都有一位明确的上级。人员按专业分组，例如，最高层可分为生产、营销、工程和会计。各专业还可进一步分成更小的职能部门，例如，将工程专业进一步分为机械工程和电气工程。在职能型组织中，各个部门相互独立地开展各自的项目工作。

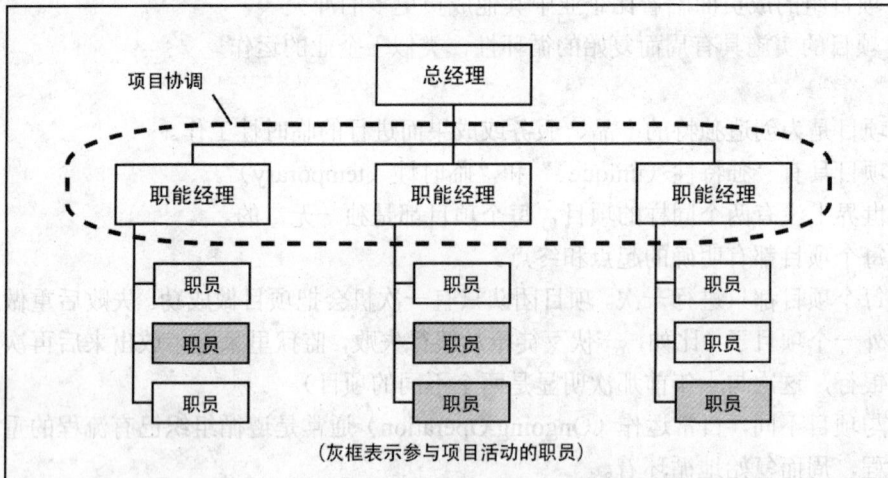

图 2-1 职能型组织

矩阵型组织兼具职能型组织和项目型组织的特征。根据职能经理和项目经理之间的权力和影响力的相对程度，矩阵型组织可分为弱矩阵、平衡矩阵和强矩阵。表 2-1 介绍了各种矩阵型组织结构的更多细节。

表 2-1　组织结构对项目的影响

项目特征＼组织结构	职能型	矩阵型			项目型
		弱矩阵	平衡矩阵	强矩阵	
项目经理的职权	很小或没有	少	小到中	中到大	大到几乎全权
可用的资源	很小或没有	少	小到中	中到多	多到几乎全部
项目预算控制者	职能经理	职能经理	混合	项目经理	项目经理
项目经理的角色	兼职	兼职	全职	全职	全职
项目管理行政人员	兼职	兼职	兼职	全职	全职

　　弱矩阵型组织（图 2-2）保留了职能型组织的大部分特征，其项目经理的角色更像协调员或联络员。项目联络员作为工作人员的助理和沟通协调员，不能亲自制定或推行决策。项目协调员有权力做一些决策，有一定的职权，向较高级别的经理汇报。

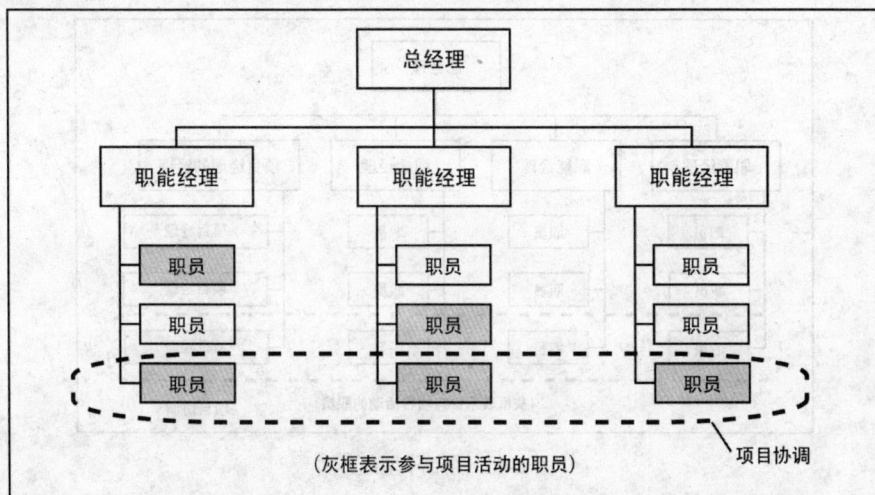

图 2-2　弱矩阵型组织

　　平衡矩阵型组织（图 2-3）虽然承认全职项目经理的必要性，但并未授权其全权管理项目和项目资金。

　　强矩阵型组织（图 2-4）则具有项目型组织的许多特征，拥有掌握较大职权的全职项目经理和全职项目行政人员。

　　与职能型组织相对的是项目型组织，如图 2-5 所示。在项目型组织中，团队成员通常集中办公，组织的大部分资源都用于项目工作，项目经理拥有很大的自主性和职权。这种组织中也经常采用虚拟协同技术来获得集中办公的效果。项目型组织中经常有被称为"部门"的组织单元，但它们或者直接向项目经理报告，或者为各个项目提供支持服务。

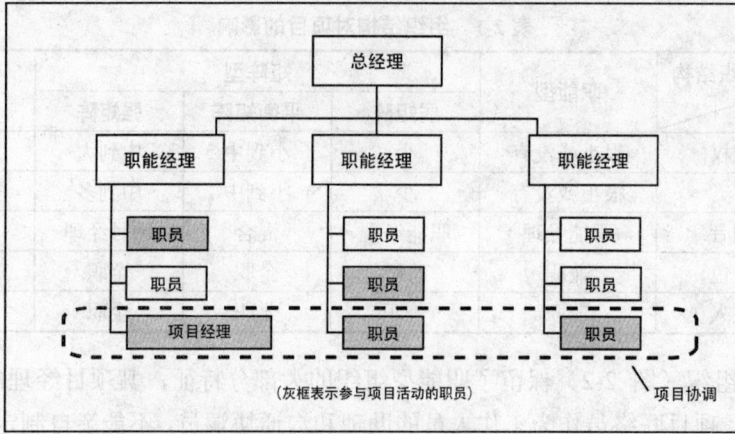

图 2-3　平衡矩阵型组织

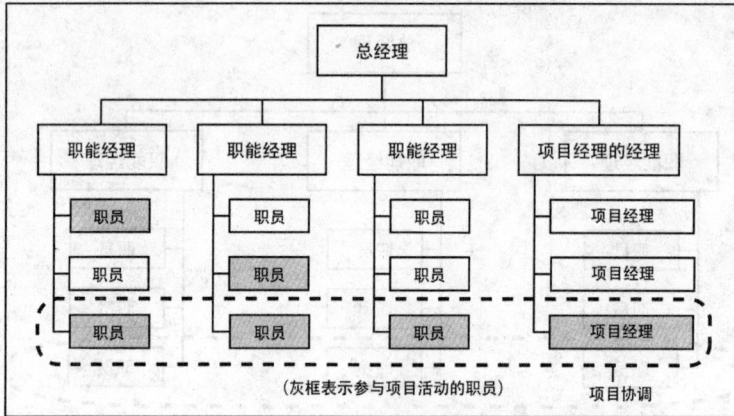

图 2-4　强矩阵型组织

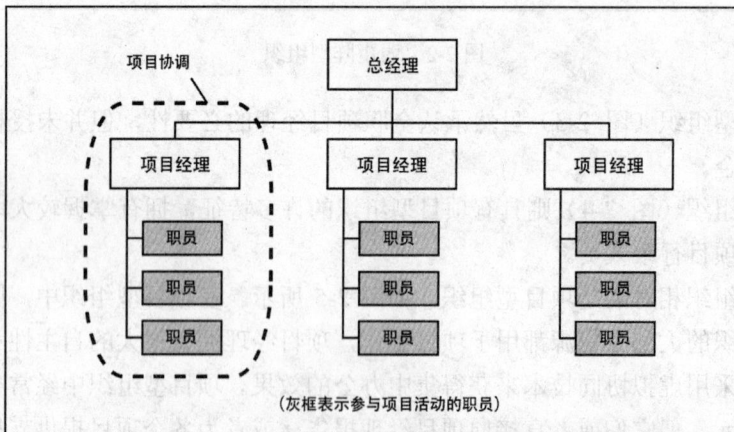

图 2-5　项目型组织

答案：B

（**2007 下**）具有纵向职能系统和横向项目系统的监理组织形式为 (48) 监理组织形式。

A．矩阵制   B．直线制   C．直线职能制   D．职能制

- 具有纵向职能系统和横向项目系统的监理组织形式为矩阵型监理组织形式。

答案：A

（**2008 下**）在实施监理的工程项目上，业主、监理单位和承建单位三方之间的工作交往关系应为（64）所示的关系。

（64）A.
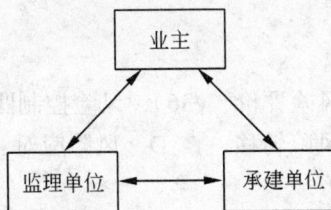
     B.
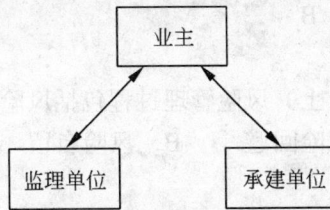

C.
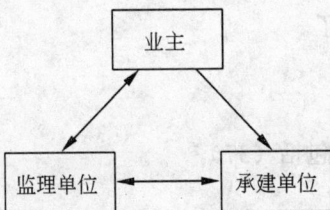
     D.
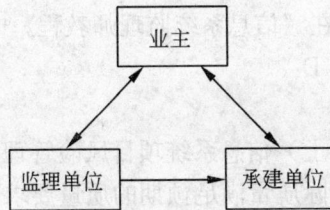

- 三方关系都是双向互通的。

答案：A

（**2009 上**）在信息系统工程项目规划中，通常采用层次分解和类比的方法确定系统目标，在（3）的情况下不适合采用类比的方法。

A．信息系统成熟产品较多   B．工程涉及的专业技术领域较多

C．了解该类项目的专家较多   D．信息系统升级改造工程

- 类比估算是指以过去类似项目的参数值（如工期、成本、规模、复杂性等）为基础，来估算未来项目的同类参数或指标。

- 在项目详细信息不足时，例如在项目的早期阶段，就经常使用这种技术来估算项目的工期和成本。类比估算综合利用历史信息和专家判断。
- 相对于其他估算技术，类比估算通常成本较低、耗时较少，但准确性也较低。可以针对整个项目或项目中的某个部分，进行类比估算。
- 类比估算是一种粗略的估算方法，有时需要根据项目复杂性方面的已知差异进行调整。类比估算可以与其他估算方法联合使用。
- 如果以往活动是本质上而不只是表面上类似，并且从事估算的项目团队成员具备必要的专业知识，那么类比估算就最为可靠。
- 信息系统成熟产品较多、了解该类项目的专家较多以及信息系统升级改造工程都会降低类比估算的难度，提高其估算结果的可靠度。
- 工程涉及的专业技术领域较多时不适合采用类比方法，估算的准确性会较低。

答案：B

（2009 上）风险管理过程包括风险识别、风险评价、（36）、风险控制四方面。

A．风险回避　　　B．风险自留　　　C．风险转移　　　D．风险应对

- 风险管理过程包括风险识别、风险分析（风险评价）、风险应对、风险控制四方面。
- 提示：除上述四个方面之外，在 PMBOK 中还包括有一个方面"制定风险管理计划"，但在《信息系统监理师教程》中被略掉了。

答案：D

（2009 上）信息系统项目风险管理的目标不包括（37）。

A．实际质量满足预期的质量要求

B．实际投资不超过计划投资

C．实际工期不超过计划工期

D．避免出现需求变更的情况

- A、B、C 都是风险管理的目标。
- D 的说法本身就有错误，一个项目中肯定会有变更，信息系统工程本身的特点决定了需求变更是没法避免的。监理单位的变更控制就是评估变更的风险，确保变更的合理性和正确性。
- 没有变更不是风险管理的目标，用系统的方法对变更进行有效地预测、分析、管理和控制是风险管理以及变更管理的目标。

答案：D

（**2009 上**）关于项目质量管理的叙述，（38）是错误的。

A．项目质量管理必须针对项目的管理过程和项目产品

B．项目质量管理过程包括质量计划编制，建立质量体系，执行质量保证

C．质量保证是一项管理职能，包括所有为保证项目能够满足相关的质量标准而建立的有计划的、系统的活动

D．变更请求也是质量保证的输入之一

- 根据 PMBOK2012（第五版），项目质量管理包含三个过程：
    - 质量规划（Quality Planning），即质量计划编制。
    - 质量保证（Perform Quality Assurance）。
    - 质量控制（Perform Quality Control）。
- B 错，质量体系是针对组织的，不属于项目质量管理的范畴。

答案：B

（**2009 上**）若某小型信息系统开发团队由 4 人组成，则其沟通渠道数为（70）。

A．12　　　　　　B．10　　　　　　C．8　　　　　　D．6

- N 人团队的沟通渠道数量 $= N(N-1)/2$。
- 4 人团队的沟通渠道数量 $= N(N-1)/2 = 4×3/2 = 6$ 条。

答案：D

（**2010 上**）项目范围管理包括确保项目成功所需的全部工作过程，下列范围管理流程正确的是（37）。

①定义范围　②核实范围　③收集需求　④控制范围　⑤创建工作分解结构

A．③①②⑤④　　　　　　　　　　B．③①⑤②④

C．①③②④⑤　　　　　　　　　　D．①③②⑤④

- 根据 PMBOK 2012（第五版），项目范围管理包含 6 个过程，依次是：

（1）规划范围管理——创建范围管理计划，书面描述将如何定义、确认和控制项目范围的过程。

（2）收集需求——为实现项目目标而确定、记录并管理干系人的需要和需求的过程。

（3）定义范围——制定项目和产品详细描述的过程。

（4）创建 WBS（工作分解结构）——将项目可交付成果和项目工作分解为较小的、更易于管理的组件的过程。

（5）确认范围/核实范围（Validate Scope）——正式验收已完成的项目可交付成果的过

程。

（6）控制范围——监督项目和产品的范围状态，管理范围基准变更的过程。

答案：B

（2010 上） 若组织采用（46）结构实施监理业务，则总监理工程师在现场监理中职权最大。

A．职能型　　　B．弱矩阵型　　　C．强矩阵型　　　**D．项目型**

- 总监理工程师权力从小到大的顺序为：职能型<弱矩阵型<平衡矩阵型<强矩阵型<项目型。

答案：D

（2010 上） Project Time Management includes the processes required to manage timely completion of the project, these processes interact with each other.（74） is following the process Estimate Activity Durations.

A．Develop Schedule　　　　　B．Estimate Activity Resources

C．Define Activities　　　　　D．Sequence Activities

- 项目时间管理包含用来使项目及时完成的多个过程。这些过程相互作用，在活动历时估算过程之后的是进度计划编制（Develop Schedule）过程。
- 根据 PMBOK 2012（第五版），项目时间管理的过程是：

（1）规划进度管理——为规划、编制、管理、执行和控制项目进度而制定政策、程序和文档的过程。

（2）活动定义——识别和记录为完成项目可交付成果而需采取的具体行动的过程。

（3）活动排序——识别和记录项目活动之间的关系的过程。

（4）活动资源估算——估算执行各项活动所需材料、人员、设备或用品的种类和数量的过程。

（5）活动历时估算——根据资源估算的结果，估算完成单项活动所需工作时段数的过程。

（6）进度计划编制——分析活动顺序、持续时间、资源需求和进度制约因素，创建项目进度模型的过程。

（7）进度控制——监督项目活动状态，更新项目进展，管理进度基准变更，以实现计划的过程。

答案：A

（2010 下）工程项目人力资源管理的一般过程，主要包括（38）。
①制订组织计划　②人员获取　③团队发展　④员工职业生涯设计
A．①②③④　　　B．②③④　　　　C．①③④　　　　D．①②③

- 项目人力资源管理包含四个过程：

（1）规划人力资源管理（Plan Human Resource Management，制定组织计划）——识别和记录项目角色、职责、所需技能、报告关系，并编制人员配备管理计划的过程。

（2）组建项目团队（Acquire Project Team，人员获取）——确认人力资源的可用情况，并为开展项目活动而组建团队的过程。

（3）建设项目团队（Develop Project Team，团队开发）——提高工作能力，促进团队成员互动，改善团队整体氛围，以提高项目绩效的过程。

（4）管理项目团队（Manage Project Team）——跟踪团队成员工作表现，提供反馈，解决问题并管理团队变更，以优化项目绩效的过程。

- 项目管理领域的一个重大特点是：同一个英文词，中文翻译五花八门，没有办法，这就是中国项目管理界的现状，短期内无法解决：

（1）目前全球项目管理界都在依据 PMI（Project Management Institute）推出的 PMBOK©（Project Management Body of Knowledge），软考也不例外。

（2）但是，PMBOK 版本不断升级，相互之间的术语并不兼容，尤其是各个过程的命名规则不断变化。

出版年份	1996 年	2000 年	2004 年	2008 年	2012 年	PMBOK 每四年修订一次
版次	第一版	第二版	第三版	第四版	第五版	

（3）PMBOK 中文版也在不断更新，各版本由不同人翻译，相互之间的术语更不兼容。

（4）考试试题借鉴自不同年代的 PMP 考试题，自然术语的用词也五花八门，同一套考试题中对同一个术语可能有多个不同的表达方式。

（5）参加系统集成项目管理工程师考试和信息系统项目管理师考试的考生，对这种痛苦有更深的体会。

- D 选项：员工职业生涯设计不属于项目管理范畴，是公司层面的问题，应由公司人力资源部解决。

答案：D

（2010 下）为了更好地适应多节点监理项目的管理，宜采用（46）结构实施监理业务。
A．直线型　　　B．职能型　　　C．直线职能型　　　D．矩阵型

- 多节点监理项目的管理，宜采用矩阵型结构。

- 项目组人员来自不同职能部门（各节点的本地化管理部门），受职能部门和项目组双重领导。在矩阵型组织方式中，并不要求项目组的每个人都从头至尾参与该项目，而是根据项目需求参与不同的时间段。作为项目组成员参与项目期间，主要受项目经理的领导，同时与所属部门保持联系。

答案：D

（2010 下）职能式组织结构中，现场监理工程师发现项目技术问题后，先应该向（69）报告。

A．所在职能部门领导   B．所在项目业主单位领导

C．所在公司领导   D．所在项目组领导

- 现场监理应工程师及时向项目经理汇报情况。
- 作为项目组成员参与项目期间，主要受项目经理的领导，同时与所属部门保持联系。

答案：D

（2010 下）Tool for defining activities is （73）.

A．Dependency Determination

B．Precedence Diagramming Method

C．Rolling Wave Planning

D．Schedule network Templates

- 可用于活动定义的工具是（73）。

A．确定依赖关系   B．紧前关系绘图法（前导图，PDM）

C．滚动式规划   D．进度计划网络模板

- A、B、D 都是活动排序（Sequence Activities）过程的工具和技术。
- C 是活动排序（Define Activities）过程的工具和技术。
- 这些都是 PMBOK 里的术语。

答案：C

（2011 上）以下对信息系统建设的原则的理解，不正确的是（2）。

A．在项目实施过程中，应由承建方高层直接抓项目管理

B．应切实加强用户的参与

C．系统建设是一把手工程，应得到建设方高层的大力支持

D．在信息系统项目实施过程中应制定计划，计划可按照需要和工作程序及时调整

- A 错，承建方项目经理直接负责承建方的项目管理工作。

答案：A

（**2011 上**）项目质量管理由质量计划编制、质量保证和（36）三方面构成。（37）是为使项目能够满足相关的质量标准而建立的有计划的、系统的活动。

（36）A. 质量体系　　B. 质量规范　　C. 质量控制　　D. 质量记录

（37）A. 质量计划　　B. 质量保证　　C. 质量记录　　D. 质量认证

- 项目质量管理包含三个过程：
  - 质量规划（Quality Planning），即质量计划编制。
  - 质量保证（Perform Quality Assurance）。
  - 质量控制（Perform Quality Control）。
- 质量保证是指是为使项目能够满足相关的质量标准而建立的有计划的、系统的活动。
- 质量控制是指监督并记录质量活动执行结果，以便评估绩效，并推荐必要的变更。

答案：（36）C、（37）B

（**2011 上**）关于项目风险管理的叙述，（38）是错误的。

A. 为了做好项目风险管理，必须采取措施避免出现需求变更的情况

B. 项目风险管理过程包括风险识别、风险分析、风险应对和风险控制

C. 可采用流程图（鱼刺图）和访谈等工具进行风险识别

D. 应对风险的 3 项基本措施是规避、接受和减轻

- A 错，需求变更无法也没有必要完全避免，项目经理应采取措施对需求变更进行有效的管理和控制，拒绝不必要的、随心所欲的需求变更，减少乃至控制需求变更带来的风险。
- 详见《信息系统监理师教程》26~27 页。

答案：A

（**2011 上**）A work breakdown structure （WBS） is a tool used to define and group a project's discrete work elements in a way that helps organize and define the total work scope of the project. A WBS is most useful for（72）.

A. identifying individual tasks for a project

B. scheduling the start of tasks

C. scheduling the end of tasks

D. determining potential delays

- 工作分解结构（WBS）是一种用于定义和组织离散的项目工作的工具，它帮助组织和定义项目的整个工作范围。WBS 最重要的作用是（72）。
  A. 确定一个项目的各个任务　　　　B. 安排任务的开始时间
  C. 安排任务的结束时间　　　　　　D. 确定潜在的延误
  答案：A

　亲爱的同学：当你做到这里，本章的所有考点你都已经见识过了，现在准备毕业吧！

2.2　通关测试

以下 10 题答对 8 题以上的可以通关！

（**2012 上**）项目质量管理由（36）、质量控制和质量保证三方面构成。
A. 质量计划　　B. 质量体系　　C. 质量方针　　D. 质量措施

（**2012 上**）Which of the following is not an input to quality planning ？ （73）
A. scope statement
B. regulations
C. work results
D. standards

（**2012 上**）Performing （74） involves monitoring specific project results to determine if they comply with relevant quality standards and identifying ways to eliminate causes of unsatisfactory results.
A. quality planning
B. quality assurance
C. quality performance
D. quality control

（**2012 上**）To determine whether or not the employee correctly understands the message, the project manager needs to （75）
A. reduce the filtering
B. eliminate barriers
C. obtain feedback
D. use more than one medium

（**2012 下**）除立项阶段准备、立项申请之外，绝大部分的项目管理要素，都是项目（47）所要重点实施的内容。
A. 业主单位　　B. 承建单位　　C. 监理单位　　D. 投资单位

（2012 下）（48）是用来生成和协调诸如质量计划、进度计划、成本计划等所有计划的总计划，是指导整个项目执行和控制的文件。

A．项目计划　　　　　　　　　　B．安全管理计划

C．风险管理计划　　　　　　　　D．文档管理计划

（2012 下）具有纵向职能系统和横向子项目系统的监理组织形式为（67）监理组织形式。

A．矩形制　　　　B．直线制　　　　C．直线职能制　　　　D．职能制

（2012 下）The quality management plan should describe how the project management team will implement its quality　（73）.

A．implement　　　B．control　　　C．policy　　　D．information

（2012 下）Quality management　（74）.

A．is another name for careful inspections

B．is inversely related to productivity

C．is primarily the responsibility of management

D．is primarily the responsibility of the workers

（2012 下）Adding 5 people to a 4 person team increases the communication channels by a factory of　（75）.

A．3 times　　　　B．4 times　　　　C．5 times　　　　D．6 times

2.3　通关测试解析

（2012 上）项目质量管理由（36）、质量控制和质量保证三方面构成。

A．质量计划　　　　B．质量体系　　　　C．质量方针　　　　D．质量措施

- 项目质量管理包含三个过程：
  - 质量规划（Quality Planning），即质量计划编制。
  - 质量保证（Perform Quality Assurance）。
  - 质量控制（Perform Quality Control）。

答案：A

（2012 上）Which of the following is not an input to quality planning？（73）

A．scope statement　　　　　　　　B．regulations

C. work results　　　　　　　　　D. standards

- 下列哪个不是质量规划过程的输入？（73）
- A. 范围说明书　　　　　　　　　B. 法规
- C. 工作成果　　　　　　　　　　D. 标准
- B 和 D 属于事业环境因素（Enterprise Environmental Factors）：与应用领域具体相关的政府部门规章、规则、标准和指导原则，可能会对项目造成影响。
- 这道题对于没有读过 PMBOK 的考生来说，如同天书！

答案：C

（2012 上）Performing　（74）　involves monitoring specific project results to determine if they comply with relevant quality standards and identifying ways to eliminate causes of unsatisfactory results.

- A. quality planning　　　　　　　B. quality assurance
- C. quality performance　　　　　D. quality control

- 执行（74）是指监控项目的具体结果，判断其是否符合相关的质量标准，并找出方法以消除导致不合格结果的原因。
- A. 质量规划　　　　　　　　　　B. 质量保证
- C. 质量绩效　　　　　　　　　　D. 质量控制
- 这是 PMBOK 上对质量控制的定义。

答案：D

（2012 上）To determine whether or not the employee correctly understands the message, the project manager needs to　（75）

- A. reduce the filtering　　　　　　B. eliminate barriers
- C. obtain feedback　　　　　　　D. use more than one medium

- 要确定员工是否正确理解了信息，项目经理需要（75）。
- A. 减少滤除　　　　　　　　　　B. 消除障碍
- C. 获得反馈　　　　　　　　　　D. 使用更多媒介

答案：C

（2012 下）除立项阶段准备、立项申请之外，绝大部分的项目管理要素，都是项目（47）所要重点实施的内容。

A．业主单位　　　B．承建单位　　　C．监理单位　　　D．投资单位

- 信息系统工程完成的主体是承建单位,绝大部分的项目管理要素都是由项目承建单位实施的。

答案：B

（2012 下）（48）是用来生成和协调诸如质量计划、进度计划、成本计划等所有计划的总计划，是指导整个项目执行和控制的文件。

A．项目计划　　　　　　　　　B．安全管理计划

C．风险管理计划　　　　　　　D．文档管理计划

- 项目计划（也叫项目管理计划）是用来生成和协调诸如质量计划、进度计划、成本计划等所有计划的总计划，是指导整个项目执行和控制的文件。

答案：A

（2012 下）具有纵向职能系统和横向子项目系统的监理组织形式为（67）监理组织形式。

A．矩形制　　　B．直线制　　　C．直线职能制　　　D．职能制

- 具有纵向职能系统和横向子项目系统的组织形式为矩形型组织。

答案：A

（2012 下）The quality management plan should describe how the project management team will implement its quality （73）.

A．implement　　　B．control　　　C．policy　　　D．information

- 质量管理计划应描述项目管理团队将如何实现项目的质量方针（quality policy）。

答案：C

（2012 下）Quality management （74）.

A．is another name for careful inspections

B．is inversely related to productivity

C．is primarily the responsibility of management

D．is primarily the responsibility of the workers

- 质量管理（74）。

A．是仔细检查的别名　　　　　　B．与生产效率成反比

C．主要是管理层的职责　　　　　D．主要是员工的职责

答案：C

（**2012 下**）Adding 5 people to a 4 person team increases the communication channels by a factory of （75）．

A．3 times　　　　B．4 times　　　　C．5 times　　　　D．6 times

- 向 4 个人的团队增加 5 个人后，沟通渠道会增加多少倍？
- 4 人团队的沟通渠道数量= N（N–1）/2 = 4×3/2 = 6 条。
- 9 人团队的沟通渠道数量= N（N–1）/2 = 9×8/2 = 36 条。

答案：D

　　　想知道你考试能得多少分么？本书提供了两种估算方法：1．将每章通关测试得分乘以该章的权重（前言中附有题量统计），累加即可；2．进行下篇的真题模拟考试。两种方法互为校验，信度极高！

第3章　质量控制

本章对应《信息系统监理师教程》之第6章质量控制的考试内容，平均到每次考试，上午题量为7.6分，下午题量为14分。

3.1　历年试题解析

（2005上）下述对信息系统工程质量控制的描述，正确的是（42）。

① 信息系统工程项目的实体质量是由设计质量决定的

② 只有严格控制好每个阶段的工程质量，才有可能保证工程项目的实体质量

③ 设置质量控制点的目的就是将工程质量总目标分解为各控制点的分目标，以便通过对各控制点分目标的控制，来实现对工程质量总目标的控制

④ 建设单位、承建单位和监理单位三方协同的质量管理体系是信息工程项目成功的重要因素

A. ①、②　　　　B. ①、②、③、④　　　　C. ②、③、④　　　　D. ②

- ①错，工程质量=设计质量+施工质量+验收质量，信息系统工程项目实体质量是在实施工程中逐渐形成的。信息系统工程中各阶段的质量控制是实施质量控制的核心，只有严格控制好每个阶段的工程质量，才有可能保证工程项目的实体质量。

答案：C

（2005上）测试是信息系统工程质量监理最重要的手段之一，这是由信息系统工程的特点所决定的，测试结果是判断信息系统工程质量最直接的依据之一。在整个质量控制过程中，可能存在承建单位、监理单位、建设单位以及公正第三方测试机构对工程的测试。各方的职责和工作重点有所不同，下面关于各方进行测试工作的描述，（50）是不正确的。

A. 承建单位在项目的实施过程中，需要进行不断的测试，主要是保证工程的质量和进度

B. 监理单位要对承建单位的测试计划、测试方案、测试结果进行监督评审，对测试问题改进过程进行跟踪，对重要环节，监理单位自己也要进行抽样测试

C. 在重要的里程碑阶段或验收阶段，一般需要委托第三方测试机构对项目进行全面、系统的测试，为了保证第三方测试机构的独立公正性，监理方对第三方测试机构

　　　　的测试计划和测试方案不能进行干涉

　　D．建设单位对系统也要进行测试工作，主要是验证系统是否满足业务需求

- C错，监理方应对项目生命周期内的所有测试计划和测试方案进行审查，无论测试的实施者是谁。

答案：C

（2005 上） 在信息系统工程监理过程中，总监理工程师不能由于（60）而下达停工令。

A．实施、开发中出现质量异常情况，经提出后承建单位仍不采取改进措施；或者采取的改进措施不力，还未使质量状况发生好转趋势

B．隐蔽作业（指综合布线及系统集成中埋入墙内或地板下的部分）未经现场监理人员查验自行封闭、掩盖

C．承建单位的施工人员没有按照工程进度计划执行

D．使用没有技术合格证的工程材料、没有授权证书的软件，或者擅自替换、变更工程材料及使用盗版软件

- 在必要的情况下，监理单位可按合同行使质量否决权，在下述情况下，总监理工程师有权下达停工令：

　　（1）实施、开发中出现质量异常情况，经提出后承建单位仍不采取改进措施者；或者采取的改进措施不力，还未使质量状况发生好转趋势者。

　　（2）隐蔽作业（指综合布线及系统集成中埋入墙内或地板下的部分）未经现场监理人员查验自行封闭、掩盖者。

　　（3）对已发生的质量事故未进行处理和提出有效的改进措施就继续进行者。

　　（4）擅自变更设计及开发方案自行实施、开发者。

　　（5）使用没有技术合格证的工程材料、没有授权证书的软件，或者擅自替换、变更工程材料及使用盗版软件者。

　　（6）未经技术资质审查的人员进入现场实施、开发者。

- 进度问题一般不下停工令，进度落后时停工会导致更加落后。

答案：C

（2005 下） 监理和完善质量保证体系是监理单位组织建设的关键内容之一，根据你对监理和完善质量保证体系的理解，下图中①②③表示的内容分别是（41）。

　　A．专家组、业务单位、质量控制组

　　B．监理单位质量保证体系、质量控制组、专家组

　　C．专家组、质量控制组、承建单位质量保证体系

D．监理单位质量保证体系、专家组、质量控制组

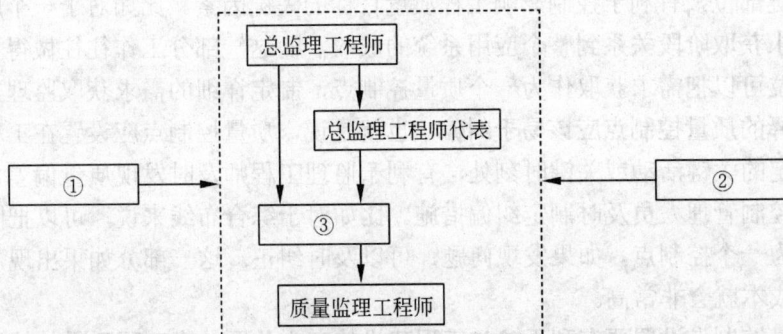

● 《信息系统监理师教程》497 页，监理单位的质量管理组织图：

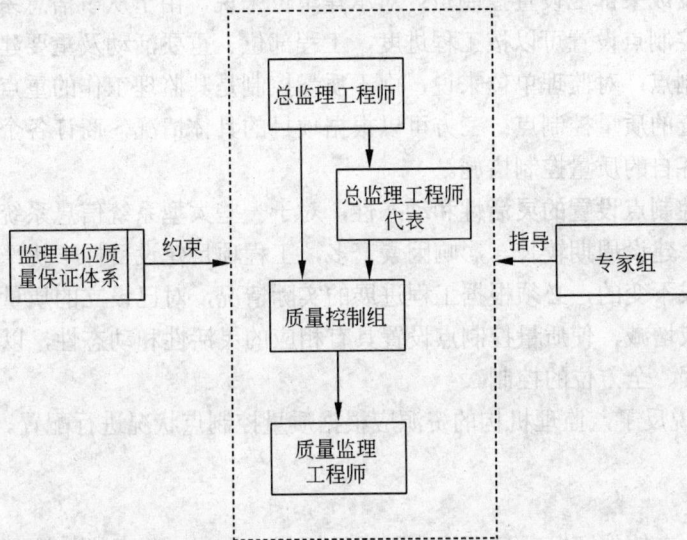

答案：D

（2005 下）监理工程师在设置质量控制点时应遵循一定的原则，（42）是错误的原则。

A．质量控制点应放放置在工程项目建设活动中的关键时刻和关键部位

B．质量控制点应根据监理机构的资源状况进行设置

C．保持控制点设置的灵活性和动态性

D．选择的质量控制点应该易于纠偏

● 进行控制点设置时，应遵守下述的一般原则：

（1）选择的质量控制点应该突出重点，质量控制点应放置在工程项目建设活动中的关键时刻和关键部位，有利于控制影响工程质量目标的关键因素。比如对于一个应用软件开发项目，需求获取阶段关系到整个应用系统的成败，而这一部分工作往往做得不够细致，因此监理单位可以把需求获取作为一个质量控制点，制定详细的需求获取监理方案。

（2）选择的质量控制点应该易于纠偏，也就是说，质量控制点应设置在工程质量目标偏差易于测定的关键活动或关键时刻处，有利于监理工程师及时发现质量偏差，同时有利于承建单位控制管理人员及时制定纠偏措施。比如对于综合布线来说，可以把隐蔽工程的实施过程作为一个控制点，如果发现问题，可以及时纠正。这一部分如果出现质量问题，事后解决的成本就会非常高。

（3）质量控制点设置要有利于参与工程建设的三方共同从事工程质量的控制活动，对于建设单位来说，由于主要是从宏观角度来从事工程质量控制，在工程建设的各个阶段和相对重要的建设成果都应设置控制点；对承建单位来说，由于从事信息系统工程过程中的微观控制，其控制点设置可以按工程进度、工程部位、重要活动及重要建设资源供应等方面都应设置控制点；对监理单位来说，由于质量控制是其监理工作的重点，根据监理目标确定监理要检查的质量控制点；三方可以根据项目的具体情况，商订各个阶段的质量控制重点，并制定各自的质量控制措施。

（4）保持控制点设置的灵活性和动态性，对于一些大型系统信息系统工程项目，由于建设规模庞大，建设周期较长，影响因素繁多，工程项目建设目标干扰严重，质量控制点设置并不是一成不变的，必须根据工程进展的实际情况，对已设立的质量控制点应随时进行必要的调整或增减，使质量控制点设置具有相应的灵活性和动态性，以达到对工程质量总目标的全过程、全方位的控制。

- B 选项说反了，监理机构的资源应根据质量控制点状况进行配置。

答案：B

（2005 下）在软件开发项目实施阶段质量控制工作中，监理机构针对开发项目实施方案应审核的内容是（47）。

① 实施方案与法律、法规和标准的符合性
② 工程实施的组织机构
③ 实施方案与合同、设计方案和实施计划的符合性
④ 实施方案的合理性和可行性

A. ①、②、③、④
B. ①、③
C. ①、③、④
D. ②、③、④

- ①、②、③、④都是应重点审核的内容。
- 提醒：将上午选择题的选项记牢，对下午的问答题考试会有很大帮助。

答案：A

（2005 下）在信息系统工程监理过程中，关于项目复工管理，描述正确的是（55）。

A. 如项目暂停是由于建设单位原因，在暂停原因消失、具备复工条件时，应填写"复工报审表"报项目监理部审批，由总监理工程师及时签发"监理通知单"，指令承建单位复工

B. 如项目暂停是由于建设单位原因，在暂停原因消失、具备复工条件时，监理工程师应及时签发"监理通知单"，指令承建单位复工

C. 如项目暂停是由于承建单位原因，在暂停原因消失、具备复工条件时，监理工程师应及时签发"监理通知单"，指令承建单位复工

D. 如项目暂停是由于监理单位原因，承建单位在具备复工条件时，就可以继续实施

- 项目暂停后的复工办法如下：

（1）如项目暂停是由于建设单位原因，或非承建单位原因时，监理工程师应在暂停原因消失，具备复工条件时，及时签发"监理通知单"，指令承建单位复工；

（2）如项目暂停是由于承建单位原因，承建单位在具备复工条件时，应填写"复工报审表"报项目监理部审批，由总监理工程师签发审批意见；

（3）承建单位在接到同意复工的指令后，才能继续实施。

- 详见《信息系统监理师教程》171 页。

答案：B

（2006 上）重大工程质量事故发生后，总监理工程师首先要做的事情是（29），在处理工程质量事故时应解决的关键问题是（30）。

（29）A. 签发《工程暂停令》　　　　B. 要求承建单位保护现场

　　　 C. 要求承建单位 24 小时内报告　D. 更换监理工程师

（30）A. 界定责任　　　　　　　　　B. 确定事故性质

　　　 C. 已落实措施　　　　　　　　D. 查明问题原因

- 根据《GB/T 19668.1—2005 信息化工程监理规范 第 1 部分：总则》，监理机构可参照以下程序处理工程中出现的质量事故：

（1）监理机构应要求承建单位在事故发生后立即采取措施，尽可能控制其影响范围，并及时签发停工令（工程暂停令），报业主单位；

（2）监理机构应在接到事故申报后立即组织有关人员检查事故状况、分析原因，与业主单位、承建单位共同确认初步处理意见；

（3）监理机构应监督承建单位采取措施，查清事故原因，审核承建单位提出的事故解

决方案及预防措施，提出监理意见，提交业主单位签认；

（4）监理机构应审查承建单位报送的事故报告及复工申请，条件具备时，经总监理工程师签发复工令。

- （29）题不能选 B，重大工程质量事故发生时，重要的不是保护现场以便破案，而是应采取果断措施控制事故影响范围、保护人身和财产安全。

答案：（29）A、（30）D

（2006 上）信息系统工程监理工程师可以协助建设单位选择承建单位，在审查某网络工程项目的候选承建单位及人员资质时，（41）不属于审查的范围：

A．资质文件是否真实、齐全

B．候选承建单位的资质等级是否与本工程的规模相适应

C．候选承建单位的主要技术领域是否与本工程需要的技术相符合

D．候选承建单位是否通过了 CMM 认证

- 审核承建单位以及人员资质时注意要点有：

（1）资质文件是否真实、齐全；

（2）承建单位的资质等级是否与本工程的规模相适应；

（3）承建单位的主要技术领域是否与本工程需要的技术相符合；

（4）拟派往本工程的项目管理人员是否具有信息产业部颁发的系统集成项目经理或者高级项目经理证书，证书是否真有效；

（5）其他技术人员的技术经历是否与本工程的技术要求相符合；

（6）承建单位是否建立了完善的质量保证体系。

答案：D

（2006 上）系统终验是系统投入正式运行前的重要工作，系统验收工作通常是在建设方主管部门的主持下，按照既定程序来进行，以下关于系统终验描述错误的是（46）。

A．承建方应该首先提出工程终验的申请和终验方案

B．监理方应该协助建设方审查承建方提出的终验申请，如果符合终验条件则开始准备系统终验；否则，向承建方提出系统整改意见

C．监理方应协助建设方成立验收委员会，该委员会包括建设方、承建方和专家组成

D．验收测试小组可以是专业的第三方的测试机构或者是承建方聘请的专家测试小组或者三方共同成立的测试小组

- D 错，验收测试小组不能是承建方聘请的专家测试小组。

答案：D

（**2006 上**）在某校园网工程项目监理过程中，监理方在工程设计阶段对网络设计方案进行评审，监理工作过程中不包括（47）；在工程实施过程中，监理工程师收到承建单位的隐蔽工程检验申请后，首先对质量证明资料进行审查，并在规定的时间内到现场检查，此时（48）应随同一起到现场。

（47）A．协助业主进行设计文件的评审

　　　B．审核方案中主要设备、材料清单；参与主要设备、材料的选型工作

　　　C．对方案设计内容进行知识产权保护监督

　　　D．对工作周期与工作进度进行可行性确认

（48）A．设计单位代表　　　　　　B．项目技术负责人

　　　C．建设单位代表　　　　　　D．承建单位专职质检员和相关施工人员

- "对网络设计方案进行评审"显然涉及不到"工作周期与工作进度"，对项目进度计划进行评审时才会涉及到它们。
- 隐蔽工程，是指将被其后工程施工所隐蔽的分项、分部工程。
- 隐蔽工程一旦完成隐蔽，就会被后一道工序所覆盖，无法或很难再去检查其材料是否符合规格、施工是否规范、是否符合质量要求，如果以后出现问题需要整改会非常麻烦，并对已完成的工程造成不良的影响。
- 隐蔽工程验收，是指隐蔽工程在隐蔽前所进行的检查验收。

（1）隐蔽工程施工完毕，承包单位按有关技术规程、规范、施工图纸先进行自检，自检合格后，填写《报验申请表》，附上相应的工程检查证（或隐蔽工程检查记录）及有关材料证明，试验报告，复试报告等，报送项目监理机构。

（2）监理工程师收到报验申请后首先对质量证明资料进行审查，并在合同规定的时间内到现场检查（检测或核查），承包单位的专职质检员及相关施工人员应随同一起到现场。

（3）经现场检查，如符合质量要求，监理工程师在《报验申请表》及工程检查证（或隐蔽工程检查记录）上签字确认，准予承包单位隐蔽、覆盖，进入下一道工序施工。如经现场检查发现不合格，监理工程师签发"不合格项目通知"，指令承包单位整改，整改后自检合格再报监理工程师复查。

答案：（47）D、（48）D

（**2006 上**）工程质量是工程建设的核心，是决定整个信息系统工程建设成败的关键，也是一个系统是否成功的最根本标志。监理工程师对工程质量控制的目标是（49）；信息工程质量必须在工程（50）加以保证；监理方在质量控制监理过程中，做法正确的是（51）；（52）不是选择质量控制点应考虑的内容。

（49）A．实现合同要求　　　　　　B．维护参与建设的各方利益

　　　C．保证技术法规执行　　　　D．维护社会公共利益

（50）A．开发之前   B．开发之后

       C．可行性研究过程中   D．设计与实现过程中

（51）A．监理单位对承建单位的人员，设备、方法、环境等因素进行全面的质量监察，督促承建单位的质量保证体系落实到位，监理单位对承建单位的投入人员有否决权。

       B．对工期紧任务重的项目，监理方应该采取灵活处理方式，在项目建设方、承建方协商一致的前提下，监理方应该支持承建方在需求确认之前进行开发工作。

       C．如果没有第三方测试机构的测试评估，监理公司可以独立承担验收测试工作，并出具测试报告，作为系统验收的依据之一。

       D．信息系统工程建设全过程实施质量控制，以质量预控为重点，做好技术总体方案、系统集成方案、开发/测试计划、培训计划等的审核。

（52）A．关键工序   B．隐蔽工程   C．实施中的薄弱环节   D．实施方法

- （49）题，对工程质量控制的目标是实现合同要求。
- （50）题，工程质量必须在工程设计与实现过程中加以保证。
- （51）题。
  - A错，"监理单位对承建单位的投入人员有否决权"不妥。
  - B错，"在需求确认之前进行开发工作"不妥。
  - C错，监理公司不可以独立承担验收测试工作。监理公司负责对验收测试管理、控制和协调，不能作为独立的测试方进行验收测试。
- （52）题，质量控制点是实施质量控制的重点，通常设置于：

（1）在实施过程中的关键过程或环节及隐蔽工程；

（2）实施中的薄弱环节或质量变异大的工序、部位和实施对象；

（3）对后续工程实施或后续阶段质量和安全有重大影响的工序、部位或对象；

（4）实施中无足够把握的、实施条件困难或技术难度大的过程或环节；

（5）在采用新技术或新设备应用的部位或环节。

答案：（49）A、（50）D、（51）D、（52）D

（2006 上） 在工程项目实施阶段的质量控制中，监理工程师对承建单位所做出的各种指令，除特殊情况外，一般应采用（59）。

A．邮件传达方式   D．直接口头下达方式

C．书面文件形式   D．书面或口头方式

- 监理工程师对承建单位所做出的各种指令，除特殊情况外，一般应采用书面文件形

式。这一原则不限于工程项目实施阶段，也不限于质量控制。

答案：C

（2006 下）总监理工程师对专业监理工程师已同意承包人覆盖的隐蔽工程质量有怀疑，指示承包人剥露取样并进行试验，试验结果表明该部位的施工质量虽满足行业规范的要求，但未达到合同约定的标准。此时应判定该隐蔽工程（31）。工程质量控制是为了保证工程质量符合（32）、规范标准所采取的一系列措施、方法和手段。

（31）A．质量合格   B．须重新修复

       C．合同工期顺延但不补偿费用   D．合同工期顺延并追加合同价款

（32）A．工程合同   B．质量目标   C．质量计划   D．质量手册

- 达不到合同要求，该隐蔽工程必须重新修复。
- 工程质量控制是为了保证工程质量符合工程合同、规范标准所采取的一系列措施、方法和手段。

答案：（31）B、（32）A

（2006 下）在关键部位或关键工序施工过程中，监理人员在现场进行的监督活动称为（37）。

A．旁站   B．巡视   C．检查   D．见证

- 旁站监理是指监理人员在施工现场对某些关键部位或关键工序的实施全过程现场跟班的监督活动。
- 旁站是监理人员控制工程质量、保证项目目标实现必不可少的重要手段。
- 旁站往往是在那些出现问题后难以处理的关键过程或关键工序。现场旁站比较适合于网络综合布线、设备开箱检验、机房建设等方面的质量控制，也适合其他与现场地域有直接关系的项目质量控制的工作。

答案：A

（2006 下）质量控制是指信息系统工程实施过程中在对信息系统质量有重要影响的关键时段进行质量（43）。在信息工程建设中，监理质量控制最关键的因素是（44）。在进行控制点设置时，（45）不是设置质量控制点应遵守的一般原则。

（43）A．检查、确认

     B．确认、决策及采取措施

     C．确认、采取措施、使用质量控制工具和技术

     D．检查、确认、决策、采取措施、使用质量控制工具和技术

（44）A．在合同谈判时，建设单位充分利用其优势地位，争取到更多的有利条款

　　　　B．选择优秀的项目承建单位

　　　　C．充分发挥监理的作用，在整个项目过程中对承建单位的项目建设质量进行严格控制

　　　　D．承建单位尽可能多的投入资源，从承建单位中选择优秀的技术人员承担本项目建设

（45）A．选择的质量控制点应该突出重点，质量控制点都应放置在工程项目建设活动中的关键时刻和关键部位，以利于监理工程师开展质量控制工作

　　　　B．选择的质量控制点应该易于纠偏，有利于监理工程师及时发现质量偏差，同时有利于承建单位控制管理人员及时制定纠偏措施

　　　　C．质量控制点设置要有利于参与工程建设的三方共同从事工程质量的控制活动

　　　　D．保持控制点设置的灵活性和动态性，质量控制点设置并不是一成不变的，必须根据工程进展的实际情况，对已设立的质量控制点应随时进行必要的调整或增减

- （43）题，质量控制是指信息系统工程实施过程中在对信息系统质量有重要影响的关键时段进行质量检查、确认、决策及采取相应措施。

- （44）题，能否选择优秀的系统承建单位是质量控制最关键的因素。因为信息系统工程完成的主体是承建单位，因此在招投标阶段对集成商的选择非常重要，如果监理单位能较早介入工程，那么在集成商资质的审核方面会严格把关。

- （45）题，A错，选择的质量控制点应该突出重点，质量控制点应放置在工程项目建设活动中的关键时刻和关键部位，以利于控制影响工程质量目标的关键因素。

答案：（43）D、（44）B、（45）A

（2006 下） 凡由承建单位负责采购的原材料、半成品、构配件或设备，在采购订货前应向监理工程师申报，经（48）审查认可后，方可进行订货采购。

A．专家　　　B．总监理工程师　　　C．监理工程师　　　D．建设单位现场代表

- 监理工程师审查认可即可，不必事事都由总监理工程师亲力亲为。

- 监理工程师对材料构配件采购订货的控制内容：

（1）凡由承包单位负责采购的原材料、半成品或构配件，在采购订货前应向监理工程师申报；对于重要的材料，还应提交样品，供试验或鉴定；有些材料则要求供货单位提交理化试验单，经监理工程师审查认可后，方可进行订货采购。

（2）对于半成品或构配件，应按经过审批认可的设计文件和图纸要求采购订货，质量应满足有关标准和设计的要求，交货期应满足施工及安装进度安排的需要。

（3）供货厂家是制造材料、半成品、构配件主体，所以通过考查优选合格的供货厂家，是保证采购、订货质量的前提。为此，大宗的器材或材料的采购应当实行招标采购的方式。

（4）对于半成品和构配件的采购、订货，监理工程师应提出明确的质量要求，质量检测项目及标准，出厂合格证或产品说明书等质量文件的要求，以及是否需要权威性的质量认证等。

（5）某些材料，如机房装饰材料，订货时最好一次订齐或备足货源，以免由于分批生产而出现色泽不一的质量问题。

（6）供货厂方应向需方（订货方）提供质量文件，用以表明其提供的货物能够完全达到需方提出的质量要求。此外，质量文件也是承包单位（当承包单位负责采购时）在工程竣工时应提供的竣工文件的一个组成部分，用以证明工程项目所用的材料或构配件等质量符合要求。

答案：C

（2006 下） 工程监理单位代表建设单位对实施质量进行监理，（50）。
A．并对实施质量承担监理责任
B．并对实施质量与承建单位共同承担责任
C．并对实施质量承担连带责任
D．但对实施质量不承担责任

- 监理要达到的目的是"力求"实现项目目标。因此，监理单位和监理工程师"将不是，也不可能成为承建单位的工程承保人或保证人"。谁设计谁负责，谁施工谁负责，谁供应材料和设备谁负责，而作为工程承包合同"甲方、乙方"之外的"第三方"的监理单位和监理工程师则没有承担他们双方义务的义务。
- 监理是一种技术服务性质的活动。在监理过程中，监理单位只承担服务的相应责任。它不直接进行设计，不直接进行开发，不直接进行实施，不直接进行软硬件的采购、供应工作。因此，它不承担设计、开发、实施、软硬件选型采购方面的直接责任。
- 监理是提供脑力劳动服务或智力服务的行业。由于监理行业的存在，使建设项目的经济效益更高，速度更快，质量更好。它能够使粗放型的工程管理变成科学的工程项目管理。因此，监理单位只承担整个建设项目的监理责任，也就是在监理合同中确定的职权范围内的责任。

答案：A

（2006 下） 在工程质量统计分析方法中，寻找影响质量主次因素的方法一般采用（54）。
A．排列图法　　　B．因果分析图法　　　C．直方图法　　　D．控制图法

- 帕累托图（Pareto Chart，也叫排列图）源自帕累托法则：相对来说数量较小的原因往往造成绝大多数的问题或者缺陷。该法则也叫二八原理或 80-20 律，即 80% 的问题是 20% 的原因所造成的。
- 帕累托图将造成缺陷的原因从高到低排序，用于指导质量控制和质量保证工作，项目团队应首先采取措施消除造成最多数量缺陷的几个关键原因。

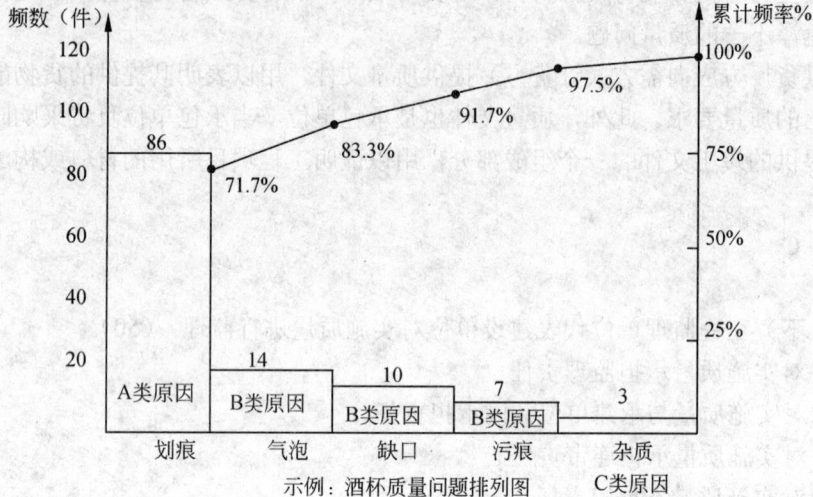

示例：酒杯质量问题排列图

答案：A

（**2006 下**）工程质量控制应坚持以人为核心的原则，重点控制（62）。

A．人的行为　　　　　　　　　B．人的作业能力
C．人的管理能力　　　　　　　D．人的控制能力

- 可以控制人的行为，但没法控制人的能力。

答案：A

（**2006 下**）监理工程师在审核参与投标企业近期承建工程的情况时，在全面了解的基础上，应重点考核（63）。

A．建设优质工程的情况　　　　B．在工程建设中是否具有良好的信誉
C．质量保证措施的落实情况　　D．与拟建工程相似或接近的工程

- 在招投标阶段审核承建单位以及人员资质时注意要点有：
（1）资质文件是否真实、齐全；

（2）承建单位的资质等级是否与本工程的规模相适应；

（3）承建单位的主要技术领域是否与本工程需要的技术相符合；

（4）拟派往本工程的项目管理人员是否具有信息产业部颁发的系统集成项目经理或者高级项目经理证书，证书是否真有效；

（5）其他技术人员的技术经历是否与本工程的技术要求相符合；

（6）承建单位是否建立了完善的质量保证体系。

- 四个选项中"与拟建工程相似或接近的工程"是最佳的，因为即便承建单位信誉很好、优质工程很多、质量保证措施很到位，但若从没有承担过"与拟建工程相似或接近的工程"，则会有很大的风险。

答案：D

（2006 下）对照①～⑤的描述，质量控制图（如下图所示）的用途是（64）。

①过程分析　　　　②过程控制　　　　③分析判断质量分布状态

④寻找影响质量的主次因素　　⑤评价过程能力

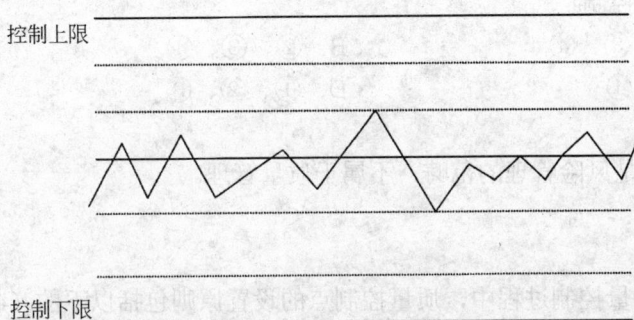

A. ①、②　　　B. ①、②、③　　　C. ①、③、④　　　D. ①、②、③、④、⑤

- 控制图（Control Charts）是对生产过程中产品质量状态进行分析与控制的统计工具，也称统计过程控制（Statistical Process Control，SPC）。控制图可以用来确定一个过程是否稳定，或者是否具有可预测的绩效。控制图可以用来监控任何形式的输出变量，比如，可用于监控进度和费用的变化、范围变化的度量和频率、项目说明中的错误以及其他管理结果。
- ③分析判断质量分布状态是直方图（Histogram）的功能。
- ④寻找影响质量的主次因素是帕累托图（排列图）的功能。
- ⑤评价过程能力是 CMM（软件过程能力成熟度模型）和 CMMI（软件过程能力成熟度集成模型）的功能。

答案：A

（2007 上）由于项目管理不够规范，引发了项目质量和进度方面的问题，监理方应该做的工作不包括（36）。

A．表明自己的观点和处理问题的态度

B．形成监理专题报告

C．必要时召开专题报告会议

D．对项目管理责任方进行处罚

- 监理方无权"对项目管理责任方进行处罚"，除非合同中有明确规定。

答案：D

（2007 上）信息系统工程质量管理包括下述的（39）。

① 质量保证体系的执行与完善

② 软件开发质量保证

③ 质量策划

④ 项目风险控制

A．①、②、③、④ B．②、③、④

C．①、②、④ D．①、②、③

- 风险控制是风险管理的范畴，不属于质量管理。

答案：D

（2007 上）质量控制过程中，质量控制点的设置原则包括以下的（41）。

① 选择的质量控制点应该突出重点

② 选择的质量控制点应该便于纠偏

③ 质量控制点设置要有利于参与工程建设的三方共同从事工程质量的控制活动

④ 控制点设置要一次到位

A．①、②、③、④ B．①、②、③

C．②、③、④ D．②、④

- ④不妥，应保持控制点设置的灵活性和动态性，对于一些大型系统信息系统工程项目，由于建设规模庞大，建设周期较长，影响因素繁多，工程项目建设目标干扰严重，质量控制点设置并不是一成不变的，必须根据工程进展的实际情况，对已设立的质量控制点应随时进行必要的调整或增减，使质量控制点设置具有相应的灵活性和动态性，以达到对工程质量总目标的全过程、全方位的控制。

答案：B

（2007 上）关于隐蔽工程与重新检验的说法不正确的是（56）。

A．监理工程师未能按规定时间提出延期要求，又未按时参加验收，承建单位可自行组织验收，该检验应视为监理工程师在场情况下进行的验收

B．监理工程师没有参加验收，当其对某部分的工程质量有怀疑，不能要求承建单位对已经隐蔽的工程进行重新检验

C．无论监理工程师是否参加了验收，当其对某部分的工程质量有怀疑，均可要求承建单位对已经隐蔽的工程进行重新检验

D．重新检验表明质量不合格，承建单位承担由此发生的费用和工期损失

- B 错，C 正确，无论监理工程师是否参加了验收，当其对某部分的工程质量有怀疑，均可要求承建单位对已经隐蔽的工程进行重新检验。

答案：B

（2007 上）ISO 9000:2000 族标准的理论基础是（59）。

A．预防为主　　　　　　　　B．质量第一

C．八项质量管理原则　　　　D．全面质量管理

- ISO 9000 八项质量管理原则：

（1）以顾客为关注焦点，组织依存于顾客。因此，组织应当理解顾客当前和未来的需求，满足顾客要求并争取超越顾客期望。

（2）领导作用，领导者确立组织统一的宗旨及方向。他们应当创造并保持使员工能充分参与实现组织目标的内部环境。

（3）全员参与，各级人员都是组织之本，只有大家充分参与，才能使大家的才干为组织带来收益。

（4）过程方法，将活动和相关的资源作为过程进行管理，可以更高效地得到期望的结果。

（5）管理的系统方法，将相互关联的过程作为系统加以识别、理解和管理，有助于提高实现目标的有效性和效率。

（6）持续改进，持续改进总体业绩应当是组织的一个永恒目标。

（7）基于事实的决策方法，有效决策是建立在数据和信息分析的基础上。

（8）与供方互利的关系，组织与供方是相互依存的，互利的关系可增强双方创造价值的能力。

- 这八项质量管理原则形成了 ISO 9000 族质量管理体系标准的基础。

答案：C

（2007 上）在质量控制中，动态掌握质量状态，判断项目建设过程的稳定性应采用（64）。

A．直方图法 　　　　　　　　　B．因果分析图法

C．排列图法 　　　　　　　　　D．控制图法

- 控制图（Control Charts）是对生产过程中产品质量状态进行分析与控制的统计工具，也称统计过程控制（Statistical Process Control，SPC）。控制图可以用来确定一个过程是否稳定，或者是否具有可预测的绩效。

答案：D

（2007 上）检验外购电子设备是否合格，一般要经过（65）后进行判断。

A．加电后一定时间的运行

B．联调后无负荷运行

C．联调后模拟负荷运行

D．直接投入应用环境

- A 是首要和通用的环节，适用于各种情况；B、C、D 只应用于特定环节或环境。
- 设备加电测试主要是为了检测是否有到货即坏（Dead On Arrival，DOA）的设备，如发现问题可及时解决，确保整个工程能够按期完成。

答案：A

（2007 上） Which of the following is not part of a modern quality management concept? （74）

A．Performance standard is zero defects

B．Quality must be inspected in

C．85% of failures occur because of the process，not the worker

D．Quality is a 4 cycle process — plan/do/check/act

- 下列哪个不属于现代质量管理理论？（74）

A．性能标准是零缺陷

B．质量是检查出来的

C．85% 的失败来源于过程，而不是工人

D．质量是一个四步循环过程——PDCA（策划—实施—检查—处置）

- B 错，现代质量管理的基本信条之一是，质量是规划、设计和建造出来的，而不是检查测试出来的。（Quality must be planned in，designed in and built in，NOT inspected in or tested in）

- A 正确，这是 Crosby 的"零缺陷"理念，强调"第一次就把事情做对"。

答案：B

（2007 下）监理工程师对承建单位提交的总体技术方案进行质量审核应侧重于（39）。

A．各专业技术方案的实现是否符合国家或国际标准

B．技术、经济分析和比较

C．用户要求的使用功能和合同规定的质量要求是否得到满足

D．承建单位的包括人员、成本和知识等资源投入能否保证实施任务完成

- 审查承建单位提交的总体设计方案，主要审查以下内容：

（1）确保总体方案中已包括了建设单位的所有需求；

（2）要满足建设单位所提出质量、工期和造价等工程目标；

（3）总体方案要符合有关规范和标准；

（4）质量保证措施的合理性、可行性；

（5）方案要合理可行，不仅要有明确的实施目标，还要有可操作的实施步骤；

（6）对整个系统的体系结构、开发平台和开发工具的选择、网络安全方案等要进行充分论证。当前信息技术发展迅速，许多技术还没有达到成熟阶段，就被更先进的技术所替代，而且所花费的成本可能还更低。但是，需要注意的是，在信息系统工程中采用最新的、最先进的技术，会给质量控制带来技术风险；

（7）对总体设计方案中有关材料和设备进行比较，在价格合理的基础上确认其符合要求。

答案：C

（2007 下）在质量控制中，要分析判断质量分布状态应采用（41）。

A．直方图法　　　B．因果分析图法　　　C．排列图法　　　D．控制图法

- 直方图（Histogram），用于描述集中趋势、分散程度和统计分布形状，也称质量分布图。
- 与控制图不同，直方图不考虑时间对分布的影响。下图是一个直方图示例。

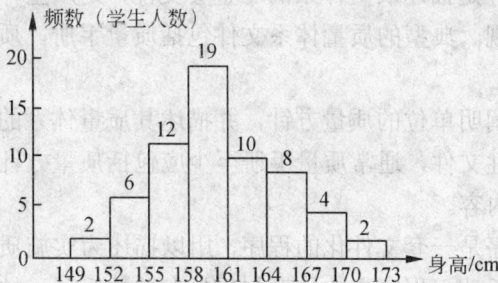

答案：A

（2007 下）利用数据统计方法控制质量的过程有：①进行统计分析；②判断质量问题；③收集整理质量数据；④拟订改进质量的措施；⑤分析影响质量的因素。其步骤是（42）。

A．①⑤④③② 　　　　　　　　　B．③①②④⑤
C．③①②⑤④ 　　　　　　　　　D．⑤③①②④

- 利用数据统计方法控制质量的过程有：
（1）收集整理质量数据；
（2）进行统计分析；
（3）判断质量问题；
（4）分析影响质量的因素；
（5）拟订改进质量的措施。
答案：C

（2007 下）软件产品验收过程由（43）组织实施。
A．业主单位 　　　　　　　　　B．监理单位
C．监理单位协助业主单位 　　　　D．承建单位和业主单位

- 软件产品验收过程由监理单位协助业主单位组织实施。承建单位必须积极支持完成软件产品验收工作。
答案：C

（2007 下）质量手册、程序文件和（45）属于质量管理体系文件。
A．质量计划 　　B．质量目标 　　C．质量方针 　　D．作业指导书

- 根据《信息系统监理师教程》第 51~52 页：
  - 质量体系文件是描述质量体系的一整套文件，是质量体系的具体体现和质量体系运行的法规。典型的质量体系文件包括质量手册、质量体系程序、详细作业指导书。
  - 质量手册是阐明单位的质量方针，并描述其质量体系的文件，它是质量体系文件中的纲领性文件，通常质量手册至少应包括质量方针、质量手册评审修改控制的规定等内容。
  - 质量体系程序是一套文件化的程序，用以描述为实施质量体系要素所涉及的各职能部门的活动。程序文件是对与质量有关的管理、技术人员的控制的依据，

必须具有可操作性和可检查性。

- 详细作业指导书是描述程序文件中某个具体过程、事物形成的技术性细节的文件，可按照程序文件的要求，结合监理单位的实际情况编制。

- 注意：《信息系统监理师教程》由于出版年代较早，其上关于质量管理体系文件的描述已经陈旧，根据 2009 年 3 月 1 日开始实施的《GB/T 19001—2008 质量管理体系 要求》，质量管理体系文件应包括：

（1）形成文件的质量方针和质量目标；

（2）质量手册；

（3）本标准所要求的形成文件的程序和记录；

（4）组织确定的为确保其过程有效策划、运行和控制所需的文件，包括记录。

答案：D

（2007 下）设备开箱检查，应检查（50）各项并做好记录。

①箱号、箱数以及包装情况

②设备的名称、型号和规格

③设备的技术文件、资料及专用工具

④设备有无缺损件、表面有无损坏和锈蚀等

⑤设备性能、参数等

A. ①②③④⑤   B. ①②③④

C. ②③④⑤   D. ①③④⑤

- 设备的性能和参数需要加电连通之后才能检查，开箱检查时无法获知。

答案：B

（2007 下）质量因素"4M1E"指的是（52）。

A. 人、机器、原材料、方法、环境

B. 人、机器、方法、成本、政策

C. 人、原材料、方法、成本、环境

D. 外部因素和内部因素

- 4M1E 指 Man（人）、Machine（机器）、Material（物）、Method（方法）、Environments（环境），也就是人们常说的：人、机、料、法、环。

答案：A

（2007 下）关于设备到场验收检查，以下说法正确的是（54）。

A. 设备到货时，只需承建方和监理方到现场进行检查

B. 设备到货开箱检查可以在承建方库房进行

C. 监理方必须对所有设备进行开箱检验

D. 在大批量同规格设备到货时，监理方可进行抽查

- A 错，需业主方、监理方、承建方三方一起验收。

- B 错，"设备到场"这其中的"场"不是承建方的库房，而是项目实施现场。

- D 正确，对于到货验收的抽查，主要是针对大量设备到货情况，比如一次进来 500 台不同型号的 PC，这时就需要对不同型号的产品进行抽查。在抽查时，要有详细的记录。对于少量设备到货的情况，要逐一检查。

- 详见《信息系统监理师教程》92 页。

答案：D

（2007 下）质量认证中的"3C"标志是（58）。

A. 产品合格认证标志　　　　　B. 强制性产品认证标志

C. 质量管理体系认证标志　　　D. 国际上产品认证的通用标志

- CCC 是"中国强制认证"（China Compulsory Certification）的英文缩写。CCC 构成了中国强制认证标志的基本图案。

- 根据《强制性产品认证管理规定》（2009 年 5 月 26 日国家质量监督检验检疫总局第 117 号令），国家对涉及人类健康和安全，动植物生命和健康，以及环境保护和公共安全的产品实行强制性认证制度。

安全认证标志　　电磁兼容类认证标志　　消防认证标志　　安全与电磁兼容认证标志

- 当前的"CCC"认证标志分为四类，分别为：

（1）CCC+S 安全认证标志；

（2）CCC+EMC 电磁兼容类认证标志；

（3）CCC+S&E 安全与电磁兼容认证标志；

（4）CCC+F 消防认证标志。

答案：B

（2007 下）关于监理质量控制，不正确的是（66）。

A．对所有的隐蔽工程在进行隐蔽以前进行检查和办理签认

B．对重点工程要派监理人员驻点跟踪监理

C．对各软件开发过程进行质量保证并对开发结果进行确认测试

D．对工程主要部位、主要环节及技术复杂工程加强检查

- C 错，"对各软件开发过程进行质量保证并对开发结果进行确认测试"是承建方 QA 人员和测试人员的工作。

答案：C

（2007 下）旁站监理是指监理人员在工程施工阶段监理中，对（67）的施工质量实施现场跟班的监督活动。

A．隐蔽工程　　　　　　　　　B．软件开发

C．关键线路上的工作　　　　　D．关键部位、关键工序

- 旁站监理是指监理人员在施工现场对某些关键部位或关键工序的实施全过程现场跟班的监督活动。

- 旁站往往是在那些出现问题后难以处理的关键过程或关键工序。现场旁站比较适合于网络综合布线、设备开箱检验、机房建设等方面的质量控制，也适合其他与现场地域有直接关系的项目质量控制的工作。

- 注意：隐蔽工程和关键部位、关键工序是两个不同的概念，不可混淆。

答案：D

（2007 下）工程监理人员发现信息工程设计不符合相关工程质量标准或者合同约定的质量要求时，（68）。

A．向承建单位发"停工令"

B．有权自行改正后通知承建单位

C．应当报告建设单位后自行改正

D．应当报告建设单位要求承建单位改正

- 注意这题不能选 A，设计不符合标准或合同要求时，应首先要求承建单位改正，而不是立即下发停工令；只有当承建单位"擅自变更设计及开发方案自行实施、开发"时才应下达停工令；简言之，设计阶段一般是限期整改，停工令一般是在实施开发阶段时使用。

- 在下述情况下，总监理工程师有权下达停工令：

（1）实施、开发中出现质量异常情况，经提出后承建单位仍不采取改进措施者；或者采取的改进措施不力，还未使质量状况发生好转趋势者。

（2）隐蔽作业（指综合布线及系统集成中埋入墙内或地板下的部分）未经现场监理人员查验自行封闭、掩盖者。

（3）对已发生的质量事故未进行处理和提出有效的改进措施就继续进行者。

（4）擅自变更设计及开发方案自行实施、开发者。

（5）使用没有技术合格证的工程材料、没有授权证书的软件，或者擅自替换、变更工程材料及使用盗版软件者。

（6）未经技术资质审查的人员进入现场实施、开发者。

答案：D

（2007 下）A quality assurance team should be （75）.

① associated with any particular development group

② depended upon any particular development group

③ responsible for reporting directly to management

④ in-depended upon any particular development group

A. ①②　　　　　B. ②③　　　　　C. ③④　　　　　D. ①②③④

- 质量保证团队应该：
① 与某特定的开发小组相关联。
② 依赖于某特定的开发小组。
③ 直接向管理层汇报工作。
④ 独立于任何特定的开发小组。

答案：C

（2008 上）旁站监理人员实施旁站监理时，如发现实施单位存在违反工程建设强制性标准的行为，首先应（37）。

A. 责令实施单位立即整改　　　　　B. 立即下达工程暂停令

C. 立即报告总监理工程师　　　　　D. 立即报告业主代表

- 此时，旁站监理人员首先应责令实施单位立即整改。
- 这题不能选 B，下达工程暂停令是总监理工程师的职责，旁站监理人员无权下达。

答案：A

（2008 上）在 PDCA 循环中，P 阶段的职能包括（38）等。

A. 确定质量改进目标，制定改进措施

B. 明确质量要求和目标，提出质量管理行动方案

C. 采取应急措施，解决质量问题

D. 规范质量行为，组织质量计划的部署和交底

- PDCA 循环，即戴明环：策划—实施—检查—处置（Plan-Do-Check-Action）。
- A 选项是 Action，B 选项是 Plan，C 选项是 Action，D 选项是 Do。

答案：B

（2008 上）在质量控制中，排列图是用来（44）的。

A. 分析并控制工序质量　　　　　　B. 分析影响质量的主要问题

C. 分析质量问题产生的原因　　　　D. 分析、掌握质量分布规律

- 分析并控制工序质量是控制图（Control Charts）的功能。
- 分析影响质量的主要问题是帕累托图（Pareto Chart，也叫排列图）的功能。
- 分析质量问题产生的原因是因果图（Cause and Effect Diagram，也叫石川图、鱼刺图、鱼骨图）的功能。
- 分析、掌握质量分布规律是直方图（Histogram）的功能。

答案：B

（2008 上）设计质量有两层意思，首先设计应（47），其次设计必须遵守有关的技术标准、规范和规程。

A. 满足项目建议书要求

B. 满足业主所需的功能和使用价值

C. 受经济、资源、技术、环境等因素制约

D. 受项目质量目标和水平的限制

- 设计的质量有两层意思，首先设计应满足业主所需的功能和使用价值，符合业主投资的意图，而业主所需的功能和使用价值，又必然要受到经济、资源、技术、环境等因素的制约，从而使项目的质量目标与水平受到限制；其次设计都必须遵守有关信息化建设的一系列技术标准、规范、规程，这是保证设计质量的基础。

答案：B

（2008 上）对于质量控制点，说法正确的是（48）。

A. 信息工程项目的重点控制对象或重点建设进程

B. 项目关键里程碑

C. 只有在项目实施阶段才有质量控制点

D. 只有在项目验收阶段才有质量控制点

- 所谓质量控制点，是指对信息系统工程项目的重点控制对象或重点建设进程，实施有效的质量控制而设置的一种管理模式。
- 在工程项目进行的不同阶段，依据项目的具体情况，可设置不同的质量控制点，通常情况下可分为工程准备阶段的质量控制点、设计阶段的质量控制点、实施阶段的质量控制点和验收阶段的质量控制点。
- 其目的就是通过对控制点的设置，可以将工程质量总目标分解为各控制点的分目标，以便通过对各控制点分目标的控制，来实现对工程质量总目标的控制。

答案：A

（2008 上）工程产品质量没有满足某个规定的要求，就称之为（66）。

A. 质量事故　　　B. 质量不合格　　　C. 质量问题　　　D. 质量通病

- 根据 ISO 9000 族质量标准，产品质量没有满足某个规定的要求，称之为质量不合格。
- 根据 1989 年建设部颁布的第 3 号令《工程建设重大事故报告和调查程序规定》和 1990 年建设部建工字第 55 号《关于第 3 号部令有关问题的说明》：凡是工程质量不合格，必须进行返修、加固或报废处理，由此造成直接经济损失低于 5000 元的称为质量问题；直接经济损失在 5000 元（含 5000 元）以上的称为工程质量事故。
- 2007 年的国务院令第 493 号《生产安全事故报告和调查处理条例》和住房和城乡建设部建质[2010]111 号文件，将工程质量事故标准进行了大幅度提高：
  - 根据工程质量事故造成的人员伤亡或者直接经济损失，工程质量事故分为 4 个等级：

（一）特别重大事故，是指造成 30 人以上死亡，或者 100 人以上重伤，或者 1 亿元以上直接经济损失的事故；

（二）重大事故，是指造成 10 人以上 30 人以下死亡，或者 50 人以上 100 人以下重伤，或者 5000 万元以上 1 亿元以下直接经济损失的事故；

（三）较大事故，是指造成 3 人以上 10 人以下死亡，或者 10 人以上 50 人以下重伤，或者 1000 万元以上 5000 万元以下直接经济损失的事故；

（四）一般事故，是指造成 3 人以下死亡，或者 10 人以下重伤，或者 100 万元以上 1000 万元以下直接经济损失的事故。

- 工业和信息化部目前尚无关于信息化工程建设质量事故的规定。

答案：B

（2008 上）在施工过程中，承包人应对自己采购的材料设备质量进行严格的控制，当承包人采购的材料设备与标准或者设计要求不符时，（68）的做法是错误的。

A．监理工程师可以拒绝验收

B．承建单位承担由此发生的费用

C．承建单位可暂时存放这些材料设备于现场，并按照监理工程师的要求重新采购符合要求的产品

D．由此造成工期延误不予顺延

- C错，不合格材料不能进场。
- 承包人采购的材料设备与设计或者标准要求不符时，承包人应在监理工程师要求的时间内运出施工现场，重新采购符合要求的产品，承担由此发生的费用，工期延误不予顺延。
- 监理工程师发现承包人采购并使用不符合设计或标准要求的材料设备时，应要求由承包人负责修复、拆除或重新采购，并承担发生的费用，工期延误不予顺延。

答案：C

（2008 下）信息系统建设验收阶段所需遵循的基本原则中，错误的表述是（39）。

A．验收测试和配置审核是验收评审前必须完成的两项主要检查工作，由验收委员会主持

B．测试组在认真审核需求规格说明、确认测试和系统测试的计划与分析结论的基础上制定验收测试计划

C．原有测试和审核结果一律不可用，必须重做该项测试或审核，同时可根据业主单位的要求临时增加一些测试和审核内容

D．配置审核组完成物理配置审核，检查程序与文档的一致性、文档与文档的一致性、交付的产品与"合同"要求的一致性及符合有关标准的情况

- 验收的基本原则：

（1）验收测试和配置审核是验收评审前必须完成的两项主要检查工作，由验收委员会主持。

（2）测试组在认真审查需求规格说明、确认测试和系统测试的计划与分析结论的基础上制订验收测试计划。

（3）配置审核组在需求规格说明、确认测试、系统测试等过程中形成的产品的变更管理及审核工作的基础上开展审计。

（4）原有测试和审核结果凡可用的就利用，不必重做该项测试或审核。同时可根据业主单位的要求临时增加一些测试和审核内容。

（5）测试组在完成验收测试的同时，完成功能配置审核，即验证软件功能和接口与"合同"的一致性。

（6）配置审核组完成物理配置审核，检查程序和文档的一致性、文档和文档的一致性、交付的产品与"合同"要求的一致性及符合有关标准的情况。

答案：C

（2008 下） 在质量管理体系认证中，认证机构对申请单位的质量管理体系审核是质量管理体系认证的关键环节，其基本的工作程序是（40）。

①文件审核　　　　②现场审核　　　　③机构设置

④批准申请报告　　⑤提出审核报告

A．①②　　　　B．①②③④　　　　C．①②⑤　　　　D．①③④

- 质量管理体系认证实施程序：

（1）提出申请。申请单位向认证机构提出书面申请。

（2）认证机构进行审核。认证机构对申请单位的质量管理体系审核是质量管理体系认证的关键环节，其基本工作程序是：

① 文件审核。文件审核的主要对象是申请书的附件，即申请单位的质量手册及其他说明申请单位质量管理体系的材料。

② 现场审核。现场审查的主要目的是通过查证质量手册的实际执行情况，对申请单位质量管理体系运行的有效性做出评价，判定是否真正具备满足认证标准的能力。

③ 提出审核报告。现场审核工作完成后，审核组要编写审核报告，审核报告是现场检查和评价结果的证明文件，并需经审核组全体成员签字。

（3）审批与注册发证。认证机构对审核组提出的审核报告进行全面的审查。经审查若批准通过认证，则认证机构予以注册并颁发注册证书。

（4）获准认证后的监督管理。认证机构对获准认证（有效期为 3 年）的供方质量管理体系实施监督管理。这些管理工作包括供方通报、监督检查、认证注销、认证暂停、认证撤销、认证有效期的延长等。

答案：C

（2008 下） 机房工程实施过程中，监理人员有时将不合格的建设工程误认为是合格的，（48）往往是其主要原因。

A．有大量的隐蔽工程

B．施工中未及时进行质量检查

C．工程质量的评价方法具有特殊性

D．工程质量具有较大的波动性

- 施工中若未及时进行质量检查，监理人员可能会将不合格的建设工程误认为是合格的。

答案：B

（2008 下）设计质量的主要含义是：设计应首先（49），并且必须遵循有关的技术标准、规范和规程。

A．满足业主所需的功能和使用价值

B．满足项目建议书要求

C．受经济、资源、技术、环境等因素制约

D．受项目质量目标和水平的限制

- 设计的质量有两层意思，首先设计应满足业主所需的功能和使用价值，符合业主投资的意图，而业主所需的功能和使用价值，又必然要受到经济、资源、技术、环境等因素的制约，从而使项目的质量目标与水平受到限制；其次设计都必须遵守有关信息化建设的一系列技术标准、规范、规程，这是保证设计质量的基础。

答案：A

（2008 下）监理工程师在设计阶段进行质量控制时，重点是（55）。

A．设计方案质量审查　　　　　　B．进行多方案评比

C．设计工作协调　　　　　　　　D．设计质量评价

- 设计阶段监理的核心工作是对承建方提出的设计方案进行评审，重点是对设计方案的质量进行审查。
- D 选项中的"评价"一词不妥，监理工程师不是专家评价组，不负责对设计质量评分或评价（优、良、中、劣等）。

答案：A

（2008 下）ISO 9000:2000 族标准的理论基础是（62）。

A．预防为主　　　　　　　　　　B．质量第一

C．八项质量管理原则　　　　　　D．全面质量管理

- 八项质量管理原则形成了 ISO 9000 族质量管理体系标准的理论基础。

- 详见 2007 年上半年考试第 59 题的解析，此处不再赘述。

答案：C

（**2008 下**）关于隐蔽工程与重新检验的说法不正确的是（65）。

A．工程师未能按规定时间提出延期要求，又未按时参加验收，承包人可自行组织验收，该检验应视为工程师在场情况下进行的验收

B．工程师没有参加验收，当其对某部分的工程质量有怀疑，不能要求承包人对已经隐蔽的工程进行重新检验

C．无论工程师是否参加了验收，当其对某部分的工程质量有怀疑，均可要求承建单位对已经隐蔽的工程进行重新检验

D．重新检验表明质量不合格，承建单位承担由此发生的费用和工期损失

- B 错，C 正确，无论监理工程师是否参加了验收，当其对某部分的工程质量有怀疑，均可要求承建单位对已经隐蔽的工程进行重新检验。

答案：B

（**2008 下**）在进行工程质量控制时，直方图可以用来（67）。

A．寻找引起质量问题的主要因素

B．分析产生质量问题的原因

C．判断生产过程的质量状况

D．分析质量特性与影响因素之间的关系

- 寻找引起质量问题的主要因素是帕累托图（Pareto Chart，也叫排列图）的功能。
- 分析产生质量问题的原因是因果图（Cause and Effect Diagram，也叫石川图、鱼刺图、鱼骨图）的功能。
- 判断生产过程的质量状况是直方图（Histogram）的功能。
- 分析质量特性与影响因素之间的关系是散点图（Scatter Diagram）的功能，散点图显示两个变量之间的关系和规律，确定两个变量的变更之间可能存在的潜在关系。

答案：C

（**2008 下**）监理方在对信息化建设项目验收工作执行质量控制时，应首先要求承建单位提交（68）。经监理方审核通过后，承建单位再提交（69）。监理方审核通过后，由验收组执行验收工作。监理方对验收过程审查，给出验收结论。如果验收结论为"不通过"则执行（70）。

（68）A．验收方案　B．验收申请　C．验收测试数据　D．验收工作成果

（69）A．验收方案　B．验收申请　C．验收测试数据　D．验收工作成果

（70）A．工程竣工　　　　　　　B．工程终止并执行索赔

　　　C．工程限期整改　　　　　D．工程终止但不需要索赔

● 验收阶段质量控制流程如下：

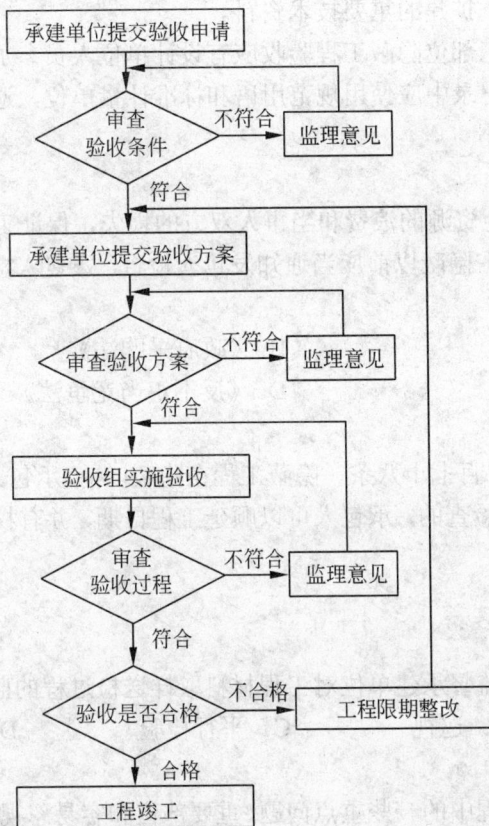

答案：（68）B、（69）A、（70）C

（2009 上） 隐蔽工程在下一道工序施工前，监理人员进行检查验收，应认真做好验收记录。以下关于验收记录的叙述，错误的是（19）。

A．验收记录应以各分项为基础，每分项每验收一次，则填写一份隐蔽验收记录，不可将不同分项、不同时间验收的隐蔽工程内容填写在同一张记录表内

B．隐蔽工程验收记录填写可以后补，但需反映工程实际情况

C．对于重要的施工部位隐蔽工程验收应有设计单位人员参加并在验收记录上签字

D．隐蔽工程验收记录中应使用规范用语和标准计量单位，避免造成误解或混淆

- 隐蔽工程验收记录填写要求：

（1）隐蔽工程验收记录应以各分项为基础，每一验收批（分区、分层或多区、多层）填写，即每分项每隐蔽验收一次，则填写一份隐蔽验收记录，不可将不同分项、不同时间验收的隐蔽工程内容填写在一张表格中。

（2）隐蔽工程验收记录填写要及时，不得后补，并能反映工程实际情况，可作为今后合理使用、维护、改造、扩建的重要技术资料。

（3）对于重要的施工部位隐蔽工程验收应有设计单位人员参加并在验收记录上签字。

（4）隐蔽工程验收记录中应使用规范用语和标准计量单位，避免造成误解或混淆。

答案：B

（**2009 上**）为了避免资源的浪费和当事人双方的损失，保证工程的质量和工程顺利完成，（20）规定，承包人在隐蔽以前应当通知发包人检查，发包人检查合格的，方可进行隐蔽施工。

A.《招标投标法》　　　　　　B.《政府采购法》

C.《合同法》　　　　　　　　D.《反不正当竞争法》

- 《合同法》 第二百七十八条　隐蔽工程在隐蔽以前，承包人应当通知发包人检查。发包人没有及时检查的，承包人可以顺延工程日期，并有权要求赔偿停工、窝工等损失。

答案：C

（**2009 上**）监理人员监督承建单位对工程材料取样送检过程的监理工作方式属于（39）。

A. 旁站　　　　B. 巡视　　　　C. 平行检验　　　　D. 见证

- 旁站是对施工过程中的一些重点问题、重要部位和容易忽视的方面进行重点检查和监控。
- 巡视是监理人员对正在施工的部位或工序在现场进行定期或不定期的监督。
- 平行检验是工程监理工作机构利用一定的检查或检测手段，在承建单位自检的基础上，按照一定的比例独立进行检查检测。
- 见证是指由监理工程师现场监督承包单位某工序全过程完成情况的活动。

答案：D

（**2009 上**）工程质量控制是为了保证工程质量符合（40）、规范标准所采取的一系列措施、方法和手段。

A. 工程合同　　　B. 质量目标　　　C. 质量计划　　　D. 质量手册

- 工程质量控制是为了保证工程质量符合工程合同、规范标准所采取的一系列措施、方法和手段。

答案：A

（2009 上）信息系统工程验收阶段的质量控制的优劣将直接影响工程项目交付使用的效益和作用。在信息系统工程验收阶段，监理在质量控制方面的主要工作内容不包括（47）。

A．主持工程的验收　　　　　　　B．审查工程验收方案
C．审查工程验收条件　　　　　　D．监控验收过程

- 业主方（建设单位）主持工程验收，监理方协助。

答案：A

（2009 上）当控制图点子排列出现（55）情况时，可以判断生产处于不正常状态。

① 连续 5 个点呈上升趋势

② 连续 6 个点呈上升趋势

③ 连续 7 个点呈上升趋势

④ 连续 11 个点中至少有 10 点在中心线同一侧

⑤ 连续 7 个点位于中心一侧

A．①②③④⑤　　　　B．②③⑤　　　　C．③④⑤　　　　D．①②

- 控制图判断异常的准则有两条：点子出界就判断异常；界内点排列不随机判断异常。
- 判断异常的准则：符合下列各点之一就认为过程存在异常因素：

（1）点子在控制界限外或恰在控制界限上；

（2）控制界限内的点子排列不随机；

（3）链：连续链，连续 9 点排列在中心线之下或之上；间断链，大多数点在一侧

（4）多数点屡屡靠近控制界限（在 2~3 倍的标准差区域内出现）。

- 连续 3 个点至少有 2 点接近控制界限。
- 连续 7 个点至少有 3 点接近控制界限。
- 连续 10 个点至少有 4 点接近控制界限。

（5）倾向性（连续不少于 6 点有上升或下降的倾向）与周期性。

（6）连续 14 点中相邻点交替上下。

（7）点子集中在中心线附近。（这种情况的原因多是：数据不真实或数据分层不当）

- 注意，截止到本书编写时，网上仍然流传着大量关于这道题的错误答案！这些错误答案依据的是 20 世纪 50 年代的统计过程控制理论。
- 根据 1991 年发布的 *ISO 8258—1991 shewhart control charts* 和 2001 年发布的《GB/T

4091—2001 常规控制图》，本题正确的是②③⑤。

- 主要区别为以下两条异常判断准则：

（1）连续 9 点或 9 点以上在中心线的同一侧（旧理论为 7 点）。

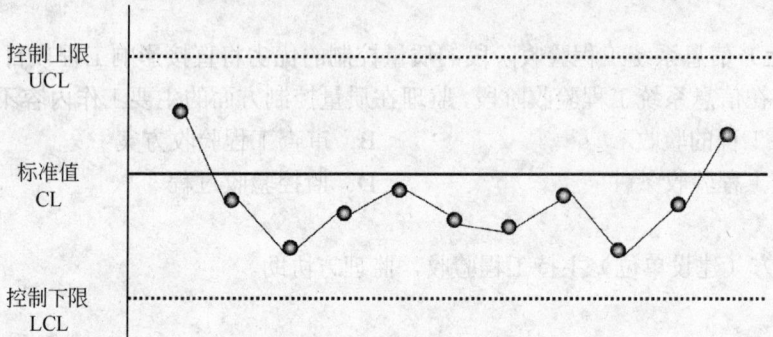

（2）连续 6 点呈上升或下降趋势（旧理论为 7 点）。

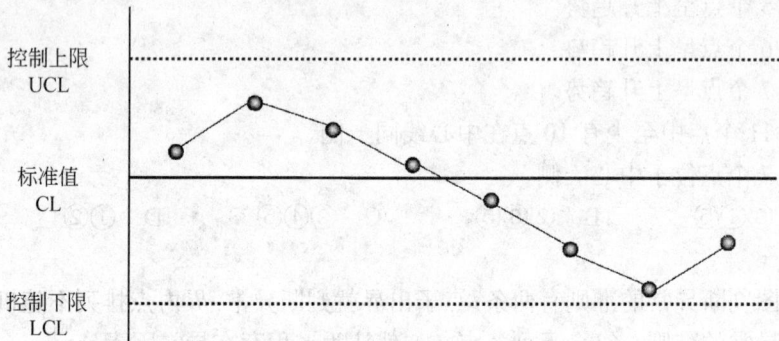

答案：B

（2009 上） 工程项目实施阶段出现（57）情况时，总监理工程师有权下达停工令。

① 擅自变更设计及开发方案而自行实施、开发

② 未经技术资质审查的人员进入现场实施、开发

③ 隐蔽作业（指综合布线及系统集成中埋入墙内或地板下的部分）未经现场监理人员查验自行封闭、掩盖

④ 将 W 点确定为软件开发关键工序，约定时间监理工程师未到现场检查而进行该 W 点的实施

A. ①②③④　　　　B. ①②③　　　　C. ①③④　　　　D. ②④

- 在必要的情况下，监理单位可按合同行使质量否决权，在下述情况下，总监理工程

师有权下达停工令：

（1）实施、开发中出现质量异常情况，经提出后承建单位仍不采取改进措施者；或者采取的改进措施不力，还未使质量状况发生好转趋势者。

（2）隐蔽作业（指综合布线及系统集成中埋入墙内或地板下的部分）未经现场监理人员查验自行封闭、掩盖者。

（3）对已发生的质量事故未进行处理和提出有效的改进措施就继续进行者。

（4）擅自变更设计及开发方案自行实施、开发者。

（5）使用没有技术合格证的工程材料、没有授权证书的软件，或者擅自替换、变更工程材料及使用盗版软件者。

（6）未经技术资质审查的人员进入现场实施、开发者。

- 注意：软件开发过程中不存在隐蔽问题，因此④不必要停工。
- 隐蔽工程，是指将被其后工程施工所隐蔽的分项、分部工程。
- 隐蔽工程一旦完成隐蔽，就会被后一道工序所覆盖，无法或很难再去检查其材料是否符合规格、施工是否规范、是否符合质量要求，如果以后出现问题需要整改会非常麻烦，并对已完成的工程造成不良的影响。

答案：B

（2009 上） 监理企业的质量方针应由企业（60）颁布。

A．管理者代表　　　　　　　　　B．质量主管

C．最高领导者　　　　　　　　　D．技术主管

- 根据《GBT 19000—2008 质量管理体系 基础和术语》，质量方针（quality policy）：由组织的最高管理者（top management）正式发布的该组织总的质量宗旨和方向。通常质量方针与组织的总方针一致并为制定质量目标提供框架。

答案：C

（2009 上） 在质量控制中，为寻找导致质量问题的主要因素应当采用（62）。

A．直方图法　　B．排列图法　　C．因果图法　　D．控制图法

- 为寻找导致质量问题的主要因素应当采用帕累托图（排列图）。

答案：B

（2009 上） 承建单位采购原材料、配构件、设备、软件等之前应向（63）申报。

A．业主代表　　　　　　　　　　B．监理工程师

C．材料工程师　　　　　　　　　D．项目经理

- 对材料构配件采购订货的控制：

（1）凡由承包单位负责采购的原材料、半成品或构配件，在采购订货前应向监理工程师申报；对于重要的材料，还应提交样品，供试验或鉴定；有些材料则要求供货单位提交理化试验单，经监理工程师审查认可后，方可进行订货采购。

（2）对于半成品或构配件，应按经过审批认可的设计文件和图纸要求采购订货，质量应满足有关标准和设计的要求，交货期应满足施工及安装进度安排的需要。

（3）供货厂家是制造材料、半成品、构配件主体，所以通过考查优选合格的供货厂家，是保证采购、订货质量的前提。为此，大宗的器材或材料的采购应当实行招标采购的方式。

（4）对于半成品和构配件的采购、订货，监理工程师应提出明确的质量要求，质量检测项目及标准，出厂合格证或产品说明书等质量文件的要求，以及是否需要权威性的质量认证等。

（5）某些材料，如机房装饰材料，订货时最好一次订齐或备足货源，以免由于分批生产而出现色泽不一的质量问题。

（6）供货厂方应向需方（订货方）提供质量文件，用以表明其提供的货物能够完全达到需方提出的质量要求。此外，质量文件也是承包单位（当承包单位负责采购时）在工程竣工时应提供的竣工文件的一个组成部分，用以证明工程项目所用的材料或构配件等质量符合要求。

答案：B

（**2009 上**）企业质量体系主要是满足（68）的需要。

A．质量管理　　　　　B．认证　　　　　C．顾客　　　　　D．认证与顾客

- 企业质量体系主要是满足质量管理的需要。

答案：A

（**2009 上**）A PM wanted to show management, visually, how quality controls were affecting processes. The best tool to accomplish this is（74）.

A．Diagrams　　　　　B．Histograms　　　C．Flowcharts　　　D．Control charts

- 项目经理要想直观地展现质量控制是如何影响项目过程的，最好的工具是控制图（Control charts）。
- A 选项是图，B 选项是直方图（柱状图），C 选项是流程图。

答案：D

（**2010 上**）下列建设单位权力可以由监理机构代为执行的是（36）。

A．接受或拒绝承包单位报价　　　　B．确定分包单位

C．追加合同款项　　　　　　　　　D．对工程进行质量否决

* 监理方经建设单位授权后可以对工程质量进行否决。

答案：D

（**2010 上**）工程质量控制过程中，设置质量控制点的作用包括（47）。

① 可以将复杂的工程质量总目标分解为简单分项的目标

② 可以直接减少质量问题的产生

③ 有利于制定、实施纠偏措施和控制对策

④ 能够保证质量问题的彻底解决

A．①②③④　　　B．①③　　　C．①③④　　　D．①②③

* 设置质量控制点的意义：

（1）通过质量控制点设置，便于对工程质量总目标的分解，可以将复杂的工程质量总目标分化为一系列简单分项的目标控制；

（2）设置质量控制点，有利于监理工程师和承建单位的控制管理人员及时分析和掌握控制点所处的环境因素，易于分析各种干扰条件对有关分项目标产生的影响及其影响程度的测定；

（3）设置质量控制点，有利于监理工程师和承建单位的控制管理人员监测分项控制目标，计算分项控制目标值与实际标值的偏差；

（4）由于质量控制点目标单一，且干扰因素便于测定，有利于监理工程师和承建单位的控制管理人员制定、实施纠偏措施和控制对策；

（5）通过对下层级质量控制点分项目标的实现，对上层级质量控制点分项目标提供保证，从而可以保证上层级质量控制点分项控制目标的实现，直到工程质量总目标的最终实现。

* ②是设置质量控制点所做不到的，④是永远无法实现的。

答案：B

（**2010 上**）工程招投标阶段监理质量控制的工作内容不包括（48）。

A．协助建设单位确定工程的整体质量目标

B．审核项目的招标文件

C. 协助建设单位编制项目的工作计划

D. 见证项目的招投标过程

- 监理单位在招投标阶段质量控制的注意要点有：

（1）协助建设单位提出工程需求方案，确定工程的整体质量目标；

（2）参与标书的编制，并对工程的技术和质量、验收准则、投标单位资格等可能对工程质量有影响的因素明确提出要求；

（3）协助招标公司和建设单位制定评标的评定标准；

（4）对项目的招标文件进行审核，对招标书涉及的商务内容和技术内容进行确认；

（5）监理在协助评标时，应对投标单位标书中的质量控制计划进行审查，提出监理意见；

（6）对招标过程进行监控，如招标过程是否存在不公正的现象等问题；

（7）协助建设单位与中标单位洽商并签订工程合同，在合同中要对工程质量目标提出明确的要求。

- 协助建设单位编制项目的工作计划是进度控制的工作内容。

答案：C

（2010 上）（75） is not the tool name for quality controlling used in the figure below.

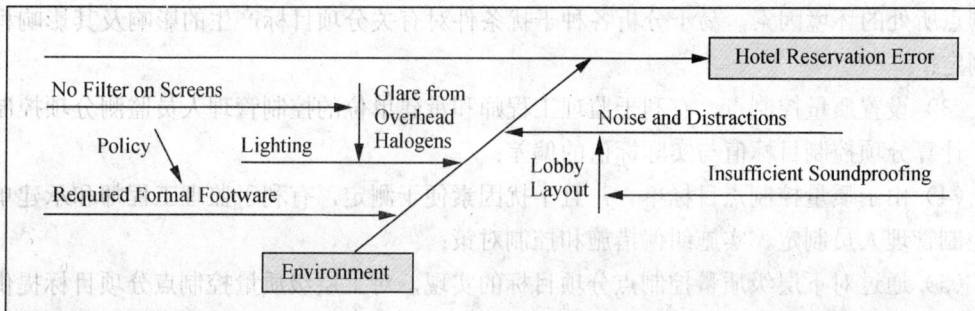

A. Cause and Effect Diagrams　　　B. Ishikawa Diagrams

C. Fishbone Diagrams　　　　　　　D. Scatter Diagram

- （75）不是下图所示的质量控制工具的正确名称：

A. 因果图　　　　B. 石川图　　　　C. 鱼骨图　　　　D. 散点图

- 因果图是日本质量管理学者石川馨（Ishikawa）首先提出的，因此又称石川图，由于其形状近似于鱼刺，所以又称鱼刺图、鱼骨图，它把影响产品质量诸因素之间的关系以树状图的方式表示出来，使人一目了然，便于分析原因并采取相应的措施。

答案：D

（**2010 下**）属于项目分析设计阶段监理工作的内容是（40）。

A．审查承建单位的资质

B．审核项目需求规格说明书

C．检查软件测试的工作进度

D．编写项目监理总结报告

- A 是招投标阶段监理工作内容。
- B 是设计阶段监理工作内容。
- C 是实施阶段监理工作内容。
- D 是验收阶段监理工作内容。

答案：B

（**2010 下**）信息系统工程项目是由建设单位、承建单位和监理单位共同完成的，因此，质量控制任务也应该由建设单位、承建单位和监理单位共同完成。下面关于质量管理体系中三方关系的说法，不妥的是（47）。

A．承建单位是工程建设的实施方，因此承建单位的质量控制体系能否有效运行是整个项目质量保障的关键

B．建设单位作为工程建设的投资方和用户方，应该建立较完整的工程项目管理体系，这是项目成功的关键因素之一

C．监理单位是工程项目的监督管理协调方，既要按照自己的质量控制体系从事监理活动，还要对承建单位的质量控制体系以及建设单位的工程管理体系进行监督和指导，使之能够在工程建设过程中得到有效的实施

D．质量管理过程中，建设单位的参与人员是建设单位为本项目配备的质量管理人员，承建单位的参与人员是承建单位的项目经理和质量管理人员，监理单位的参与人员主要是质量监理工程师、总监理工程师和专家

- D 不妥，建设单位的参与人员是建设单位为本项目配备的质量管理人员，承建单位的参与人员是承建单位的质保部门的质量管理人员，监理单位的参与人员主要是质量监理工程师、总监理工程师和专家。
- 信息工程项目质量控制体系中三方的关系如下图所示（图中虚线为可根据实际需要选择）。

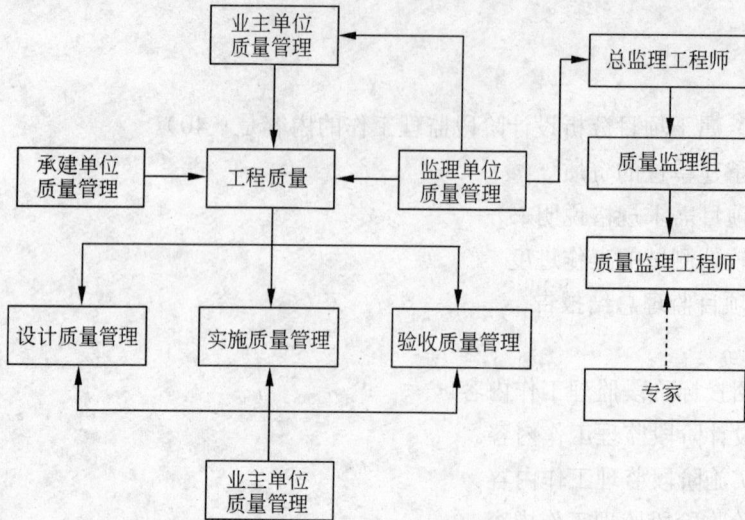

答案：D

（2010 下） 在工程设计阶段，不属于监理审核内容的是（48）。

A. 需求范围　　　B. 系统架构　　　C. 测试用例　　　D. 业务流程

- C 属于信息应用系统建设项目实施阶段的监理审核内容。

答案：C

（2010 下） 一般来说，设计阶段需要由（49）对各设计实施方案进行审核。

A. 专家　　　B. 监理工程师　　　C. 总监理工程师　　　D. 总监代表

- 各专业的一般性的审核工作应由专业监理工程师来做。
- 专业监理工程师的职责如下：

（1）负责编制监理规划中本专业部分以及本专业监理实施方案；

（2）按专业分工并配合其他专业对工程进行抽检、监理测试或确认见证数据，负责本专业的测试审核、单元工程验收，对本专业的子系统工程验收提出验收意见；

（3）负责审核系统实施方案中的本专业部分；

（4）负责审核承建单位提交的涉及本专业的计划、方案、申请、变更，并向总监理工程师提出报告；

（5）负责核查本专业投入软、硬件设备和工具的原始凭证、检测报告等质量证明文件及其实物的质量情况；根据实际情况有必要时对上述进行检验；

（6）负责本专业工程量的核定，审核工程量的数据和原始凭证；

（7）负责本专业监理资料的收集、汇总及整理，参与编写监理日志、监理月报。

- 设计实施方案经各监理工程师审核后，由总监理工程师审定签发。

答案：B

（**2011 上**）质量体系文件通常由三部分组成，包括质量手册、（28）和作业指导书。

A．质量原则　　　B．质量记录　　　C．质量说明　　　D．程序文件

- 根据《信息系统监理师教程》第 51~52 页：
  - 质量体系文件是描述质量体系的一整套文件，是质量体系的具体体现和质量体系运行的法规。典型的质量体系文件包括质量手册、质量体系程序、详细作业指导书。
  - 质量手册是阐明单位的质量方针，并描述其质量体系的文件，它是质量体系文件中的纲领性文件，通常质量手册至少应包括质量方针、质量手册评审修改控制的规定等内容。
  - 质量体系程序是一套文件化的程序，用于描述为实施质量体系要素所涉及的各职能部门的活动。程序文件是对与质量有关的管理、技术人员的控制的依据，必须具有可操作性和可检查性。
  - 详细作业指导书是描述程序文件中某个具体过程、事物形成的技术性细节的文件，可按照程序文件的要求，结合监理单位的实际情况编制。
- 注意：《信息系统监理师教程》由于出版年代较早，其上关于质量管理体系文件的描述已经陈旧，根据 2009 年 3 月 1 日开始实施的《GB/T 19001—2008 质量管理体系 要求》，质量管理体系文件应包括：

（1）形成文件的质量方针和质量目标；

（2）质量手册；

（3）本标准所要求的形成文件的程序和记录；

（4）组织确定的为确保其过程有效策划、运行和控制所需的文件，包括记录。

答案：D

（**2011 上**）质量体系文件的特性不包括（29）。

A．法规性　　　　B．不变性　　　　C．唯一性　　　　D．适用性

- 质量体系文件的特性有：

（1）法规性。质量体系文件是组织管理质量的法规，是严肃的指令性文件，这体现在：要经过一定的程序，由相关的管理者正式审核、批准、发布；文件一旦批准实施，必须认真执行，不允许任何人员违反；文件若修改，必须按规定的程序进行；文件作为评价实际运行的依据。

（2）唯一性。对一个组织，其质量体系文件是唯一的；通过清楚、准确、全面、简单扼要的表达方式，实现唯一的理解；决不许对同一事项的相互矛盾的不同的文件同时使用。

（3）适用性。遵循"最简单、最易懂"原则编写各类文件；所有文件的规定都应保证在实际工作中能完全做到；编写任何文件都应依据标准的要求和企业的现实；发现了文件的不适合情况，应立即按规定程序修改。

（4）系统性。体系文件应覆盖 ISO 9001 标准的全部要素，有条理地形成文件系统；体系文件各层次之间应相互协调、互相印证，不同层次体现不同特点；体系文件的所有规定应与公司的其他管理规定相协调，与有关技术标准、规范相互协调；处理好各种接口，避免不协调或职责不清。

- 质量体系文件经常需要根据组织的实际情况进行更新和修订，因此不具有不变性。

答案：B

（**2011 上**）下列因素对信息系统工程的质量产生负面影响相对较小的是（47）。

A．工程投资相对较高　　　　　　　B．项目经理工程经验较少

C．项目实施人员流动频繁　　　　　D．系统变更调整较为随意

- 投资高并不是负面因素，与质量差没有必然关系
- 但是，项目经理工程经验较少、项目实施人员流动频繁、系统变更调整较为随意将直接对工程质量产生负面影响。

答案：A

（**2011 上**）监理在设计阶段常选用的质量控制措施不包括（48）。

A．组织设计交底会

B．审查关键部位测试方案

C．协助建设单位制定项目质量目标规划

D．协助建设单位提出工程需求方案，确定工程的整体质量目标

- D 是招投标阶段的监理工作内容。
- 监理单位在招投标阶段质量控制的注意要点有：

（1）协助建设单位提出工程需求方案，确定工程的整体质量目标；

（2）参与标书的编制，并对工程的技术和质量、验收准则、投标单位资格等可能对工程质量有影响的因素明确提出要求；

（3）协助招标公司和建设单位制定评标的评定标准；

（4）对项目的招标文件进行审核，对招标书涉及的商务内容和技术内容进行确认；

（5）监理在协助评标时，应对投标单位标书中的质量控制计划进行审查，提出监理意见；

（6）对招标过程进行监控，如招标过程是否存在不公正的现象等问题；

（7）协助建设单位与中标单位洽商并签订工程合同，在合同中要对工程质量目标提出明确的要求。

● 监理单位在设计阶段质量控制的注意要点有：

（1）了解建设单位建设需求和对信息系统安全性的要求，协助建设单位制定项目质量目标规划和安全目标规划；

（2）对各种设计文件，提出设计质量标准；

（3）进行设计过程跟踪，及时发现质量问题，并及时与承建单位协调解决；

（4）审查阶段性设计成果，并提出监理意见；

（5）审查承建单位提交的总体设计方案；

（6）审查承建单位对关键部位的测试方案，如主机网络系统软硬件测试方案、应用软件开发的模块功能测试方法等；

（7）协助承建单位建立、完善针对该信息工程建设的质量保证体系，包括完善计量及质量检测技术和手段；

（8）协助总承建单位完善现场质量管理制度，包括现场会议制度、现场质量检验制度、质量统计报表制度和质量事故报告及处理制度等；

（9）组织设计文件及设计方案交底会，熟悉项目设计、实施及开发过程，根据有关设计规范，实施验收及软件工程验收等规范、规程或标准，对有的工程部位下达质量要求标准。

答案：D

（**2011** 上）下列关于监理设置质量控制点的说法，错误的是（49）。

A．质量控制点的设置应相对灵活，可根据实际情况进行调整和增减

B．监理应自行设定质量控制点时，无须与承建单位进行商定

C．质量控制点应设置在工程质量目标偏差易于测定的关键处

D．质量控制点的设置应利于监理工程师及时发现质量偏差

- B 错，质量控制点设置要有利于参与工程建设的三方共同从事工程质量的控制活动，三方应根据项目的具体情况，商定各个阶段的质量控制重点，并制定各自的质量控制措施。

答案：B

（2011 上）以下做法正确的是（70）。

A．承建单位要求项目暂停实施，总监理工程师签发"停工令"

B．由于出现项目质量问题，必须进行停工处理，总监理工程师签发"停工令"

C．发生必须暂停实施的紧急事件，总监理工程师代表签发"停工令"

D．发生需要停工事件，但建设方暂不允许项目暂停，总监理工程师不签发"停工令"

- A 错，不属于下述的 6 种情况，总监理工程师无权下达停工令，承建单位无权要求如果监理方下达停工令。

（1）实施、开发中出现质量异常情况，经提出后承建单位仍不采取改进措施者；或者采取的改进措施不力，还未使质量状况发生好转趋势者。

（2）隐蔽作业（指综合布线及系统集成中埋入墙内或地板下的部分）未经现场监理人员查验自行封闭、掩盖者。

（3）对已发生的质量事故未进行处理和提出有效的改进措施就继续进行者。

（4）擅自变更设计及开发方案自行实施、开发者。

（5）使用没有技术合格证的工程材料、没有授权证书的软件，或者擅自替换、变更工程材料及使用盗版软件者。

（6）未经技术资质审查的人员进入现场实施、开发者。

- C 错，总监理工程师代表无权下达停工令，停工令只能由总监理工程师下达。
- D 错，该停工的时候必须停工，不能因为建设方的要求而不下停工令。

答案：B

（2011 下）质量体系是一种（25）。

A．体系结构 B．质量改进过程

C．管理手段 D．质量管理制度

- 根据《GB/T 19000—2008 质量管理体系 基础和术语》，质量体系（即质量管理体系）是一种质量管理制度。这几个概念之间的关系，如下图所示：

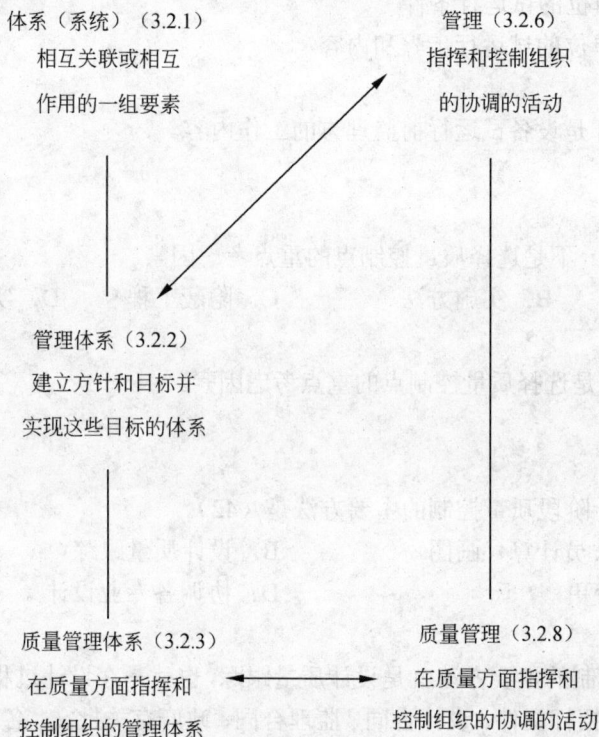

体系（系统）（3.2.1）
相互关联或相互
作用的一组要素

管理（3.2.6）
指挥和控制组织
的协调的活动

管理体系（3.2.2）
建立方针和目标并
实现这些目标的体系

质量管理体系（3.2.3）
在质量方面指挥和
控制组织的管理体系

质量管理（3.2.8）
在质量方面指挥和
控制组织的协调的活动

答案：D

（2011 下）监理工程师进行隐蔽工程质量验收的前提是（36），并对承建单位的《报验申请表》及相关资料进行审查。

A．承建单位已经自检

B．分包单位已经自检并合格

C．承建单位已经自检并合格

D．承建单位与分包单位已经共同检验

- 承建单位在申请隐蔽工程质量验收前，必须先进行自检，自检合格才可提交《报验申请表》。

答案：C

（2011 下）监理工程师在设备试运行过程的质量控制主要是（37）。

A．审核承建单位的试运行方案

B．检查承建单位的试运行结果

C. 核查承建单位的试运行条件

D. 监督承建单位的试运行步骤和内容

- A、B、C 都是设备试运行前监理方的工作内容。

答案：D

（2011 下）（38）不是选择质量控制点的重点考虑因素。

A. 关键工序　　　B. 实施方法　　　　C. 隐蔽工程　　　D. 实施中薄弱环节

- 实施方法不是选择质量控制点的重点考虑因素。

答案：B

（2011 下）设计阶段质量控制的主要方法是（42）。

A. 监督设计人员计算、画图　　　　　B. 设计质量跟踪

C. 处理设计变更　　　　　　　　　　D. 协调各专业设计

- 设计质量控制的主要方法就是设计质量跟踪，也就是在设计过程中和阶段设计完成时，以设计招标文件、设计合同、监理合同、政府有关批文、各项技术规范和规定、气象、地区等自然条件及相关资料、文件为依据，对设计文件进行深入细致的审核。在审查过程中，特别要注意过分设计和不足设计两种极端情况。过分设计，导致经济性差；不足设计，存在隐患或功能降低。

- 在工程监理工作中，为了有效地控制设计质量，就必须对设计进行质量跟踪。实际当中质量跟踪不是监督设计人员计算和画图，而是要定期地对设计文件进行审核，发现不符质量标准和要求的，要指示设计人员予以修改，直至符合标准为止。这里的标准就是设计质量目标。换句话说，设计质量控制就是在设计过程中定期地审查设计文件，并将其与设计质量目标进行对照比较，发现不符合要求的就要请设计人员予以修改。

- D 选项是承建单位在设计阶段的工作重点。

答案：B

（2011 下）在质量控制中，系统地整理分析某个质量问题与其产生原因之间的关系可采用（43）。

A. 排列图法　　　B. 因果分析图法　　　C. 直方图法　　　D. 控制图法

- 因果图（Cause and Effect Diagram，也叫石川图、鱼刺图、鱼骨图），由日本质量

管理学者石川馨（Ishikawa）首先提出，它把影响产品质量诸因素之间的关系以树状图的方式表示出来，使人一目了然，便于分析原因并采取相应的措施。

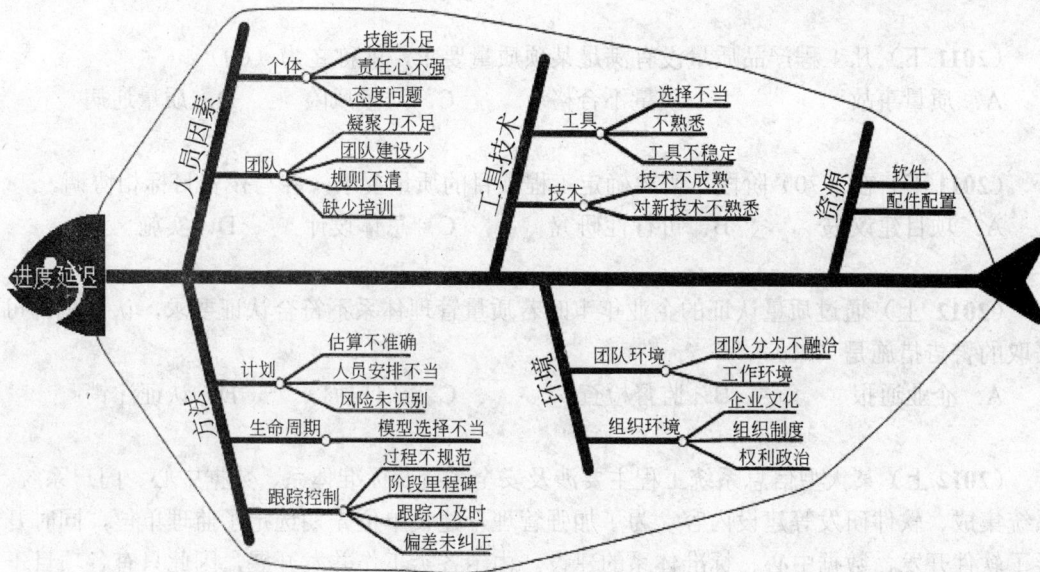

- 因果图直观地显示各种因素如何与潜在问题或结果相联系。沿着其中的某条线不停地问"为什么"或"怎样"，就可以发现某个可能的根本原因。"为什么－为什么"和"怎样－怎样"图可用于根本原因分析。

答案：B

亲爱的同学：当你做到这里，本章的所有考点你都已经见识过了，现在准备毕业吧！

3.2　通关测试

以下 10 题答对 8 题以上的可以通关！

（**2011 下**）隐蔽工程施工完毕，应由承建单位的（45），符合要求后，由承建单位通知监理工程师检查验收。

A. 专职质检员进行专检

B. 作业技术人员进行自检

C. 相关人员进行自检、互检、专检

D. 专业技术人员检查

（**2011 下**）下列因素对信息系统工程的质量产生负面影响相对较小的是（47）。

A．工程投资相对较高　　　　　　　B．项目经理工程经验较少

C．项目实施人员流动频繁　　　　　D．系统变更调整较为随意

（**2011 下**）凡工程产品质量没有满足某项质量要求，就称之为（60）。

A．质量事故　　　　B．质量不合格　　　C．质量风险　　　D．质量通病

（**2011 下**）在（70）阶段，需要确定工程项目的质量要求，并与投资目标相协调。

A．项目建议书　　　B．可行性研究　　　C．总体设计　　　D．实施

（**2012 上**）通过质量认证的企业年审时若质量管理体系不符合认证要求，认证机构可采取的警告措施是（41）。

A．企业通报　　　　B．监督检查　　　　C．认证暂停　　　D．认证注销

（**2012 上**）某大型信息系统工程主要涉及安全系统、标准体系、数据中心、门户系统、系统集成、软件研发等建设内容。为了加强管理，建设单位先期选定了监理单位，同时开展了软件开发、数据中心、标准体系的建设。由于各类工作并发开展，因此只有各项目干系人协同管理，才能保证项目优质高效完成，在这个过程中，针对协同质量管理正确的是（47）。

A．监理单位应在各承建单位完成质量工作计划的基础上完善监理工作方案

B．建设单位应首先制定质量管理方案

C．承建单位应由项目经理承担实施质量管理

D．质量信息反馈机制应由承建单位制定

（**2012 上**）以下关于质量控制点设置原则的叙述，不正确的是（48）。

A．质量控制点应突出重点

B．质量控制点应易于纠偏

C．质量控制点应避免干扰，不能改变

D．质量控制点应利于三方的质量控制

（**2012 上**）监理单位应在信息化建设工程实施完成以后参加建设单位组织的工程验收，签署（49）意见。

A．业主　　　　　　B．总监理工程师　　　C．承建单位　　　D．监理单位

（**2012 下**）针对监理质量控制，监理工程师（36），是不正确的做法。

A．对所有的隐蔽工程在进行隐蔽以前进行检查和办理签证

B. 对重点工程要驻点跟踪监理

C. 对各类软件亲自进行测试和抽查

D. 对工程主要部位，主要环节及技术复杂工程加强检查

（2012 下）以下关于承建单位建立信息系统工程质量保证体系的原则，不正确的是（37）。

A. 承建单位要满足建设单位的使用功能要求，并符合质量标准、技术规范及现行法规

B. 承建单位的质量保证计划应在工程项目的质量保证计划的基础上建立起来

C. 在签订合同后，承建单位应按合同要求建立本工程质量保证体系

D. 质量保证体系要满足建设单位和承建单位双方的需要

3.3　通关测试解析

（2011 下）隐蔽工程施工完毕，应由承建单位的（45），符合要求后，由承建单位通知监理工程师检查验收。

A. 专职质检员进行专检

B. 作业技术人员进行自检

C. 相关人员进行自检、互检、专检

D. 专业技术人员检查

- 隐蔽工程施工完毕，承包单位按有关技术规程、规范、施工图纸先进行自检，自检合格后，填写《报验申请表》，附上相应的工程检查证（或隐蔽工程检查记录）及有关材料证明、试验报告、复试报告等，报送项目监理机构。

- 监理工程师收到报验申请后首先对质量证明资料进行审查，并在合同规定的时间内到现场检查（检测或核查），承包单位的专职质检员及相关施工人员应随同一起到现场。

- 经现场检查，如符合质量要求，监理工程师在《报验申请表》及工程检查证（或隐蔽工程检查记录）上签字确认，准予承包单位隐蔽、覆盖，进入下一道工序施工。如经现场检查发现不合格，监理工程师签发"不合格项目通知"，指令承包单位整改，整改后自检合格再报监理工程师复查。

答案：C

（2011 下）下列因素对信息系统工程的质量产生负面影响相对较小的是（47）。

A. 工程投资相对较高

B. 项目经理工程经验较少

C. 项目实施人员流动频繁

D. 系统变更调整较为随意

- 这是 2011 年上半年第 47 题的原题重现。

答案：A

（2011 下） 凡工程产品质量没有满足某项质量要求，就称之为（60）。

A．质量事故　　　　B．质量不合格　　　C．质量风险　　　D．质量通病

- 这是 2008 年上半年第 68 题的原题重现。

答案：B

（2011 下） 在（70）阶段，需要确定工程项目的质量要求，并与投资目标相协调。

A．项目建议书　　　B．可行性研究　　　C．总体设计　　　D．实施

- 信息工程项目的质量要求就是对整个信息工程项目与其实施过程所提出的"满足规定或潜在要求（或需求）的特征和特征的总和"，即要达到的信息工程项目质量目标。
- 监理单位在招投标阶段应协助建设单位提出工程需求方案，确定工程的质量要求，并与投资目标相协调。

答案：B

（2012 上） 通过质量认证的企业年审时若质量管理体系不符合认证要求，认证机构可采取的警告措施是（41）。

A．企业通报　　　　B．监督检查　　　　C．认证暂停　　　D．认证注销

- 认证机构对获准认证（有效期为 3 年）的供方质量管理体系实施监督管理。这些管理工作包括供方通报、监督检查、认证注销、认证暂停、认证撤销、认证有效期的延长等。

（1）供方通报。认证合格的供方（此处的供方指的是认证证书获得者）质量管理体系在运行中出现以下较大变化的情况时，供方需及时向认证机构通报：质量手册已作重大调整或修改；质量管理体系覆盖的产品结构发生了重大变化；供方负责人或质量管理体系管理代表发生变动；质量管理体系覆盖的产品发生了重大质量事故。认证机构在接到供方的上述通报后，将视情况采取必要的监督检查措施。

（2）监督检查。监督检查是指认证机构对认证合格的供方质量管理体系的维持情况进行的监督性现场检查，包括定期和不定期监督检查。定期监督检查通常为每半年或每一年一次，不定期监督检查视需要临时安排。重点检查以下内容：上次检查时发现缺陷的纠正情况；质量管理体系是否发生变化及这些变化对质量管理体系有效性可能产生的影响；质

量管理体系中关键项目的执行情况等。

（3）认证暂停。认证暂停是认证机构对认证合格供方质量管理体系发生不符合认证要求的情况时采取的警告措施。在认证暂停期间，供方不得使用质量管理体系认证证书进行宣传。认证暂停由认证机构书面通知供方，同时也指明取消暂停的条件。发生以下情况时，认证机构将做出认证暂停的决定：供方提出暂停；监督检查中发现供方质量管理体系存在不符合有关要求的情况，但尚不需要立即撤销认证；供方不正确使用注册、证书、标志，但又未采取使认证机构满意的补救措施。

（4）认证撤销。认证撤销是指认证机构撤销对供方质量管理体系符合相应质量标准的合格证明。认证撤销由认证机构书面通知供方，并撤销注册，收回证书，停止供方使用认证标志。发生以下情况时，认证机构将做出撤销认证的决定：供方提出撤销认证；认证机构发出认证暂停通知后，供方未在规定的期限内采取纠正措施并达到规定的条件；监督检查中发现供方质量管理体系存在严重不符合有关要求的情况；认证要求发生变更时，供方不愿或不能确保符合新的要求；供方不按规定向认证机构交纳费用。供方对撤销认证不满时，可向认证机构提出申诉。

（5）认证有效期的延长。在认证合格有效期满前，如果供方愿意继续延长时，可向认证机构提出延长认证有效期的申请。获准延长认证有效期的程序，原则上与初次认证相同，但由于连续性监督的因素，在具体的过程中将较初次认证大为简化。

答案：C

（2012 上）某大型信息系统工程主要涉及安全系统、标准体系、数据中心、门户系统、系统集成、软件研发等建设内容。为了加强管理，建设单位先期选定了监理单位，同时开展了软件开发、数据中心、标准体系的建设。由于各类工作并发开展，因此只有各项目干系人协同管理，才能保证项目优质高效完成，在这个过程中，针对协同质量管理正确的是（47）。

A．监理单位应在各承建单位完成质量工作计划的基础上完善监理工作方案
B．建设单位应首先制定质量管理方案
C．承建单位应由项目经理承担实施质量管理
D．质量信息反馈机制应由承建单位制定

- A 正确，监理单位是工程项目的监督管理协调方，既要按照自己的质量控制体系从事监理活动，还要对承建单位的质量控制体系以及建设单位的工程管理体系进行监督和指导，使之能够在工程建设过程中得到有效的实施。监理单位应在各承建单位完成质量工作计划的基础上完善监理工作方案，以对其进行有效的督导。
- B 错，建设单位可以首先制定质量管理方案，但不是必须要首先制定。
- C 错，承建单位实施质量管理的人员是承建单位的质保部门的质量管理人员。

- D错，质量信息反馈机制应由监理单位制定。

答案：A

（2012 上）以下关于质量控制点设置原则的叙述，不正确的是（48）。

A. 质量控制点应突出重点

B. 质量控制点应易于纠偏

C. 质量控制点应避免干扰，不能改变

D. 质量控制点应利于三方的质量控制

- C错，应保持控制点设置的灵活性和动态性，对于一些大型系统信息系统工程项目，由于建设规模庞大，建设周期较长，影响因素繁多，工程项目建设目标干扰严重，质量控制点设置并不是一成不变的，必须根据工程进展的实际情况，对已设立的质量控制点应随时进行必要的调整或增减，使质量控制点设置具有相应的灵活性和动态性，以达到对工程质量总目标的全过程、全方位的控制。

答案：C

（2012 上）监理单位应在信息化建设工程实施完成以后参加建设单位组织的工程验收，签署（49）意见。

A. 业主　　　　B. 总监理工程师　　　C. 承建单位　　　D. 监理单位

- 监理单位应对工程验收出具监理意见（监理单位意见）。
- 验收监理意见通常由总监理工程师代表监理单位签署。

答案：D

（2012 下）针对监理质量控制，监理工程师（36），是不正确的做法。

A. 对所有的隐蔽工程在进行隐蔽以前进行检查和办理签证

B. 对重点工程要驻点跟踪监理

C. 对各类软件亲自进行测试和抽查

D. 对工程主要部位，主要环节及技术复杂工程加强检查

- 对各类软件亲自进行测试和抽查超出了监理的工作范围，监理单位主要进行三个方面的工作：

（1）监督评审承建单位的测试计划、测试方案、测试实施以及测试结果。

① 督促承建单位建立项目测试体系，成立独立的测试小组。

② 督促承建单位制定全过程的测试计划，从项目需求分析阶段开始直到项目结束，

要进行不间断的测试，并且随着项目的进展，制定分系统的测试计划和详细的测试方案。

③ 对测试方案和测试计划进行审核，对承建单位选择的测试工具的有效性进行确认。

④ 对测试结果的正确性进行审查。

⑤ 对测试问题改进过程进行跟踪。

（2）对重要环节监理单位要亲自进行测试。

① 现场抽查测试。当现场监理工程师发现质量疑点时，要进行现场抽查测试，比如对于综合布线阶段，监理工程师除了在隐蔽工程实施过程中要旁站外，还要通过手持式或台式网络测试仪对布线质量进行抽测，以便能够分析网络综合布线的效果，可以有效保证网络综合布线的质量。另外对于设备进货也要进行现场抽验。

② 对于软件开发项目，监理单位要对重要的功能、性能、安全性等进行模拟测试，以判断阶段性开发成果是否满足质量要求，并且要作为进度控制以及成本控制的依据。

（3）对委托的第三方测试的结果进行评估。

① 协助建设单位选择权威的第三方测试机构，一般要审查第三方测试机构的资质、测试经验以及承担该项目测试工程师情况。

② 对第三方测试机构提交的测试计划进行确认。

③ 协调承建单位、建设单位以及第三方测试机构的工作关系，并为第三方测试机构的工作提供必要的帮助。

④ 对测试问题和测试结果进行评估。

答案：C

（2012 下）以下关于承建单位建立信息系统工程质量保证体系的原则，不正确的是（37）。

A．承建单位要满足建设单位的使用功能要求，并符合质量标准、技术规范及现行法规

B．承建单位的质量保证计划应在工程项目的质量保证计划的基础上建立起来

C．在签订合同后，承建单位应按合同要求建立本工程质量保证体系

D．质量保证体系要满足建设单位和承建单位双方的需要

- 项目的质量控制体系以承建单位的质量保证体系为主体，在项目开始实施之前由承建单位建立。监理单位监控质量控制体系的日常运行状况，包括设计质量控制、分项工程质量控制、质量控制分析、质量控制点检测等内容。

- 工程项目的质量保证计划是在承建单位的质量保证计划的基础上建立起来的。信息系统工程监理单位对承建单位质量控制方面的作用是检查承建单位质量保证体系的建立情况，并对计划的实施进行必要的监督和检查。

- 承建单位建立信息系统工程质量保证体系的原则是：

（1）在签订合同后，承建单位应按合同要求建立工程质量保证体系。

（2）承建单位要满足建设单位的使用功能要求，并符合质量标准、技术规范及现行法规。

（3）质量保证体系要满足建设单位和承建单位双方的需要。

答案：B

第4章 进度控制

本章对应《信息系统监理师教程》第7章信息系统工程进度控制的考试内容,是考试的重点和难点所在,平均到每次考试,上午题量为 4.8 分,下午题量为 8.7 分。

4.1 历年试题解析

(2005 上)在以下进度控制的作业程序①②③④环节中,依次进行进度控制的监理角色分别为(43)。

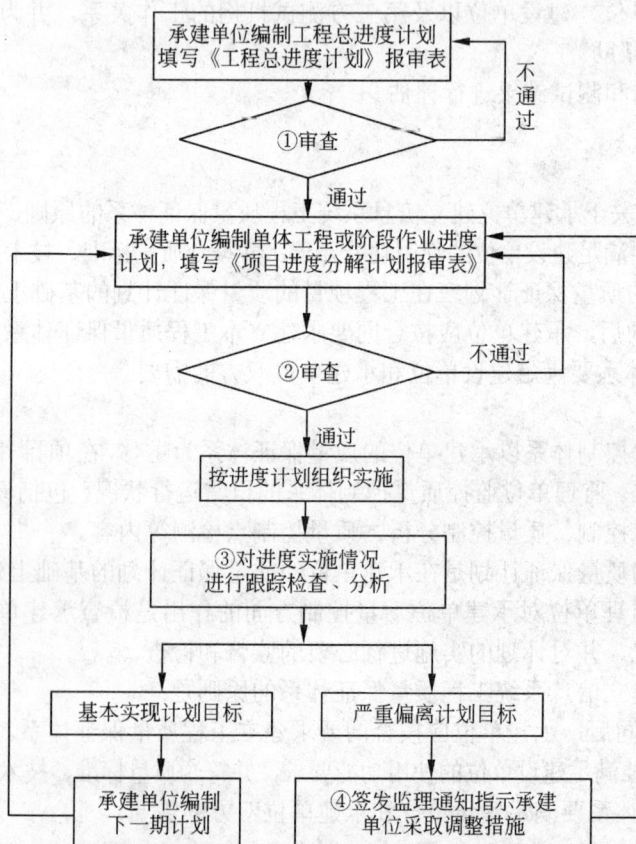

A．①监理工程师，②总监理工程师，③监理工程师，④总监理工程师

B．①监理工程师，②监理工程师，③监理工程师，④总监理工程师

C．①总监理工程师，②总监理工程师，③监理工程师，④总监理工程师

D．①总监理工程师，②监理工程师，③监理工程师，④总监理工程师

- 《信息系统监理师教程》104 页原图。
- 显然，"审查"与"签发"这样的工作应由总监理工程师来担任，而对进度实施情况进行跟踪检查、分析的工作是由监理工程师来担任的。

答案：C

（2005 上）以下施工网络图中，若结点 0 和 6 分别表示起点和终点，则关键路径为（44）。

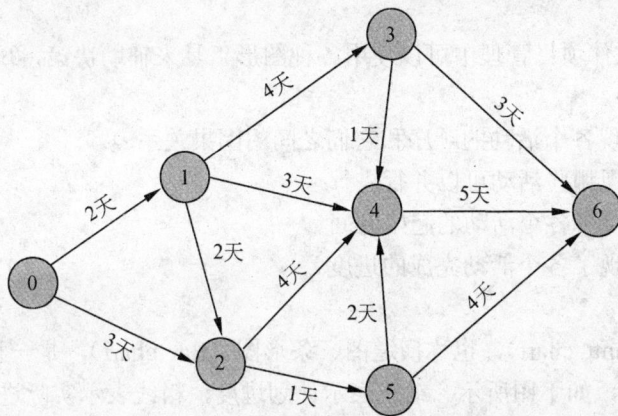

A．0→1→3→6　　　　　　　　　B．0→1→4→6

C．0→1→2→4→6　　　　　　　　D．0→2→5→6

- 这道题，如果用正推、逆推、时差三个标准步骤来求关键路径，至少需要 5 分钟，而且还很容易出错。在选择题考试中花费巨大的工作量是没有必要的，应该使用简化方法，以达到一分钟一道题的效果。
- 思路是：既然关键路径是网络图中工期最长的那条路径，那就把选项中给出的四条路径挨个儿查一遍，看看哪个工期最长就好了，结果发现 0→1→2→4→6 最长，工期为 13 天。

答案：C

（2005 上）信息系统承建单位必须批准的施工进度计划组织施工，接受监理单位对进度的检查和监督。如果工程实际进度与计划进度不符时，（58）。

A．承建单位不能修改进度计划

B．承建单位应该修改进度计划并报建设单位同意后执行

C．承建单位应该按监理单位的要求，及时采取措施，实现进度计划安排

D．总监理工程师应该分析偏离程度，如果出现严重偏离，总监理工程师应该及时做出延长工期的决定

- A 错，承建单位需要根据项目的进展情况，对进度计划进行必要的修改。
- B 错，还应报监理单位并经过同意。
- D 错，分析偏离程度应由监理工程师进行，做出工程延期批准之前，应与建设单位、承建单位进行协商，共同商议。

答案：C

（**2005 下**）在软件项目管理中可以使用各种图形工具来辅助决策，下面对 Gantt 图的描述不正确的是（17）。

A．Gantt 图表现各个活动的顺序和它们之间的因果关系

B．Gantt 图表现哪些活动可以并行进行

C．Gantt 图表现了各个活动的起始时间

D．Gantt 图表现了各个活动完成的进度

- 甘特图（Gantt chart），也称横道图、条形图（Bar chart），是一种比较简单的直观进度控制图，如下图所示。细线表示计划进度，粗线表示实际进度。

单位工程或子系统	施工计划进度与实际进度对比											
	1	2	3	4	5	6	7	8	9	10	11	12
A												
B												
C												
D												
E												
F												
G												
H												

- 监理工程师应将每天、每周或每月定期的工程实际情况记录在工程施工进度表内，并与计划进度比较是超前还是落后，还是按预定的进度进行。
- 甘特图不能表达活动的顺序和它们之间的因果关系，利用甘特图来控制进度有一

个较大的缺点，就是很难了解或者说难以迅速准确地了解该项工程的迟延及变化对整个工期的影响，特别是在处理错综复杂的关系时，往往不能预先确定哪些属于关键作业，以及在监理工作中处理索赔及工期是否可以延长时往往难以决策。

答案：A

（2005 下） 某分项工程双代号网络计划如下图所示，其关键线路有（43）条。

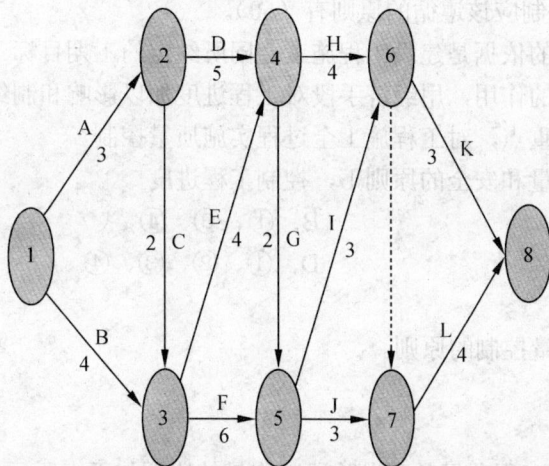

A. 2 　　　　B. 3 　　　　C. 4 　　　　D. 5

- 关键路径有 4 条，工期是 18
  - 节点：1→2→3→5→7→8，或箭线：A→C→F→J→L
  - 节点：1→2→3→4→5→7→8，或箭线：A→C→E→G→J→L
  - 节点：1→2→3→5→6→7→8，或箭线：A→C→F→I→L
  - 节点：1→2→3→4→5→6→7→8，或箭线：A→C→E→G→I→L
- 注意：节点 6 和节点 7 之间的虚线为虚活动（Dummy Activity），仅为了解决双代号网络图在活动依赖关系表达能力方面的缺陷而产生的虚拟活动（不需要人去做，也不消耗时间）。

答案：C

（2005 下） 关于进度计划，以下（51）的描述是不正确的。

A. 编制和实施进度计划是承建单位的责任

B. 编制和实施进度计划是监理单位的责任

C. 监理机构可以对实施进度计划提出变更请求

D. 监理机构对实施进度计划进行审查和批准

- B错，编制和实施进度计划是承建单位的责任。
- C正确，三方均有权提出变更。

答案：B

（2005 下） 进度控制应该遵循的原则有（60）。
① 工程进度控制的依据是建设工程施工合同所约定的工期目标
② 发挥经济杠杆的作用，用经济手段对工程进度加以影响和制约
③ 以质量预控为重点，对工程施工全过程实施质量控制
④ 在确保工程质量和安全的原则下，控制工程进度
A. ①、②、④　　　　　　　　　　B. ①、③、④
C. ①、②、③　　　　　　　　　　D. ①、②、③、④

- 显然，③是质量控制的原则。

答案：A

（2005 下） 某软件工程项目各开发阶段工作量的比例如下表所示：

需求分析	概要设计	详细设计	编码	测试
0.29	0.13	0.17	0.10	0.31

假设当前已处于编码阶段，3000 行程序已完成了 1200 行，则该工程项目开发进度已完成的比例是（61）。
A. 29%　　　B. 45%　　　C. 59%　　　D. 63%

- 该工程项目开发进度已完成的比例=0.29+0.13+0.17+0.10×(1200/3000)=0.63。

答案：D

（2006 上） 某工程计划图如下图所示，弧上的标记为作业编码及其需要的完成时间（天），作业 E 最迟应在第（19）天开始。

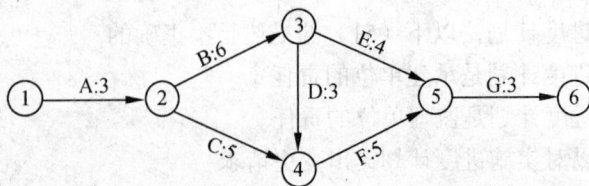

A. 7　　　　　　　B. 9　　　　　　C. 12　　　　　D. 13

- 关键路径为：A→B→D→F→G，总工期 20 天。
- 作业 E 的最迟完成时间=20–3=17。
- 作业 E 的最迟开始时间=17–4=13。

答案：D

（**2006 上**）项目进度计划的制订是一个迭代的过程，如果起始和结束的日期不合实际，则项目可能无法按计划完成。为了对进度变更进行控制，项目经理可以制订（21）。

A．进度变更计划　　B．进度管理计划　　C．进度风险计划　　D．进度成本计划

- 项目管理中有进度管理计划、变更控制流程、风险管理计划、成本管理计划，没有所谓的进度变更计划、进度风险计划、进度成本计划之说。
- 进度管理计划是项目管理计划的组成部分，为编制、监督和控制项目进度建立准则和明确活动。通俗一点说，进度管理计划就是如何管理进度的计划。

答案：B

（**2006 上**）在信息工程建设过程中进度控制是一种循环性的活动，一个完整的进度控制过程大致可以分为（33）。

（33）A．编制进度计划、实施进度计划、检查调整进度计划、分析总结进度计划

　　　B．编制进度计划、实施进度计划、检查进度计划、调整进度计划

　　　C．编制进度计划、实施进度计划、变更进度计划、检查进度计划

　　　D．编制进度计划、实施进度计划、检查进度计划、总结进度计划

- 进度控制过程必然是一个周期性的循环过程。一个完整的进度控制过程大致可以分为四个阶段，先后顺序是：编制进度计划、实施进度计划、检查与调整进度计划、分析与总结进度计划。
- 在计划编制完成后，按分解指标与分解任务下达给各单位、各部门贯彻执行。在执行过程中及时进行督促和跟踪检查，取得计划执行情况的信息，将执行结果与计划做对比以发现是否存在偏差，分析偏差的大小和性质。然后根据计划要求和实际条件研究纠正偏差的对策，采取纠偏措施来达到本阶段的进度目标而形成一个进度控制过程。若纠偏措施未达目的或发现原计划存在某些不当，则须进行计划的调整或修正。
- 这样就构成了一个封闭的 PDCA（Plan-Do-Check-Action）循环回路。一个又一个封闭环路就形成了循环往复、逐步提高、向最终进度项目目标逐步趋近的动态控制

过程。

答案：A

（**2006** 上）信息系统工程实施进度计划应由（34）负责编制。

A．建设单位   B．总监理工程师

C．现场监理工程师   D．承建单位

- 信息系统工程实施进度计划应由承建单位负责编制。

答案：D

（**2006** 上）作为对整个项目的建设进度进行控制的基线，在制定项目进度计划的过程中应当遵循一些基本原则，而（35）的描述是不正确的。

A．对所有大事及其期限做出说明

B．全部进度必须体现时时间紧迫性

C．确切的工作程序能够通过工作网络图得以详细说明

D．项目进度计划的详细程度与项目投资额度成正比

- 进度计划编制的原则是：

（1）应该对所有大事及其期限要求进行说明。

（2）确切的工作程序能够通过工作网络得以详细说明。

（3）进度应该与工作分解结构（Work Breakdown Structure，WBS）有直接关系。

（4）全部进度必须体现时间的紧迫性。可能的话要详细说明每件大事需要配置的资源。

（5）项目越复杂，专业分工就越细，就更需要全面综合管理，需要有一个主体的协调的工作进度计划，否则不可能对整个项目的建设进度进行控制。

- 项目进度计划的详细程度与项目投资额度没有正比关系。

答案：D

（**2006** 上）监理工程师在检查工程网络计划执行过程中，如果发现某工作进度拖后，判断受影响的工作一定是该工作的（36）。

A．平行工作   B．后续工作   C．先行工作   D．紧前工作

- 某个工作的进度被拖后，受影响的只能是它的后续工作。

答案：B

（**2006** 上）在下列内容中，不属于实施阶段进度控制任务的是（58）。

A. 审查实施单位的施工组织设计　　　B. 审查实施单位的实施进度计划

C. 督促实施单位提交质量保证计划　　　D. 预防并处理好工期拖期处理

- 显然，C 是质量控制的任务。

答案：C

（**2006 下**）某网络系统安装实施合同约定的开工日为 2 月 1 日。由于机房承包人延误竣工，导致网络系统安装承包人实际于 2 月 10 日开工。网络系统安装承包人在 5 月 1 日安装完毕并向监理工程师提交了竣工验收报告，5 月 10 日开始进行 5 天启动连续试运行，结果表明安装实施有缺陷。网络系统安装承包人按照监理工程师的要求进行了调试工作，并于 5 月 25 日再次提交请求验收申请。5 月 26 日再次试运行后表明安装工作满足合同规定的要求，参与试运行有关各方于 6 月 1 日签署了同意移交工程的文件。为判定承包人是提前竣工还是延误竣工，应以（36）作为网络系统安装实施的实际工期并与合同工期比较。

A. 2 月 1 日至 5 月 10 日　　　　　　B. 2 月 1 日至 5 月 25 日

C. 2 月 10 日至 5 月 26 日　　　　　　D. 2 月 10 日至 6 月 1 日

- 由于机房承包人延误竣工，导致网络系统安装工作的实际的开工日期是 2 月 10 日。
- 网络系统安装工作的验收通过日期是 5 月 26 日。
- 应以 2 月 10 日至 5 月 26 日作为实际工期与合同工期比较，来判断承包人是提前竣工还是延误竣工。
- 点评：这道题如果有一个选项是"2 月 10 日至 5 月 25 日"，那难度可就真大了！
- 《最高人民法院关于审理建设工程施工合同纠纷案件适用法律问题的解释》第十四条规定，当事人对建设工程实际竣工日期有争议的，按照以下情形分别处理：

（一）建设工程经竣工验收合格的，以竣工验收合格之日为竣工日期；

（二）承包人已经提交竣工验收报告，发包人拖延验收的，以承包人提交验收报告之日为竣工日期；

（三）建设工程未经竣工验收，发包人擅自使用的，以转移占有建设工程之日为竣工日期。

答案：C

（**2006 下**）已知网络计划中工作 M 有两项紧后工作，这两项紧后工作的最早开始时间分别为第 15 天和第 18 天，工作 M 的最早开始时间和最迟开始时间分别为第 6 天和第 9 天，如果工作 M 的持续时间为 9 天，则工作 M（38）。

A. 总时差为 3 天　　　　　　　　　　B. 自由时差为 1 天

C. 总时差为 2 天　　　　　　　　　　D. 自由时差为 2 天

- 好多同学在考场上看到这题就懵了,怎么这么多数字?其实这是目前比较新颖的一种出题方法,即给答题者大量的冗余信息,而不仅仅是那些必要的信息,用以判别考生对概念理解的清晰程度。

- 画一张图就清楚了:

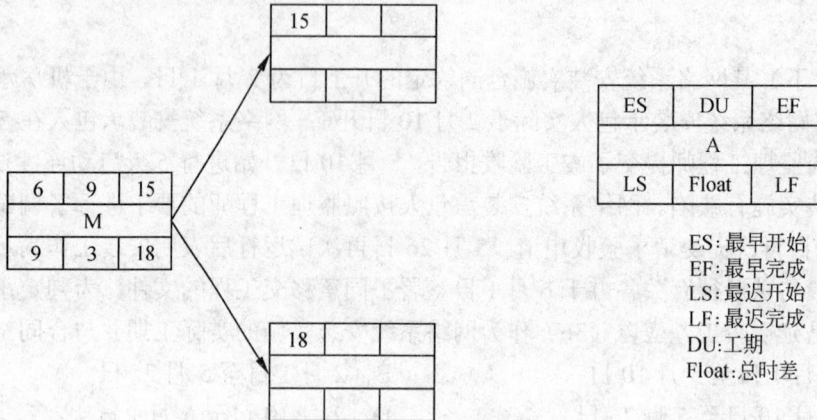

ES:最早开始
EF:最早完成
LS:最迟开始
LF:最迟完成
DU:工期
Float:总时差

- 你会发现题目中给的"工作 M 有两项紧后工作,这两项紧后工作的最早开始时间分别为第 15 天和第 18 天"和"工作 M 的持续时间为 9 天"都是没用的信息,可以直接划掉。我们只需要依据"工作 M 的最早开始时间和最迟开始时间分别为第 6 天和第 9 天"即可得出 M 的总时差=9–6=3 天。

- 举一反三:M 的自由时差是多少?(答案:15–15=0 天,这时候 15 天和 18 天这两个数就派上用场了)

答案:A

(**2006 下**)在某工程网络计划中,已知工作 N 的总时差和自由时差分别为 4 天和 2 天,监理工程师检查实际进度时发现该工作的持续时间延长了 5 天,说明此时工作 N 的实际进度(39)。

A. 既不影响总工期,也不影响其后续工作的正常进行

B. 不影响总工期,但将其紧后工作的开始时间推迟 5 天

C. 将其后续工作的开始时间推迟 5 天,并使总工期延长 3 天

D. 将其后续工作的开始时间推迟 3 天,并使总工期延长 1 天

- 总浮动/总时差(Total Float)。
  - 在不影响项目总工期的前提下,某任务可以推迟开始的最大时间量。
  - 等于本任务的最迟完成时间减去本任务的最早完成时间(或最迟开始减最早

　　开始）。
- 自由浮动/自由时差（Free Float）。
  - 在不影响后继任务的最早开始时间的前提下，某任务可以推迟开始的最大时间量。
  - 等于后继任务最早开始时间的最小值减去本任务最早完成时间。
- 工作 N 的总时差为 4 天，该工作的持续时间延长了 5 天，将导致项目总工期延长 1 天。
- 工作 N 的自由时差为 2 天，该工作的持续时间延长了 5 天，将导致其后续工作的最早开始时间推迟 3 天。

答案：D

（**2006 下**）监理工程师按监理合同要求对设计工作进度进行监控时，其主要工作内容有（40）。

A. 编制阶段性设计进度计划
B. 定期检查设计工作实际进展情况
C. 协调设计各专业之间的配合关系
D. 建立健全设计技术经济定额

- 这道题的关键就在"监控"两个字上，设计阶段进度监控的主要工作有：
（1）监理工程师将对设计工作实际进度情况进行跟踪监督，并对实际情况做出记录。
（2）监理工程师应根据检查的结果对设计工作的进度进行分析和评价。
（3）如发现偏离，应及时报告总监理工程师，并由总监理工程师签发《监理通知》要求承建单位及时采取措施，实现计划进度的安排。
- A 和 C 都是承建单位在设计阶段的工作内容。
- D 是投资控制的工作内容。

答案：B

（**2006 下**）在信息工程建设实施阶段，监理工程师进度控制的工作内容包括（49）。

A. 审查承建单位调整后的实施进度计划
B. 编制实施总进度计划和子项工程实施进度计划
C. 协助承建单位确定工程延期时间和实施进度计划
D. 按时提供实施条件并适时下达开工令

- B 错，"编制实施总进度计划和子项工程实施进度计划"是承建单位在实施阶段的工作内容。

- C错，"确定实施进度计划"不属于监理工程师应协助的。
- D错，开工令应由总监理工程师下达，此外提供实施条件不是监理方的责任。

答案：A

（2006下）监理工程师在实施阶段进行进度控制的依据是（61）实施进度计划。

A．承建单位编制并批准的

B．建设单位编制并批准的

C．监理单位制定并由承建单位认可的

D．承建单位提交并经建设单位批准的

- 监理工程师在实施阶段进行进度控制的依据应该是：承建单位提交的、经过监理审核同意、并经建设单位批准的实施进度计划。

答案：D

（2007上）工程网络计划的计划工期应（51）。

A．等于要求工期　　　　　　　　B．等于计算工期

C．不超过要求工期　　　　　　　D．不超过计算工期

- 三者之间的关系是：计算工期≤计划工期≤要求工期。
- 计划工期与计算工期之间的差值为机动时间。

答案：C

（2007上）工程进度控制是监理工程师的主要任务之一，其最终目的是确保项目（66）。

A．实施过程中应用动态控制原理

B．按预定的时间完成或提前完成

C．进度控制计划免受风险因素的干扰

D．各承建单位的进度关系得到协调

- 信息系统工程项目进度控制的总目标是，通过各种有效措施保障工程项目在计划规定的时间内完成，即信息系统达到竣工验收、试运行及投入使用的计划时间。

答案：B

（2007上）在某工程网络计划执行过程中，如果某项非关键工作实际进度拖延的时间超过其总时差，则（69）。

A．网络计划的计算工期不会改变

B．该项工作的总时差不变

C．该项工作的自由时差不变

D．网络计划中关键线路改变

- 如果某项非关键工作实际进度拖延的时间超过其总时差，则：
  - 该项非关键工作变为关键工作。
  - 网络计划的计算工期将被延长。
  - 网络计划中关键线路发生改变。
- 非关键工作的总时差>0，自由时差≥0。
- 关键工作的总时差和自由时差都是 0。
- 所以，该项工作的总时差将发生改变，变为 0。
- 但是，该项工作的自由时差是否改变尚不确定。
  - 若原来是 0，则不变。
  - 若原来>0，则变为 0。

答案：D

（2007 上）Each box is an activity；the number it contains is the duration of the activity in days．The duration of the critical path is （75）．

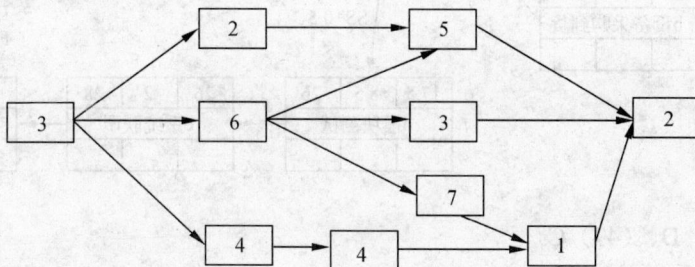

A．16days   B．14days   C．19days   D．20days

- 每个方块是一个活动，方块中的数字是活动的历时（以天为单位），关键路径的工期是 19 天。
- 关键路径是网络图中工期最长的那条路径=3+6+7+1+2=19 天。

答案：C

（2007 下）某视频监控项目需要布 51 个监控点，承建方计划分三组（组内人员入场时间、分工各有不同）同时实施，项目经理提交了按时间顺序实施的进度计划交由监理审核：

挖基坑、立桩需要 17 天（a），设备采购到货需要 15 天（b），设备安装需要 8.5 天（每组安装 1 套设备需要 0.5 天）（c），模块测试需要 8.5 天（每组测试 1 套设备需要 0.5 天）（d），系统联调需要 2 天（e），验收需要 2 天（f）。监理审核后认为，采用（46）并行施工策略，实际工期最短，是（47）天。

（46）A. a 和 b　　　　　　　　　　B. a 和 b 和 c

　　　　C. a 和 b 和 c 和 d　　　　　D. a 和 b、c 和 d

（47）A. 38　　　　　B. 28　　　　　C. 30　　　　　D. 29.5

- a 挖基坑立桩和 b 设备采购到货可以并行。
- c 设备安装和 d 模块测试可以部分并行，注意二者之间的关系是 SS+0.5，即：c 开始 0.5 天后，d 再开始。
- 注释：SS 代表 Start to Start（开始—开始）关系。
- 网络图绘制如下：

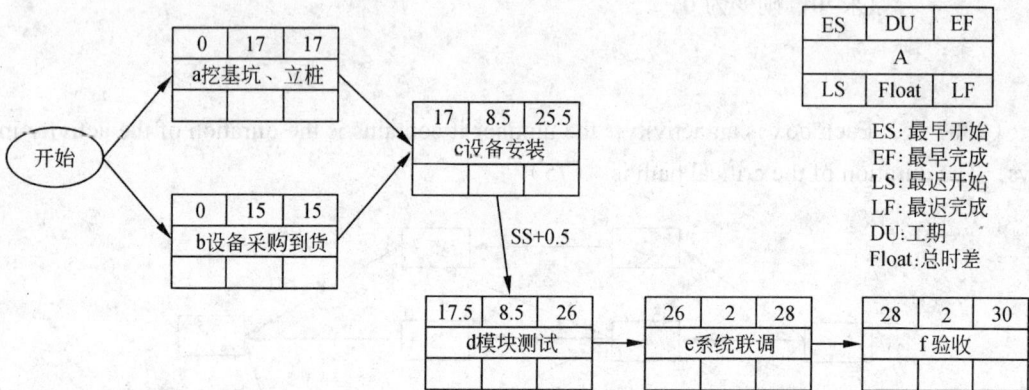

答案：（46）D、（47）C

（**2007 下**）在双代号网络计划中，工作的最早开始时间应为其各项紧前工作的 （49）。

A. 最早完成时间的最大值　　　　B. 最早完成时间的最小值

C. 最迟完成时间的最大值　　　　D. 最迟完成时间的最小值

- 工作的最早开始时间为其各项紧前工作的最早完成时间的最大值。
- 举一反三：工作的最迟完成时间为其各项紧后工作的最迟开始时间的最小值。

答案：A

（**2008 上**）在进度计划实施中，若某工作的进度偏差小于或等于该工作的（50），此偏差将不会影响总工期。

A．自由时差　　　　　　　　　B．紧前工作最迟完成时间

C．总时差　　　　　　　　　　D．紧后工作最早开始时间

- 若某工作的进度偏差小于或等于该工作的总时差，此偏差将不会影响总工期。
- 举一反三：若某工作的进度偏差小于或等于该工作的自由时差，此偏差将不会影响其紧后工作的最早开始时间。

答案：C

（2008 上）工程建设设计阶段进度控制的任务包括（51）。

A．协助建设单位编制项目总进度计划

B．协助承建单位编制项目总进度计划

C．协助承建单位编制单项工程施工进度计划

D．协助建设单位确定合理的设计时限要求

- A 是准备阶段进度控制的任务。
- B 和 C 不属于监理方的工作，协助承建单位编制计划超越了监理的工作范围。

答案：D

（2008 上）进度控制是信息化工程项目监理的关键要素之一，以下有关进度控制的说法，不正确的是（58）。

A．对影响进度的各种因素都要由监理师进行控制

B．抓好关键线路的进度控制

C．在工程建设的早期就应当编制进度监理计划

D．在审核项目进度计划时要充分考虑各阶段工作之间的合理搭接

- A 错，监理工程师不可能控制影响进度的所有因素。

答案：A

（2008 上）当非关键工作 M 正在实施时，检查进度计划发现工作 M 存在的进度偏差不影响总工期，但影响后续承包商工作的进度，调整进度计划的首选方法是缩短（61）。

A．后续工作的持续时间　　　　B．工作 M 的持续时间

C．工作 M 平行工作的持续时间　D．关键工作的持续时间

- 首选方法是缩短工作 M 的持续时间，将延误的工期赶回，以免影响到后续承包商

工作的开工时间。

答案：B

（**2008 上**）监理工程师检查网络计划时，发现某工作尚需作业 5 天，到该工作计划最迟完成时刻尚余 7 天，原有总时差为 6 天，则该工作尚有总时差为（62）天。

A. 1　　　　　　B. -1　　　　　　C. -2　　　　　　D. 2

- 此时该工作的总时差=最迟完成时间–最早完成时间=7–5=2 天。
- 该工作延迟了 4 天。

答案：D

（**2008 下**）工程进度控制是监理工程师的主要任务之一，其最终目的是确保项目（43）。

A. 在实施过程中应用动态控制原理

B. 按预定的时间投入使用或提前交付使用

C. 进度控制计划免受风险因素的干扰

D. 各承建单位的进度关系得到协调

- 2007 年上半年考试第 66 题的原题重现。

答案：B

（**2008 下**）在信息系统项目监理过程中，（44）不是监理工程师评估延期的原则。

A. 项目延期事件属实

B. 项目延期申请依据的合同条款准确

C. 项目延期事件发生在被批准的进度计划的任意路径上

D. 最终评估出的延期天数，应与建设单位协商一致，由总监理工程师签发"项目延期审批表"

- 监理工程师评估延期的原则：

（1）项目延期事件属实；

（2）项目延期申请依据的合同条款准确；

（3）项目延期事件必须发生在被批准的进度计划的关键路径上；

（4）最终评估出的延期天数，在与建设单位协商一致后，由总监理工程师签发"项目延期审批表"；

（5）监理工程师在处理项目延期的过程中，还要书面通知承建单位采取必要的措施，减少对项目的影响程度。

- C 错，必须发生在关键路径上。

答案：C

（**2008 下**）已知某工程网络计划中工作 M 的自由时差为 3 天，总时差为 5 天。监理工程师在检查进度时发现该工作的实际进度拖延，且影响工程总工期 1 天。在其他工作均正常的前提下，工作 M 的实际进度比计划进度拖延了（52）天。

A. 3　　　　　B. 4　　　　　C. 5　　　　　D. 6

- 影响工程总工期 1 天，说明工作拖延已经超过了总时差 1 天＝总时差+1 天＝6 天。

答案：D

（**2008 下**）监理工程师监控进度的关键步骤是（53）。

A. 审查进度计划的关键路径

B. 督促承建单位应根据工程建设合同的约定，编制项目总进度计划

C. 适当延长工期

D. 跟踪检查进度计划的执行情况

- 这道题的关键就在"监控"两个字上，进度监控的关键步骤有：

（1）在进度计划的实施过程中，监理工程师将对承建单位实际进度情况进行跟踪监督，并对实际情况做出记录。

（2）监理工程师应根据检查的结果对工程的进度进行分析和评价。

（3）如发现偏离，应及时报告总监理工程师，并由总监理工程师签发《监理通知》要求承包商及时采取措施，实现计划进度的安排。

（4）承包商应每两周报一份《工程实施进度动态表》，报告工程的实际进展情况。

答案：D

（**2008 下**）网络计划中的虚工作（56）。双代号网络计划中的节点表示（57）。

（56）A. 既消耗时间，又消耗资源　　　B. 只消耗时间，不消耗资源

C. 既不消耗时间，也不消耗资源　　D. 不消耗时间，只消耗资源

（57）A. 工作　　　　　　　　　　　B. 工作的开始

C. 工作的结束　　　　　　　　D. 工作的开始或结束

- 虚活动/虚工作（Dummy Activity），仅为了解决双代号网络图在活动依赖关系表达能力方面的缺陷而产生的虚拟活动/虚拟工作（不需要人去做、不消耗资源，也不消耗时间）。

- 双代号网络计划中的箭线表示工作，节点表示工作的开始或结束。
- 举一反三：单代号网络计划中的节点表示工作，箭线表示工作之间的依赖关系。

答案：（56）C、（57）D

（2008 下）在信息工程进度监测过程中，监理工程师要想更准确地确定进度偏差，其中的关键环节是（58）。

A．缩短进度报表的间隔时间

B．缩短现场会议的间隔时间

C．将进度报表与现场会议的内容更加细化

D．对所获得的实际进度数据进行加工处理

- 所谓进度偏差就是实际进度与计划进度之间的差值。
- 将所获得的实际进度数据进行加工处理，有助于监理工程师更准确地确定进度偏差。
- A、B、C 有助于监理工程师获得更详细及时的实际进度数据。
- 原始数据需要加工处理后才能发挥最终发挥效能，关键环节是 D。

答案：D

（2009 上）在软件项目管理中可以使用各种图形工具来辅助决策，下面对 Gantt 图的描述中，不正确的是（33）。

A．Gantt 图表现各个活动的持续时间

B．Gantt 图表现了各个活动的起始时间

C．Gantt 图反映了各个活动之间的时间依赖关系

D．Gantt 图表现了完成各个活动的进度

- 甘特图不能表达活动的顺序和它们之间的依赖关系。

答案：C

（2009 上）下面关于监理在处理工期延期方面的叙述，不正确的是（52）。

A．监理在做出延期确认之前，应与建设单位、承建单位进行协商

B．及时受理承建单位的工程延期申请，并确认其合理性和可行性

C．阶段性工程延期造成工程总工期延迟时，应要求承建单位修改总工期，经审核后报建设单位备案

D．要求承建单位承担赶工的全部额外开支和赔偿工程拖期造成的损失

- 处理工程施工延期，按照下述流程进行：

（1）做出工程延期批准之前，应与建设单位、承建单位进行协商，共同商议。

（2）及时受理承建单位的工程延期申请，根据工程情况确认其合理、可行后，由总监理工程师签署执行。

（3）阶段性工程延期造成工程总工期延迟时，应要求承建单位修改总工期，修改后的总工期应经过审核，并报建设单位备案。

（4）工程延期造成费用索赔时，监理应提出建议并按规定程序处理。

- D 错，索赔是双向的，需要区分是哪方的过错，如果工程延期是由于建设单位未履行合同所规定的义务所导致的，则建设单位应承担责任赔偿承建单位的损失。

答案：D

（2009 上） 在信息系统工程实施阶段，监理进度控制的工作内容不包括（53）。

A．审核承建单位的实施进度计划

B．协助建设单位编制项目的工作计划

C．审核承建单位的进度报告

D．完善工程项目控制计划

- B 是准备阶段进度控制的任务。

答案：B

（2009 上） 按网络计划图进行工期优化的目的是为了缩短（54）。

A．计划工期　　　B．计算工期　　　C．要求工期　　　D．合同工期

- 用网络计划图求出的工期是计算工期。
- 按网络计划图进行工期优化的目的是为了缩短计算工期。

答案：B

（2009 上） 在工程设计阶段，监理工作实施进度控制的主要任务是（56）。

① 根据工程总工期要求，协助建设单位确定合理的设计时限要求

② 审查承建单位的施工进度计划，确认其可行性并满足项目总体进度计划要求

③ 协调、监督各承建（设计）方进行整体性设计工作，使集成项目能按计划要求进行

④ 提请建设单位按合同要求向承建单位及时、准确、完整地提供设计所需的基础资料和数据

A．①②　　　B．②③④　　　C．①③④　　　D．①②③④

- 在工程设计阶段，监理工作实施进度控制的主要任务是：

（1）根据工程总工期要求，协助建设单位确定合理的设计时限要求。

（2）根据设计阶段性输出，由粗而细地制定项目进度计划，为项目进度控制提供前提和依据。

（3）协调、监督各承建（设计）方进行整体性设计工作，使集成项目能按计划要求进行。

（4）提请建设单位按合同要求向承建单位及时、准确、完整地提供设计所需的基础资料和数据。

（5）协调各有关部门，保证设计工作顺利进行。包括根据方案设计制定项目总进度监理计划，督促建设单位提供项目必须的资源并监督执行；编制建设单位软件、材料和设备采购监督计划，并实施控制；编制本阶段工作监督计划，并实施控制；开展相应的组织协调活动等。

- ②是监理在实施阶段的进度控制任务。
- 提醒：
  - 承建单位内部各专业设计之间的协调，应由承建单位负责。
  - 总承建单位下各分包商之间的设计协调，应由总承建单位负责。
  - 在没有总承建单位，又存在多个独立承建单位的情况下，由监理单位负责各方的设计协调。

答案：C

（2009 上）分项工程实施进度计划应由（59）负责编制。

A．建设单位   B．总监理工程师
C．专业监理工程师   D．承建单位

- 分项工程实施进度计划应由承建单位负责编制，并经监理单位审核。

答案：D

（2009 上）下列关于关键工作的叙述，错误的是（66）。

A．关键工作的自由时差为零
B．相邻两项关键工作之间的时间间隔为零
C．关键工作的持续时间最长
D．关键工作的最早开始时间与最迟开始时间相等

- 关键路径是网络图中工期（持续时间）最长的那条路径。
- 关键路径上的工作称为关键工作。

- 但是网络图中工期（持续时间）最长的工作却不一定在关键路径上，比如下图。

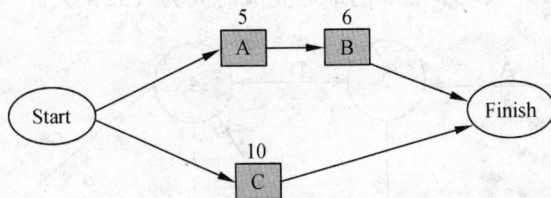

答案：C

（2009 上） 监理控制工程进度的措施不包括（67）措施。

A．组织 　　　　B．技术 　　　　C．信息管理 　　　　D．知识产权管理

- 监理在实施进度控制时，可以采用以下基本措施：
- （1）组织措施，落实监理单位进度控制的人员组成，具体控制任务和管理职责分工。
- （2）技术措施，确定合理定额，进行进度预测分析和进度统计。
- （3）合同措施，合同期与进度协调。
- （4）信息管理措施，实行计算机进度动态比较，提供比较报告。

答案：D

（2010 上） 制定进度计划过程中，常用于评价项目进度风险的方法是（38）。

A．PERT 分析 　　　　　　　　B．关键路径分析
C．网络图分析 　　　　　　　　D．甘特图分析

- PERT（Program Evaluation and Review Technique，计划评审技术）通过考虑到项目活动中的不确定性和风险，使用其乐观估算、悲观估算和最可能估算的加权平均值作为估算结果，可用于进度估算、成本估算以及风险量化分析。
- PERT 的计算公式为：

$$Et = \frac{O + 4ML + P}{6}$$

E_t = Estimated time 　　　　PERT 估算结果

O = Optimistic estimate 　　　乐观的估算

ML = Most likely estimate 　　最可能的估算

P = Pessimistic estimate 　　　悲观的估算

答案：A

（**2010 上**）某工程的双代号网络计划如下图所示，则其关键路径时间为（50）天，作业 F 的自由时差为（51）天，节点 5 的最迟完成时间为（52）天。

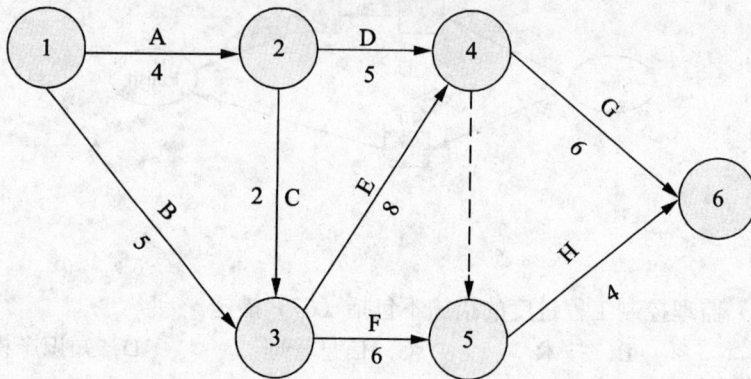

（50）A. 20   B. 19   C. 16   D. 15
（51）A. 1   B. 2   C. 4   D. 5
（52）A. 8   B. 16   C. 11   D. 10

- 计算节点的最早时间（标注于节点上方）和最迟时间（标注于节点下方），大约耗时 2 分钟，计算结果如下图所示：

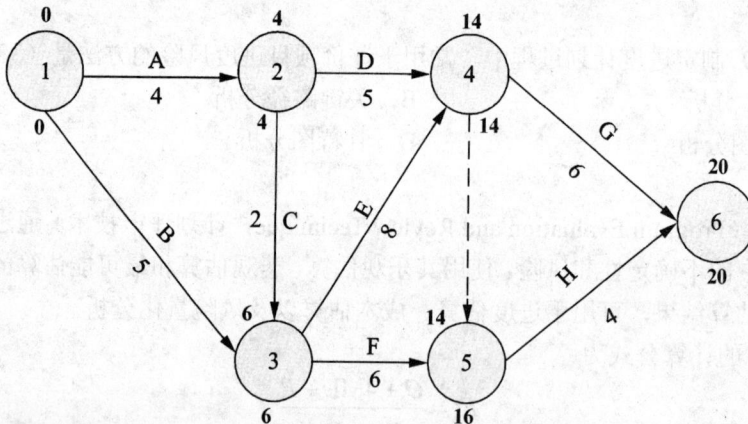

- 关键路径为节点：1→2→3→4→5→6 或箭线：A→C→E→H，工期为 20 天。
- 注意：双代号网络图的活动在箭线上，节点耗时为 0，即节点的最早开始时间等于最早完成时间，从而合成为一个最早时间（标注于节点上方）；节点的最迟开始时间等于最迟完成时间，从而合成为一个最迟时间（标注于节点下方）。
- 提醒：节点 4 和节点 5 之间的虚线为虚活动（Dummy Activity）。
- 作业 F 的自由时差=F 的后继任务的最早开始时间的最小值–F 的最早完成时间=节

点 5 的最早时间–（节点 3 的最早时间+ F 的持续时间）=14–（6+6）=2（天）。

- 提示：F 只有一个后继任务 H，H 的最早开始时间=节点 5 的最早时间。
- 举一反三：作业 F 的总时差=F 的最迟完成时间–F 的最早完成时间=节点 5 的最迟时间–（节点 3 的最早时间+ F 的持续时间）=16–（6+6）=4（天）。

答案：（50）A、（51）B、（52）B

（2010 上） 项目总体进度计划应由（53）后实施。

A. 总包单位审核，监理单位批准

B. 监理单位审核，建设单位批准

C. 分包单位审核，总包单位批准

D. 建设单位审核，监理单位批准

- 项目总体进度计划应由承建单位提交、经过监理审核同意、并经建设单位批准。

答案：B

（2010 上）（73） is one of the techniques used for estimating activity durations.

A. Analogous Estimating   B. Precedence Diagramming Method（PDM）

C. Dependency Determination   D. Schedule network Templates

- 类比估算（Analogous Estimating）是活动历时估算技术之一。
- B 是前导图，C 是确定依赖关系，D 是进度网络模板。

答案：A

（2010 下） 某工程有 10 项工作，其相互的依赖关系如下表所示，则双代号网络计划绘制正确的是（50），其关键路径时间为（51）。

工作代号	所用时间（天）	紧前作业
A	4	
B	3	A
C	2	A
D	5	B
E	6	C、D
F	6	D
G	4	E
H	4	G
I	9	F、H
J	1	I

（50）A.

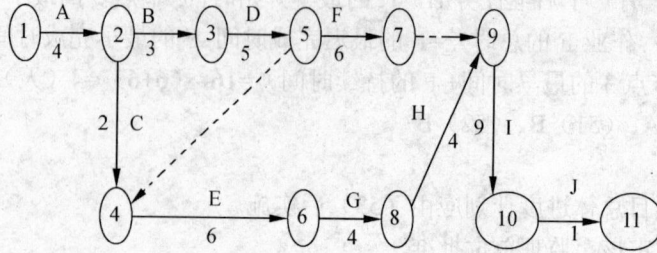

B.

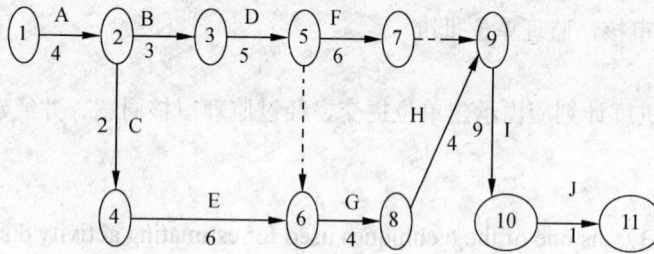

C.

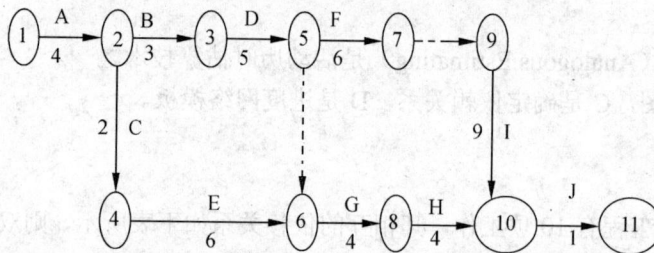

D.

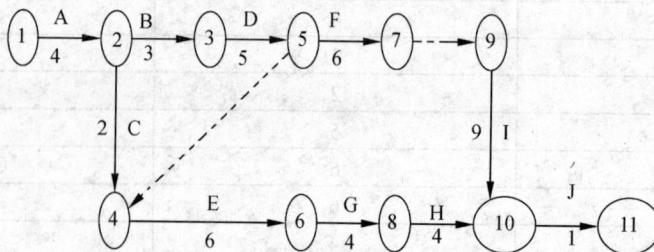

（51）A. 36　　　　　　　B. 30　　　　　　　C. 33　　　　　　　D. 27

- 网络图必须与上表中的依赖关系一一对应，不能少一条依赖，也不能多一条依赖。
- B 图和 C 图都未表达 E 依赖于 D，排除。
- D 图未表达 I 依赖于 H，排除。
- A 图的关键路径是，节点：1→2→3→5→4→6→8→9→10→11，或箭线：A→B→D→E→G→H→I→J，关键路径长度为 36 天。

答案：（50）A、（51）A

（2010 下）按照"香蕉"曲线图法的表述，实际进度处于最早计划时间之上表示（52）。

A. 进度正常　　　B. 进度延期

C. 进度提前　　　D. 虽然延期，但处于可控范围内

- 下图为典型的"香蕉"曲线图，A 为最早进度曲线（所有任务按照最早开始时间），B 为最迟进度曲线（所有任务按照最迟开始时间），N 为实际进度曲线（即挣值管理中的 EV）。

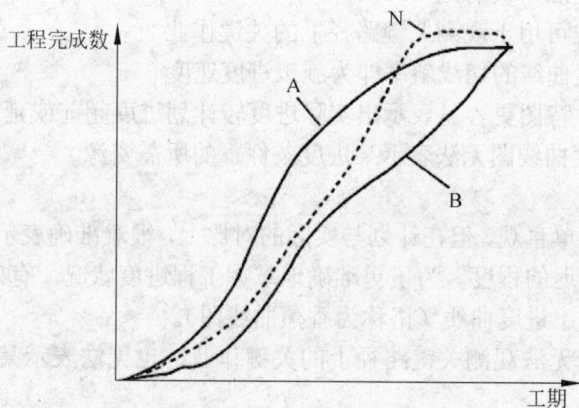

- 实际进度处于最早进度曲线之上，表示进度提前。
- 实际进度处于最迟进度曲线之下，表示进度延期。
- 实际进度处于最早和最迟曲线之中，表示进度正常。

答案：C

（2011 上）下图为用以展现进度的香蕉曲线图，图中曲线 A 为最早时间计划，曲线 B 为最迟时间计划，曲线 C、D、E、F 为实际进度，（50）表示延期。

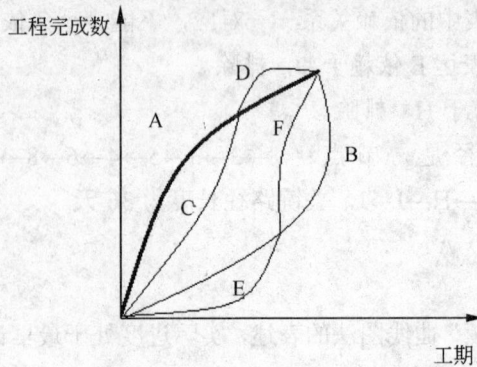

A. C   B. D   C. E   D. F

- 实际进度 E 处于最迟进度曲线 B 之下，表示进度延期。

答案：C

（2011 上）下列说法错误的是（51）。

A. 工程进度曲线可用于观测关键路径上的关键作业

B. 工程施工进度曲线的切线斜率即为施工进度速度

C. 进度曲线比甘特图更容易表示出实际进度较计划进度超前或延迟的程度

D. 工程施工进度曲线图无法表示某进度条件下的所需资源

- 甘特图虽然简单直观，但在计划与实际的对比上，很难准确表示出实际进度较计划进度超前或延迟的程度。为了更准确地掌握工程进度状况，有效地进行进度控制，可采用工程施工进度曲线（俗称为香蕉曲线图）。
- 工程进度曲线无法观测关键路径上的关键作业，也无法表示某进度条件下的所需资源。
- 工程施工进度曲线的切线斜率即为施工进度速度，它是由施工速度决定的。

答案：A

（2011 上）网络图是由箭线和节点组成，用来表示工作流程的有向网状图形。在单代号图中，箭线表示（52）。

A. 工作或事件   B. 工作持续时间

C. 工作之间的逻辑关系   D. 工作的开始或结束状及工作之间的连接点

- 单代号网络图中的节点表示工作，箭线表示工作之间的逻辑关系。

- 双代号网络图中的箭线表示工作，节点表示工作的开始或结束。

答案：C

（**2011 上**）下图（双代号网络计划）的关键路径时间为（53）天。

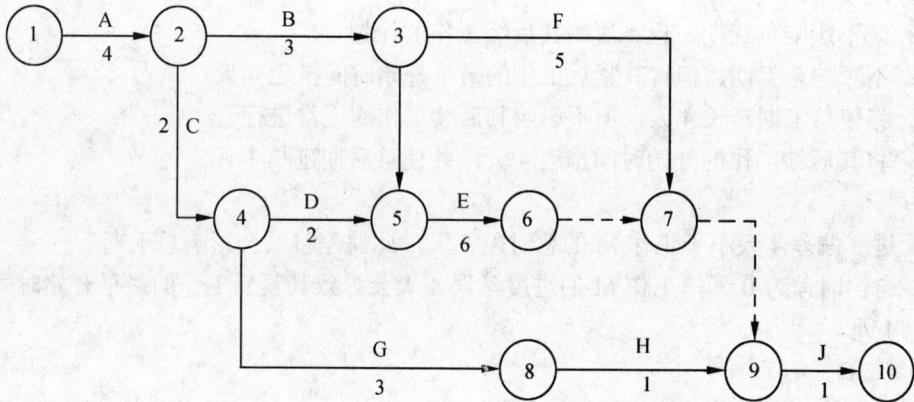

A. 13　　　B. 14　　　C. 15　　　D. 11

- 计算节点的最早时间（标注于节点上方），大约耗时 1 分钟，计算结果如下图所示：

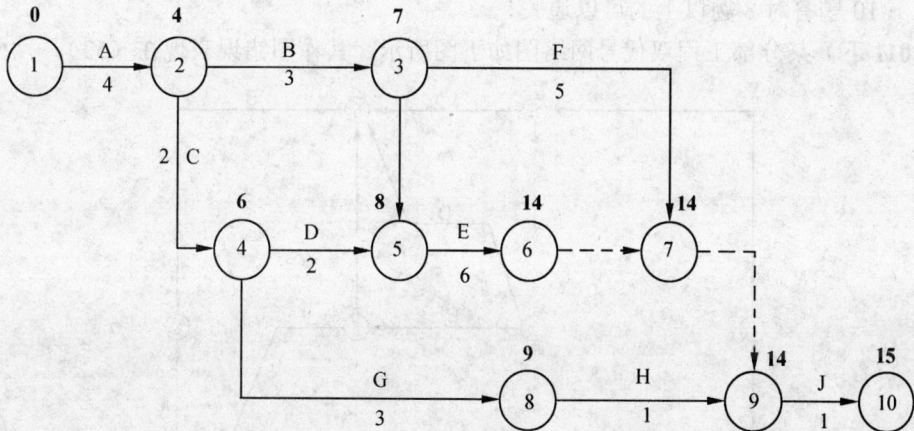

- 关键路径为节点：1→2→4→5→6→7→9→10 或箭线：A→C→D→E→J，工期为 15 天。
- 有同学问，为何节点 3 和节点 5 之间的虚活动没有画成虚线？这是一点小瑕疵，无须较真。

答案：C

（**2011 下**）在某工程网络计划中，已知工作 M 没有自由时差，但总时差为 5 天，监理工程师检查实际进度时发现该工作的持续时间延长了 4 天，说明此时工作 M 的实际进度（52）。

　　A．既不影响总工期，也不影响其后续工作的计划

　　B．不影响总工期，但将其紧后工作的最早开始时间推迟 4 天

　　C．将使总工期延长 4 天，但不影响其后续工作的正常进行

　　D．将其后续工作的开始时间推迟 4 天，并使总后期延长 1 天

- 进度偏差 4 天小于工作 M 的总时差 5 天，此偏差将不会影响总工期。
- 自由时差为 0 天，工作 M 的进度延误 4 天会导致其紧后工作的最早开始时间推迟 4 天。

答案：B

亲爱的同学：当你做到这里，本章的所有考点你都已经见识过了，现在准备毕业吧！

4.2　通关测试

以下 10 题答对 8 题以上的可以通关！

（**2011 下**）某分部工程双代号网络图如下图所示，其作图错误表现在（53）。

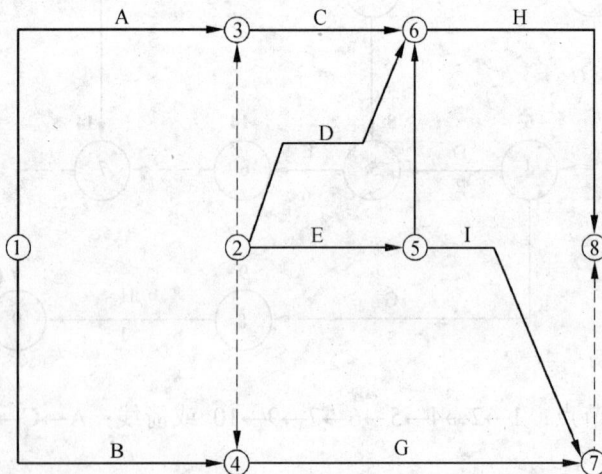

　　A．有多个起点节点　　　　　　　　B．有多个终点节点

　　C．节点编号有误　　　　　　　　　D．存在循环回路

（**2011** 下）在建设工程进度调整过程中，调整进度计划的先决条件是（55）。

A. 确定原合同条件调整的范围

B. 确定可调整进度的范围

C. 确定原合同价款调整的范围

D. 确定承包单位成本的增加额

（**2012** 上）某工程有 10 项工作，其相互的依赖关系如下表所示，按照该工作关系，第（50）天后开始 F 工作，关键路径为（51）天，I 工作的自由时差为（52）天。

工作代号	所用时间	紧前工作
A	4	
B	3	A
C	3	A
D	5	B
E	4	C、D
F	9	D
G	4	E、D
H	2	F、G
I	7	F、H
J	1	G、I

（50）A. 11　　　　　B. 12　　　　　C. 13　　　　　D. 14

（51）A. 28　　　　　B. 29　　　　　C. 30　　　　　D. 31

（52）A. 0　　　　　　B. 1　　　　　　C. 2　　　　　　D. 3

（**2012** 上）当信息工程项目实施过程中出现进度超前的情况时，监理工程师（53）。

A. 应该感到高兴，因为工程可以提前完成

B. 需分析进度超前对后续工作产生的影响，并同承建单位协商，合理地调整进度方案

C. 督促其余多个平行的承建单位加快进度，以便工程早日完工

D. 不必干预

（**2012** 下）在信息化工程实施过程中，由于承建单位自身原因而造成实际进度拖后，建设单位、监理单位和承建单位协调后批准承建单位修改后的实施进度计划意味着（53）。

A. 批准了工程延期　　　　　　　　B. 修改了合同工期

C. 确认在合理状态下施工　　　　　D. 解除了承建单位的责任

（**2012** 下）在信息化工程监理工作中，（54）属于工程进度计划监理的工作之一。

A. 编制科学合理的进度计划　　　　B. 改变工作间的逻辑关系

C. 改变关键工作的持续时间　　　　D. 实际进度与计划进度对比分析

（2012 下）某工程项目群各子项目实施计划及关系如下表，任务 D 的期望时间是（57）天，任务 E 的自由时差是（58）天。

工作代号	紧前工作	完成时间估计（天）		
		乐观时间	平均时间	悲观时间
A	---	1	2	3
B	A	3	6	21
C	A	1	2	3
D	B	3	6	15
E	B、C	2	4	12
F	D	1	2	3
G	E、F	1	2	9
H	E	2	5	8
I	G、H	1	2	3

（57）A. 9　　　　B. 8　　　　C. 7　　　　D. 6

（58）A. 0　　　　B. 1　　　　C. 2　　　　D. 3

4.3　通关测试解析

（2011 下）某分部工程双代号网络图如下图所示，其作图错误表现在（53）。

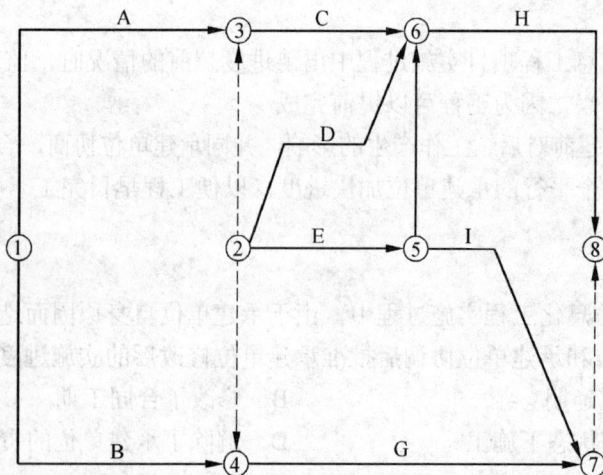

A. 有多个起点节点   B. 有多个终点节点
C. 节点编号有误   D. 存在循环回路

- 该图有 2 个起点：节点①和节点②，违反了网络图的绘制规则。
- 所谓起点节点，就是没有箭线指向它的节点。
- 所谓终点节点，就是没有发出箭线的节点。

答案：A

（2011 下）在建设工程进度调整过程中，调整进度计划的先决条件是（55）。
A. 确定原合同条件调整的范围
B. 确定可调整进度的范围
C. 确定原合同价款调整的范围
D. 确定承包单位成本的增加额

- 这是一道送分题，A、C、D 都与进度毫无关联。

答案：B

（2012 上）某工程有 10 项工作，其相互的依赖关系如下表所示，按照该工作关系，第
（50）天后开始 F 工作，关键路径为（51）天，I 工作的自由时差为（52）天。

工作代号	所用时间	紧前工作
A	4	
B	3	A
C	3	A
D	5	B
E	4	C、D
F	9	D
G	4	E、D
H	2	F、G
I	7	F、H
J	1	G、I

（50）A. 11   B. 12   C. 13   D. 14
（51）A. 28   B. 29   C. 30   D. 31
（52）A. 0   B. 1   C. 2   D. 3

- 这道题可以绘制双代号网络图。

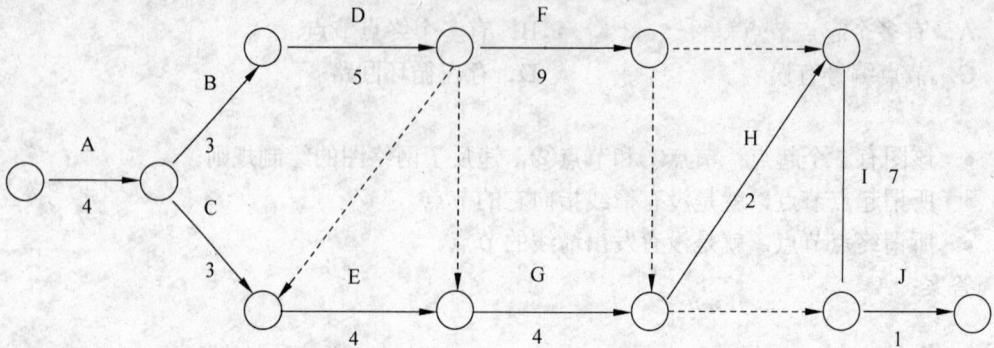

- 也可以绘制单代号网络图。

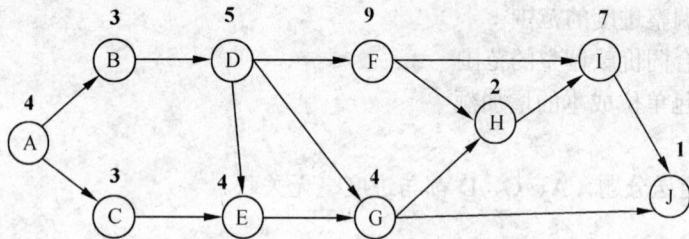

- 关键路径为 A→B→D→F→H→I→J，总工期为 31 天。
- F 在关键路径上，为关键工作，它的最早开始时间=最迟开始时间=12。
- I 在关键路径上，为关键工作，关键工作的自由时差=0。

答案：（50）B、（51）D、（52）A

（2012 上）当信息工程项目实施过程中出现进度超前的情况时，监理工程师（53）。

A. 应该感到高兴，因为工程可以提前完成

B. 需分析进度超前对后续工作产生的影响，并同承建单位协商，合理地调整进度方案

C. 督促其余多个平行的承建单位加快进度，以便工程早日完工

D. 不必干预

- 进度超前时不能盲目乐观，需要仔细分析超前的原因，是不是有漏做的工作、是不是质量低下、是不是进度测量有误……
- 同时还需要分析进度超前对后续工作产生的影响，同承建单位协商后，对后续工作的进度安排进行合理的调整。

答案：B

（2012 下）在信息化工程实施过程中，由于承建单位自身原因而造成实际进度拖后，

建设单位、监理单位和承建单位协调后批准承建单位修改后的实施进度计划意味着（53）。
A. 批准了工程延期
B. 修改了合同工期
C. 确认在合理状态下施工
D. 解除了承建单位的责任

- 因承建单位自身的原因造成工程实际进度滞后于计划进度，所有的后果都应由承建单位自行承担。
- 批准"修改后的实施进度计划"只表明三方确认承建单位在合理的状态下施工，并没有其他的承诺。因为，如果修改后的进度计划不能按期完工，承建单位仍应承担相应的违约责任。

答案：C

（2012 下）在信息化工程监理工作中，（54）属于工程进度计划监理的工作之一。
A. 编制科学合理的进度计划
B. 改变工作间的逻辑关系
C. 改变关键工作的持续时间
D. 实际进度与计划进度对比分析

- A、B、C 都是承建单位的工作，不属于监理的工作范围。

答案：D

（2012 下）某工程项目群各子项目实施计划及关系如下表，任务 D 的期望时间是（57）天，任务 E 的自由时差是（58）天

工作代号	紧前工作	完成时间估计（天）		
		乐观时间	平均时间	悲观时间
A	---	1	2	3
B	A	3	6	21
C	A	1	2	3
D	B	3	6	15
E	B、C	2	4	12
F	D	1	2	3
G	E、F	1	2	9
H	E	2	5	8
I	G、H	1	2	3

（57）A. 9 B. 8 C. 7 D. 6
（58）A. 0 B. 1 C. 2 D. 3

- 这道题考的是 PERT（Program Evaluation and Review Technique）估算。

- PERT 考虑到估算中的不确定性和风险，使用其乐观估算、悲观估算和最可能估算的加权平均值作为估算结果，以提高活动持续时间估算的准确性。
- PERT 的计算公式为：

$$Et = \frac{O + 4ML + P}{6}$$

E_t　= Estimated time　　　　　　PERT 估算结果

O　= Optimistic estimate　　　　乐观的估算

ML = Most likely estimate　　　最可能的估算

P　= Pessimistic estimate　　　悲观的估算

- 首先，计算出每个任务的 PERT 估算值：

工序	A	B	C	D	E	F	G	H	I
PERT 估算值	2	8	2	7	5	2	3	5	2

- 然后，画出网络图：

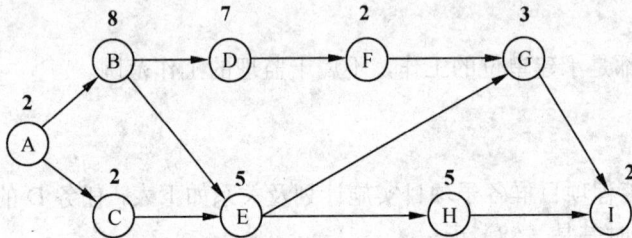

- 关键路径为：A→B→D→F→G→I，总工期为 24 天。
- E 有 2 个后继任务：G 和 H，G 的最早开始时间为 19，H 的最早开始时间为 15。
- E 的自由时差=E 的后继任务的最早开始时间的最小值–E 的最早完成时间 =15–15=0。

答案：（57）C、（58）A

　　想知道你考试能得多少分么？本书提供了两种估算方法：1. 将每章通关测试得分乘以该章的权重（前言中附有题量统计），累加即可；2. 进行下篇的真题模拟考试。两种方法互为校验，信度极高！

第5章 投资控制

本章对应《信息系统监理师教程》之第8章投资控制的考试内容，是考试的重点和难点所在，平均到每次考试，上午题量为4分，下午题量为4.2分。

5.1 历年试题解析

（2005上）Simple 公司项目 A 的利润分析如下表所示。设贴现率为 10%，第二年的利润现值是（28）元。

利润分析	第零年	第一年	第二年	第三年
利润值		￥889,000	￥1,139,000	￥1,514,000

A. 1,378,190　　B. 949,167　　C. 941,322　　D. 922,590

- 这题考的是货币的时间价值，现值 Present Value 和未来值 Future Value 之间的关系是：
  $FV=PV\times(1+i)^n$　　　（i 为贴现率，n 为期数）
- 第二年的利润现值是：$PV_2=FV/(1+0.1)^2=1\ 139\ 000/1.21=941\ 322$（元）。
  答案：C

（2005上）Simple 公司年初从银行借款 200 万元，年利率为 3%。银行规定每半年计息一次并计复利。若 Simple 公司向银行所借的本金和产生的利息均在第三年末一次性向银行支付，则支付额为（46）万元。

A. 218.69　　B. 238.81　　C. 218.55　　D. 218.00

- 由于是半年计息一次，所以到第三年末共计息 6 次，即 $n=6$，此时的贴现率（折现率）i 应为半年的利率 1.5%。
- 第三年末应支付：$FV=PV\times(1+i)^n=200\times(1+1.5\%)^6=218.69$（万元）。
  答案：A

（**2005** 上）项目成本控制的一种重要方法是挣值分析法，挣值管理（Earned Value Management）是综合了项目范围、进度计划和资源、测量项目绩效的一种方法，如下图，当出现（53）时，说明工程滞后。

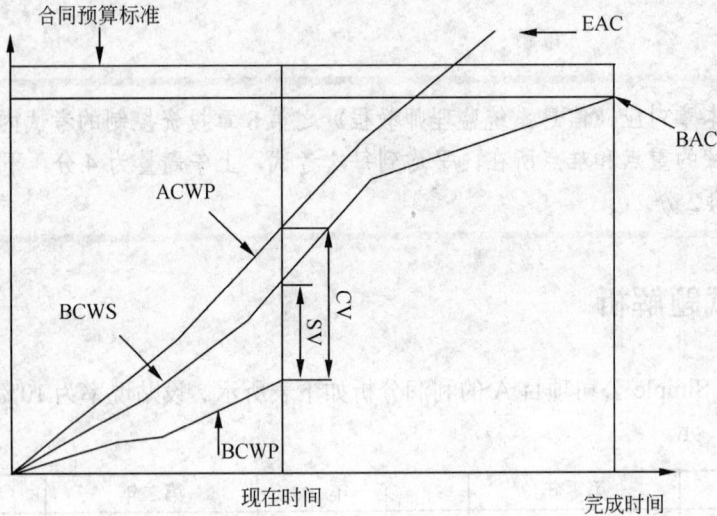

A. SV>0　　　　　B. SV<0　　　　　C. CV>0　　　　　D. CV<0

- 系统回顾一下挣值管理的概念吧。
- 首先是三个核心概念：
  - PV（Planned value，计划值），即 BCWS（Budgeted cost of the work scheduled，计划完成工作的预算成本）。
  - EV（Earned Value，挣值），即 BCWP（Budgeted cost of the work performed，已完成工作的预算成本）。
  - AC（Actual Cost，实际成本），即 ACWP（Actual cost of the work completed，已完成工作的实际成本）。
- 然后是两对偏差和绩效指数：
  - SV（Schedule Variance，进度偏差），SV=BCWP－BCWS，+号有利，－号不利。
  - SPI（Schedule Performance Index，进度绩效系数），SPI= BCWP/BCWS，>1 有利，<1 不利。
  - CV（Cost Variance，成本偏差），CV=BCWP－ACWP，+号有利，－号不利。
  - CPI（Cost Performance Index，成本绩效系数），CPI= BCWP/ACWP，>1 有利，<1 不利。
- 最后是完工预算和估算：

- ■ BAC（Budget at Completion，完工预算），BAC =（项目完工时）所有任务 PV 之和。
- ■ EAC（Estimate at Completion，完工估算），EAC=BAC/CPI，完工估算 EAC 是根据项目执行情况对项目总成本的预测。

答案：B

（**2005 下**）正在开发的软件项目可能存在一个未被发现的错误，这个错误出现的概率是 0.5%，给公司造成的损失将是 1,000,000 元，那么这个错误的风险曝光度（risk exposure）是（19）元。

A. 5 000 000　　　　B. 50 000　　　　C. 5 000　　　　D. 500

- Risk Exposure（风险曝光度）=Probability（概率）×Impact（影响）=0.5%× 1 000 000=5000（元）。
- 这道题的难度在于 0 太多，需要小心不能把 0 的数量数错。

答案：C

（**2005 下**）Simple 公司计划投资 1000 万元人民币开发一套中间件产品，预计从 2005 年开始，年实现产品销售收入 1500 万元，年市场销售成本 1000 万元。该产品的系统分析员张工根据财务总监提供的贴现率，制作了如下的产品销售现金流量表。根据表中的数据，该产品的动态投资回收期是（20）年，投资收益率是（21）。

年度	2004 年	2005 年	2006 年	2007 年	2008 年
投资	1000	—	—	—	—
成本	—	1000	1000	1000	1000
收入	—	1500	1500	1500	1500
净现金流量	−1000	500	500	500	500
净现值	−1000	462.96	428.67	396.92	367.51

（20）A. 1　　　　B. 2　　　　C. 2.27　　　　D. 2.73

（21）A. 42%　　　　B. 41.4%　　　　C. 50%　　　　D. 100%

- 首先，2004 年为第 0 年，2005 年为第 1 年，以此类推。
- 其次，这张表里面中间四行数据都是冗余信息。计算动态投资回收期，只需要将最后一行的净现值累加即可。
- 当 2004—2007 年的净现值累加后，项目的累计净现值开始为正数，即 2007 年可以收回成本，动态投资回收期为 $2.X$ 年。

- X＝（1000–462.96–428.67）/396.92＝108.37/396.92＝0.273，即 2.273 年收回成本。
- 动态投资收益率＝（总收益的净现值÷总投资的净现值）÷年数＝（462.96 ＋428.67＋396.92 ＋367.51）÷1000÷4 ＝（1656.06÷1000）÷4 ＝1.656÷4 ＝41.4%。
- 有同学问，能不能直接用动态投资回收期的倒数作为动态投资收益率，这种解法是错误的，或者更精确地说，它求出的是在这 2.273 年内的动态投资收益率，而不是项目整个四年的动态投资收益率。
- 提醒：2005—2008 年，每年的净现金流量虽然都是 500 万元，但是折合成净现值之后却逐年减少，动态投资收益率也逐年降低。
- 有同学问，能不能求出每年的动态投资收益率，然后做算术平均？回答：可行！
  - 2005 年的动态投资收益率为 462.96÷1000＝46.30%。
  - 2006 年的动态投资收益率为 428.67÷1000＝42.87%。
  - 2007 年的动态投资收益率为 396.92÷1000＝39.69%。
  - 2008 年的动态投资收益率为 367.51÷1000＝36.75%。
  - 整个项目的动态投资收益率＝（46.30%＋42.87%＋39.69%＋36.75%）÷4＝41.4%。
- 提醒：投资收益率＝投资回报率＝投资利润率＝ROI（Return On Investment）。

答案：（20）C、（21）B

（2005 下）若净现值为负数，表明该投资项目（46）。

A. 投资回报率小于零，不可行

B. 投资回报率大于零，可行

C. 内部收益率不一定小于零，因此也有可能是可行方案

D. 内部收益率没有达到预定的贴现率，不可行

- 首先，净现值为负数，该投资项目不可行。
- A 错，此时投资回报率不一定小于零，只不过低于资本的获利要求而已。只有出现亏损（净现金流量为负数）时，投资回报率才有可能为负数。
- 内部收益率＝内含报酬率＝IRR（Internal rate of return），就是使投资方案的各年投资总现值和净现金流入量总现值正好相等的贴现率，或者说是使投资方案净现值为零的贴现率。
- 内部收益率小于预定的贴现率（基准收益率）时，净现值<0，方案不可行。
- 内部收益率大于预定的贴现率（基准收益率）时，净现值>0，方案可行。

答案：D

（2005 下）工程监理费是付给信息系统工程项目监理单位的监理服务费用。工程监理的取费应综合考虑信息工程项。目的监理特点、项目建设周期、地域分布、监理对象、监

理单位的能力、监理难度等因素。一般采取的主要取费方式有（48）。

① 按照信息系统工程建设费（或合同价格）的百分比取费

② 由建设单位确定

③ 由建设单位和监理单位商定

④ 按照参与信息系统工程的监理人员服务费计取

A. ①、③　　　　　B. ①、②、③、④

C. ①、②、③　　　D. ①、③、④

- 工程监理费一般采取以下取费方式：

（1）按照信息系统工程建设费（或合同价格）的百分比取费，主要根据信息系统工程的规模、类型（软件开发、硬件集成、网络和信息系统集成、机房工程等等）、阶段、内容、复杂程度、监理成本等多方面因素综合计算。

（2）按照参与信息系统工程的监理人员服务费计取，如小型信息系统工程、建设单位有特殊要求的工程等，按人/月取费。

（3）由建设单位和监理单位商定，不宜按（1）、（2）办法计取的，可以由建设单位和监理单位按商定的其他办法计取。

答案：D

（2005 下）下列关于项目投资回收期的说法正确的是（53）。

A. 项目投资回收期是指以项目的净收益回收项目投资所需要的时间

B. 项目投资回收期一般以年为单位，并从项目投产开始年算起

C. 投资回收期越长，则项目的盈利和风险能力越好

D. 投资回收期的判别基准是基本投资回收期

- B 错，投资回收期应从项目建设开始年算起，更精确地说，应从投资开始年算起。

- C 错，投资回收期越短，则项目的盈利能力和抗风险能力越好。

- D 错，投资回收期的判别基准是基准投资回收期。

答案：A

（2006 上）应用系统开发所需要的成本和资源估算属于可行性研究中的（54）研究内容。

A. 技术可行性　　　　　B. 经济可行性

C. 社会可行性　　　　　D. 法律可行性

- 显然成本和资源估算与投资直接相关，属于经济可行性。

- 经济可行性分析，是对整个项目的投资及所产生的经济效益进行分析，具体包括支出分析、收益分析、投资回报分析以及敏感性分析等。

答案：B

（**2006 下**）已知某拟建项目财务净现金流量如下表所示，则该项目的静态投资回收期是（41）年。进行该项目财务评价时，如果动态投资回收期 Pt 小于计算期 n，则有财务净现值（42）。

时间	1	2	3	4	5	6	7	8	9	10
净现金流量（万元）	–1200	–1000	200	300	500	500	500	500	500	700

（41）A. 5.4   B. 5.6   C. 7.4   D. 7.6

（42）A. FNPV<0，项目不可行   B. FNPV>0，项目可行

     C. FNPV<0，项目可行   D. FNPV>0，项目不可行

- 静态投资回收期（Static Payback Period）不考虑货币的时间价值（不计利息）。
- 动态投资回收期（Dynamic Payback Period），则考虑货币的时间价值（计复利）。
- 将项目历年的净现金流量逐步累加，发现到第 8 年时，项目的累计净现金流量开始为正数，即第 8 年可以收回成本，静态投资回收期为 7.X 年。
- X=（1200+1000–200–300–500–500–500）/500=200/500=0.4，即 7.4 年收回成本。
- 动态投资回收期小于计算期，说明不等项目终结，投资就已全部收回，即项目的 FNPV>0，项目可行。
- 动态投资回收期大于计算期，说明即使等到项目终结，投资也无法全部收回，即项目的 FNPV<0，项目不可行。
- FNPV（Financial Net Present Value，财务净现值），是指把项目计算期内各年的财务净现金流量，按照一个给定的标准折现率（基准收益率）折算到建设期初的现值之和。
- 财务净现值是评价项目盈利能力的绝对指标。
  - 若 FNPV>0，则说明该方案除了满足基准收益率要求的盈利之外，还能得到超额收益，该方案在财务上可行。
  - 若 FNPV=0，则说明该方案基本能满足基准收益率要求的盈利水平，即现金流入的现值和等于现金流出的现值和，此时，该方案还是可行的。
  - 若 FNPV<0，则说明该方案不能满足基准收益率要求的盈利水平，及该方案收益的现值不能抵偿支出的现值，该方案财务上不可行。

答案：（41）C、（42）B

（**2006 下**）在下列各项原则中，属于投资控制原则的有（51）。

①投资最小化原则　　②全面成本控制原则

③动态控制原则　　　④目标管理原则　　　⑤责、权、利相结合的原则

A. ①、②、③　　　　　　　　　B. ②、④、⑤

C. ②、③、④、⑤　　　　　　　 D. ①、③、④、⑤

- 信息系统工程项目进行投资控制时，应遵循以下基本原则。

（1）投资最优化原则；

（2）全面成本控制原则；

（3）动态控制原则；

（4）目标管理原则；

（5）责、权、利相结合的原则。

- ①错，应为投资最优化。

答案：C

（**2006 下**）监理投资控制是指在整个项目实施阶段开展的管理活动，力求使项目在满足（58）要求的前提下，项目（59）投资不超过计划投资。

（58）A. 质量和安全　　B. 质量和进度　　C. 安全和进度　　D. 质量和造价

（59）A. 概算　　　　　B. 估算　　　　　C. 预算　　　　　D. 实际

- 信息工程项目的投资控制主要是在批准的预算条件下确保项目保质按期完成。投资控制力求使项目在满足质量和进度要求的前提下，项目实际投资不超过计划投资。

答案：（58）B、（59）D

（**2007 上**）如果在挣值分析中，出现进度和成本偏差，CV>0、SV<0 说明的情况是（48）。

A. 项目成本节约、进度落后　　　　　B. 项目成本超支、进度落后

C. 项目成本超支、进度超前　　　　　D. 项目成本节约、进度超前

- CV>0，成本节约。

- SV<0，进度落后。

答案：A

（**2007 上**）某投资项目建设期为 3 年，在建设期第一年贷款 100 万元，第二年贷款 300 万元，第三年贷款 100 万元，贷款年利率为 6%。该项目在建设期中的贷款利息应为（49）万元（用复利法计算）。

A. 62.18   B. 60.00   C. 46.27   D. 30.00

- 第一年贷款 100 万元的利息=100×（1+6%）^{3}−100=19.1（万元）。
- 第二年贷款 300 万元的利息=300×（1+6%）^{2}−300=37.08（万元）。
- 第三年贷款 100 万元的利息=100×（1+6%）^{1}−100=6（万元）。
- 该项目在建设期中的贷款利息总和=19.1+37.08+6=62.18（万元）。

答案：A

（**2007 上**）当采用 S 曲线比较法时，如果实际进度点位于计划 S 曲线的右侧，则该点与计划 S 曲线的垂直距离表示实际进度比计划进度（50）。

A. 超前的时间   B. 拖后的时间

C. 超额完成的任务量   D. 拖欠的任务量

- 计划进度 S 曲线，即 BCWS（Budgeted Cost of the Work Scheduled，计划完成工作的预算成本）。
- 实际进度 S 曲线，即 BCWP（Budgeted Cost of the Work Performed，已完成工作的预算成本）。

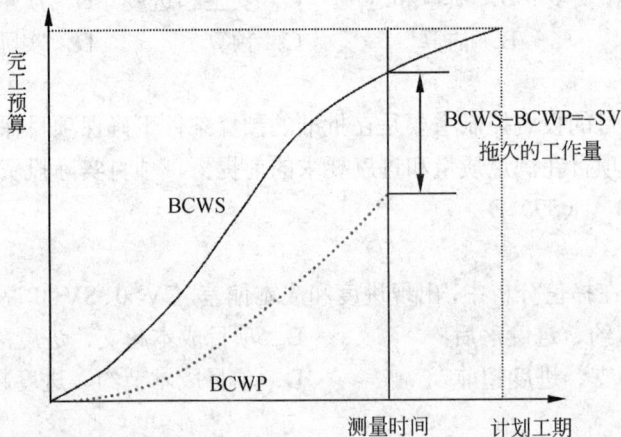

- 注意：BCWS−BCWP=−SV（进度偏差的负值），此时 SV 为负数（代表不利）。

答案：D

（**2007 上**）在项目财务评价中，当（60）时，项目方案可行。

A. 财务净现值≤0   B. 财务净现值<0

C. 财务净现值≥0   D. 财务净现值=0

- FNPV（Financial Net Present Value，财务净现值）≥0 时，方案可行。

答案：C

（2007 下）经国务院发展计划部门审批的大型工程项目，关于其可行性研究报告的表述正确的是（51）。

A．可行性研究报告是项目最终决策文件

B．可行性研究报告是项目初步决策文件

C．可行性研究报告应直接报送国务院发展计划部门审批

D．可行性研究报告需经具有相应资质的工程咨询单位评估后报送国务院发展计划部门

- 国家发改委针对大中型项目，原则上包括三个审批环节：

（1）项目建议书（也叫预可行性研究）；

（2）可行性研究报告；

（3）初步设计方案和投资概算。

- 对总投资在 3000 万元以下及特殊情况的，可简化为审批项目可行性研究报告（代项目建议书）、初步设计方案和投资概算。

- 项目的可行性研究是项目立项前的重要工作，需要对项目所涉及的领域、投资的额度、投资的效益、采用的技术、所处的环境、融资的措施、产生的社会效益等多方面进行全面的评价，以便能够对技术、经济和社会可行性进行研究，以确定项目的投资价值。

- 可行性研究报告需经具有相应资质的工程咨询单位评估后报送国务院发展计划部门审批。

- 批准的可行性研究报告是项目最终决策文件和编制设计文件的基本依据，不得随意修改和变更。

- 项目建设单位在可行性研究报告批复后，可申请项目前期工作经费。项目前期工作经费主要用于开展应用需求分析、项目建议书、可行性研究、初步设计方案和投资概算的编制、专家咨询评审等工作。项目审批部门根据项目实际情况批准下达前期工作经费，前期工作经费计入项目总投资。

- 项目建设单位可在初步设计方案和投资概算获得批复及具备开工建设条件后，根据项目实施进度向项目审批部门提出资金使用计划申请。初步设计方案和投资概算未获批复前，原则上不予下达项目建设资金。对确需提前安排资金的项目（如用于购地、购房、拆迁等），项目建设单位可在项目可行性研究报告批复后，向项目审批部门提出资金使用申请，说明要提前安排资金的原因及理由，经项目审批部门批准后，下达项目建设资金。

答案：D

（**2007下**）建设项目设备采购方案最终需要获得（55）的批准。

A．建设单位 B．总集成单位

C．监理单位 D．设备供应单位

- 建设单位对设备采购具有最终决定权。

答案：A

（**2007下**）信息系统工程项目投资控制的原则包括（57）。

①投资最优化原则 ②全面成本控制原则

③静态控制原则 ④目标管理原则 ⑤责、权、利分开管理原则

A．①、②、③ B．①、②、④

C．①、②、④、⑤ D．①、②、③、④、⑤

- 信息系统工程项目进行投资控制时，应遵循以下基本原则。
- （1）投资最优化原则；
- （2）全面成本控制原则；
- （3）动态控制原则；
- （4）目标管理原则；
- （5）责、权、利相结合的原则。
- ③错，应为动态控制。
- ⑤错，应为责、权、利相结合。

答案：B

（**2007下**）某监理工程师对甲、乙、丙三个投资方案进行投资决策分析，已知三个方案的建设期和经营期均相同，且投资的时间点均相同，投资额度不同，监理工程师通过计算获得甲方案的净现值为 8.95 万元，现值指数为 1.08；乙方案的净现值为 10.8 万元，现值指数为 1.03；丙方案的净现值为 9 万元，现值指数为 1.05。正确的决策应该是（60）。

A．选择甲方案 B．选择乙方案

C．选择丙方案 D．都不选

- 在几个方案的原投资额不相同的情况下，仅凭净现值的绝对数的大小进行决策是不够的，还需要结合现值指数进行分析。
- 现值指数（Present Value Index，PVI）是投资方案经营期各年末净现金流入量的总现值与建设期各年初投资额总现值之比。
- 现值指数分析法就是根据各个投资方案的现值指数的大小来判定该方案是否可行

的方法。凡现值指数大于 1 的方案均为可接受的方案,否则为不可行方案。

- 现值指数分析与净现值分析一样,都考虑到了货币的时间价值,所不同的是现值指数是以相对数表示,便于在不同投资额的方案之间进行对比。

- 简言之,PV 收益－PV 投资=NPV(净现值),PV 收益÷PV 投资=PVI(现值指数)。

- 三个方案的现值指数均大于 1,因而都是可接受方案;其中甲方案的现值指数最大,是最优方案。

- 提示:现值指数如果除以年数,就是我们之前说的动态投资收益率。

答案:A

（2007 下）下列指标中,属于贴现指标的是（64）。

A. 投资回收期　　　　　　　　B. 投资利润率

C. 内部收益率　　　　　　　　D. 剩余收益

- 内部收益率=内含报酬率=IRR(Internal rate of return),是使投资方案的净现值为零的贴现率。

- 对评价一个投资方案是否可行所应用的利率,实际上是取得长期投资的资金来源的成本,也就是资金成本。这种资金来源包括银行贷款和企业自筹,分析时,这两项资金成本都以银行贷款利率为基准来贴现。

- 而实际贴现率往往会因为通货膨胀、市场物价、货币流通、当地的投资环境、投资风险等因素使得其偏高于银行贷款利率。也就是说,对企业来说,资金成本具有不确定性,这种不确定的资金成本也就是资金的机会成本。

- 若贴现率高于基准利率,原来可行的方案又是否可行呢?当贴现率高到什么程度时,原来可行的方案将变为不可行方案呢? 这是净现值分析法和现值指数分析法无法解决的问题,这就需要通过内部收益率来解决。

- 所谓内部收益率,就是使投资方案的各年投资总现值和净现金流入量总现值正好相等的贴现率,或者说是使投资方案净现值为零的贴现率。

答案:C

（2008 上）根据某信息系统建设工程的有关数据（见下表）,可知该项目的静态投资回收期为（49）年。

年份	1	2	3	4	5	6
净现金流量（百万元）	−100	−200	100	250	200	200

A. 3.4　　　　　B. 4.8　　　　　C. 3.8　　　　　D. 3.2

- 将项目历年的净现金流量逐步累加，发现到第 4 年时，项目的累计净现金流量开始为正数，即第 4 年可以收回成本，静态投资回收期为 3.X 年。
- X=（100+200−100）/250=200/250=0.8，即 3.8 年收回成本。

答案：C

（**2008 上**）在进行建设项目财务评价时，（67）是财务内部收益率的基准判据。

A. 社会贴现率   B. 行业平均投资利润率

C. 行业平均资本金利润率   D. 行业基准收益率

- 行业基准收益率是财务内部收益率（IRR）的基准判据。
- 基准收益率是指最低要求的贴现率（亦称折现率），在国外又称作最低有吸引力的收益率，一般用代号 MARR 表示，它是成本决策部门做出取舍决定的重要决策参数。
- 通常情况下，如果把基准收益率定得太高，可能会使许多经济效果较好的方案被舍弃，反之定得太低，又可能接受一些其经济效果并不理想的方案。
- 按照惯例，通常基准收益率应高于银行贷款的利率。很显然由于一些成本方案大多带有一定的风险和不确定性，再加上市场经济供需要求对产品价格浮动的影响，如果基准收益率不高于贷款利率，就不值得进行投资。

答案：D

（**2008 下**）Simple 公司向银行借款 1000 万元，其年利率为 4%，则第 3 年末应偿还本利和累计为（45）千万元。

A. 1.125   B. 1.120   C. 1.127   D. 1.172

- 第 3 年末应偿还本利=1000×（1+4%）^{3}=1124.864（万元）。

答案：A

（**2009 上**）当采用 S 型曲线比较法时，如果实际进度点位于计划 S 型曲线左侧时，则该点与计划 S 曲线的垂直距离表示（50）；该点与计划 S 曲线的水平距离表示（51）。

（50）A. 进度超前的时间   B. 进度拖后的时间

       C. 超额完成的任务量   D. 拖欠的任务量

（51）A. 进度超前的时间   B. 进度拖后的时间

       C. 超额完成的任务量   D. 拖欠的任务量

- 计划进度 S 曲线，即 BCWS（Budgeted Cost of the Work Scheduled，计划完成工作

的预算成本）。

- 实际进度 S 曲线，即 BCWP（Budgeted Cost of the Work Performed，已完成工作的预算成本）。
- 当实际进度点位于计划进度 S 曲线左侧时，该点与计划进度 S 曲线的垂直距离=BCWP－BCWS=SV，表示超额完成的任务量（此时进度偏差 SV 为正数，代表有利）。

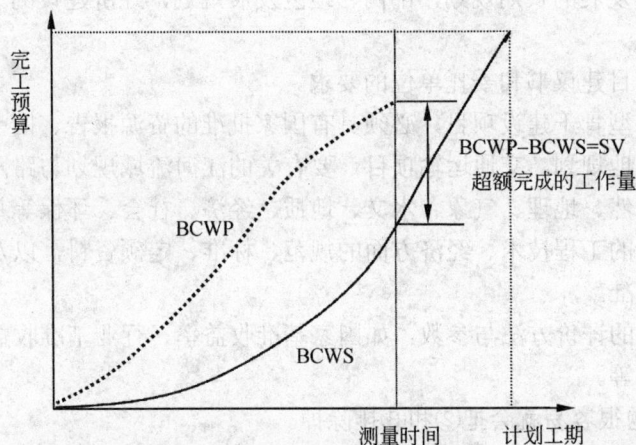

- 当实际进度点位于计划进度 S 曲线左侧时，该点与计划进度 S 曲线的水平距离表示进度超前的时间。

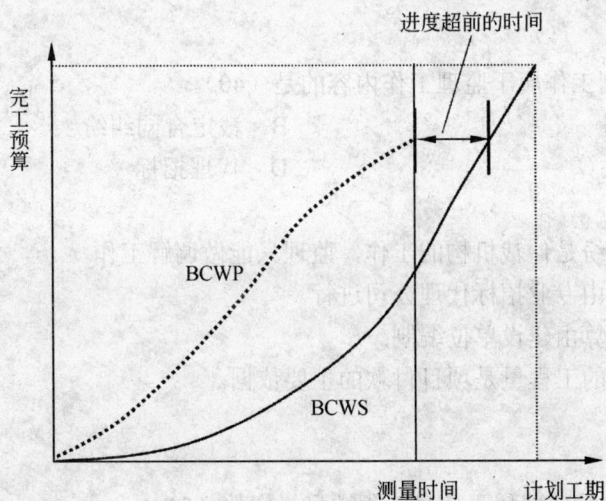

答案：（50）C、（51）A

（2009 上）建设项目可行性研究的依据有（58）。

①项目建议书　　　　　②投资方案选择结论

③项目初步设计　　　　④委托单位的要求

A．①②③④　　　　B．②③④　　　　C．①②　　　　D．①④

- 项目可行性研究报告编制的基本依据有：

（1）国家经济发展的长期规划，部门、地区发展规划，经济建设的方针、任务、产业政策和投资政策。

（2）批准的项目建议书和委托单位的要求。

（3）对于大中型骨干建设项目，必须具有国家批准的资源报告、国土开发整治规划、区域规划、工业基地规划。交通运输项目，要有关的江河流域规划与路网规划。

（4）有关的自然、地理、气象、水文、地质、经济、社会、环保等基础资料。

（5）有关行业的工程技术、经济方面的规范、标准、定额资料，以及国家正式颁发的技术法规和技术标准。

（6）国家颁发的评价方法与参数，如国家基准收益率、行业基准收益率、外汇影子汇率、价格换算参数等。

- 不过这道题很容易就会把②和③排除掉。

（1）可研时，项目尚处于立项阶段，还没有初步设计；

（2）投资方案选择结论需要依据可行性研究的结果来得出，换句话说，可行性研究报告是投资方案选择的依据。

答案：D

（2010 上）下列工作属于监理工作内容的是（40）。

A．核算工程量　　　　　　　　　B．裁定合同纠纷

C．编制项目决算　　　　　　　　D．代理招标

- 裁定合同纠纷是仲裁机构的工作，监理只能做调解工作。
- 代理招标应由专业招标代理公司进行。
- 项目竣工决算由建设单位编制。
- 监理方核定的工程量是项目付款的主要依据。

答案：A

（2010 上）企业管理费属于信息工程项目投资的（54）。

A．工程前期费　　　B．直接费用　　　C．间接费用　　　D．措施费

- 信息工程项目投资构成如下图所示：

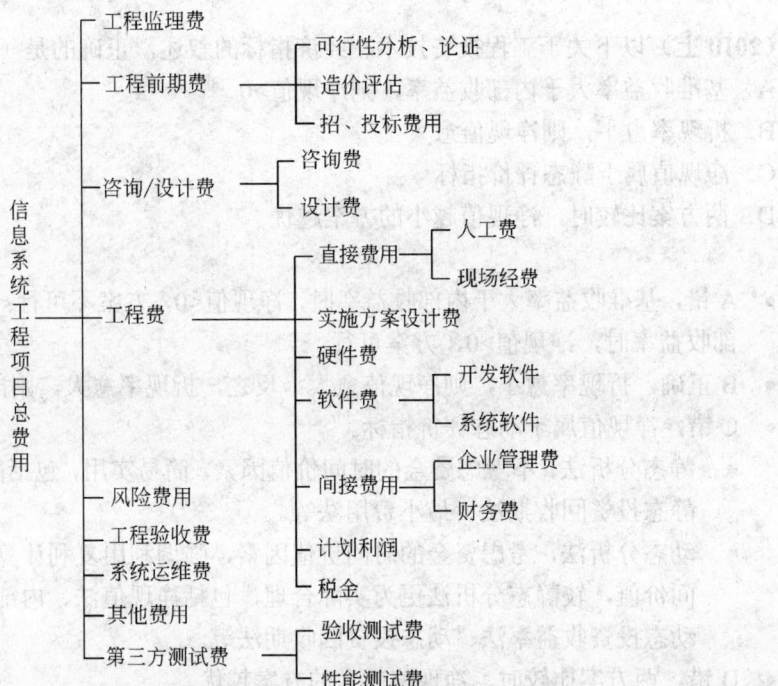

答案：C

（**2010 上**）成本变更的控制方法，不包括（55）。

A．偏差控制法　　　　　　　　B．因果图分析法
C．进度-成本同步控制法　　　　D．成本分析表法

- 成本变更控制主要有以下方法：
  - 偏差控制法，该方法是在制定出计划成本的基础上，通过采用成本分析方法找出计划成本与实际成本间的偏差，分析产生偏差的原因与变化发展趋势，进而采取措施以减少或消除偏差，实现目标成本的一种科学管理方法。
  - 成本分析表法，包括日报、周报、月报表、分析表和成本预测报表等。这是利用表格的形式调查、分析、研究项目成本的一种方法。
  - 进度-成本同步控制法，可以运用成本与进度同步跟踪的方法控制分项工程部分的实施成本。成本控制与计划管理、成本与进度之间有着必然的同步关系。即项目进行到什么阶段，就应该发生相应的成本费用。如果成本与进度不对应，就要作为不正常现象进行分析，找出原因并加以纠正。

答案：B

（2010 上） 以下关于工程投资技术、经济指标的叙述，正确的是（56）。
A．基准收益率大于内部收益率，则净现值>0
B．折现率愈小，则净现值愈大
C．净现值属于静态评价指标
D．两方案比较时，净现值越小的方案越优

- A 错，基准收益率大于内部收益率时，净现值<0，方案不可行；基准收益率小于内部收益率时，净现值>0，方案可行。
- B 正确，折现率愈小，则净现值愈大；反之，折现率愈大，则净现值愈小。
- C 错，净现值属于动态评价指标。
  - 静态分析法，不考虑资金的时间价值因素，简易实用，包括静态投资收益率法、静态投资回收期法、最小费用法等。
  - 动态分析法，考虑资金的时间价值因素，强调利用复利计算方法计算货币的时间价值，较静态分析法更为实际合理，包括净现值法、内部收益率法（IRR）、动态投资收益率法、动态投资回收期法等。
- D 错，两方案比较时，净现值越大的方案越优。

答案：B

（2010 上） 工程项目竣工决算由（57）负责汇总编制。
A．建设单位　　　　B．设计单位　　　C．监理单位　　　D．总包单位

- 项目竣工决算是以实物量和货币为计量单位，综合反映竣工验收的项目的建设成果和财务状况的总结性文件。它是项目的实际造价和成本效益的总结，是项目竣工验收报告的重要组成部分，是项目竣工验收结果的反映，是对项目进行财务监督的手段。
- 项目竣工决算，由建设单位汇总编制，项目竣工决算必须内容完整、核对准确、真实可靠。

答案：A

（2010 下） 按照《国家电子政务工程建设项目管理暂行办法》的要求，项目建设单位应在工程立项的编制（37）阶段专门组织项目需求分析，形成需求分析报告送项目审批部门。
A．项目实施方案　　　　　　　　　　B．项目建议书
C．可行性研究报告　　　　　　　　　D．初步设计方案和投资概算

- 国家发展和改革委员会令[2007]第 55 号《国家电子政务工程建设项目管理暂行办法》:
  - 第七条 电子政务项目原则上包括以下审批环节：项目建议书、可行性研究报告、初步设计方案和投资概算。对总投资在 3000 万元以下及特殊情况的，可简化为审批项目可行性研究报告（代项目建议书）、初步设计方案和投资概算。
  - 第八条 项目建设单位应按照《国家电子政务工程建设项目项目建议书编制要求》（附件一）的规定，组织编制项目建议书，报送项目审批部门。项目审批部门在征求相关部门意见，并委托有资格的咨询机构评估后审核批复，或报国务院审批后下达批复。项目建设单位在编制项目建议书阶段应专门组织项目需求分析，形成需求分析报告送项目审批部门组织专家提出咨询意见，作为编制项目建议书的参考。

答案：B

（**2010 下**）下列费用中不属于工程前期费用的是（54）。

A．监理费　　　　　　　　　B．可行性分析、论证费
C．造价评估费　　　　　　　D．招投标费

- 信息工程项目投资构成如下图所示：

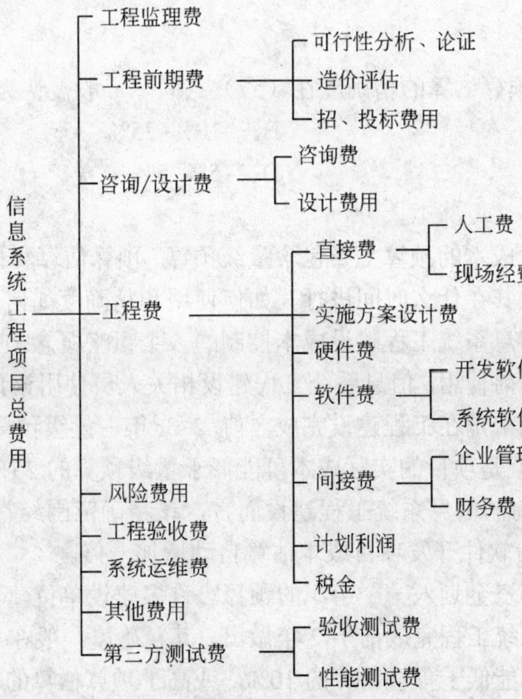

答案：A

（**2010 下**）某项目计划成本为 400 万元，计划工期为 4 年，项目进行到两年时，监理发现预算成本为 200 万元，实际成本为 100 万元，挣值为 50 万元，则项目成本差异为（55），项目进度差异为（56）。

（55）A. 150 万元　　　　B. –50 万元　　　　C. –150 万元　　　　D. 50 万元

（56）A. 150 万元　　　　B. 50 万元　　　　C. –150 万元　　　　D. –50 万元

- PV（Planned value，计划值），即 BCWS（Budgeted cost of the work scheduled，计划完成工作的预算成本）=200（万元）。
- EV（Earned Value，挣值），即 BCWP（Budgeted cost of the work performed，已完成工作的预算成本）=50（万元）。
- AC（Actual Cost，实际成本），即 ACWP（Actual cost of the work completed，已完成工作的实际成本）=100（万元）。
- CV（Cost Variance，成本偏差），CV=BCWP－ACWP=50－100=–50（万元），成本超支。
- SV（Schedule Variance，进度偏差），SV=BCWP－BCWS=50－200=–150（万元），进度落后。

答案：（55）B、（56）C

（**2010 下**）工程项目预算估算的精确度在（57）之间，一般被认为比较合理。

A. –25%~75%　　　　　　　　　　　　B. –10%~25%

C. –10%~15%　　　　　　　　　　　　D. –5%~5%

- 信息系统工程建设成本的预算主要包含量级预算、预算估算和最终预算。这些方法的不同主要体现在其在什么时间进行、如何使用和精确度如何。
- **量级预算**提供了信息系统工程建设成本控制的一个粗略概念。它在信息系统工程建设早期甚至建设之前使用，信息系统工程建设相关人员使用该预算帮助决策。进行这种类型的预算通常是在工程建设完成之前 2~3 年。量级预算的精确度一般是从 –25% ~ 75%，也就是项目的实际成本可能低于量级预算的 25%，或高于量级预算的 75%。对于目前的信息系统工程建设而言，该精确范围经常更广。例如，许多 IT 项目专业人员为软件开发项目成本估算自动增加一倍。
- **预算估算**被用来将资金划入一个组织的预算。许多建设单位建立至少 2 年的预算。预算估算在信息系统工程完成前 1~2 年做出。其精确度一般在–10%~25%，也就是项目的实际成本可能低于预算估算的 10%，或高于预算估算的 25%。

- **最终概算**提供一个精确的项目成本概算。常用于许多项目采购决策的制订，因为这些决策需要精确的预算。也常用于估算信息系统工程建设的最终成本，其精确度通常在–5% ~ 10%，也就是项目的实际成本可能低于预算估算的5%，或高于预算估算的10%。

答案：B

（2011 上）根据《国家电子政务工程建设项目管理暂行办法》，项目初步设计方案和投资概算报告的编制内容，与项目可行性研究报告批复内容有重大变更或变更投资超出已批复总投资额度（54）的，应重新报批可行性研究报告。

A. 1%　　　　　B. 5%　　　　　C. 10%　　　　　D. 15%

- 根据该办法第十三条：
  - 项目可行性研究报告的编制内容与项目建议书批复内容有重大变更的，应重新报批项目建议书。
  - 项目初步设计方案和投资概算报告的编制内容与项目可行性研究报告批复内容有重大变更或变更投资超出已批复总投资额度百分之十的，应重新报批可行性研究报告。
  - 项目初步设计方案和投资概算报告的编制内容与项目可行性研究报告批复内容有少量调整且其调整内容未超出已批复总投资额度百分之十的，需在提交项目初步设计方案和投资概算报告时以独立章节对调整部分进行定量补充说明。

答案：C

（2011 上）单方案经济评价过程中，下列情况中（55）可作为判断其经济方案合理的依据。

A. 静态成本回收期大于国家或部门所规定的标准成本回收期

B. 内部收益率大于基准收益率

C. 等效年值小于零

D. 净现值小于零

- A、C、D 都是项目不可行的依据。
- 静态成本回收期 T 是指以工程项目的净收益补偿全部成本所需要的时间，通常情况下，成本回收期愈短愈好。对于单方案经济评价时，通常是以计算结果同国家或部门所规定的标准成本回收期 TM 进行比较来取定其"经济合理性"。当所计算的 $T>TM$ 时，一般应对技术方案做出总成本的削减修正措施；否则应予舍弃。
- 等效年值法就是工程项目的所有现金流量都化为其等值的年金，用以评价方案经济效益的经济分析方法。等效年值是指把工程项目在寿命期内所有收入和支出，按基准收益率折算成与其等值的各年年末的等效年金。只有当方案的等效年值大于零，在经济上才是合理的。

答案：B

（2011 上）在现金流入量基本确定的情况下，能够较好体现资金机会成本的分析指标是（56）。

A. 内含报酬率　　　　B. 净现值　　　　C. 现值指数　　　　D. 敏感性

- 内含报酬率可与资金的机会成本相比较：若内含报酬率大于资金机会成本，则此方案为可行方案；若内含报酬率小于资金机会成本，则此方案不一定是合理方案。
- 在面临多方案择一决策时，被舍弃的选项中的最高价值者是本次决策的机会成本。
- 资金的机会成本是指若不投资此项目，转而做其他投资的最大收益率。
- 资金的机会成本同当时当地的投资环境及投资项目的具体行业等因素有关。一般来说，以国家银行贷款利率为基准，风险大的地区和大的项目资金机会成本应定得高一些。

答案：A

（2011 上）在信息工程项目投资构成中，验收测试费属于（57）。

A. 工程费　　　　　　　　　　B. 工程管理费
C. 风险费用　　　　　　　　　D. 第三方测试费

- 验收测试费属于第三方测试费

答案：D

（2011 上） You are a project manager for a small project. Your project was budgeted for ￥500,000 over a six-week period. As of today, you've spent ￥260,000 of your budget to complete work that you originally expected to cost ￥280,000. According to your schedule, you should have spent ￥300,000 by this point. Based on these circumstances, your project could be BEST described as （74）.

A. Ahead of schedule　　　　　　B. Behind schedule
C. On schedule　　　　　　　　　D. Having not enough information provided

- 你是一个小项目的项目经理。项目预算是 50 万元，工期是 6 周。到目前为止，你已经花掉了 26 万元，完成了原来预算要花 28 万元的工作量。根据进度计划，在当前时间点，你应该花费 30 万元。根据这些描述，你的项目目前（74）。

A．进度提前　　　　　　　　　　B．进度落后

C．按计划进行　　　　　　　　　D．信息不足

- PV（Planned value，计划值），即 BCWS（Budgeted cost of the work scheduled，计划完成工作的预算成本）=30（万元）。

- EV（Earned Value，挣值），即 BCWP（Budgeted cost of the work performed，已完成工作的预算成本）=28（万元）。

- AC（Actual Cost，实际成本），即 ACWP（Actual cost of the work completed，已完成工作的实际成本）=26（万元）。

- CV（Cost Variance，成本偏差），CV=BCWP－ACWP=28－26= 2（万元），成本节约。

- SV（Schedule Variance，进度偏差），SV=BCWP－BCWS=28－30= －2（万元），进度落后。

答案：B

（2011 下）软件可行性研究一般不考虑（1）。

A．是否有足够的人员和资金来支持系统开发

B．是否有足够的工具和相关的技术来支持系统开发

C．待开发软件是否有市场、经济上是否合算

D．待开发的软件是否会有质量问题

- 显然，D 不属于可行性研究需要考虑的内容。

- 此外，按照软件工程理论，不存在完美的软件，所有的软件都有瑕疵，都有程度不同的质量问题。

答案：D

（2011 下）应用 S 曲线比较法时，通过比较实际进度 S 曲线和计划进度 S 曲线，可以（50）。

A．表明实际进度是否匀速开展

B．得到工程项目实际超额或拖欠的任务量

C．预测偏差对后续工作及工期的影响

D．表明对工作总时差的利用情况

- 计划进度 S 曲线，即 BCWS（Budgeted Cost of the Work Scheduled，计划完成工作的预算成本）。

- 实际进度 S 曲线，即 BCWP（Budgeted Cost of the Work Performed，已完成工作的预算成本）。
- 比较二者可以得到：
  - 进度偏差（超额完成或拖欠的任务量）。
  - 进度超前或落后的时间。

答案：B

（2011 下）下列关于可行性研究报告的表述中，正确的是（51）。

A. 可行性研究报告是项目最终决策文件

B. 可行性研究报告是项目初步决策文件

C. 可行性研究报告应直接报送有关部门审批

D. 可行性研究报告需经具有相应资质的咨询单位评估后报送有关部门审批

- 我国大中型项目原则上包括三个审批环节：

  （1）项目建议书（也叫预可行性研究）；

  （2）可行性研究报告；

  （3）初步设计方案和投资概算。

  - 对总投资在 3000 万元以下及特殊情况的，可简化为审批项目可行性研究报告（代项目建议书）、初步设计方案和投资概算。
  - 可行性研究报告需经具有相应资质的咨询单位评估后报送有关部门审批。
  - 批准的可行性研究报告是项目最终决策文件和编制设计文件的基本依据，不得随意修改和变更。

答案：D

（2011 下）对备件、设备采购，通过质量-价格比选，合理确定供应单位是投资控制的（54）。

A. 组织措施　　　　B. 技术措施　　　　C. 经济措施　　　　D. 合同措施

- 控制项目成本的措施归纳起来有四大方面：组织措施、经济措施、技术措施和合同措施。
- 技术措施是指监督承建单位制订先进的、经济合理的技术实施方案，以达到缩短工期、提高质量、降低成本的目的。
- 技术实施方案包括四大内容：技术实施方法的确定、技术实施设备、工具、软件的选择、技术实施顺序的安排和流水技术实施的组织。正确选择技术实施方案是降低成本的关键所在。

- 题目中的"比选"是比较选择的意思，"质量-价格比选"是指对设备的质量和价格综合比较以进行选择。

答案：B

亲爱的同学：当你做到这里，本章的所有考点你都已经见识过了，现在准备毕业吧！

5.2　通关测试

以下 10 题答对 8 题以上的可以通关！

（2011 下） 如果以年利率 10% 投资某项目 100 万元，拟在今后 5 年中把 5 年的"本利和"在每年年末按相等的数额提取，每年可回收的资金为（56）万元。

A．33.37　　　　B．25.38　　　　C．20.15　　　　D．26.38

（2011 下） 在项目财务评价中，当财务净现值（57）时，项目方案可行。

A．FNPV≤0　　　B．FNPV<0　　　C．FNPV≥0　　　D．FNPV＝0

（2011 下） 信息化工程投资控制最主要的阶段是（66）。

A．施工阶段　　　　　　　　　　B．招标阶段
C．竣工验收阶段　　　　　　　　D．设计阶段

（2012 上） 某综合布线项目购置设备及材料需 100 万元，工程其他费用为 20 万元，其中基本预备费 10 万元，为应对涨价的预备费为 5 万元，则项目的动态投资为（54）万元。

A．135　　　　B．130　　　　C．10　　　　D．5

（2012 上） 某建设项目向银行一次贷款 300 万元，年利率 10%，贷款期限为 5 年，按复利计算 5 年末需偿还银行本利和约为（55）万元。

A．450　　　　B．531　　　　C．585　　　　D．483

（2012 上） 以下属于静态财务评价指标的是（56）。

A．净现值　　　B．净现值指数　　　C．投资利润率　　　D．内部收益率

（2012 上） 某机房改造项目承建单位完成了所有实施及验收工作，此时，监理需要对竣工结算进行审核，以下关于竣工结算的理解正确的是（57）。

A. 竣工结算应由建设单位编制汇总，是对整体建设全过程支出费用的总结

B. 竣工结算表明了建设单位与承建单位最终支付的费用

C. 竣工结算与合同金额必须一致

D. 竣工结算不能突破前期预算价格

（2012 下） 对下图所示的 S 型曲线理解正确的是（52）。

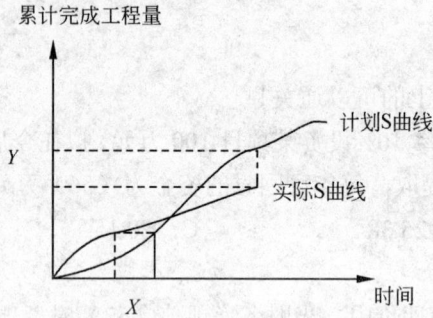

A. *X* 表示拖延的时间，*Y* 表示拖欠的工程量

B. *X* 表示超前的时间，*Y* 表示拖欠的工程量

C. *X* 表示拖延的时间，*Y* 表示超前的工程量

D. *X* 表示超前的时间，*Y* 表示超额完成的工程量

（2012 下） 某项目进行到第 70 天，挣值的三个基本参数分别为：BCWS 为 800 万，BCWP 为 750 万，ACWP 为 780 万，下列说法中正确的是（59）

A. 该项目进度滞后且费用超支　　B. 该项目进度提前且费用节约

C. 该项目进度滞后但费用节约　　D. 该项目进度提前但费用超支

（2012 下） 属于静态评价指标的包括（66）。

（1）财务净现值

（2）投资回收期

（3）财务内部收益率

（4）投资利润率

（5）投资利税率

A.（1）（3）（4）（5）　　　　　B.（2）（3）（4）（5）

C.（1）（2）（3）　　　　　　　D.（2）（4）（5）

5.3　通关测试解析

（**2011 下**）如果以年利率 10%投资某项目 100 万元，拟在今后 5 年中把 5 年的"本利和"在每年年末按相等的数额提取，每年可回收的资金为（56）万元。

A．33.37　　　　B．25.38　　　　C．20.15　　　　D．26.38

- 这道题考的是等额资金回收公式。
- 依题意，i=10%，n=5，PV（Present Value，现值）=100 万元，设每年可回收的等额资金为 A。
- 则 FV（Future Value，未来值）=PV×$(1+i)^n$=100×$(1+10\%)^5$=161.051（万元）。
- 而 $FV = A + A(1+i) + A(1+i)^2 + \cdots + A(1+i)^{n-2} + A(1+i)^{n-1}$

可简化为 $FV = A \times \left(\dfrac{(1+i)^n - 1}{i} \right)$，即 $A = FV \times \left(\dfrac{i}{(1+i)^n - 1} \right)$。

- A=161.051/6.1051=26.38（万元）。

- 如果你记忆力好的话，可以直接记：$A = PV \times \dfrac{i \times (1+i)^n}{(1+i)^n - 1}$，这其中的 $\dfrac{i \times (1+i)^n}{(1+i)^n - 1}$ 也

被称为资金回收系数。

答案：D

（**2011 下**）在项目财务评价中，当财务净现值（57）时，项目方案可行。

A．FNPV≤0　　B．FNPV<0　　　　C．FNPV≥0　　D．FNPV=0

- 财务净现值 FNPV≥0 时，项目方案可行。

答案：C

（**2011 下**）信息化工程投资控制最主要的阶段是（66）。

A．施工阶段　　　　　　　　　B．招标阶段

C．竣工验收阶段　　　　　　　D．设计阶段

- 信息化工程投资控制最主要的阶段是设计阶段，设计阶段虽然花钱不多，但对项目经济性影响的程度是最大的，施工阶段虽然耗费资金最多，但对项目经济性影响却很小。

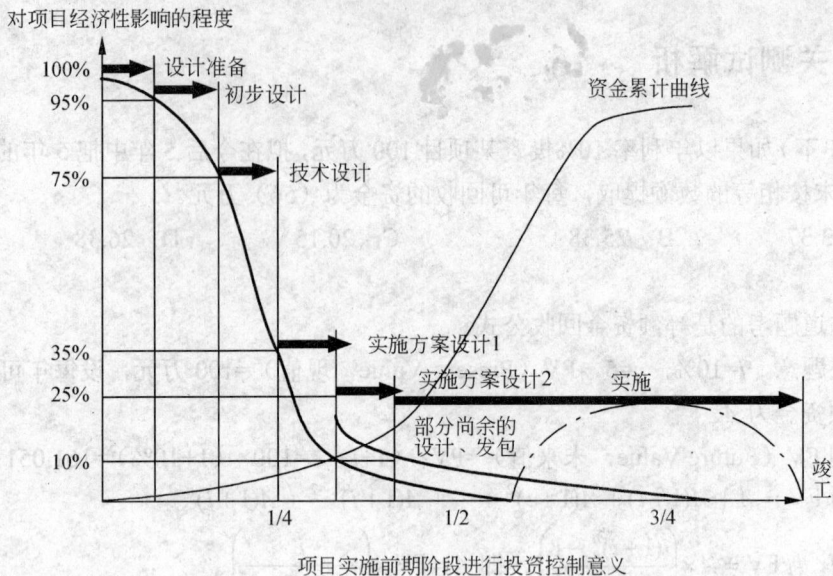

项目实施前期阶段进行投资控制意义

- 规划设计阶段大笔一挥，涉及资金可能成千上万。在项目初始阶段，项目干系人影响项目的最终产品特征和项目最终费用的能力较高，随着项目的继续开展则逐渐变低。

- 类比：教育孩子也是一个项目，孩子小的时候，父母的言行会对孩子的个性成长有着深远的影响，但当孩子长大后，父母的影响力就小多了。

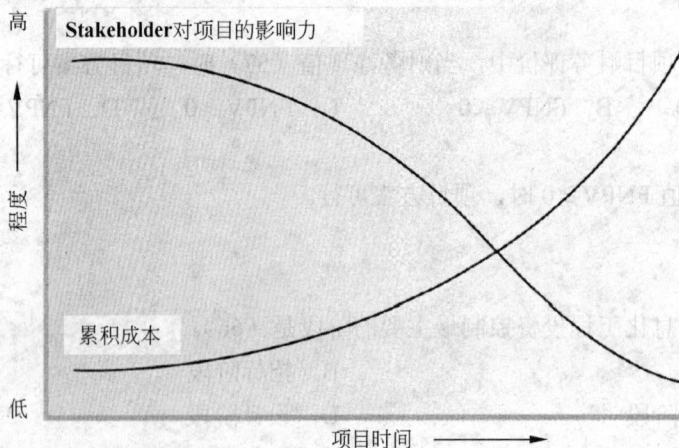

- 注意：与信息化工程一样，建设工程投资控制最主要的阶段也是设计阶段。在建设工程项目设计阶段，对项目造价的影响为 30%~75%，而在实施阶段对项目造价的影响仅为 5%~25%，这是因为施工阶段只是在设计方案确定和施工图的基础上进行

的建设实施，所需资金波动幅度不大，基本是原材料上涨或正负零以下工程等不可预见原因所致。

- 参见《信息系统监理师教程》116 页。

答案：D

（**2012 上**）某综合布线项目购置设备及材料需 100 万元，工程其他费用为 20 万元，其中基本预备费 10 万元，为应对涨价的预备费为 5 万元，则项目的动态投资为（54）万元。

A．135　　　　B．130　　　　C．10　　　　D．5

- 在项目建设期间，一部分投资是不变的，一部分投资随市场或随政策变动而发生变化，比如，为应对涨价的 5 万元预备费。

答案：D

（**2012 上**）某建设项目向银行一次贷款 300 万元，年利率 10%，贷款期限为 5 年，按复利计算 5 年末需偿还银行本利和约为（55）万元。

A．450　　　　B．531　　　　C．585　　　　D．483

- FV（Future Value，未来值）=PV×（1+i）^{n}=300×（1+10%）^{5}=483.15（万元）。

答案：D

（**2012 上**）以下属于静态财务评价指标的是（56）。

A．净现值　　　B．净现值指数　　　C．投资利润率　　　D．内部收益率

- A、B、D 都是动态财务评价指标。
- 投资利润率分为静态的和动态的，一般不注明静态和动态时，缺省认为是静态的投资收益率，不过此题也只能选 C 了。
- 注意：现值指数（Present Value Index，PVI）与净现值指数（Net Present Value Index，NPVI）不同。
  - 现值指数是投资项目经营期各年末净现金流入量的总现值与建设期各年初投资额总现值之比。
  - 净现值指数是项目净现值与建设期各年初投资额总现值之比。
  - 项目净现值=投资项目经营期各年末净现金流入量的总现值—建设期各年初投资额总现值。
  - 对于同一项目，现值指数＝1+净现值指数。

答案：C

（**2012 上**）某机房改造项目承建单位完成了所有实施及验收工作，此时，监理需要对竣工结算进行审核，以下关于竣工结算的理解正确的是（57）。

A．竣工结算应由建设单位编制汇总，是对整体建设全过程支出费用的总结

B．竣工结算表明了建设单位与承建单位最终支付的费用

C．竣工结算与合同金额必须一致

D．竣工结算不能突破前期预算价格

- A 错，对工程建设全过程支出费用进行总结的是竣工决算，而不是竣工结算。竣工结算表明了建设单位与承建单位最终支付的费用，只是信息工程项目投资构成的一部分。
- 工程竣工决算是指在工程竣工验收交付使用阶段，由建设单位编制的建设项目从筹建到竣工验收、交付使用全过程中实际支付的全部建设费用。竣工决算是整个建设工程的最终价格，是作为建设单位财务部门汇总固定资产的主要依据。
- C、D 错，竣工结算应按照合同有关条款和价款结算办法的有关规定进行，根据现场施工记录，设计变更通知书，现场变更鉴定，定额预算单价等资料，进行合同价款的增减或调整计算。竣工结算工程价款等于合同价款加上施工过程中合同价款调整数额减去预付及已结算的工程价款再减去保修金。

答案：B

（**2012 下**）对下图所示的 S 型曲线理解正确的是（52）。

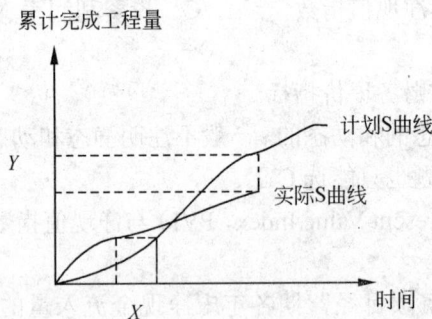

A．X 表示拖延的时间，Y 表示拖欠的工程量

B．X 表示超前的时间，Y 表示拖欠的工程量

C．X 表示拖延的时间，Y 表示超前的工程量

D．X 表示超前的时间，Y 表示超额完成的工程量

- X 表示超前的时间，Y 表示拖欠的工程量，参见 2007 年上半年第 50 题和 2009 年上半年第 51 题的解析。

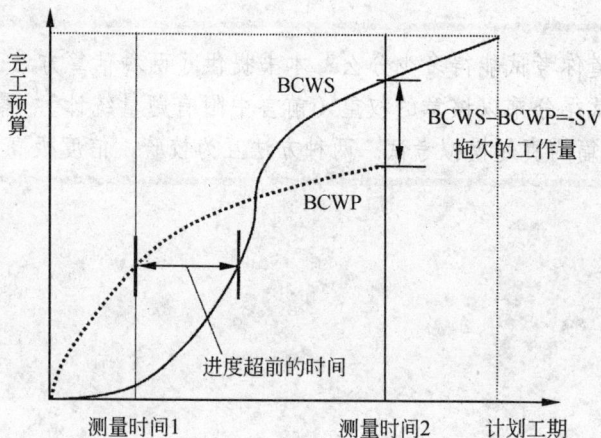

答案：B

（**2012 下**）某项目进行到第 70 天，挣值的三个基本参数分别为：BCWS 为 800 万，BCWP 为 750 万，ACWP 为 780 万，下列说法中正确的是（59）。

A．该项目进度滞后且费用超支　　　　B．该项目进度提前且费用节约

C．该项目进度滞后但费用节约　　　　D．该项目进度提前但费用超支

- 三个数值中，BCWP 最小，进度落后且成本超支。

答案：A

（**2012 下**）属于静态评价指标的包括（66）。

（1）财务净现值

（2）投资回收期

（3）财务内部收益率

（4）投资利润率

（5）投资利税率

A．（1）（3）（4）（5）　　　　　　B．（2）（3）（4）（5）

C．（1）（2）（3）　　　　　　　　D．（2）（4）（5）

- 净现值和内部收益率是动态评价指标。

- 其他三个指标没有标注是静态还是动态的，默认为是静态的。

答案：D

　　　　想知道你考试能得多少分么？本书提供了两种估算方法：1. 将每章通关测试得分乘以该章的权重（前言中附有题量统计），累加即可；2. 进行下篇的真题模拟考试。两种方法互为校验，信度极高！

第6章 变更控制

本章对应《信息系统监理师教程》之第9章变更控制的考试内容，平均到每次考试，上午题量为1.4分，下午题量为1.8分。

6.1 历年试题解析

（2005上）下列关于变更控制的说法中，表述不正确的是（45）。

A. 对项目变更目标要有明确的界定

B. 任何变更都要得到建设单位、监理单位和承建单位三方的书面确认

C. 变更控制中要选择冲击最小的方案

D. 为了避免项目变更影响项目实施人员的情绪，要把变更信息控制在领导层和项目关键人员范围内

- 变更控制的基本原则有8条：
  （1）对变更申请快速响应；
  （2）任何变更都要得到三方确认；
  （3）明确界定项目变更的目标；
  （4）防止变更范围的扩大化；
  （5）三方都有权提出变更；
  （6）加强变更风险以及变更效果的评估；
  （7）及时公布变更信息；
  （8）选择冲击最小的方案。

- D错，违反了及时公布变更信息原则。在变更控制过程中，只有项目的关键人员才清楚和控制着项目变更的全过程，而其他人员未获得项目变更的全面信息，因此在决策层做出变更决策时，应及时将变更信息公之于众，这样才能调整所有人员的工作，朝着新的方向努力。

答案：D

（2005下）监理过程中关于变更控制的错误表述是（49）。

A. 加强变更风险和变更效果的评估

B．防止变更范围的扩大化

C．防止增加项目投资

D．选择冲击力最小的方案

- C不是变更控制的原则。
- 信息系统工程本身的特点决定了信息系统工程的变更是经常发生的，有些变更是积极的，有些变更是消极的，监理单位的变更控制就是评估变更的风险，确保变更的合理性和正确性。
- 如果增加项目投资是积极的、合理的、对项目有利的，那么就应该增加投资，不变更反倒是错误的。

答案：C

（2005下）下列关于工程变更监控的表述正确的有（58）。

① 不论从哪一方提出设计变更均应征得建设单位同意

② 任何工程变更必须由设计单位出具变更方案

③ 不论哪一方提出工程变更，均应由总监理工程师签发《工程变更单》

④ 工程变更由实施单位负责控制

A．①、③　　　　B．①、③、④　　　　C．①、②、③　　　　D．③

- ②错，比如进度变更、人员变更就不需要设计单位出具变更方案。
- ④错，监理单位负责变更控制。

答案：A

（2006上）下列关于设计变更的说法中，表述正确的是（60）。

A．设计变更主要在实施阶段出现，与设计阶段的质量控制工作无关

B．任何设计变更均必须得到建设单位同意并办理书面变更手续

C．任何设计变更均须报请原设计单位审批

D．国家有关政策法规的变化不会引起设计变更

- A错，加强设计阶段的质量控制工作，可以大幅减少实施阶段中出现的设计变更。
- B正确，设计变更可能由设计单位自行提出，也可能由建设单位提出，还可能由承包单位提出，不论谁提出都必须征得建设单位同意并且办理书面变更手续。
- C错，设计单位自行提出的变更显然不能由设计单位自己审批。与此相关的规定是：凡涉及施工图审查内容的设计变更还必须报请原审查机构审查后再批准实施。
- D错，设计出现变更是难免的，可能是因为原设计有问题，也可能是建设单位提出

了新的要求,还可能是国家有关政策法规发生了变化,设计的变更通常会引发质量、进度、投资的变化,增加工程建设的难度。

答案:B

(2007 上)对于信息系统工程项目的变更,(37)是监理不应采取的处理措施。

A. 了解工程变更的实际情况

B. 三方在工程变更单上予以签认

C. 对业主提出的任何变更提议给予支持

D. 对变更范围、内容、实施难度与各方沟通后进行评价

- C错,不能因为是业主提出的变更就给予支持。业主提出的不合理变更,监理不能支持。对于完全无必要的变更,可以驳回此申请,并给出监理意见。
- 此外,任何变更都要得到三方(建设单位、监理单位和承建单位)书面的确认,并且要在接到变更通知单之后才能进行,严禁擅自变更,在任何一方或者两方同意下做出变更而造成的损失应该由变更方承担。

答案:C

(2007 上)以下有关变更控制方面的描述,不正确的是(43)。

A. 任何变更都要得到三方(建设单位、监理单位和承建单位)的书面确认,严禁擅自变更。

B. 承建单位或建设单位是变更的申请者,监理方不能提出变更申请。

C. 承建单位提出变更申请,一般应首先递交监理初审,同意后再与业主协商确定变更方法。

D. 工程变更建议书应在预计可能变更的时间之前 14 天提出。在特殊情况下,工程变更可不受时间的限制。

- B错,三方都有权提出变更。一般地说,承建单位和建设单位是变更的主要申请方,但是并不是说监理单位就不可以提出变更,监理单位也可以根据项目实施的情况,提出变更。比如,在监理过程中发现了前期设计的缺陷,发现原来计划采购的设备有了更新的产品,而且价格下降,这时也要主动提出变更申请。

答案:B

(2007 下)对于承建单位提出的工程变更申请,总监理工程师在签发意见之前,应就工程变更引起的进度改变和费用增减(40)。

A. 进行分析比较,并指令承建单位实施

B. 要求承建单位进行比较分析，以供业主审批

C. 要求承建单位与业主单位进行协商

D. 与业主单位和承建单位进行协商

- 监理宜按以下程序处理变更：

（1）建设单位或承建单位提出的项目变更，应编制变更文件，提交总监理工程师，由总监理工程师组织审查。

（2）监理应了解项目变更的实际情况，收集相关资料或信息。

（3）总监理工程师应根据实际情况，参考变更文件及其他有关资料，按照项目合同的有关条款，指定监理工程师完成下列工作后，对项目变更的费用和工期做出评估：

- 确定项目变更范围及其实施难度；
- 确定项目变更内容的工作量；
- 确定项目变更的单价或总价。

（4）监理应就项目变更费用及工期的评估情况与建设单位、承建单位进行协调。

（5）项目变更内容经建设单位、承建单位同意后进行签认。

（6）监理应根据项目变更单监督承建单位实施。

（7）总监理工程师签发项目变更单之前，承建单位不得实施项目变更。

（8）监理应根据项目变更文件监督承建单位实施。

（9）监理应及时协调合同纠纷，公平地调查分析，提出解决建议。

答案：D

（2008 上）变更控制过程中，对于需求变更的确立，监理人员必须遵守的规则是（41）。

① 每一项项目变更必须用变更申请单提出，它包括对需要批准的变更的描述以及该项变更在计划、流程、预算、进度或可交付的成果上可能引起的变更。

② 在准备审批变更申请单前，监理工程师必须与总监理工程师商议所有提出的变更。

③ 变更至少应获得项目各方责任人的口头同意。

④ 变更申请单批准以后，必须修改项目整体计划，使之反映出该项变更，并且使该变更单成为这个计划的一部分。

A. ①②③④　　　B. ①②③　　　C. ①②④　　　D. ①③④

- 控制需求变更，监理人员必须遵守以下规则：

（1）每个项目合同必须包括一个控制系统，通过它对项目计划、流程、预算、进度或可交付成果的变更申请进行评估；

（2）每一项项目变更必须用变更申请单提出，它包括对需要批准的变更的描述以及该项变更在计划、流程、预算、进度或可交付成果上可能引起的变更；

（3）变更必须获得项目各方责任人的书面批准；

（4）在准备审批变更申请单前，监理工程师必须与总监理工程师商议所有提出的变更；

（5）变更申请单批准以后，必须修改项目整体计划，使之反映出该项变更，并且使该变更单成为这个计划的一部分。

- ③错，必须书面同意

答案：C

（2008 上）总监理工程师在签发《工程变更单》之前，应就工程变更引起的工期改变及费用的增减与（45）进行协商，力求达到双方都能同意的结果。

A. 咨询单位和设计单位　　　　　B. 承建单位和设计单位

C. 建设单位和设计单位　　　　　D. 建设单位和承建单位

- 总监理工程师在签发《工程变更单》之前，应就工程变更引起的工期改变及费用的增减分别与建设单位和承包单位进行协商，力求达成双方均能同意的结果。

答案：D

（2010 上）变更控制的工作程序正确的顺序是（58）。

①监控变更实施　　　②接受变更申请　　　③变更情况分析

④确定变更方法　　　⑤评估变更效果　　　⑥进行变更初审

A. ③②⑥④①⑤　　　　　　　　B. ②③⑥④①⑤

C. ②⑥③④①⑤　　　　　　　　D. ③⑥②④①⑤

- 变更控制的工作程序是：

（1）接受变更申请；

（2）进行变更初审；

（3）变更情况分析；

（4）确定变更方法；

（5）监控变更实施；

（6）评估变更效果。

答案：C

（2010 上）一般情况下，工程变更建议书应在预计可能变更的时间（59）天之前提出。

A. 7　　　　　　B. 10　　　　　　C. 14　　　　　　D. 15

- 工程变更建议书应在预计可能变更的时间之前 14 天提出。在特殊情况下，工程变更可不受时间的限制。

　　答案：C

亲爱的同学：当你做到这里，本章的所有考点你都已经见识过了，现在准备毕业吧！

6.2　通关测试

以下 10 题答对 8 题以上的可以通关！

（**2010 上**）以下关于工程项目进度变更的叙述，正确的是（60）。

　A．变更的进度工作计划不能改变原有的里程碑节点

　B．变更的进度工作计划只需监理审核，不需建设单位的批准

　C．变更的进度工作计划需三方共同确认

　D．监理单位不能提出项目的进度变更

（**2010 下**）监理在评价变更合理性时应考虑的内容不包括判断（58）。

　A．变更是否会影响工作范围、成本、质量、进度

　B．性能是否有保证，对选用设备的影响

　C．变更是否影响项目的投资回报率和净现值

　D．变更是否可以平衡各方利益

（**2010 下**）监理在监控变更实施的过程中，发现如继续按照变更后的方案实施，将可能造成更大的损失。这种情况下，监理单位首先应该（59）。

　A．组织专家对变更做进一步论证，确定变更风险

　B．建议建设单位组织召开专题讨论会，评估变更方案

　C．通知承建单位废除变更后的方案，按照原有方案继续实施

　D．通知承建单位暂停实施工作，等待进一步监理指令

（**2010 下**）Changes often happen in　（74）.

　A．Initiating process　　　　　B．Executing Process

　C．Planning Process　　　　　D．Closing Process

（**2010 下**）Which of the following is not part of the change-management process of IT supervisor？（75）

　A．change analyses　　　　　B．change evaluation

　C．change acquisition　　　　D．change executing

（2011 上）在变更控制工作程序中，应在（59）时提交工程变更建议书。

A．了解变化　　　　　　　　　B．接受变更申请

C．变更的初审　　　　　　　　D．变更分析

（2011 上）关于监理变更控制的工作程序，下列说法错误的是（60）。

A．工程变更建议书应在预计可能变更的时间之前 14 天提出

B．监理工程师签发项目变更单后，承建单位即可实施项目变更

C．监理应就项目变更费用及工期的评估情况与建设方、承建方进行协调

D．应由经总监理工程师授权的监理变更控制小组负责处理变更事宜

（2011 下）无论是建设单位，承建单位，还是监理单位提出的工程变更，经审查并经有关方面研究后，由（59）发布变更指令方能生效予以实施。

A．建设单位代表　　　　　　　B．承建单位代表

C．专业监理工程师　　　　　　D．总监理工程师

（2012 上）在项目建设过程中，承建方发现实际需求与原招标文件和合同不符，此时应由（58）提出需求变更。

A．监理方　　　　B．承建方　　　　C．建设方　　　　D．三方协商共同提出

（2012 上）在变更申请中，应包括的内容主要有（59）。

①变更的原因　　　②变更的依据　　　③变更所引起的资金变化

④变更所引起的进度变化　　　　⑤变更的内容

A．①③④⑤　　　B．①②③④⑤　　　C．①③④　　　D．①②⑤

6.3　通关测试解析

（2010 上）以下关于工程项目进度变更的叙述，正确的是（60）。

A．变更的进度工作计划不能改变原有的里程碑节点

B．变更的进度工作计划只需监理审核，不需建设单位的批准

C．变更的进度工作计划需三方共同确认

D．监理单位不能提出项目的进度变更

- 三方都有权提出变更。一般地说，承建单位和建设单位是变更的主要申请方，但是并不是说监理单位就不可以提出变更，监理单位也可以根据项目实施的情况，提出变更。

- 任何变更都要得到三方（建设单位、监理单位和承建单位）书面的确认，并且要在接到变更通知单之后才能进行，严禁擅自变更，在任何一方或者两方同意下做出变更而造成的损失应该由变更方承担。
- 变更的进度工作计划可以改变原有的里程碑节点甚至延长项目工期。

答案：C

（2010 下）监理在评价变更合理性时应考虑的内容不包括判断（58）。

A．变更是否会影响工作范围、成本、质量、进度

B．性能是否有保证，对选用设备的影响

C．变更是否影响项目的投资回报率和净现值

D．变更是否可以平衡各方利益

- 评价项目变更合理性应考虑的内容包括：

（1）变更是否会影响工作范围、成本、工作质量和时间进度；

（2）是否会对项目准备选用的设备或消耗的材料产生影响，性能是否有保证，投资的变化有多大；

（3）在信息网络系统或信息应用系统的开发设计过程中，变更是否会影响开发系统的适用性和功能，是否影响系统的整体架构设计；

（4）变更是否会影响项目的投资回报率和净现值？如果是，那么项目在新的投资回报率和净现值基础上是否可行；

（5）如何证明项目的变更是合理的，是会产生良性效果的，必要时要进行论证。

答案：D

（2010 下）监理在监控变更实施的过程中，发现如继续按照变更后的方案实施，将可能造成更大的损失。这种情况下，监理单位首先应该（59）。

A．组织专家对变更做进一步论证，确定变更风险

B．建议建设单位组织召开专题讨论会，评估变更方案

C．通知承建单位废除变更后的方案，按照原有方案继续实施

D．通知承建单位暂停实施工作，等待进一步监理指令

- 变更对项目质量、进度、成本都会产生影响，要多方面评估变更的风险，制定详细的变更风险处理措施，并且要对变更实施过程进行监控，对变更实施效果进行评估，如果发现异常情况，要及时中止变更，对变更重新进行评估。

- 此时，监理单位首先应该进行 D，然后进行 A 或 B。
- C 选项是错误的。

答案：D

（**2010 下**）Changes often happen in　（74）．

A．Initiating process
B．Executing Process
C．Planning Process
D．Closing Process

- 变更通常发生在（74）。

A．启动过程
B．执行过程
C．计划过程
D．收尾过程

答案：B

（**2010 下**）Which of the following is not part of the change-management process of IT supervisor？（75）

A．change analyses
B．change evaluation
C．change acquisition
D．change executing

- 信息系统监理师的变更管理过程不包括（75）。

A．变更分析
B．变更评估
C．变更受理
D．变更执行

- 变更执行是承建单位的任务。

答案：D

（**2011 上**）在变更控制工作程序中，应在（59）时提交工程变更建议书。

A．了解变化
B．接受变更申请
C．变更的初审
D．变更分析

- 应在接受变更申请时提交工程变更建议书。
- 变更申请单位向监理工程师提出变更要求或建议，提交书面工程变更建议书。工程
  变更建议书主要包括以下内容：变更的原因及依据；变更的内容及范围；变更引起
  的合同总价增加或减少；变更引起的合同工期提前或缩短；为审查所提交的附件及
  计算资料等。

答案：B

（2011 上） 关于监理变更控制的工作程序，下列说法错误的是（60）。
A．工程变更建议书应在预计可能变更的时间之前 14 天提出
B．监理工程师签发项目变更单后，承建单位即可实施项目变更
C．监理应就项目变更费用及工期的评估情况与建设方、承建方进行协调
D．应由经总监理工程师授权的监理变更控制小组负责处理变更事宜

- B 错，项目变更单应由总监理工程师签发。
答案：B

（2011 下） 无论是建设单位，承建单位，还是监理单位提出的工程变更，经审查并经有关方面研究后，由（59）发布变更指令方能生效予以实施。
A．建设单位代表　　　　　　　B．承建单位代表
C．专业监理工程师　　　　　　D．总监理工程师

- 变更指令必须由总监理工程师发布。
答案：D

（2012 上） 在项目建设过程中，承建方发现实际需求与原招标文件和合同不符，此时应由（58）提出需求变更。
A．监理方　　　　B．承建方　　　　C．建设方　　　　D．三方协商共同提出

- 承建方发现实际需求与原招标文件和合同不符，应当与建设方协商达成一致后由建设方提出需求变更。
答案：C

（2012 上） 在变更申请中，应包括的内容主要有（59）。
①变更的原因　　　②变更的依据　　　③变更所引起的资金变化
④变更所引起的进度变化　　　⑤变更的内容
A．①③④⑤　　　B．①②③④⑤　　　C．①③④　　　D．①②⑤

- 工程变更建议书主要包括以下内容：
（1）变更的原因及依据：

（2）变更的内容及范围；

（3）变更引起的合同总价增加或减少；

（4）变更引起的合同工期提前或缩短；

（5）为审查所提交的附件及计算资料等。

答案：B

　　想知道你考试能得多少分么？本书提供了两种估算方法：1. 将每章通关测试得分乘以该章的权重（前言中附有题量统计），累加即可；2. 进行下篇的真题模拟考试。两种方法互为校验，信度极高！

第7章 合同管理

本章对应《信息系统监理师教程》之第 10 章信息系统工程的合同管理的考试内容，平均到每次考试，上午题量为 4.9 分，下午题量为 19 分。

7.1 历年试题解析

（2005 上）当项目建设合同履行过程中发生争议时，无论是承建单位还是建设单位，都应以书面的形式向监理单位提出争议事宜，并呈一份副本给对方。错误的监理做法是（55）。

A．及时了解合同争议的全部情况，包括进行调查和取证

B．及时进行调查和取证后，向合同约定的仲裁委员会申请仲裁

C．及时与合同争议的双方进行磋商，由总监工程师提出监理意见，进行调解

D．在调解期间，责成各方继续履行合同，保证实施工作的连续进行，保护好已完成的项目现状

- 按照合同要求，无论是承建单位还是建设单位，都应以书面的形式向监理单位提出争议事宜，并呈一份副本给对方。监理单位接到合同争议的调解要求后应进行以下工作：

（1）及时了解合同争议的全部情况，包括进行调查和取证；

（2）及时与合同争议的双方进行磋商；

（3）在项目监理机构提出调解方案后，由总监理工程师进行争议调解；

（4）当调解未能达成一致时，总监理工程师应在实施合同规定的期限内提出处理该合同争议的意见，同时对争议做出监理决定，并将监理决定书面通知建设单位和承建单位；

（5）争议事宜处理完毕，只要合同未被放弃或终止，监理工程师应要求承建单位继续精心组织实施。当调解不成时，双方可以在合同专用条款内约定以下某一种方式解决争议。

- 第一种解决方式：根据合同约定向约定的仲裁委员会申请仲裁；
- 第二种解决方式：向有管辖权的人民法院起诉。

- 发生争议后，除非出现下列情况的，双方都应继续履行合同，保证实施连接，保护好已完成的项目现状：

（1）单方违约导致合同确已无法履行，双方协议停止实施；

（2）调解要求停止实施，且为双方接受；

（3）仲裁机构要求停止实施；

（4）法院要求停止实施。

- B 错，向合同约定的仲裁委员会申请仲裁是合同当事人双方的权力。监理无权这样做。

答案：B

（2005 下）根据《合同法》的规定，下列合同中，属于无效合同的是（59）。

A．一方以欺诈、胁迫的手段订立合同

B．在订立合同时显失公平的

C．以合法形式掩盖非法目的

D．因重大误解订立的

- 《合同法》第五十二条　有下列情形之一的，合同无效：

（一）一方以欺诈、胁迫的手段订立合同，损害国家利益；

（二）恶意串通，损害国家、集体或者第三人利益；

（三）以合法形式掩盖非法目的；

（四）损害社会公共利益；

（五）违反法律、行政法规的强制性规定。

- 《合同法》第五十四条
  - 第一款：下列合同，当事人一方有权请求人民法院或者仲裁机构变更或者撤销：

    （一）因重大误解订立的；

    （二）在订立合同时显失公平的。
  - 第二款：一方以欺诈、胁迫的手段或者乘人之危，使对方在违背真实意思的情况下订立的合同，受损害方有权请求人民法院或者仲裁机构变更或者撤销。
- B 为无效合同。
- C、D 为可变更或可撤销合同。
- A 若损害国家利益为无效合同，不损害国家利益的为可变更或可撤销合同。

答案：C

（2006 上）监理项目实行总监理工程师负责制，对信息工程监理合同的实施负全面责任，如果监理工程师出现工作过失，违反了合同约定，由（28）向建设单位承担违约责任。

A．工程监理企业　　　　　　　　　　B．总监理工程师

C．监理工程师　　　　　　　　　　　D．工程监理企业和监理工程师共同

- 由工程监理企业向建设单位承担违约责任，而不是总监个人，题干中强调总监负责制是用来干扰考生的。
- 有同学问为什么不选 D，监理工程师的过失是职务行为，监理工程师个人不承担违约责任。

答案：A

（2006 上） 违约责任，是指当事人任何一方不履行合同义务或者履行合同义务不符合约定而应当承担的法律责任。下列不属于承担违约责任的有（39）。

A．继续履行　　　　B．采取补救措施　　　　C．返还财产　　　D．支付违约金

- 《合同法》第一百零七条　当事人一方不履行合同义务或者履行合同义务不符合约定的，应当承担继续履行、采取补救措施或者赔偿损失等违约责任。
- 返还财产是无效合同和可撤销合同的处理方式：
  - 《合同法》第五十八条　合同无效或者被撤销后，因该合同取得的财产，应当予以返还；不能返还或者没有必要返还的，应当折价补偿。
  - 《合同法》第五十九条　当事人恶意串通，损害国家、集体或者第三人利益的，因此取得的财产收归国家所有或者返还集体、第三人。

答案：C

（2006 上） 信息工程建设相关法律、行政法规、部门规章的效力从高到低依次为（40）。

A．法律、行政法规、部门规章　　　　B．法律、部门规章、行政法规
C．行政法规、法律、部门规章　　　　D．部门规章、行政法规、法律

- 按照立法机关的权限和法律效力层次，我国的法律法规体系如下：
  （1）宪法：具有最高效力，由国家的最高权力机关——全国人民代表大会立法；
  （2）法律：由全国人民代表大会常务委员会立法；
  （3）行政法规：由国家的最高行政机关——国务院制定颁布；
  （4）行政规章（部门规章）：由国务院各部、委、局等职能部门制定颁发；
  （5）地方性法规：由地方人民代表大会、地方人民政府制定颁布。

答案：A

（2006 上） 工程建设合同纠纷的仲裁由（55）的仲裁委员会仲裁；仲裁委员会做出裁决以后，当事人应当履行。当一方当事人不履行仲裁裁决时，另一方当事人可以依照民事诉讼法的有关规定向（56）申请执行。

（55）A．工程所在地　　　　　　　　B．建设单位所在地
　　　C．承建单位所在地　　　　　　D．合同双方选定

（56）A．当地人民政府　　　　　　　B．人民法院
　　　C．仲裁委员会　　　　　　　　D．调解委员会

- 双方当事人应根据合同约定向双方选定的仲裁委员会申请仲裁。
- 《合同法》第一百二十八条　当事人应当履行发生法律效力的判决、仲裁裁决、调解书；拒不履行的，对方可以请求人民法院执行。

答案：（55）D、（56）B

（**2006 下**）因承建单位违反合同导致工程竣工时间延长，监理单位（33）。

A．不承担责任　　　　　　　　　B．承担全部责任
C．与承建单位共同承担责任　　　D．承担连带责任

- 承建单位的过错应由承建单位自行承担全部责任，监理单位不承担责任。

答案：A

（**2006 下**）关于信息工程实施合同工期的叙述，不正确的是（34）。

A．在合同协议书内应明确注明开工日期
B．在合同协议书内应明确注明竣工日期
C．在合同协议书内应明确注明合同工期总日历天数
D．通过招标选择承包人的项目，其合同工期天数就是招标文件要求的工期天数

- D 错，通过招标选择承包人的项目，其合同工期天数应为中标人在投标文件中承诺的工期天数。
- 提示：中标人在投标文件中承诺的工期天数≤招标文件要求的工期天数，想想为什么？
- 回答：若长于招标文件要求的工期天数属于非实质性响应，应予废标。对于竞争激烈的招标，承诺较短的工期经常能获得加分，有利于中标。

答案：D

（**2006 下**）由于承包商的原因导致监理单位延长了监理服务的时间，此工作内容应属于（35）。

A．正常工作　　　　B．附加工作　　　　C．额外工作　　　　D．意外工作

- "工程监理的正常工作"是指双方在监理合同专用条件和附件中约定，业主单位委托的监理工作范围和内容。
- "工程监理的附加工作"是指：

（1）业主单位委托监理范围以外，通过双方书面或口头协议另外增加的工作内容；

（2）由于业主单位或承建单位原因，使监理工作受到阻碍或延误，因增加工作量或持续时间面增加的工作。

- "工程监理的额外工作"是指正常工作和附加工作以外或非监理单位自己的原因而暂停或终止监理业务，其善后工作及恢复监理业务的工作。

答案：B

（2006 下）监理合同的有效期是指（52）。

A．合同约定的开始日至完成日

B．合同签订日至合同约定的完成日

C．合同签订日至监理人收到监理报酬尾款日

D．合同约定的开始日至工程验收合格日

- 合同的有效期是指合同约定的开始日至完成日。
- 《合同法》第四十六条　当事人对合同的效力可以约定附期限。附生效期限的合同，自期限届至时生效。附终止期限的合同，自期限届满时失效。

答案：A

（2006 下）按《合同法》的规定，合同生效后，当事人就价款或者报酬没有约定的，确定价款或报酬时应按（53）的顺序履行。

A．订立合同时履行地的市场价格、合同有关条款、补充协议

B．合同有关条款、补充协议、订立合同时履行地的市场价格

C．补充协议、合同有关条款、订立合同时履行地的市场价格

D．补充协议、订立合同时履行地的市场价格、合同有关条款

- 《合同法》第六十一条　合同生效后，当事人就质量、价款或者报酬、履行地点等内容没有约定或者约定不明确的，可以协议补充；不能达成补充协议的，按照合同有关条款或者交易习惯确定。
- 《合同法》第六十二条　当事人就有关合同内容约定不明确，依照本法第六十一条的规定仍不能确定的，适用下列规定：

（一）质量要求不明确的，按照国家标准、行业标准履行；没有国家标准、行业标准的，按照通常标准或者符合合同目的的特定标准履行。

（二）价款或者报酬不明确的，按照订立合同时履行地的市场价格履行；依法应当执行政府定价或者政府指导价的，按照规定履行。

（三）履行地点不明确，给付货币的，在接受货币一方所在地履行；交付不动产的，在不动产所在地履行；其他标的，在履行义务一方所在地履行。

（四）履行期限不明确的，债务人可以随时履行，债权人也可以随时要求履行，但应当给对方必要的准备时间。

（五）履行方式不明确的，按照有利于实现合同目的的方式履行。

（六）履行费用的负担不明确的，由履行义务一方负担。

答案：C

（**2006** 下）如果承建单位项目经理由于工作失误导致采购的设备不能按期到货，施工合同没有按期完成，则建设单位可以要求（55）承担责任。

A．承建单位　　　　B．监理单位　　　　C．设备供应商　　　D．项目经理

- 承建单位的过错当然要由承建单位自己承担责任。
- 有同学问为什么不选 D，项目经理的过失是职务行为，项目经理个人不承担违约责任。

答案：A

（**2006** 下）开发合同中索赔的性质属于（57）。

A．经济补偿　　　B．经济惩罚　　　　C．经济制裁　　　　D．经济补偿和经济制裁

- 索赔的性质属于经济补偿行为，而不是惩罚，索赔属于正确履行合同的正当权利要求。
- 强调：我国法律不支持惩罚性、制裁性的合同条款！
- 《合同法》第一百一十三条　当事人一方不履行合同义务或者履行合同义务不符合约定，给对方造成损失的，损失赔偿额应当相当于因违约所造成的损失，包括合同履行后可以获得的利益，但不得超过违反合同一方订立合同时预见到或者应当预见到的因违反合同可能造成的损失。
- 《合同法》第一百一十四条　当事人可以约定一方违约时应当根据违约情况向对方支付一定数额的违约金，也可以约定因违约产生的损失赔偿额的计算方法。约定的违约金过分高于所造成的损失的，当事人可以请求人民法院或者仲裁机构予以适当减少。

答案：A

（2006 下）若投标单位（65），招标单位可视其为严重违约行为，没收其投标保证金。

A．通过资格预审后不投标 　　　　　B．不参加开标会议

C．不参加现场考察 　　　　　　　　D．开标后要求撤回投标书

- 投标人在招标文件要求提交投标文件的截止时间前，可以补充、修改或者撤回已提交的投标文件，并书面通知招标人。
- 投标截止后（开标后），投标人撤销投标文件的，招标人可视其为严重违约行为，招标人可以不退还投标保证金。
- 提示：开标时间 = 招标文件确定的提交投标文件截止时间。

答案：D

（2007 上）合同管理的原则包括以下的（42）。

①事前预控原则 　　　　　　②实时纠偏原则 　　　　　　③充分协商原则

④公正处理原则 　　 · 　　⑤事后记录原则

A．①、②、③、④ 　　　　　B．②、③、④、⑤

C．②、④、⑤ 　　　　　　　D．①、②、③、⑤

- 合同管理的原则包括：
（1）事前预控原则；
（2）实时纠偏原则；
（3）充分协商原则；
（4）公正处理原则。

答案：A

（2007 上）信息系统项目招标过程中，自中标通知书发出后，招标人与中标人应在（44）天内签订合同。

A．15 天 　　　　　B．30 天 　　　　　C．45 天 　　　　　D．60 天

- 《招标投标法》第四十六条　招标人和中标人应当自中标通知书发出之日起三十日内，按照招标文件和中标人的投标文件订立书面合同。

答案：B

（2007 上）当签订合同后，当事人对合同的格式条款的理解发生争议时，以下做法不正确的是（45）。

A．应按通常的理解予以解释

B．有两种以上解释的，应做出有利于提供格式条款的一方的解释

C．有两种以上解释的，应做出不利于提供格式条款的一方的解释

D．在格式条款与非格式条款不一致时，应采用非格式条款

- 格式条款是当事人为了重复使用而预先拟定，并在订立合同时未与对方协商的条款。
- 《合同法》第三十九条　采用格式条款订立合同的，提供格式条款的一方应当遵循公平原则确定当事人之间的权利和义务，并采取合理的方式提请对方注意免除或者限制其责任的条款，按照对方的要求，对该条款予以说明。
- 《合同法》第四十条　提供格式条款一方免除其责任、加重对方责任、排除对方主要权利的，该条款无效。
- 《合同法》第四十一条　对格式条款的理解发生争议的，应当按通常理解予以解释。对格式条款有两种以上解释的，应当作出不利于提供格式条款一方的解释。格式条款和非格式条款不一致的，应当采用非格式条款。

答案：B

（2007 上）合同生效后，当事人发现合同对质量的约定不明确，首先应当采用（55）的方式确定质量标准。

A．协议补缺　　　　B．合同变更　　　　C．交易习惯　　　　D．规则补缺

- 《合同法》第六十一条　合同生效后，当事人就质量、价款或者报酬、履行地点等内容没有约定或者约定不明确的，可以协议补充；不能达成补充协议的，按照合同有关条款或者交易习惯确定。

答案：A

（2007 上）按照招标投标法律和法规的规定，开标后允许（57）。

A．投标人更改投标书的内容和报价

B．投标人再增加优惠条件

C．投标人对投标书中的错误予以澄清

D．招标人更改招标文件中说明的评标、定标办法

- 《招标投标法》第三十九条　评标委员会可以要求投标人对投标文件中含义不明确的内容作必要的澄清或者说明，但是澄清或者说明不得超出投标文件的范围或者改变投标文件的实质性内容。
- A、B、D 都是《招标投标法》在开标后严厉禁止的行为。

答案：C

（**2007 上**）招标的资格预审须知中规定，采用限制投标人入围数量为六家的方式。当排名第六的投标人放弃入围资格时，应当（62）。
A．仅允许排名前五名入围的投标人参加投标
B．改变预审合格标准，只设合格分，不限制合格者数量
C．由排名第七的预投标人递补，维持六家入围投标人
D．重新进行资格预审

• 此时，应由排名第七的预投标人递补，维持六家入围投标人。
答案：C

（**2007 上**）招标确定中标人后，实施合同内注明的合同价款应为（63）。
A．评标委员会算出的评标价
B．招标人编制的预算价
C．中标人的投标价
D．所有投标人的价格平均值

• 招标确定中标人后，实施合同内注明的合同价款应为中标人的投标价。
答案：C

（**2007 上**）对招标文件的响应存在非实质性的细微偏差的投标书，（68）。
A．不予淘汰，在订立合同前予以澄清、补正即可
B．不予淘汰，在评标结束前予以澄清、补正即可
C．不予淘汰，允许投标人重新报价
D．评标阶段予以淘汰

• 细微偏差是指投标文件在实质上响应招标文件要求，但在个别地方存在漏项或者提供了不完整的技术信息和数据等情况，并且补正这些遗漏或者不完整不会对其他投标人造成不公平的结果。细微偏差不影响投标文件的有效性。
• 评标委员会应当书面要求存在细微偏差的投标人在评标结束前予以补正。拒不补正的，在详细评审时可以对细微偏差作不利于该投标人的量化，量化标准应当在招标文件中规定。
答案：B

（**2007 下**）下面对于招标过程按顺序描述，正确的是（36）。

A．招标、投标、评标、开标、决标、授予合同

B．招标、投标、开标、评标、决标、授予合同

C．招标、投标、评标、决标、开标、授予合同

D．招标、投标、开标、决标、评标、授予合同

● 典型的招标过程如下图所示：

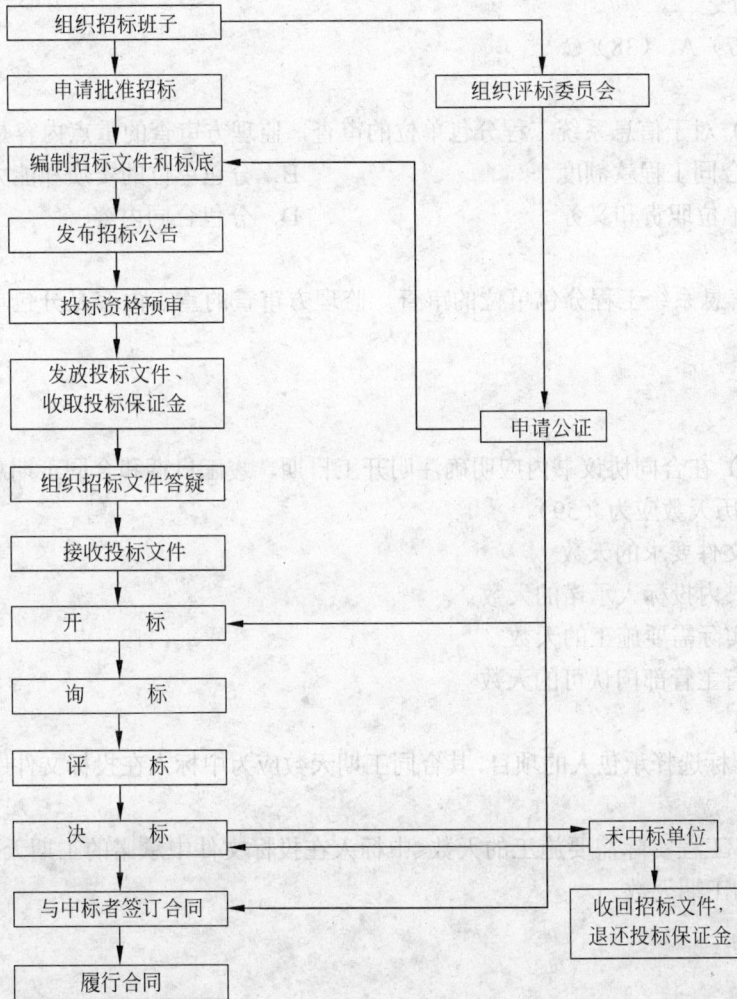

答案：B

（**2007 下**）评标委员会由招标人的代表和有关技术、经济等方面的专家组成，成员人

数为（37）人以上单数，其中技术、经济等方面的专家不得少于成员总数的（38）。

（37）A．5　　　　　　B．7　　　　　C．3　　　　　D．9

（38）A．1/2　　　　　B．1/3　　　　C．2/3　　　　D．3/4

- 《招标投标法》　第三十七条　评标由招标人依法组建的评标委员会负责。依法必须进行招标的项目，其评标委员会由招标人的代表和有关技术、经济等方面的专家组成，成员人数为五人以上单数，其中技术、经济等方面的专家不得少于成员总数的三分之二。

答案：（37）A、（38）C

（2007 下）对于信息系统工程分包单位的审查，监理方审查的重点内容是（53）。

A．分包合同工程款额度　　　　　　B．分包单位的资质和能力

C．分包单位职责和义务　　　　　　D．分包合同内容

- 对于信息系统工程分包单位的审查，监理方审查的重点内容是分包单位的资质和能力。

答案：B

（2007 下）在合同协议书内应明确注明开工日期、竣工日期和合同工期总日历天数。其中工期总日历天数应为（59）。

A．招标文件要求的天数

B．投标书内投标人承诺的天数

C．工程实际需要施工的天数

D．经政府主管部门认可的天数

- 通过招标选择承包人的项目，其合同工期天数应为中标人在投标文件中承诺的工期天数。
- 通常，工程实际需要施工的天数≤中标人在投标文件中承诺的工期天数≤招标文件要求的工期天数。

答案：B

（2007 下）关于分包合同的表述不正确的是（61）。

A．总承建单位只能将自己承包的部分主体、关键性工作分包给具有相应资质条件的分承建单位

B．分包项目必须经过建设单位同意

C. 接受分包的分承建单位不能再次分包

D. 禁止分包关键性工作

- 签订分包合同应当同时符合以下要求：

（1）分包项目必须经过建设单位同意。

（2）总承建单位只能将自己承包的部分非主体、非关键性工作分包给具有相应资质条件的分承建单位。

（3）主体和关键性工作不得分包。

（4）接受分包的分承建单位不能再次分包。

答案：A

（2007 下） 在下列合同中，（63）合同是可变更或可撤销的合同。

A. 一方以欺诈、胁迫的手段订立合同，损害国家利益的

B. 以合法活动掩盖非法目的的

C. 因重大误解而订立的

D. 损害社会公共利益的

- 《合同法》第五十二条　有下列情形之一的，合同无效：

（一）一方以欺诈、胁迫的手段订立合同，损害国家利益；

（二）恶意串通，损害国家、集体或者第三人利益；

（三）以合法形式掩盖非法目的；

（四）损害社会公共利益；

（五）违反法律、行政法规的强制性规定。

- 《合同法》第五十四条

  ■ 第一款，下列合同，当事人一方有权请求人民法院或者仲裁机构变更或者撤销：

    （一）因重大误解订立的；

    （二）在订立合同时显失公平的。

  ■ 第二款，一方以欺诈、胁迫的手段或者乘人之危，使对方在违背真实意思的情况下订立的合同，受损害方有权请求人民法院或者仲裁机构变更或者撤销。

- A、B、C 均为无效合同。

答案：C

（2007 下） 当出现招标文件中的某项规定与招标人对投标人质疑问题的书面解答不一致时，应以（65）为准。

A. 招标文件中的规定

B. 现场考察时招标单位的口头解释

C. 招标单位在会议上的口头解答

D. 对投标人质疑的书面解答文件

- 《招标投标法》 第二十三条 招标人对已发出的招标文件进行必要的澄清或者修改的，应当在招标文件要求提交投标文件截止时间至少十五日前，以书面形式通知所有招标文件收受人。该澄清或者修改的内容为招标文件的组成部分。
- 由于招标文件时间在前、书面解答文件时间在后，因此，当二者出现不一致时，应以书面解答文件为准。

答案：D

（2008 上）在信息工程合同的订立过程中，投标人根据招标内容在约定期限内向招标人提交投标文件，此为（43）。

A. 要约邀请　　　　B. 要约　　　　C. 承诺　　　　D. 承诺生效

- 记住这四组对应关系：
  - 要约邀请——招标文件。
  - 要约——投标文件。
  - 承诺——中标通知书。
  - 承诺生效——合同成立。

答案：B

（2008 上）监理应在（52）阶段审查承建单位选择的分包单位的资质。

A. 建设工程立项

B. 建设工程招标

C. 建设工程实施准备

D. 建设工程实施

- 承建单位在建设工程实施准备阶段选择分包单位。
- 监理应在建设工程实施准备阶段审查承建单位选择的分包单位的资质。
- A 建设工程立项阶段连总包单位都还没确定，更无从审查分包单位了。
- B 建设工程招标阶段是选择总包单位的阶段，此时也还没有分包单位。
- D 建设工程实施阶段，分包单位已经进场施工了，此时再审查资质，已经晚了。

答案：C

（2008 上）招标人上级行政主管部门派出监督招标投标活动的人员可以（59）。

A. 作为评标专家

B. 参加开标会

C．决定中标人　　　　　　　　　D．参加定标投票

- 上级行政主管部门派出监督招标投标活动的人员，不是招标人代表，也不是评标专家，不进入评标委员会，不对中标方的选择发表意见，也没有投票权，他们只是负责政府采购过程的监察，类似于公证人员。

答案：B

（2008 上）（60）属于投标文件对招标文件的响应有细微偏差。

A．提供的投标担保有瑕疵

B．货物包装方式不符合招标文件的要求

C．个别地方存在漏项

D．明显不符合技术规格要求

- 细微偏差是指投标文件在实质上响应招标文件要求，但在个别地方存在漏项或者提供了不完整的技术信息和数据等情况，并且补正这些遗漏或者不完整不会对其他投标人造成不公平的结果。细微偏差不影响投标文件的有效性。
- 下列情况属于重大偏差：

（1）没有按照招标文件要求提供投标担保或者所提供的投标担保有瑕疵；

（2）投标文件没有投标人授权代表签字和加盖公章；

（3）投标文件载明的招标项目完成期限超过招标文件规定的期限；

（4）明显不符合技术规格、技术标准的要求；

（5）投标文件载明的货物包装方式、检验标准和方法等不符合招标文件的要求；

（6）投标文件附有招标人不能接受的条件；

（7）不符合招标文件中规定的其他实质性要求。

- 投标文件有上述情形之一的，为未能对招标文件做出实质性响应，作废标处理。

答案：C

（2008 上）仲裁委员会的仲裁裁决做出以后，当事人应当履行。当一方当事人不履行仲裁裁决时，另一方当事人可以依照民事诉讼法的有关规定向（64）申请执行。

A．人民法院　　　　　　　　　　B．当地人民政府

C．仲裁委员会　　　　　　　　　D．调解委员会

- 《合同法》第一百二十八条　当事人应当履行发生法律效力的判决、仲裁裁决、调解书；拒不履行的，对方可以请求人民法院执行。

答案：A

（2008 上） 对一个邀请招标的工程，参加投标的单位不得少于（65）家。

A．2　　　　　B．3　　　　　C．4　　　　　D．5

- 《招标投标法》第十条　招标分为公开招标和邀请招标。
  - 公开招标，是指招标人以招标公告的方式邀请不特定的法人或者其他组织投标。
  - 邀请招标，是指招标人以投标邀请书的方式邀请特定的法人或者其他组织投标。
- 《招标投标法》第十七条　招标人采用邀请招标方式的，应当向三个以上具备承担招标项目的能力、资信良好的特定的法人或者其他组织发出投标邀请书。

答案：B

（2008 下） 为了确保电子政务工程质量，控制工程建设成本，对于大宗小型机和核心交换机等设备的采购，一般宜（38）。

A．考核合格供货厂家后直接向厂家订货

B．货比三家，直接在市场上采购

C．通过样品试验、鉴定后，请中介机构代为采购

D．采用招标的方式采购

- 电子政务工程采购应遵循《政府采购法》，公开招标是政府采购的主要采购方式。

答案：D

（2008 下） 在信息系统建设中，建设方与承建方合同的作用体现在以下方面（42）。

① 作为监理工作的基本依据

② 规定了总监工程师的职责

③ 确定了项目的工期

④ 规定了双方的经济关系

⑤ 规定了扣除招标公司费用的比例

A．①②③　　　　B．①③④　　　　C．②③④⑤　　　　D．①②③④⑤

- 建设方与承建方签订的信息系统工程合同具体有如下作用。

（1）合同确定了信息系统工程实施和管理的主要目标，是合同双方在工程中各种经济活动的依据。合同确定的信息系统工程目标主要有三个方面：

- 信息系统工程工期。包括项目开始、项目结束的具体日期以及项目中的一

些主要活动持续时间，由合同协议书、总工期计划、双方一致同意的详细进度计划等决定。

◆ 信息系统工程质量、项目规模和范围。包括详细而具体的质量、技术和功能等方面的要求，例如信息系统工程要达到的生产能力、设计、实施等质量标准和技术规范等，它们由合同条件、图纸、规范、项目工作量表、供应清单等定义。

◆ 信息系统工程价格。包括项目总价格、各分项项目的单价和总价等，由项目工作量报价单、中标函或合同协议书等定义。这是承建单位按合同要求完成项目责任所应得的报酬。

（2）合同规定了双方的经济关系。合同一经签订，合同双方便形成了一定的经济关系。合同规定了双方在合同实施过程中的经济责任、利益和权利。签订合同，则说明双方互相承担责任，双方居于一个统一体中，共同完成合同。合同中确定了各方在整个项目中的基本地位，明确了各方的权利与义务。

（3）合同是监理工作的基本依据。利用合同可以对工程进行进度、质量和成本实施管理和控制。

• 显然，②和⑤不可能使建设方与承建方之间合同的内容。

答案：B

（2008 下） "评标价" 是指（59）。

A．标底价格

B．中标的合同价格

C．投标书中标明的报价

D．以价格为单位对各投标书优劣进行比较的量化值

• 所谓评标价就是经评审的最终投标价，是以原投标报价为基础，综合考虑质量、性能，交货或竣工时间，设备的配套性和零部件供应能力，设备或工程交付使用后的运行、维护费用，环境效益，付款条件以及售后服务等各种因素，按照招标文件中规定的权数或量化方法，将这些因素一一折算为一定的货币额，并加入到投标报价中，最终得出评标价。

• 提示：最低投标价经常不是最低评标价。

答案：D

（2008 下） 某承诺文件超过要约规定时间 1 天到达要约人。按照邮寄文件收函邮局戳记标明的时间，受要约人是在要求的时间内投邮，由于邮局错递而延误了到达时间。对此情况，该承诺文件（61）。

A．因迟到而自然无效

B．必须经要约人发出接受通知后才有效

C．必须经要约人发出拒绝通知后才无效

D．因非受要约人的原因迟到，要约人必须接受该承诺

- 先把题干翻译一下：某中标通知书超过规定时间1天到达投标方。按照邮寄文件收函邮局戳记标明的时间，招标方是在要求的时间内投邮，由于邮局错递而延误了到达时间。对此情况，该中标通知书必须经投标方发出拒绝通知后才无效。

- 《合同法》第二十九条　受要约人在承诺期限内发出承诺，按照通常情形能够及时到达要约人，但因其他原因承诺到达要约人时超过承诺期限的，除要约人及时通知受要约人因承诺超过期限不接受该承诺的以外，该承诺有效。

- 梳理一下这些对应关系：
  - 要约邀请——招标文件。
  - 要约——投标文件。
  - 承诺——中标通知书。
  - 承诺生效——合同成立。
  - 受要约人——招标方。
  - 要约人——投标方。

答案：C

（2008下） 开标时，出现所列（63）情况之一视为废标。

①投标书逾期到达　　②投标书未密封　　③报价不合理

④无单位和法定代表人或其他代理人印鉴　　⑤招标文件要求保函而无保函

A．①②③④⑤　　　　B．①②③④　　　　C．①②③　　　D．①②④⑤

- 下列情况属于重大偏差：

（1）没有按照招标文件要求提供投标担保或者所提供的投标担保有瑕疵；

（2）投标文件没有投标人授权代表签字和加盖公章；

（3）投标文件载明的招标项目完成期限超过招标文件规定的期限；

（4）明显不符合技术规格、技术标准的要求；

（5）投标文件载明的货物包装方式、检验标准和方法等不符合招标文件的要求；

（6）投标文件附有招标人不能接受的条件；

（7）不符合招标文件中规定的其他实质性要求。

- 投标文件有上述情形之一的，为未能对招标文件做出实质性响应，作废标处理。

- 报价不合理不是废标的理由。《招标投标法》只规定了投标人不得以低于成本的报价竞标。投标人有报价自主权，可自由报价（只要高于成本价即可）。

答案：D

（**2008 下**）审查确认实施分包单位是（66）的任务。

A．建设工程招标阶段   B．实施阶段投资控制

C．实施阶段进度控制   D．实施阶段质量控制

- 对分包单位进行资质审查的目的主要是为了确保项目质量，属于质量控制。
- 建设工程招标阶段的任务是选择总包单位。

答案：D

（**2009 上**）关于某网络系统施工合同，可以不包括的内容是（61）。

A．该工程监理机构的权力

B．项目的质量要求

C．甲、乙双方的权利与义务

D．建设单位提交有关基础资料的期限

- 信息系统工程合同包括如下主要内容：

（1）甲、乙双方的权利与义务，这是合同的基本内容。

（2）建设单位提交有关基础资料的期限。

（3）项目的质量要求。

（4）承建单位提交各阶段项目成果的期限。

（5）项目费用和项目款的交付方式。

（6）项目变更的约定。

（7）双方的其他协作条件。其他协作条件是指双方当事人为了保证项目顺利完成应当履行的相互协助义务。

（8）违约责任。

答案：A

（**2010 上**）合同管理是信息系统监理工作的主要内容之一，以下（39）不属于合同管理的工作内容。

A．拟定信息系统工程的合同管理制度和工作流程

B．协助承建单位拟定信息系统工程合同条款，参与建设单位和承建单位的合同谈判活动

C．技术分析合同的执行情况，并进行跟踪管理

D．协调建设单位与承建单位的有关索赔及合同纠纷事宜

- 合同管理的工作内容包括：

（1）拟定信息系统工程的合同管理制度，其中应包括合同草案的拟定、会签、协商、修改、审批、签署、保管等工作制度及流程；

（2）协助建设单位拟定信息系统工程合同的各类条款，参与建设单位和承建单位的谈判活动；

（3）及时分析合同的执行情况，并进行跟踪管理；

（4）协调建设单位与承建单位的有关索赔及合同纠纷事宜。

- 归纳起来，监理工作在合同管理中的主要内容由三部分组成，即合同的签订管理、合同的档案管理和合同的履行管理。

答案：B

（2010 上） 信息系统设备供货商在与业主单位签订采购合同前，因工期要求，已提前将所采购设备交付费业主单位，并通过验收。补签订合同时，合同的生效日期应当为（43）。

A. 交付日期　　　　　　　　　B. 委托采购日期

C. 验收日期　　　　　　　　　D. 合同实际签订日期

- 合同的生效日期应当为设备交付日期。
- 《合同法》第三十七条　采用合同书形式订立合同，在签字或者盖章之前，当事人一方已经履行主要义务，对方接受的，该合同成立。
- 《合同法》第一百四十条　标的物在订立合同之前已为买受人占有的，合同生效的时间为交付时间。

答案：A

（2010 上） 由于分包单位的工作失误所造成的损失，建设单位应向（61）索赔。

A. 分包单位　　　　　　　　　B. 总包单位

C. 监理单位　　　　　　　　　D. 招标代理单位

- 建设单位与分包商之间没有直接的合同关系。
- 总包单位向建设单位负责，分包单位就分包项目承担连带责任。
- 由于分包单位的工作失误所造成的损失，建设单位应向总包单位索赔。

答案：B

（2010 上） 按照付款方式的不同，工程合同分为（62）。

①总价合同　　　②单价合同　　　③分包合同　　　④成本加酬金合同

A. ①②③④   B. ①②③   C. ①②④   D. ①③④

- 从信息系统工程的范围进行划分，信息系统工程合同可分为总承包合同、单项项目承包合同、分包合同。
- 以付款方式的不同，信息系统工程合同可分为总价合同、单价合同和成本加酬金合同。

答案：C

（2010 下）属于监理机构工作职责的是（36）。

A. 确定工程标底   B. 裁定工程索赔方案

C. 提出工程变更申请   D. 确定工程分包单位

- 标底是由业主组织专门人员为准备招标的那一部分工程或（和）设备计算出的一个合理的基本价格。它不等于工程或设备的概（预）算，也不等于合同价格。标底是招标单位的绝密资料，我国国内大部分工程在招标评标时，均以标底上下的一个幅度作为判断投标是否合格的条件。标底应客观、公正地反映建设工程的预期价格，也是招标单位掌握工程造价的重要依据。
- A，标底的编制一般由招标单位委托由建设行政主管部门批准具有与建设工程相应造价资质的中介机构代理编制。标底的编制是建设工程工程招标的重要环节之一，是评标、定标的重要依据，且工作时间紧、保密性强，是一项比较繁重的工作。标底编制的合理性、准确性直接影响工程造价。
- B，裁定工程索赔方案是仲裁机构的工作，监理没有裁决权。
- C 属于监理机构工作职责，三方都有权提出变更。
- D，分包单位应由总包单位确定。

答案：C

（2010 下）监理单位与承建单位按照下列（42）的方式开展工作。

A. 监理单位和承建单位均按监理合同和工程建设合同开展监理或接受监理

B. 监理单位按工程建设合同开展监理工作，承建单位按监理合同接受监理

C. 监理单位按监理合同开展监理工作，承建单位按工程建设合同接受监理

D. 监理单位按监理合同开展监理工作，承建单位按监理合同和工程建设合同接受监理

- 工程建设合同是建设单位与承建单位签署的，承建单位按照工程建设合同开展工作，并接受监理。

- 监理合同是建设单位与监理单位签署的，监理单位监理合同规定的内容开展监理工作。

答案：C

（2010 下）监理单位应按照（43）开展工程的索赔工作。

A. 建设单位指令　　　　　　　B. 监理合同规定

C. 工程建设合同规定　　　　　D. 工程建设总结

- 监理单位处理费用索赔应依据下列内容：

（1）国家有关的法律、法规和信息系统工程项目所在地的地方法规，如《中华人民共和国合同法》等。

（2）国家、部门和地方有关信息系统工程的标准、规范和文件。

（3）本项目的实施合同文件，包括招投标文件、合同文本及附件等。

（4）实施合同履行过程中与索赔事件有关的凭证，包括来往文件、签证及更改通知；各种会谈纪要；实施进度计划和实际实施进度表；实施现场项目文件；产品采购等。

（5）其他相关文件，包括市场行情记录、各种会计核算资料等。

答案：C

（2010 下）某机房改造工程，由于业主单位原因，导致增容的不间断电源系统没有使用房间而迟迟不能就位，项目总体进度一再延期，以下说法正确的是（53）。

A. 因属于非承建单位导致的进度延期，所以监理单位应审核同意承建单位工期顺延的申请

B. 监理单位应召集业主单位、承建单位召开专题讨论会，要求承建单位就房间问题提供解决方案

C. 就此进度延期的问题监理单位向业主单位提交专题报告，建议其尽快解决房间问题

D. 如果承建单位就该进度延期提出索赔要求，监理单位应驳回该索赔申请

- A 错误，因属于非承建单位导致的进度延期，所以监理单位应受理承建单位工期顺延的申请，但监理单位不能直接审核同意工期顺延，应与业主单位协商而定。

- B 错误，应该业主单位就房间问题提供解决方案。

- D 错误，违背索赔事件处理的公平合理原则，由于业主单位原因导致工程延期，承建单位有权要求业主单位给予补偿损失。

答案：C

（**2010 下**）某信息系统项目总包单位 A 将机房的空调工程分包给 B 单位，B 单位工程师经过勘查现场，提出变更冷媒管路由的新方案。以下关于该方案变更的叙述，正确的是（60）。

A．变更申请由 B 单位提出

B．由于 B 单位负责安装维护，因此变更无需经过审核

C．变更需要通过 A 单位办理

D．由于 B 单位工程师专业性更强，因此监理单位不必再次勘查与评审

- 分包单位提出的变更需要通过总包单位来办理。

答案：C

（**2010 下**）某网络系统项目按总价合同方式约定订购 3000 米高规格的铜缆，由于建设单位原因，工期暂停了半个月，待恢复施工后，承建单位以近期铜价上涨为理由，要求建设单位赔偿购买电缆增加的费用，并要求适当延长工期。以下说法正确的是（61）。

A．索赔是挽回成本损失的重要手段，因此建设单位应该赔偿承建单位采购电缆增加的费用

B．监理单位应该保护承建单位的合法利益，因此应该支持承建单位的索赔要求

C．索赔是合同双方利益的体现，因此承建单位要求增加采购费用是风险费用的转移，可以使项目造价更趋于合理

D．铜价上涨是承建单位应承担的项目风险，不应该要求赔偿费用

- 监理工程师判定承建单位索赔成立的条件为：

（1）与合同相对照，事件已造成了承建单位成本的额外支出，或直接工期损失；

（2）造成费用增加或工期损失的原因，按合同约定不属于承建单位应承担的行为责任或风险责任；

（3）承建单位按合同规定的程序，提交了索赔意向通知和索赔报告。

- 上述三个条件没有先后主次之分，应当同时具备。

- "要求适当延长工期"满足上述三个条件，由于建设单位的过错造成了工期暂停半个月，索赔要求合理，应予支持，除将项目日期顺延外，还应偿付承建单位因此造成停工、窝工的实际损失。

- "要求建设单位赔偿购买电缆增加的费用"不满足第二个条件，造成费用增加的原因是铜价上涨而不是建设单位的过错，铜价上涨是承建单位应自行承担的项目风险，索赔要求不合理，不予支持。

答案：D

（2010 下）合同管理中的监理工作不包括（62）。

A．合同签订管理   B．合同档案管理

C．合同履行管理   D．合同审计管理

- 监理工作在合同管理中的主要内容由三部分组成，即合同的签订管理、合同的档案管理和合同的履行管理。

答案：D

（2011 上）下列情况中，工程变更申请不合理的是（58）。

A．建设方在建设过程中发现合同约定的采购产品降价，提出成本变更申请

B．监理方在监理过程中发现前期设计缺陷，提出设计变更申请

C．建设方在实施过程中发生机构改革，提出需求变更申请

D．承建方在实施过程中因不可抗力，提出进度变更申请

- 显然 A 不合理，变更成本属于变更合同确定的信息系统工程目标，是对合同主要内容的变更。
- 合同确定的信息系统工程目标主要有三个方面：
  - 信息系统工程工期。包括项目开始、项目结束的具体日期以及项目中的一些主要活动持续时间，由合同协议书、总工期计划、双方一致同意的详细进度计划等决定。
  - 信息系统工程质量、项目规模和范围。包括详细而具体的质量、技术和功能等方面的要求，例如信息系统工程要达到的生产能力、设计、实施等质量标准和技术规范等，它们由合同条件、图纸、规范、项目工作量表、供应清单等定义。
  - 信息系统工程价格。包括项目总价格、各分项项目的单价和总价等，由项目工作量报价单、中标函或合同协议书等定义。这是承建单位按合同要求完成项目责任所应得的报酬。
- 一般必须具有下列条件才能变更合同：

（1）双方当事人确实自愿协商同意，并且不因此而损害国家利益和社会公共利益的；

（2）由于不可抗力致使项目合同的全部义务不能履行；

（3）由于另一方在合同约定的期限内没有履行合同，且在被允许的推迟履行期限内仍未履行；

（4）项目合同的变更给另一方当事人造成损失的，除依法可以免责的以外，应由责任方负责赔偿。

  - 提示：D 变更进度也属于变更合同确定的信息系统工程目标，但由于不可抗力而导致，因而 D 选项是合理的。

答案：A

（2011 上）当合同中未对违约条款做出相应规定时，下列情况（61）不属于违约。

A. 承建单位擅自调换工程技术人员，但未对建设方造成经济损失

B. 建设单位因政策变更而终止合同履行

C. 建设单位因未按规定支付进度款而造成的承建方停工

D. 因承建单位破产而终止合同履行

- 违约是指信息系统工程合同当事人一方或双方不履行或不适当履行合同义务，应承担因此给对方造成经济损失的赔偿责任。
- 根据合同法规定，违约责任有三种：继续履行、采取补救措施或者赔偿损失。
- 承建单位虽擅自调换工程技术人员，但未对建设方造成经济损失，因此不构成违约。

答案：A

（2011 上）关于分包合同的签订，下列说法错误的是（63）。

A. 分包项目必须经过建设单位同意

B. 信息系统工程主体结构的实施必须由承建单位自行完成

C. 主体结构分包签订的合同属于无效合同

D. 分包单位可以将自己承包的部分项目分包给具有资质条件的分承建单位

- 分包合同的禁止性规定包括：

（1）禁止转包。所谓转包是指承建单位将其承包的全部信息系统工程建设倒手转让给第三人，使该第三人实际上成为该建设项目新的承建单位的行为。承建单位也不得将其承包的全部建设项目肢解以后以分包的名义分别转包给第三人。

（2）禁止将项目分包给不具备相应资质条件的单位。所谓相应的资质条件是指：第一，有符合国家规定的注册资本；第二，有相应的专业技术人员；第三，有相应的技术装备；第四，符合法律、法规规定的其他条件。

（3）禁止再分包。承建单位只能在其承包项目的范围内分包一次，分包人不得再次向他人分包。

（4）禁止分包主体结构。信息系统工程主体结构的实施必须由承建单位自行完成，不得向他人分包，否则签订的合同属于无效合同。

答案：D

（2011 上）Sub-contractors should obey the contractor in information system project. When censoring sub-contractors, the supervisor mostly concerns about（73）.

A．amount of subcontract

B．qualifications and abilities of sub-contractors

C．responsibilities and obligations of sub-contractors

D．the contents of the subcontract

- 在信息系统工程项目中，分包单位服从于总包单位。对分包单位的审查，监理工程师最关注（73）。

A．分包合同的金额   B．分包单位的资质和能力

C．分包单位的职责和义务   D．分包合同的内容

- 这是 2007 年下半年考试第 53 题的英文重现。

答案：B

（2011 下）总包单位依法将建设工程分包时，分包工程发生的质量问题，应（44）。

A．由总包单位负责

B．由总包单位与分包单位承担连带责任

C．由分包单位负责

D．由总包单位、分包单位、监理单位共同负责

- 分包工程发生的质量问题应由总包单位负责，分包单位承担连带责任。

答案：A

（2011 下）合同一方当事人通过资产重组分立为两个独立的法人，原法人签订的合同（61）。

A．自然终止   B．归于无效   C．仍然有效   D．可以撤销

- 显然，合同继续有效。否则不法商人们就可以借重组来逃避合同责任了。
- 《合同法》第九十条   当事人订立合同后合并的，由合并后的法人或者其他组织行使合同权利，履行合同义务。当事人订立合同后分立的，除债权人和债务人另有约定的以外，由分立的法人或者其他组织对合同的权利和义务享有连带债权，承担连带债务。

答案：C

（2011 下）当投标人对现场勘察后向招标方提出问题质疑，而招标方书面回答的问题与招标文件中规定的不一致时，应以（63）为准。

A．现场勘察后招标方口头解释　　　　　B．招标文件规定

C．招标方书面回函解答　　　　　　　　D．仲裁机构裁定

- 《招标投标法》　第二十三条　招标人对已发出的招标文件进行必要的澄清或者修改的，应当在招标文件要求提交投标文件截止时间至少十五日前，以书面形式通知所有招标文件收受人。该澄清或者修改的内容为招标文件的组成部分。
- 由于招标文件时间在前、书面回函解答时间在后，因此，当二者出现不一致时，应以招标方书面回函解答为准。

答案：C

（2011 下）选择仲裁方式的电子政务工程建设合同，纠纷的仲裁由（69）的仲裁委员会仲裁。

A．工程所在地　　　　　　　　　　　　B．建设单位所在地

C．承建单位所在地　　　　　　　　　　D．双方选定

- 双方当事人应根据合同约定向双方选定的仲裁委员会申请仲裁。

答案：D

（2012 上）总包单位依法将建设工程分包时，分包工程发生的质量问题应（38）。

A．由总包单位负责

B．由总包单位负责，分包单位承担连带责任

C．由分包单位负责

D．由总包单位、分包单位、监理单位共同负责

- 分包工程发生的质量问题应由总包单位负责，分包单位承担连带责任。

答案：B

亲爱的同学：当你做到这里，本章的所有考点你都已经见识过了，现在准备毕业吧！

7.2　通关测试

以下 10 题答对 8 题以上的可以通关！

（2012 上）某信息系统建设项目，由于承建单位项目经理突然离职，造成项目进度延期，并导致监理合同约定的实施周期延长，针对上述情况，（42）的做法是妥当的。

A. 监理单位向承建单位索赔，挽回监理损失

B. 承建单位要求追加实施费用

C. 建设单位立即终止建设合同

D. 监理单位要求追加监理费用

（2012 上） 下列不属于违约的变更是（60）。

A. 因业主方未按时提供项目建设所需材料而导致的进度延期

B. 因前置机房建设任务未竣工而导致的装修延期

C. 因地震引起设备延迟到货而导致的进度延期

D. 因承建方指派项目经理经验不足而导致的进度延期

（2012 上） 工程监理单位不按照委托监理合同的约定履行监理义务，对应当监督检查的项目不检查或者不按照规定检查，给建设单位造成损失的，应当（61）。

A. 被处以罚款   B. 吊销其资质证书

C. 承担相应的赔偿责任   D. 承担连带赔偿责任

（2012 上） 仲裁委员会的仲裁裁决做出以后，当事人应当履行。当一方当事人不履行仲裁裁决时，另一方当事人可以依照民事诉讼法的有关规定向（62）申请执行。

A. 当地人民政府   B. 人民法院

C. 仲裁委员会   D. 调解委员会

（2012 下） 某综合楼工程发包后，发包人未按约定给定预付，承包人在约定预付时间7 天后向发包人发出要求预付的通知，发包人收到通知后仍未按要求预付，于是在发出通知后 7 天，承包人决定停止施工，承担由此造成工期损失的是（31）。

A. 承包人   B. 发包人   C. 分包人   D. 项目经理

（2012 下） 由多家监理单位分别承担监理业务的工程项目中，作为一名总监理工程师，应当负责（56）。

A. 建设单位代表分配的各项工作

B. 整个工程项目的监理工作

C. 所承担的那部分工程的指挥工作

D. 监理合同范围内受委托的监理工作

（2012 下）下列针对 BT 合同模式的理解，不正确的是（60）。

A. 该模式缓解了建设单位经费的不足

B. 该模式要求承担单位具有非常雄厚的技术实力

C. 该模式要求监理单位具有非常丰富的项目管理经验

D. 该模式主要由建设单位承担全部的风险

（2012 下）下列政府采购方式属于招标采购的是（65）。

A. 邀请招标　　　　　　　　　　B. 单一来源采购

C. 询价　　　　　　　　　　　　D. 竞争性谈判

（2012 下）根据有关法律，在一般招标项目中，（69）符合评标委员会成员的任职条件或其行为恰当。

A. 某甲，由投标人从省人民政府有关部门提供的专家名册的专家中确定

B. 某乙，现任某公司法定代表人，该公司常年为某投标人提供系统软件

C. 某丙，从事招标工程项目领域工作满 20 年并具有高级职称

D. 某丁，在开标后，中标结果确定前将自己担任评标委员会成员的事告诉了某投标人

（2012 下）实行总分包的工程，分包应按照分包合同约定对其分包工程的质量向总包单位负责，总包单位与分包单位对分包工程的质量承担（70）。

A. 连带责任　　　　B. 违约责任　　　　C. 违法责任　　　　D. 赔偿责任

7.3　通关测试解析

（2012 上）某信息系统建设项目，由于承建单位项目经理突然离职，造成项目进度延期，并导致监理合同约定的实施周期延长，针对上述情况，（42）的做法是妥当的。

A. 监理单位向承建单位索赔，挽回监理损失

B. 承建单位要求追加实施费用

C. 建设单位立即终止建设合同

D. 监理单位要求追加监理费用

- A 错，监理单位不得与被监理项目的承建单位存在利益关系。

- B 错，承建单位的过错导致项目延期，建设单位可向承建单位反索赔。

- C 不妥，因承建单位项目经理突然离职，造成项目进度延期，不足以导致合同终止。

- 《合同法》第九十一条　有下列情形之一的，合同的权利义务终止：

（一）债务已经按照约定履行；

（二）合同解除；

（三）债务相互抵销；

（四）债务人依法将标的物提存；

（五）债权人免除债务；

（六）债权债务同归于一人；

（七）法律规定或者当事人约定终止的其他情形。

- D 正确，这属于附加工作，建设单位应给监理单位追加监理费用。

- "工程监理的附加工作"是指：

（1）业主单位委托监理范围以外，通过双方书面或口头协议另外增加的工作内容；

（2）由于业主单位或承建单位原因，使监理工作受到阻碍或延误，因增加工作量或持续时间面增加的工作。

答案：D

（**2012 上**）下列不属于违约的变更是（60）。

A．因业主方未按时提供项目建设所需材料而导致的进度延期

B．因前置机房建设任务未竣工而导致的装修延期

C．因地震引起设备延迟到货而导致的进度延期

D．因承建方指派项目经理经验不足而导致的进度延期

- 地震属于不可抗力，不属于违约变更，应予免责。

- 《合同法》对于不可抗力有如下规定：

  ▪ 第一百一十七条　因不可抗力不能履行合同的，根据不可抗力的影响，部分或者全部免除责任，但法律另有规定的除外。当事人迟延履行后发生不可抗力的，不能免除责任。本法所称不可抗力，是指不能预见、不能避免并不能克服的客观情况。

  ▪ 第一百一十八条　当事人一方因不可抗力不能履行合同的，应当及时通知对方，以减轻可能给对方造成的损失，并应当在合理期限内提供证明。

答案：C

（**2012 上**）工程监理单位不按照委托监理合同的约定履行监理义务，对应当监督检查的项目不检查或者不按照规定检查，给建设单位造成损失的，应当（61）。

A．被处以罚款　　　　　　　　　B．吊销其资质证书

C．承担相应的赔偿责任　　　　D．承担连带赔偿责任

- 工程监理单位不按照委托监理合同的约定履行监理义务，对应当监督检查的项目不检查或者不按照规定检查，给建设单位造成损失的，应当承担相应的赔偿责任。
- 工程监理单位与承包单位串通，为承包单位谋取非法利益，给建设单位造成损失的，应当与承包单位承担连带赔偿责任。

答案：C

（2012 上）仲裁委员会的仲裁裁决做出以后，当事人应当履行。当一方当事人不履行仲裁裁决时，另一方当事人可以依照民事诉讼法的有关规定向（62）申请执行。

A．当地人民政府　　　　　　　　B．人民法院
C．仲裁委员会　　　　　　　　　D．调解委员会

- 《合同法》第一百二十八条　当事人应当履行发生法律效力的判决、仲裁裁决、调解书；拒不履行的，对方可以请求人民法院执行。

答案：B

（2012 下）某综合楼工程发包后，发包人未按约定给定预付，承包人在约定预付时间 7 天后向发包人发出要求预付的通知，发包人收到通知后仍未按要求预付，于是在发出通知后 7 天，承包人决定停止施工，承担由此造成工期损失的是（31）。

A．承包人　　　　B．发包人　　　　C．分包人　　　　D．项目经理

- 建设单位违约是指建设单位不履行或不完全履行合同约定的义务，无故不按时支付项目预付款、项目款等情况，致使承建单位的实施（可能包括设计单位的设计）无法进行或给对方单位带来经济损失的行为。
- 通常，建设单位有下列事实时，监理工程师应确认建设单位违约：
（1）建设单位不按时支付项目预付款；
（2）建设单位不按合同约定支付项目款，导致实施无法进行；
（3）建设单位无正当理由不支付项目竣工结算款；
（4）建设单位不履行合同义务或不按合同约定履行义务的其他情况。

答案：B

（2012 下）由多家监理单位分别承担监理业务的工程项目中，作为一名总监理工程师，应当负责（56）。

A. 建设单位代表分配的各项工作

B. 整个工程项目的监理工作

C. 所承担的那部分工程的指挥工作

D. 监理合同范围内受委托的监理工作

- 应当负责监理合同范围内受委托的监理工作。
- 监理合同是开展监理工作的根本依据。

答案：D

（2012 下）下列针对 BT 合同模式的理解，不正确的是（60）。

A. 该模式缓解了建设单位经费的不足

B. 该模式要求承担单位具有非常雄厚的技术实力

C. 该模式要求监理单位具有非常丰富的项目管理经验

D. 该模式主要由建设单位承担全部的风险

- BT（Build Transfer，建设-移交），是政府利用非政府资金来进行非经营性基础设施建设项目的一种融资模式。BT 模式是一个项目的运作通过项目公司总承包，融资、建设验收合格后移交给业主，业主向投资方支付项目总投资加上合理回报的过程。目前采用 BT 模式筹集建设资金成了项目融资的一种新模式。
- D 错，在 BT 模式下，承担单位有着很大的风险。BT 项目模式主要适用于建设公共基础设施，投资巨大，建设周期长，同时有着很大的质量风险、政策风险、自然风险等，项目能否按预期顺利完工、移交给政府，是否会因建设中的违法、违规而使项目搁置，甚至终止，政府是否能按合同约定进行债务偿还，等等，不可预知的因素太多。

答案：D

（2012 下）下列政府采购方式属于招标采购的是（65）

A. 邀请招标   B. 单一来源采购

C. 询价   D. 竞争性谈判

- 《招标投标法》第十条 招标分为公开招标和邀请招标。
  - 公开招标，是指招标人以招标公告的方式邀请不特定的法人或者其他组织投标。

　　■ 邀请招标，是指招标人以投标邀请书的方式邀请特定的法人或者其他组织投标。

答案：A

（**2012 下**）根据有关法律，在一般招标项目中，（69）符合评标委员会成员的任职条件或其行为恰当。

A．某甲，由投标人从省人民政府有关部门提供的专家名册的专家中确定

B．某乙，现任某公司法定代表人，该公司常年为某投标人提供系统软件

C．某丙，从事招标工程项目领域工作满 20 年并具有高级职称

D．某丁，在开标后，中标结果确定前将自己担任评标委员会成员的事告诉了某投标人

- 《招标投标法》第三十七条
  - 第一款：评标由招标人依法组建的评标委员会负责。
  - 第二款：依法必须进行招标的项目，其评标委员会由招标人的代表和有关技术、经济等方面的专家组成，成员人数为五人以上单数，其中技术、经济等方面的专家不得少于成员总数的三分之二。
  - 第三款：前款专家应当从事相关领域工作满八年并具有高级职称或者具有同等专业水平，由招标人从国务院有关部门或者省、自治区、直辖市人民政府有关部门提供的专家名册或者招标代理机构的专家库内的相关专业的专家名单中确定；一般招标项目可以采取随机抽取方式，特殊招标项目可以由招标人直接确定。
  - 第四款：与投标人有利害关系的人不得进入相关项目的评标委员会；已经进入的应当更换。
  - 第五款：评标委员会成员的名单在中标结果确定前应当保密。
- A 不符合第二款中"相关专业"的要求，若改为"由招标人从省人民政府有关部门提供的专家名册内的相关专业的专家名单中确定"就妥当了。
- B 违反了第四款，与投标人有利害关系。
- D 违反了第五款，是严重违法行为。

答案：C

（**2012 下**）实行总分包的工程，分包应按照分包合同约定对其分包工程的质量向总包单位负责，总包单位与分包单位对分包工程的质量承担（70）。

A. 连带责任　　　　B. 违约责任　　　　C. 违法责任　　　　D. 赔偿责任

- 分包对其分包工程的质量向总包单位负责。
- 总包对分包工程的质量向建设单位负责，分包单位对其分包工程的质量承担连带责任。

答案：A

　　　　想知道你考试能得多少分么？本书提供了两种估算方法：1. 将每章通关测试得分乘以该章的权重（前言中附有题量统计），累加即可；2. 进行下篇的真题模拟考试。两种方法互为校验，信度极高！

第8章　知识产权保护

本章对应《信息系统监理师教程》10.6节知识产权保护管理的考试内容，平均到每次考试，上午题量为2分，下午题量为0.3分。

8.1　历年试题解析

（**2005 上**）我国著作权法中，（12）系指同一概念。

A. 出版权与版权
B. 著作权与版权
C. 作者权与专有权
D. 发行权与版权

- 《著作权法》第五十七条　本法所称的著作权即版权。

答案：B

（**2005 上**）由我国信息产业部批准发布，在信息产业部门范围内统一使用的标准，称为（13）。

A. 地方标准　　　B. 部门标准　　　C. 行业标准　　　D. 企业标准

- 我国标准分为国家标准、行业标准、地方标准、企业标准四级。
- 根据《标准化法》第六条：

（1）对需要在全国范围内统一的技术要求，应当制定国家标准。国家标准由国务院标准化行政主管部门制定。

（2）对没有国家标准而又需要在全国某个行业范围内统一的技术要求，可以制定行业标准。行业标准由国务院有关行政主管部门制定，并报国务院标准化行政主管部门备案，在公布国家标准之后，该项行业标准即行废止。

（3）对没有国家标准和行业标准而又需要在省、自治区、直辖市范围内统一的工业产品的安全、卫生要求，可以制定地方标准。地方标准由省、自治区、直辖市标准化行政主管部门制定，并报国务院标准化行政主管部门和国务院有关行政主管部门备案，在公布国家标准或者行业标准之后，该项地方标准即行废止。

（4）企业生产的产品没有国家标准和行业标准的，应当制定企业标准，作为组织生产的依据。企业的产品标准须报当地政府标准化行政主管部门和有关行政主管部门备案。已有国家标准或者行业标准的，国家鼓励企业制定严于国家标准或者行业标准的企业标准，在企业内部适用。

- 信息产业部批准发布的标准属于行业标准。

答案：C

（2005 上）某软件设计师自行将他人使用 C 程序语言开发的控制程序转换为机器语言形式的控制程序，并固化在芯片中，该软件设计师的行为（14）。

A. 不构成侵权，因为新的控制程序与原控制程序使用的程序设计语言不同

B. 不构成侵权，因为对原控制程序进行了转换与固化，其使用和表现形式不同

C. 不构成侵权，将一种程序语言编写的源程序转换为另一种程序语言形式，属于一种"翻译"行为

D. 构成侵权，因为他不享有原软件作品的著作权

- 该软件设计师的行为构成侵权，属于《计算机软件保护条例》中的"未经软件著作权人许可，修改、翻译其软件的"情形，应当根据情况，承担停止侵害、消除影响、赔礼道歉、赔偿损失等民事责任。

答案：D

（2005 上）信息系统项目建设中知识产权管理与非 IT 项目人不相同，涉及的方面更多，在项目监理过程中需要考虑（52）。

①涉及到建设单位的知识产权　　　　　②外购软件的知识产权

③涉及系统集成商的知识产权　　　　　④涉及监理方的知识产权保护

A. ①和③　　　　　　　　　　　　　B. ①、③、④

C. ①、②、③　　　　　　　　　　　D. ①、②、③、④

- ①、②、③、④均需要考虑到。

答案：D

（2005 下）下列标准代号中，（4）是国家标准的代号。

A. IEEE　　　　B. ISO　　　　C. GB　　　　D. GJB

- IEEE（Institute of Electrical and Electronics Engineers，电气和电子工程师协会）是目前全球最大的非营利性专业技术学会。IEEE 设有专门的标准工作委员会，每年制定和修订 800 多个技术标准，IEEE 标准在工业界有极大的影响。
- ISO 为国际标准化组织（International Organization for Standardization，ISO）所发布

标准的代号。

- GB 为强制性国家标准，保障人体健康、人身、财产安全的标准和法律及行政法规规定强制执行的国家标准。
- GJB 为国军标（国家军用标准）。

答案：C

（2005 下）已经发布实施的标准（包括已确认或修改补充的标准），经过实施一定时期后，对其内容再次审查，以确保其有效性、先进性和适用性，其周期一般不超过（5）年。

A. 1   B. 3   C. 5   D. 7

- 标准实施后，制定标准的部门应当根据科学技术的发展和经济建设的需要适时进行复审。标准复审周期一般不超过五年。

答案：C

（2005 下）（6）不需要登记或标注版权标记就能得到保护。

A. 专利权   B. 商标权   C. 著作权   D. 财产权

- 《著作权法》第二条 中国公民、法人或者其他组织的作品，不论是否发表，依照本法享有著作权。
- 有同学问，既然不需要登记就受保护，那为何还要申办"软件著作权登记证书"，回答：这是为了更好地保护著作权，通常情况下你很难证明软件是你开发的，一旦发生侵权事件，法院很难认定你的著作权，申办"软件著作权登记证书"可以较好地解决此问题。
- 有同学问，私有财产神圣不可侵犯，为什么还要去登记？回答：私有财产要登记，买房买车都要登记过户；公有财产更要登记，才能防范违法行为。

答案：C

（2005 下）ISO 9000 质量管理体系认证书的有效期为（50）。

A. 3 年   B. 2 年   C. 1 年   D. 5 年

- ISO 9000 质量管理体系认证书的有效期为 3 年。

答案：A

（2005 下）在信息系统项目知识产权保护的监理工作中，下面有关知识产权监理措施中（52）的描述是错误的。

A．保护建设单位的知识产权权益

B．外购软件的知识产权保护

C．项目文档的知识产权保护控制

D．承建单位软件开发思想概念的保护

- 根据《计算机软件保护条例》，开发软件所用的思想、处理过程、操作方法或者数学概念不受保护。

答案：D

（2006下）（20）确定了标准体制和标准化管理体制，规定了制定标准的对象与原则以及实施标准的要求，明确了违法行为的法律责任和处罚办法。

A．标准化 　　　　　 B．标准 　　　　　 C．标准化法 　　　　 D．标准与标准化

- 《标准化法》确定了我国的标准体制和标准化管理体制，规定了制定标准的对象与原则以及实施标准的要求，明确了违法行为的法律责任和处罚办法。

答案：C

（2006下）某开发人员不顾企业有关保守商业秘密的要求，将其参与该企业开发设计的应用软件的核心程序设计技巧和算法通过论文向社会发表，那么该开发人员的行为（21）。

A．属于开发人员权利不涉及企业权利

B．侵犯了企业商业秘密权

C．违反了企业的规章制度但不侵权

D．未侵犯权利人软件著作权

- 所谓商业秘密，是指不为公众所知悉、能为权利人带来经济利益、具有实用性并经权利人采取保密措施的技术信息和经营信息。
- 违反约定或者违反权利人有关保守商业秘密的要求，披露、使用或者允许他人使用其所掌握的商业秘密；第三人明知或者应知前款所列违法行为，获取、使用或者披露他人的商业秘密，视为侵犯商业秘密。

答案：B

（2007上）下列标准代号中，（16）为推荐性行业标准的代号。

A．SJ/T 　　　　　 B．Q/T11 　　　　　 C．GB/T 　　　　　 D．DB11/T

- GB/T——推荐性国家标准，是指生产、交换、使用等方面，通过经济手段或市场

调节而自愿采用的国家标准，又称自愿标准。这类标准任何单位都有权决定是否采用，违反这类标准，不承担经济或法律方面的责任。但推荐性国标一经接受并采用，或各方商定同意纳入经济合同中，就成为各方必须共同遵守的技术依据，具有法律上的约束性。

- SJ/T——推荐性电子行业标准
  - 众所周知，我国标准代号都是由汉语拼音的首字母构成，那么为什么电子行业的标准代号是 SJ 呢？
  - 这是因为电子工业部的前身为第四机械工业部，简称四机部，故电子行业标准代号为 SJ。
  - 类似的、仍保留浓重历史痕迹的，还有：
    - 核工业部，原二机部，故核工业标准代号为 EJ。
    - 兵器工业部，原五机部，故兵器行业标准代号为 WJ。
    - 航天工业部，原七机部，故航天行业标准代号为 QJ。
- DB/T——推荐性地方标准，DB11/T——北京市的推荐性地方标准，DB13/T——上海市的推荐性地方标准。
- Q/——企业标准，企业标准的编号格式为：Q/（企业代号）+（四位顺序号）+（标准制定年份）。

答案：C

（2007 上）对于 ISO 9000 族标准，我国国标目前采用的方式是（58）。
A．等同采用　　　　B．等效采用　　　　C．参照执行　　　　D．参考执行

- 根据质监总局《采用国际标准管理办法》：
  - 我国标准采用国际标准的程度，分为等同采用和修改采用。
    - 等同采用，指与国际标准在技术内容和文本结构上相同，或者与国际标准在技术内容上相同，只存在少量编辑性修改。
    - 修改采用，指与国际标准之间存在技术性差异，并清楚地标明这些差异以及解释其产生的原因，允许包含编辑性修改。修改采用不包括只保留国际标准中少量或者不重要的条款的情况。修改采用时，我国标准与国际标准在文本结构上应当对应，只有在不影响与国际标准的内容和文本结构进行比较的情况下才允许改变文本结构。
  - 我国标准采用国际标准的程度代号为：
    - IDT——等同采用（identical）。
    - MOD——修改采用（modified）。
  - 采用国际标准的我国标准的编号表示方法如下：

- ◆ 等同采用国际标准的我国标准采用双编号的表示方法。
- ◆ 修改采用国际标准的我国标准，只使用我国标准编号。
- ■ 我国标准与国际标准的对应关系除等同、修改外，还包括非等效。
  - ◆ 非等效不属于采用国际标准，只表明我国标准与相应标准有对应关系。
  - ◆ 非等效指与相应国际标准在技术内容和文本结构上不同，它们之间的差异没有被清楚地标明。非等效还包括在我国标准中只保留了少量或不重要的国际标准条款的情况。
  - ◆ 非等效（not equivalent）代号为 NEQ。
- ● 我国国标目前对于 ISO 9000 族标准采用的方式是等同采用，例如：
  - ■ 《GB/T 19000—2008 / ISO 9000: 2005，IDT 质量管理体系 基础和术语》。
  - ■ 《GB/T 19001—2008 / ISO 9001: 2008，IDT 质量管理体系 要求》。

答案：A

（2007 上）《计算机软件保护条例》规定：对于在委托开发软件活动中，委托者与受委托者没有签订书面协议，或者在协议中未对软件著作权归属做出明确的约定，其软件著作权归（70）。

A．委托者所有　　　　　　　　　　B．受委托者所有

C．国家所有　　　　　　　　　　　D．软件开发者所有

- ● 《计算机软件保护条例》（2013 年修订版）第十一条 接受他人委托开发的软件，其著作权的归属由委托人与受托人签订书面合同约定；无书面合同或者合同未作明确约定的，其著作权由受托人享有。
- ● 提醒：这一条和大家的常识印象有很大不同，《合同法》、《著作权法》和《专利法》中也有类似的法条，认真研究一下，会对我们的生活和工作都有所帮助。
- ● 《合同法》第三百三十九条：委托开发完成的发明创造，除当事人另有约定的以外，申请专利的权利属于研究开发人。研究开发人取得专利权的，委托人可以免费实施该专利。
- ● 《著作权法》第十七条：受委托创作的作品，著作权的归属由委托人和受托人通过合同约定。合同未作明确约定或者没有订立合同的，著作权属于受托人。
- ● 《专利法》第八条：两个以上单位或者个人合作完成的发明创造、一个单位或者个人接受其他单位或者个人委托所完成的发明创造，除另有协议的以外，申请专利的权利属于完成或者共同完成的单位或者个人。

答案：B

（2007 下）自然人的计算机软件著作权的保护期为（26）。

A．25 年　　　　　　　　　　　　　　B．50 年

C．作者终生及死后 50 年　　　　　　D．不受限制

- 《计算机软件保护条例》（2013 年修订版）第十四条：

（1）软件著作权自软件开发完成之日起产生。

（2）自然人的软件著作权，保护期为自然人终生及其死亡后 50 年，截止于自然人死亡后第 50 年的 12 月 31 日；软件是合作开发的，截止于最后死亡的自然人死亡后第 50 年的 12 月 31 日。

（3）法人或者其他组织的软件著作权，保护期为 50 年，截止于软件首次发表后第 50 年的 12 月 31 日，但软件自开发完成之日起 50 年内未发表的，本条例不再保护。

答案：C

（**2008 上**）实施知识产权保护的监理措施主要包括（42）。

①政策措施　　　　②技术措施　　　　③经济措施　　　　④组织措施

A．①②③④　　　B．①②　　　　　C．②③④　　　　D．③④

- 实施知识产权保护的监理措施主要包括政策措施和技术措施。
- 详见《信息系统监理师教程》207～208 页。

答案：B

（**2008 上**）GB/T 19000—2000 族核心标准的完整构成包括（63）。

① GB/T 19000—2000 质量管理体系——基础和术语

② GB/T 19001-2000 质量管理体系——要求

③ GB/T 19004-2000 质量管理体系——业绩改进指南

④ ISO 19011-2000 质量和环境审核指南

⑤ ISO 19000-2000 质量管理体系审核指南

A．①②③　　　　B．①②③④　　　C．①②③④⑤　　D．①②③⑤

- 2000 版和 2008 版 ISO9000 族标准的结构是一样的，都包括四个核心标准、一个支持性标准、若干个技术报告和宣传性小册子。

核心标准 （4个）	GB/T 19000—2008 idt ISO9000:2005 质量管理体系　基础和术语
	GB/T 19001—2008 idt ISO9001:2008 质量管理体系　要求
	GB/T 19004—2009 idt ISO9004:2009 质量管理体系　业绩改进指南
	GB/T 19011—2003 idt ISO19011:2002 质量和环境管理体系审核指南

续表

支持性标准	ISO 10012 测量控制系统
支持性文件 （技术报告）	ISO/TR 10006 质量管理 项目管理质量指南
	ISO/TR 10007 质量管理 技术状态管理指南
	ISO/TR 10013 质量管理体系文件指南
	ISO/TR 10014 质量经济性管理指南
	ISO/TR 10015 质量管理 培训指南
	ISO/TR 10017 统计技术指南
支持性文件 （小册子）	质量管理原则
	选择和使用指南
	小型企业的应用

答案：B

（2008 上）李某大学毕业后在 Simple 公司销售部门工作，后由于该公司软件开发部门人手较紧，李某被暂调到该公司软件开发部开发新产品，2 月后，李某完成了该新软件的开发。该软件产品著作权应归（69）所有。

A．李某 B．Simple 公司
C．李某和 Simple 公司 D．软件开发部

- 《计算机软件保护条例》（2013 年修订版）第十三条 自然人在法人或者其他组织中任职期间所开发的软件有下列情形之一的，该软件著作权由该法人或者其他组织享有，该法人或者其他组织可以对开发软件的自然人进行奖励：
  （一）针对本职工作中明确指定的开发目标所开发的软件；
  （二）开发的软件是从事本职工作活动所预见的结果或者自然的结果；
  （三）主要使用了法人或者其他组织的资金、专用设备、未公开的专门信息等物质技术条件所开发并由法人或者其他组织承担责任的软件。

答案：B

（2008 上）依据我国著作权法的规定，（70）属于著作人身权。
A．发行权 B．复制权 C．署名权 D．信息网络传播权

- 著作人身权是指作者享有的与其作品有关的以人格利益为内容的权利，具体包括发表权、署名权、修改权和保护作品完整权。
- 《著作权法》第十条，著作权包括下列人身权和财产权：
  （一）发表权，即决定作品是否公之于众的权利；
  （二）署名权，即表明作者身份，在作品上署名的权利；
  （三）修改权，即修改或者授权他人修改作品的权利；

（四）保护作品完整权，即保护作品不受歪曲、篡改的权利；

（五）复制权，即以印刷、复印、拓印、录音、录像、翻录、翻拍等方式将作品制作一份或者多份的权利；

（六）发行权，即以出售或者赠与方式向公众提供作品的原件或者复制件的权利；

（七）出租权，即有偿许可他人临时使用电影作品和以类似摄制电影的方法创作的作品、计算机软件的权利，计算机软件不是出租的主要标的的除外；

（八）展览权，即公开陈列美术作品、摄影作品的原件或者复制件的权利；

（九）表演权，即公开表演作品，以及用各种手段公开播送作品的表演的权利；

（十）放映权，即通过放映机、幻灯机等技术设备公开再现美术、摄影、电影和以类似摄制电影的方法创作的作品等的权利；

（十一）广播权，即以无线方式公开广播或者传播作品，以有线传播或者转播的方式向公众传播广播的作品，以及通过扩音器或者其他传送符号、声音、图像的类似工具向公众传播广播的作品的权利；

（十二）信息网络传播权，即以有线或者无线方式向公众提供作品，使公众可以在其个人选定的时间和地点获得作品的权利；

（十三）摄制权，即以摄制电影或者以类似摄制电影的方法将作品固定在载体上的权利；

（十四）改编权，即改变作品，创作出具有独创性的新作品的权利；

（十五）翻译权，即将作品从一种语言文字转换成另一种语言文字的权利；

（十六）汇编权，即将作品或者作品的片段通过选择或者编排，汇集成新作品的权利；

（十七）应当由著作权人享有的其他权利。

- 上述十七项权利，除发表权、署名权、修改权和保护作品完整权外，均属财产权。

答案：C

（**2008 下**）李某在《电脑与编程》杂志上看到张某发表的一组程序，颇为欣赏，就复印了一百份作为程序设计辅导材料发给了学生。李某又将这组程序逐段加以评析，写成评论文章后投到《电脑编程技巧》杂志上发表。李某的行为（10）。

A. 侵犯了张某的著作权，因为其未经许可，擅自复印张某的程序

B. 侵犯了张某的著作权，因为在评论文章中全文引用了发表的程序

C. 不侵犯张某的著作权，其行为属于合理使用

D. 侵犯了张某的著作权，因为其擅自复印，又在其发表的文章中全文引用了张某的程序

- 《著作权法》第二十二条　在下列情况下使用作品，可以不经著作权人许可，不向其支付报酬，但应当指明作者姓名、作品名称，并且不得侵犯著作权人依照本法享有的其他权利：

（一）为个人学习、研究或者欣赏，使用他人已经发表的作品；

（二）为介绍、评论某一作品或者说明某一问题，在作品中适当引用他人已经发表的作品；

（三）为报道时事新闻，在报纸、期刊、广播电台、电视台等媒体中不可避免地再现或者引用已经发表的作品；

（四）报纸、期刊、广播电台、电视台等媒体刊登或者播放其他报纸、期刊、广播电台、电视台等媒体已经发表的关于政治、经济、宗教问题的时事性文章，但作者声明不许刊登、播放的除外；

（五）报纸、期刊、广播电台、电视台等媒体刊登或者播放在公众集会上发表的讲话，但作者声明不许刊登、播放的除外；

（六）为学校课堂教学或者科学研究，翻译或者少量复制已经发表的作品，供教学或者科研人员使用，但不得出版发行；

（七）国家机关为执行公务在合理范围内使用已经发表的作品；

（八）图书馆、档案馆、纪念馆、博物馆、美术馆等为陈列或者保存版本的需要，复制本馆收藏的作品；

（九）免费表演已经发表的作品，该表演未向公众收取费用，也未向表演者支付报酬；

（十）对设置或者陈列在室外公共场所的艺术作品进行临摹、绘画、摄影、录像；

（十一）将中国公民、法人或者其他组织已经发表的以汉语言文字创作的作品翻译成少数民族语言文字作品在国内出版发行；

（十二）将已经发表的作品改成盲文出版。

- 李某将张某发表在《电脑与编程》杂志上的程序复印一百份作为程序设计辅导材料发给了学生，符合第（六）条的规定。
- 李某将这组程序逐段加以评析，写成评论文章后投到《电脑编程技巧》杂志上发表，符合第（二）条的规定。

答案：C

亲爱的同学：当你做到这里，本章的所有考点你都已经见识过了，现在准备毕业吧！

8.2 通关测试

以下 10 题答对 8 题以上的可以通关！

（2008 下）著作权保护的是（36）。

A．作品的思想内容　　　　　　　B．作品的表达形式

C．作品的手稿　　　　　　　　　D．作品的名称

（2008 下）《计算机软件保护条例》规定非职务软件的著作权归（37）。

A．软件开发者所有　　　　　　　B．国家所有

C. 雇主所有　　　　　　　　　　D. 软件开发者所属公司所有

（2009 上）软件著作权的客体是指（69）。

A. 公民、法人或其他组织　　　　B. 计算机程序及算法

C. 计算机程序及有关文档　　　　D. 软件著作权权利人

（2010 上）监理在进行外购软件的知识产权审核时，应重点审查（63）内容。

①软件的使用合法文件和证明　　　②软件的用户数和许可证数

③软件的版本　　　　　　　　　　④软件的生产日期

A. ①②　　　　　B. ①②③　　　　C. ①②④　　　　D. ①②③④

（2010 下）某监理工程师甲在总结工作经验的基础上，提出了一套关于监理质量评审的新方法。这套方法的知识产权属于（63）。

A. 甲所在公司　　　　　　　　　　B. 监理工程师甲

C. 监理行业共有　　　　　　　　　D. 甲与其所在的公司共有

（2011 上）计算机软件的著作权未在合同中进行明确，则委托方享有软件的（62）。

①使用权　　②复制权　　③展览权　　④发行权

A. ①②③④　　B. ①②④　　　C. ①②　　　　D. ①

（2011 下）某公司开发的计算机软件，进行了著作权登记，其著作权保护期为（62）。

A. 10 年　　　　B. 20 年　　　　C. 25 年　　　　D. 50 年

（2012 上）计算机软件只要开发完成就能具有（63）并受到法律保护。

A. 著作权　　　B. 专利权　　　C. 商标权　　　　D. 商业秘密权

（2012 上）《计算机软件文档编制规范》（GB/T 8567—2006）是（66）标准。

A. 推荐性国家　　　　　　　　　　B. 强制性国家

C. 推荐性软件行业　　　　　　　　D. 强制性软件行业

（2012 下）有关计算机软件著作权的叙述正确的是（2）。

A. 软件著作权属于软件开发者，软件著作权自软件出版之日起生效

B. 国家知识产权局颁布实施了《计算机软件保护条例》，用来保护软件著作人的权益

C. 用户购买了具有版权的软件，则具有对该软件的使用权和复制权

D. 非法进行拷贝、发布或更改软件的人被称为软件盗版者

8.3 通关测试解析

（**2008 下**）著作权保护的是（36）。

A．作品的思想内容   B．作品的表达形式

C．作品的手稿   D．作品的名称

- 著作权法保护的是作品（著作）的表现形式，而非思想内容。
- 举个例子，当读完一本项目管理书之后，其管理思想已进入你的大脑，你可以在生活工作中应用这些管理思想，但你不能把这本书复制出售。
- 受法律保护的著作权客体应该具备有以下三个条件：独创性、可复制性以及不属于法律明文列举的不受著作权法律保护的对象。
- 《著作权法》第三条 本法所称的作品，包括以下列形式创作的文学、艺术和自然科学、社会科学、工程技术等作品：

（一）文字作品；

（二）口述作品；

（三）音乐、戏剧、曲艺、舞蹈、杂技艺术作品；

（四）美术、建筑作品；

（五）摄影作品；

（六）电影作品和以类似摄制电影的方法创作的作品；

（七）工程设计图、产品设计图、地图、示意图等图形作品和模型作品；

（八）计算机软件；

（九）法律、行政法规规定的其他作品。

- 有同学问为什么不选 C，手稿是作品的一种表现形式，受法律保护，但手稿只是作品表现形式中的一种，不能说"著作权保护的是作品的手稿"。

答案：B

（**2008 下**）《计算机软件保护条例》规定非职务软件的著作权归（37）。

A．软件开发者所有   B．国家所有

C．雇主所有   D．软件开发者所属公司所有

- 显然，非职务软件的著作权归软件开发者所有。

答案：A

（**2009 上**）软件著作权的客体是指（69）。

A. 公民、法人或其他组织　　　　　　B. 计算机程序及算法

C. 计算机程序及有关文档　　　　　　D. 软件著作权权利人

- 软件著作权的客体是指计算机软件，包括计算机程序及其有关文档。
  - 计算机程序，是指为了得到某种结果而可以由计算机等具有信息处理能力的装置执行的代码化指令序列，或者可以被自动转换成代码化指令序列的符号化指令序列或者符号化语句序列。同一计算机程序的源程序和目标程序为同一作品。
  - 文档，是指用来描述程序的内容、组成、设计、功能规格、开发情况、测试结果及使用方法的文字资料和图表等，如程序设计说明书、流程图、用户手册等。
- 受《计算机软件保护条例》保护的计算机软件必须：

（一）由软件开发者独立开发。

（二）并已固定在某种有形物体上。

- 上述的软件开发者，是指实际组织开发、直接进行开发，并对开发完成的软件承担责任的法人或者其他组织；或者依靠自己具有的条件独立完成软件开发，并对软件承担责任的自然人。

答案：C

（**2010 上**）监理在进行外购软件的知识产权审核时，应重点审查（63）内容。

①软件的使用合法文件和证明　　　　②软件的用户数和许可证数

③软件的版本　　　　　　　　　　　④软件的生产日期

A. ①②　　　　B. ①②③　　　　C. ①②④　　　　D. ①②③④

- 软件不是食品、药品，不过期、不变质、没有保质期，审核软件的生产日期没有意义。
- 监理单位要在外购软件订单之前，对采购软件的用户数、许可证书数和软件升级年限做好事前检查，维护项目各方的权利。与此同时，监理单位要检查非自主产权软件的使用权合法文件和证明。

答案：B

（**2010 下**）某监理工程师甲在总结工作经验的基础上，提出了一套关于监理质量评审的新方法。这套方法的知识产权属于（63）。

A. 甲所在公司　　　　　　　　　　B. 监理工程师甲

C. 监理行业共有　　　　　　　　　D. 甲与其所在的公司共有

- 公民为完成法人或者其他组织工作任务所创作的作品是职务作品。
- 《著作权法》第十六条 有下列情形之一的职务作品，作者享有署名权，著作权的其他权利由法人或者其他组织享有，法人或者其他组织可以给予作者奖励：

（一）主要是利用法人或者其他组织的物质技术条件创作，并由法人或者其他组织承担责任的工程设计图、产品设计图、地图、计算机软件等职务作品；

（二）法律、行政法规规定或者合同约定著作权由法人或者其他组织享有的职务作品。

答案：A

（2011 上） 计算机软件的著作权未在合同中进行明确，则委托方享有软件的（62）。
①使用权　　②复制权　　③展览权　　④发行权

A. ①②③④　　　　B. ①②④　　　　C. ①②　　　　D. ①

- 《计算机软件保护条例》（2013 年修订版）第十一条 接受他人委托开发的软件，其著作权的归属由委托人与受托人签订书面合同约定；无书面合同或者合同未作明确约定的，其著作权由受托人享有。
- 此时，委托方仅有使用权。

答案：D

（2011 下） 某公司开发的计算机软件，进行了著作权登记，其著作权保护期为（62）。

A. 10 年　　　　B. 20 年　　　　C. 25 年　　　　D. 50 年

- 《计算机软件保护条例》（2013 年修订版）第十四条。

（1）软件著作权自软件开发完成之日起产生。

（2）自然人的软件著作权，保护期为自然人终生及其死亡后 50 年，截止于自然人死亡后第 50 年的 12 月 31 日；软件是合作开发的，截止于最后死亡的自然人死亡后第 50 年的 12 月 31 日。

（3）法人或者其他组织的软件著作权，保护期为 50 年，截止于软件首次发表后第 50 年的 12 月 31 日，但软件自开发完成之日起 50 年内未发表的，本条例不再保护。

- 进行了著作权登记就相当于已经发表。

答案：D

（2012 上） 计算机软件只要开发完成就能具有（63）并受到法律保护。

A. 著作权　　　　B. 专利权　　　　C. 商标权　　　　D. 商业秘密权

- 软件著作权自软件开发完成之日起产生。
- 《计算机软件保护条例》（2013 年修订版）第五条

（一）中国公民、法人或者其他组织对其所开发的软件，不论是否发表，依照本条例享有著作权。

（二）外国人、无国籍人的软件首先在中国境内发行的，依照本条例享有著作权。

（三）外国人、无国籍人的软件，依照其开发者所属国或者经常居住地国同中国签订的协议或者依照中国参加的国际条约享有的著作权，受本条例保护。

答案：A

（2012 上）《计算机软件文档编制规范》（GB/T 8567—2006）是（66）标准。

A. 推荐性国家　　　　　　　　　　B. 强制性国家

C. 推荐性软件行业　　　　　　　　D. 强制性软件行业

- 以 GB/T 开头的均为推荐性国家标准。

答案：A

（2012 下）有关计算机软件著作权的叙述正确的是（2）。

A. 软件著作权属于软件开发者，软件著作权自软件出版之日起生效

B. 国家知识产权局颁布实施了《计算机软件保护条例》，用来保护软件著作人的权益

C. 用户购买了具有版权的软件，则具有对该软件的使用权和复制权

D. 非法进行拷贝、发布或更改软件的人被称为软件盗版者

- A 有两处错误：
  - 首先，不能笼统地说"软件著作权属于软件开发者"。比如，接受他人委托开发的软件，其著作权的归属由委托人与受托人签订书面合同约定归委托人所有时，软件著作权就不属于软件开发者。
  - 其次，软件著作权自软件开发完成之日起产生，而不是自软件出版之日起。
- B 错，《计算机软件保护条例》由国务院颁布。
- C 错，有使用权，没有复制权。

答案：D

　　想知道你考试能得多少分么？本书提供了两种估算方法：1. 将每章通关测试得分乘以该章的权重（前言中附有题量统计），累加即可；2. 进行下篇的真题模拟考试。两种方法互为校验，信度极高！

第 9 章 信息安全管理

本章对应《信息系统监理师教程》之第 11 章信息安全管理的考试内容，平均到每次考试，上午题量为 4.3 分，下午题量为 2.3 分。

9.1 历年试题解析

（2005 上）Simple 公司使用包过滤防火墙控制进出公司局域网的数据，在不考虑使用代理服务器的情况下，下面描述错误的是"该防火墙能够（9）"。

A. 使公司员工只能访问 Internet 上与其有业务联系的公司的 IP 地址

B. 仅允许 HTTP 协议通过

C. 使员工不能直接访问 FTP 服务端口号为 21 的 FTP 服务

D. 仅允许公司中具有某些特定 IP 地址的计算机可以访问外部网络

- 包过滤防火墙运行在网络层和传输层，在网络层可以设置基于 IP 地址的包过滤规则，在传输层可以控制对端口的访问。
- HTTP 是应用层的协议，包过滤防火墙无法控制它。
- 有同学说可以控制 80 端口，回答：WWW 服务的默认端口是 80，但不是固定必须要使用 80 端口，可以设置成其他端口。

答案：B

（2005 上）两个公司希望通过 Internet 进行安全通信，保证从信息源到目的地之间的数据传输以密文形式出现，而且公司不希望由于在中间节点使用特殊的安全单元增加开支，最合适的加密方式是（10），使用的会话密钥算法应该是（11）。

（10）A. 链路加密　　　　B. 节点加密　　　　C. 端-端加密　　　　D. 混合加密

（11）A. RSA　　　　　　B. RC-5　　　　　　C. MD5　　　　　　D. ECC

- 链路加密，只对两个中间节点之间的通信信道线路上所传输的信息进行加密保护，即在通信线路上是密文，但是在传输过程中经过每个节点时，节点中的数据是明文。
- 节点加密，加解密都在中间节点（不含信息源和目的地两个端点本身）中进行，即每个节点里装有加解密保护装置，用于完成一个密钥向另一个密钥的转换。节点中虽然不会出现明文,但是需要在经过的每个节点加装保护装置,这不仅不方便使用,而且会增加开支。

- 端-端加密为系统提供从信息源到目的地传送数据的加密保护,不需要在通信节点上增加额外的安全单元,而且能够保证数据自始至终以密文形式出现,即使在节点中也是密文。常见的 VPN(虚拟专用网)即是端-端加密。
- RC-5 是一种对称密钥算法,加解密都使用相同的密钥,加密效率高,适合于加密大量的数据,通常会话密钥使用对称密钥算法。
- RSA 和 ECC 是非对称密钥算法,加解密使用不同的密钥(公钥和私钥),非对称密钥算法对计算资源的消耗较大,适合于加密非常少量的数据,例如,加密会话密钥(在会话创建阶段,需要将会话密钥分发给会话双方,为安全起见,通常使用非对称密钥算法对其加密)。
- MD5 是一种数字摘要(HASH)算法,用于防止信息被篡改。

答案:(10)C、(11)B

(**2005 上**)监理工程师有义务建议建设单位在信息系统安全管理上有应对的措施和规划,并建立必要的安全管理制度,以下属于安全管理制度的是(59)。
① 计算机信息网络系统工作人员出入管理制度
② 计算机信息网络系统工作人员安全教育、培训制度
③ 计算机信息网络系统工作人员循环任职、强制休假制度
④ 计算机信息网络系统信息资料处理制度
A. ①和④　　　　　　　B. ④　　　　　　　C. ①、②和④　　　　D. ①、②、③和④

- 通常情况下信息系统实施安全管理的有关制度包括:
(1)计算机信息网络系统出入管理制度;
(2)计算机信息网络系统各工作岗位的工作职责、操作规程;
(3)计算机信息网络系统升级、维护制度;
(4)计算机信息网络系统工作人员人事管理制度;
(5)计算机信息网络系统安全检查制度;
(6)计算机信息网络系统应急制度;
(7)计算机信息网络系统信息资料处理制度;
(8)计算机信息网络系统工作人员安全教育、培训制度;
(9)计算机信息网络系统工作人员循环任职、强制休假制度等。

答案:D

(**2005 上**)Melissa and Love Letter made use of the trust that exists between friends or colleagues. Imagine receiving an　(71)　from a friend who asks you to open it. This is what happens with Melissa and several other similar email （72）. Upon running, such worms usually proceed to send themselves out to email addresses from the victim's address book, previous emails, web pages （73）.

As administrators seek to block dangerous email attachments through the recognition of well-known （74）, virus writers use other extensions to circumvent such protection. Executable （.exe）files are renamed to .bat and .cmd plus a whole list of other extensions and will still run and successfully infect target users.

Frequently, hackers try to penetrate networks by sending an attachment that looks like a flash movie, which, while displaying some cute animation, simultaneously runs commands in the background to steal your passwords and give the （75） access to your network.

（71） A. attachment　　　　B. packet　　　　C. datagram　　　　D. message
（72） A. virtual　　　　　　B. virus　　　　　C. worms　　　　　D. bacteria
（73） A. memory　　　　　B. caches　　　　C. ports　　　　　D. registers
（74） A. names　　　　　　B. cookies　　　　C. software　　　　D. extensions
（75） A. cracker　　　　　B. user　　　　　C. customer　　　　D. client

- 梅丽莎病毒（Melissa）和求爱信病毒（Love Letter）利用了朋友和同事之间的信任。比如，你收到了一个来自朋友的附件（attachment），朋友要求你打开它，这就是 Melissa 和其他类似的电子邮件蠕虫病毒（worms）危害的方式。一旦被运行，这些蠕虫通常就从受害人的地址簿、以前的电子邮件和 Web 页面缓存区（caches）等处搜集邮件地址，然后把它们自己通过邮件发送出去。
- 系统管理员试图通过识别常见的扩展名（extensions）来封锁危险的 E-mail 附件，病毒的作者们则使用其他扩展名来突破这种保护。可执行文件(.exe)被重新命名为.bat 和.cmd，再加上一大列其他扩展名，仍然可以运行，并成功地感染目标用户。
- 黑客们为穿透网络经常发送一种看起来像是 Flash 动画的附件。这种 Flash，在播放引人入胜的动画的同时，还在后台运行命令来窃取你的口令，并让破解者（cracker）访问你的网络。

答案：（71） A、（72） C、（73） B、（74） D、（75） A

（2005 下） 使用浏览器上网时，不影响系统和个人信息安全的是（7）。
A. 浏览包含有病毒的网站
B. 浏览器显示网页文字的字体大小
C. 在网站上输入银行账号、口令等敏感信息
D. 下载和安装互联网上的软件或者程序

- 显然，改变字体大小不影响系统和个人信息安全。

答案：B

（**2005 下**）计算机病毒是（8）。

A．编制有错误的计算机程序

B．设计不完善的计算机程序

C．已被破坏的计算机程序

D．以危害系统为目的的特殊的计算机程序

- 计算机病毒是以危害系统为目的的特殊的计算机程序。
- C 是已中毒程序。

答案：D

（**2005 下**）特洛伊木马一般分为服务器端和客户端，如果攻击主机为 A，目标主机为 B，则（9）。

A．A 为服务器端，B 为客户端

B．A 为客户端，B 为服务器端

C．A 既为服务器端又为客户端

D．B 既为服务器端又为客户端

- 攻击主机为客户端，目标主机为服务器端，黑客通过攻击主机操控目标主机。

答案：B

（**2005 下**）Certificates are （71） documents attesting to the （72） of a public key to an individual or other entity. They allow verification of the claim that a given public key does in fact belong to a given individual. Certificates help prevent someone from using a phony key to （73） someone else.

In their simplest form，Certificates contain a public key and a name. As commonly used，a certificate also contains an （74） date，the name of the CA that issued the certificate，a serial number，and perhaps other information. Most importantly，it contains the digital （75） of the certificate issuer.

The most widely accepted format for certificates is X.509，thus，Certificates can be read or written by any application complying with X.509.

（71）A．text   B．data   C．digital   D．structured

（72）A．connecting　　　　B．binding　　　　　C．composing　　　D．conducting

（73）A．impersonate　　　B．personate　　　C．damage　　　　　D．control

（74）A．communication　　B．computation　　C．expectation　　　D．expiration

（75）A．signature　　　　B．mark　　　　　　C．stamp　　　　　　D．hypertext

- 证书是一种<u>数字（digital）</u>文档，用于证明一个公钥与一个人或其他实体之间的<u>绑定关系（binding）</u>。证书可以用来验证一个给定的公钥是否真的属于某个人。证书有助于防止某个人使用假密钥来<u>冒充（impersonate）</u>别人。
- 最简单的证书包含一个公钥和一个名字。通常使用的证书还包含：<u>作废（expiration）</u>日期、发行证书的证书授权机构（CA）的名字、序列号，以及其他一些信息。最重要的是，它包含了证书发行者的数字<u>签名（signature）</u>。
- 最广泛接受的证书格式是 X.509，这样，证书可以被任何遵从 X.509 标准的应用读或写。

答案：（71）C、（72）B、（73）A、（74）D、（75）A

（2006 上） 在信息系统设计中应高度重视系统的（4）设计，防止对信息的篡改、越权获取和蓄意破坏以及防止自然灾害。

A．容错　　　　　　　　B．结构化　　　　　　C．可靠性　　　　　D．安全性

- 与"信息的篡改、越权获取和蓄意破坏"相对应的是安全性。

答案：D

（2006 上） 相对于 DES 算法而言，RSA 算法的（11），因此，RSA（12）。

（11）A．加密密钥和解密密钥是不相同的

　　　B．加密密钥和解密密钥是相同的

　　　C．加密速度比 DES 要高

　　　D．解密速度比 DES 要高

（12）A．更适用于对文件加密

　　　B．保密性不如 DES

　　　C．可用于对不同长度的消息生成消息摘要

　　　D．可以用于数字签名

- DES（Data Encryption Standard，数据加密标准）是一种对称密钥算法（加密和解密用同一个密钥），由 IBM 公司研制，美国国家标准局于 1977 年把它作为非机要部门使用的数据加密标准，是使用最广泛的密钥算法。

- RSA 是最著名的非对称密钥算法（加密和解密使用不同的密钥）。
- 相对于对称密钥算法，非对称密钥算法在各方面都占优（比对称密码算法密钥长度更长、比对称密码算法更安全、还能用于身份认证和数字签名），除了加解密效率较低（加密和解密速度都较低）之外。
- 由于加解密效率较低，非对称密钥算法只适合于加密非常少量的数据，不适合文件加密。
- 数字签名是非对称密钥加密技术与数字摘要（HASH）技术的综合应用，可用于防止信息抵赖和信息被篡改。
- 常见的数字摘要/消息摘要（HASH）算法有 MD5、SHA。

答案：（11）A、（12）D

（2006 下）以下有关防火墙的说法中，错误的是（13）。

A. 防火墙可以提供对系统的访问控制

B. 防火墙可以实现对企业内部网的集中安全管理

C. 防火墙可以隐藏企业网的内部 IP 地址

D. 防火墙可以防止病毒感染程序（或文件）的传播

- 防火墙不能防病毒。
- 防火墙在物理上基本上是一台具有网关或路由功能的计算机或服务器。在逻辑上，防火墙完成了网络通信的限制、分离和分析功能，有效地监控了内部网和 Internet 之间的任何活动，保证了内部网络的安全。

答案：D

（2006 下）CA 安全认证中心可以（14）。

A. 用于在电子商务交易中实现身份认证

B. 完成数据加密，保护内部关键信息

C. 支持在线销售和在线谈判，认证用户的订单

D. 提供用户接入线路，保证线路的安全性

- CA（Certificate Authorities）安全认证中心是发放、管理、废除数字证书的机构，并作为受信任的第三方（Trusted Third Party），承担 PKI 体系中公钥合法性检验的责任。
- 在数据安全和电子商务中，CA 非常重要，因为它们确保信息交换各方的身份。

答案：A

（**2006 下**）NAC's（Network Access Control）role is to restrict network access to only compliant endpoints and （71） users.

However，NAC is not a complete LAN （72） solution；additional proactive and （73） security measures must be implemented.

PerfectSky is the first and only comprehensive LAN security solution that combines deep security processing of every packet at 10Gbps，ensuring a high level of security plus application availability and performance.

PerfectSky integrates NAC as the first line of LAN security （74）. In addition to NAC，enterprises need to implement role-based network access control as well as critical proactive security measures—real-time，multilevel（75）inspection and microsecond threat containment.

（71）A. automated   B. distinguished   C. authenticated   D. destructed

（72）A. crisis   B. security   C. favorable   D. excellent

（73）A. constructive   B. reductive   C. reactive   D. productive

（74）A. defense   B. intrusion   C. inbreak   D. protection

（75）A. port   B. connection   C. threat   D. insurance

- 网络访问控制（NAC）的作用是限制对网络的访问，只允许兼容的端点和认证的（authenticated）用户访问网络。
- 然而 NAC 不是一个完整的局域网安全解决方案（LAN security solution），另外还要实现主动的和被动的（reactive）安全措施。
- PerfectSky 是第一个也是仅有的全面的局域网安全解决方案，它以 10Gbps 的速率对每一个分组进行深度的安全处理，在提供高级别安全的同时能保证网络应用的可利用性和适当的性能。
- PerfectSky 集成了 NAC 作为局域网的第一道安全防线（defense）。在 NAC 之外，企业还需要实现基于角色的网络访问控制以及关键的主动安全措施——实时的多级安全威胁（threat）检测和微秒级的安全威胁堵截。

答案：（71）C、（72）B、（73）C、（74）A、（75）C

（**2007 下**）关于网络安全服务的叙述中，（10）是错误的。

A. 应提供访问控制服务以防止用户否认已接收的信息

B. 应提供认证服务以保证用户身份的真实性

C. 应提供数据完整性服务以防止信息在传输过程中被删除或篡改

D. 应提供保密性服务以防止传输的数据被截获

- 网络安全服务可分为：

（1）对等实体认证服务，用于两个开放系统同等层中的实体建立链接或数据传输时，对对方实体的合法性，真实性进行确认，以防假冒。

（2）数据保密服务，为防止网络中各系统之间的数据被截获或被非法存取而泄密，提供的加密保护。

（3）数据完整性服务，用以防止非法实体对交换数据的修改、插入、删除以及在数据交换过程中的数据丢失。

（4）数据源点认证服务，用于确保数据发自真正的源点，防止假冒。

（5）禁止否认服务，用以防止发送方在发送数据后否认自己发送过此数据，接收方在收到数据后否认自己收到过此数据或伪造接收数据，由两种服务组成：不得否认发送、不得否认接收。

（6）犯罪证据提供服务。

- 详见《信息系统项目管理师教程》（第 2 版）542 页。

答案：A

（2007 下）信息系统安全属性分为三个方面，以下选项不属于安全属性的是（56）。

A．可用性　　　　　　B．保密性　　　　　　C．系统性　　　　　　D．完整性

- 信息系统安全属性分为三个方面：可用性、保密性和完整性。任何对于信息可用性、保密性、完整性的破坏与攻击事件，都有可能会引起信息安全事故或者事件。
- 详见《信息系统监理师教程》210～212 页。

答案：C

（2008 上）（16）不属于系统安全的技术。

A．防火墙　　　　　　B．加密狗　　　　　　C．CA 认证　　　　　　D．防病毒

- 加密狗是防止软件盗版的手段，不属于系统安全技术。

答案：B

（2008 上）关于 RSA 算法的说法不正确的是（31）。

A．RSA 算法是一种对称加密算法

B．RSA 算法的运算速度比 DES 慢

C．RSA 算法可用于某种数字签名方案

D．RSA 的安全性主要基于素因子分解的难度

- RSA 是最著名的非对称密钥算法（加密和解密使用不同的密钥）。

答案：A

（2008 上）监理在信息系统安全管理的作用包括（40）。

① 在信息系统工程项目建设过程中，协助建设单位保证信息系统的安全在可用性、保密性、完整性与信息系统工程的可维护性技术环节上没有冲突

② 在质量控制前提下，确保信息系统安全设计上没有漏洞

③ 督促建设单位的信息系统工程应用人员严格执行安全管理制度和安全规范

④ 监督承建单位按照技术标准和建设方案施工，检查承建单位在项目实施过程中是否存在安全隐患行为或现象等，确保整个项目的安全建设和安全应用

A．①②③　　　　B．②③④　　　　C．①②④　　　　D．①③④

- 监理在信息系统安全管理的作用如下：

（1）保证建设单位在信息系统工程项目建设过程中，保证信息系统的安全在可用性、保密性、完整性与信息系统工程的可维护性技术环节上没有冲突；

（2）在成本控制的前提下，确保信息系统安全设计上没有漏洞；

（3）督促建设单位的信息系统工程应用人员在安全管理制度和安全规范下严格执行安全操作和管理，建立安全意识；

（4）监督承建单位按照技术标准和建设方案施工，检查承建单位是否存在设计过程中的非安全隐患行为或现象等，确保整个项目建设过程中的安全建设和安全应用。

答案：D

（2008 下）下面关于防火墙的说法，正确的是（15）。

A．防火墙一般由软件以及支持该软件运行的硬件系统构成

B．防火墙只能防止未经授权的信息发送到内网

C．防火墙能准确地检测出攻击来自哪一台计算机

D．防火墙的主要支撑技术是加密技术

- 防火墙（Firewall）是一种计算机硬件和软件的结合，在 Internet 与 Intranet 之间建立起一个安全网关（Security Gateway），从而保护内部网免受非法攻击和侵入。

- 防火墙通常设置为内部网络的唯一信息出入口，依照设定的规则，允许或是限制传输的数据通过。

- B 错，防火墙可以根据安全策略控制出入网络的双向信息，而不仅仅是某个方向的信息。

- C 错，防火墙可以过滤一些网络攻击，但一般不能定位攻击。

- D 错，防火墙的主要支撑技术是包过滤技术。

答案：A

（**2008 下**）很多银行网站在用户输入密码时要求使用软键盘，这是为了（29）。

A．防止木马记录键盘输入的密码

B．防止密码在传输过程中被窃取

C．保证密码能够加密输入

D．验证用户密码的输入过程

- 软键盘（Soft Keyboard）通过软件模拟键盘通过鼠标点击输入字符，以防止木马记录键盘输入的密码，常用于一些银行的网站上的账号和密码输入界面。

答案：A

（**2008 下**）用户登录了网络系统，越权使用网络信息资源，这属于（30）。

A．身份窃取　　　　　　　　　　　　B．非授权访问

C．数据窃取　　　　　　　　　　　　D．破坏网络的完整性

- 计算机网络中的安全威胁主要有：

（1）身份窃取——指用户的身份在通信时被他人非法截取。

（2）非授权访问——指对网络设备及信息资源进行非正常使用或越权使用等。

（3）身份假冒——主要指利用各种假冒或欺骗的手段非法获得合法用户的使用权限，以达到占用合法用户资源的目的。

（4）数据窃取——指非法用户截取通信网络中的某些重要信息。

（5）破坏数据的完整性——指使用非法手段，删除、修改、重发某些重要信息，以干扰用户的正常使用。

（6）拒绝服务——指通信被终止或实时操作被延迟。

（7）操作否认——指通信的双方有一方事后否认曾参与某次活动。

（8）病毒——指通过网络传播病毒等。

答案：B

（**2008 下**）A （75）　infected computer may lose its data.

A．file　　　　　　　　B．database　　　　　　　　C．virus　　　　　　　　D．program

- 感染了病毒（virus）的计算机可能会丢失数据。

答案：C

（2009 上） 对磁介质进行报废处理，（4）是应采用的最安全措施。

  A．直接丢弃   B．砸碎丢弃

  C．集中保管   D．专用强磁工具清除

- 磁介质存储信息存在以下泄密隐患：

（1）在操作系统中，简单的"删除"命令只是删掉文件名，并没有清除磁盘上的文件信息，通过文件恢复工具就可以找到文件内容。

（2）磁介质剩磁效应，即一般"格式化"或覆盖写入其他信息后，通过专有技术设备仍可以将原有涉密信息复原出来。

（3）普通用户对报废磁介质的处理缺乏可靠的消磁手段，只是简单地丢弃。

- 最安全的磁介质报废处理措施是使用专用强磁工具消磁。

答案：D

（2009 上） 利用电子邮件引诱用户到伪装网站，以套取用户的个人资料（如信用卡号码），这种欺诈行为是（6）。

  A．垃圾邮件攻击   B．网络钓鱼

  C．特洛伊木马   D．未授权访问

- 网络钓鱼（Phishing），其英文与 fishing（钓鱼）发音相近，又称钓鱼式攻击。
- 网络钓鱼是一种利用欺骗性的电子邮件和伪造的 Web 站点来进行的网络诈骗活动，诈骗者通常会将受骗人引诱到一个通过精心设计的、与目标组织（银行、在线商城、信用卡公司等可信的品牌）的网站非常相似的钓鱼网站上，以骗取用户的私人信息，如信用卡号、银行卡账户、身份证号等个人敏感信息。

答案：B

（2009 上）（10）被定义为防火墙外部接口与 Internet 路由器的内部接口之间的网段，起到把敏感的内部网络与其他网络隔离开来，同时又为相关用户提供服务的目的。

  A．核心交换区   B．非军事化区

  C．域名访问区   D．数据存储区

- DMZ（Demilitarized Zone，非军事区/隔离区），军事术语，战争时双方军队之间的缓冲地带。现指位于内部网络和外部网络之间的缓冲区，在这个区域内可以放置一些必须公开的服务器，如 Web 服务器、FTP 服务器、E-mail 服务器和 BBS 服务器等。

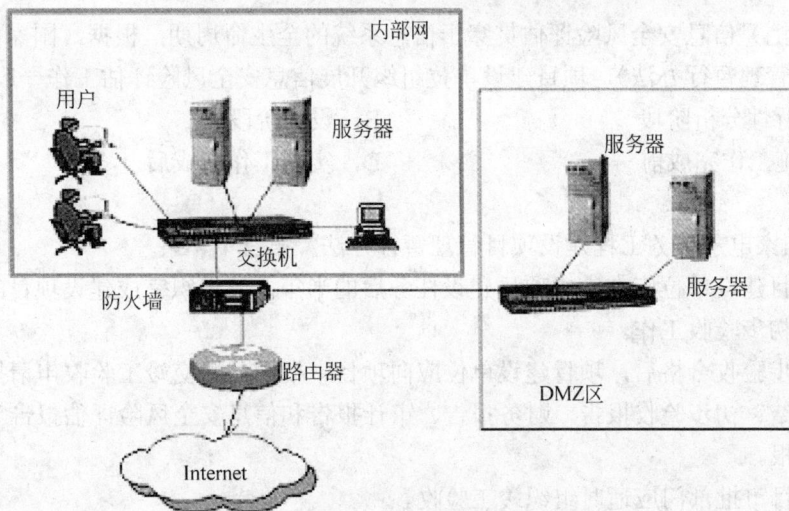

答案：B

（2009 上）下面关于防火墙功能的说法中，不正确的是（16）。

A．防火墙能有效防范病毒的入侵

B．防火墙能控制对特殊站点的访问

C．防火墙能对进出的数据包进行过滤

D．防火墙能对部分网络攻击行为进行检测和报警

- 防火墙功能的不足之处主要表现在：

（1）不能防范恶意的内部知情者。防火墙可以禁止系统用户经过网络连接发送专有的信息，但用户可以将数据复制到磁盘、磁带上，放在公文包中带出去。如果入侵者已经在防火墙内部，防火墙是无能为力的。内部用户偷窃数据，破坏硬件和软件，并且巧妙地修改程序而不接近防火墙。对于来自知情者的威胁只能要求加强内部管理，如主机安全和用户教育等。

（2）不能防范不通过它的连接。防火墙能够有效地防止通过它进行传输信息，然而不能防止不通过它而传输的信息。例如，如果站点允许对防火墙后面的内部系统进行拨号访问，那么防火墙绝对没有办法阻止入侵者进行拨号入侵。

（3）不能防备全部的威胁。防火墙被用来防备已知的威胁，如果是一个很好的防火墙设计方案，可以防备新的威胁，但没有一个防火墙能自动防御所有新的威胁。

（4）防火墙不能防范病毒。防火墙不是杀毒软件，不能消除计算机上的病毒。

答案：A

（**2010** 上）信息安全风险评估贯穿于信息系统的全生命周期，根据《国家电子政务工程建设项目管理暂行办法》，项目建设单位组织开展信息安全风险评估工作一般是在（1）。

A．可行性分析阶段   B．设计阶段

C．实施工作完成前   D．实施工作完成后

- 《国家电子政务工程建设项目管理暂行办法》第三十一条

（1）项目建设单位应在完成项目建设任务后的半年内，组织完成建设项目的信息安全风险评估和初步验收工作。

（2）初步验收合格后，项目建设单位应向项目审批部门提交竣工验收申请报告，并将项目建设总结、初步验收报告、财务报告、审计报告和信息安全风险评估报告等文件作为附件一并上报。

（3）项目审批部门应适时组织竣工验收。

（4）项目建设单位未按期提出竣工验收申请的，应向项目审批部门提出延期验收申请。

答案：D

（**2010** 上）入侵检测系统使用入侵检测技术对网络和系统进行监视，并根据监视结果采取不同的处理，最大限度降低可能的入侵危害。以下关于入侵检测系统的叙述，不正确的是（9）。

A．入侵检测系统可以弥补安全防御系统的漏洞和缺陷

B．入侵检测系统很难检测到未知的攻击行为

C．基于主机的入侵检测系统可以精确地判断入侵事件

D．基于网络的入侵检测系统主要用于实时监控网络关键路径的信息

- 入侵检测系统（Intrusion Detection System，IDS）通过收集和分析网络行为、安全日志、审计数据以及计算机系统中关键点的信息，检查网络或系统中是否存在违反安全策略的行为和被攻击的迹象。
- 入侵检测作为一种积极主动地安全防护技术，提供了对内部攻击、外部攻击和误操作的实时保护，在网络系统受到危害之前拦截和响应入侵。
- 当然，入侵检测系统也具有一定的局限性，主要表现在：

（1）入侵检测系统无法弥补安全防御系统的漏洞和缺陷。

（2）对于高负载的网络或主机，很难实现对网络或系统的实时检测和报警。

（3）很难检测到未知的攻击行为。

（4）入侵检测系统本身的特点可能被利用来作为网络或系统攻击的对象。

（5）不能修正信息资源的安全问题。

答案：A

（2010 上）以下关于防火墙优点的叙述，不恰当的是（22）。

A．防火墙能强化安全策略

B．防火墙能防止从 LAN 内部攻击

C．防火墙能限制暴露用户点

D．防火墙能有效记录 Internet 的活动

- 防火墙的特点是防外不防内，无法抵御内部攻击。
- A、C、D 都是正确的，防火墙的优点主要有：

（1）防火墙能强化安全策略。

（2）防火墙能有效地记录 Internet 上的活动。

（3）防火墙限制暴露用户点。防火墙能够用来隔开网络中一个网段与另一个网段。这样，能够防止影响一个网段的问题向整个网络传播。

（4）防火墙是一个安全策略的检查站。所有进出的信息都必须通过防火墙，防火墙便成为安全问题的检查点，使可疑的访问被拒绝于门外。

答案：B

（2010 上）以下不属于信息系统安全体系内容的是（64）。

A．技术体系　　　　　　　　　　　　　B．设计体系

C．组织结构体系　　　　　　　　　　　D．管理体系

- 为了系统地、完整地构建信息系统的安全体系框架，信息系统安全体系应当由技术体系、组织机构体系和管理体系共同构建。

（1）技术体系，技术体系是全面提供信息系统安全保护的技术保障系统，分为物理安全技术和系统安全技术两大类：

- ◆ 物理安全技术，包括机房安全和设施安全。
- ◆ 系统安全技术，包括平台安全、数据安全、通信安全、应用安全和运行安全。

（2）组织机构体系，组织机构体系是信息系统的组织保障系统，由机构、岗位和人事三个模块构成。

（3）管理体系，管理是信息系统安全的灵魂。信息系统安全的管理体系由法律管理、制度管理和培训管理三部分组成。

答案：B

（2010 上）以下不属于物理访问控制要点的是（65）。

A．硬件设施在合理范围内是否能防止强制入侵

B. 计算机设备的钥匙是否具有良好的控制

C. 计算机设备电源供应是否能适当控制在合理的规格范围内

D. 计算机设备在搬动时是否需要设备授权通行的证明

- 物理访问的监理控制要点为：

（1）硬件设施在合理范围内是否能防止强制入侵；

（2）计算机设备的钥匙是否有良好的控制以降低未授权者进入的危险；

（3）智能终端是否上锁或有安全保护，以防止电路板、芯片或计算机被搬移；

（4）计算机设备在搬动时是否需要设备授权通行的证明。

- C选项属于应用环境安全的控制要点。

- 详见《信息系统监理师教程》222～225页。

答案：C

（**2010 下**）关于三种备份方式：完全备份、差量备份和增量备份的联系和区别，说法错误的是（21）。

A. 完全备份较之差量备份，所需要的资源和时间较多

B. 差量备份比增量备份需要更长的时间

C. 差量备份与增量备份混杂使用，可能会造成文件丢失

D. 差量备份恢复时间较增量备份长

- 全备份（Full Backup），将系统中所有的数据信息全部备份；

- 增量备份（Incremental Backup），只备份上次备份后系统中变化过的数据信息；

- 差量备份/差异备份（Differential Backup），只备份上次完全备份后系统中变化过的数据信息；

- 完全备份的好处就是很直观，容易被人理解，当发生数据丢失的灾难时，只要用一盘磁带，就可以恢复丢失的数据，系统或数据的恢复时间最快。它的不足之处：
  - 首先，在备份数据中有大量是重复的，这些重复的数据占用了大量的磁带空间，这对用户来说就意味着增加成本；
  - 其次，由于需要备份的数据量相当大，因此备份所需时间较长。

- 差量备份，只备份上次完全备份以后有变化的数据（注意：针对的是最近一次的完全备份），从差量备份中恢复也是很快的，因为只需要两份磁带——最后一次完全备份和最后一次差量备份。

- 增量备份，只备份上次备份以后有变化的数据（注意：针对的是最近一次的备份，无论是哪种备份，"上次备份"可以是完全备份，也可以是增量备份）；增量备份最

显著的优点就是：没有重复的备份数据，因此备份的数据量不大，备份所需的时间很短。但增量备份的数据恢复是比较麻烦的。您必须具有上一次全备份和所有增量备份磁带（一旦丢失或损坏其中的一盘磁带，就会造成恢复的失败），并且它们必须沿着从全备份到依次增量备份的时间顺序逐个反推恢复，因此这就极大地延长了恢复时间。

完 全 备 份	差 异 备 份	增 量 备 份
大量重复数据	少量重复数据	无重复数据
备份时间较长	备份时间较短	备份时间最短
恢复时间最快	恢复时间较快	恢复时间较长

- 举个例子就明白了：
  - 周一晚上进行完全备份。
  - 周二晚上分别进行了差量和增量备份，此时差量和增量备份相同，均备份周二当天发生变化的数据。
  - 周三晚上再次进行差量和增量备份时，增量备份仅备份周三当天发生变化的数据，而差量则要备份周二和周三发生变化的数据。

答案：D

（2010 下）（22） 是目前常用的数字签名算法。

A．RSA　　　　　　　　B．DES　　　　　　　　C．DSA　　　　　　　　D．EDI

- RSA 是最著名的非对称密钥算法（加密和解密使用不同的密钥），既可用于数据加密也可用于数字签名。
- DES 是对称密钥算法（加密和解密使用相同的密钥），对称密钥算法不可用于数字签名。
- DSA（Digital Signature Algorithm，数字签名算法），是一种特殊的非对称密钥算法（两个素数公开），不能用作数据加密，只用作数字签名。
- EDI（Electronic Data Interchange，电子数据交换）是一个电子商务标准，不是数字签名算法。
- RSA 的安全性依赖于大数的素因子分解难题，DSA 则是基于整数有限域离散对数难题，二者的安全性差不多。
- 若论数字签名算法的常用程度，目前 RSA 最常用。

答案：A

（**2010** 下）安全制度是信息安全的重要保障，以下关于信息系统安全管理制度说法不正确的是（64）。

A．安全管理制度需要建设单位、监理、承建单位三方人员共同执行

B．安全管理制度需要由监理单位制定，并报建设单位批准后执行

C．安全管理制度包括出入管理、系统升级、人事管理、应急等相关制度

D．安全管理制度的有效执行是系统安全建设成功实施的关键

- B错，安全管理制度需要由建设单位制定，监理单位可予以协助。
- 通常情况下信息系统实施安全管理的有关制度包括：

（1）计算机信息网络系统出入管理制度；

（2）计算机信息网络系统各工作岗位的工作职责、操作规程；

（3）计算机信息网络系统升级、维护制度；

（4）计算机信息网络系统工作人员人事管理制度；

（5）计算机信息网络系统安全检查制度；

（6）计算机信息网络系统应急制度；

（7）计算机信息网络系统信息资料处理制度；

（8）计算机信息网络系统工作人员安全教育、培训制度；

（9）计算机信息网络系统工作人员循环任职、强制休假制度等。

- 必须意识到制度的执行和执行程度的重要性：
  - 制度本身具备约束、限制的作用，但在执行过程中如何坚决的执行制度，这需要建设单位、监理、承建单位三方人员共同遵照执行，而不只是建设单位制定出来就万事大吉。
  - 执行到什么程度，是否严格地遵照各个条款做到位了，是保证信息系统工程建设过程中，乃至应用过程中安全管理成功实施的关键所在。

答案：B

（**2011** 上）还原速度最快的数据备份策略是（14）。

A．完全备份+差分备份+增量备份　　B．差分备份+增量备份

C．完全备份+增量备份　　　　　　　D．完全备份+差分备份

- 还原速度最快的数据备份策略是完全备份+差分备份。
- 增量备份的数据恢复是比较麻烦的，必须具有上一次全备份和所有增量备份磁带（一旦丢失或损坏其中的一盘磁带，就会造成恢复的失败），并且它们必须沿着从全备份到依次增量备份的时间顺序逐个反推恢复。

完 全 备 份	差 分 备 份	增 量 备 份
大量重复数据	少量重复数据	无重复数据
备份时间较长	备份时间较短	备份时间最短
恢复时间最快	恢复时间较快	恢复时间较长

- 详见 2010 年下半年考试第 21 题的解析，此处不再赘述。

答案：D

（**2011** 上）电子商务发展的核心与关键问题是交易的安全性，目前安全交易中最重要的两个协议是（19）。

A．S-HTTP 和 STT
B．SEPP 和 SMTP
C．SSL 和 SET
D．SEPP 和 SSL

- 电子商务中常用的安全协议有：
- （1）安全套接层协议（SSL）；
- （2）安全电子交易协议（SET）；
- （3）增强的私密电子邮件（PEM）；
- （4）安全多用途网际邮件扩充协议（S/MIME）；
- （5）安全超文本传输协议（S-HTTP）；
- （6）三方域安全协议（3-D Secure）。
- 这其中最常用的就是 SSL 和 SET。
- SSL（Secure Sockets Layer，安全套接层），传输层的安全协议，在浏览器软件和 WWW 服务器之间构造安全的数据传输通道。
- SET（Secure Electronic Transaction，安全电子交易协议），由 Master Card 和 Visa 联合 Netscape，Microsoft 等公司于 1997 年推出。SET 协议是为了解决用户、商家、银行之间基于信用卡支付模式进行网络交易而设计的，它保证了开放网络上使用信用卡进行在线购物的安全，目前已成为公认的信用卡网上交易的国际标准。
- STT（Secure Transaction Technology）和 SEPP（Secure Electronic Payment Protocol）都是过时的协议，现已鲜少使用。
- SMTP 是简单邮件传输协议，不是安全协议。
- 此外，S-HTTP 与 HTTPS 并不是一回事儿。
  - HTTPS（Hypertext Transfer Protocol Secure）是 HTTP 和 SSL 的组合，通俗地说，就是传输层使用 SSL 的 HTTP 和 HTTP over SSL。
  - S-HTTP（Secure Hypertext Transfer Protocol）是 HTTP 的安全增强版，在 RFC 2660 中定义。

　　■　1990 年代中期，HTTPS 与 S-HTTP 均已被开发出来，不过当时占据浏览器市场的 Netscape 和微软公司都强力支持 HTTPS，使得 HTTPS 最终成为 Internet 上安全通信的事实标准。

答案：C

（2011 上）信息系统安全管理体系中，数据安全的目标不包括（64）。

A. 防止数据丢失

B. 防止数据崩溃

C. 防止系统之间数据通信的安全脆弱性威胁

D. 防止数据被非法访问

● 数据安全的目标是：防止数据丢失、崩溃和被非法访问。

● "防止系统之间通信的安全脆弱性威胁"是通信安全的目标。

● 详见《信息系统监理师教程》215 页。

答案：C

（2011 上）监理在协助建设单位制定安全管理制度过程中，应遵循的原则是（65）。

A. 授权最小化　　　　　　　　　　B. 授权集中化

C. 授权隐蔽化　　　　　　　　　　D. 授权个性化

● 在人员安全管理制度建立过程中，监理工程师要建议建设单位遵循有以下原则：

（1）授权最小化。只授予操作人员为完成本职工作所必需的最小授权，包括对数据文件的访问、计算机和外设的使用等。

（2）授权分散化。对于关键的任务必须在功能上进行划分，由多人共同承担，保证没有任何个人具有完成任务的全部授权或信息。

（3）授权规范化。建立申请、建立、发出和关闭用户授权的严格的制度，以及管理和监督用户操作责任的机制。

答案：A

（2011 下）（19）属于保证数据的完整性。

A. 保证传送的数据信息不被第三方监视和窃取

B. 保证数据信息在传输过程中不被篡改

C. 保证电子商务交易各方身份的真实性

D. 保证发送方不能抵赖曾经发送过某数据信息

- 与"传送的数据信息不被第三方监视和窃取"对应的是"传输的安全性",应对办法是:加密技术(各种对称、非对称密钥算法)。
- 与"数据信息在传输过程中不被篡改"对应的是"数据的完整性",应对办法是:数据完整性机制,如 HASH 校验(MD5、SHA 等算法)。
- 与"电子商务交易各方身份的真实性"对应的是"交易各方的身份认证",应对办法是:认证技术,如 PKI/CA 数字证书。
- 与"发送方不能抵赖曾经发送过某数据信息"对应的是"交易的不可抵赖性",应对办法是:数字签名。

答案:B

(**2011 下**)在实现信息安全的目标中,关于信息安全技术和管理之间的关系的说法不正确的是(64)。

A. 产品和技术,要通过管理的组织职能才能发挥最好的作用

B. 技术不高但管理良好的系统远比技术高但管理混乱的系统安全

C. 信息安全技术可以解决所有信息安全问题

D. 实现信息安全是一个管理的过程,而并非仅仅是一个技术的过程

- 显然 C 是错误的,管理是信息系统安全的灵魂。

答案:C

亲爱的同学:当你做到这里,本章的所有考点你都已经见识过了,现在准备毕业吧!

9.2 通关测试

以下 10 题答对 8 题以上的可以通关!

(**2011 下**)(65)属于信息安全管理国际标准。

A. ISO 9000—2000 B. SSE-CMM

C. ISO 17799 D. ISO 15408

(**2011 下**)信息安全风险评估(67)。

A. 只需要实施一次就可以

B. 应该根据变化了的情况定期或不定期地适时进行

C. 不需要形成文件化评估结果报告

D. 仅对网络做定期的扫描就行

（2012 上）在非对称密钥密码体制中，加、解密双方（21）。

A. 各自拥有不同的密钥　　　　　　　B. 密钥可相同也可不同

C. 拥有相同的密钥　　　　　　　　　D. 密钥可随意改变

（2012 上）网络防火墙系统主要由（22）组成。

A. 代理、验证工具和应用网关

B. 服务访问规则、包过滤

C. 代理、包过滤和应用网关

D. 服务访问规则、验证工具、包过滤和应用网关

（2012 上）灾难恢复目标的设置不包括（64）。

A. 关键业务功能及恢复的优先顺序　　B. RTO

C. RPO　　　　　　　　　　　　　　D. 灾备环境

（2012 上）下列关于灾难备份中心的选址原则的叙述，错误的是（65）。

A. 选择和建设灾难备份中心时，应根据风险分析的结果，避免灾难备份中心与主中心同时遭受同类风险

B. 灾难备份中心须设立在外省市，以规避不同影响范围的灾难风险

C. 灾难备份中心应具有数据备份和灾难恢复所需的通信、电力等资源，以及方便灾难恢复人员和设备到达的交通条件

D. 灾难备份中心应根据统筹规划、资源共享、平战结合的原则，合理布局

（2012 下）公钥密码是（11），常用的公钥加密算法有（12），它可以实现加密和数字签名

（11）A. 对称密钥技术，有 1 个密钥

　　　B. 不对称密钥技术，有 2 个密钥

　　　C. 对称密钥技术，有 2 个密钥

　　　D. 不对称密钥技术，有 1 个密钥

（12）A. DES　　　　B. IDES　　　　　C. 三元 DES　　　　　D. RSA

（2012 下）对入侵检测技术描述错误的是（25）。

A. 入侵检测的信息源包括主机信息源、网络信息源

B. 入侵检测的 P2DR 模型是 Policy、Protection、Detection、Response 的缩写

C. 入侵检测系统一般分为四个组件：事件产生器、事件分析器、响应单元、事件数据库

D. 不同厂商的 IDS 系统之间需要通信，通信格式是 IETF

（**2012 下**）以下关于防火墙工作模式的描述、正确的是（26）。

A. 工作于路由模式时，防火墙各网口所接的局域网须是相同的网段

B. 对于透明模式的防火墙，如果将它加入一个已经形成的网络中，可以不用修改其周边网络设备的配置

C. 防火墙工作模式包括路由器、透明模式、混合模式，使用时根据实际情况人工切换

D. 工作于路由器模式的防火墙，不具有 NAT 转换的功能

9.3 通关测试解析

（**2011 下**）（65）属于信息安全管理国际标准。

A. ISO 9000—2000
B. SSE-CMM
C. ISO 17799
D. ISO 15408

* ISO 9000—2000 质量管理体系 基础和术语
* SSE-CMM 系统安全工程能力成熟度模型（Systems Security Engineering Capability Maturity Model）。
* ISO/IEC 17799 信息安全管理实施规则（Code of Practice for Information Security Management）。
* ISO/IEC 15408 信息技术 安全技术 信息技术安全性评估准则。

答案：C

（**2011 下**）信息安全风险评估（67）。

A. 只需要实施一次就可以

B. 应该根据变化了的情况定期或不定期地适时进行

C. 不需要形成文件化评估结果报告

D. 仅对网络做定期的扫描就行

* 信息安全风险评估应该根据变化了的情况定期或不定期地适时进行。
* 不只是信息安全风险，项目前期识别的各种风险都应该在项目进展过程中及时进行风险再评估（Risk Reassessment）。

答案：B

（2012 上） 在非对称密钥密码体制中，加、解密双方（21）。

A．各自拥有不同的密钥 B．密钥可相同也可不同

C．拥有相同的密钥 D．密钥可随意改变

- 在非对称密钥算法里，密钥是成对出现的，发送者和接收者各有一对密钥，其中的一个向外界公开，称为公钥（Public key）；另一个自己保留，称为私钥（Private Key）

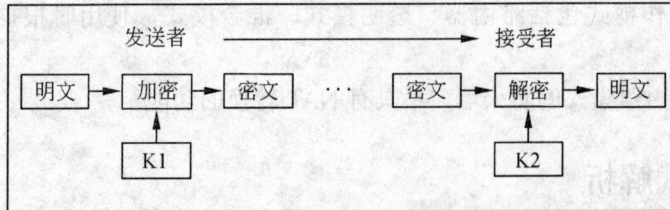

- 上图中，K1 是接收者的公钥，K2 是接收者的私钥。即使密文在传输过程中被黑客截获，由于它没有接收者的私钥，也没法破译成明文。
- 举一反三：如果某名人要在互联网上发表一封公开信或公开声明，该怎么加密呢？
- 应该用"该名人的私钥"加密，然后社会公众用"该名人的公钥"进行解密。这份公开声明是不可伪造的，同时也是不可抵赖的，因为别人没有"该名人的私钥"。
- 提醒：非对称密钥算法其实并不区分加密密钥和解密密钥，每个密钥都可以用来加密和解密。
- B 错，非对称密钥体制中，每个密钥对均不相同（不只是加密密钥和解密密钥不同，而是每个人的密钥对都与别人的密钥对不同）。
- D 错，密钥不能随意改变，密钥由 CA 安全认证中心发放和管理。
- CA（Certificate Authorities）安全认证中心是发放、管理、废除数字证书的机构，并作为受信任的第三方（Trusted Third Party），承担 PKI 体系中公钥合法性检验的责任。
- 在数据安全和电子商务中，CA 非常重要，因为它们确保信息交换各方的身份。比如，社会公众如何得到"该名人的公钥"呢？回答：可从 CA 安全认证中心获得

答案：A

（2012 上） 网络防火墙系统主要由（22）组成。

A．代理、验证工具和应用网关

B．服务访问规则、包过滤

C．代理、包过滤和应用网关

D．服务访问规则、验证工具、包过滤和应用网关

- 防火墙（Firewall）是一种计算机硬件和软件的结合，主要由服务访问规则、验证

工具、包过滤和应用网关 4 个部分组成。防火墙位于内部网和外部网之间，流入流出内部网的所有信息和数据均要经过防火墙。

答案：D

（**2012 上**）灾难恢复目标的设置不包括（64）。

A．关键业务功能及恢复的优先顺序　　　　B．RTO

C．RPO　　　　　　　　　　　　　　　　D．灾备环境

- 根据国务院信息办《重要信息系统灾难恢复指南》。

5.3 确定灾难恢复目标

根据风险分析和业务影响分析的结果，确定灾难恢复目标，包括：

（1）关键业务功能及恢复的优先顺序；

（2）灾难恢复时间范围，即 RTO 和 RPO 的范围。

- 恢复时间目标（Recovery Time Objective, RTO）是灾难发生后，信息系统或业务功能从停顿到必须恢复的时间要求。

- 恢复点目标（Recovery Point Objective，RPO）是灾难发生后，系统和数据必须恢复到的时间点要求。

答案：D

（**2012 上**）下列关于灾难备份中心的选址原则的叙述，错误的是（65）。

A．选择和建设灾难备份中心时，应根据风险分析的结果，避免灾难备份中心与主中心同时遭受同类风险

B．灾难备份中心须设立在外省市，以规避不同影响范围的灾难风险

C．灾难备份中心应具有数据备份和灾难恢复所需的通信、电力等资源，以及方便灾难恢复人员和设备到达的交通条件

D．灾难备份中心应根据统筹规划、资源共享、平战结合的原则，合理布局

- 根据国务院信息办《重要信息系统灾难恢复指南》。

6.3.2 备用基础设施

单位应根据灾难恢复目标，按照成本风险平衡原则，确定对备用基础设施的要求，包括：

（1）与生产系统所在的数据处理中心（以下简称"生产中心"）的距离要求；

（2）场地和环境（如面积、温度、湿度、防火、电力和工作时间等）要求；

（3）运行和管理要求。

7.1 灾难备份中心的选择和建设

7.1.1 选址原则：

选择或建设灾难备份中心时，应根据风险分析的结果，避免灾难备份中心与生产中心同时遭受同类风险。

灾难备份中心还应具有方便灾难恢复人员或设备到达的交通条件，以及数据备份和灾难恢复所需的通信、电力等资源。

7.1.2 基础设施的要求：

新建或选用灾难备份中心的基础设施时：

（1）计算机机房应符合 GB/T2887—2000 的要求；

（2）工作辅助设施和生活设施应符合灾难恢复目标的要求。

- B 错，灾难备份中心并不一定要设在外省市，单位应根据灾难恢复目标，按照成本风险平衡原则，确定灾备中心与生产中心的距离要求。

- 现有的数据中心和灾备中心规划多采用"两地三中心"方案。同城灾备中心往往具有高等级、快速响应和高效率持续运行的特点，并对大部分的一般灾难事件确保在规定时间内有效恢复；而异地灾备中心能够防止在大规模灾难发生时，确保数据不被破坏和灭失，并确保业务应用系统具备一定的持续运作能力，从而消减同城灾备中心在系统恢复中的剩余风险。

答案：B

（**2012** 下）公钥密码是（11），常用的公钥加密算法有（12），它可以实现加密和数字签名。

（11）A. 对称密钥技术，有 1 个密钥

B. 不对称密钥技术，有 2 个密钥

C. 对称密钥技术，有 2 个密钥

D. 不对称密钥技术，有 1 个密钥

（12）A. DES   B. IDES   C. 三元 DES   D. RSA

- 公开密钥算法即非对称密钥算法，密钥是成对出现的，其中的一个向外界公开，称为公钥（Public key）；另一个自己保留，称为私钥（Private Key）。所谓公开密钥，是指公钥是公开的。

- RSA 是最著名的非对称密钥算法（加密和解密使用不同的密钥），既可用于数据加密，也可用于数字签名。

- DES、IDEA、3DES 都是对称密钥算法，不能用于数字签名。

- DES（Data Encryption Standard，数据加密标准）由 IBM 公司研制，美国国家标准局于 1977 年把它作为非机要部门使用的数据加密标准，是使用最广泛的密钥算法。

- DES 以 64 位分组对数据加密，它的密钥长度是 56 位（每个第 8 位都用作奇偶校

验），密钥长度在当时看足够了，但计算机技术的发展速度是超乎想象的，DES 的加密强度已日渐不堪暴力破解，因此 3DES 和 IDEA 应运而生。

- 3DES 在 DES 的基础上，使用两个 56 位的密钥 K1 和 K2，发送方用 K1 加密，K2 解密，再用 K1 加密。接受方用 K1 解密，K2 加密，再用 K1 解密，加密效果相当于 DES 的密钥长度的 2 倍，即密钥长度相当于 K1+K2=112 位。
- 和 3DES 一样，IDEA（International Data Encryption Algorithm）也是为了解决 DES 密钥长度太短的问题而发明的，它的密钥长度为 128 位。
- 举一反三：RSA 的密钥长度则可达 1024 位，但计算速度要比 DES 慢 100 倍以上。

答案：（11）B、（12）D

（2012 下） 对入侵检测技术描述错误的是（25）。

A. 入侵检测的信息源包括主机信息源、网络信息源
B. 入侵检测的 P2DR 模型是 Policy、Protection、Detection、Response 的缩写
C. 入侵检测系统一般分为四个组建：事件产生器、事件分析器、响应单元、事件数据库
D. 不同厂商的 IDS 系统之间需要通讯，通信格式是 IETF

- IETF（Internet Engineering Task Force，互联网工程任务组），成立于 1985 年底，是全球互联网最具权威的技术标准化组织，主要任务是负责互联网相关技术规范的研发和制定，当前绝大多数国际互联网技术标准出自 IETF。
- IDS 系统组件之间需要通信，不同的厂商的 IDS 系统之间也需要通信。因此，定义统一的协议，使各部分能够根据协议所制订的标准进行沟通是很有必要的。
- IETF 目前有一个专门的工作组（Working Group）负责定义这种用于 IDS 各部分之间甚至不同 IDS 系统之间通信的协议，称作 Intrusion Detection Exchange Format（入侵检测信息交换格式）。

答案：D

（2012 下） 以下关于防火墙工作模式的描述、正确的是（26）。

A. 工作于路由模式时，防火墙各网口所接的局域网须是相同的网段
B. 对于透明模式的防火墙，如果将它加入一个已经形成的网络中，可以不用修改其周边网络设备的配置
C. 防火墙工作模式包括路由器、透明模式、混合模式，使用时根据实际情况人工切换
D. 工作于路由器模式的防火墙，不具有 NAT 转换的功能

- 传统的路由模式防火墙有两个局限：
  - 工作于路由模式时，防火墙各网口所接的局域网必须是不同的网段，如果其中所接的局域网位于同一网段时，那么它们之间的通信将无法进行。
  - 如果用户试图在一个已经形成了的网络里添加防火墙，而此防火墙又只能工作于路由方式，则与防火墙所接的主机（或路由器）的网关都要指向防火墙。如果用户的网络非常复杂时，设置时就会很麻烦。
- 由于工作于路由模式的防火墙在使用时的这些特性，人们常常把它称为"不透明"的防火墙。
- 与此相对应，新兴的"透明模式防火墙"可以接在 IP 地址属于同一子网的两个物理子网之间，如果将它加入一个已经形成了的网络中，可以不用修改周边网络设备的设置。
- 透明模式（Transparent）防火墙采用无 IP 方式运行，不需要对其设置 IP 地址，用户也不需要重新设定和修改路由，防火墙就可以直接安装和放置到网络中使用。
- 透明模式防火墙就好像是一台交换机（非透明的防火墙好像一台路由器），网络设备（包括主机、路由器、工作站等）和所有计算机的设置（包括 IP 地址和网关）无须改变，同时解析所有通过它的数据包，既增加了网络的安全性，又降低了用户管理的复杂程度。
- A 错，路由模式防火墙各网口所接的局域网必须是不同的网段。
- C 错，没有所谓的"混合模式"。
- D 错，NAT 转换是路由模式防火墙的基本功能。NAT（Network Address Translation，网络地址转换）是将 IP 数据包头中的 IP 地址转换为另一个 IP 地址的过程。

答案：B

　　想知道你考试能得多少分么？本书提供了两种估算方法：1. 将每章通关测试得分乘以该章的权重（前言中附有题量统计），累加即可；2. 进行下篇的真题模拟考试。两种方法互为校验，信度极高！

第10章 信息管理

本章对应《信息系统监理师教程》之第12章信息管理的考试内容，平均到每次考试，上午题量为2分，下午题量为1.4分。

10.1 历年试题解析

（2005 上）在信息系统工程建设中，能及时、准确、完善地掌握与信息系统工程有关的大量信息，处理和管理好各类工程建设信息，是信息系统工程项目信息管理的重要工作内容，下列（57）不符合监理文档管理的要求。

A. 文档的格式应该统一，最好能够结合监理单位自身的 MIS 系统和监理工程项目管理软件来统一定义文档格式，便于进行管理

B. 为了方便各承建单位对所有文档的随时查阅，文档管理人员要对文档实行查阅登记制度

C. 所有资料必须分期、分区、分类管理，时刻保证资料与实际情况的统一

D. 文档的存档时限应该由监理单位根据国家档案管理相关的要求进行规定

- 对文档进行有效管理，是建设单位的要求。
- 高效的文档管理，也是监理单位自身的需要。
- 监理文档管理没有"方便各承建单位对所有文档的随时查阅"这样的目的。

答案：B

（2007 上）监理工程师在施工现场发出的口头指令及要求，应采用（46）予以确认。

A. 监理联系单   B. 监理变更单

C. 监理通知单   D. 监理回复单

- 《监理通知单》通常针对承建单位，属下行文，是项目监理机构通知承包单位应执行的、除工程暂停以外的其他有关事项的用表，比较严肃，语气强硬，主要是向施工单位下达的指令，需要回复并且要保存在归档资料里；
- 《监理工作联系单》可以发给建设单位，也可以发给施工单位，属于平行文，是项目监理机构就工程有关事项与工程参建各方进行联络和沟通的用表，语气相对平

缓，针对一般问题，不需回复，起到告知作用，也是为监理免责的一项工作。

- 一般问题或者要提醒施工单位注意的事项可以下联系单；安全、质量类问题或者情况严重的时候下监理通知单，施工单位需要整改并回复。

- 监理回复（批复）类文件是指监理单位在收到承建单位或者建设单位的工程文档时，由监理单位负责回复或批复意见的文件。监理的主要回复文件可分为：总体监理意见、系统集成监理意见、软件开发监理意见、培训监理意见、专题监理意见、其他监理意见、提交资料回复单等。

- B 是干扰项，没有监理变更单这个说法。

答案：A

（2007 上） 在信息化工程监理工作的文档管理中，属于监理实施类文档的有（47）。

①项目进度计划　　　　②监理月报　　　　　　③专题监理报告
④项目变更记录　　　　⑤监理实施细则　　　　⑥监理规划

A．①②③⑤　　　　B．②③④　　　　C．①②③④　　　　D．②③④⑥

- 总控类文档是指承建合同、总体方案、项目组织实施方案、技术方案、项目进度计划、质量保证计划、资金分解计划、采购计划、监理规划及实施细则等文档。其他文档逻辑上都是从总控文档派生出来的或者说是该文档的上层文档。

- 监理实施类文档（工程作业记录）主要包括项目变更文档、进度监理文档、质量监理文档、监理日报、监理月报、专题监理报告、验收报告、总结报告等。

- 监理回复类文件是指监理单位在收到承建单位或者建设单位的工程文档时，由监理单位负责回复或批复意见的文件。具体可分为总体监理意见、系统集成监理意见、软件开发监理意见、培训监理意见、专题监理意见、其他监理意见、提交资料回复单等。

- 监理内部文件是指监理单位为开展工作在监理单位内部发行的各种文件。主要包括内部决议、内部控制文档、监理日志等。

答案：B

（2007 上） 建设工程监理表格体系中，属于承建单位用表的有（54）。

A．工程暂停令

B．工程临时延期审批表

C．合同阶段性款项支付申请表

D．工程合同评审表

- A、B、D 均为监理单位用表，C 为承建单位用表。

答案：C

（2007 下） 监理机构为执行监理任务所需的工程资料，应由（62）。

A. 监理单位自费收集　　　　　　　　B. 向委托人付费索取

C. 向设计单位付费索取　　　　　　　D. 委托人免费提供

- 建设单位（委托人）应为监理机构开展工作提供各种必要的条件。
- 监理机构为执行监理任务所需的工程资料，应由建设单位免费提供。

答案：D

（2008 上） 关于 ①工程概况 ②监理工作统计 ③工程测试报告 ④建设单位工作情况 的组合，工程监理总结报告应该包括的重点是（39）。

A. ①②③④　　　　B. ②③④　　　　C. ②④　　　　D. ①②

- 工程监理总结报告应重点包含以下几个方面的内容：

（1）工程概况，工程的整体情况，包括相应的承包单位、开发背景等情况。

（2）监理工作统计，统计所有的监理情况，包括监理会议、监理实施等情况。

（3）工程质量综述，综合分析质量控制情况，包括测试结论、质量事故、模块修改过程等。

（4）工程进度综述，综合分析工程进度情况，包含完成情况及分析、实际进度与计划进度的比较、纠偏实施情况、工程变更等。

（5）管理协调综述，综合分析合同管理、综合协调情况，包含有无新签分包合同、合同履行情况、合同纠纷、双方工作关系情况等。

（6）监理总评价，对整体的工程质量、进度、协调的各方面情况进行综合性评价，并提出存在的问题和建议。

答案：D

（2008 下） 文档的编制在网络项目开发工作中占有突出的地位。下列有关网络工程文档的叙述中，不正确的是（25）。

A. 网络工程文档不能作为检查项目设计进度和设计质量的依据

B. 网络工程文档是设计人员在一定阶段的工作成果和结束标识

C. 网络工程文档的编制有助于提高设计效率

D. 按照规范要求生成一套文档的过程，就是按照网络分析与设计规范完成网络项目分析与设计的过程

- A 错，工程文档是检查项目设计进度和设计质量的重要依据。

答案：A

（**2008 下**）工程监理总结报告应该重点包括（41）方面的内容。

①工程概况　　　　②监理工作统计　　　　③工程测试报告　　　　④承建单位工作情况

A. ①②③④　　　　B. ②③④　　　　C. ②④　　　　D. ①②

- 2008 年上半年考试第 39 题的原题重现。

答案：D

（**2010 上**）按照《国家电子政务工程建设项目档案管理暂行方法》的要求，电子政务项目实施机构应在项目竣工验收后（66）内，向建设单位或本机构档案管理部门移交档案。

A. 1 个月　　　　B. 2 个月　　　　C. 3 个月　　　　D. 6 个月

- 《国家电子政务工程建设项目档案管理暂行方法》第十九条　电子政务项目实施机构应在电子政务项目竣工验收后 3 个月内，根据建设单位档案管理规定，向建设单位或本机构的档案管理部门移交档案。需经常利用的档案，可在办理移交手续后借出。

答案：C

（**2010 上**）从监理的角度来分类，以下不属于监理总控类文档的是（68）。

A. 监理合同　　　　　　　　B. 监理工作总结

C. 监理实施细则　　　　　　D. 监理规划

- A、C、D 都是监理总控类文档，B 是监理实施类文档。

答案：B

（**2010 下**）按照《国家电子政务工程建设项目档案管理暂行办法》的要求，（66）保存期限为永久。

A. 监理工作总结　　　　　　B. 监理大纲

C. 监理照片　　　　　　　　D. 监理支付证书

- 根据《国家电子政务工程建设项目档案管理暂行办法》和《国家重大建设项目文件归档要求与档案整理规范》，工程监理总结保存期限为永久，监理大纲、监理规划、监理照片、监理支付证书等的保存期限为 30 年。

序　号	归 档 文 件	保 管 期 限
5	监理文件	
5.1	监理大纲、监理规划、细则及批复	30 年
5.2	资质审核、设备材料报审、复检记录	30 年
5.3	需求变更确认	30 年
5.4	开（停、复、返）工令	10 年
5.5	施工组织设计、方案审核记录	30 年
5.6	工程进度、延长工期、人员变更审核	10 年
5.7	监理通知、监理建议、工作联系单、问题处理报告、协调会纪要、备忘录	10 年
5.8	监理周（月）报、阶段性报告、专题报告	10 年
5.9	测试方案、试运行方案审核	10 年
5.10	造价变更审查、支付审批、索赔处理文件	30 年
5.11	验收、交接文件、支付证书、结算审核文件	30 年
5.12	监理工作总结报告	永久
5.13	监理照片、音像	30 年

答案：A

（**2010 下**）某信息系统工程由于承建单位原因，导致实施进度严重超期，监理单位准备就此问题召集业主单位、承建单位召开专题会议协商解决，此时给承建单位发出（67）合适的。

A．监理通知单　　　　　　　　　B．专题监理报告

C．监理工作联系单　　　　　　　D．停工令

- 《监理通知单》通常针对承建单位，属下行文，是项目监理机构通知承包单位应执行的、除工程暂停以外的其他有关事项的用表，比较严肃，语气强硬，主要是向施工单位下达的指令，需要回复并且要保存在归档资料里。
- 《监理工作联系单》可以发给建设单位，也可以发给施工单位，属于平行文，是项目监理机构就工程有关事项与工程参建各方进行联络和沟通的用表，语气相对平缓，针对一般问题，不需回复，起到告知作用，也是为监理免责的一项工作。
- 一般问题或者要提醒施工单位注意的事项可以下联系单；安全、质量类问题或者情况严重的时候下监理通知单，施工单位需要整改并回复。
- 《专题监理报告》通常针对的是建设单位，是由监理单位对某些问题提出的建议或者汇报，以便建设单位引起重视或者进行决策。
- 《停工令》一般用在承建单位出现重大事故或者项目出现重大风险，不得不暂停实施的情况。

- 根据题干描述，监理准备召集双方协商解决进度超期问题，此时，最合适的文件是《监理工作联系单》。

答案：C

（**2010 下**）文档是检查各方工作绩效及展现项目进展的历史性资料，以下关于监理文档管理的作用说法不准确的是（68）。

A. 便于培养监理人员

B. 可以对监理人员的工作情况进行考核

C. 可以作为总结监理工作经验的素材

D. 可以随时提供给承建单位，作为回顾历史工作状态的证据

- D 不是监理文档管理的作用和目的，监理文档管理主要是为建设单位和监理单位自身服务的。

答案：D

（**2011 上**）按照《电子文件归档与管理规范 GB/T 18894—2002》的要求，进行电子文件管理时，电子文件稿本代码 F 代表（34），电子文件类别代码 O 代表（35）。

（34）A. 草稿性电子文件　　　　　　　B. 非正式电子文件

　　　 C. 正式电子文件　　　　　　　　D. 原始电子文件

（35）A. 文本文件　　　B. 图形文件　　　C. 影像文件　　　D. 超媒体链接文件

- 根据《电子文件归档与管理规范 GB/T 18894—2002》
  - 电子文件稿本代码：
    - M——草稿性电子文件；
    - U——非正式电子文件；
    - F——正式电子文件。
  - 电子文件类别代码：
    - T——文本文件；
    - I——图像文件；
    - G——图形文件；
    - V——影像文件；
    - A——声音文件；
    - O——超媒体链接文件；
    - P——程序文件；

◆　D——数据文件。

答案：（34）C、（35）D

（2011 上）按照工程建设信息的用途划分，工程结算签证属于（66）。

A．辨识信息　　　　　　　　　B．工程验收阶段信息

C．文字信息　　　　　　　　　D．投资控制信息

- 按工程建设信息的用途划分，信息系统工程建设信息可以划分为投资控制信息、进度控制信息、质量控制信息、合同管理信息、组织协调信息及其他用途的信息等。

- 投资控制信息包括：

（1）费用规划信息，如投资计划、投资估算、工程预算等；

（2）实际费用信息，如各类费用支出凭证、工程变更情况、工程结算签证，以及物价指数、人工、软件环境、硬件设备等市场价格等；

（3）投资控制的分析比较信息，如费用的历史经验数据、现行数据、预测数据及经济与财务分析的评价数据等。

答案：D

（2011 上）工程监理验收报告主体内容应包括（67）。

A．工程建设情况总结　　　　　B．工程验收测试结论与分析

C．工程监理执行情况总结　　　D．工程建设过程及成果

- 工程监理验收报告是信息工程项目验收阶段产生的主要监理文件，工程监理验收报告的主体是验收测试结论与分析，工程监理验收报告必须包含以下几个要素。

（1）工程竣工准备工作综述，评估集成商准备的技术资料、文档、基础数据等是否准确、齐全，其他竣工准备工作是否完备。

（2）验收测试方案与规范，组织三方确定验收测试方案、测试案例、测试工具的使用等。

（3）测试结果与分析，依照验收测试方案实施测试得到的测试结果描述，包括业务测试和性能测试；对原始测试结果必要的技术分析，包括各种分析图表、文字说明等。

（4）验收测试结论，根据测试结果分析对各项指标是否达到工程设计要求做综合性说明，对工程中存在或可能存在的问题进行分析和归纳，以及确定需要返工修改的部分；对返工修改部分回归测试的情况。

答案：B

（2011 上）根据《国家电子政务工程项目档案管理暂行办法》，下列文档中，（68）不

必列入电子政务验收文档范围。

    A．中标通知书   B．未中标的投标文件

    C．工程批复   D．承建单位内部管理文件

- 根据《国家电子政务工程建设项目档案管理暂行办法》，A、B、C 均在电子政务验收文档范围之内。

序　　号	归 档 文 件	保 管 期 限
1	立项阶段文件	
1.1	项目建议书阶段	
1.1.1	项目建议书及批复文件	永久
1.2	可行性研究报告阶段	
1.2.1	可行性研究报告及批复文件	永久
1.2.2	项目调整申请及批复	30 年
1.3	初步设计阶段	
1.3.1	初步设计方案和投资概算报告及批复	永久
1.3.2	项目调整申请及批复	永久
2	项目管理文件	
2.2	招投标文件	
2.2.1	招标文件、委托招标文件	30 年
2.2.2	评标文件、评分标准及打分表、评标报告、中标通知	10 年
2.2.3	中标的投标文件（正本）	永久
2.2.4	未中标的投标文件	终验后 2 年
2.2.5	政府采购文件	10 年

    答案：D

    （2011 下） 按照国家档案局和国家发展和改革委员会联合发布的《国家电子政务工程建设项目档案管理暂行办法》，档案保管期限分为永久、（34）三种；按照《国家重大建设项目文件归档要求与档案整理规范》，电子政务项目档案保管期限的长期是（35）年。

    （34）A．50 年、15 年　　B．40 年、20 年　　C．30 年、10 年　　D．20 年、10 年

    （35）A．50 年　　　　　　B．40 年　　　　　　C．30 年　　　　　　D．20 年

- 《国家电子政务工程建设项目档案管理暂行办法》第十六条　档案保管期限分为永久、30 年、10 年三种。电子政务项目档案保管期限为 30 年的对应《国家重大建设项目文件归档要求与档案整理规范》中的长期，保管期限为 10 年的对应短期。

    答案：（34）C、（35）C

亲爱的同学：当你做到这里，本章的所有考点你都已经见识过了，现在准备毕业吧！

10.2 通关测试

以下 10 题答对 8 题以上的可以通关！

（**2011 下**）电子政务项目文件归档的含义是（58）。

A. 建设、施工、监理、设计等单位将本单位在工程建设过程中形成的文件向本单位档案机构移交

B. 设计、施工、监理等单位将本单位在工程建设过程中形成的文件向电子政务项目实施机构移交

C. 文件形成单位完成其工作后，将形成的文件整理立卷后，按规定移交当地档案管理部门

D. 设计、施工、监理等单位将本单位在工程建设过程中形成的工程文件向建设单位移交，建设单位汇总后向当地档案管理部门移交

（**2011 下**）根据《国家电子政务工程项目档案管理暂行办法》，文档《测试方案、方案评审意见、测试记录、测试报告》的保管期限为（68）。

A. 10 年   B. 20 年   C. 30 年   D. 永久

（**2012 上**）根据《计算机软件文档编制规范》，不属于应用系统开发文档的是（35）。

A. 计算机编程手册   B. 软件用户手册

C. 软件配置管理计划   D. 软件版本说明

（**2012 上**）（67）不属于工程监理验收报告必须包括的内容。

A. 工程竣工准备工作综述   B. 验收测试方案与规范

C. 监理工作流程   D. 验收测试结论

（**2012 上**）监理方在编制工程验收监理报告时，应重点说明（68）。

A. 工程竣工准备工作综述   B. 验收测试方案与规范

C. 验收测试结论与分析   D. 项目监理工作总结

（**2012 上**）以下关于监理资料整理、归档的叙述，不正确的是（69）。

A. 监理资料应在监理工作结束后统一整理归档

B. 监理档案的编制及保存应符合国家法律法规和标准规范的要求

C. 监理资料的管理应由总监理工程师负责，并指定专人具体实施

D. 监理资料应按时整理、真实完整、分类有序

（**2012 下**）根据《国家电子政务工程项目档案管理暂行办法》中的规定，软件开发类文档保存期限不少于 30 年的是（43）。

A. 系统上线保障方案   B. 系统维护手册

C. 设计变更报审   D. 测试报告

（**2012 下**）下列关于监理文档的说法正确的是（64）。

A. 监理应负责建设单位的文档整理工作

B. 监理必须要做好自身的文档管理工作

C. 监理不能将自身的文档借阅给承建单位人员查阅

D. 项目的文档管理员应为总监理工程师

（**2012 下**）软件文档不仅是软件开发各阶段的重要依据，而且影响软件的（68）。

A. 可靠性   B. 可维护性   C. 可扩展性   D. 可移植

（**2012 下**）Supervision will manage the implementation and the configuration of the different types of project documents，not including （72）.

A. compile   B. format   C. version   D. change

10.3　通关测试解析

（**2011 下**）电子政务项目文件归档的含义是（58）。

A. 建设、施工、监理、设计等单位将本单位在工程建设过程中形成的文件向本单位档案机构移交

B. 设计、施工、监理等单位将本单位在工程建设过程中形成的文件向电子政务项目实施机构移交

C. 文件形成单位完成其工作后，将形成的文件整理立卷后，按规定移交当地档案管理部门

D. 设计、施工、监理等单位将本单位在工程建设过程中形成的工程文件向建设单位移交，建设单位汇总后向当地档案管理部门移交

- 《国家电子政务工程建设项目档案管理暂行办法》第三章 档案的移交与管理：
  - 第十八条 各参建单位应按招标文件、合同、协议以及有关规定，及时向电子政务项目实施机构移交电子政务项目档案。电子政务项目实施机构负责对接收

的档案进行审查验收和汇总整理，交接双方应办理档案移交手续。

- 第十九条 电子政务项目实施机构应在电子政务项目竣工验收后 3 个月内，根据建设单位档案管理规定，向建设单位或本机构的档案管理部门移交档案。需经常利用的档案，可在办理移交手续后借出。

- 很多同学看了这条都有疑问，这个项目实施机构是承建单位么？
- 不是，这是建设单位针对本项目设立的临时机构，即甲方的工程指挥部或项目部。

答案：B

（2011 下）根据《国家电子政务工程项目档案管理暂行办法》，文档《测试方案、方案评审意见、测试记录、测试报告》的保管期限为（68）。

A. 10 年　　　　　　　B. 20 年　　　　　　　C. 30 年　　　　　　　D. 永久

- 根据《国家电子政务工程项目档案管理暂行办法》，测试方案、方案评审意见、测试记录、测试报告的保管期限为 10 年。

序 号	归 档 文 件	保 管 期 限
4	实施阶段文件	
4.1	总体实施	
4.1.1	实施计划、方案及批复文件	30 年
4.1.2	意见汇总报告	10 年
4.1.3	系统集成方案、项目配置管理方案、评审报告	30 年
4.1.4	源代码及说明	30 年
4.1.5	设计变更报审、代码修改记录	30 年
4.1.6	网络系统文件	30 年
4.1.7	二次开发支持文件、接口设计说明书、程序员开发手册	30 年
4.1.8	用户使用手册、系统维护手册、软件安装盘	10 年
4.1.9	系统上线保障方案、应急预案、事故及问题处理文件	10 年
4.1.10	测试方案、方案评审意见、测试记录、测试报告	10 年
4.1.11	培训文件、教材讲义	10 年
4.1.12	试运行方案、记录、报告、试运行改进报告	10 年
4.1.13	合同验收文件、开发总结报告、交接清单	30 年
4.1.14	项目例会、协调会纪要、备忘录	10 年
4.1.15	运行管理制度	30 年

答案：A

（2012 上）根据《计算机软件文档编制规范》，不属于应用系统开发文档的是（35）。

A. 计算机编程手册　　　　　　　　　　B. 软件用户手册

C．软件配置管理计划　　　　　　　　D．软件版本说明

- 根据《计算机软件文档编制规范》，在软件的生存周期中，一般地说，应该产生以下一些基本文档：

（1）可行性分析（研究）报告；

（2）软件（或项目）开发计划；

（3）软件需求规格说明；

（4）接口需求规格说明；

（5）系统/子系统设计（结构设计）说明；

（6）软件（结构）设计说明；

（7）接口设计说明；

（8）数据库（顶层）设计说明；

（9）（软件）用户手册；

（10）操作手册；

（11）测试计划；

（12）测试报告；

（13）软件配置管理计划；

（14）软件质量保证计划；

（15）开发进度月报；

（16）项目开发总结报告；

（17）软件产品规格说明；

（18）软件版本说明等。

- 计算机编程手册不是在软件开发过程中产生的文档，不属于软件开发文档。

答案：A

（2012 上）（67）不属于工程监理验收报告必须包括的内容。

A．工程竣工准备工作综述　　　　　　B．验收测试方案与规范

C．监理工作流程　　　　　　　　　　D．验收测试结论

- 工程监理验收报告必须包含以下几个要素。

（1）工程竣工准备工作综述；

（2）验收测试方案与规范；

（3）测试结果与分析；

（4）验收测试结论。

- 监理流程是监理实施细则的内容。

答案：C

（2012 上）监理方在编制工程验收监理报告时，应重点说明（68）。

A. 工程竣工准备工作综述   B. 验收测试方案与规范

C. 验收测试结论与分析   D. 项目监理工作总结

- 工程监理验收报告的主体是验收测试结论与分析。

答案：C

（2012 上）以下关于监理资料整理、归档的叙述，不正确的是（69）。

A. 监理资料应在监理工作结束后统一整理归档

B. 监理档案的编制及保存应符合国家法律法规和标准规范的要求

C. 监理资料的管理应由总监理工程师负责，并指定专人具体实施

D. 监理资料应按时整理、真实完整、分类有序

- A 错，监理资料应在各阶段监理工作结束及时整理归档，而不是在监理工作结束后统一整理归档。

- 监理工程师在归集监理资料时，应注意以下事项：

（1）监理资料应及时整理、真实完整、分类有序；

（2）监理资料的管理应由总监理工程师负责，并指定专人具体实施；

（3）监理资料应在各阶段监理工作结束后及时整理归档；

（4）监理档案的编制及保存应按有关规定执行。

答案：A

（2012 下）根据《国家电子政务工程项目档案管理暂行办法》中的规定，软件开发类文档保存期限不少于 30 年的是（43）。

A. 系统上线保障方案   B. 系统维护手册

C. 设计变更报审   D. 测试报告

- 根据《国家电子政务工程项目档案管理暂行办法》，系统维护手册、设计变更报审、测试报告的保管期限均为 10 年，设计变更报审的保管期限为 30 年。

序 号	归 档 文 件	保 管 期 限
4	实施阶段文件	
4.1	总体实施	

续表

序　号	归　档　文　件	保　管　期　限
4.1.1	实施计划、方案及批复文件	30 年
4.1.2	意见汇总报告	10 年
4.1.3	系统集成方案、项目配置管理方案、评审报告	30 年
4.1.4	源代码及说明	30 年
4.1.5	设计变更报审、代码修改记录	30 年
4.1.6	网络系统文件	30 年
4.1.7	二次开发支持文件、接口设计说明书、程序员开发手册	30 年
4.1.8	用户使用手册、系统维护手册、软件安装盘	10 年
4.1.9	系统上线保障方案、应急预案、事故及问题处理文件	10 年
4.1.10	测试方案、方案评审意见、测试记录、测试报告	10 年
4.1.11	培训文件、教材讲义	10 年
4.1.12	试运行方案、记录、报告、试运行改进报告	10 年
4.1.13	合同验收文件、开发总结报告、交接清单	30 年
4.1.14	项目例会、协调会纪要、备忘录	10 年
4.1.15	运行管理制度	30 年

答案：C

（**2012 下**）下列关于监理文档的说法正确的是（64）。

A．监理应负责建设单位的文档整理工作

B．监理必须要做好自身的文档管理工作

C．监理不能将自身的文档借阅给承建单位人员查阅

D．项目的文档管理员应为总监理工程师

- B 显然是正确的。
- A 错，监理不可能负责建设单位的文档整理，假想一下：某政府单位同时在进行数十个项目，某一个项目的监理能去管这数十个项目的文档以及该政府单位内部的各种政策文件么？
- 有同学问，如果改成"监理应负责建设项目的文档整理工作"是否就对了，仍然不妥，承建单位有自己的文档管理，监理方只负责监理文档管理。
- C 过于绝对，明显不妥。
- D 不妥，项目的文档管理工作应选配思想素质高、责任心强的监理人员进行，负责做好各种档案资料的收集、整理、立卷、保管工作，总监理工程师不可能有精力负责这种细节工作。

答案：B

（**2012** 下）软件文档不仅是软件开发各阶段的重要依据，而且影响软件的（68）。

A．可靠性　　　　　　　B．可维护性　　　　　C．可扩展性　　　　　D．可移植

- 软件的可维护性是指软件能被理解、校正、适应和增加功能的容易程度。
- 编写软件文档可以使软件维护人员更容易理解系统的原始需求、设计思路与代码，从而提高系统的可维护性。
- 比如，需求跟踪矩阵（Requirement Trace Matrix）用于在整个项目生命周期中对需求进行双向跟踪，可以大幅提高系统的可维护性：
  - 从需求到项目目标；
  - 从用户需求到软件需求；
  - 从需求到设计；
  - 从需求到代码；
  - 从需求到测试用例；
  - 从需求到用户界面。
- 采用软件工程方法开发软件叫结构化维护,每个阶段都有相应文档,软件维护容易。
- 采用手工方法开发软件叫做非结构化维护,只有程序没有文档,维护工作困难。

答案：B

（**2012** 下）Supervision will manage the implementation and the configuration of the different types of project documents，not including （72）.

A．compile　　　　　　B．format　　　　　　C．version　　　　　　D．change

- 监理应管理各种项目文档的实施和配置，但不包括文档的（　　）。

A．编译　　　　　　　　B．格式　　　　　　　C．版本　　　　　　　D．变更

答案：A

　　　想知道你考试能得多少分么？本书提供了两种估算方法：1．将每章通关测试得分乘以该章的权重（前言中附有题量统计），累加即可；2．进行下篇的真题模拟考试。两种方法互为校验，信度极高！

第11章 组织协调

本章对应《信息系统监理师教程》之第 13 章信息系统工程建设的组织协调的考试内容，平均到每次考试，上午题量为 0.7 分，下午题量为 0.3 分。

** 由于本章试题较少，故直接进行通关测试。

11.1 通关测试

（2005 上）沟通和协调对于项目的顺利进展和最终成功具有重要意义，召开有效的会议是监理工程师常用的沟通方法，开好监理会有许多要注意的事项，以下只有（51）是不需要考虑的。

A. 会议要有明确的目的和期望的结果

B. 参会人员要充分而且必要，以便缩小会议规模

C. 会议议题要集中，控制和掌握会议的时间

D. 要求建设单位与承建单位的领导必须参加

（2005 上）信息系统工程建设的组织协调非常重要，是重要的监理措施，关于组织协调的描述，错误的是（54）。

A. 组织协调包括多方的协调，包括与承建单位以及建设单位的协调等

B. 组织协调也包括监理单位内部之间的协调

C. 组织协调一般通过项目监理例会、监理专题会议以及阶段性监理会议三种主要协调方法进行

D. 组织协调要坚持科学的原则

（2005 下）信息系统工程建设的沟通、协调非常重要，是重要的监理措施。下面关于沟通协调原则的描述，错误的是（54）。

A. 为了避免不必要的误会，要把相关信息控制在各方项目组内部

B. 各方始终把项目成功作为共同努力实现的目标

C. 在直接关系到项目进展和成败的关键点上取得一致意见

D．协调的结果一定是各方形成合力

（2006 上）某大型电子政务工程项目，涉及的相关方包括业主方、咨询公司、招标公司；总承建方、分承建方、系统测试方等。对照①～④的描述，监理方所承担的职责是（44）；在项目实施过程中，监理工作中最常用的协调方法是（45）。

① 协助编制招标文件

② 对工程质量、工程投资和工程进度进行监督和协调

③ 存在分包时，对分包进行全方位管理和协调，确保工程质量和工程进度

④ 协助业主方协调处理施工中出现的问题

（44）A．②、④　　　　B．②、③、④　　C．①、②、④　　D．①、③

（45）A．会议协调法　　B．交谈协调法　　C．书面协调法　　D．访问协调

（2010 上）以下不属于沟通协调一般原则的是（69）。

A．公平、公正、独立原则　　　　　　　B．守法原则

C．对等原则　　　　　　　　　　　　　D．诚信原则

（2010 上）项目协调的监理方法主要包括（70）。

① 监理会议　　② 监理报告　　③ 沟通　　④ 评审

A．①②　　　　　　B．①②④　　　　　C．①②③　　　　D．①②③④

（2010 下）某信息系统项目进入验收阶段，建设单位召集监理和承建单位召开验收准备工作专题讨论会，会后应由（70）编制会议纪要。

A．监理单位负责　　　　　　　　　　　B．承建单位负责

C．建设单位负责　　　　　　　　　　　D．三方共同

（2011 上）在监理组织协调过程中，以下行为，（69）不能够较好体现公平、公正、独立的原则。

A．监理单位不能同时既做信息系统工程的监理，又做系统集成业务

B．处理监理业务一定要有可靠的依据和凭证

C．遵守建设方的有关行政管理、经济管理、技术管理等规章制度及要求

D．处理实际监理事务中，要有大局观，要全面地分析和思考

（2012 上）以下关于组织协调的表述，正确的有（37）。

① 承建单位内部协调的主体是其负责人

② 建设单位和承建单位之间协调的主体是监理机构

③ 承建单位和分包单位间的协调由建设单位负责

④ 监理机构主要的协调任务是解决信息化工程各参与方之间的冲突

⑤ 监理单位负责人处于组织协调工作的中心地位

A. ①②③④⑤   B. ①②④   C. ①③④   D. ①④⑤

11.2　通关测试解析

（**2005 上**）沟通和协调对于项目的顺利进展和最终成功具有重要意义，召开有效的会议是监理工程师常用的沟通方法，开好监理会有许多要注意的事项，以下只有（51）是不需要考虑的。

A. 会议要有明确的目的和期望的结果

B. 参会人员要充分而且必要，以便缩小会议规模

C. 会议议题要集中，控制和掌握会议的时间

D. 要求建设单位与承建单位的领导必须参加

- D 错，"建设单位与承建单位的领导必须参加"的说法是不妥的，重要会议上领导的与会可以加快决策效率并促进会议的结果得到落实，普通的会议若领导参加反而使参会人员不能畅所欲言、无法讨论细节问题，同时也浪费领导的宝贵时间。

答案：D

（**2005 上**）信息系统工程建设的组织协调非常重要，是重要的监理措施，关于组织协调的描述，错误的是（54）。

A. 组织协调包括多方的协调，包括与承建单位以及建设单位的协调等

B. 组织协调也包括监理单位内部之间的协调

C. 组织协调一般通过项目监理例会、监理专题会议以及阶段性监理会议三种主要协调方法进行

D. 组织协调要坚持科学的原则

- C 错，组织协调一般通过监理会议、监理报告和沟通三种主要协调方法进行。
- 项目监理例会、监理专题会议以及阶段性监理会议是三种主要的监理会议形式。

答案：C

（**2005 下**）信息系统工程建设的沟通、协调非常重要，是重要的监理措施。下面关于沟通协调原则的描述，错误的是（54）。

A. 为了避免不必要的误会，要把相关信息控制在各方项目组内部

B．各方始终把项目成功作为共同努力实现的目标

C．在直接关系到项目进展和成败的关键点上取得一致意见

D．协调的结果一定是各方形成合力

- A 错，不能"把相关信息控制在各方项目组内部"，应该及时将信息向相关各方公布，以协调各方的力量，形成合力，成功完成项目。
- 沟通与协调的原则是：

（1）目标共同——各方始终把项目的成功作为共同努力实现的目标；

（2）信息共享——把相关信息及时地通知每一个相关的人员；

（3）要点共识——在直接关系到项目进展和成败的关键点上取得一致意见；

（4）携手共进——协调的目标结果一定是各方形成合力，解决存在的问题，推动项目前进。

答案：A

（2006 上）某大型电子政务工程项目，涉及的相关方包括业主方、咨询公司、招标公司；总承建方、分承建方、系统测试方等。对照①～④的描述，监理方所承担的职责是（44）；在项目实施过程中，监理工作中最常用的协调方法是（45）。

① 协助编制招标文件

② 对工程质量、工程投资和工程进度进行监督和协调

③ 存在分包时，对分包进行全方位管理和协调，确保工程质量和工程进度

④ 协助业主方协调处理施工中出现的问题

（44）A．②、④　　　　　B．②、③、④　　　C．①、②、④　　　D．①、③

（45）A．会议协调法　　　B．交谈协调法　　　C．书面协调法　　　D．访问协调

- 对分包的管理和协调是总包的工作。
- 监理工作中最常用的协调方法是会议协调法。

答案：（44）C、（45）A

（2010 上）以下不属于沟通协调一般原则的是（69）。

A．公平、公正、独立原则　　　　　　　　B．守法原则

C．对等原则　　　　　　　　　　　　　　D．诚信原则

- 组织协调的基本原则：

（1）公平、公正、独立原则；

（2）守法原则；

（3）诚信原则；

（4）科学的原则。

答案：C

（2010 上）项目协调的监理方法主要包括（70）。

① 监理会议　　　　② 监理报告　　　　③ 沟通　　　　④ 评审

A. ①②　　　　B. ①②④　　　　C. ①②③　　　　D. ①②③④

- 项目协调的监理方法主要包括监理会议、监理报告和沟通。

答案：C

（2010 下）某信息系统项目进入验收阶段，建设单位召集监理和承建单位召开验收准备工作专题讨论会，会后应由（70）编制会议纪要。

A. 监理单位负责　　　　　　　　　B. 承建单位负责

C. 建设单位负责　　　　　　　　　D. 三方共同

- 建设单位召集的专题讨论会应由建设单位编制会议纪要。

答案：C

（2011 上）在监理组织协调过程中，以下行为，（69）不能够较好体现公平、公正、独立的原则。

A. 监理单位不能同时既做信息系统工程的监理，又做系统集成业务

B. 处理监理业务一定要有可靠的依据和凭证

C. 遵守建设方的有关行政管理、经济管理、技术管理等规章制度及要求

D. 处理实际监理事务中，要有大局观，要全面地分析和思考

- 公平、公正、独立原则体现在：

（1）监理单位应是独立的第三方，不能同时既做信息系统工程的监理，又做系统集成业务。否则，在做监理工作时，可以很方便地获得其他承建单位的关键技术或思路，若在其他的项目集成中得到应用，显然是不公平的，甚至可能是违法的；如果是做系统集成未果，转而做监理，用自己的集成思路和技术水平要求承建单位做这做那，显然不合理，更也是不公平的。

（2）监理单位在处理事务时，敢于坚持正确观点，实事求是，不唯上级领导和建设单位的意见是从。同时也要坚持对问题的分析，敢于亮明观点，对承建单位的不合理或不科学的要求，坚决提出改进意见。

（3）监理单位在处理实际监理事务中，要有次局观，要全面地分析和思考，保持对问题的综合分析能力，不要被表面现象或局部问题所干扰。

答案：C

（**2012 上**）以下关于组织协调的表述，正确的有（37）。

① 承建单位内部协调的主体是其负责人

② 建设单位和承建单位之间协调的主体是监理机构

③ 承建单位和分包单位间的协调由建设单位负责

④ 监理机构主要的协调任务是解决信息化工程各参与方之间的冲突

⑤ 监理单位负责人处于组织协调工作的中心地位

A．①②③④⑤　　　　　　B．①②④　　　　　　C．①③④　　　　　　D．①④⑤

- ③错，承建单位和分包单位间的协调由承建单位负责。
- ⑤错，"监理单位负责人处于组织协调工作的中心地位"这种说法不妥，监理是一种专业服务，断不可自居老大、发号施令做裁判员。

答案：B

　　想知道你考试能得多少分么？本书提供了两种估算方法：1. 将每章通关测试得分乘以该章的权重（前言中附有题量统计），累加即可；2. 进行下篇的真题模拟考试。两种方法互为校验，信度极高！

第 12 章 计算机基础

本章对应计算机基础知识方面的考试内容，平均到每次考试，上午题量为 6.2 分，下午题量为 0 分。

** 《信息系统监理师教程》中并没有计算机基础知识方面的章节。

12.1 历年试题解析

（**2005 上**）在计算机中，最适合进行数字加减运算的数字编码是（1）。如果主存容量为 16M 字节，且按字节编址，表示该主存地址至少应需要（2）位。

（1）A. 原码   B. 反码   C. 补码   D. 移码

（2）A. 16   B. 20   C. 24   D. 32

- 为了运算速度更快，计算机只能采用二进制。同样为了运算速度更快，CPU 中只设置加法器，需要将减法转化为加法，所以补码就应运而生。
- 补码可以：
- （1）使减法运算转换为加法运算，进一步简化计算机中运算器的线路设计。
- （2）使符号位能与有效值部分一起参加运算，从而简化运算规则。
- 补码的定义：
- （1）负数的补码就是对反码加一。
- （2）正数的原码、反码、补码都是一样的。
- 反码又是什么？（对原码除符号位外的其余各位逐位取反就是反码）
- 符号位又是什么？（数值有正负之分，原码用一个数的最高位存放符号，正数的最高位为 0，负数的最高位为 1）
- 提示：所有原码、反码、补码这些转换都是在计算机的最底层进行的，对我们是透明的，即使在汇编语言中使用的也都是原码。
- 16M=2^{24}，即对 16M 字节编址最少需要 24 个二进制位。

答案：（1）C、（2）C

（**2005 上**）在下列存储管理方案中，（3）是解决内存碎片问题的有效方法。

A．单一连续分配　　　　　　　　B．固定分区
C．可变分区　　　　　　　　　　D．可重定位分区

- 主存分配方式的演化历程是：
（1）单一连续分配——一个作业占全部空间，静态分配（不对主存保护，引起冲突）。
（2）固定分区分配——静态，空间分区。
（3）可变分区分配——动态分配分区。
- 引入可变分区后虽然主存分配更灵活，也提高了主存利用率，但是由于系统在不断地分配和回收中，必定会出现一些不连续的小的空闲区，尽管这些小的空闲区的总和超过某一个作业要求的空间，但是由于不连续而无法分配，产生了碎片。
- 解决碎片的方法是拼接（或称紧凑），即向一个方向（例如向低地址端）移动已分配的作业，使那些零散的小空闲区在另一方向连成一片。
- 分区的拼接技术，一方面是要求能够对作业进行重定位，另一方面系统在拼接时要耗费较多的时间。
- 可重定位分区是解决碎片问题的简单而又行之有效的方法。基本思想：移动所有已分配好的分区，使之成为连续区域。
- 分区"靠拢"的时机：当用户请求空间得不到满足时或某个作业执行完毕时。由于靠拢是要代价的，所以通常是在用户请求空间得不到满足时进行。

答案：D

（2005 上）虚拟存储器主要由（4）组成。
A．寄存器和软盘　　　　　　　　B．软盘和硬盘
C．磁盘区域与主存　　　　　　　D．CDROM 和主存

- 一个作业在运行之前，没有必要把作业全部装入主存，而仅将当前要运行的那部分页面或段，先装入主存便可启动运行，其余部分暂时留在磁盘上。
- 程序在运行时如果它所要访问的页（段）已调入主存，便可继续执行下去；但如果程序所要访问的页（段）尚未调入主存（称为缺页或缺段），此时程序应利用 OS 所提供的请求调页（段）功能，将它们调入主存，以使进程能继续执行下去。
- 如果此时主存已满，无法再装入新的页（段），则还须再利用页（段）的置换功能，将主存中暂时不用的页（段）调出至磁盘上，腾出足够的主存空间后，再将所要访问的页（段）调入主存，使程序继续执行下去。
- 这样，便可使一个大的用户程序在较小的主存空间中运行；也可使主存中同时装入更多的进程并发执行。从用户角度看，该系统所具有的主存容量，将比实际主存容量大得多，人们把这样的存储器称为虚拟存储器。

- 虚拟存储器具有请求调入功能和置换功能，能仅把作业的一部分装入主存便可运行作业，能从逻辑上对主存容量进行扩充。其逻辑容量由主存和外存容量之和以及 CPU 可寻址的范围来决定，其运行速度接近于主存速度，成本也下降。
- 主存是什么？（就是内存）

答案：C

（2005 上）微机 A 微机 B 采用同样的 CPU，微机 A 的主频为 800MHz，而微机 B 为 1200MHz。若微机 A 的平均指令执行速度为 40MIPS，则微机 A 的平均指令周期为（6）ns，微机 B 的平均指令执行速度为（7）MIPS。

（6）A．15　　　　　　　　B．25　　　　　　　　C．40　　　　　　　　D．60

（7）A．20　　　　　　　　B．40　　　　　　　　C．60　　　　　　　　D．80

- MIPS（Million Instructions Per Second，百万条指令/每秒）是衡量 CPU 性能的指标。
- 微机 A 的平均指令执行速度为 40MIPS，就是说微机 A 平均每秒可以执行 4 千万条指令，因此其平均指令周期为 1/4 千万 $= 0.25 \times 10^{-7}\text{s} = 25 \times 10^{-9}\text{s} = 25\text{ns}$。
- 由于微机 A 微机 B 采用同样的 CPU，时钟频率与计算速度成正比。
- 微机 B 的主频为 1200MHz，是微机 A 主频的 1200/800 – 1.5 倍，因此，微机 B 的平均指令执行速度应该比微机 A 的快 1.5 倍，即 40×1.5 = 60MIPS。
- 有关度量换算：
  - $1\text{MHz}=10^{6}\text{Hz}$。
  - $1\text{s}=10^{3}\text{ms} =10^{6}\mu\text{s}=10^{9}\text{ns}$。

答案：（6）B、（7）C

（2005 上）在下列体系结构中，最适合于多个任务并行执行的体系结构是（8）。

A．流水线向量机结构　　　　　　　B．标量处理机结构

C．共享存储多处理机结构　　　　　D．阵列处理机结构

- 这道题需要我们对计算机体系结构有非常深入的了解。
- 向量与标量。
  - 向量一词来自数学和物理学。只有大小的单个量叫标量，具有大小和方向的量叫向量。向量决定于一批有序的分量（各维上的坐标值），分量的个数就是向量的维数或长度。
  - 向量处理机：具有向量数据表示和相应向量指令的处理机。
  - 标量处理机：不具有向量数据表示和相应向量指令的处理机。

- 通俗地说，向量就是一组数据，向量处理机一次能处理一组数据，标量处理机一次只能处理一个数据。
- 向量计算机：
  - 由于在向量各分量上执行的运算操作一般都是彼此无关、各自独立的，因而向量运算天然适合并行执行。
  - 向量运算的并行执行，主要采用流水线方式和阵列方式两种。
    - 流水线向量计算机，并行途径为时间重叠，运算速度较慢，所需设备少，设备利用率高。
    - 并行向量计算机，即 SIMD（Single Instruction Multiple Data stream，单指令流多数据流）计算机，也叫阵列向量计算机、阵列处理机，并行途径为资源重复，运算速度较快，所需设备多，设备利用率低。
- 多处理机
  - 即 MIMD（Multiple Instruction Multiple Data stream，多指令流多数据流）计算机：每个处理器取用自己的指令并对自己的数据进行操作。
  - 多处理机有多种分类方式：
    - 按照处理机之间的连接程度，可分为紧密耦合多处理机和松散耦合多处理机。
    - 按照是否共享主存储器，可分为共享存储器多处理机和分布存储器多处理机。
    - 按照处理机是否相同，可分为同构型多处理机和异构型多处理机。
  - 按照处理机的个数，可分为大规模并行处理机 MPP 和对称多处理机 SMP。
  - 共享存储多处理机，通过大容量的 Cache 和总线互连使各处理器共享一个单独的物理存储器，如下图所示：

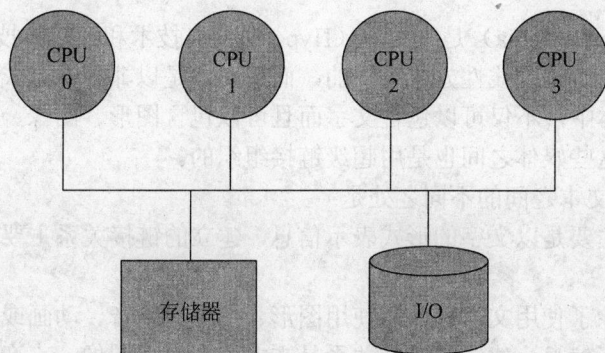

CPU 0　CPU 1　CPU 2　CPU 3

存储器　　I/O

  - 分布式存储多处理机的体系结构如下图所示，其优点是：局部存储器的访问速度快，如果大多数的访问是针对本结点的局部存储器，还可降低对存储器和互连网络的带宽要求。主要缺点是：处理器之间的通信较为复杂，且各处理器之间访问延迟较大。

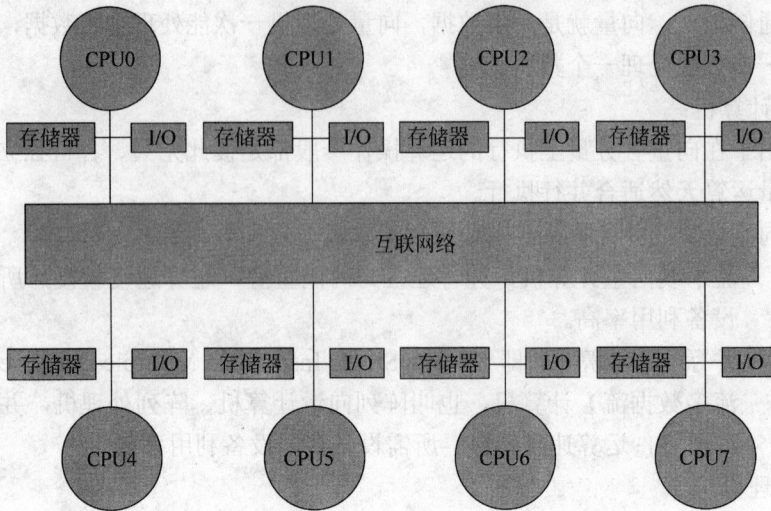

- SIMD 和 MIMD 计算机的主要区别是，前者是数据级并行计算，后者是任务级并行计算。

答案：C

（2005 上）（15）使用文字、图形、图像、动画和声音等多种媒体来表示内容，并且使用超级链接来组织这些媒体。

A．多媒体压缩技术　　　　　　　　B．多媒体存储技术
C．超文本技术　　　　　　　　　　D．超媒体技术

- 超媒体（Hyper Media）是超文本（Hyper Text）技术和多媒体技术相结合的产物。
  - 传统的文本是以线性方式组织的，而超文本是以非线性方式组织的。
  - 在超媒体中，不仅可以包含文字而且可以包含图形、图像、动画、声音和电视片断，这些媒体之间也是用超级链接组织的。
- 超媒体与超文本之间的不同之处是：
  - 超文本主要是以文字的形式表示信息，建立的链接关系主要是文句之间的链接关系。
  - 超媒体除了使用文本外，还使用图形、图像、声音、动画或影视片断等多种媒体来表示信息，建立的链接关系是文本、图形、图像、声音、动画和影视片断等媒体之间的链接关系。

答案：D

（2005 上）图像文件格式分为静态图像文件格式和动态图像文件格式，（16）属于静态图像文件格式。以下文件格式中，（17）不是声音文件。

（16）A．MPG 文件格式　　　　　　　　　B．AVS 文件格式

　　　　C．JPG 文件格式　　　　　　　　　D．AVI 文件格式

（17）A．Wave 文件（.WAV）　　　　　　　B．MPEG 文件（.MP3）

　　　　C．TIFF 文件（.TIF）　　　　　　　D．MIDI 文件（.MID）

- 常用的可用于存储静态图像的文件格式有 BMP、GIF、TIFF、JPG 等。
- 常用的可用于存储动态图像的文件格式有 GIF。
- 常用的可用于存储视频信息的文件格式有 ASF、AVI、AVS、MOV、MP4、MPG、RM、WMV 等。
- 常用的可用于存储音频信息的文件格式有 MIDI、MP2、MP3、RA、WAV、WMA 等。
- MIDI（Musical Instrument Digital Interface，乐器数字接口），是 20 世纪 80 年代初为解决电声乐器之间的通信问题而提出的。MIDI 传输的不是声音信号，而是音符、控制参数等指令，它指示 MIDI 设备要做什么、怎么做，如演奏哪个音符、多大音量等。

答案：（16）C、（17）C

（2005 上） 在下图所示的树型文件系统中，方框表示目录，圆圈表示文件，“/”表示目录名之间的分隔符，“/”在路径之首时表示根目录。假设“..”表示父目录，当前目录是 Y1，那么，指定文件 F2 所需的相对路径是（29）；如果当前目录是 X2，“DEL”表示删除命令，那么，删除文件 F4 的正确命令是（30）。

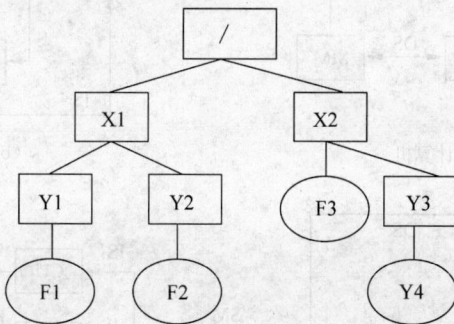

（29）A．/X1/Y2/F2　　　　　　　　　　　B．../X1/Y2/F2

　　　　C．X1/Y2/F2　　　　　　　　　　　D．../Y2/F2

（30）A．DEL ../Y3/F4　　　　　　　　　　B．DEL X2/Y3/F4

　　　　C．DEL Y3/F4　　　　　　　　　　D．DEL /Y3/F4

- 当前目录是 Y1，那么，指定文件 F2 所需的相对路径是../Y2/F2。

- 举一反三：指定文件的绝对路径是/X1/Y2/F2。
- 如果当前目录是 X2，那么，删除文件 F4 的正确命令是 DEL Y3/F4 或 DEL/X2/Y3/F4。

答案：（29）D、（30）C

（2005 下）阵列处理机属于（1）计算机。
A. SISD　　　B. SIMD　　　　C. MISD　　　　D. MIMD

- SISD（Single Instruction Single Data stream，单指令流单数据流）：单处理器计算机，对保存在单一存储器中的数据进行操作。
- SIMD（Single Instruction Multiple Data stream，单指令流多数据流）：同一条指令控制多个处理器的运行，如阵列处理机/相连处理机。
- MISD（Multiple Instruction Single Data stream，多指令流单数据流）：单个数据流被传送到一组处理器上，每个处理器执行不同的指令序列。
- MIMD（Multiple Instruction Multiple Data stream，多指令流多数据流）：其中每个处理器取用自己的指令并对自己的数据进行操作，如多处理机。

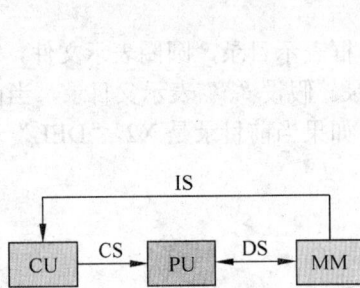

（a）SISD 计算机

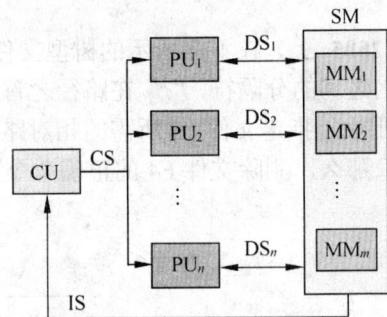

（b）SIMD 计算机

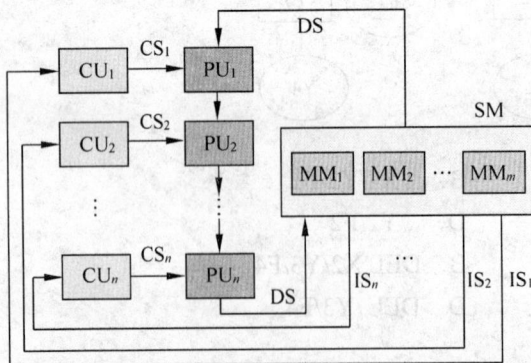

（c）MISD 计算机

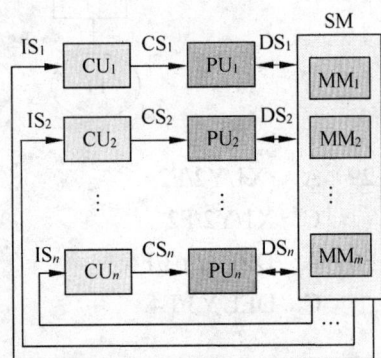

（d）MIMD 计算机

- 图例说明，IS：指令流，DS：数据流，CS：控制流，CU：控制部件，PU：处理部件，MM：主存模块，SM：共享存储。

答案：B

（2005 下）采用（2）不能将多个处理机互连构成多处理机系统。

A．STD 总线　　　　　B．交叉开关　　　　　C．PCI 总线　　　　　D．Centronic 总线

- Centronic 总线用于打印机等外设与计算机连接（就是打印机的并口），不能将多个处理机互联构成多处理机系统。Centronic 总线如下图所示：

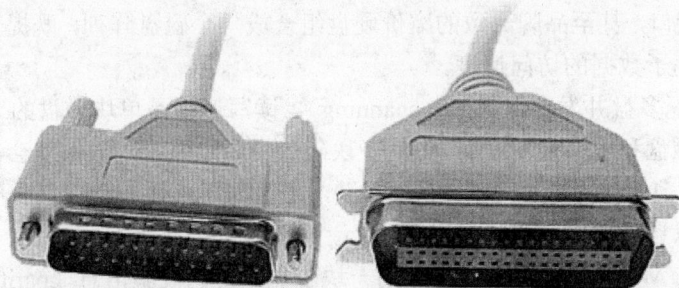

答案：D

（2005 下）Windows 系统安装时生成的 Documents and Settings、Winnt 和 System32 文件夹是不能随意更改的，因为它们是（10）。在 Windows 文件系统中，（11）是一个合法的文件名；（12）不是合法的可执行文件的扩展名。

（10）A．Windows 的桌面

　　　B．Windows 正常运行时所必需的应用软件文件夹

　　　C．Windows 正常运行时所必需的用户文件夹

　　　D．Windows 正常运行时所必需的系统文件夹

（11）A．dyx03　ent.dll　　　　　　　　　　B．Explorer*.arj

　　　C．Hewlett<Packard.rar　　　　　　　D．Print|Magic.exe

（12）A．exe　　　　　　B．com　　　　　　C．rar　　　　　　D．bat

- Documents and Settings、Winnt 和 System32 是系统文件夹。
- dyx03　ent.dll 是合法的文件名，文件名可以有空格，但不能有如下 9 个字符：\、/、、:、、*、、?、、"、、<、、>、、|。
- exe、com、bat 都是可执行文件的扩展名，rar 是压缩文件的扩展名。

答案：（10）D、（11）A、（12）C

（**2005 下**）使用 RAID 作为网络存储设备有许多好处，以下关于 RAID 的叙述中不正确是（29）。

A．RAID 使用多块廉价磁盘阵列构成，提高了性能/价格比
B．RAID 采用交叉存取技术，提高了访问速度
C．RAID 0 使用磁盘镜像技术，提高了可靠性
D．RAID 3 利用一台奇偶校验盘完成容错功能，减少冗余磁盘数量

- RAID（Redundant Arrays of Inexpensive Disks，廉价冗余磁盘阵列），将多个类型、容量、接口，甚至品牌一致的廉价硬盘组合成一个磁盘阵列，既提升了数据的安全性又提高了数据的访问速度。
- RAID 0，多盘并发存取（disk spanning），读写速率是单块磁盘的 N 倍，没有数据冗余，磁盘利用率是 100%，任何一块磁盘损坏，该盘上数据就会丢失。
- RAID 1，1 比 1 镜像（disk mirroring），磁盘利用率是 50%，任何一块磁盘损坏，系统可以自动切换到其镜像磁盘。
- RAID 3，N-1 块磁盘存数据，专用一块磁盘存奇偶校验信息（parity check）。
    - 磁盘利用率是（N-1）/N。
    - 任何一块数据盘损坏，插上一块新盘，系统可以根据剩余的 N-2 块数据盘和奇偶校验盘自动恢复该盘的原有数据。奇偶校验盘损坏，也一样，根据 N-1 块数据盘自动恢复。
    - 由于任何数据的改变都要修改相应的奇偶校验信息，奇偶校验盘成为写入操作的瓶颈（数据盘有 N-1 块且并行工作，奇偶校验盘只有一个）。
- RAID 5，将奇偶校验信息分步到每块盘上，解决了 RAID 3 写入瓶颈问题，每块磁盘上都既存数据也存校验信息。

答案：C

（**2005 下**）在 MPEG 系列标准中，（63）最适合在共用电话交换网（PSTN）上实时传输视频数据。

A．MPEG-1　　B．MPEG-2　　C．MPEG-4　　D．MPEG-7

- MPEG 是活动图像专家组（Moving Picture Experts Group）的简称，其制定的标准有：
    - MPEG-1 用来解决声音图像信息在 CD-ROM 上的存储问题，我们常见的 VCD 就是 MPEG-1 格式。

- MPEG-2 用来解决数字电视、高清晰度电视及其伴音的压缩编码问题。
- MPEG-4 用来解决多媒体信息的高效存储、传输和处理问题。
- MPEG-7 标准即"多媒体内容描述接口"，用来解决在多媒体内容的检索问题。
- 提醒：我们常用的音频格式 mp3 并不是 MPEG-3，mp3 音频压缩所采用的是 MPEG-1 和 MPEG-2 当中音频压缩的第三个层次（Layer 3），采样率 16～48kHz，编码速率 8kbps～1.5Mbps。
- 此外，我们常用的视频格式 MP4，是 MPEG-4 的第 14 部分（Part 14）。

答案：C

（**2005 下**）要在网络上发布彩色动画文件，可以采用的存储格式是（64）。

A．BMP B．JPEG C．MP3 D．GIF

- GIF（Graphics Interchange Format，图像互换格式），是一种基于 LZW 算法的连续色调的无损压缩格式，其压缩率一般在 50%左右，因其体积小而成像相对清晰，特别适合于早期慢速的互联网。
- GIF 格式的一个特点是：在一个 GIF 文件中可以存多幅彩色图像，如果把存于一个文件中的多幅图像数据逐幅读出并显示到屏幕上，就可构成简单的动画。

答案：D

（**2005 下**）为保证用户在网络上边下载边观看视频信息，需要采用（65）技术。

A．流媒体 B．数据库 C．数据采集 D．超链接

- 流媒体（Streaming media）是指以流的方式在网络中传输音频、视频和多媒体文件。
- 流式传输方式是将视频和音频等多媒体文件经过特殊的压缩方式分成一个个压缩包，由服务器向用户计算机连续、实时传送。
- 在采用流式传输方式的系统中，用户不必像非流式播放那样等到整个文件全部下载完毕后才能看到当中的内容，而是只需要经过几秒钟或几十秒的启动延时即可在用户计算机上利用相应的播放器对压缩的视频或音频等流式媒体文件进行播放，剩余的部分将继续进行下载，直至播放完毕。

答案：A

（**2005 下**）MIDI enables people to use （66） computers and electronic musical instruments.

There are actually three components to MIDI, the communications "（67）", the Hardware Interface and a distribution （68） called "Standard MIDI Files". In the context of the WWW, the most interesting component is the （69） Format.

In principle，MIDI files contain sequences of MIDI Protocol messages. However，when MIDI Protocol （70） are stored in MIDI files，the events are also time-stamped for playback in the proper sequence. Music delivered by MIDI files is the most common use of MIDI today.

（66）A．personal　　　B．electronic　　C．multimedia　　D．network
（67）A．device　　　　B．protocol　　　C．network　　　D．controller
（68）A．format　　　　B．text　　　　　C．wave　　　　　D．center
（69）A．Video　　　　B．Faxmail　　　 C．Graphic　　　 D．Audio
（70）A．messages　　 B．packets　　　　C．frame　　　　 D．information

- MIDI 使得人们能够使用多媒体（multimedia）计算机和电子乐器。
- 实际上 MIDI 有 3 个组成部分，即通信协议（protocol）、硬件接口和被称为"标准 MIDI 文件"的发布格式（format）。在 WWW 环境中，音频（Audio）格式是三个组成部分中最吸引人的。
- 在原理上，MIDI 文件就是符合 MIDI 协议的消息（messages）的序列。不过，当 MIDI 协议消息被存储在 MIDI 文件中时，事件都被添加了时间戳，以便于按照正确的顺序回放。由 MIDI 文件提供音乐是 MIDI 当前最通常的应用。
- 提示：MIDI（Musical Instrument Digital Interface，乐器数字接口），是 20 世纪 80 年代初为解决电声乐器之间的通信问题而提出的。MIDI 传输的不是声音信号，而是音符、控制参数等指令，它指示 MIDI 设备要做什么、怎么做，如演奏哪个音符、多大音量等。

答案：（66）C、（67）B、（68）A、（69）D、（70）A

（2006 上）与外存相比，内存的特点是（6）。
A．容量大、速度快、成本低　　　　　　B．容量大、速度慢、成本高
C．容量小、速度快、成本高　　　　　　D．容量小、速度慢、成本低

- 与外存（硬盘、软盘、磁带）相比，内存的容量小、速度快、成本高。

答案：C

（2006 上）在计算机系统中，存取速度最快的是（7）。
A．CPU 内部寄存器　　　　　　　　　　B．计算机的高速缓存 Cache
C．计算机的主存　　　　　　　　　　　D．大容量磁盘

- 存取速度由快到慢的顺序是：CPU 内部寄存器>Cache>主存>磁盘。

答案：A

（**2006 上**）在下面对 USB 接口特点的描述中，（8）是 USB 接口的特点。

A. 支持即插即用

B. 不支持热插拔

C. 提供电源容量为 12V×1000mA

D. 由六条信号线组成，其中两条用于传送数据，两条传送控制信号，另外两条传送电源

- USB（Universal Serial Bus，通用串行总线）接口的特点：
  - 支持即插即用和热插拔。
  - 由 4 条信号线组成，其中两条用于传送数据，另外两条传送电源。
  - 电源容量为 5V×500mA（USB 3.0 已经提升为 5V×900mA）。
  - 可以经 USB HUB 进行树状连接，最多 5 层。

答案：A

（**2006 下**）（2）决定了计算机系统可访问的物理内存范围。

A. CPU 的工作频率期　　　　　　　B. 数据总线的位数

C. 地址总线的位数　　　　　　　　D. 指令的长度

- 系统总线：可分为数据总线、地址总线、控制总线。
  - 数据总线：各个模块间传送数据的通道。
  - 地址总线：传递地址信息，来指示数据总线上的数据的来源或去向，CPU 根据地址信息从相应的存储单元读出数据或向该存储单元写入数据。
  - 控制总线：控制对数据总线和地址总线的访问和使用。
- 地址总线的位数决定了系统可访问（寻址）的最大范围。
- 若地址总线的位数为 n，则最大存储容量为 2^n。

答案：C

（**2006 下**）以下对小型机的理解，正确的是（3）。

A. 小型机相对于大型机而言，管理较简单，一般采用 RISC CPU

B. 小型机相对于大型机而言，成本较低，一般采用 CISC CPU

C. 小型机相对于微机而言，管理较复杂，一般采用 CISC CPU

D. 小型机相对于微机而言，各项性能优良，一般采用 RISC CPU

- 在计算机指令系统的优化发展过程中，出现过两个截然不同的优化方向：
  - CISC（Complex Instruction Set Computer）复杂指令计算机。
  - RISC（Reduced Instruction Set Computer）精简指令集计算机。
- RISC，是和 CISC 相对的一种 CPU 架构，它把较长的指令分拆成若干条长度相同的单一指令，可使 CPU 的工作变得单纯、速度更快，设计和开发也更简单。
- 传统的 IBM 大型机一般使用 CISC CPU。
- 小型机（如 DEC 公司、HP 公司、Sun 公司的 UNIX 服务器）相对于传统的大型机而言，管理较简单，一般采用 RISC CPU。

答案：A

（**2006 下**）下面关于 Windows 2000 操作系统和 Linux 操作系统的比较，正确的是（4）。

A．Linux 和 Windows 2000 都是多用户多任务的操作系统，适合提供网络服务

B．Linux 仅适合提供网络服务，Windows 2000 适合日常办公

C．Linux 比 Windows 2000 更安全

D．Windows 2000 提供 GUI，Linux 操作系统界面只有命令行模式

- B 错，Linux 也可用于日常办公。
- C 错，二者的安全性尚无定论。
- D 错，Linux 也提供 GUI 界面。

答案：A

（**2006 下**）Every valid character in a computer that uses even （66） must always have an even number of 1 bits.

A．parity   B．check   C．test   D．compare

- 计算机中采用偶校验（even parity）的有效字符一定含有偶数个 1。
- 奇/偶校验是数据传送时常用的校正数据错误的方式，分为奇校验（odd parity）和偶校验（even parity）两种。
- 以偶校验为例：
  - 在接收方收到数据时，将按照偶校验的要求检测数据中"1"的个数，如果是偶数个"1"，表示传送正确，否则表示传送错误。
  - 传输数据由实际数据和校验位构成。
  - 当实际数据中"1"的个数为偶数的时候，这个校验位就是"0"，否则这个校验位就是"1"，这样就可以保证传送数据满足偶校验的要求。

答案：A

（**2006 下**）The maximum number of data that can be expressed by 8 bits is　（67）.

A．64　　　　　　　B．128　　　　　　　C．255　　　　　　　D．256

- 8 位二进制能表示的最大数是 255。

答案：C

（**2006 下**）GIF files are limited to a maximum of 8 bits/pixel，it simply means that no more than 256 colors are allowed in　（69）.

A．an image　　　　　B．a file　　　　　　C．a window　　　　　D．a page

- GIF 格式的文件规定每个像素最多 8 位，这就意味着每张 GIF 图像（an image）不能超过 256 色。

答案：A

（**2007 上**）在 CPU 与主存之间设置高速缓冲存储器 Cache 的目的是为了（4）。

A．扩大主存的存储容量

B．提高 CPU 对主存的访问效率

C．既扩大主存容量又提高存取速度

D．提高外存储器的速度

- Cache（高速缓冲存储器）的出现主要是为了解决 CPU 运算速度与内存读写速度不匹配的矛盾，因为 CPU 运算速度要比内存读写速度快很多，这样会使 CPU 花费很长时间等待数据到来或把数据写入内存。
- Cache 中保存着 CPU 刚用过或循环使用的一部分数据，当 CPU 再次使用该部分数据时可从 Cache 中直接调用，这样就减少了 CPU 的等待时间，提高了系统的效率。

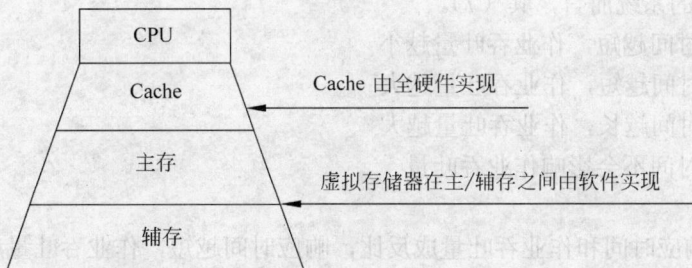

答案：B

（**2007** 上）在微型计算机中，存储容量为 2MB 等价于（5）。

A．2×1024B
B．2×1024×1024B
C．2×1000B
D．2×1000×1000B

- 2MB=2×1024×1024B。

答案：B

（**2007** 上）下面的描述中，（6）不是 RISC 设计应遵循的设计原则。

A．指令条数应少一些
B．寻址方式尽可能少
C．采用变长指令，功能复杂的指令长度长而简单指令长度短
D．设计尽可能多的通用寄存器

- RISC 与 CISC 对比如下表所示：

CISC	RISC
（1）指令数量众多	（1）指令数量少
（2）指令使用频率相差悬殊	（2）指令的寻址方式少
（3）支持很多种寻址方式	（3）指令长度固定
（4）采用变长指令	（4）只提供了 Load/Store 指令访问存储器
（5）指令可以对存储器中数据直接进行处理	（5）以硬布线逻辑控制为主
	（6）单周期指令执行
	（7）拥有相当多的通用寄存器
	（8）优化的编译器

答案：C

（**2007** 上）系统响应时间和作业吞吐量是衡量计算机系统性能的重要指标。对于一个持续处理业务的系统而言，其（7）。

A．响应时间越短，作业吞吐量越小
B．响应时间越短，作业吞吐量越大
C．响应时间越长，作业吞吐量越大
D．响应时间不会影响作业吞吐量

- 系统响应时间和作业吞吐量成反比，响应时间越短，作业吞吐量越大。
- 所谓作业吞吐量，就是计算机系统在单位时间内完成的任务量。

答案：B

（**2007 上**）在 Windows 系统缺省配置情况下，当鼠标移动到超链接上时，将显示为（9）；选定多个不连续的文件或文件夹，应按住（10）键。

（9）A．I 形　　　　　　　B．小箭头形　　　　C．小手形　　　　D．沙漏形

（10）A．Ctrl　　　　　　　B．Shift　　　　　　C．Alt　　　　　　D．Tab

- 当鼠标移动到超链接上时，将显示为小手形。
- 选定多个连续的文件或文件夹，应按住 Shift 键。
- 选定多个不连续的文件或文件夹，应按住 Ctrl 键。

答案：（9）C、（10）A

（**2007 上**）在 Windows 2000 Server 系统下，从计算机的 2 个硬盘中各拿出 100MB 空间形成 RAID-1 卷，并分配盘符 D，那么 D 盘空间是（13）。

A．200MB　　　　　　B．300MB　　　　　　C．250MB　　　　　D．100MB

- RAID 1，1 比 1 镜像（disk mirroring），磁盘利用率是 50%，任何一块磁盘损坏，系统可以自动切换到其镜像磁盘。
- D 盘空间是 100MB。

答案：D

（**2007 上**）下图所示的插头可以连接到 PC 主板上的（15）接口。

A．COM　　　　　　　B．RJ-45　　　　　　C．USB　　　　　　D．PS/2

- 显然这是 USB 接口。
- COM 口就是串口（串行接口）。
- RJ 45 是网线接口。
- PS/2 接口是键盘和鼠标的专用接口。

答案：C

（**2007 上**）Which of the following elements can be called the key element of a computer? (71)

A．printer　　　　　　B．CPU　　　　　　C．mouse　　　　　D．keyboard

- 下列哪些元素可以被称为计算机的关键元素？（71）

A．打印机　　　　　　B．CPU　　　　　　C．鼠标　　　　　　D．键盘

- 鼠标、键盘和打印机都是外部设备。

答案：B

（2007 上）The（72）has several major components，including the system kernel，a memory management system，the file system manager，device drivers，and the system libraries.

A．application　　　　　　　　　　　B．information system

C．operating system　　　　　　　　　D．iterative

- 操作系统（operating system）有几个主要的组成部分，包括系统内核、存储管理系统、文件系统管理器、设备驱动器和系统库。

答案：C

（2007 下）UNIX 操作系统是作为（4）问世的。

A．网络操作系统　　　　　　　　　　B．分时操作系统

C．批处理操作系统　　　　　　　　　D．实时操作系统

- 根据使用环境和对用户作业处理方式，操作系统的基本类型可以分为 3 大类：

（1）批处理操作系统（Batch Processing Operating System）：其特点是先将作业脱机输入到外围输入设备，再由监督程序将作业成批调入系统中进行处理。批处理系统的缺点是：不提供人机交互能力，给用户使用计算机带来不便。在早期的计算机中往往使用这种类型的操作系统。

（2）分时操作系统（Time-sharing Operating System）是一种联机的多用户交互式的操作系统，多个用户同时以终端会话方式控制自己程序的运行，系统将 CPU 时间与内存空间按一定的时间间隔，轮流地切换给各终端用户的程序使用。由于时间间隔（时间片）很短，每个用户都能在较短时间内与程序进行交互，用户的感觉就像他独占计算机一样。

（3）实时操作系统（Real Time Operating System）：其特点是能及时响应外部时间的请求，并迅速完成对事件的处理。其设计原则是响应时间优先于资源利用率。系统往往是专用的，系统与应用很难分离。

- UNIX 是最著名、也是最成功的分时操作系统。

- 网络操作系统，泛指那些在通常操作系统功能的基础上提供网络通信和网络服务功能的操作系统。UNIX、Linux、Windows XP 等都被认为是网络操作系统。

答案：B

（**2007 下**）计算机文件系统的多级目录结构是（5）。

A．线性结构　　　　　B．树形结构　　　　C．散列结构　　　　D．双链表结构

- 显然，文件系统的多级目录结构是树形结构。

答案：B

（**2007 下**）所谓指令周期是指（6）。

A．取指令和取操作数的时间

B．执行指令和存储操作结果的时间

C．取操作数和执行指令的时间

D．取指令和执行指令的时间

- 指令周期（fetch-and-execute cycle），CPU 从内存取出一条指令并执行这条指令的时间总和，具体可分为读取指令、解释指令、读取数据、处理数据、保存数据等几个步骤。

答案：D

（**2007 下**）UNIX 中，用来把一个进程的输出连接到另一个进程的输入的文件称为（7）。

A．普通文件　　　　　B．虚拟文件　　　　C．管道文件　　　D．设备文件

- 管道（Pipe）是 UNIX 系统的特色，管道文件在物理上是文件系统的高速缓冲区，负责把一个进程的输出流与另一个进程的输入流连接起来，从而使该进程的输出成为另一个进程的输入。

答案：C

（**2007 下**）文件存储设备中，（13）不支持文件的随机存取。

A．磁盘　　　　　　　B．光盘　　　　　　C．软盘　　　　D．磁带

- 磁带不能随机存取，只能顺序存取。
  - 顺序存取：对数据的访问必须按特定的线性顺序进行。
  - 随机存取：系统可以在相同的时间内对任意一个存储单元的数据进行访问。

答案：D

（**2007 下**）对 Windows 2000 来说，（28）格式的文件系统安全性最高。

A．FAT　　　　　　B．HPFS　　　　　　C．NTFS　　　　　　D．CDFS

- NTFS（New Technology File System）是微软公司用在 Windows NT 以及之后的 Windows 2000、Windows XP、Windows Server 2003、Windows Server 2008、Windows Vista、Windows 7 和 windows 8/8.1 的标准文件系统。
- NTFS 取代了老式的 FAT （File Allocation Table）文件系统，NTFS 对 FAT 和 HPFS 做了若干改进，例如，支持元数据，并且使用了高级数据结构，以便于改善性能、可靠性和磁盘空间利用率，并提供了若干附加扩展功能，如访问控制列表（ACL）和文件系统日志。
- HPFS（High Performance File System），用于 IBM OS/2 操作系统。
- D 是干扰项，CDFS：光盘文件系统。

答案：C

（**2008 上**）操作系统的功能是（4）。

A．把源程序转换为目标代码

B．管理计算机系统中的软、硬件资源

C．负责存取数据库中的各种数据

D．负责文字格式编排和数据计算

- A 是编译软件的功能。
- C 是数据库软件的功能。
- D 是文字处理软件的功能。

答案：B

（**2008 上**）在 Windows 2000 中，文件和文件夹在磁盘中的存在方式有三种属性，不是其属性的是（5）。

A．读写　　　　　　B．只读　　　　　　C．隐藏　　　　　　D．存档

- 在 Windows 系统中，文件和文件夹其实有四种属性：只读、隐藏、存档、系统。

答案：A

（**2008 上**）在计算机中，数据总线宽度会影响（10）。

A．内存容量的大小　　　　　　　　B．系统的运算速度

C．指令系统的指令数量　　　　　　D．寄存器的宽度

- 数据总线宽度决定了 CPU 与二级缓存、内存以及输入/输出设备之间一次数据传输的信息量，影响系统的运算速度。
- 地址总线宽度决定内存容量的大小。
- 通用寄存器的位数（宽度）由 CPU 的字长决定，二者相等。字长是 CPU 的主要技术指标之一，指的是 CPU 一次能并行处理的二进制位数，字长通常是 8 的整数倍。
- CPU 的字长也直接决定了数据总线的宽度，大多数情况下，二者相等。

答案：B

（2008 上）虚拟存储器是把（15）有机地结合起来使用的。

A．内存与外存　　　　　　　　　B．内存与高速缓存

C．外存与高速缓存　　　　　　　D．内存与寄存器

- 虚拟存储器是介于主存（内存）和辅存（外存）之间的存储器。

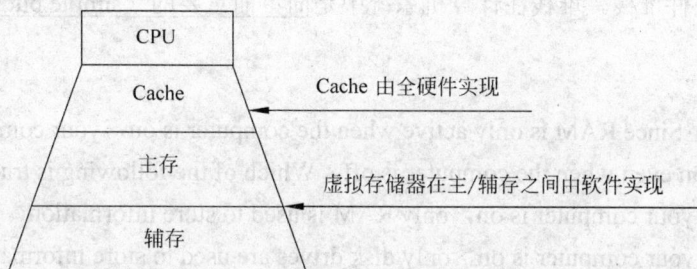

答案：A

（2008 上）在 Windows 文件系统中，一个完整的文件名由（26）组成。

A．路径、文件名、文件属性

B．驱动器号、文件名和文件的属性

C．驱动器号、路径、文件名和文件的扩展名

D．文件名、文件的属性和文件的扩展名

- 一个完整的文件名由驱动器号、路径、文件名和文件的扩展名组成。

答案：C

（2008 上）The basic unit of measure in a computer system is the（72）. It is the smallest unit in computing. There are some other measures in a computer，such as Kilobyte，Megabyte，Gigabyte and so on.

A．Kilobyte B．Bit C．Gigabyte D．Megabyte

- 计算机系统中的基本计量单位是比特（bit）。它是最小的计算单位。计算机中还有其他的计量单位，如 KB、MB、GB 等。

答案：B

（2008 上）Stack is quite simple. Many computer systems have stacks built into their circuitry. They also have machine-level instructions to operate the hardware stack. Stack is （73） in computer systems.

A．useless B．not important
C．simple but important D．too simple to be useful

- 堆栈是非常简单的。许多计算机系统用硬件电路实现堆栈，并用机器级指令来操作这种硬件堆栈。堆栈在计算机系统中是简单而重要的（simple but important）。

答案：C

（2008 上）Since RAM is only active when the computer is on，your computer uses disk to store information even when the computer is off．Which of the following is true？ （74）

A．When your computer is on，only RAM is used to store information．
B．When your computer is on，only disk drives are used to store information．
C．When your computer is off，only RAM is used to store information．
D．When your computer is off，only disk drives are used to store information．

- RAM 仅在计算机开机时才有效，当计算机关机时，计算机使用磁盘来存储信息。下列哪一个是正确的？（   ）
A．计算机开机时，仅 RAM 用来存储信息
B．计算机开机时，仅磁盘用来存储信息
C．计算机关机时，仅 RAM 用来存储信息
D．计算机关机时，仅磁盘用来存储信息
- RAM（Random Access Memory，随机存储器），就是内存。
- 开机时，内存和硬盘都可存储信息，关机时，只有硬盘能存储信息。

答案：D

（2008 下）计算机系统中用来连接 CPU、内存储器和 I/O 接口的总线称为系统总线。
（1）总线属于系统总线技术的一种。

A. IEEE 1394   B. PCI   C. RS-232   D. USB

- PCI（Peripheral Component Interconnect）标准由 Intel 公司 1991 年推出，允许在计算机内安装多达 10 个遵从 PCI 标准的扩展卡（如声卡、显卡、网卡等）。PCI 总线取代了早先的 ISA 总线，成为了台式计算机的一种标准总线。
- IEEE 1394 接口是苹果公司开发的串行标准，中文译名为火线接口（firewire）。同 USB 一样，IEEE 1394 也支持外设热插拔，可为外设提供电源，常用于连接数码摄影、摄像设备。
- IEEE 1394、RS-232（串行通信接口）、USB 都不属于系统总线，无法连接 CPU 和内存。

答案：B

（2008 下）微机系统中 BIOS（基本输入输出系统）保存在（2）中。
A. 主板上的 ROM   B. DRAM
C. 主板上的 RAM   D. CD-ROM

- BIOS（Basic Input Output System，基本输入输出系统），是一组固化在计算机主板上 ROM 芯片里的程序，它保存着计算机最重要的系统设置信息、基本输入输出程序、开机后自检程序和系统自启动程序，为计算机提供最底层的、最直接的硬件设置和控制。

答案：A

（2008 下）在 CPU 中，（3）可用于传送和暂存用户数据，为 ALU 执行算术逻辑运算提供工作区。
A. 程序计数器   B. 累加寄存器
C. 程序状态寄存器   D. 地址寄存器

- 寄存器是 CPU 中的一个重要组成部分，它是 CPU 内部的临时存储单元。寄存器既可以用来存放数据和地址，也可以存放控制信息或 CPU 工作时的状态。
- 在 CPU 中增加寄存器的数量，可以使 CPU 把执行程序时所需的数据尽可能地放在寄存器件中，从而减少访问内存的次数，提高其运行速度。
- 但是寄存器的数目也不能太多，除了增加成本外，寄存器地址编码增加也会对增加指令的长度。
- CPU 中的寄存器通常分为存放数据的寄存器、存放地址的寄存器、存放控制信息的寄存器、存放状态信息的寄存器和其他寄存器等类型。

- 程序计数器（Program Counter，PC）用于存放指令的地址。当程序顺序执行时，每取出一条指令，PC 内容自动增加一个值，指向下一条要取的指令。当程序出现转移时，则将转移地址送入 PC，然后由 PC 指向新的程序地址。
- 程序状态寄存器用于记录运算中产生的标志信息，典型的标志为有进位标志位、零标志位、符号标志位、溢出标志位、奇偶标志等。
- 地址寄存器（Address Register，AR）用来保存当前 CPU 所访问的内存单元的地址。由于在内存和 CPU 之间存在着操作速度上的差别，所以必须使用地址寄存器来保持地址信息，直到内存的读/写操作完成为止。
- 累加寄存器是一个数据寄存器，在运算过程中暂时存放被操作数和中间运算结果，累加器不能用于长时间地保存一个数据。

答案：B

（2008 下）关于在 I/O 设备与主机间交换数据的叙述，（4）是错误的。
A．中断方式下，CPU 需要执行程序来实现数据传送任务
B．中断方式和 DMA 方式下，CPU 与 I/O 设备都可并行工作
C．中断方式和 DMA 方式下，快速 I/O 设备更适合采用中断方式传递数据
D．若同时接到 DMA 请求和中断请求，CPU 优先响应 DMA 请求

- C 错，快速 I/O 设备更适合采用 DMA 方式传递数据。
- DMA（Direct Memory Access，直接内存存取）方式不需要 CPU 的干预，而是在硬件电路控制下完成 I/O 设备与存储器之间的数据传输。

答案：C

（2008 下）Cache（高速缓冲存储器）用于存放主存数据的部分拷贝，主存单元地址与 Cache 单元地址之间的转换工作由（5）完成。
A．硬件　　　　　　B．软件　　　　　　C．用户　　　　　　D．程序员

- Cache 位于主存储器与 CPU 通用寄存器组之间，容量小但速度快，全部由硬件来调度，用于提高 CPU 的数据 I/O 效率，对软件和程序员都是透明的。

答案：A

（2008 下）下面关于 Cache 的叙述，"（6）"是错误的。
A．在体系结构上，Cache 存储器位于主存与 CPU 之间
B．Cache 存储器存储的内容是动态更新的
C．使用 Cache 存储器并不能扩大主存的容量

D．Cache 的命中率只与其容量相关

- 影响 Cache 命中率的主要因素有：
  （1）Cache 的容量（越大越好）；
  （2）块的大小和组的数目；
  （3）Cache 块失效时的替换算法；
  （4）Cache 块预取算法。

答案：D

（**2008 下**）"Windows XP 是一个多任务操作系统"指的是（23）。
A．Windows 可运行多种类型各异的应用程序
B．Windows 可同时运行多个应用程序
C．Windows 可供多个用户同时使用
D．Windows 可同时管理多种资源

- 多任务操作系统指的是可同时运行多个应用程序。

答案：B

（**2008 下**）As an operating system repeatedly allocates and frees storage space，many physically separated unused areas appear．This phenomenon is called （71）．
A．fragmentation　　　B．compaction　　　C．swapping　　　D．paging

- 随着操作系统反复分配与释放存储空间，就会出现许多物理上不连续的未用区域，这种现象称为碎片（fragmentation）。

答案：A

（**2008 下**）We can use the word processor to （74） your documents．
A．edit　　　　　　　B．compute　　　　C．translate　　　D．unload

- 文字处理软件用于编辑（edit）文档。

答案：A

（**2009 上**）计算机的用途不同，对其部件的性能指标要求也有所不同。以科学计算为主的计算机，对（8）要求较高，而且应该重点考虑（9）。
（8）A．外存储器的读写速度　　　　　　B．主机的运算速度

    C．I/O 设备的速度　　　　　　　　D．显示分辨率

（9）A．CPU 的主频和字长，以及内存容量

    B．硬盘读写速度和字长

    C．CPU 的主频和显示分辨率

    D．硬盘读写速度和显示分辨率

- 以科学计算为主的计算机对主机的运算速度要求较高，而且应该重点考虑 CPU 的主频和字长，以及内存容量。
- CPU 的主要性能指标是主频和字长。
- 计算机系统的性能主要受 CPU 和内存影响。

答案：（8）B、（9）A

（2009 上） 以下关于 64 位操作系统的叙述，错误的是（13）。

A．64 位操作系统非常适合应用于 CAD/CAM、数字内容创建、科学计算甚至严格的财务分析领域

B．64 位操作系统要求主机具有 64 位处理器和 64 位系统驱动程序

C．64 位操作系统可以运行 32 位系统软件，也可以运行 64 位系统软件

D．32 位操作系统最高支持 4GB 内存，而 64 位操作系统可以支持最大 512GB 容量内存

- D 错，理论上，64 位操作系统可以支持最大内存为 2^{64}=16EB，大约 1600 万 TB
- 单位换算关系如下：

1EB=1024PB=2^{60} Byte

1PB=1024TB=2^{50} Byte

1TB=1024GB=2^{40} Byte

1GB=1024MB=2^{30} Byte

1MB=1024KB=2^{20} Byte

1KB=1024Bytes=2^{10} Byte

1Byte（字节）=8 bit（比特）

答案：D

（2009 上） 下列关于应用软件的叙述中，正确的是（15）。

A．应用软件并不针对具体应用领域

B．应用软件建立在系统软件的基础之上

C．应用软件主要管理计算机中的硬件

D. 应用软件是计算机硬件运行的基础

- A 错，应用软件针对具体应用领域，应用软件是为了某种特定的用途而被开发的软件。
- C 错，系统软件是负责管理计算机系统中的硬件，使得它们可以协调工作。系统软件使得计算机使用者和应用软件将计算机当作一个整体而不需要顾及到底层每个硬件是如何工作的。
- D 错，应用软件不是计算机硬件运行的基础。

答案：B

（2009 上）（73）operate by distributing a workload evenly over multiple back end nodes. Typically the cluster will be configured with multiple redundant load-balancing front ends.

A. High-availability clusters
B. Load-balancing clusters
C. Grid computing
D. Cloud Computing

- 负载均衡集群（Load-balancing clusters）将工作量均匀分布在多个后端节点。通常集群会配置有多个冗余的负载均衡前端。
- A 选项是高可用集群，C 选项是网格计算，D 选项是云计算。

答案：B

（2010 上）系统总线通常采用（5）的方式传送数据。

A. 串行　　　　B. 并行　　　　C. 分时　　　　D. 分频

- 系统总线通常采用并行的方式传送数据。
- 串行传输是在一条物理信道上以位为单位逐位传输，发送端逐位发送，接收端逐位接受。串行传输相对并行传输而言，传输速度慢，但只需一条物理信道，易于实现，适合远距离传输或外总线（USB、IEEE 1394、RS-232 等接口）。
- 并行传输是将多个数据位同时传输，一次可传 $1 \sim n$ 个字节，通常将同时传输的数据位数称为总线的宽度。并行传输适合于距离短、要求速度快的传输。

答案：B

（2010 上）Windows 操作系统中资源管理器进程可由（12）启动。

A. winlogon.exe　　B. wins.exe　　C. explorer.exe　　D. snmp.exe

- winlogon.exe，用户登录程序。
- wins.exe，DNS（域名解析服务）程序。
- explorer.exe，资源管理器程序。
- snmp.exe，简单网络管理协议程序。

答案：C

（2010 上）某磁盘阵列共有 14 块硬盘，采用 RAID 5 技术时的磁盘利用率是（21）。

A. 50%　　　　　　　B. 100%　　　　　　C. 70%　　　　　　D. 93%

- RAID 5 的磁盘利用率=（N–1）/N=（14–1）/14=13/14≈93%。

答案：D

（2010 下）（4）技术利用程序的局部原理，把程序中正在使用的部分数据或代码存放在特殊的存储器中，以提高系统的性能。

A. 缓存　　　　　　　B. 虚拟存储　　　　　C. RAID　　　　　D. DMA

- 某一模块的程序，往往集中在存储器逻辑地址空间中很小的一块范围内，且程序地址分布是连续的。也就是说，CPU 在一段较短的时间内，是对连续地址的一段很小的主存空间频繁地进行访问，而对此范围以外地址的访问甚少，这种现象称为程序访问的局部性。
- 高速缓冲存储器（Cache）技术就是利用程序访问的局部性原理，把程序中正在使用的部分（活跃块）存放在一个小容量的高速 Cache 中，使 CPU 的访存操作大多针对 Cache 进行，从而解决高速 CPU 和低速主存之间速度不匹配的问题，使程序的执行速度大大提高。
- Cache 的容量一般只有主存储器的几百分之一，但它的存取速度能与 CPU 相匹配。
- 根据程序局部性原理，正在使用的主存储器某一单元邻近的那些单元将被用到的可能性很大。因而，当 CPU 存取主存储器某一单元时，计算机硬件就自动地将包括该单元在内的那一组单元内容调入 Cache。
- 如果 CPU 绝大多数存取主存储器的操作能为存取 Cache 所代替，计算机系统处理速度就能显著提高。
- 提示：在硬盘中也有高速缓存，工作原理是一样的。

答案：A

（2010 下）（5）基准程序规范用于评价计算机在事务处理、数据处理、企业管理等方面的性能。

A．Linpack　　　　　B．SPEC　　　　　C．TPC　　　　　D．MFLOPS

- LINPACK（Linear system package，线性系统软件包），原是一套专门解线性系统问题之数学软件。现在 LINPACK 在国际上已经成为最流行的用于测试高性能计算机系统浮点性能的 benchmark，通过高斯消元法求解 N 元一次稠密线性代数方程组的测试，评价高性能计算机的浮点性能。
- TPC（Transaction Processing Performance Council，事务处理性能委员会）的功能是制定商务应用基准程序的标准规范、性能和价格度量，并管理测试结果的发布。
  - TPC－C 是在线事务处理（OLTP）的基准程序。
  - TPC－D 是决策支持（Decision Support） 的基准程序。
  - TPC－E 是大型企业（Enterprise）信息服务的基准程序。
- SPEC （Standard Performance Evaluation Corporation，系统性能评估测试），测试系统总体性能的 Benchmark。
- MFLOPS（Million Floating-point Operations per Second，每秒百万个浮点操作），仅用来评测浮点计算能力，而不是系统的整体性能。

答案：C

（2010 下）Which of the following would require real-time processing? （71）

A．Playing a computer game

B．Executing a program that predicts the state of economy

C．Printing labels

D．Listening the music

- 下列哪项活动需要实时处理？（71）

A．玩电脑游戏　　　　　　　　　　B．执行经济形势预测程序

C．打印标签　　　　　　　　　　　D．听音乐

- 实时处理（Real-time processing）是处理结果能立即作用或影响正在被处理的过程本身的一种处理方式，它对时间限制非常强，如果超出限定时间就可能丢失信息或影响到下一批信息的处理。
- 实时处理对响应时间的要求是以信息处理过程所能接受的延迟来定的，一般为秒级，甚至毫秒级、微秒级；分时处理的响应时间是以人所能等待的时间来定的。
- 电脑游戏需要快速反应、实时处理交互信息。

答案：A

（2011 上）在计算机存储系统中，存储速度最快的设施是（4）。

A．主存　　　　　　B．Cache　　　　　　C．磁带　　　　　　D．磁盘

- 存取速度由快到慢的顺序是：CPU 内部寄存器>Cache>主存>磁盘>磁带。

答案：B

（**2011 上**）移动流媒体技术是近几年的热点技术，以下关于移动流媒体特点的说法不正确的是（18）。

A．移动流媒体文件在客户端保存

B．移动流媒体文件对客户端存储空间要求不高

C．移动流媒体可以实现手机、PC、电视的三屏互动

D．移动流媒体可以实时播放，大大缩短启动延时

- 流媒体是指视频、声音等数据以实时传输协议承载，并以连续的流的形式从源端向目的端传输，在目的端接收到一定缓存数据后就可以播放出来的多媒体应用。
- 流媒体技术应用到移动网络和终端（如手机、Pad）上，称之为移动流媒体技术。
- 移动流媒体技术有三大特点：

（1）能够实时播放音视频和多媒体内容。这样可以大大缩短启动延时，避免了用户必须等待整个文件全部从服务器源上下载完成后才能观看的缺点。

（2）播放的流媒体文件不需要在客户端保存，减少了对客户端存储空间的要求，也减少了缓存容量的需求。

（3）由于流媒体文件不在客户端保存，从而从一定程度上解决了媒体文件的版权保护问题。

答案：A

（**2011 下**）以下设施中，存取速度较快的是（4）。

A．主存　　　　　　B．Cache　　　　　　C．寄存器　　　　　　D．高速磁盘

- 存取速度由快到慢的顺序是：CPU 内部寄存器>Cache>主存>磁盘>磁带。

答案：C

亲爱的同学：当你做到这里，本章的所有考点你都已经见识过了，现在准备毕业吧！

12.2　通关测试

以下 10 题答对 8 题以上的可以通关！

（**2011 下**）下列关于 UNIX 的叙述中，（9）不正确。

① UNIX 是一个单用户多任务操作系统

② UNIX 支持很多文本编辑器

③ UNIX 文件系统可以安装或卸载

A. ①和②　　　　　　　B. ③　　　　　　　C. ②和③　　　　　　　D. ①

（2011 下）在数据库、数据挖掘、决策支持、电子设计自动化应用中，由于服务器处理的数据量都很大，因而常常需要安腾处理器。安腾处理器采用的创新技术是（13）。

A. 复杂指令系统计算 CISC　　　　　　　B. 精简指令系统计算 RISC

C. 简明并行指令计算 EPIC　　　　　　　D. 复杂并行指令计算 CPIC

（2011 下）32 位计算机中的 32 是指该计算机（18）。

A. 能同时处理 32 位二进制数

B. 能同时处理 32 位十进制数

C. 具有 32 根地址总线

D. 运算精度可达小数点后 32 位

（2012 上）MIPS 常用来描述计算机的运算速度，其含义是（4）。

A. 每秒钟处理百万个字符　　　　　　　B. 每分钟处理百万个字符

C. 每秒钟执行百万条指令　　　　　　　D. 每分钟执行百万条指令

（2012 上）在 RAID 技术中，磁盘镜像阵列是（5）。

A. RAID 0　　　　B. RAID 1　　　　C. RAID 3　　　　D. RAID 5

（2012 上）分时操作系统通常采用（12）策略为用户服务。

A. 短作业优先　　　　　　　　B. 时间片轮转

C. 可靠性和灵活性　　　　　　D. 时间片加权分配

（2012 下）计算机操作的最小单位时间是（5）。

A. 指令周期　　　　B. 时钟周期　　　　C. 中断周期　　　　D. CPU 周期

（2012 下）不包括在微型计算机的三类总线中的是（6）。

A. 数据总线　　　　B. 控制总线　　　　C. 地址总线　　　　D. 消息总线

（2012 下）在计算机内部，不需要编译，计算机就能够直接执行的语言是（7）。

A. Basic   B. C   C. Java   D. 机器语言

（**2012 下**）用于评价在联机事务处理（OLTP）环境下的数据库和硬件的性能，并可用于不同系统之间用性能价格比进行比较的基准程序规范是（18）。

A. TPC-A   B. TPC-B   C. TPC-C   D. TPC-D

12.3 通关测试解析

（**2011 下**）下列关于 UNIX 的叙述中，（9）不正确。

① UNIX 是一个单用户多任务操作系统

② UNIX 支持很多文本编辑器

③ UNIX 文件系统可以安装或卸载

A. ①和②   B. ③   C. ②和③   D. ①

- ①错，UNIX 是一个支持多用户、多任务的操作系统。
- ③正确，可以使用 Mount 和 Umount 命令安装或卸载文件系统。

```
mount [option] filesystem mountpoint
umount [option] filesystem
```

答案：D

（**2011 下**）在数据库、数据挖掘、决策支持、电子设计自动化应用中，由于服务器处理的数据量都很大，因而常常需要安腾处理器。安腾处理器采用的创新技术是（13）。

A. 复杂指令系统计算 CISC   B. 精简指令系统计算 RISC

C. 简明并行指令计算 EPIC   D. 复杂并行指令计算 CPIC

- Intel 安腾（Itanium）处理器专为要求苛刻的企业和技术应用而设计，瞄准高端企业市场，相对 Intel 其他系列的处理器，价格昂贵。
- Itanium 采用了创新的 EPIC（Explicitly Parallel Instruction Code，显式并行指令代码）计算模式，该模式专为高效地并行处理而设计。
- 在其他计算模式下，处理器不得不自己来确定代码并行处理的可能性。而显式并行指令计算（EPIC）包括一个增强的指令集，允许编译器在软件代码载入处理器之前明确地识别出代码并行处理的可行性。
- 编译器非常适合执行这个任务，因为它可以浏览并分析完整的代码，从而确定最高效的并行处理方式。于是，硬件和软件都能够发挥最佳作用。编译器决定能够获得最佳效率的程序。处理器只需尽快地并行处理指令。

答案：C

（2011 下） 32 位计算机中的 32 是指该计算机（18）。

A．能同时处理 32 位二进制数

B．能同时处理 32 位十进制数

C．具有 32 根地址总线

D．运算精度可达小数点后 32 位

- 32 位计算机中的 32 是指该计算机的字长，即 CPU 的字长。
- 字长是 CPU 的主要技术指标之一，指的是 CPU 一次能并行处理的二进制位数，字长通常是 8 的整数倍。
- 32 位计算机的 CPU 每次处理 32bit（4Byte）。
- 64 位计算机的 CPU 每次处理 64bit（8Byte）。

答案：A

（2012 上） MIPS 常用来描述计算机的运算速度，其含义是（4）。

A．每秒钟处理百万个字符　　　　　　B．每分钟处理百万个字符

C．每秒钟执行百万条指令　　　　　　D．每分钟执行百万条指令

- MIPS（Million Instructions Per Second，百万条指令/每秒）是衡量 CPU 性能的指标。

答案：C

（2012 上） 在 RAID 技术中，磁盘镜像阵列是（5）。

A．RAID 0　　　　B．RAID 1　　　　C．RAID 3　　　　D．RAID 5

- RAID 1，1 比 1 镜像（disk mirroring），磁盘利用率是 50%，任何一块磁盘损坏，系统都可以自动切换到其镜像磁盘。

答案：B

（2012 上） 分时操作系统通常采用（12）策略为用户服务。

A．短作业优先　　　　　　　　　　　B．时间片轮转

C．可靠性和灵活性　　　　　　　　　D．时间片加权分配

- 分时操作系统（Time-sharing Operating System）的特点是将 CPU 的时间片轮流分

配给内存中的各个程序使用，使每个终端用户都感觉自己似乎有一台独立支持自己请求服务的计算机系统。

答案：B

（**2012 下**）计算机操作的最小单位时间是（5）。

A．指令周期　　　　　　B．时钟周期　　　　　　C．中断周期　　　　　　D．CPU 周期

- 计算机系统中的最小的时间单位是时钟周期，其他时间都是时钟周期的整数倍。
- 时钟周期（Clock Cycle）也称为振荡周期，定义为时钟频率的倒数。
- 指令周期（Instruction Cycle）：取出并执行一条指令的时间。指令周期常常用若干个 CPU 周期数来表示。
- CPU 周期（CPU Cycle）又称机器周期，用从内存读取一条指令的最短时间来定义。一个 CPU 周期通常包含若干个时钟周期。在一个时钟周期内，CPU 仅能完成一个最基本的动作。

答案：B

（**2012 下**）不包括在微型计算机的三类总线中的是（6）。

A．数据总线　　　　　B．控制总线　　　　　　C．地址总线　　　　　　D．消息总线

- 系统总线：可分为数据总线、地址总线、控制总线。
  - 数据总线：各个模块间传送数据的通道。
  - 地址总线：传递地址信息，来指示数据总线上的数据的来源或去向，CPU 根据地址信息从相应的存储单元读出数据或向该存储单元写入数据。
  - 控制总线：控制对数据总线和地址总线的访问和使用。

答案：D

（**2012 下**）在计算机内部，不需要编译，计算机就能够直接执行的语言是（7）。

A．Basic　　　　　　　B．C　　　　　　　　　C．Java　　　　　　　　D．机器语言

- 不需要编译，计算机就能够直接执行的语言是机器语言。
- 提示：即使是使用汇编语言编写的程序，机器也不能直接识别，还要由汇编程序或者汇编语言编译器转换成机器指令。

答案：D

（**2012 下**）用于评价在联机事务处理（OLTP）环境下的数据库和硬件的性能，并可用

于不同系统之间用性能价格比进行比较的基准程序规范是（18）。

　　A．TPC-A　　　　　　B．TPC-B　　　　　　C．TPC-C　　　　　　D．TPC-D

- TPC（Transaction Processing Performance Council，事务处理性能委员会）推出过很多套基准程序：
    - TPC－A 和 TPC－B 已经过时，不再使用了。
    - TPC－C 是在线事务处理（OLTP）的基准程序。
    - TPC－D 是决策支持（Decision Support）的基准程序。
- TPC-C 测试的结果主要有两个指标，即流量指标（transactions per minute，简称 tpmC）和性价比（Price/Performance，简称 Price/tpmC）。
- 流量指标（tpmC）描述了系统在执行支付操作、订单状态查询、发货和库存状态查询这 4 种交易的同时，每分钟可以处理多少个新订单交易。流量指标值越大说明系统的联机事务处理能力越高。
- 性价比（Price/tpmC）：即测试系统的整体价格与流量指标的比值，在获得相同的 tpmC 值的情况下，价格越低越好。

答案：C

　　　　想知道你考试能得多少分么？本书提供了两种估算方法：1．将每章通关测试得分乘以该章的权重（前言中附有题量统计），累加即可；2．进行下篇的真题模拟考试。两种方法互为校验，信度极高！

第13章 网 络 技 术

本章对应《信息系统监理师教程》之第二篇信息网络系统建设监理的考试内容，是上午考试中题量最大的章节之一，平均到每次考试，上午题量为 8.9 分，下午题量为 2.4 分。

** 由于本章题量过大，为便于读者阅读和学习，特将"机房工程与综合布线"方面的内容单独提取出来作为第 14 章。

13.1 历年试题解析

（2005 上）对通信线路进行设置与拆除的通信设备是（31）。

A．交换机　　　　　　B．通信控制器　　　　　C．多路复用器　　　　D．路由器

- 数据通信系统的基本模型如下图所示。

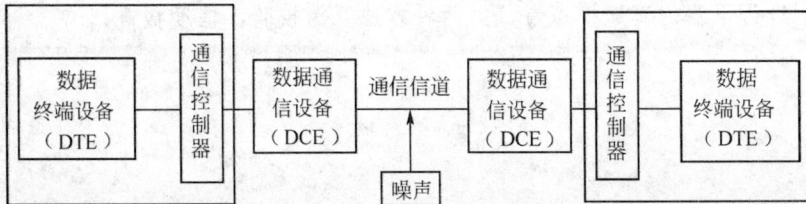

- 远端的数据终端设备（Data Terminal Equipment，DTE）通过数据电路与计算机系统相连。数据电路由通信信道和数据通信设备（Data Communication Equipment，DCE）组成。
- 如果通信信道是模拟信道，DCE 的作用就是把 DTE 送来的数据信号变换为模拟信号再送往信道，信号到达目的结点后，把信道送来的模拟信号变换成数据信号再送到 DTE。
- 如果通信信道是数字信道，DCE 的作用就是实现信号码型与电平的转换、信道特性的均衡、收发时钟的形成与供给以及线路接续控制等。
- 传统的电话通信必须有人直接参加、摘机拨号、接通线路、双方都确认后才开始通话，在通话过程中有听不清楚的地方还可要求对方再讲一遍等。在数据通信中也必须解决类似的问题，才能进行有效的通信。

- 由于数据通信没有人直接参加，就必须对传输过程按一定的规程进行控制，以便使双方能协调可靠地工作，包括通信线路的连接和拆除、收发双方的同步、工作方式的选择、传输差错的检测与校正、数据流的控制、数据交换过程中可能出现的异常情况的检测和恢复等，都需要按双方事先约定的传输控制规程进行，这些控制工作具体由通信控制器来完成。

答案：A

（**2005** 上）通过局域网连接到 Internet 时，计算机上必须有（32）。

A．MODEM　　　　　B．网络适配器　　　　　C．电话　　　　　D．USB 接口

- 通过局域网连接到 Internet 时，计算机上必须有网卡（网络接口卡、网络适配器）。

答案：B

（**2005** 上）某人的电子邮箱为 Rjspks@163.com，对于 Rjspks 和 163.com 的正确理解为（33），在发送电子邮件时，常用关键词使用中，（34）是错误的。若电子邮件出现字符乱码现象，以下方法中（35）一定不能解决该问题。

（33）A．Rjspks 是用户名，163.com 是域名

　　　B．Rjspks 是用户名，163.com 是计算机名

　　　C．Rjspks 是服务器名，163.com 是域名

　　　D．Rjspks 是服务器名，163.com 是计算机名

（34）A．From 是指 Rjspks@163.com　　　　B．To 是指接受方的邮件地址

　　　C．Cc 是指回复发件人地址　　　　　　D．Subject 是指电子邮件的主题

（35）A．改变编码标准　　　　　　　　　　B．文件加密

　　　C．以附件方式传输　　　　　　　　　　D．以图片方式传输

- Rjspks 是用户名，163.com 是邮件服务器的域名。
- CC（carbon copy）是抄送，BCC（blind carbon copy）是密送。
- 文件加密解决不了乱码问题，而且还会使情况变得更乱。

答案：（33）A、（34）C、（35）B

（**2005** 上）在 TCP/IP 网络中，为公共服务保留的端口号范围是（36）。

A．1～255　　　　　B．1～1023　　　　　C．1～1024　　　　D．1～65 535

- 在 TCP/IP 网络中，为公共服务保留的端口号范围是 1～1023，比如，WWW 的默认端口是 80，DNS 是 53，SMTP 是 25，POP3 是 110，FTP 是 21 和 20。

答案：B

（2005 上） 在以下网络应用中，要求带宽最高的应用是（37）。

A．可视电话　　　　　　B．数字电视　　　　　　C．拨号上网　　　　　　D．收发邮件

- 显然视频对带宽要求最高，数字电视的画幅要远大于可视电话，对带宽要求最高。

答案：B

（2005 上） 802.3 标准中使用的媒体访问控制方式是（61）。

A．Token Ring　　　　B．Token Bus　　　　C．CSMA/CD　　　　D．ALOHA

- 以太网（IEEE 802.3）是应用最广泛的物理层及数据链路层协议，以太网的访问控制方法是 CSMA/CD（Carrier Sense Multiple Access/Collision Detect，载波侦听多路访问/冲突检测）。

答案：C

（2005 上） TCP/IP 协议分为四层，分别为应用层、传输层、网际层和网络接口层。不属于应用层协议的是（62），属于网际层协议的是（63）。

（62）A．SNMP　　　　B．UDP　　　　　C．TELNET　　　　D．FTP

（63）A．RPC　　　　　B．UDP　　　　　C．TCP　　　　　D．IP

- SNMP、TELNET、FTP、RPC 是应用层协议。
- UDP TCP 是传输层协议。
- IP 是互联网层（网际层、Internet Layer）协议。

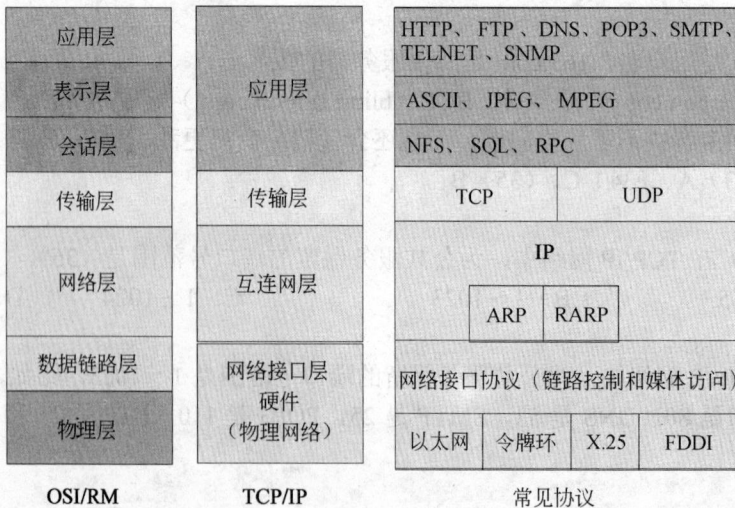

OSI/RM	TCP/IP	常见协议			
应用层	应用层	HTTP、FTP、DNS、POP3、SMTP、TELNET、SNMP			
表示层		ASCII、JPEG、MPEG			
会话层		NFS、SQL、RPC			
传输层	传输层	TCP		UDP	
网络层	互连网层	IP			
			ARP	RARP	
数据链路层	网络接口层硬件（物理网络）	网络接口协议（链路控制和媒体访问）			
物理层		以太网	令牌环	X.25	FDDI

答案：（62）B、（63）D

（**2005 上**）一个局域网中某台主机的 IP 地址为 176.68.160.12，使用 22 位作为网络地址，那么该局域网的子网掩码为（64），最多可以连接的主机数为（65）。

（64）A．255.255.255.0　　　　　　　　B．255.255.248.0
　　　　C．255.255.252.0　　　　　　　　D．255.255.0.0
（65）A．254　　　　　B．512　　　　　C．1022　　　　　D．1024

- 子网掩码（subnet mask） 是一个 32 比特的二进制代码，其作用是将某个 IP 地址划分成网络地址和主机地址两部分。
  - 子网掩码不能单独存在，它必须结合 IP 地址一起使用。
  - 掩码（mask）的某一位如果是"1"，IP 地址中相应的位属于网络地址。
  - 掩码（mask）的某一位如果是"0"，IP 地址中相应的位属于主机地址。
- 子网掩码使路由器等设备很容易从 IP 数据包的 IP 地址中分出地址的网络标识部分和主机标识部分。
  - 将某类 IP 地址的子网掩码与对应的 IP 地址进行"与"运算，则可获得 IP 地址中的网络标识部分，以分辨出不同的网络。
  - 将某类 IP 地址的子网掩码与对应的 IP 地址进行"或"运算，则可获得 IP 地址中的主机标识部分，以分辨出不同的主机。
  - 子网掩码可用来判断任意两台计算机的 IP 地址是否属于同一子网络。
- 使用 22 位作为网络地址，那么该局域网的子网掩码用二进制可表示为：

11111111　11111111　11111100　00000000

- 转换成十进制后为 255.255.252.0。

<table>
<tr><td></td><td>子网编号</td><td>主机编号</td></tr>
<tr><td rowspan="2">子网掩码</td><td colspan="2">11111111 11111111 11111100 00000000—255.255.252.0</td></tr>
<tr><td colspan="2"></td></tr>
<tr><td rowspan="3">子网地址空间</td><td colspan="2">10110000 01000100 10100000 00000000—176.68.160.0</td></tr>
<tr><td colspan="2">10110000 01000100 10100000 00001100—176.68.160.12</td></tr>
<tr><td colspan="2">10110000 01000100 10100011 11111111—176.68.163.255</td></tr>
</table>

- IP 地址总共 32 位，前 22 位作为网络地址，则该子网的主机地址=32-22=10 位，最多可以连接的主机数=2^{10}-2=1024-2=1022（台）。

- 减去 2 的原因是：
  - 主机地址全 0 的那个 IP 地址（176.68.160.0）要作为该子网的网络地址。
  - 主机地址全 1 的那个 IP 地址（176.68.163.255）要作为该子网的广播地址。

答案：（64）C、（65）C

（2005 下）邮件服务器使用 POP3 的主要目的是（22）。

A．创建邮件　　　　　B．管理邮件　　　　　C．收取邮件　　　　　D．删除邮件

- POP3（Post Office Protocol 3）协议用于接收邮件。
- SMTP（Simple Mail Transfer Protocol）协议用于发送邮件。

答案：C

（2005 下）下列（23）不属于电子商务的应用模式。

A．B2B　　　　　B．B2C　　　　　C．G2C　　　　　D．C2C

- B2B（Business to Business，在英文中的 2 的发音同 to 一样），企业与企业之间的电子商务，典型代表：阿里巴巴公司。
- B2C（Business to Consumer），企业与消费者之间的电子商务，典型代表：京东商城、天猫商城。
- C2C（Consumer to Consumer），消费者与消费者之间的电子商务，典型代表：淘宝网。
- G2B（Government to Business），即政府对企业的电子政务，如税务局的网上办税系统、工商局的网上办照系统。
- G2C（Government to Citizen），即政府对公众的电子政务，如各种政务信息网站。

答案：C

（2005 下）Internet 中域名与 IP 地址之间的翻译是由（24）来完成的。

A．域名服务器　　　　　　　　　　B．代理服务器
C．FTP 服务器　　　　　　　　　　D．Web 服务器

- DNS（Domain Name System）服务器负责 Internet 中域名与 IP 地址之间的翻译。

答案：A

（2005 下）在 VLAN 中，每个虚拟局域网组成一个（25），如果一个 VLAN 跨越多个交换机，则属于同一 VLAN 的工作站要通过（26）互相通信。

（25）A．区域　　　　　　B．组播域　　　　　C．冲突域　　　　　D．广播域

（26）A．应用服务器　　　　　　　　　B．主干（Trunk）线路

　　　C．环网　　　　　　　　　　　D．本地交换机

- 每个 VLAN（虚拟局域网）组成一个广播域。
- 广播域（Broadcast Domain）：网络中能接收到同样广播帧的所有设备的集合。该集合中任意一个节点发出的广播帧，所有其他节点都能接收到。通常来说一个局域网就是一个广播域。
- VLAN（Virtual Local Area Network，虚拟局域网）技术的出现，使得网络管理员根据实际应用需求，把不同物理局域网内的有着相同需求的计算机工作站从逻辑上划分成一个虚拟局域网，形成一个广播域。由于从逻辑上划分，而不是从物理上划分，所以同一个 VLAN 内的各个工作站没有限制在同一个物理范围中，即这些工作站可以在不同物理 LAN 网段。

　　　A VLAN=A Broadcast Domain=Logical Network(Subnet)

　　　一个虚拟局域网=一个广播域=逻辑网络（子网）

- 如果一个 VLAN 跨越多个交换机，则属于同一 VLAN 的工作站可通过主干（Trunk）线路互相通信。交换机之间互联用的级联端口通常称为 Trunk 端口。
- 当交换机把数据包从级联口（Trunk 端口）发出去的时候，会在数据包中做一个标记（Tag），以使其他交换机识别该数据包属于哪一个 VLAN，这样，其他交换机收到这样一个数据包后，只会将该数据包转发到标记中指定的 VLAN，从而完成了跨越交换机的 VLAN 内部数据传输。

答案：（25）D、（26）B

（**2005 下**）三层交换技术利用（27）进行交换。

A．IP 地址　　　　　B．MAC 地址　　　　　C．端口号　　　　　D．应用协议

- 二层交换技术利用 MAC 地址进行交换，二层即 OSI/RM 的数据链路层。
- 三层交换技术利用 IP 地址进行交换，三层即 OSI/RM 的网络层。
- MAC（Medium Access Control，介质访问控制）地址，也叫物理地址，是网络设备的全球唯一编号，用 12 个十六进制数字表示，共 6 个字节（48 个二进制位）。

答案：A

（**2005 下**）假设有一个局域网，管理站每 15 分钟轮询被管理设备一次，一次查询访问需要的时间是 200ms，则管理站最多可以支持（28）个网络设备。

A．400　　　　　　B．4000　　　　　　C．4500　　　　　D．5000

- 200ms（毫秒）=0.2s（秒）。
- 管理站最多可以轮询的网络设备数=15×60÷02=4500（台）。

答案：C

（**2005 下**）通过代理服务器使内部局域网中各客户机访问 Internet 时，（30）不属于代理服务器功能。

A．共享 IP 地址　　　B．信息缓存　　　C．信息转发　　　D．信息加密

- 代理服务器（Proxy Server）就是在计算机客户端和访问的计算机网络（通常是访问互联网）之间安装有相应代理服务器软件的一台计算机，客户端对网络的所有访问请求都通过代理服务器实现。而被访问的网络计算机对请求的回答，也通过代理服务器转达到客户端。
- 代理服务器的主要作用有：

（1）代理服务器提供远程信息本地缓存功能，减少信息的重复传输。

（2）所有使用代理服务器的用户都必须通过代理服务器访问远程站点，因此在代理服务器上就可以设置相应的限制，以过滤或屏蔽掉某些信息。因此代理服务器可以起到防火墙的作用。

（3）通过代理服务器可访问一些不能直接访问的网站。互联网上有许多开放的代理服务器，客户在访问权限受到限制时，而这些代理服务器的访问权限是不受限制的，刚好代理服务器在客户的访问范围之内，那么客户通过代理服务器访问目标网站就成为可能。国内的高校多使用教育网，不能访问一些国外的互联网站点，但通过代理服务器，就能实现访问，这也是高校内代理服务器热的原因所在。

（4）安全性得到提高。无论是上网聊天还是浏览网站，目的网站只能知道你来自于代理服务器，而你的真实 IP 地址就无法测知，这就使得使用者的安全性得以提高。

答案：D

（**2005 下**）下列（31）设备可以隔离 ARP 广播帧。

A．路由器　　　B．网桥　　　C．以太网交换机　　　D．集线器

- 冲突域基于 OSI/RM 的第一层（物理层）。
- 广播域基于 OSI/RM 的第二层（链路层）。
- Hub（集线器）所有端口都在同一个广播域，冲突域内。所以 Hub 不能分割冲突域和广播域。
- 默认情况下，以太网交换机（局域网交换机，二层交换机）所有端口都在同一个广

播域内，而每一个端口就是一个冲突域。所以交换机能分割冲突域，但分割不了广播域。

- 虚拟局域网（VLAN）技术可以隔离广播域。
- 路由器（Router）的每个端口属于不同的广播域。
- 三层交换机、VLAN 和路由器都可以隔离广播风暴（broadcasting storm）。当路由器或三层交换机收到广播帧时并不处理它，使它无法再传递到其他子网中，从而达到在不同子网间隔离广播风暴的目的。
- ARP（Address Resolution Protocol，地址解析协议）负责将 IP 地址解析成 MAC 地址。
- 近年来常见的 ARP 攻击就是通过伪造 IP 地址和 MAC 地址实现 ARP 欺骗，在网络中持续不断地广播大量的伪造的 ARP 响应帧，以更改目标主机 ARP 缓存中的 IP-MAC 条目，造成目标主机网络中断、甚至整个局域网的瘫痪。

答案：A

（**2005** 下）在 Windows 系统中，（32）不是网络服务组件。

A. RAS   B. HTTP   C. IIS   D. DNS

- RAS（Remote Access Service，远程访问服务）组件，允许用户通过拨号方式登录系统，从而实现移动办公。
- IIS（Internet Information Service，互联网信息服务）组件，用于提供 WWW、FTP、Email 服务。
- DNS（Domain Name System，域名解析服务）组件，用于提供 DNS 服务。
- 没错儿，Windows 2000 之后的系统都提供 DNS 组件，你可以在台式机架设一个 DNS 服务器，对外提供 DNS 服务。

答案：B

（**2005** 下）在 OSI 参考模型中，数据链路层处理的数据单位是（33）。

A. 比特   B. 帧   C. 分组   D. 报文

- 物理层处理的数据单位是：bit（比特）。
- 数据链路层处理的数据单位是：frame（帧）。
- 网络层处理的数据单位是：Packet（分组/数据报）。
- 传输层处理的数据单位是：Segment（段）。

答案：B

（**2006 上**）下图所示的网卡中①处是一个（5）接口。

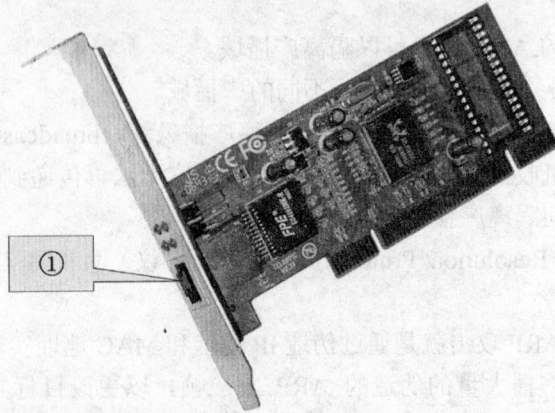

    A．USB   B．RJ-45   C．BNC   D．PS/2

- 普通的以双绞线为传输介质的以太网卡使用 RJ-45 接口。
- BNC 接口的网卡用于用细同轴电缆为传输介质的以太网或令牌网中，目前很难见到，因为用细同轴电缆作为传输介质的网络现在已几乎绝迹。
- PS/2 接口是键盘和鼠标的专用接口。

答案：B

（**2006 上**）与多模光纤相比较，单模光纤具有（61）等特点。

    A．较高的传输率、较长的传输距离、较高的成本

    B．较低的传输率、较短的传输距离、较高的成本

    C．较高的传输率、较短的传输距离、较低的成本

    D．较低的传输率、较长的传输距离、较低的成本

- 单模光纤（Single-mode Fiber）只能传输一种模式的光。单模光纤的纤芯直径较细，一般为 9～10μm，因此其模间色散很小，适用于远程通信。也正是由于单模光纤芯径太小，较难控制光束传输，对光源的谱宽和稳定性要求较高（即谱宽要窄，稳定性要好），故需要较为昂贵的激光作为光源体。
- 多模光纤（Multi-mode Fiber）容许不同模式的光在一根光纤上传输，多模光纤的纤芯直径为 50～100μm，由于多模光纤的芯径较大，故可使用较为廉价的耦合器及接线器。
- 与多模光纤相比较，单模光纤：传输率高、传输距离长、成本高。
- 单模光纤几乎所有的指标都优于多模光纤，除了价格贵以外。

答案：A

（**2006 上**）CDMA 系统中使用的多路复用技术是（62）。我国自行研制的移动通信 3G 标准是（63）。

（62）A．时分多路　　　　B．波分多路　　　C．码分多址　　　　D．空分多址
（63）A．TD-SCDMA　　　B．WCDMA　　　C．CDMA2000　　　D．GPRS

- 借此题系统回顾一下移动通信的技术标准。
- FDMA，Frequency Division Multiple Access，频分多址，1G 标准（模拟手机、大哥大）。
- TDMA，Time Division Multiple Access，时分多址，2G 标准（数字手机、GSM）。
- GPRS（General Packet Radio Service，通用分组无线服务技术），一种移动数据业务，利用 GSM 网络中未使用的 TDMA 信道，提供中速的数据传递，俗称"2.5G"。
- CDMA（Code Division Multiple Access），码分多址。
    - TD-SCDMA（Time Division-Synchronous Code Division Multiple Access，时分同步码分多址），由大唐电信提出，是我国唯一拥有自主知识产权的 3G 标准。也是第一个由中国提出的，以我国知识产权为主的、被国际上广泛接受和认可的无线通信国际标准，是我国电信史上重要的里程碑。中国移动的 3G 网络使用此标准。
    - W-CDMA（Wideband Code Division Multiple Access，宽频码分多址），中国联通的 3G 网络使用此标准。
    - CDMA2000（CDMA Multi-Carrier，多载波码分多址），中国电信的 3G 网络使用此标准。
- TD-LTE（Time Division Long Term Evolution，时分长期演进），中国移动的 4G 网络使用此标准。
- 此外，还有一个容易混淆的 WDMA（Wavelength Division Multiple Access，波分多址），用于光纤通信，不是移动通信技术。

答案：（62）C、（63）A

（**2006 上**）某校园网用户无法访问外部站点 210.102.58.74，管理人员在 Windows 操作系统下可以使用（64）判断故障发生在校园网内还是校园网外。

A．ping 210.102.58.74　　　　　　　　B．tracert 210.102.58.74
C．netstat 210.102.58.74　　　　　　　D．arp 210.102.58.74

- Ping 用来检测网络的连通情况和分析网络速度，无法判断故障发生在校园网内还是校园网外。
- Tracert（路由跟踪），用于确定 IP 数据包访问目标所采取的路径。可以使用 tracert

命令确定数据包在网络上的停止位置，从而进行故障定位。

- Netstat 用于了解网络的整体使用情况，比如与 IP、TCP、UDP 和 ICMP 协议相关的统计数据，可以显示路由表、实际的网络连接以及每一个网络接口设备的状态信息，一般用于检验本机各端口的网络连接情况。C 选项的命令格式不对。

- ARP 用于将 IP 地址解析成 MAC 地址。

答案：B

（2006 上）当网络出现连接故障时，一般应首先检查（65）。

A．系统病毒　　　　　　B．路由配置　　　　C．物理连通性　　　D．主机故障

- 诊断网络故障的顺序是按照 OSI 七层协议，从下往上查，最先检查物理层：网卡灯亮不亮、网线有没有插上、是否有松动、Hub 或交换机有没有掉电等。

答案：C

（2006 上）Originally introduced by Netscape Communications，（66） are a general mechanism which HTTP Server side applications，such as CGI （67），can use to both store and retrieve information on the HTTP （68） side of the connection.

Basically，Cookies can be used to compensate for the （69） nature of HTTP. The addition of a simple，persistent，client-side state significantly extends the capabilities of WWW-based （70）.

（66）A．Browsers　　　　B．Cookies　　　　C．Connections　　　D．Scripts
（67）A．graphics　　　　B．processes　　　　C．scripts　　　　D．texts
（68）A．Client　　　　　B．Editor　　　　　C．Creator　　　　D．Server
（69）A．fixed　　　　　B．flexible　　　　　C．stable　　　　　D．stateless
（70）A．programs　　　　B．applications　　　C．frameworks　　　D．constrains

- Cookies 最初是由 Netscape 通信公司引入的，它是 HTTP 服务器端应用程序的一种通用机制，和 CGI 脚本（scripts）一样，它可以用于存储和检索 HTTP 连接客户端（Client）的信息。

- 基本上，Cookies 是用来弥补 HTTP 的无状态（stateless）缺陷的。一个简单的、持久的、客户端状态，可以显著地扩展 WWW 应用（applications）的能力。

答案：（66）B、（67）C、（68）A、（69）D、（70）B

（2006 下）网络操作系统提供的网络管理服务工具可以提供主要的功能包括（1）。

①网络性能分析　　　　②网络状态监控
③应用软件控制　　　　④存储管理

A. ①和② B. ②和③ C. ①、②和④ D. ①、③和④

- ①和②是操作系统提供的网络管理服务工具的主要功能。
- 有同学说网吧管理软件的功能远超于此，包括①、②、③、④。
- 注意审题！题干中已经强调了"网络操作系统提供的网络管理服务工具"，网吧管理软件不属于"网络操作系统提供的网络管理服务工具"。

答案：A

（**2006 下**）调制解调器（MODEM）的主要功能是（5）。
A. 模拟信号的放大 B. 数字信号的整形
C. 模拟信号与数字信号的转换 D. 数字信号的编码

- MODEM（Modulator-Demodulator），调制解调器。所谓调制，就是把把计算机的数字信号转换成电话线上传输的模拟信号；解调，就是把模拟信号转换成数字信号。

答案：C

（**2006 下**）常用 4 层模型来描述 TCP/IP 体系结构。IP 是核心，位于第 2 层；第 3 层是传输层，包括两个主要的协议，其中（6）适合向视频应用提供服务，而（7）适合向文件传输应用提供服务。

（6）A. TCP B. UDP C. FTP D. TFTP
（7）A. TCP B. UDP C. FTP D. TFTP

- TCP 和 UFP 是传输层的两个主要协议。
- TCP 是可靠的、面向连接的协议，UDP 是不可靠的、面向无连接的协议。
- TCP 保证数包传输的正确性，UDP 在传输过程中可能存在丢包现象。
- 有同学问：既然 UDP 是不可靠的，那么它有什么用途呢？
- 回答：在网络视频、音频应用中，UDP 相对于 TCP 有着天然的优势，比如，网络视频聊天或足球比赛直播，上一帧画面丢了一些包，画面有点卡，是否要重传丢失的那些包呢，不需要，丢了就丢了，宝贵的带宽要用来传输下一帧的画面。
- 当在网络上传输文件时，即使丢失了一个数据包，文件也可能无法执行或打开，所以应该使用 TCP 协议。

答案：（6）B、（7）A

（**2006 下**）TCP/IP 体系结构中，如果第 1 层协议采用 802.3，则将设备的 IP 地址映射为 MAC 物理地址的协议是（9）。

　　A．FTP　　　　　　　B．TFTP　　　　　　C．ARP　　　　　　D．ICMP

- ARP（Address Resolution Protocol，地址解析协议）负责将 IP 地址解析成 MAC 地址。

答案：C

（2006 下） 虽然不同的操作系统上可有不同的 WWW 浏览器，但是这些浏览器都符合（10）协议，该协议属于 TCP/IP 4 层模型的第 4 层。

　　A．SNMP　　　　　　B．SMTP　　　　　　C．HTML　　　　　　D．HTTP

- HTTP 协议（Hyper Text Transfer Protocol，超文本传输协议）工作在应用层，详细规定了浏览器和 WWW 服务器之间互相通信的规则。

答案：D

（2006 下） 路由选择协议是 IP 网络实用化的关键，它决定了数据包从"源"传送到"目的地"的路径。IP 网络中最广泛使用的路由协议之一是（11）。

　　A．RIP　　　　　　　B．RUP　　　　　　C．IPX　　　　　　D．SPX

- RIP（Routing Information Protocol，路由信息协议）是一种使非常广泛的路由协议。它可以通过不断的交换信息让路由器动态的适应网络连接的变化，RIP 工作在网络层。
- IPX 和 SPX 是 Novell 公司开发的网络协议，IPX 负责数据包的传送；SPX 负责数据包传输的完整性，主要用于 Novell 网络环境，现在已越来越少有人用。
- RUP（Rational Unified Process，统一软件开发过程），是 Rational 公司（已被 IBM 收购）的软件工程方法。

答案：A

（2006 下） 能够实现路由选择功能的设备（12）。
A．包括路由器和具有包转发功能的服务器
B．包括路由器和网络交换机
C．仅包括路由器
D．仅包括网关

- 网关、路由器和具有包转发功能的服务器都能实现路由选择。
- 最初的路由器就是装有路由软件的、有多块网卡的计算机。
- 网关（Gateway），也叫协议网关，运行在高层（网络层之上），可以互联两个协议差别很大的网络，相当于"高层的路由器"。

- 普通的交换机（LAN Switch，局域网交换机、以太网交换机、二层交换机）工作在链路层，不能实现路由选择。

答案：A

（**2006 下**）Computer　（70）　is a complex consisting of two or more connected computing units，it is used for the purpose of data communication and resource sharing.

A．storage　　　　　　　B．device　　　　　　　C．processor　　　　　D．network

- 计算机网络是由两个或者两个以上的计算单元组成的复杂体，用于数据通信和资源共享。

答案：D

（**2007 上**）（8）服务器一般都支持 SMTP 和 POP3 协议。

A．Gopher　　　　　　　B．Telnet　　　　　　　C．FTP　　　　　　　D．E-mail

- E-Mail 服务器一般都支持 SMTP 和 POP3 协议。
- Gopher（地鼠）是 Internet 上一个曾经非常有名的信息查找系统，它将 Internet 上的文件组织成索引，很方便地将用户从 Internet 的一处带到另一处。它只支持文本，不支持图像。在 WWW 出现之前，Gopher 是 Internet 上最主要的信息检索工具，但在 WWW 出现后，Gopher 失去了昔日的辉煌。现在它基本过时，知道它的人已经很少。

答案：D

（**2007 上**）广域网覆盖的地理范围从几十公里到几千公里，它的通信子网主要使用（11）技术。

A．报文交换　　　　　　B．分组交换　　　　　　C．文件交换　　　　　D．电路交换

- 电路交换（circuit Switching）技术需要在通信双方之间建立一条被双方独占的物理通路（由通信双方之间的交换设备和链路逐段连接而成）。由于通信线路为通信双方用户专用，数据直达，可以保证为用户提供足够的带宽，并且实时性强，时延小，交换设备成本也较低，但网络的带宽利用率不高，一旦电路被建立不管通信双方是否处于通话状态，分配的电路都一直被占用。
- 报文交换（message switching）方式不要求在两个通信结点之间建立专用通路。结点把要发送的信息组织成一个数据包——报文，该报文中含有目标结点的地址，完整的报文在网络中一站一站地向前传送，经过多次的存储-转发，最终到达目标结

点。由于通信双方不是固定占有一条通信线路，而是在不同的时间一段一段地部分占有这条物理通路，因而大大提高了通信线路的利用率。

- 分组交换（packet switching，也称包交换）技术是针对数据通信业务的特点而提出的一种交换方式。它以分组为单位进行传输和交换，面向无连接、采用存储转发方式进行交换。分组交换仍采用存储转发传输方式，但将一个长报文先分割为若干个较短的分组，然后把这些分组（携带源、目的地址和编号信息）逐个地发送出去。
- 特点总结：
  - 传输时延按从小到大的顺序：电路交换<分组交换<报文交换。
  - 从提高整个网络的信道利用率上看，报文交换和分组交换优于电路交换。
  - 若要传送的数据量很大，且其传送时间远大于呼叫时间，则采用电路交换较为合适。
  - 当端到端的通路有很多段的链路组成时，采用分组交换传送数据较为合适。
- 电路交换技术对于数据业务而言有着很大的局限性，目前主要用于传送和话音相关的业务，公众电话网（PSTN 网）和 2G 移动网（包括 GSM 网和 CDMA 网）采用的都是电路交换技术。
- 电子邮件系统（E-mail）适合采用报文交换方式。
- 分组交换尤其适合于计算机之间的突发式的数据通信，交换机、路由器、TCP/IP、Internet 都建立在分组交换的基础上。
- 广域网的通信子网主要使用分组交换技术。
  - 通信子网（communication subnet）：计算机网络中负责数据通信的部分，属于 OSI 模型的下三层（物理层、链路层、网络层）。通信子网一般由通信介质（光纤、铜缆、双绞线）、交换机、路由器、网络通信协议等组成。
  - 资源子网（Resources Subnet）：计算机网络中面向用户的部分，负责面向应用的数据处理工作，由计算机硬件和通信软件组成。

答案：B

（**2007** 上）随着微型计算机的广泛应用，大量的微型计算机是通过局域网连入广域网的，而局域网与广域网的互联一般是通过（12）设备实现的。

A．Ethernet 交换机　　　　B．路由器　　　　　　C．网桥　　　　D．电话交换机

- 局域网与广域网的互联一般是通过路由器实现的。

答案：B

（**2007** 上）对 Windows 2000 Server 计算机的 D 盘根目录的 test 文件夹创建了隐藏共享，共享名为 test$，这台计算机的 IP 地址为 172.16.1.1，其他计算机能够访问该隐藏共享的方法是：点击开始-运行，并输入（14）。

A．\\172.16.1.1　　　　　　　　　　　　　B．\\172.16.1.1\d\test$

C．\\172.16.1.1\test$　　　　　　　　　　D．\\172.16.1.1\test

- 隐藏共享的特点就是在网上邻居的共享文件夹列表中不显示，只有输入该隐藏共享的正确地址才能打开。
- 为区别普通共享，隐藏共享的共享名后会有一个"$"符号。

答案：C

（**2007 下**）为了指导计算机网络的互连、互通，ISO 颁布了 OSI 参考模型，其基本结构分为（1）。网卡（网络适配器）的主要功能不包括（2）。

（1）A．7 层　　　　　　B．6 层　　　　　　C．5 层　　　　　　D．4 层

（2）A．将计算机连接到通信介质上　　　　B．进行电信号匹配

　　C．实现数据传输　　　　　　　　　　D．网络互连

- OSI/RM（Open System Interconnection/Reference Model）——开放系统互连参考模型，1983 年 ISO 颁布为网络体系结构标准。

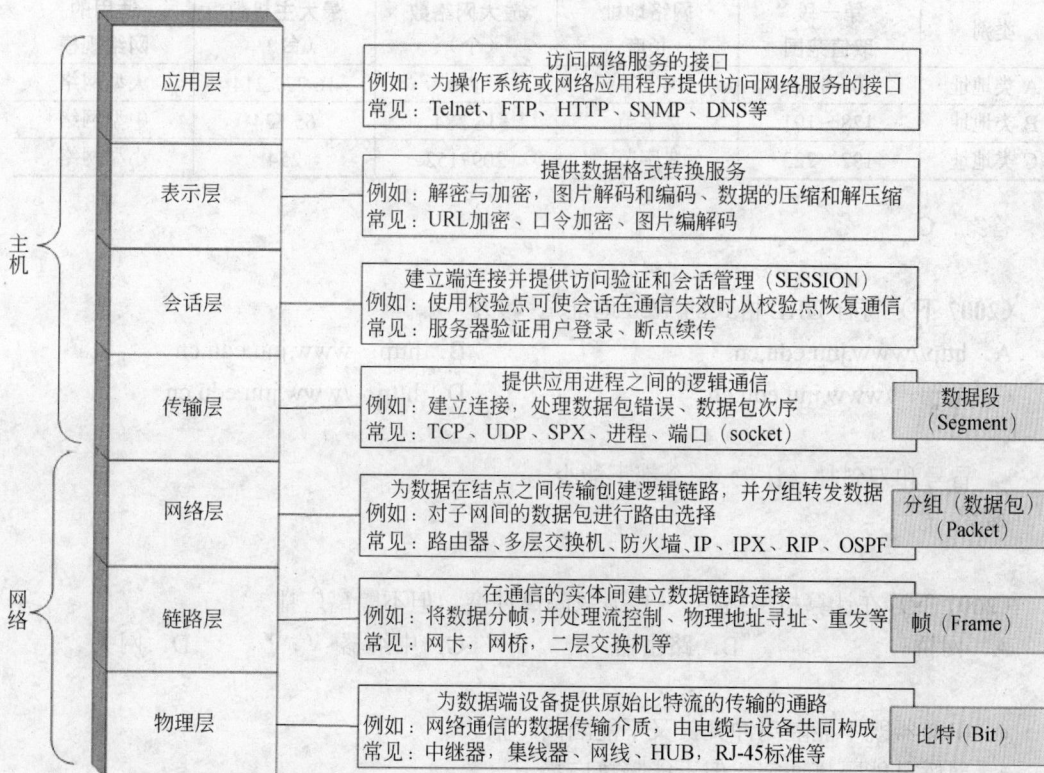

层	说明	数据单位
应用层	访问网络服务的接口 例如：为操作系统或网络应用程序提供访问网络服务的接口 常见：Telnet、FTP、HTTP、SNMP、DNS等	
表示层	提供数据格式转换服务 例如：解密与加密，图片解码和编码、数据的压缩和解压缩 常见：URL加密、口令加密、图片编解码	
会话层	建立端连接并提供访问验证和会话管理（SESSION） 例如：使用校验点可使会话在通信失效时从校验点恢复通信 常见：服务器验证用户登录、断点续传	
传输层	提供应用进程之间的逻辑通信 例如：建立连接，处理数据包错误、数据包次序 常见：TCP、UDP、SPX、进程、端口（socket）	数据段（Segment）
网络层	为数据在结点之间传输创建逻辑链路，并分组转发数据 例如：对子网间的数据包进行路由选择 常见：路由器、多层交换机、防火墙、IP、IPX、RIP、OSPF	分组（数据包）（Packet）
链路层	在通信的实体间建立数据链路连接 例如：将数据分帧，并处理流控制、物理地址寻址、重发等 常见：网卡，网桥，二层交换机等	帧（Frame）
物理层	为数据端设备提供原始比特流的传输的通路 例如：网络通信的数据传输介质，由电缆与设备共同构成 常见：中继器、集线器、网线、HUB、RJ-45标准等	比特（Bit）

（主机：应用层、表示层、会话层、传输层；网络：网络层、链路层、物理层）

- 网络互连不是网卡所能实现的，常见的网络互连设备有：
  - 中继器（Repeater），运行在物理层，用于把网络中的设备物理连接起来。
  - 网桥（Bridge），运行在链路层，用于连接同一逻辑网络中、物理层规范不同的网段，根据 MAC 地址转发帧，相当于"低层的路由器"。
  - 路由器（Router），运行在网络层，连接不同的逻辑网络，根据 IP 地址转发数据包。
  - 网关（Gateway），运行在高层（网络层之上），也叫协议网关，互联两个协议差别很大的网络，相当于"高层的路由器"。

答案：（1）A、（2）D

（**2007 下**）IP 地址（8）属于 C 类地址。

A. 10.2.3.4   B. 172.16.23.50

C. 192.38.214.2   D. 125.38.214.2

- C 类地址第一段的取值范围是 192～223，C 选项正确。

类别	第一段 取值范围	网络地址 长度	最大网络数 （个）	最大主机数 （台）	适用的 网络规模
A 类地址	0～127	1 字节	128	16 777 214	大型网络
B 类地址	128～191	2 字节	16 384	65 534	中型网络
C 类地址	192～223	3 字节	2097152	254	小型网络

答案：C

（**2007 下**）符合 URL 格式的 Web 地址是（9）。

A. http//www.jnu.edu.cn   B. http：www.jnu.edu.cn

C. http：//www.jnu.edu.cn   D. http：/www.jnu.edu.cn

- 冒号和双斜杠（：//）一个都不能少。

答案：C

（**2007 下**）在计算机网络中，（12）只隔离冲突，但不隔离广播。

A. 网桥   B. 路由器   C. 中继器   D. 网关

- 中继器既不能隔离冲突，又不能隔离广播。
- 网桥只能隔离冲突，但不能隔离广播。

- 路由器和网关既能隔离冲突，又能隔离广播。

答案：A

（**2007 下**）按照网络分布和覆盖的地理范围，可将计算机网络分为（15）。

A．Internet 网、互联网和局域网　　　　　　B．广域网、城域网和局域网

C．广域网、互联网和城域网　　　　　　　　D．Internet 网、城域网和 Novell 网

- 按照网络分布和覆盖的地理范围，可将计算机网络分为：

（1）局域网（Local Area Network，LAN）——一般指覆盖范围在 10km 以内，一座楼房或一个单位内部的网络。由于传输距离直接影响传输速度，因此，局域网内的通信，由于传输于距离短，传输的速率一般都比较高。

（2）广域网（Wide Area Network，WAN）——是指远距离的、大范围的计算机网络。跨地区、跨城市、跨国家的网络都是广域网。由于广域的覆盖范围广，联网的计算机多，因此广域网上的信息量非常大，共享的信息资源很丰富。Internet 是全球最大的广域网，它覆盖的范围遍布全世界。

（3）城域网（Metropolitan Area Network，MAN）——其覆盖范围在局域网和广域网之间。一般指覆盖范围为一个城市的网络。

答案：B

（**2007 下**）局域网中使用的传输介质有双绞线、同轴电缆和光纤等。10BASE-T 采用 3 类 UTP，规定从收发器到有源集线器的距离不超过（17）米。100BASE-TX 把数据传输速率提高了 10 倍，同时网络的覆盖范围（18）。

（17）A．60　　　　　　　B．100　　　　　　　C．185　　　　　　　D．300

（18）A．保持不变　　　　B．缩小了　　　　　C．扩大了　　　　　D．没有限制

- 10BASE-T。
  - 100BASE 描述带宽：以太网，10Mbps。
  - T 描述传输介质：3 类 UTP（无屏蔽双绞线）。
- 100BASE-TX。
  - 100BASE 描述带宽：快速以太网，100Mbps。
  - TX 描述传输介质：5 类 UTP（无屏蔽双绞线）。
- 二者的最大网段长度均为 100 米。

答案：（17）B、（18）A

（**2008 上**）在 OSI 七层结构模型中，处于数据链路层与传输层之间的是（1）。

A. 物理层 　　　　B. 网络层 　　　　C. 会话层 　　　　D. 表示层

- 处于数据链路层与传输层之间的是网络层。

答案：B

（**2008 上**）（2）不属于电子邮件协议。

A. POP3 　　　　B. SMTP 　　　　C. IMAP 　　　　D. MPLS

- MPLS（Multi-Protocol Label Switching，多协议标签交换）是一种用于快速数据包交换和路由的体系，不属于电子邮件协议。
- IMAP（Internet Mail Access Protocol，互联网邮件访问协议），它与 POP3 协议的主要区别是用户可以不用把所有的邮件全部下载，可以通过客户端直接对服务器上的邮件进行操作。

答案：D

（**2008 上**）在 Windows Server 2000 操作系统中可以通过安装（3）组件创建 FTP 站点。

A. IIS 　　　　B. IE 　　　　C. POP3 　　　　D. DNS

- IIS（Internet Information Service，互联网信息服务）组件，可用于创建 WWW、FTP、SMTP 服务器。

答案：A

（**2008 上**）在关于①Ethernet ②Token Bus ③ATM LAN ④FDDI ⑤Token Ring 的组合中，属于共享介质局域网的是（9）。

A. ①②③④ 　　　　B. ①②④⑤ 　　　　C. ②③④⑤ 　　　　D. ①③④⑤

- Ethernet（以太网）、Token Bus（令牌总线）、Token Ring（令牌总线）、FDDI（光纤分布式数据接口）等传统的局域网技术都是建立在"共享介质"的基础上，局域网中所有结点共享一条公共通信传输介质。
- ATM（Asynchronous Transfer Mode，异步传输模式）是以信元为基础的一种分组交换和复用技术，适用于局域网和广域网。传统的 LAN 技术使用无连接的传输，而 ATM 网络则是面向连接的通信。ATM LAN 不再共享介质。

答案：B

（**2008 上**）100Base-FX 中的多模光纤最长的传输距离为（30）。

A．500m　　　　　　B．1km　　　　　　C．2km　　　　　　D．40km

- 100Base-FX 可用单模光纤或者多模光纤，在全双工情况下，单模光纤的最大传输距离是 40km，多模光纤的最大传输距离是 2km。

答案：C

（2008 上）运行 Web 浏览器的计算机与网页所在的计算机要建立（33）连接，采用（34）协议传输网页文件。

（33）A．UDP　　　　　B．TCP　　　　　　C．IP　　　　　　　D．RIP

（34）A．HTTP　　　　B．HTML　　　　　C．ASP　　　　　　D．RPC

- 运行 Web 浏览器的计算机与网页所在的计算机要建立 TCP 连接，采用 HTTP 协议传输网页文件。
- TCP 是可靠的、面向连接的协议；UDP 是不可靠的、面向无连接的协议；IP 处于网络层，没有连接的概念；RIP 是路由协议，干扰项。
- HTTP 协议（Hyper Text Transfer Protocol，超文本传输协议），详细规定了浏览器和 WWW 服务器之间互相通信的规则，用于从 WWW 服务器传输超文本到本地浏览器。

答案：（33）B、（34）A

（2008 上）A （71） is used to communicate with another computer over telephone lines.

A．keyboard　　　　B．modem　　　　　C．mouse　　　　　D．printer

- 调制解调器（Modem）用于通过电话线与另一台计算机进行通信。

答案：B

（2008 下）光纤分为单模光纤与多模光纤，这两种光纤的区别是（11）。

A．单模光纤的纤芯大，多模光纤的纤芯小

B．单模光纤比多模光纤采用的波长长

C．单模光纤的传输频带窄，而多模光纤的传输频带宽

D．单模光纤的光源采用发光二极管（Light Emitting Diode），而多模光纤的光源采用激光二极管（Laser Diode）

- A 错，单模光纤的纤芯直径小，多模光纤的纤芯直径大。
- C 错，单模光纤的传输频带宽，而多模光纤的传输频带窄。

- D 错，单模光纤的光源采用激光二极管（Laser Diode，LD），而多模光纤的光源采用发光二极管（Light Emitting Diode，LED）。
- 单模光纤（Single-mode Fiber）只能传输一种模式的光。单模光纤的纤芯直径较细，一般为 9~10μm，因此其模间色散很小，适用于远程通信。也正是由于单模光纤芯径太小，较难控制光束传输，对光源的谱宽和稳定性要求较高（即谱宽要窄，稳定性要好），故需要较为昂贵的激光作为光源体。
- 多模光纤（Multi-mode Fiber）容许不同模式的光在一根光纤上传输，多模光纤的纤芯直径为 50~100μm，由于多模光纤的芯径较大，故可使用较为廉价的耦合器及接线器。
- 与多模光纤相比较，单模光纤的传输速度快、传输距离长，单模光纤几乎所有的指标都优于多模光纤，除了价格贵以外。

答案：B

（**2008 下**）ADSL 是一种宽带接入技术，这种技术使用的传输介质是（12）。

A．电话线　　　　　B．CATV 电缆　　　　　C．基带同轴电缆　　　　D．无线通信网

- DSL（Digital Subscriber Line，数字用户线路）是基于普通电话线的宽带接入技术，它在同一铜线上分别传送数据和语音信号，数据信号并不通过电话交换机设备，减轻了电话交换机的负载；并且不需要拨号，一直在线，属于专线上网方式，这意味着使用 xDSL 上网并不需要缴付另外的电话费。
- xDSL 中的"x"代表了各种数字用户环路技术，包括 HDSL、SDSL、ADSL、VDSL 等。
- ADSL（Asymmetric Digital Subscriber Line，非对称数字用户线），非对称指的是上传和下载速度不对称，上传速度慢、下载速度快。

答案：A

（**2008 下**）下面关于网络系统设计原则的论述，正确的是（13）。

A．应尽量采用先进的网络设备，获得最高的网络性能

B．网络总体设计过程中，只需要考虑近期目标即可，不需要考虑扩展性

C．网络系统应采用开放的标准和技术

D．网络需求分析独立于应用系统的需求分析

- A 错，"尽量采用先进的"和"最高的"不符合网络系统设计的实用性原则。
- B 错，违背了可扩展原则——方案设计、规划、关键设备选型具有一定的前瞻和超前意识，要保证技术的延续性、灵活的扩展性和广泛的适应性，注意分步实施的可

操作性，确保系统能够满足用户在数据及业务扩展性方面的需求。同时信息网络系统应采用开放系统结构，与其他系统通信采用标准接口，以保证良好的兼容性。

- D 错，网络需求分析依赖于应用系统的需求分析。

答案：C

（**2008 下**）下面的选项中，属于本地回路地址的是（14）。

A．120.168.10.1　　　　　B．10.128.10.1　　　　C．127.0.0.1　　　　D．172.16.0.1

- 127.0.0.1 是回送（Loopback）地址，用于回路测试，名为 Local host。

答案：C

（**2008 下**）Internet 上的 DNS 服务器中保存有（16）。

A．主机名　　　　　　　　　　　　　　B．域名到 IP 地址的映射表
C．所有主机的 MAC 地址　　　　　　　D．路由表

- DNS（Domain Name System）服务器负责 Internet 中域名与 IP 地址之间的翻译，保存有域名到 IP 地址的映射表。

答案：B

（**2008 下**）划分 VLAN 的方法有多种，这些方法中不包括（26）。

A．基于端口划分　　　　　　　　　　B．基于路由设备划分
C．基于 MAC 地址划分　　　　　　　　D．基于 IP 组播划分

- 常见的 VLAN 划分方式有基于交换机端口、基于 MAC 地址、基于网络地址（IP 地址）、基于 IP 组播、基于策略。
- IP 组播（IP multicasting）通过使用特定的 IP 组播地址，按照最大投递的原则，将 IP 数据包传输到一个组播群组（multicast group）的主机集合。当某个设备向一组设备发送数据时，它不必将数据向每一个设备都发送一遍，只需将数据发送到一个特定的预约的组地址，所有加入该组的设备均可以收到这份数据。这样对发送者而言，数据只需发送一次就可以发送到所有接收者，大大减轻了网络的负载和发送者的负担。
- 根据 IP 组播划分 VLAN，即认为一个组播群组就是一个 VLAN，这种划分的方法将 VLAN 扩大到了广域网，因此这种方法具有更大的灵活性，而且也很容易通过路由器进行扩展，当然这种方法不适合局域网，主要是效率不高。

答案：B

（**2008** 下）某学校网络中心与图书馆相距 700 米，而且两者之间采用千兆网连接，那么两个楼之间的通信介质应选择（28）。

A．单模光纤   B．多模光纤   C．同轴电缆   D．双绞线

- IEEE 802.3z，千兆以太网标准，1998 年 6 月通过。
    - 1000Base-LX 应用于单模光纤（Single-mode Fiber），最大网段长度为 3000m。
    - 1000Base-SX 应用于多模光纤（Multi-mode Fiber），最大网段长度为 500m。
    - 1000Base-CX 应用于屏蔽双绞线（Shielded Twisted-Pair，STP），最大网段长度为 25m。
- 网络中心与图书馆相距 700 米只能使用单模光纤。

答案：A

（**2008** 下）某 IP 网络连接如下图所示，主机 PC1 发出一个全局广播消息，无法收到该广播消息的是（31）。

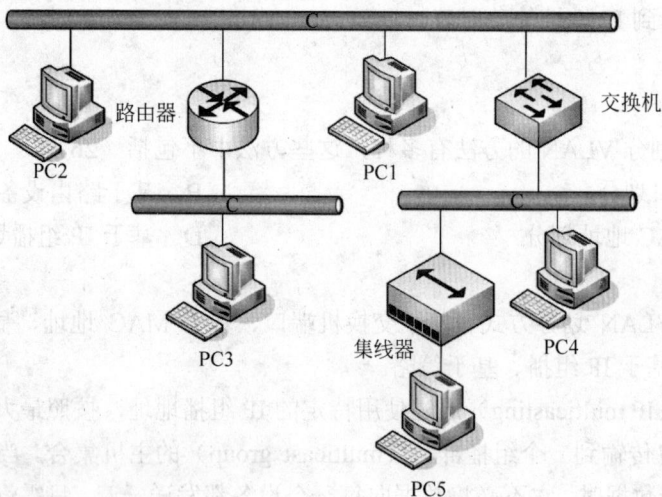

A．PC2   B．PC3   C．PC4   D．PC5

- PC3 无法收到该广播信息，广播信息被路由器过滤。

答案：B

（**2008 下**）某网络用户能进行 QQ 聊天，但在浏览器地址栏中输入 www.PerfectSky.cn 却不能正常访问该页面，此时管理员应检查（35）。

A．网络物理连接是否正常　　　　　　B．DNS 服务器是否正常工作
C．默认网关设置是否正确　　　　　　D．IP 地址设置是否正确

- 可以进行 QQ 聊天，说明网络物理连接正常、默认网关设置正确、IP 地址设置正确。
- 但浏览器却不能正常访问 www.PerfectSky.cn 网站，说明 DNS 服务器工作不正常，不能得到该网站的 IP 地址。

答案：B

（**2009 上**）从既节省投资又保障性能角度考虑，（5）可以采用入门级服务器。

A．打印服务器　　　　　　　　　　　B．视频会议服务器
C．办公自动化系统（OA）服务器　　　D．网络游戏服务器

- 入门级服务器主要是满足办公室型的中小型网络用户的文件共享、打印服务、数据处理、Internet 接入及简单数据库应用的需求，也可以在小范围内完成诸如 E-mail、Proxy 和 DNS 等服务。
- 打印服务器的主要作用是完成文件和打印服务，对硬件的要求较低，一般采用入门级服务器即可。

答案：A

（**2009 上**）下图中的设备是（7）。

A．ST-ST 光纤耦合器　　　　　　　　B．SC-SC 光纤耦合器
C．ST-SC 光纤适配器　　　　　　　　D．SC 型光纤连接器

- 该设备为 SC-SC 直连式光纤耦合器。
- 光纤耦合器（Coupler）分为标准耦合器（属于波导式，双分支，亦即将光信号分

成两个功率）、直连式耦合器（连接 2 条相同或不同类型光纤接口的光纤，以延长光纤链路）、星状/树状耦合器、以及波长多工器。

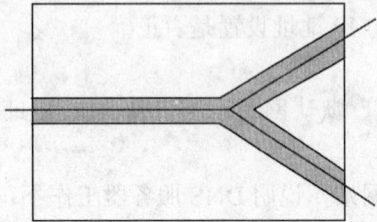

波导式Y型分支路光纤耦合器　　　　　　　　直连式光纤耦合器

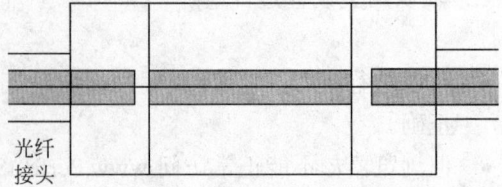

- SC 光纤耦合器：应用于 SC 光纤接口，它与 RJ-45 接口看上去很相似，不过 SC 接口显得更扁些，其明显区别还是里面的触片，如果是 8 条细的铜触片，则是 RJ-45 接口，如果是一根铜柱则是 SC 光纤接口。

答案：B

（**2009 上**）通过测试，得到单个网络组件的最大吞吐量，并计算其与网络系统最大可支持吞吐量之间的差额以达到定位系统最小负载及组件余量的测试方法被称作（12）。

A．容量规划测试　　　　B．瓶颈测试　　　　C．吞吐量测试　　　　D．衰减测试

- 为找到导致系统性能下降的瓶颈，需要进行网络瓶颈测试。
- 瓶颈测试通常需要首先测试计算机系统的最大吞吐量，然后再在单个网络组件上进行该项测试，明确各自的最大吞吐量。通过单个组件的最大吞吐量和系统最大可支持的吞吐量之间的差额，就能发现系统瓶颈的位置以及哪些组件有多余容量。

答案：B

（**2009 上**）The standard （IEEE 802） format for printing （72） in human-friendly form is six groups of two hexadecimal digits, separated by hyphens （-） or colons （:）, in transmission order，e.g. 01-23-45-67-89-ab，01:23:45:67:89:ab. This form is also commonly used for EUI-64.

A．hard disk logical block address　　　　B．IP address
C．mail address　　　　D．MAC address

- 在 IEEE 802 标准中，MAC 地址的人性化表达方式是：分成 6 组、每组 2 个十六进制数字，分隔符可以用连字符（-）或冒号（:），例如：01-23-45-67-89-ab 或 01:23:45:67:89:ab，这种形式也常用于 EUI-64 标识。

答案：D

（2010 上） 以下属于对称传输数字用户线的是（6）。

A．ADSL　　　　　　　B．HDSL　　　　　　　C．VDSL　　　　　　　D．RADSL

- HDSL（High-bit-rate DSL，高速数字用户线）是一种对称的 DSL 技术，即上下行速率一样。HDSL 的缺点是需要两对线缆，住宅用户难以使用。
- ADSL（Asymmetric Digital Subscriber Line，非对称数字用户线），非对称指的是上传和下载速度不对称，上传速度慢、下载速度快。ADSL 可以充分利用现有的铜缆网络（电话线网络），在线路两端加装 ADSL 设备即可为用户提供高宽带服务。ADSL 的另外一个优点在一条普通电话线上接听、拨打电话的同时进行数据传输而互不影响。
- VDSL（Very High Data Rate DSL，甚高速数字用户线），是鉴于现有 ADSL 技术在提供图像业务方面的带宽十分有限以及经济上成本偏高的弱点而开发的，也是非对称的。
- RADSL（Rate Adaptive DSL，速率自适应数字用户线），允许服务提供者调整 xDSL 连接的带宽以适应实际需要并且解决线长和质量问题，也是非对称的。

答案：B

（2010 上）（7）不属于网络交换机划分 VLAN 遵循的协议。

A．SNMP　　　　　　B．UDP　　　　　　　C．STP　　　　　　　D．VTP

- SNMP（Simple Network Management Protocol，简单网络管理协议），是交换机和 VLAN 必须支持的协议。
- STP（Spanning Tree Protocol，生成树协议）可应用于在网络中建立树形拓扑，消除网络中的环路，避免由于环路的存在而造成广播风暴问题。STP 的基本原理是：通过在交换机之间传递一种特殊的协议报文 BPDU（Bridge Protocol Data Unit），来确定网络的拓扑结构。
- VTP（VLAN Trunk Protocol，虚拟局域网主干协议），也叫 VLAN 中继协议，它是 Cisco 公司的私有协议。
    - 当企业网中有很多台交换机时，配置 VLAN 工作量大，可以使用 VTP 协议，把一台交换机配置成 VTP Server，其余交换机配置成 VTP Client，Client 可以自动学习到 Server 上的 VLAN 信息。
    - 在 VTP Server 上配置一个新的 VLAN 时，该 VLAN 的配置信息将自动传播到本域内的其他所有交换机。这些交换机会自动地接收这些配置信息,使其 VLAN 的配置与 VTP Server 保持一致,从而减少在多台设备上配置同一个 VLAN 信息的工作量,而且保持了 VLAN 配置的统一性。

答案:B

(**2010 上**)一般 VLAN 划分的方式有两种:静态和动态,以下关于这两种划分的叙述中,正确的是(8)。

A. 静态 VLAN 容易实现和监视,而且设置简单

B. 动态 VLAN 是基于端口划分的

C. 静态 VLAN 端口一直保持从属于某个虚拟网,除非网管人员重新设置

D. 动态 VLAN 端口属性不会由于接入终端 MAC 的变化而变化

- 静态 VLAN 是基于端口划分的 VLAN,即配置端口到 VLAN 的映射,指定哪些端口与特定的 VLAN 相关联。其缺点是:当用户位置改变时,就要对网线进行迁移或是重新配置 VLAN,严重不适应当今社会的移动办公和无线互联需求。
- 动态 VLAN 则根据终端用户的 MAC 地址,决定属于哪一个 VLAN。
- A 错,动态 VLAN 容易实现和监视,而且设置简单。
- D 错,动态 VLAN 端口属性会由于接入终端 MAC 的变化而变化。

答案:C

(**2010 上**)Internet 应用中的 WWW 服务所默认的端口号是(10)。

A. 21　　　　　　　B. 25　　　　　　　C. 80　　　　　　　D. 24

- 在 TCP/IP 网络中,为公共服务保留的端口号范围是 1～1023,比如,WWW 的默认端口是 80,DNS 是 53,SMTP 是 25,POP3 是 110,FTP 是 21 和 20。

答案:C

(**2010 上**)支持较高传输速率的无线网络协议是(11)。

A. 802.11a　　　　B. 802.11b　　　　C. 802.11g　　　　D. 802.11n

- 802.11a 的理论最大速度为 54Mbps。
- 802.11b 的理论最大速度为 11Mbps。
- 802.11g 的理论最大速度为 54Mbps。
- 802.11n 的理论最大速度为 600Mbps。

答案：D

（**2010 上**）代理服务器是一种服务器软件，它的功能不包括（13）。

A．对用户进行分级管理 　　　　　　B．增加 Cache，提高访问速度

C．节省 IP 地址开销 　　　　　　　D．能实现入侵检测

- 入侵检测是 IDS（Intrusion Detection System，入侵检测系统）的功能，代理服务器（Proxy Server）无法实现入侵检测。
- 代理服务器（Proxy Server）可以实现：

（1）设置用户验证和记账功能，可按用户进行记账，没有登记的用户无权通过代理服务器访问 Internet 网。并对用户的访问时间、访问地点、信息流量进行统计。

（2）对用户进行分级管理，设置不同用户的访问权限，对外界或内部的 Internet 地址进行过滤，设置不同的访问权限。

（3）增加缓冲器（Cache），提高访问速度，对经常访问的地址创建缓冲区，大大提高热门站点的访问效率。通常代理服务器都设置一个较大的硬盘缓冲区（可能高达几个 GB 或更大），当有外界的信息通过时，同时也将其保存到缓冲区中，当其他用户再访问相同的信息时，则直接由缓冲区中取出信息，传给用户，以提高访问速度。

（4）连接内网与 Internet，充当防火墙（Firewall）：因为所有内部网的用户通过代理服务器访问外界时，只映射为一个 IP 地址，所以外界不能直接访问到内部网；同时可以设置 IP 地址过滤，限制内部网对外部的访问权限。

（5）节省 IP 开销：代理服务器允许使用大量的伪 IP 地址，节约网上资源，即用代理服务器可以减少对 IP 地址的需求，对于使用局域网方式接入 Internet，如果为局域网（LAN）内的每一个用户都申请一个 IP 地址，其费用可想而知。但使用代理服务器后，只需代理服务器上有一个合法的 IP 地址，LAN 内其他用户可以使用 10.*.*.*这样的私有 IP 地址，这样可以节约大量的 IP，降低网络的维护成本。

答案：D

（**2010 上**）The connection between two networks to form an internet is handled by a machine known as a （71）。

A．bridge 　　　　B．client 　　　　C．router 　　　　D．switch

- 互联两个网络的设备被称为路由器（router）。

答案：C

（2010 下）数据链路层、网络层、传输层分别对应的网络连接设备是（6）。

A．路由器、网桥、网关　　　　　　　B．路由器、网关、网桥

C．网桥、路由器、网关　　　　　　　D．网关、路由器、网桥

- 中继器（Repeater），运行在物理层，用于把网络中的设备物理连接起来。
- 网桥（Bridge），运行在链路层，用于连接同一逻辑网络中、物理层规范不同的网段，根据 MAC 地址转发帧，相当于"低层的路由器"。
- 路由器（Router），运行在网络层，连接不同的逻辑网络，根据 IP 地址转发数据包。
- 网关（Gateway），运行在高层（网络层之上），也叫协议网关，互联两个协议差别很大的网络，相当于"高层的路由器"。

答案：C

（2010 下）一台 Windows 2000 操作系统的节点主机要与 SNA 网中的一台大型机通信，那么用来互联的设备应该选择（7）。

A．网桥　　　　　　B．路由器　　　　　　C．中继器　　　　　　D．网关

- 互联两个协议差别很大的网络需要使用网关。
- SNA（Systems Network Architecture，系统网络体系结构）是 IBM 公司的专有协议，是 IBM 公司的大型机（ES/9000、S/390 等）和中型机（AS/400）的主要联网协议。

答案：D

（2010 下）（8）协议对在网络中传送的数据进行分组和路由，负责将数据从一个节点传送到另一个节点，该协议与 OSI/RM 模型中的（9）层对应，同层协议还包括（10）。

（8）A．SMTP　　　　B．TCP　　　　　C．IP　　　　　　D．IEEE 802.3

（9）A．会话　　　　　B．传输　　　　　C．数据链路　　　D．网络

（10）A．SNMP　　　　B．UDP　　　　　C．ARP　　　　　D．FTP

- IP 协议（Internet Protocol，网络之间互连的协议）对在网络中传送的数据进行分组和路由，负责将数据从一个节点传送到另一个节点。
- 分组和路由是这道题的题眼，只有 IP 协议具有；TCP 协议建立的是点对点的连接。

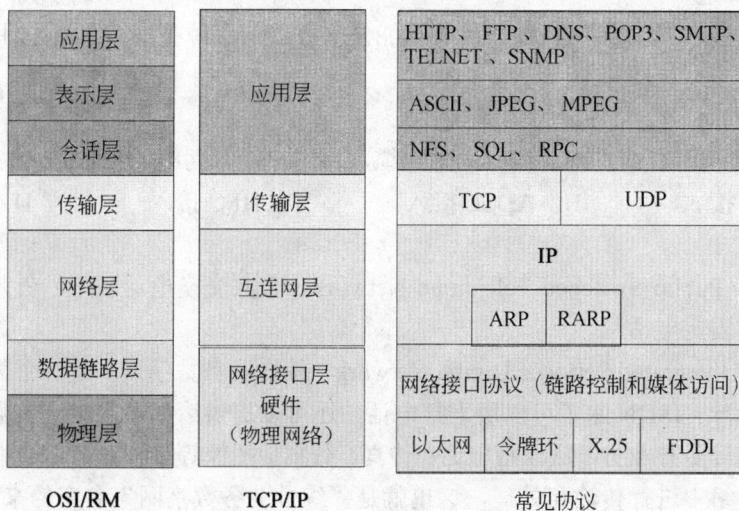

OSI/RM	TCP/IP	常见协议
应用层	应用层	HTTP、FTP、DNS、POP3、SMTP、TELNET、SNMP
表示层		ASCII、JPEG、MPEG
会话层		NFS、SQL、RPC
传输层	传输层	TCP / UDP
网络层	互连网层	IP（ARP RARP）
数据链路层	网络接口层 硬件 （物理网络）	网络接口协议（链路控制和媒体访问）
物理层		以太网 / 令牌环 / X.25 / FDDI

答案：（8）C、（9）D、（10）C

（2010 下）能够支持突发通信流量的广域网协议是（11）。

A. 专线　　　　B. X.25　　　　C. 帧中继　　　　D. IEEE 802.11

- DDN（Digital Data Network，数字数据网），即所谓的专线上网，为用户提供点到点的、半永久性连接的数字数据传输信道，带宽固定。
- X.25 是一个使用电话或者 ISDN 设备作为网络硬件设备来架构广域网的网络协议。它的物理层，数据链路层和网络层（1～3 层）都是按照 OSI 体系模型来架构的。X.25 分组交换网（Packet Switched Network），是第一个面向连接的网络，也是第一个公共数据网络，在 20 世纪 90 年代初曾一度覆盖全球。
- 帧中继（Frame Relay）在 X.25 基础上进行了改进，具有更大的带宽并支持突发流量。
- IEEE 802.11 是无线局域网协议，干扰项。

答案：C

（2010 下）下列关于客户/服务器网络操作系统的说法中，错误的是（12）。

A. 一个局域网上至少有一台服务器，专为网络提供共享资源和服务

B. 现行的本类操作系统包括 UNIX、Linux 等服务器版

C. 相对于支持远程终端-主机模式的操作系统更便于使用

D. 可使任一台计算机的资源都被网络上其他计算机共享

- D 错，客户/服务器网络操作系统只能使服务器的资源被网络上其他计算机共享。

答案：D

（2010 下）利用有线电视总线式同轴电缆，将用户接入网络的技术是（13）。

A．PSTN 接入　　　　B．ADSL 接入　　　C．HFC 接入　　　　D．ISDN 接入

- PSTN（Public Switched Telephone Network，公共交换电话网络）就是我们日常生活中的固定电话网。
- ISDN（Integrated Services Digital Network，综合业务数字网）是一个数字电话网络国际标准。ISDN 除了可以用来打电话，还可以提供诸如可视电话、数据通信、会议电视等多种业务，从而将电话、传真、数据、图像等多种业务综合在一个统一的数字网络中进行传输和处理，这也就是"综合业务数字网"名字的来历。
- PSTN、ISDN 和 ADSL 都与有线电视无关。
- HFC（Hybrid Fiber-Coaxial，光纤混合同轴电缆），是一种经济实用的综合数字服务宽带网接入技术。HFC 通常由光纤干线、同轴电缆支线和用户配线网络三部分组成，从有线电视台出来的节目信号先变成光信号在干线上传输；到用户区域后把光信号转换成电信号，经分配器分配后通过同轴电缆送到用户。

答案：C

（2010 下）在交换机测试过程中，需要建立 VLAN 进行测试的是（14）。

①VLAN 配置测试　②访问控制列表测试　③冗余切换测试

A．①②③　　　　　B．②③　　　　　　C．①③　　　　　　D．①②

- 冗余切换测试跟 VLAN 没关，不需要建立 VLAN。
- ACL（Access Control List，访问控制列表）是交换机实现的一种数据包过滤机制，通过允许或拒绝特定的数据包进出网络，可以对网络访问进行控制，有效保证网络的安全运行。ACL 测试通常包括 MAC ACL 测试、IP ACL 测试和 VACL 测试等。
- VLAN 访问控制列表（VACL）应用于 VLAN 中的所有通信流，支持基于 EtherType 和 MAC 地址的过滤，可以防止未经授权的数据流进入 VLAN。

答案：D

（2010 下）网络延时测试是指测试网络系统在负载条件下转发数据包所需的时间，对于直通设备，延时是指（15）的时间间隔。

A．从输入帧的后一个比特到达输入端口的时刻到输出帧的第一个比特出现在输出端口上的时刻

B. 从输入帧的第一个比特到达输入端口的时刻到输出帧的第一个比特出现在输出端口上的时刻

C. 从输入帧的第一个比特到达输入端口的时刻到输出帧的后一个比特出现在输出端口上的时刻

D. 从输入帧的后一个比特到达输入端口的时刻到输出帧的后一个比特出现在输出端口上的时刻

- 延时测试（Latency test）是指测量系统在有负载条件下转发数据包所需的时间。在规定时间内生成 100% 的负载（或者按测试设置中规定的比例），测量每对端口上的每一个包的延时。

- 对于存储转发（Store and Forward）设备来说，测量的延时是指从输入帧的最后一个比特达到输入端口的时刻，到输出帧的第一个比特出现在输出端口上的时刻的时间间隔。

- 对于直通式（Cut-through）设备来说，延时是指从输入帧的第一比特达到输入端口的时刻，到输出帧的第一比特出现在输出端口的时刻的间隔。

答案：B

（2010 下）（72）is a client/server protocol for transferring files across the Internet.

A. POP3　　　　　　B. IMAP　　　　　　C. FTP　　　　　　D. HTTP

- 用于在互联网中传输文件的客户/服务器协议是 FTP（File Transfer Protocol，文件传输协议）。

答案：C

（2011 上）下面关于交换机的说法中，正确的是（5）。

A. 以太网交换机可以连接运行不同网络层协议的网络

B. 从工作原理上讲，以太网交换机是一种多端口网桥

C. 集线器是交换机的一种类型

D. 通过交换机连接的一组工作站形成一个冲突域

- 从工作原理上讲，集线器（HUB）相当于一个多端口的中继器（Repeater），以太网交换机相当于一个多端口的网桥（Bridge）。

- 以太网交换机的每一个端口就是一个冲突域，以太网交换机可以隔离冲突域，但不能隔离广播域。

- 网关（Gateway）和路由器（Router）可以连接运行不同网络层协议的网络。

- 答对这道题，需要对下列概念非常清晰。

（1）物理层设备：中继器（Repeater）和集线器（Hub）。用于连接物理特性相同的网段，这些网段，只是位置不同而已。Hub 的端口没有物理和逻辑地址。

（2）数据链路层设备：网桥（Bridge）和交换机（Switch）。

- 用于连接同一逻辑网络中、物理层规范不同的网段，这些网段的拓扑结构和其上的数据帧格式，都可以不同。
- Bridge 和 Switch 的端口具有物理地址，但没有逻辑地址。Bridge 和 Switch 可根据物理地址（MAC 地址）转发帧，相当于"低层的路由器"。
- 网桥只有两个端口，而交换机具有高密度的端口。交换机允许多组端口间的通道同时工作，交换机相当于是 N 个网桥的集合。

（3）网络层设备：路由器（Router）。用于连接不同的逻辑网络。Router 的每一个端口都有唯一的物理地址和逻辑地址。Router 根据逻辑地址（如 IP 地址）转发数据包。

（4）高层设备：网关（Gateway）。运行在高层（网络层之上），也叫协议网关，互联两个协议差别很大的网络，相当于"高层的路由器"。

答案：B

（2011 上）以下关于 MPLS 技术特点的说法中，不正确的是（6）。

A．MPLS 充分采用原有的 IP 路由，在此基础上改进，保证了网络灵活性

B．MPLS 采用帧中继进行传输

C．MPLS 网络的数据传输与路由计算分开，是一种面向连接的传输技术

D．MPLS 的标签合并机制支持不同数据流的合并传输

- B 错，MPLS（Multi-Protocol Label Switching，多协议标签交换）是一种用于快速数据包交换和路由的体系，它独立于第二层和第三层协议，诸如 ATM 和 IP、帧中继。
- MPLS 是一种与网络层、链路层无关的技术，它同时支持 X.25、帧中继、ATM、IP、PPP、SDH、DWDM 等，保证了多种网络的互连互通，使得各种不同的网络传输技术统一在同一个 MPLS 平台上。

答案：B

（2011 上）下列对 http：//www.perfectsky.cn/welcome.html 理解不正确的是（7）。

A．http 是 URL

B．http：//www.perfectsky.cn/welcome.html 是对 welcome.html 进行寻址

C．www.perfectsky.cn 是服务主机名

D. welcome.html 是网页文件名

- A 错，http 是协议类型，http：//www.perfectsky.cn/welcome.html 是 URL。
- URL（Uniform Resource Locator，统一资源定位符）俗称网址，是对可以从互联网上得到的资源的位置和访问方法的一种简洁的表示，是互联网上标准资源的地址。
- 互联网上的每个文件都有一个唯一的 URL，它包含的信息指出文件的位置以及浏览器应该怎么处理它。
- URL 由 3 部分组成：协议类型、服务器名称（或 IP 地址）、路径和文件名。

答案：A

（2011 上）用户使用匿名 FTP 连接远程主机，而无须成为其注册用户。下列（8）是匿名 FTP 的用户标识符。

A. real   B. guest   C. anonymous   D. ftp

- 匿名 FTP 是这样一种机制：用户可通过它连接到远程主机上，并从其下载文件，而无须成为其注册用户。系统管理员建立了一个特殊的用户 ID，名为 anonymous，Internet 上的任何人在任何地方都可使用该用户 ID。

答案：C

（2011 上）（9）一般不属于核心交换机选型的首要策略。

A. 高性能和高速率
B. 良好的可管理性
C. 强大的网络控制能力
D. 价格便宜、使用方便、即插即用

- 核心交换机选型要求：
（1）高性能和高速率；
（2）便于升级和扩展；
（3）高可靠性；
（4）良好的可管理性；
（5）强大的网络控制能力。
- "价格便宜、使用方便、即插即用"是对接入层交换机的选型要求。

答案：D

（2011 上）下列对网络层次化设计理解，不正确的是（10）。

A．层次化设计易于扩展

B．可以使故障排除更容易

C．使网络容易升级到最新的技术，无需改变整个环境

D．使配置复杂性提高，不易被攻击

- 网络层次化设计的主要优势有：

（1）可扩展性。因网络可模块化增长而不会遇到问题。

（2）简单性。通过将网络分成许多小单元，降低了网络的整体复杂性，使故障排除更容易，能隔离广播风暴的传播、防止路由循环等潜在问题。

（3）设计的灵活性。使网络容易升级到最新的技术，升级任意层次的网络不会对其他层次造成影响，无须改变整个环境。

（4）可管理性。层次结构使单个设备配置的复杂性大大降低，更易管理。

答案：D

（2011 上）电子邮件系统（E-mail）一般适合采用的交换方式是（11）。

A．时分交换　　　　B．分组交换　　　　C．ATM　　　　D．报文交换

- 电子邮件系统（E-mail）适合采用报文交换方式。
- 详见 2007 年上半年考试第 11 题的解析，此处不再赘述。

答案：D

（2011 上）大型局域网通常划分为核心层、汇聚层和接入层。以下关于各个网络层次的描述中，不正确的是（12）。

A．核心层承担访问控制列表检查

B．汇聚层定义了网络的访问策略

C．接入层提供局域网接入功能

D．接入层可以使用集线器代替交换机

- 通常将网络中直接面向用户连接或访问网络的部分称为接入层，将位于接入层和核心层之间的部分称为分布层或汇聚层，而将网络主干部分称为核心层。

（1）接入层的作用是允许终端用户连接到网络，因此接入层交换机具有低成本和高端口密度特性；接入层是最终用户与网络的接口，接入层设备应该提供即插即用的特性，同时应该非常易于使用和维护。

（2）汇聚层是信息的汇聚点：

- 汇聚层为接入层提供基于策略的连接，如地址合并、协议过滤、路由服务、

认证管理等。

- ◆ 汇聚层负责控制和限制接入层对核心层的访问，保证核心层的安全和稳定。
- ◆ 汇聚层可以通过网段划分（如 VLAN）与网络隔离来防止某些网段的问题蔓延和影响到核心层。
- ◆ 汇聚层是多台接入层交换机的汇聚点，它必须能够处理来自接入层设备的所有通信量，并提供到核心层的上行链路，因此汇聚层交换机与接入层交换机比较，需要更高的性能、更少的接口和更高的交换速率。

（3）核心层的主要目的在于通过高速转发通信，提供可靠的骨干传输结构，因此核心层交换机应拥有更高的可靠性、性能和吞吐量。

- 这道题里的"访问控制"和"访问策略"两个词让很多同学陷入混淆，其实只需要各加一个前缀就清楚了：
  - "用户访问控制"，接入层负责，限制用户的接入。
  - "网络访问策略"，汇聚层负责，限制对核心层或其他网段的访问。
- 补充说明：
  - 一般来说，用户访问控制会安排在接入层，但这并非绝对，也可以安排在汇聚层进行。在汇聚层实现安全控制和身份认证时，采用的是集中式的管理模式。
  - 当网络规模较大时，可以设计综合安全管理策略，例如在接入层实现身份认证和 MAC 地址绑定，在汇聚层实现流量控制和访问权限约束。

答案：A

（2011 上）以下关于数据存储的理解中，说法正确的是（13）。

A. DAS 存储方式主要适用于小型网络，当存储容量增加时难以扩展

B. NAS 存储方式通过光纤通道技术连接存储设备和应用服务器

C. SAN 具有良好的扩展能力，实现了真正的即插即用

D. 与 NAS 相比，SAN 具有更高的连接速度和处理能力，但网络部署比较困难

- DAS（Direct Attached Storage）直接连接存储，存储器与服务器的直接连接，一般通过标准接口，如 SCSI。其缺点为：当存储容量增加时，扩展较难；当服务器异常时，数据将无法存取。
- SAN（Storage Area Network）存储区域网络，采用高速的光纤通道作为传输介质的网络存储技术，它将存储系统网络化，实现了高速共享存储以及块级数据访问的目的。
- SAN 是指在网络服务器群的后端，采用光纤通道等存储专用协议连接成的高速专用网络，从而使网络服务器与多种存储设备直接连接。SAN 的最大特点就是可以实现网络服务器与存储设备之间的多对多连接，而且，这种连接是本地的高速连接。

　　SAN 作为网络基础设施，是为了提供灵活、高性能和高扩展性的存储环境而设计的。

- NAS（Network Attached Storage）网络连接存储，将存储设备通过标准的网络拓扑结构（如以太网、TCP/IP）连接到一系列计算机上，真正实现了即插即用。
- NAS 将分布、独立的数据整合为大型、集中化管理的数据中心，以便于对不同主机和应用服务器进行访问。
- SAN 与 NAS 关键特性比较可见下表：

	SAN	NAS
协议	Fibre Channel（光纤通道） Fibre Channel-to-SCSI（光纤通道-SCSI 转换）	TCP/IP
应用	·关键任务，基于交易的数据库应用处理 ·集中的数据备份 ·灾难后的恢复 ·存储集中	·NFS 和 CIFS 中的文件共享 ·长距离的小数据块传输 ·有限的只读数据库访问
优点	·高可用性 ·数据传输的可靠性 ·减少远网络流量 ·配置灵活 ·高性能 ·高可扩展性 ·集中管理	·距离的限制少 ·简化附加文件的共享容量 ·易于部署和管理 ·真正的即插即用

- 提醒：早期的 SAN 采用的是光纤通道（Fibre Channel，FC）技术，到了 iSCSI 协议出现以后，为了区分，业界就把 SAN 分为 FC-SAN 和 IP-SAN（iSCSI-SAN）。
- iSCSI（Internet Small Computer System Interface），可以理解成 SCSI over TCP/IP，即网络上的 SCSI。它实际是将 SCSI 命令压缩到 TCP/IP 包中，从而使数据块在网络上传输。

答案：A

（2011 上）SNMP 协议与 OSI/RM 模型中的（16）层对应。

A．会话层　　　　　　B．应用层　　　　　　C．表示层　　　　　　D．网络层

- SNMP 协议位于 OSI/RM 模型中的第七层：应用层。

答案：B

（2011 上）10BaseT is an Ethernet LAN term meaning a maximum transfer rate of 10Mbps that uses baseband signaling and twisted pair cabling. A 10BaseT Ethernet LAN has a（71）topology.

　　A．star　　　　　　B．ring　　　　　　C．bus　　　　　D．none of the above

- 10BaseT 是一个以太网术语，其最大传输速度为 10Mbps，采用基带信号传输，介质为双绞线电缆，拓扑结构为星型。

答案：A

（2011 下） 计算机网络拓扑通过网中结点与通信线路之间的几何关系表示（5）。

　　A．网络结构　　　　B．网络层次　　　　C．网络协议　　　D．网络模型

- 拓扑（Topology）是一种不考虑物体的大小、形状等物理属性，而仅仅使用点或者线描述多个物体实际位置与关系的抽象表示方法。拓扑不关心事物的细节，也不在乎相互的比例关系，而只是以图的形式表示一定范围内多个物体之间的相互关系。
- 计算机网络的拓扑结构是引用拓扑学中研究与大小、形状无关的点、线关系的方法，把网络中的计算机和通信设备抽象为一个点，把传输介质抽象为一条线，由点和线组成的几何图形就是计算机网络的拓扑结构。
- 如果两个网络的连接结构相同，我们就说它们的网络拓扑相同，尽管它们各自内部的物理接线、节点间距离可能会有不同。
- 现在最主要的拓扑结构有总线型拓扑、星型拓扑、环型拓扑、树状拓扑（由总线型演变而来）以及它们的混合型。

答案：A

（2011 下） 建立计算机网络的主要目的是实现计算机资源的共享。计算机资源主要指计算机（6）。

　　A．软件与数据　　　　　　　　　　　　B．服务器、工作站与软件

　　C．硬件、软件与数据　　　　　　　　　D．通信了网与资源子网

- 计算机资源主要指计算机硬件、软件与数据。

答案：C

（2011 下） 在以下四个网址中，（7）不符合网址命名规则。

　　A．www.163.com　　　　　　　　　　　B．www.buaa.cn.edu

　　C．www.863.org.cn　　　　　　　　　　D．www.tj.net.jp

- www.buaa.cn.edu 不符合域名规则，应为 www.buaa.edu.cn。
  - 域名应从后向前解读。
  - 最右边为顶级域名，cn 代表中国。
  - edu 为二级域名（网络名），代表教育机构。
  - buaa 为三级域名（机构名），代表北京航空航天大学。
  - www 是主机名，代表 WWW 服务器。

答案：B

（2011 下） 在 IE 地址栏输入的 http：//www.sundxs.com/中，http 表示（8）。

A．协议　　　　　　B．主机　　　　　　C．地址　　　　　　D．资源

- 该网址中的 http 表示协议类型。

答案：A

（2011 下） 应用层 DNS 协议主要用于实现（10）的网络服务功能。

A．网络设备名到 IP 地址的映射

B．网络硬件地址到 IP 地址的映射

C．进程地址到 IP 地址的映射

D．用户名到进程地址的映射

- DNS（Domain Name System）协议用于 Internet 中域名与 IP 地址之间的翻译。
- B 选项对应的是 ARP 和 RARP。
  - ARP（Address Resolution Protocol，地址解析协议）用于网络地址（IP 地址）向物理地址（MAC 地址）的转换。
  - RARP（Reverse Address Resolution Protocol，反向地址解析协议），用于物理地址（MAC 地址）向网络地址（IP 地址）的转换。

答案：A

（2011 下） 在 Internet 上用于收发电子邮件的协议是（11）。

A．TCP/IP　　　　B．IPX/SPX　　　　C．POP3/SMTP　　　　D．NetBEUI

- POP3/SMTP 是 Internet 上用于收发电子邮件的协议。
- IPX 和 SPX 是 Novell 公司开发的网络协议，IPX 负责数据包的传送；SPX 负责数据包传输的完整性，主要用于 Novell 网络环境，现在已越来越少有人用。
  - IPX/SPX 和 TCP/IP 一样不能和 OSI 七层模型完全对应（只包含了 OSI 中传输

层和网络层的部分内容）。

- 与 TCP/IP 显著不同的是：IPX/SPX 不使用 IP 地址，而是使用网卡的物理地址（MAC 地址）。
- 微软的操作系统一直提供 IPX/SPX 兼容协议，局域网对战游戏（如反恐精英、星际争霸）常采用 IPX/SPX 协议，因为几乎不需要任何设置。

- NetBEUI（NetBIOS Enhanced User Interface）是一个非路由的局域网协议，工作在链路层，利用网卡的 MAC 地址进行寻址。
  - NetBEUI 缺乏路由和网络层寻址功能，因此它不需要附加的网络地址和网络层头尾，所以很快并很有效且适用于只有单个网络或整个环境都桥接起来的小工作组环境。
  - 在 Windows 3.1、Windows 95、Windows 98、Windows NT、Windows 2000 时代，NetBEUI 是局域网访问网上邻居的必备协议，但到了 Windows XP 和 Windows 2003 之后，网络病毒泛滥，网上邻居不再安全，NetBEUI 黯然落幕。

答案：C

（2011 下）在 IP 协议中用来进行组播的 IP 地址是（12）地址。

A．A 类　　　　　　B．C 类　　　　　　C．D 类　　　　　　D．E 类

- D 类地址专用于组播（Multicast）。
  - 单播（Unicast）传输：在发送者和每一接收者之间实现点对点网络连接。如果一台发送者同时给多个的接收者传输相同的数据，也必须相应的复制多份的相同数据包。如果有大量主机希望获得数据包的同一份副本时，将导致发送者负担沉重、延迟长、网络拥塞；为保证一定的服务质量需增加硬件和带宽。
  - 广播（Broadcast）传输：是指在 IP 子网内广播数据包，所有在子网内部的主机都将收到这些数据包。广播意味着网络向子网每一个主机都投递一份数据包，不论这些主机是否乐于接收该数据包。所以广播的使用范围非常小，只在本地子网内有效，通过路由器和网络设备控制广播传输。
  - 组播（Multicast）解决了单播和广播方式效率低的问题。当网络中的某些用户需求特定信息时，组播源（即组播信息发送者）仅发送一次信息，组播路由器借助组播路由协议为组播数据包建立树型路由，被传递的信息在尽可能远的分叉路口才开始复制和分发。
- D 类地址的第 1 个字节的前四位固定为 1110，即 D 类地址范围：224.0.0.0 到 239.255.255.255。D 类地址不分网络地址和主机地址。

答案：C

（**2011 下**）在路由器互联的多个局域网中，每个局域网的（14）。

A．数据链路层协议和物理层协议必须相同

B．数据链路层协议必须相同，而物理层协议可以不同

C．数据链路层协议可以不同，而物理层协议必须相同

D．数据链路层协议和物理层协议都可以不相同

- 路由器工作在网络层，在路由器互联的多个局域网中，每个局域网的数据链路层协议和物理层协议都可以不相同。

答案：D

（**2011 下**）VLAN 在现代组网技术中占有重要地位，若一个局域网由多个 VLAN 组成，下列说法不正确的是（16）。

A．当站点从一个 VLAN 转移到另一个 VLAN 时，可以不改变物理连接

B．VLAN 中的一个站点可以和另一个 VLAN 中的站点直接通信

C．当站点在一个 VLAN 中广播时，其他 VLAN 中的站点不能接收到

D．VLAN 可以通过 MAC 地址、交换机端口等进行定义

- A 正确，这是发明 VLAN 的一个重要目的，当站点从一个 VLAN 转移到另一个 VLAN 时，只需修改 VLAN 的配置，而不用改变物理连接。
- B 错误，VLAN 间通信需要通过路由器等设备进行路由和转发。
- C 正确，VLAN 可以隔离广播域。
- D 正确，常见的 VLAN 划分方式有基于交换机端口、基于 MAC 地址、基于 IP 地址、基于策略。

答案：B

（**2011 下**）物联网（The Internet of things）是：通过（29）、红外感应器、全球定位系统、激光扫描器等信息传感设备，按约定的协议，把任何物品与通信网连接起来，进行信息交换和通信，以实现智能化识别、定位、跟踪、监控和管理的一种网络。

A．RFID   B．GPRS   C．IPv6   D．MPLS

- 物联网（The Internet of things）是：通过 RFID、红外感应器、全球定位系统、激光扫描器等信息传感设备，按约定的协议，把任何物品与通信网连接起来，进行信息交换和通信，以实现智能化识别、定位、跟踪、监控和管理的一种网络。
- RFID（Radio Frequency Identification，射频识别），是一种无线通信技术，可通过

无线电信号识别特定目标并读写相关数据，而无须识别系统与特定目标之间建立机械或光学接触。

答案：A

（**2011 下**）TCP（Transmission Control Protocol）was specifically designed to provide a reliable end-to-end byte stream over a（n）（72）.

A．IP address
B．reliable network
C．socket
D．unreliable internetwork

- TCP（传输控制协议）被专门设计用来在不可靠的互联网络上提供可靠的端对端字节流。
- 这是对 TCP 协议的经典定义。

答案：D

（**2011 下**）A 10BaseT Ethernet LAN has （73）.

A．a star topology
B．b ring topology
C．a bus topology
D．a linear topology

- 10BaseT 以太网具有星型拓扑结构。

答案：A

（**2011 下**）When a bridge transmits an Ethernet frame, the Ethernet frame has （75）.

A．the broadcast address for the its source address

B．the bridge's LAN address for its destination address

C．the bridge's LAN address for its source address

D．none of the above

- 当网桥在传输一个以太网帧时，该以太网帧：（75）。

A．将广播地址作为它的源地址

B．将网桥的局域网地址作为它的目的地址

C．将网桥的局域网地址作为它的源地址

D．以上全不对

- 网桥（Bridge），运行在链路层，连接不同传输介质的网络，根据 MAC 地址转发帧，相当于"低层的路由器"。

- 网桥在传输以太网帧时，并不改变以太网帧的源地址和目的地址。源地址就是发送节点的 MAC 地址，目的地址就是目的节点的 MAC 地址。

答案：D

（**2012** 上）一般在因特网中，域名是指用以 "." 分隔的若干字符串来表示的某台计算机（或计算机组）的名称（如 www.rkb.gov.cn），这些字符串从左至右依次表示的含义是（6），最高层域名。

 A．用户名，主机名，机构名   B．主机名，机构名，单位名
 C．主机名，机构名，网络名   D．网络名，机构名，主机名

- 在域名 www.rkb.gov.cn 中：
  - www 是主机名；
  - rkb 是机构名，代表软考办；
  - gov 是网络名，代表政府部门；
  - cn 是顶层域名，代表中国。

答案：C

（**2012** 上）TCP/IP 模型的传输层有两个协议，第一个协议 TCP 是一种可靠的面向连接的协议，第二个协议 UDP 是（7）。

 A．一种可靠的面向用户的协议   B．一种不可靠的面向连接的协议
 C．一种可靠的无连接协议   D．一种不可靠的无连接协议

- TCP 是可靠的、面向连接的协议，UDP 是不可靠的、面向无连接的协议。

答案：D

（**2012** 上）（8）IP 地址标识的主机数量最多。

 A．D 类   B．C 类   C．B 类   D．A 类

- 一个 A 类网络有 1677 万多个 IP 地址。

类别	第一段 取值范围	网络地址 长度	最大网络数 （个）	最大主机数 （台）	适用的 网络规模
A 类地址	0～127	1 字节	128	16777214	大型网络
B 类地址	128～191	2 字节	16384	65534	中型网络
C 类地址	192～223	3 字节	2097152	254	小型网络

答案：D

（2012 上）Wi-Fi 技术常用的网络传输标准是（9）。
A．IEEE 802.1p　　　　B．IEEE 802.11b　　　　C．IEEE 802.3u　　　　D．IEEE 802.5

- IEEE 802.1p——有流量优先级的 LAN 第二层 QoS/CoS 协议（LAN Layer 2 QoS/CoS Protocol for Traffic Prioritization）。
- IEEE 802.3u——100Base-T 访问控制方法与物理层规范。
- IEEE 802.5——Token-Ring 访问控制方法。
- IEEE 802.11——无线局域网访问控制方法与物理层规范。
- IEEE 802.11b——2.4GHz 频段高速物理层扩展（Higher Speed Physical Layer Extension in the 2.4 GHz band）。
- IEEE 802.11b 是最著名、也是普及最广的无线局域网标准。它有时也被错误地标为 Wi-Fi。实际上 Wi-Fi 是无线局域网联盟（WLANA）的一个商标，仅用于保障使用该商标的商品互相之间可以合作，与 802.11b 标准本身实际上没有关系。

答案：B

（2012 上）网络传输介质 5 类 UTP 单段使用的最长长度为（10）米。
A．1000　　　　B．200　　　　C．100　　　　D．50

- 5 类 UTP 单段使用的最长长度为 100 米。

答案：C

亲爱的同学：当你做到这里，本章的所有考点你都已经见识过了，现在准备毕业吧！

13.2　通关测试

以下 10 题答对 8 题以上的可以通关！

（2012 上）网络测试分为网络设备测试、网络系统测试和网络应用测试三个层次，（14）属于网络应用测试。
A．吞吐率　　　　B．丢包率　　　　C．FTP 服务性能　　　　D．传输时延

（2012 上）Windows 系统中网络测试命令（15）可以了解网络的整体使用情况，可以显示当前正在活动的网络连接的详细信息，例如，显示网络连接、路由表和网络接口信息。
A．netstat　　　　B．ping　　　　C．arp　　　　D．winipcfg

（**2012 上**）Which is the second layer from the bottom in Open System Interconnection Reference Model？（71）

    A．Application   B．Data link   C．Network   D．Session

（**2012 下**）子网掩码产生在（3）。

    A．表示层   B．网络层   C．传输层   D．会话层

（**2012 下**）DNS 的作用是（4）。

    A．为客户机分配 IP 地址   B．访问 HTTP 的应用程序

    C．将计算机名翻译为 IP 地址   D．将 MAC 地址翻译为 IP 地址

（**2012 下**）为解决 IPv4 的地址耗尽问题，可以采取 IPv4 等技术，IPv4 向 IPv6 的过渡可以使用的策略包括（9）。

    A．地址软件升级   B．协议转换

    C．网桥   D．双协议栈和隧道

（**2012 下**）通过网络设备（10）连接两个网络，它们的物理层、数据链路层、网络层协议可以是不同的。

    A．路由器   B．调制解调器

    C．网桥   D．中继器

（**2012 下**）下列策略、不适合用来划分 VLAN 的是（14）。

    A．按交换机端口号   B．按 MAC 地址

    C．按帧结构   D．按第三层协议

（**2012 下**）网络延迟是指（15）。

    A．指报文从客户端发出到客户端接收到服务器响应的间隔时间

    B．指响应时间

    C．指从报文开始进入网络到它开始离开网络之间的时间

    D．指报文在网络上的传输时间和服务器处理时间

（**2012 下**）应用于物理联网中的 RFID 技术是指（17）。

    A．短距离传输技术   B．射频识别技术

    C．长距离传输技术   D．身份验证技术

13.3　通关测试解析

（2012 上）网络测试分为网络设备测试、网络系统测试和网络应用测试三个层次，（14）属于网络应用测试。

A．吞吐率　　　　　　　B．丢包率　　　　　　　C．FTP 服务性能　　　D．传输时延

- 网络测试包括网络设备测试、网络系统性能测试和网络应用测试三个层次。
- 网络设备测试，是指对各种网络交换设备、路由设备、接入设备和安全设备进行测试。网络设备测试包括：功能测试、可靠性测试和稳定性测试、一致性测试、互操作性测试和性能测试。
- 网络系统测试，是指对服务器中操作系统的测试，在运行的网络中，测试话音、数据、图像、多媒体、IP 接入、业务流量和性能等。网络系统性能测试的两个基本手段是模拟和仿真。
- 网络应用测试，是指对各种网络服务、应用软件进行测试，检测服务是否正常，应用软件运行情况，以及互操作性、可靠性和性能的测试。网络应用测试主要体现在测试网络对应用的支持水平，如网络应用的性能和服务质量的测试等。
- 显然，A、B、D 均不属于网络应用测试的测量指标。

答案：C

（2012 上）Windows 系统中网络测试命令（15）可以了解网络的整体使用情况，可以显示当前正在活动的网络连接的详细信息，例如，显示网络连接、路由表和网络接口信息。

A．netstat　　　　　　　B．ping　　　　　　　C．arp　　　　　　　D．winipcfg

- Netstat 用于了解网络的整体使用情况，比如与 IP、TCP、UDP 和 ICMP 协议相关的统计数据，可以显示路由表、实际的网络连接以及每一个网络接口设备的状态信息，一般用于检验本机各端口的网络连接情况。
- Ping 用来检测网络的连通情况和分析网络速度。
- ARP 用于将 IP 地址解析成 MAC 地址。
- Ipconfig（winipcfg）用于显示网卡当前的配置，例如，Ipconfig /all 可显示本机所有网卡的详细配置信息。Ipconfig 不带参数时，会显示每个已经配置网卡的 IP 地址、子网掩码和默认网关。

答案：A

（2012 上）Which is the second layer from the bottom in Open System Interconnection

Reference Model？（71）

　　A．Application　　　　B．Data link　　　　C．Network　　　　D．Session

- OSI/RM（开放系统互联参考模型）从下往上数，第二层是<u>数据链路层</u>。
- OSI/RM 七层模型。
  - 第 7 层：应用层（Application Layer）。
  - 第 6 层：表示层（Presentation Layer）。
  - 第 5 层：会话层（Session Layer）。
  - 第 4 层：传输层（Transport Layer）。
  - 第 3 层：网络层（Network Layer）。
  - 第 2 层：数据链路层（Data Link Layer）。
  - 第 1 层：物理层（Physical Layer）。

答案：B

（2012 下）子网掩码产生在（3）。

　　A．表示层　　　　　　B．网络层　　　　　　C．传输层　　　　　　D．会话层

- 子网掩码不能单独存在，它必须结合 IP 地址一起使用，属于网络层。

答案：B

（2012 下）DNS 的作用是（4）。

　　A．为客户机分配 IP 地址　　　　　　　　B．访问 HTTP 的应用程序
　　C．将计算机名翻译为 IP 地址　　　　　　D．将 MAC 地址翻译为 IP 地址

- DNS（Domain Name System）服务器负责 Internet 中域名与 IP 地址之间的翻译。
- D 选项对应的是 RARP（Reverse Address Resolution Protocol，反向地址解析协议），用于物理地址（MAC 地址）向网络地址（IP 地址）的转换。

答案：C

（2012 下）为解决 IPv4 的地址耗尽问题，可以采取 IPv4 等技术，IPv4 向 IPv6 的过渡可以使用的策略包括（9）。

　　A．地址软件升级　　　　　　　　　　　　B．协议转换
　　C．网桥　　　　　　　　　　　　　　　　D．双协议栈和隧道

- IPV4 向 IPV6 的过渡策略主要有：

（1）双协议栈技术，又称双 IP 协议栈，是一个系统（如主机、路由器）中同时使用 IPv4 和 IPv6 两个协议栈，即同时拥有 IPv4 地址和 IPv6 地址，因而可以收发 IPv4 和 IPv6 两种数据报。

（2）隧道技术，以 IPv4 协议为载体来建立 IPv6 的通信机制，通过现有的运行 IPv4 协议的 Internet 骨干网络（即隧道）将局部的 IPv6 网络连接起来，实现 IPv6 网络之间的互通，是 IPv4 向 IPv6 过渡初期最易于采用的技术。

（3）网络地址转换/协议转换技术（Network Address Translation/Protocol Translation），纯 IPv6 节点与纯 IPv4 节点通信时，需借助于中间的协议转换服务器，把网络层协议头进行 IPv6/IPv4 间的转换，以适应端对端的协议类型。

答案：D

（**2012 下**）通过网络设备（10）连接两个网络，它们的物理层、数据链路层、网络层协议可以是不同的。

　A．路由器　　　　　　　　　　B．调制解调器
　C．网桥　　　　　　　　　　　D．中继器

- 路由器工作在网络层，在路由器互联的多个局域网中，每个局域网的网络层协议、数据链路层协议和物理层协议都可以不相同。

答案：A

（**2012 下**）下列策略、不适合用来划分 VLAN 的是（14）。

　A．按交换机端口号　　　　　　B．按 MAC 地址
　C．按帧结构　　　　　　　　　D．按第三层协议

- 常见的 VLAN 划分方式有基于交换机端口、基于 MAC 地址、基于网络地址（IP 地址）、基于 IP 组播、基于策略。
- 第三层即网络层，IP 协议所在的层次。

答案：C

（**2012 下**）网络延迟是指（15）。

　A．指报文从客户端发出到客户端接收到服务器响应的间隔时间
　B．指响应时间
　C．指从报文开始进入网络到它开始离开网络之间的时间
　D．指报文在网络上的传输时间和服务器处理时间

- 网络延迟是指信息在传输介质中传输所用的时间，即从报文开始进入网络到它开始离开网络之间的时间。
- A 选项定义的是响应时间，响应时间=传输时间（网络延迟）+处理时间。

答案：C

（2012 下）应用于物理联网中的 RFID 技术是指（17）。

A．短距离传输技术   B．射频识别技术

C．长距离传输技术   D．身份验证技术

- RFID（Radio Frequency Identification，射频识别），是一种无线通信技术，可通过无线电信号识别特定目标并读写相关数据，而无须识别系统与特定目标之间建立机械或光学接触。

答案：B

　　　想知道你考试能得多少分么？本书提供了两种估算方法：1．将每章通关测试得分乘以该章的权重（前言中附有题量统计），累加即可；2．进行下篇的真题模拟考试。两种方法互为校验，信度极高！

第14章 机房工程与综合布线

本章对应《信息系统监理师教程》之 16.5 节、17.3～17.6 节以及 18.5 节的考试内容，平均到每次考试，上午题量为 4.1 分，下午题量为 4.9 分。

14.1 历年试题解析

（2005 下）综合布线系统由六个子系统组成，其中将用户的终端设备连接到布线系统的子系统称为（34）；用于连接各层配线室，并连接主配线室的子系统为（35）。设计建筑群子系统时应考虑的是（36）。

（34）A. 工作区子系统　　B. 水平子系统　　C. 垂直子系统　　D. 管理子系统
（35）A. 工作区子系统　　B. 水平子系统　　C. 垂直子系统　　D. 管理子系统
（36）A. 不间断电源　　　B. 配线架　　　　C. 信息插座　　　D. 地下管道敷设

- 综合布线的六大子系统为：建筑群子系统、设备间子系统、垂直干线子系统、管理子系统、水平子系统和工作区子系统。
- 将用户的终端设备连接到布线系统的是工作区子系统；垂直干线子系统用于连接各层配线室，并连接主配线室。
- 建筑群子系统的主要布线方式有：地下管道敷设方式、直埋沟内敷设方式和架空敷设方式。不间断电源是设备间子系统应考虑的内容。

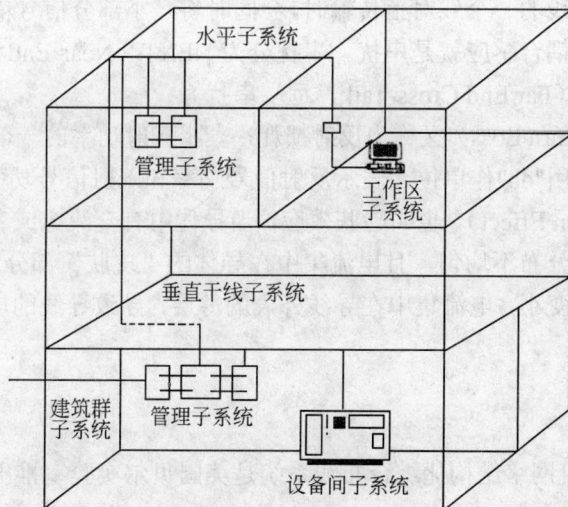

- 工作区子系统，也称为服务区子系统，由 RJ-45 跳线与信息插座所连接的设备（终端或工作站）组成。
- 水平子系统，也称为配线子系统，从信息插座到楼层配线间的配线架。
- 管理子系统，设置在每层的配线间内，其主要设备是配线架、交换机和机柜等。
- 垂直干线子系统，也称干线子系统，提供建筑物的干线电缆，负责连接管理子系统和设备间子系统，一般使用光缆或干线电缆（大对数的非屏蔽双绞线）。
- 设备间子系统，也称设备子系统，是为各类信息设备（如计算机网络互联设备、程控交换机等设备）提供信息管理、信息传输服务的，由电缆、连接器和相关支撑硬件组成。它把各种公共系统的多种不同设备互连起来，包括电信部门的光缆、同轴电缆、程控交换机等。
- 建筑群子系统，由连接多个建筑物之间的主干电缆和光缆、建筑群配线设备等组成。
- 提醒：根据最新的国家标准《GB 50311—2007 综合布线系统工程设计规范》、《GB 50312—2007 综合布线系统工程验收规范》以及《YD/T 926—2009 大楼通信综合布线系统》，信息插座都属于水平子系统，而不是工作区子系统。

答案：（34）A、（35）C、（36）D

（**2005 下**）通常双绞线系统的测试指标中，（37）是由于集肤效应、绝缘损耗、阻抗不匹配、连接电阻等因素，造成信号沿链路传输的损失。

A．衰减值　　　　　　B．近端串绕　　　　C．传输延迟　　　　D．回波损耗

- 衰减量（Attenuation），信号沿链路传输的损失量。信号在电缆上传输时，由于集肤效应、绝缘损耗、阻抗不匹配、连接电阻等因素，其强度会随传播距离的增加而逐渐变小。衰减用 db 作单位，表示源传送端信号到接收端信号强度的比率。
- 当信号在双绞线的一个线对上传输时，会同时将一小部分信号耦合感应到其他线对上，这种信号耦合感应就是串扰。串扰分为 NEXT（Near End Cross-Talk，近端串扰）与 FEXT（Far End Cross-Talk，远端串扰）。
- 回波损耗（Return Loss）又称为反射损耗，表明入射功率的一部分被反射回到信号源。回波损耗用"db"作单位，表示反射信号功率和入射信号功率之间的比率。
- 集肤效应（Skin Effect），也叫趋肤效应，当导体中有交流电或者交变电磁场时，导体内部的电流分布不均匀，且电流集中在导体的"皮肤"部分的一种现象。此时，导线内部电流变小，电流集中在导线外表的薄层，导致导线的电阻增加，损耗功率也随之增加。

答案：A

（**2006 下**）计算机网络结构化综合布线系统是美国贝尔实验室推出的基于星形拓扑结

构的模块化系统。结构化布线系统包括六个子系统，配线架属于（15）。如果要求水平布线子系统支持 100Base-TX 的标准，应选用（16）作为其传输介质。结构化布线系统有许多优点，但不包括（17）。

（15）A．水平布线子系统　　　　　　　B．垂直布线子系统
　　　 C．设备间子系统　　　　　　　　D．管理子系统
（16）A．单模光纤　　　B．多模光纤　　　C．3 类双绞线　　　D．5 类双绞线
（17）A．同时支持电话语音系统与计算机网络系统
　　　 B．故障线路能够自动恢复
　　　 C．移动、增加和改变配置容易
　　　 D．用户设备、用户端口或布线系统本身的单点故障能够隔离

- 配线架主要用于管理子系统。100Base-TX 需要用 5 类 UTP 布线。结构化布线无法使故障线路自动恢复。
- 双绞线（Twisted Pair）是由一对或者一对以上的相互绝缘的导线按照一定的规格互相缠绕（一般以逆时针缠绕）在一起而制成的一种传输介质。
- UTP（Unshielded Twist Pair，无屏蔽双绞线）的种类有：

（1）1 类 UTP（CAT1）——支持 100kHz 的通信应用，比如电话、语音、门铃、报警等系统，不适用于数据传输。

（2）2 类 UTP（CAT2）——支持 4MHz 的通信应用，比如数字语音等等，传输信号的能力有限，所以和 1 类 UTP 一样，在计算机网络领域没有得到太大的应用。

（3）3 类 UTP（CAT3）。20 世纪 90 年代初被广泛地应用在网络工程上，这种 UTP 能够支持 16MHz 的通信应用，包括数字和模拟语音、10Base-T 以太网等应用，目前已经不再推荐使用这种双绞线了。

（4）4 类 UTP（CAT4）。最高可以支持 20MHz 的通信应用，但无论 ANSI/TIA/EIA-568标准，还是 ISO 11801 标准都没有关于这种双绞线的定义，市场上也不会再出现这种双绞线。这是因为 5 类双绞线的带宽为 100MHz，而价格却相差无几，所以综合布线标准放弃了这种传输介质。

（5）5 类 UTP（CAT5）。支持 100MHz 的通信应用，是最常用的以太网电缆。该类电缆增加了绕线密度，并外套高质量的绝缘材料。5 类 UTP 应用包括 100Base-TX、ATM，某些条件下还可以支持 1000Base-T。

（6）超 5 类 UTP（CAT5e）。具有比 5 类 UTP 更多的绞合次数，使得电缆具有更好的抵抗外部和电缆内部的其他导线的干扰，其衰减小、串扰少，并且具有更高的衰减与串扰的比值（ACR）和信噪比（Structural Return Loss）、更小的时延误差，性能得到很大提高。超 5 类线主要用于 1000Base-T。

（7）6 类 UTP（CAT6）。传输频率最高可达 250MHz，提供 2 倍于超 5 类 UTP 的带宽，

适用于传输速率高于 1Gbps 的应用。相较于超 5 类 UTP，6 类 UTP 主要改善了在串扰以及回波损耗方面的性能。

答案：（15）D、（16）D、（17）B

（2006 下）根据《电子计算机机房设计规范》（GB 50174—93），电子计算机机房应采用四种接地方式。将电气设备的金属外壳通过接地装置与大地直接连接起来是（18）。根据《建筑物防雷设计规范》（GB 50057—1994），每根引下线的冲击接地电阻不宜大于（19）。

（18）A. 交流工作接地   B. 安全工作接地

   C. 直流工作接地   D. 防雷接地

（19）A. 1   B. 4   C. 5   D. 10

- 根据这两个标准：
  （1）直流工作接地，电阻不应大于 1Ω。
  （2）交流工作接地，电阻不应大于 4Ω。
  （3）安全工作接地，电阻不应大于 4Ω。
  （4）防雷接地，电阻不应大于 10Ω。
- 安全工作接地：将机房内所有设备的金属外壳、各类金属管道、金属线槽、建筑物金属结构等进行等电位联结并接地。

答案：（18）B、（19）D

（2007 上）Simple 公司要求计算机机房内开机时温度、湿度应满足 A 级标准。按照该标准，夏天开机时对机房内的温度要求是（17），相对湿度要求是（18）。

（17）A. 18±2℃   B. 20±2℃   C. 23±2℃   D. 25±2℃

（18）A. 40%-70% B. 45%-65% C. 50%-70% D. 50%-75%

- 根据《GB 50174—1993 电子信息系统机房设计规范》，开机时电子计算机机房的温、湿度，应符合下表的规定。

级别 项目	A 级机房		B 级机房
	夏季	**冬季**	**全年**
温度	23±2℃	20±2℃	18℃～28℃
相对湿度	45%～65%		40%～70%
温度变化率	<5℃/h，并不得结露		<10℃/h，并不得结露

- 根据《GB 50174—1993 电子信息系统机房设计规范》，停机时电子计算机机房的温、湿度，应符合下表的规定。

级别 项目	A 级机房	B 级机房
温度	5℃～35℃	5℃～35℃
相对湿度	40%～70%	20%～80%
温度变化率	<5℃/h，并不得结露	<10℃/h，并不得结露

- 提示：新版国标《GB 50174—2008 电子信息系统机房设计规范》已经取消了夏季和冬季的区别，指标调整为：

项　　目	技 术 要 求			备　注
	A 级	B 级	C 级	
主机房温度（开机时）	23±1℃		18℃～28℃	不得结露
主机房相对湿度（开机时）	40%～55%		35%～75%	
主机房温度（停机时）	5℃～35℃			
主机房相对湿度（停机时）	40%～70%		20%～80%	
主机房和辅助区温度变化率	<5℃/h		<10℃/h	
辅助区温度\相对湿度（开机时）	18℃～28℃、35%～75%			
辅助区温度\相对湿度（停机时）	5℃～35℃、20%～80%			
不间断电源系统电池室温度	15℃～25℃			

答案：（17）C、（18）B

（2007 上）一般在较大型的综合布线中，将计算机主机、数字程控交换机、楼宇自动化控制设备分别设置于机房；把与综合布线密切相关的硬件或设备放在（19）。光纤电缆需要拐弯时，其曲率半径不能小于（20）。

（19）A．机房　　　　　B．管理间　　　　　C．设备间　　　　　D．配线间
（20）A．30cm　　　　　B．40cm　　　　　C．50cm　　　　　D．60cm

- 大型的综合布线系统，经常将计算机主机、数字程控交换机、楼宇自动化控制设备放置于机房，而把与综合布线密切相关的硬件或设备放置于设备间。
- 光纤电缆需要拐弯时，其曲率半径不能小于30cm。

答案：（19）C、（20）A

（2007 上）在以下机房环境的描述中，错误的是（67）。
A．机房必须使用防静电地板
B．机房的装修必须采用防火材料
C．避免阳光直射到设备上，以控制机房内的温度

D. 为缩短信号线的长度从而避免信号衰减，设备之间的空间要适当

- 机房环境应满足以下要求：

（1）如果机房内使用高架地板，则必须满足坚硬、防静电的要求。

（2）地板载重量必须大于 $500kg/m^2$，表面电阻应大于 0.5Ω；若使用高架地板，其对天花板距离应为 2.4m，对地距离（即地板高度）应大于 25cm，建议为 30cm。

（3）机房的装修应选择防火材料，并应有防尘措施。

（4）注意窗户的位置、数量和形式，不可让阳光直接照射在计算机设备上，必要时需加装窗帘，以避免影响机房的温度控制。

（5）网络设备的位置应在计算机设备附近，并配合进/出信号线的长度。打印机等应隔间放置，以防止纸屑污染。

（6）预留维护工作空间，以及设备有效散热空间，机柜的前后左右至少各留 75cm，建议值为 90cm，以方便日后的维护和散热。

（7）勿在机房内或设备放置场所铺设地毯，以防静电产生；如果是高架地板，应在地面上铺设适当隔离材料，以提高空调效率。

- A 错，机房地面可以不用地板（很多电信机房都采用上走线方式）。当然，若使用地板的话，就必须是防静电地板。主机房和辅助区中不使用防静电地板的房间，可敷设防静电地面，其静电性能应长期稳定，且不易起尘。

答案：A

（2007 下）传输介质（11）的抗干扰性最好。

A. 双绞线　　　　　　B. 光缆　　　　　　C. 同轴电缆　　　　D. 无线介质

- 双绞线、同轴电缆、无线通信传递的是电信号或电磁波，都容易受电磁干扰。
- 光纤中传输的是光，光不受电磁干扰影响，光纤的抗干扰性最强。

答案：B

（2008 上）在机房环境的设计中，按照有关国家标准，地板载重量必须大于（11）kg/m^2，表面电阻应大于（12）欧姆。

（11）A. 300　　　　　B. 400　　　　　C. 500　　　　　D. 600

（12）A. 0.5　　　　　B. 1.0　　　　　C. 1.5　　　　　D. 2.0

- 按照有关国家标准，机房地板载重量必须大于 $500kg/m^2$，表面电阻应大于 0.5Ω。

答案：（11）C、（12）A

（2008 上）Simple 公司要求计算机机房内开、停机时温度、湿度应满足 A 级标准。按照该标准，夏天停机时对机房内的温度要求是（17），相对湿度要求是（18）。

（17）A．5℃～38℃　　　　B．5℃～37℃　　　　C．5℃～36℃　　　　D．5℃～35℃

（18）A．40%-70%　　　　B．45%-65%　　　　C．50%-70%　　　　D．50%-75%

- 根据《GB 50174—1993 电子信息系统机房设计规范》，停机时电子计算机机房的温、湿度，应符合下表的规定。

级别 项目	A 级机房	B 级机房
温度	5℃～35℃	5℃～35℃
相对湿度	40%～70%	20%～80%
温度变化率	<5℃/h，并不得结露	<10℃/h，并不得结露

答案：（17）D、（18）A

（2008 上）在综合布线中，工作区设计时要考虑到信息插座应在距离地面（19）厘米以上，基本链路长度应限在（20）米内。

（19）A．15　　　　　　　B．20　　　　　　　C．25　　　　　　　D．30

（20）A．100　　　　　　　B．95　　　　　　　C．90　　　　　　　D．85

- 工作区设计要点：
（1）工作区内线槽要布得合理、美观；
（2）信息座要设计在距离地面 30cm 以上；
（3）信息座与计算机设备的距离保持在 5m 范围内；
（4）购买的网卡类型接口要与线缆类型接口保持一致；
（5）基本链路长度限在 90m 内，信道长度限在 100m 内。
答案：（19）D、（20）C

（2008 下）（27）是指一个信号从传输介质一端传到另一端所需要的时间。

A．衰减量　　　　　B．近端串扰　　　　　C．传输延迟　　　　　D．回波损耗

- 传输延迟是一个信号从传输介质一端传到另一端所需要的时间。
答案：C

（2008 下）以下对机房环境的描述中，错误的是（46）。

A．机房可以使用防静电地板

B．机房的装修必须采用防火材料

C．避免阳光直射到设备上，控制机房内的温度

D．设备之间的空间要尽量减小，以便于缩短信号线的长度，从而避免信号衰减

- D 错，设备之间的空间要适当，而不是尽量减少。应预留维护工作空间，以及设备有效散热空间。
- 《GB 50174—2008 电子信息系统机房设计规范》规定：
  - 用于搬运设备的通道净宽不应小于 1.5m；
  - 面对面布置的机柜或机架正面之间的距离不应小于 1.2m；
  - 背对背布置的机柜或机架背面之间的距离不应小于 1m；
  - 当需要在机柜侧面维修测试时，机柜与机柜、机柜与墙之间的距离不应小于 1.2m；
  - 成行排列的机柜，其长度超过 6m 时，两端应设有出口通道；当两个出口通道之间的距离超过 15m 时，在两个出口通道之间还应增加出口通道；出口通道的宽度不应小于 1m，局部可为 0.8m。

答案：D

（2009 上）（11）不属于针对 UTP（非屏蔽双绞线）测试内容。

A．接线图 　　　　　B．近端干扰 　　　　　C．并发吞吐 　　　　　D．信号衰减

- UTP（非屏蔽双绞线）测试的主要内容包括：

（1）接线图（Wire Map）。确认链路线缆的线对正确性，防止产生串扰。

（2）链路长度。对每一条链路长度记录在管理系统中，长度超过指标，则信号损耗较大。

（3）信号衰减。它与线缆长度和传输信号的频率有关。随着长度增加，信号衰减也随之增加，衰减随频率变化而变化，所以应测量应用范围内全部频率的衰减。

（4）近端串扰。是测量一条 UTP 链路中从一对线到另一对线的信号耦合，是对线缆性能评估的最主要指标，是传送与接收同时进行时产生干扰的信号。

（5）直流环路电阻。它是一对电线电阻之和，ISO 11801 规定不得大于 19.2Ω。

（6）特性阻抗。包括电阻及频率 $1\sim100$MHz 间的感抗和容抗，它与一对电线之间的距离及绝缘体的电气特性有关。

答案：C

（2009 上）为了减小雷电损失，机房工程可以采取的措施有（17）。

A. 部署在线式 UPS

B. 根据雷击在不同区域的电磁脉冲强度划分区域界面，不同的区域界面进行等电位连接

C. 用导电的金属材料制成屏蔽机房

D. 尽量在地下室建设机房

- A 错，UPS 可以防断电，不能防雷。

- B 正确，这是防雷击电磁脉冲的有效措施。应根据雷击在不同区域的电磁脉冲强度划分防雷区域，不同的区域界面进行等电位连接，能直接连接的金属物就直接相连，不能直接相连的如电力线和通信线路等，则必须科学分区，分级防护，后续设备实施等电位连接并以防雷设备来确保被保护设备的防护措施有效。

- C 不妥，用金属材料制成屏蔽机房确实可以防雷击电磁脉冲，但造价太高，且难以满足机房环境的其他要求。根据《GB 50343—2004 建筑物电子信息系统防雷技术规范》，当机房屏蔽未达到设备电磁环境要求时，应设金属屏蔽网或金属屏蔽室。金属屏蔽网、金属屏蔽室应与等电位接地端子板连接。

- D 不妥，机房防水也很关键。根据《GB 50343—2004 建筑物电子信息系统防雷技术规范》，电子信息系统设备主机房宜选择在建筑物低层中心部位，其设备应远离外墙结构柱，设置在雷电防护区的高级别区域内。

答案：B

（2009 上）以下关于布设数字信号线缆的做法，错误的是（18）。

A. 线缆转弯时，弯曲半径应大于导线直径的 10 倍

B. 线缆可以随意弯折

C. 线缆尽量直线、平整

D. 尽量减小由线缆自身形成的感应环路面积

- 布设数字信号线缆时应清洁、平直、尽量走直线；线束分支应从侧方抽出，经常活动的导线敷设长度应满足操作时运动的需要；线缆转弯时，弯曲半径应大于导线直径的 10 倍；尽量减小由线缆自身形成的感应环路面积。

答案：B

（2010 上）对 4 对线的 UTP 链路来说，测试近端串扰（NEXT）损耗需要的次数至少是（14）。

A. 4 次　　　　B. 8 次　　　　C. 12 次　　　　D. 6 次

- 对于 UTP 来说，近端串扰（NEXT）损耗测试需要在每一对线之间进行。
- 4 对（8 芯）的双绞线，需要测试的最少次数 $= N (N-1) /2 = 4×3/2 = 6$ 次。

答案：D

（2010 上）数字万用表是功能强大的测量仪器，但它不能测量（15）。

A. 电流　　　　　　　B. 串扰　　　　　　　C. 电压　　　　　　　D. 电容

- 万用表可以测量电流、电压、电阻，但不能测量串扰。

答案：B

（2010 上）根据《电子信息系统机房设计规范》（GB 50174—2008），设备发热量或热负荷大的主机房，宜采用（16）的降温方式。

A. 下送风、上回风　　　　　　　　　　B. 下送风、下回风

C. 下送风、下回风　　　　　　　　　　D. 上送风、上回风

- 根据《GB 50174—2008 电子信息系统机房设计规范》，对机柜高度大于 1.8m，设备热密度大、设备发热量大或热负荷大的主机房，宜采用活动地板下送风、上回风方式。

答案：A

（2010 上）机房隐蔽工程中，空调上下水管材质最合适使用（17）；但隐蔽的电缆槽道与屋内无保温层的热力管道交叉时，其最小净距一般是（18）。

（17）A. 铜管　　　　B. 不锈钢管　　　　C. PVC 管　　　　D. 水泥管

（18）A. 0.3m　　　　B. 0.4m　　　　C. 0.5m　　　　D. 1m

- 由于机房隐蔽工程封闭后维护不易，因此空调上下水管应使用耐腐蚀、耐高温、轻便、造价低的 PVC 管。
- PVC（Polyvinylchlorid），主要成份为聚氯乙烯，另外加入其他成分来增强其耐热性、韧性、延展性等，是一种广泛应用的合成材料。

（1）具有较好的抗拉、抗压强度。

（2）流体阻力小，PVC 管材的管壁非常光滑，对流体的阻力很小，其粗糙系数仅为 0.009，其输水能力可比同等管径的铸铁管提高 20%，比混凝土管提高 40%。

（3）耐腐蚀性、耐药品性优良，PVC 管材具有优异的耐酸，耐碱，耐腐蚀，不受潮湿水分和土壤酸碱度的影响，管道铺设时不需任何防腐处理。

（4）具有良好的水密性，PVC 管材的安装，不论采用粘接还是橡胶圈连接，均具有良

好的水密性。

（5）防咬啮，PVC 管不是营养源，因此不会受到啮齿动物的侵蚀。

- 根据《GB 50312—2007 综合布线工程验收规范》，电缆槽道与各种管线平行或交叉时，其最小净距应符合下表中的要求：

电缆槽道与各种管线的最小净距（m）

管道类别	一般工艺管道	具有腐蚀性液体或气体的管道	热力管道（包括管沟）	
			有保温层	无保温层
平行净距	0.4	0.5	0.5	1.0
交叉净距	0.3	0.5	0.5	1.0

答案：（17）C、（18）D

（**2010 上**）计算机综合布线过程中，铺设金属管应尽量减少弯头，按照规定，每根金属管的弯头应不超过（19），如果在金属管中需要串接 3 条电缆，电缆测量总长度为 1600 米，则至少需要订货的电缆长度为（20）。

（19）A．1 个　　　　　　B．2 个　　　　　　C．3 个　　　　　　D．4 个

（20）A．1600 米　　　　B．1778 米　　　　C．1800 米　　　　D．1760 米

- 铺设金属管时应尽量减少弯头，每根金属管的弯头不应超过 3 个。
- 电缆的计算公式：

$$订货总量（总长度 m）=所需总长+所需总长×10\%+n×6$$

  - 所需总长指 n 条布线电缆所需的理论长度。
  - 所需总长×10% 为备用部分。
  - $n×6$ 为端接容差。
- 根据公式 $m=1600+1600×10\%+3×6=1778$（米）。

答案：（19）C、（20）B

（**2010 下**）背对背布置的机柜或机架背面之间的距离不应小于（16）米。

A．1　　　　　　　　B．2.6　　　　　　　C．1.5　　　　　　　D．1.2

- 根据《GB 50174—2008 电子信息系统机房设计规范》：
  - 用于搬运设备的通道净宽不应小于 1.5m；
  - 面对面布置的机柜或机架正面之间的距离不应小于 1.2m；
  - 背对背布置的机柜或机架背面之间的距离不应小于 1m；

- 当需要在机柜侧面维修测试时，机柜与机柜、机柜与墙之间的距离不应小于1.2m；
- 成行排列的机柜，其长度超过 6m 时，两端应设有出口通道；当两个出口通道之间的距离超过 15m 时，在两个出口通道之间还应增加出口通道；出口通道的宽度不应小于 1m，局部可为 0.8m。

答案：A

（2010 下）隐蔽工程施工中，正确的做法是（17）。

A．暗管的弯转角度应小于 90 度

B．待管内穿线工程完成后，清理管内杂物和积水，并开始进行地面工程

C．管道明敷时必须弹线

D．线管进入箱体时，宜采用上进线方式

- A 错，暗管的转弯角度应大于 90°，每根暗管的转弯不得多于两个，且不能有 S 形弯或 Z 形弯出现。
- B 错，穿线宜在建筑物的抹灰、装修及地面工程结束后进行，在穿入导线前，应将管内杂物和积水清除干净。
- D 错，线管进入箱体时，宜采用下进线方式，或设置防水弯，以避免箱体进水。
- C 正确，隐蔽工程要求在管道明敷时必须弹线，以保证管路横平竖直。
- 弹线是一种建筑用语，在我国已经流传了几千年。具体操作方法是：用一条沾了墨的线，两个人每人拿一端然后弹在地上或者墙上，用来确定水平线或者垂直线。

答案：C

（2010 下）暗埋管路连接应采用（18）。

A．丝扣连接　　　　B．压扣式管连接　　　　C．水泥浇筑　　　　D．焊接

- 明敷管路连接可采用丝扣连接或压扣式管连接，暗埋管路连接必须采用焊接方式。

答案：D

（2010 下）下列关于综合布线系统设计的说法中，错误的是（19）。

A．所选用的配线电缆、连接硬件、跳线、连接线等类型必须相一致

B．采用屏蔽系统时，全系统必须都按屏蔽设计

C．配线子系统的配线电缆或光缆长度不应超过 90m

D．电话用户采用振铃电流时，可与计算机网络在一根对绞电缆中一起使用

- D 错，根据《GB/T 50311—2000 综合布线系统工程设计规范》，电话用户采用振铃电流时，不能与计算机网络在一根对绞电缆中一起使用。
- 对绞就是双绞。

答案：D

（2010 下）如果 380V 电力电缆（承载功率<2kV·A），与综合布线电缆都在接地的线槽中，且平行长度<10m，则两条电缆间小敷设间距为（20）mm。

A. 10   B. 70   C. 80   D. 30

- 根据《GB 50311—2007 综合布线系统工程设计规范》，综合布线电缆与电力电缆的间距应符合下表的规定。

类　别	与综合布线接近状况	最小间距（mm）
380V 电力电缆<2kV·A	与缆线平行敷设	130
	有一方在接地的金属线槽或钢管中	70
	双方都在接地的金属线槽或钢管中①	10①
380V 电力电缆 2～5kV·A	与缆线平行敷设	300
	有一方在接地的金属线槽或钢管中	150
	双方都在接地的金属线槽或钢管中②	80
380V 电力电缆>5kV·A	与缆线平行敷设	600
	有一方在接地的金属线槽或钢管中	300
	双方都在接地的金属线槽或钢管中②	150

注释：①当 380V 电力电缆<2kV·A，双方都在接地的线槽中，且平行长度≤10m 时，最小间距可为 10mm。
②双方都在接地的线槽中，系指两个不同的线槽，也可在同一线槽中用金属板隔开。

答案：A

（2010 下）本地主机房的建设设计等级为 A 级，则异地建设的备份机房等级是（65）。

A. A 级   B. B 级   C. C 级   D. D 级

- 根据《GB 50174—2008 电子信息系统机房设计规范》，在异地建立的备份机房，设计时应与原有机房等级相同。

答案：A

（2011 上）某综合办公大楼的楼高 20 层，其综合布线系统一般采用的拓扑结构是（15）。

A. 环型   B. 分级星型   C. 总线型   D. 星环型

- 综合布线系统通常采用分级星型拓扑结构（如下图所示），其优点是：

（1）维护管理容易，由于星型拓扑结构的所有信息通信都要经过中心节点来支配，所以维护比较容易。

（2）重新配置灵活，在楼层配线间的配线架上可以移动、增加或拆除一个信息插座所连接的终端设备，并且仅涉及所连接的那台终端设备，因此操作起来比较容易，适应性强。

（3）故障隔离和检测容易，由于各信息点都直接连到楼层配线架，因此故障容易检测和隔离，可以很方便的将有故障的信息点从通道中删除。

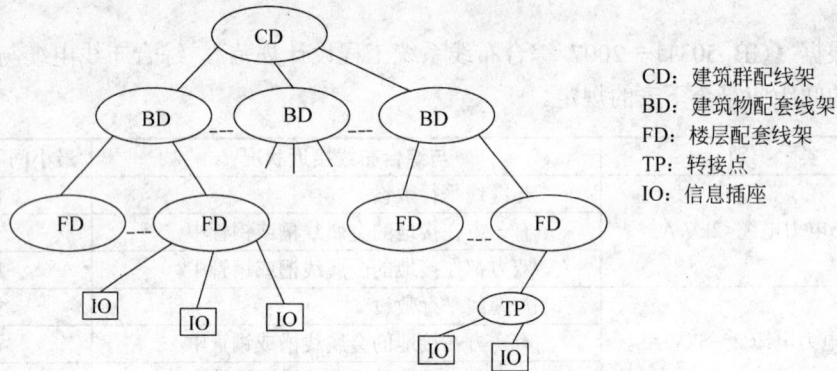

CD：建筑群配线架
BD：建筑物配套线架
FD：楼层配套线架
TP：转接点
IO：信息插座

- 提示：如果只有一间办公室也可以用其他几种拓扑结构，但题目已强调是一幢 20 层大楼，那就只能是分级星型。

答案：B

（2011 上） 关于水平布线系统，下列说法中错误的是（17）。

A．水平布线系统起着支线的作用，一端连接垂直布线系统或设备间，另一端连接用户工作区

B．水平布线系统包括安装在接线间和用户工作区插座之间的水平方向连接的电缆及配件

C．在一个多层的建筑物中，水平布线系统是整个结构化布线系统的骨干部分

D．水平布线系统将垂直布线的干线线路延伸到用户工作区的通信插座

- C 错，垂直干线子系统是整个结构化布线系统的骨干。

答案：C

（2011 上） 若一个网络系统中有 150 个信息点，按照 EIA/TIA 586 标准进行结构化布

线，则布线工程需要准备 RJ-45 头的总量是（20）个。

A. 600   B. 780   C. 618   D. 690

- 根据该标准，RJ-45 头需求量的计算公式是：$m = n \times 4 + n \times 4 \times 15\%$。
- 其中，m 为 RJ-45 头的总需求量，n 是信息点数，$n \times 4 \times 15\%$ 为预留的余量。
- 本题 $m = 150 \times 4 \times 1.15 = 690$（个）。

答案：D

（**2011 下**）关于信息插座与电源插座之间的间距描述中，正确的是（15）。

A. 信息插座与电源插座的间距不小于 10cm，暗装信息插座与旁边的电源插座应保持 20cm 距离

B. 信息插座与电源插座的间距不小于 20cm，暗装信息插座与旁边的电源插座应保持 30cm 距离

C. 信息插座与电源插座的间距不小于 30cm，暗装信息插座与旁边的电源插座应保持 40cm 距离

D. 信息插座与电源插座的间距不小于 40cm，暗装信息插座与旁边的电源插座应保持 50cm 距离

- 信息插座与电源插座的间距不小于 10cm，暗装信息插座与旁边的电源插座应保持 20cm 距离。

答案：A

（**2011 下**）在机房布置中，为便于操作，机柜和设备前面预留的空间不小于（17）。

A. 1000mm   B. 1500mm   C. 1800mm   D. 2000mm

- 为便于施工和维护，机柜和设备前面预留的空间不小于 1.5m。

答案：B

（**2011 下**）双绞线的电气特性"NEXT"表示（20）。

A. 衰减   B. 衰减串扰比   C. 近端串扰   D. 远端串扰

- NEXT（Near End Cross-Talk，近端串扰），是指从链路近端某一个线对发送的信号，耦合到另一线对的近端接收端的串扰信号。

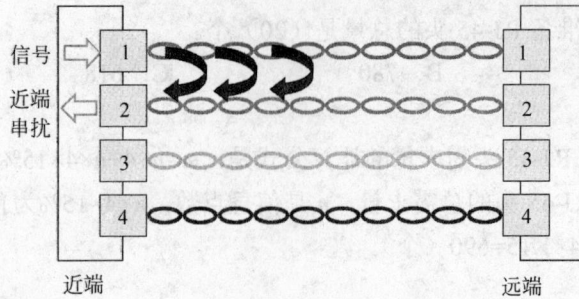

- FEXT（Far End Cross-Talk，远端串扰），是指从链路近端某一个线对发送的信号所引起的，在链路远端对另一线对接收端的串扰信号。

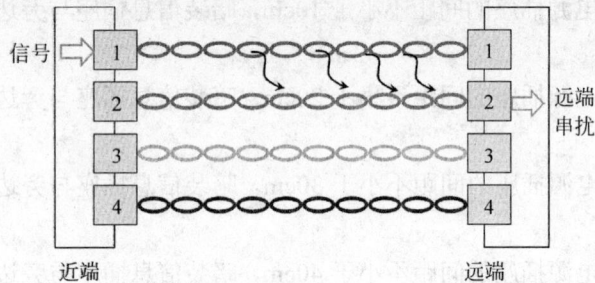

答案：C

（2012 上）双绞线对由两条具有绝缘保护层的铜芯线按一定密度互相缠绕在一起组成，缠绕的主要目的是（11）。

A．提高传输速度   B．降低成本

C．降低信号干扰的程度   D．提高电缆的物理强度

- 双绞线这样双绞（Twisted Pair）缠绕的目的就是利用铜线中电流产生的电磁场互相作用抵消邻近线路的干扰并减少来自外界的干扰。
- 每对线在每英寸长度上相互缠绕的次数决定抗干扰的能力和通信的质量，缠绕的越紧密，其通信质量越高，就可以支持更高的网络数据传送速率，当然成本也就越高。

答案：C

（2012 上）所谓"1U 的服务器"，就是外形满足 EIA 规格、（13）的服务器产品。

A．宽度为 4.445cm   B．高度为 4.445cm

C．宽度为 5.445cm   D．高度为 5.445cm

- U（unit）是一种表示服务器外部尺寸的单位，其标准由 EIA（Electronic Industries Association，美国电子工业协会）制定。
- EIA 规定服务器的宽度统一为 19 英寸（48.26cm），高度则须为 4.445cm 的倍数。
  - 高度以 4.445cm 为基本单位，1U 就是 4.445cm，2U 就是 8.89cm，以此类推。
  - 由于宽为 19 英寸，所以将满足这一规定的机架称为"19 英寸机架"。
  - 设计为能放置到 19 英寸机架的服务器一般被称为机架服务器。
- 所谓"1U 的服务器"，就是外形满足 EIA 规格、高度为 4.445cm 的服务器产品。
- 机架服务器的外形看来不像计算机，而像交换机。这是因为，信息服务企业通常使用大型专用机房统一部署和管理大量的服务器资源，机房通常设有严密的保安措施、良好的冷却系统、多重备份的供电系统，其机房的造价相当昂贵。如何在有限的空间内部署更多的服务器直接关系到企业的服务成本。

答案：B

（2012 上）为便于维护人员操作，机柜和设备前预留的空间至少应为（16）mm。

A．1000　　　　　　B．1500　　　　　　C．1800　　　　　　D．2000

- 为便于维护人员操作，机柜和设备前预留的空间至少应为 1.5m。

答案：B

（2012 上）关于综合布线隐蔽工程的实施，以下说法不正确的是（17）。

A．线槽的所有非导电部分的铁件均应相互连接和跨接，使之成为一个连续的导体

B．线槽内布放的缆线应平直，要有冗余

C．在建筑物中预埋线槽可为不同尺寸，按一层或两层设置，应至少预埋 2 根以上

D．线槽宜采用绝缘塑料管引入分线盒内

- 线槽安装要求：

（1）线槽应平整，无扭曲变形，内壁无毛刺，各种附件齐全。

（2）线槽接口应平整，接缝处紧密平直，槽盖装上后应平整、无翘脚，出线口的位置准确。

（3）线槽的所有非导电部分的铁件均应相互连接和跨接，使之成为一个连续导体，并做好整体接地。

（4）线槽安装应符合《高层民用建筑设计防火规范》（GB50045—95）的有关部门规定。

（5）在建筑物中预埋线槽可为不同尺寸，按一层或两层设置，应至少预埋两根以上，线槽截面高度不宜超过 25mm。

（6）线槽直埋长度超过 6m 或在线槽路由交叉、转变时宜设置拉线盒，以便于布放缆

线和维修。

（7）拉线盒盖应能开启，并与地面齐平，盒盖处应采取防水措施。

（8）线槽宜采用金属管引入分线盒内。

答案：D

（2012 上） 综合布线系统中直接与用户终端设备相连的子系统是（18）。

A．工作区子系统　　　　　　　　　　　B．水平子系统

C．干线子系统　　　　　　　　　　　　D．管理子系统

- 直接与用户终端设备相连的工作区子系统。

答案：A

（2012 上） 非屏蔽双绞线在敷设中，弯曲半径应至少为线缆外径的（19）。

A．5 倍　　　　　　B．4 倍　　　　　　C．3 倍　　　　　　D．2 倍

- 根据《GB 50312—2007 综合布线系统工程验收规范》，缆线的弯曲半径应符合下列规定：

（1）非屏蔽 4 对对绞电缆的弯曲半径应至少为电缆外径的 4 倍。

（2）屏蔽 4 对对绞电缆的弯曲半径应至少为电缆外径的 8 倍。

（3）主干对绞电缆的弯曲半径应至少为电缆外径的 10 倍。

（4）2 芯或 4 芯水平光缆的弯曲半径应大于 25mm；其他芯数的水平光缆、主干光缆和室外光缆的弯曲半径应至少为光缆外径的 10 倍。

答案：B

亲爱的同学：当你做到这里，本章的所有考点你都已经见识过了，现在准备毕业吧！

14.2　通关测试

以下 10 题答对 8 题以上的可以通关！

（2012 上） 双绞线的电气特性"FEXT"表示（20）

A．衰减　　　　B．衰减串扰比　　　　C．远端串扰　　　　D．近端串扰

（2012 下） 局域网布线常用的双绞线中不包括（8）。

A．1 类双绞线　　　　　　　　　　　　B．3 类双绞线

C．4 类双绞线　　　　　　　　　　　　D．5 类双绞线

（**2012 下**）建筑内安装进出线设备，并进行综合布线以及系统管理和维护的场所是（19）。综合布线系统中，安装有线路管理器件及各种公共设备，实现对整个系统集中管理的区域属于（20）。

（19）A．总线间　　　　　B．管理间　　　　　C．工作间　　　　　D．设备间

（20）A．管理子系统　　　　　　　　B．干线子系统

　　　C．设备间子系统　　　　　　　D．建筑群子系统

（**2012 下**）隐蔽工程中，关于电气配线工程质量监控要点有如下表述，其中不正确的是（21）。

A．施工中须高度重视插座、螺口灯头、零线和上零下火接地的作法，用试电笔或测试插头进行检验，不允许出现零线与相线接反的情况

B．注意电线绝缘层的颜色控制，A 相为黄色，B 相为绿色，C 相为红色，PE 相为双色，且同一建筑内的线色应该一致

C．导致在管内不应有接头和扭结，接头应该在过线盒内

D．导线连接应采用绝缘压接帽新工艺，铜线接头处要搪锡处理，导线接头处只用黑色胶带缠绕数圈，做好粘接

（**2012 下**）依据《电子计算机机房设计规范》，保护性接地不包括（22）。

A．防雷接地　　　　　B．屏蔽接地　　　　　C．防静电接地　　　　　D．信号接地

（**2012 下**）根据折射率的分布情况，光纤可分为（23）。

A．跳变式光纤和渐变式光纤　　　　　　B．单模光纤和多模光纤

C．短波长光纤和长波长光纤　　　　　　D．保偏光纤和晶体光纤

（**2012 下**）不属于光缆测试的参数是（24）。

A．回波损耗　　　　　B．近端串扰　　　　　C．衰减　　　　　D．插入损耗

（**2012 下**）消防联动设备的直流工作电压应符合 GB156 规定，优先采用（33）。

A．AC 18V　　　　　B．DC 18V　　　　　C．DC 24V　　　　　D．AC 24V

（**2012 下**）以下材料中防电磁辐射最好的是（62）。

A．光缆　　　　　　　　　　　　　　　B．非屏蔽双绞线

C．铜缆　　　　　　　　　　　　　　　D．屏蔽双绞线

14.3 通关测试解析

（**2012 上**）双绞线的电气特性"FEXT"表示（20）。

A．衰减　　　　　B．衰减串扰比　　　　　C．远端串扰　　　　　D．近端串扰

- FEXT（Far End Cross-Talk），远端串扰。

答案：C

（**2012 下**）局域网布线常用的双绞线中不包括（8）。

A．1 类双绞线　　　　　　　　　　B．3 类双绞线
C．4 类双绞线　　　　　　　　　　D．5 类双绞线

- UTP（Unshielded Twist Pair，无屏蔽双绞线）的种类有：

（1）1 类 UTP（CAT1）——支持 100kHz 的通信应用，比如电话、语音、门铃、报警等系统，不适用于数据传输。

（2）2 类 UTP（CAT2）——支持 4MHz 的通信应用，比如数字语音等等，传输信号的能力有限，所以和 1 类 UTP 一样，在计算机网络领域没有得到太大的应用。

（3）3 类 UTP（CAT3）——20 世纪 90 年代初被广泛地应用在网络工程上，这种 UTP 能够支持 16MHz 的通信应用，包括数字和模拟语音、10Base-T 以太网等应用，目前已经不再推荐使用这种双绞线了。

（4）4 类 UTP（CAT4）——最高可以支持 20MHz 的通信应用，但无论 ANSI/TIA/EIA-568 标准，还是 ISO 11801 标准都没有关于这种双绞线的定义，市场上也不会再出现这种双绞线。这是因为 5 类双绞线的带宽为 100MHz，而价格却相差无几，所以综合布线标准放弃了这种传输介质。

（5）5 类 UTP（CAT5）——支持 100MHz 的通信应用，是最常用的以太网电缆。该类电缆增加了绕线密度，并外套高质量的绝缘材料。5 类 UTP 应用包括 100Base-TX、ATM，某些条件下还可以支持 1000Base-T。

（6）超 5 类 UTP（CAT5e）——具有比 5 类 UTP 更多的绞合次数，使得电缆具有更好的抵抗外部和电缆内部的其他导线的干扰，其衰减小、串扰少，并且具有更高的衰减与串扰的比值（ACR）和信噪比（Structural Return Loss）、更小的时延误差，性能得到很大提高。超 5 类线主要用于 1000Base-T。

（7）6 类 UTP（CAT6）——传输频率最高可达 250MHz，提供 2 倍于超 5 类 UTP 的带宽，适用于传输速率高于 1Gbps 的应用。相较于超 5 类 UTP，6 类 UTP 主要改善了在串扰以及回波损耗方面的性能。

答案：A

（2012 下） 建筑内安装进出线设备，并进行综合布线以及系统管理和维护的场所是（19）。综合布线系统中，安装有线路管理器件及各种公共设备，实现对整个系统集中管理的区域属于（20）。

(19) A．总线间　　　　　B．管理间　　　　　C．工作间　　　　D．设备间
(20) A．管理子系统　　　　　　　　　　　B．干线子系统
　　　 C．设备间子系统　　　　　　　　　　D．建筑群子系统

- 并进行综合布线以及系统管理和维护的场所是设备间。
- 负责对整个系统集中管理的是管理子系统。

答案：（19）D、（20）A

（2012 下） 隐蔽工程中，关于电气配线工程质量监控要点有如下表述，其中不正确的是（21）。

A．施工中须高度重视插座、螺口灯头、零线和上零下火接地的作法，用试电笔或测试插头进行检验，不允许出现零线与相线接反的情况

B．注意电线绝缘层的颜色控制，A 相为黄色，B 相为绿色，C 相为红色，PE 相为双色，且同一建筑内的线色应该一致

C．导致在管内不应有接头和扭结，接头应该在过线盒内

D．导线连接应采用绝缘压接帽新工艺，铜线接头处要搪锡处理，导线接头处只用黑色胶带缠绕数圈，做好粘接

- 有经验的同学只要一看"导线接头处只用黑色胶带缠绕数圈"，就知道应该选 D 了。
- 电气工程配线的质量控制要点：

（1）电线、电缆穿管前，应消除管内杂物和积水，管口应有保护措施。

（2）相线、中性线及保护接地线的颜色应加以区分。中性线为淡蓝色，接地线为黄绿双色线，A 相黄色、B 相绿色、C 相红色。

（3）导线在管内不应有接头或扭结，接头应设在接线盒（箱）内，导线的预留长度应按盒内导线 15cm、配电箱内导线为箱体周长的 1/2、出户导线长度为 1.5m。

（4）导线连接应采用绝缘压接帽新工艺，多股铜线应理顺并经搪锡处理，严禁接头处虚接或未用绝缘带包扎、只用黑胶布缠绕的做法。

（5）接、焊、包全部完成后，应进行自检和互检，检查无误后进行绝缘测试。

答案：D

（**2012 下**）依据《电子计算机机房设计规范》，保护性接地不包括（22）。

A．防雷接地　　　　B．屏蔽接地　　　　C．防静电接地　　　　D．信号接地

- 依据《电子计算机机房设计规范》，电子计算机机房应采用下列四种接地方式：交流工作接地、安全工作接地、直流工作接地、防雷接地。
- 通过常识我们也应该知道，信号不能接地，信号传给了大地，接收端就收不到信号了。

答案：D

（**2012 下**）根据折射率的分布情况，光纤可分为（23）。

A．跳变式光纤和渐变式光纤　　　　　　　B．单模光纤和多模光纤

C．短波长光纤和长波长光纤　　　　　　　D．保偏光钎和晶体光钎

- 按照光纤传输的模式数量，光纤可分为多模光纤和单模光纤。
- 按照折射率的分布情况，光纤可分为跳变式光纤和渐变式光纤。
- 跳变式光纤，也称突变式光纤，光纤中心芯到玻璃包层的折射率是突变的。其成本低，模间色散高。单模光纤由于模间色散很小，通常采用突变式光纤。
- 渐变式光纤，光纤中心芯到玻璃包层的折射率逐渐变小，可使光按正弦形式传播，这能减少模间色散，提高光纤带宽，增加传输距离。多模光纤多为渐变式光纤。

答案：A

（**2012 下**）不属于光缆测试的参数是（24）。

A．回波损耗　　　　B．近端串扰　　　　C．衰减　　　　D．插入损耗

- 近端串扰是双绞线的测试内容。
- 光纤中传输的是光，光不受电磁干扰影响，光纤没有串扰。

答案：B

（**2012 下**）消防联动设备的直流工作电压应符合 GB 156 规定，优先采用（33）。

A．AC 18V　　　　B．DC 18V　　　　C．DC 24V　　　　D．AC 24V

- AC（Alternating Current）代表交流，DC（Direct Current）代表直流。
- 根据《GB/T 156—2007 标准电压》和《GB 16806—2006 消防联动控制系统》，消防联动设备的直流工作电压应优先采用直流 24V。

答案：C

（**2012 下**）以下材料中防电磁辐射最好的是（62）。

A. 光缆　　　　　　　　　　　B. 非屏蔽双绞线

C. 铜缆　　　　　　　　　　　D. 屏蔽双绞线

- 光纤中传输的是光，光不受电磁辐射干扰。

答案：A

　　想知道你考试能得多少分么？本书提供了两种估算方法：1. 将每章通关测试得分乘以该章的权重（前言中附有题量统计），累加即可；2. 进行下篇的真题模拟考试。两种方法互为校验，信度极高！

第15章 软件技术

本章对应《信息系统监理师教程》之第三篇信息应用系统建设监理的考试内容，是上午考试中题量最大的章节之一，平均到每次考试，上午题量为9.6分，下午题量为6.6分。

** 由于本章题量过大，为便于读者阅读和学习，特将"软件质量、软件测试和配置管理"方面的内容单独提取出来作为第16章。

15.1 历年试题解析

（2005上）下列要素中，不属于DFD的是（21）。当使用DFD对一个工资系统进行建模时，（22）可以被认定为外部实体。

（21）A. 加工　　　　B. 数据流　　　　C. 数据存储　　　　D. 联系

（22）A. 接收工资单的银行　　　　　　B. 工资系统源代码程序

　　　　C. 工资单　　　　　　　　　　D. 工资数据库的维护

- 数据流图（Data Flow Diagram，DFD）中有四个要素：
  - 箭线，表示数据流，比如图中的出勤表、工资条等。
  - 圆形（或椭圆），表示数据加工，比如图中的计算工资、工资转存等。
  - 双杠，表示数据存储，比如图中的工资清单。
  - 方框，表示数据的源点或终点（外部实体），比如图中的人事部门、银行等。

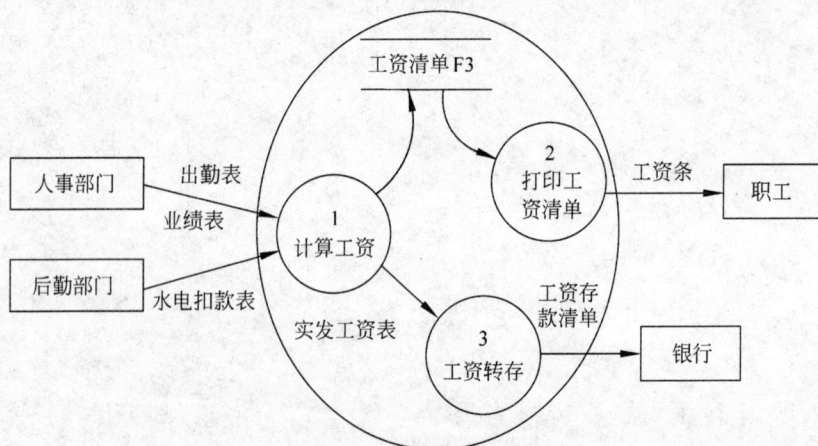

- 外部实体是存在于软件系统之外的人员或组织，是系统所需数据的发源地或系统所产生数据的归宿地。

答案：（21）D. （22）A

（2005 上） 在系统转换的过程中，旧系统和新系统并行工作一段时间，再由新系统代替旧系统的策略称为（26）；在新系统全部正式运行前，一部分一部分地代替旧系统的策略称为（27）。

（26）A．直接转换　　　　B．位置转换　　　　C．分段转换　　　　D．并行转换
（27）A．直接转换　　　　B．位置转换　　　　C．分段转换　　　　D．并行转换

- 新旧系统之间的转换方式有直接转换、并行转换和分段转换。
- 直接转换。直接转换就是在确定新系统运行无误时，立刻启用新系统，终止旧系统运行。这种方式对人员、设备费用很节省。这种方式一般适用于一些处理过程不太复杂，数据不很重要的场合。
- 并行转换。这种转换方式是新旧系统并行工作一段时间，经过一段时间的考验以后，新系统正式替代旧系统。常用于较复杂的大型系统的转换，如银行、电信企业的核心业务系统。它的主要特点是安全、可靠，但费用和工作量都很大，因为在相当长时间内需要两套系统并行工作。
- 分段转换。分段转换又称逐步转换、向导转换、试点过渡法等。这种转换方式实际上是以上两种转换方式的结合。在新系统全部正式运行前，一部分一部分地代替旧系统。那些在转换过程中还没有正式运行的部分，可以在一个模拟环境中继续试运行。这种方式既保证了可靠性，又不至于费用太大。但是这种分段转换要求子系统之间有一定的独立性，对系统的设计和实现都有一定的要求，否则就无法实现这种分段转换的设想。

答案：（26）D. （27）C

（2005 上） DOM is a platform and language- （66） API that allows programs and scripts to dynamically access and update the content, structure and style of WWW documents （currently, definitions for HTML and XML documents are part of the specification）.

The document can be further processed and the results of that processing can be incorporated back into the presented （67）.

DOM is a （68）-based API to documents, which requires the whole document to be represented in （69） while processing it.

A simpler alternative to DOM is the event-based SAX, which can be used to process very large （70） documents that do not fit into the memory available for processing.

（66）A．specific　　　B．neutral　　　　C．contained　　　D．related
（67）A．text　　　B．image　　　　C．page　　　D．graphic
（68）A．table　　　　B．tree　　　　C．control　　　D．event
（69）A．document　　B．processor　　　C．disc　　　D．memory
（70）A．XML　　　　B．HTML　　　C．script　　　D．Web

- DOM 是一种与平台和语言无关（language-neutral）的应用程序接口(API)，它允许程序和脚本动态地访问、更新 WWW 文件的内容、结构和风格。（目前，DOM 规范已支持对 HTML 和 XML 文件的处理）
- 文件可以进一步被处理，处理的结果可以加入到当前的页面（page）中。
- DOM 是一种基于树形结构（tree-based）的 API 文档，它要求在处理过程中整个文件都装载在内存（memory）里。
- DOM 的一个简单替代物是：基于事件的 SAX，它可以用于处理很大的、无法全部放入内存的 XML 文件。
- 提示：DOM（Document Object Model，文件对象模型），是 W3C 组织推荐的处理 HTML 文件和 XML（Extensible Markup Language，可扩展标记语言）文件的标准编程接口。

答案：（66）B．（67）C．（68）B．（69）D．（70）A

（2005 下） 在开发一个系统时，如果用户对系统的目标是不很清楚，难以定义需求，这时最好使用（13）。

A．原型法　　　B．瀑布模型　　　C．V-模型　　　D．喷泉模型

- 需求明确的项目，首选瀑布模型。
- 需求不明确的项目，可选用原型法、迭代法、螺旋模型。
- V 模型适用于注重测试的软件开发过程。
- 喷泉模型主要用来描述面向对象的软件开发过程。

答案：A

（2005 下） 以下内容中，（15）应写入操作手册。

A．描述系统对各种输入数据的处理方法
B．说明系统升级时产商提供的服务
C．描述系统处理过程的各个界面
D．说明系统各部分之间的接口关系

- A 和 D 应写入设计文档，C 应写入操作手册，B 应写入用户手册或售后服务指南。

- 操作手册的编制是为了向操作人员提供该软件每一个运行的具体过程和有关知识，包括操作方法的细节。
- 系统对各种输入数据的处理方法和系统各部分之间的接口关系是软件开发和设计者关心的内容，用户无须关心。系统升级时厂商提供的服务与用户在当前系统中的操作无关。

答案：C

（**2005 下**）关于维护软件所需的成本，以下叙述正确的是（18）。

A．纠正外部和内部设计错误比纠正源代码错误需要更大的成本

B．与需求定义相比，源代码的文字量大得多，所以源代码的维护成本更高

C．用户文档需要经常更新，其维护成本超过了纠正设计错误的成本

D．需求定义的错误会在设计时被发现并纠正，因此需求定义纠错的成本小于源代码纠错的成本

- 纠正早期阶段的错误要比纠正当前阶段产生的错误代价要大得多，比如，在编码阶段发现编码错误，修改成本很低，但此时若发现需求或设计错误，纠偏代价会非常大。
- 针对同一个错误，愈早纠正成本越低，愈晚纠正成本越高。
- 软件工程领域有一个著名的 1-10-100 Rule：要改正在软件产品付诸应用后所发现的一个需求方面的缺陷，比在编码阶段改正这个错误要多付出 10 倍的成本，比在需求阶段改正这个错误要多付出 100 倍的成本。

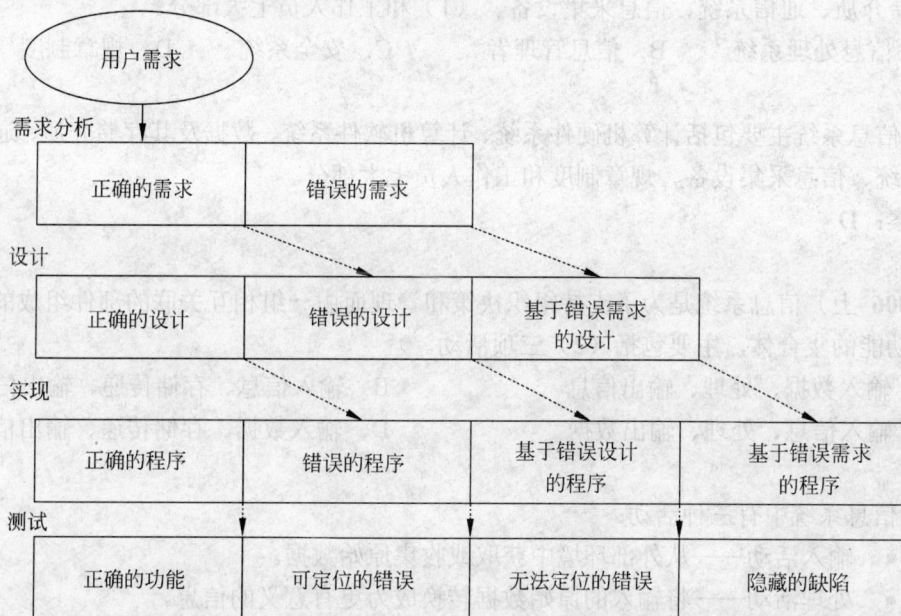

答案：A

（2005 下） 在选择多媒体数据压缩算法时需要综合考虑（62）。

A．数据质量和存储要求

B．数据的用途和计算要求

C．数据质量、数据量和计算的复杂度

D．数据的质量和计算要求

- 在选择多媒体数据压缩算法时需要综合考虑数据压缩质量、压缩后的数据量以及计算的复杂度。
  - 数据压缩质量是指压缩数据恢复后的失真程度，失真越小，数据压缩质量越好。
  - 压缩后的数据量越小，代表压缩比越大，压缩算法越好。
  - 计算复杂度越小，压缩算法运行速度越快。
- 注意：多媒体数据压缩（如图片、音频、视频的压缩）不同于数据文件压缩，通常允许一定程度的失真（信息缺失）。
- 此外，选择压缩算法是还应考虑硬件实现的可能性。

答案：C

（2006 上） 基于计算机的信息系统主要包括计算机硬件系统、计算机软件系统、数据及其存储介质、通信系统、信息采集设备、（1）和工作人员七大部分。

A．信息处理系统　　　B．信息管理者　　　C．安全系统　　　D．规章制度

- 信息系统主要包括计算机硬件系统、计算机软件系统、数据及其存储介质、通信系统、信息采集设备、规章制度和工作人员七大部分。

答案：D

（2006 上） 信息系统是为了支持组织决策和管理而由一组相互关联的部件组成的、具有完整功能的集合体，主要包括（2）三项活动。

A．输入数据、处理、输出信息　　　　　B．输入信息、存储传递、输出信息

C．输入信息、处理、输出数据　　　　　D．输入数据、存储传递、输出信息

- 信息系统中有三种活动：
  - 输入活动——从外部环境中获取或收集原始数据。
  - 处理活动——将输入的原始数据转换成为更有意义的信息。
  - 输出活动——将处理后形成的信息传递给人或需要此信息的其他活动。

- 数据（Data）经过处理后变成信息（Information）。

答案：A

（2006 上）同其他事物一样，信息系统也要经过产生、发展、成熟、消亡、更新等过程。随着（3）发生变化，信息系统需要不断维护和修改，并可能被淘汰。

A．生存环境　　　B．软硬件技术　　　　C．开发人员　　　D．主管人员

- 同其他事物一样，信息系统也要经过产生、发展、成熟、消亡、更新等过程。随着生存环境发生变化，信息系统需要不断维护和修改，并可能被淘汰。

答案：A

（2006 上）数据流图的作用是（13）。

A．描述了数据对象之间的关系　　　B．描述了对数据的处理流程

C．说明了将要出现的逻辑判定　　　D．指明了系统对外部事件的反应

- 数据流图（Data Flow Diagram, DFD）从数据传递和加工处理角度，以图形方式来表达系统的逻辑功能、数据在系统内部的逻辑流向和逻辑变换过程，是结构化系统分析方法的主要表达工具。

答案：B

（2006 上）渐增式开发方法有利于（14）。

A．获取软件需求　　　　　　B．快速开发软件

C．大型团队开发　　　　　　D．商业软件开发

- 渐增式开发方法，也叫快速原型法（Rapid Prototyping），首先构造一个功能简单的原型系统，然后通过对原型系统逐步求精，不断扩充完善得到最终的软件系统。
- 原型法是指在实际制造产品之前，先造出该产品的实用模型，并据此征求对需求的反馈意见。建立原型的主要原因是为了解决在软件开发早期阶段的需求不确定问题。

答案：A

（2006 上）（15）不是结构化分析设计的原则。

A．模块独立　　　B．自顶向下　　　C．自底向上　　　D．逐步求精

- 结构化方法（Structured Method）由结构化分析、结构化设计和结构化程序设计组

成，是一种面向数据流的开发方法。其基本原则是：自顶向下、逐步求精、模块化设计、结构化编码。

- 结构化分析（Structured Analysis，SA）采用自顶向下、逐层分解的方法来定义系统的需求。这样就可以把一个大问题分解成若干个小问题，经过多次逐层进行功能分解后，每个最底层的问题都是足够简单、容易解决的。结构化分析方法适用于分析大型的数据处理系统，数据流图是其主要工具。
- 结构化设计（Structured Design，SD）的基本思想是：将软件设计成由相对独立且具有单一功能的模块组成的结构，其原则是：

（1）使每个模块执行一个功能（坚持功能性内聚）。

（2）每个模块用过程语句（或函数方式等）调用其他模块。

（3）模块间传送的参数作数据用。

（4）模块间共用的信息（如参数等）尽量少。

- 结构化程序设计（Structured Programming，SP）则在自顶向下、逐步求精、模块化设计的基础上进一步增加了一条原则：限制使用 goto 语句。

答案：C

（2006 上） 模块的耦合度描述了 （16）。

A．模块内各种元素结合的程度　　　　B．模块内多个功能之间的接口

C．模块之间公共数据的数量　　　　　D．模块之间相互关联的程度

- 耦合是指模块之间联系的紧密程度。耦合度越高则模块的独立性越差。
- 按耦合度从低到高依次有 7 种耦合方式：

（1）非直接耦合（独立运行）。

（2）数据耦合（用参数表传递简单数据）。

（3）标记耦合（传递数据结构或者一部分）。

（4）控制耦合（传递的信息包括控制模块的信息）。

（5）外部耦合（模块与软件之外的环境有关）。

（6）公共耦合（多个模块引用同一全局的数据区）。

（7）内容耦合（访问内部数据，代码重叠或者多个入口）。

答案：D

（2006 上） 内聚是一种指标，表示一个模块 （17）。

A．代码优化的程度　　　　　　B．代码功能的集中程度

C．完成任务时及时程度　　　　D．为了与其他模块连接所要完成的工作量

- 内聚是指模块内部各元素之间联系的紧密程度，内聚度越低模块的独立性越差。

- 按内聚度从低到高依次有 7 种内聚种类：
（1）偶然内聚（模块完成的多个任务，任务之间的关系松散）。
（2）逻辑内聚（模块完成逻辑相关的一组任务）。
（3）瞬时内聚（模块的所有任务必须在同一时间间隔内执行）。
（4）过程内聚（模块的处理元素相关而且按照特定的次序执行）。
（5）通信内聚（模块的所有元素集中在一个数据结构区域上）。
（6）顺序内聚（模块的处理元素相关，必须顺序执行）。
（7）功能内聚（模块完成单一的功能，各个部分协调工作，而且不可缺少）。
- 高内聚、低耦合，是软件工程中判断设计好坏的两个定性标准。
  - 所谓高内聚是指一个软件模块是由相关性很强的代码组成，只负责一项任务，也就是常说的单一责任原则。
  - 耦合强弱取决于模块间接口的复杂程度、调用模块的方式以及通过接口的数据。所谓低耦合是指模块应尽可能的独立存在，模块之间的接口应尽量少而简单。

答案：B

（2006 上）在面向对象的软件工程中，一个组件（component）包含了（22）。
A．所有的属性和操作　　　　　　　B．各个类的实例
C．每个演员（device or user）的作用　　D．一些协作的类的集合

- 组件（component）包含了一些协作的类的集合。
- 对象（Object）是类（Class）的一个实例（Instance）。
- 对象由对象名、属性和操作三部分组成。
- 对象所能执行的操作称为方法（Method）。
- 一个对象通过发送消息（Message）来调用另一个对象的方法。

答案：D

（2006 上）应用面向对象的软件开发方法进行分析和设计时，首先要定义好各种（23）。
A．类　　　　　　B．对象　　　　　C．消息　　　D．操作

- OOAD（Object Orient Analysis & Design，面向对象的分析和设计）的基本步骤是：
（1）分析确定在问题空间和解空间出现的全部对象及其属性；
（2）确定应施加于每个对象的操作，即对象固有的处理能力；
（3）分析对象间的联系，确定对象彼此间传递的消息；
（4）设计对象的消息模式，消息模式和处理能力共同构成对象的外部特性；

（5）分析各个对象的外部特性，将具有相同外部特性的对象归为一类，从而确定所需要的类；

（6）确定类间的继承关系，将各对象的公共性质放在较上层的类中描述，通过继承来共享对公共性质的描述；

（7）设计每个类的外部特性的描述；

（8）设计每个类的内部实现（数据结构和方法）；

（9）创建所需的对象（类的实例），实现对象间应有的联系（发消息）。

答案：B

（**2006 上**）（24）是面向对象程序设计语言不同于其他语言的主要特点，是否建立了丰富的（25）是衡量一个面向对象程序设计语言成熟与否的重要标志之一。

（24）A．继承性　　　　　B．消息传递　　　C．多态性　　　　D．静态联编

（25）A．函数库　　　　　B．类库　　　　　C．类型库　　　　D．方法库

- 面向对象程序设计语言有三大特点：封装、继承、多态。
  - 封装（Encapsulation）是指把数据以及操作数据的相关方法组合在同一单元中，封装使我们可以把类作为软件复用中的基本单元，提高内聚度，降低耦合度。
  - 面向对象中的继承（Inheritances）机制是对现实世界中遗传现象的模拟。通过该机制，子类可以使用从父类继承的属性和方法。
  - 多态（Polymorphism），在多个类中可以定义同一个操作或属性名，并在每个类中可以有不同的实现。通过多态，一个抽象操作可以在不同的类中以不同的方式被执行。
- 继承性是其他类型的程序设计语言的所不具备的特点。
- 是否建立了丰富的类库衡量一个面向对象程序设计语言成熟与否的重要标志之一。
- 提示：函数库是结构化程序设计语言里的说法。

答案：（24）A．（25）B

（**2006 上**）WebSQL is a SQL-like （71） language for extracting information from the web.

Its capabilities for performing navigation of web （72） make it a useful tool for automating several web-related tasks that require the systematic processing of either all the links in a （73），all the pages that can be reached from a given URL through （74） that match a pattern，or a combination of both.

WebSQL also provides transparent access to index servers that can be queried via the Common （75） Interface.

（71）A．query　　　　B．transaction　　C．communication　　D．programming

（72）A. browsers　　　B. servers　　　　C. hypertexts　　　D. clients
（73）A. hypertext　　　B. page　　　　　C. protocol　　　　D. operation
（74）A. paths　　　　　B. chips　　　　　C. tools　　　　　D. directories
（75）A. Router　　　　B. Device　　　　C. Computer　　　　D. Gateway

- WebSQL 是一种类似于 SQL 的查询（query）语言，用于从 Web 中提取信息。
- 它能够在 Web 超文本（hypertexts）中巡航，这使得它成为自动完成 Web 相关任务的有用工具。
- 这些任务或者要求系统地处理一个页面（page）上的所有链接，或者要求系统地处理从一个起始地址通过路径（paths）匹配所能到达的所有页面，或者二者均要求。
- WebSQL 也提供对索引服务器的透明访问，可以通过通用网关接口（Common Gateway Interface，CGI）对索引服务器进行查询。

答案：（71）A.（72）C.（73）B.（74）A.（75）D

（**2006 下**）根据《GB 8566—88 计算机软件开发规范》，软件生命周期中的第一阶段是（22）。

A. 需求分析　　　　　B. 可行性研究和计划
C. 概要设计　　　　　D. 使用和维护

- 《GB 8566—88 计算机软件开发规范》将软件生命周期分成了可行性研究和计划、需求分析、设计、实现、测试、运行与维护等阶段。
- 提示：该标准已陈旧，现在的新标准是《GB/T 8566—2007 软件生存周期过程》，内容已发生了较大变化，不再按阶段划分，而是按过程划分。

答案：B

（**2006 下**）面向对象（Object-Oriented）方法是一种非常实用的软件开发方法。一个对象通常由（23）三部分组成。

A. 对象名、类、消息　　　　B. 名称、属性、函数
C. 对象名、属性、方法　　　　D. 名称、消息、操作

- 对象由对象名、属性和操作三部分组成。
- 对象所能执行的操作称为方法（Method）。

答案：C

（**2006 下**）常见的软件开发模型有瀑布模型、演化模型、螺旋模型、喷泉模型等。其

中（24）模型适用于需求明确或很少变更的项目，（25）模型主要用来描述面向对象的软件开发过程。

（24）A．瀑布模型　　　B．演化模型　　　C．螺旋模型　　　D．喷泉模型
（25）A．瀑布模型　　　B．演化模型　　　C．螺旋模型　　　D．喷泉模型

- 需求明确或很少变更的项目首选瀑布模型。
- 需求不明确的项目，可选用原型法、迭代法、螺旋模型。
- 喷泉模型主要用来描述面向对象的软件开发过程。
- 演化模型（Evolutionary Model）是一种迭代开发方法。

答案：（24）A．（25）D

（2006 下）为了识别和纠正运行中的程序错误而进行的维护称为（30）维护。

A．适应性　　　　B．完善性　　　　C．预防性　　　　D．校正性

- 软件维护活动可分为：
  - 正确性维护（更正性维护、校正性维护、改正性维护、排错性维护）：更正产品交付后发现的错误。
  - 适应性维护：适应环境变化，保持软件产品能在变化后或变化中的环境中可以继续使用。
  - 完善性维护：为满足用户要求，修改现有功能、增加新功能、改善性能以及一般性的改进，是软件维护的主体部分。
  - 预防性维护：为了改进软件未来的可维护性或可靠性，或者为了给未来的改进提供更好的基础而对软件进行修改。

答案：D

（2007 上）（1）不是软件开发生命周期的六个阶段之一。生命周期中时间最长的是（2）阶段。

（1）A．软件计划　　　B．软件测试　　　C．需求分析　　　D．系统验收
（2）A．软件设计　　　B．程序编写　　　C．需求分析　　　D．软件维护

- 软件生命周期通常分为 6 个阶段：软件计划、需求分析、软件设计、程序编写、软件测试、软件维护。
- 软件维护阶段是其中最长的阶段。

答案：（1）D．（2）D

（2007 上） 在软件开发方法中，生命周期法的主要缺点是：难以准确定义用户需求，软件开发工作是劳动密集型的，并且 _(3)_ 。

    A．阶段不明确

    B．无法对项目进行管理和控制

    C．开发周期长，难适应环境变化

    D．系统各部分不独立

- 生命周期法即结构化开发方法。
- 生命周期法的突出优点是强调系统开发过程的整体性和全局性，强调在整体优化的前提下考虑具体的分析设计问题，即自顶向下的观点。它从时间角度把软件开发和维护分解为若干阶段，每个阶段有各自相对独立的任务和目标。降低了系统开发的复杂性，提高了可操作性。另外，每个阶段都对该阶段的成果进行严格的审批，发现问题及时反馈和纠正，保证了软件质量，特别是提高了软件的可维护性。
- 生命周期法的缺点是开发周期较长，因为开发顺序是线性的，各个阶段的工作不能同时进行，前阶段所犯的错误必然带入后一阶段，而且越是前面犯的错误对后面的工作的影响越大，更正错误所花的工作量就越大。生命周期法要求在项目初始阶段对用户需求进行严格和精确的定义，而这通常很难做到。在用户需求或产品功能经常要变化的情况下，生命周期法难以适应变化要求，也不支持迭代开发。

答案：C

（2007 上） 结构化开发方法中，数据流图是 _(22)_ 阶段产生的成果。

    A．需求分析　　　　　B．总体设计　　　　C．详细设计　　　　D．程序编码

- 数据流图是结构化分析的主要需求分析工具。

答案：A

（2007 上） 面向对象的开发方法中， _(23)_ 是面向对象技术领域内占主导地位的标准建模语言，用这种语言描述系统与外部系统及用户之间交互的图是 _(24)_ 。

    （23）A．RUP　　　　　B．C++　　　　　C．UML　　　　　D．Java

    （24）A．类图　　　　　B．用例图　　　　C．对象图　　　　D．协作图

- UML（Unified Modeling Language，统一建模语言）是面向对象技术领域内占主导地位的标准建模语言。
- 在 UML 中，用例图（Use Case Diagram）用于描述系统与外部系统及用户之间的交互，即捕捉系统的功能需求。

答案：（23）C.（24）B

（2007 上）面向对象中的所谓数据隐藏指的是 (25)。

A．输入数据必须输入口令

B．数据经过加密处理

C．对象内部数据结构上建有防火墙

D．对象内部数据结构的不可访问性

- 封装是一种信息隐蔽技术，隐藏对象的属性和实现细节，使用者只能见到对象的外特性（对象能接受哪些消息，具有哪些处理能力），而对象的内特性（保存内部状态的私有数据和实现加工能力的算法）对使用者是隐蔽的。
- 封装使数据和加工该数据的方法封装为一个整体，确保了类的独立性，以达到高内聚、低耦合的效果。
- 所谓数据隐藏就是指对象内部数据结构的不可访问性。

答案：D

（2007 上）面向对象的类之间有关联、泛化、实现及依赖等关系。在统一建模语言中，符号" ------▷ "表示的是 (26) 关系。

A．关联　　B．依赖　　C．实现　　D．泛化

- UML 类之间的关系有 6 种，具体画法如下：
  - 关联（Association）——实线无箭头；
  - 依赖（Dependency）——虚线箭杆+箭头；
  - 组成（Composition）——实心菱形箭头+实线箭杆（鸟和翅膀的关系）；
  - 聚集/聚合（Aggregation）——空心菱形箭头+实线箭杆（雁群和大雁的关系）；
  - 泛化/继承（Generalization）——空心三角形箭头+实线箭杆；
  - 实现（Realization）——空心三角形箭头+虚线箭杆。

答案：C

（2007 上）CMM 提供了一个框架，将软件过程改进划分成 (29) 个成熟度等级。

A．3　　　　B．4　　　　C．5　　　　D．6

- CMM（Capability Maturity Model，软件能力成熟度模型）和 CMMI（Capability Maturity Model Integration，软件能力成熟度模型集成）都是 5 个级别。

CMM	CMMI
■　一级，初始级（Initial）	一级，初始级（Initial）
■　二级，可重复（Repeatable）	二级，已管理级（Managed）
■　三级，已定义级（Defined）	三级，已定义级（Defined）
■　四级，已管理级（Managed）	四级，量化管理级（Quantitatively Managed）
■　五级，优化级（Optimizing）	五级，优化级（Optimizing）

答案：C

（2007 下）瀑布模型的主要不足之处在于_(3)_。
A．过于简单　　　　　　　　　　B．过于灵活
C．不能适应需求的动态变更　　　D．各个阶段需要进行评审

- 瀑布模型（Waterfall Model）将软件生命周期划分为软件项目计划、需求分析、软件设计、程序编写、软件测试和运行维护 6 个阶段，并且规定了它们自上而下、相互衔接的固定次序，如同瀑布流水，逐级下落。
- 在瀑布模型中，软件开发的各项活动严格按照线性方式进行，当前活动接受上一项活动的工作结果，实施完成所需的工作内容。当前活动的工作结果需要进行评审验证，如果验证通过，则该结果作为下一项活动的输入，继续进行下一项活动，否则返回修改。瀑布模型强调文档的作用，并要求每个阶段都要仔细验证。但是，这种模型的线性过程太理想化，其主要问题在于如下方面。

（1）瀑布模型的最大缺点是难以解决需求不明确的问题，不能适应用户需求的变化。
（2）各个阶段的划分完全固定，缺乏灵活性，开发周期长，易陷于"阻塞状态"。
（3）反馈时间长，风险大。由于开发模型是线性的，一方面，用户只有等到整个过程的末期才能见到开发成果，从而增加了开发的风险；另一方面，早期的错误可能要等到开发后期的测试阶段才能发现，进而带来严重的后果。

答案：C

（2007 下）_(14)_ 不是标准的 SQL 语句。
A．ALTER TABLE　　　　　　　B．ALTER VIEW
C．CREATE TABLE　　　　　　　D．CREATE VIEW

- ALTER TABLE，更改表结构。
- CREATE TABLE，新建表。
- CREATE VIEW，新建视图。
- D 选项不是标准的 SQL（Structured Query Language，结构化查询语言）语句。

- 更新视图的语句应为 REPLACE VIEW。

答案：B

（**2007 下**）系统的硬件环境、软件环境和数据环境发生变化时需要对系统进行维护，这种维护属于_(16)_。

A. 完善性维护　　　B. 适应性维护

C. 校正性维护　　　D. 支持性维护

- 软件维护活动可分为：
  - 正确性维护（更正性维护、校正性维护、改正性维护、排错性维护）——更正产品交付后发现的错误。
  - 适应性维护——适应环境变化，保持软件产品能在变化后或变化中的环境中可以继续使用。
  - 完善性维护——为满足用户要求，修改现有功能、增加新功能、改善性能以及一般性的改进，是软件维护的主体部分。
  - 预防性维护——为了改进软件未来的可维护性或可靠性，或者为了给未来的改进提供更好的基础而对软件进行修改。

答案：B

（**2007 下**）在数据流图中，带箭头的直线表示_(19)_。两条平行线表示_(20)_。

（19）A. 加工　　　B. 外部实体　　　C. 数据流　　　D. 存储

（20）A. 加工　　　B. 外部实体　　　C. 数据流　　　D. 存储

- 数据流图（Data Flow Diagram，DFD）中有四个要素：
  - 箭线，表示数据流。
  - 圆形（或椭圆），表示数据加工（数据处理）。
  - 双杠（两条平行线），表示数据存储。
  - 方框，表示数据的源点或终点（外部实体）。

答案：（19）C．（20）D

（**2007 下**）软件的复杂性与许多因素有关。_(21)_不属于软件的复杂性参数。

A. 源程序的代码行数　　　　　B. 程序的结构

C. 算法的难易程度　　　　　　D. 程序中注释的多少

- 软件复杂性主要表现在程序的复杂性，它直接关系到软件开发费用的多少、开发周期长短和软件内部潜伏错误的多少，同时它也是软件可理解性的另一种度量。

- 软件复杂性度量的参数很多，主要有如下几种。

（1）规模：源代码行数。

（2）难度：算法的难易程度。

（3）结构：程序结构的复杂程度。

- 程序中注释的数量会影响软件的可理解性，但不会影响软件的复杂性。

答案：D

（2007 下）（22） 不属于面向对象的软件开发方法。

A．coad 方法　　　B．booch 方法　　　C．jackson 方法　　　D．omt 方法

- Jackson 方法是面向数据结构的结构化分析方法。
- 1989—1994 年，诞生了五十多种面向对象建模语言。在众多的建模语言中，语言的创造者努力推崇自己的产品，并在实践中不断完善。但是，OO 方法的用户并不了解不同建模语言的优缺点及相互之间的差异，因而很难根据应用特点选择合适的建模语言，于是爆发了一场"方法大战"。其中最引人注目的是：
  - Rumbaugh 的面向对象的建模技术（史称 OMT 方法）。
  - Jacobson 的 OOSE 方法。
  - Coad/Yourdon 方法，即著名的 OOA/OOD。
- 1994—1996 年，Booch、Rumbaugh 和 Jacobson 经过共同努力将这三种方法统一了起来，称之为统一建模语言，于 1996 年 6 月发布了 UML 0.9，并最终一统江湖，三人也被合称为"ＵＭＬ三友"。

答案：C

（2007 下） 在面向对象方法中，对象可看成是属性（数据）以及这些属性上的专用操作的封装体。封装是一种 __(23)__ 技术，封装的目的是使对象的 __(24)__ 分离。

（23）A．组装　　　　　B．产品化　　　C．固化　　　D．信息隐蔽

（24）A．定义和实现　　B．设计和测试　　C．设计和实现　　D．分析和定义

- 封装是一种信息隐蔽技术，封装的目的是使对象的定义和实现分离。
- 封装隐藏了对象内部数据与操作的细节，对象之间通过消息来进行通信。这样一来，对象的修改就可以局限于对象内部，而不会造成对其他对象的影响；对一个类实现的修改也可以局限于在这个类的内部，不会影响到与它协作的其他类。

答案：（23）D．（24）A

（**2007 下**）结构化分析方法（SA）的一个重要指导思想是 (25) 。

A．自顶向下，逐步抽象　　　　B．自底向上，逐步抽象
C．自顶向下，逐步分解　　　　D．自底向上，逐步分解

- 结构化分析方法（SA）指导思想就是：自顶向下，逐步分解。

答案：C

（**2007 下**）面向对象的主要特征包括对象唯一性、封装性、继承性和 (27) 。

A．多态性　　　　B．完整性　　　C．可移植性　　　D．兼容性

- 面向对象的主要特征包括对象唯一性、封装性、继承性和多态性。
- 所谓对象唯一性，是指每个对象都有唯一的标识，通过这种标识，可找到相应的对象。在对象的整个生命期中，它的标识都不改变，不同的对象不能有相同的标识。

答案：A

（**2007 下**）软件需求规格说明书在软件开发中具有重要作用，但其作用不应该包括 (29) 。

A．软件设计的依据　　　　B．用户和开发人员对软件要做什么的共同理解
C．软件验收的依据　　　　D．软件可行性分析依据

- 软件需求规格说明书是用户和开发人员对软件要做什么的共同理解，是软件设计开发的基础和依据，同时也是软件测试和验收的依据。
- 可行性分析是项目早期筹备阶段要做的工作，是项目批准立项的依据，此时还没有软件需求规格说明书。

答案：D

（**2007 下**）Consumption of the total life-cycle effort in software maintenance is (71) that in software development.

A．less than　　　　　　　B．larger than
C．equal or less than　　　D．equal or larger than

- 在整个软件生命周期中，软件维护所消耗的工作量要多于软件开发。

答案：B

（**2007 下**）The process of software development doesn't include (72) .

A．verification function   B．writing code

C．management function   D．validation function

- 软件开发过程不包括（72）。

A．功能验证   B．代码编写   C．管理功能   D．功能确认

- 验证（Verification）是指确定软件开发周期中的一个给定阶段的产品是否达到上一阶段确立的需求的过程。

- 确认（Validation）是指在软件开发过程结束时对软件进行评价以确定它是否和软件需求相一致的过程。

答案：C

（2007 下）A well-designed system should be ＿（73）．

① easily understood   ② reliable

③ straightforward to implement   ④ straightforward to maintain

A．①②   B．①③④   C．②③④   D．①②③④

- 一个设计良好的系统应该（73）。

①易于理解②可靠③易于实现④易于维护

答案：D

（2007 下）Maintenance activities include ＿（74）．

① making enhancements to software products

② developing a new software product

③ correcting problems

④ adapting products to new environments

A．①②   B．①③④   C．②③④   D．①②③④

- 维护活动包括（74）。

①对软件产品进行改进

②开发一个新的软件产品

③修改错误

④修改产品以适应新环境

- ①是完善性维护，③是正确性维护，④是适应性维护。

答案：B

（2008 上）软件工程需求分析阶段的任务是确定（6）。

A．软件开发方法　　　　　B．软件开发工具

C．软件开发费　　　　　　D．软件系统的功能

- 软件工程需求分析阶段的任务是确定软件系统的功能。

答案：D

（2008 上）对象实现了数据和操作的结合，使数据和操作（13）于对象的统一体中。

A．结合　　　B．隐藏　　　C．封装　　　D．抽象

- 对象实现了数据和操作的结合，使数据和操作封装于对象的统一体中。

答案：C

（2008 上）数据库 SQL 语言中，"AGE IN（15，35）"短语的正确含义是（14）。

A．AGE=15 AND AGE=35　　　　　　B．AGE=15 OR AGE=35

C．AGE<=35 AND AGE>=15　　　　　D．AGE<35 AND AGE>15

- IN 用于确认目标值 AGE 是否是集合（15，35）的成员。

答案：B

（2008 上）面向对象方法有许多特征，如软件系统是由对象组成的；（22）；对象彼此之间仅能通过传递消息互相联系；层次结构的继承。

A．开发过程基于功能分析和功能分解

B．强调需求分析重要性

C．把对象划分成类，每个对象类都定义一组数据和方法

D．对既存类进行调整

- A 和 B 都是结构化方法的思路，首先排除。
- D 与题目上下文无法衔接，亦排除。

答案：C

（2008 上）原型化方法是用户和设计者之间执行的一种交互构成，适用于（23）系统的开发。

A．需求不确定性高的　　　B．需求确定的　　　C．分时　　　D．实时

- 原型法的基本思想与结构化方法不同，原型法认为在很难一下子全面准确地提出用户需求的情况下，首先不要求一定要对系统做全面、详细的调查、分析，而是本着开发人员对用户需求的初步理解，先快速开发一个原型系统，然后通过反复修改来实现用户的最终系统需求。
- 原型应当具备的特点如下：
(1) 实际可行。
(2) 具有最终系统的基本特征。
(3) 构造方便、快速，造价低。
- 原型法的特点在于原型法对用户的需求是动态响应、逐步纳入的，系统分析、设计与实现都是随着对一个工作模型的不断修改而同时完成的，相互之间并无明显界限，也没有明确分工。原型法的系统开发计划就是一个反复修改的过程。原型法更易被用户接受；但如果用户配合不好，盲目修改，就会拖延开发过程。
- 原型法适于用户需求开始时定义不清、管理决策方法结构化程度不高的系统开发。
- 原型法不适合于：大型、复杂系统，难以模拟；存在大量运算、逻辑性强的处理系统；管理基础工作不完善、处理过程不规范的情况；大量批处理系统。
答案：A

（2008 上）DFD 中的每个"加工"至少需要（27）。
A．一个输入流 　　　　　　　　B．一个输出流
C．一个输入流或一个输出流 　　D．一个输入流和一个输出流

- 任何一个"数据加工"都至少要有一个输入数据流，也至少要有一个输出数据流。
答案：D

（2008 上）关于源程序功能性注释不正确的说法是（28）。
A．功能性注释在源程序中，用于说明程序或语句的功能及数据的状态等
B．注释用来说明程序段，需要在每一行都要加注释
C．可以使用空行或缩进，以便于容易区分注释和程序
D．修改程序也应修改注释

- 夹在程序中的注释是程序员与日后的程序读者之间通信的重要手段。正确的注释能够帮助读者理解程序，可为后续阶段进行测试和维护，提供明确的指导。因此，注释决不是可有可无的，大多数程序设计语言允许使用自然语言来写注释，这就给阅读程序带来很大的方便。一些正规的程序文本中，注释行的数量占到整个源程序的1/3~1/2，甚至更多。

- 序言性注释：通常置于每个程序模块的开头部分，它应当给出程序的整体说明，对于理解程序本身具有引导作用。有些软件开发部门对序言性注释做了明确而严格的规定，要求程序编制者逐项列出的有关项目包括程序标题、有关本模块功能和目的的说明、主要算法、接口说明、有关数据描述、模块位置、开发简历等。
- 功能性注释：嵌在源程序体中，用于说明程序或语句的功能及数据的状态。
- 书写功能性注释，要注意：

（1）重点描述其后的语句或程序段是在做什么工作，而不要解释下面将怎么做，因为解释怎么做常常是与程序本身重复的，并且对于阅读者理解程序没有什么帮助。

（2）用于描述一段程序，而不是每一个语句。

（3）用缩进和空行，使程序与注释容易区别。

（4）注释要与程序同步更新，修改程序也应修改注释。

答案：B

（2008 上） 模块的耦合性可以按照耦合程度的高低进行排序，以下（29）符合耦合程度从低到高的次序。

　　A．标记耦合，公共耦合，控制耦合，内容耦合

　　B．数据耦合，控制耦合，标记耦合，公共耦合

　　C．无直接耦合，标记耦合，内容耦合，控制耦合

　　D．无直接耦合，数据耦合，控制耦合，内容耦合

- 按耦合度从低到高依次有 7 种耦合方式：

（1）非直接耦合（独立运行）。

（2）数据耦合（用参数表传递简单数据）。

（3）标记耦合（传递数据结构或者一部分）。

（4）控制耦合（传递的信息包括控制模块的信息）。

（5）外部耦合（模块与软件之外的环境有关）。

（6）公共耦合（多个模块引用同一全局的数据区）。

（7）内容耦合（访问内部数据，代码重叠或者多个入口）。

答案：D

（2008 上） UML 语言不支持的建模方式有（32）。

　　A．静态建模　　B．动态建模　　C．模块化建模　　　　D．功能建模

- UML 语言支持的建模方式有静态建模、动态建模、功能建模。
- 模块化建模是结构化分析方法的建模方式。

答案：C

（**2008 上**）在 E-R 模型中，包含的基本成分是（35）。

A．数据、对象、实体　　　　　B．控制、联系、对象
C．实体、联系、属性　　　　　D．实体、数据、联系

- E-R 图（Entity-Relationship Diagram，实体关系图），描述系统所有数据对象的组成和属性，描述数据对象之间关系的图形语言，用于对复杂数据的分析和建模。

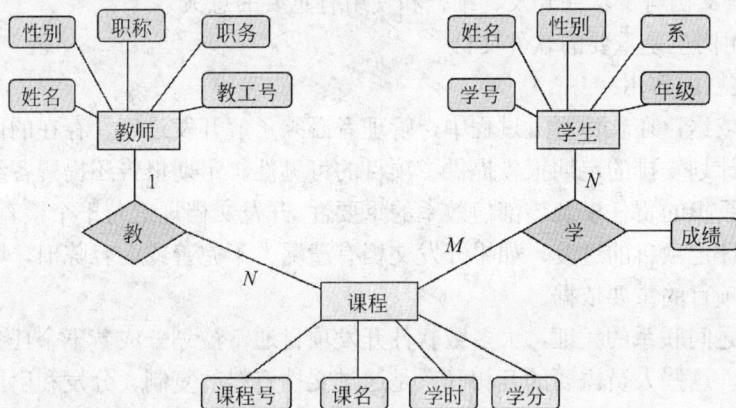

- E-R 图包含三个基本成分：
  - 实体——即数据对象：事物、事件、角色、机构等，用矩形框表示。
  - 关系——用连接相关实体的菱形框表示。
  - 属性——用椭圆形或圆角矩形表示，并用直线把实体（或关系）与其属性连接起来。

答案：C

（**2008 上**）（75） Development is a structured design methodology that proceeds in a sequence from one phase to the next.

A．Waterfall　　　B．Phased　　　　C．Prototyping　　　D．Parallel

- 瀑布式（Waterfall）开发是一种机构化设计方法论，从一个阶段向下一个阶段顺序前进。

答案：A

（**2008 下**）通常在软件开发过程的（17）阶段，无须用户参与。

A. 需求分析　　　B. 维护　　　C. 编码　　　D. 测试

- 需求分析、测试和维护阶段都需要用户参与，以明确需求。
答案：C

（**2008** 下）关于软件文档的叙述，"（18）"是错误的。

A. 文档就是指软件的操作说明书

B. 文档是软件产品的一部分，没有文档的软件就不成为软件

C. 高质量文档对于软件开发、维护和使用有重要的意义

D. 测试用例也是重要的软件文档

- 软件文档的作用：

（1）管理依据，在软件开发过程中，管理者必须了解开发进度、存在的问题和预期目标。每一阶段计划安排的定期报告提供了项目的可见性。定期报告还提醒各级管理者注意该部门对项目承担的责任以及该部门效率的重要性。开发文档规定若干个检查点和进度表，使管理者可以评定项目的进度，如果开发文档有遗漏、不完善或内容陈旧，则管理者将失去跟踪和控制项目的重要依据。

（2）任务之间联系的凭证，大多数软件开发项目通常被划分成若干个任务，并由不同的小组去完成。这些人员需要的互相联系是通过文档资料的复制、分发和引用而实现的，因而，任务之间的联系是文档的一个重要功能。大多数系统开发方法为任务的联系规定了一些正式文档。分析员向设计员提供正式需求规格说明，设计员向程序员提供正式设计规格说明，等等。

（3）质量保证，那些负责软件质量保证和评估系统性能的人员需要程序规格说明、测试和评估计划、测试该系统用的各种质量标准以及关于期望系统完成什么功能和系统怎样实现这些功能的清晰说明；必须制订测试计划和测试规程，并报告测试结果；他们还必须说明和评估完全、控制、计算、检验例行程序及其他控制技术。这些文档的提供可满足质量保证人员和审查人员上述工作的需要。

（4）培训与参考，软件文档的另一个功能是使系统管理员、操作员、用户、管理者和其他有关人员了解系统如何工作，以及为了达到他们的各自的目的，如何使用系统。

（5）软件维护支持，维护人员需要软件系统的详细说明以帮助他们熟悉系统，找出并修正错误，改进系统以适应用户需求的变化或适应系统环境的变化。

（6）历史档案，软件文档可用作未来项目的一种资源。通常文档记载系统的开发历史，可使有关系统结构的基本思想为以后的项目利用。系统开发人员通过审阅以前的系统以查明什么部分已试验过了，什么部分运行得很好，什么部分因某种原因难以运行而被排除。良好的系统文档有助于把程序移植和转移到各种新的系统环境中。

- 根据《GB/T 16680—1996 软件文档管理指南》，软件文档分为三类：

（1）开发文档描述开发过程本身，基本的开发文档是：

- 可行性研究和项目任务书。
- 需求规格说明。
- 功能规格说明。
- 设计规格说明。
- 开发计划。
- 软件集成和测试计划。
- 质量保证计划、标准。
- 项目进度计划。
- 安全和测试信息。

（2）产品文档描述开发过程的产物，基本的产品文档包括：

- 培训手册。
- 参考手册和用户指南。
- 软件支持手册。
- 产品手册和信息广告。

（3）管理文档记录项目管理的信息，建立在项目管理信息的基础上，例如：

- 每个阶段的进度和进度变更的记录。
- 软件变更情况的记录。
- 职责定义。

答案：A

（**2008 下**）为了改善系统硬件环境和运行环境而产生的系统更新换代需求而导致的软件维护属于（19）维护。

A．适应性　　　　B．正确性　　　　C．完善性　　　　D．预防性

- 软件维护活动可分为：
  - 正确性维护（更正性维护、校正性维护、改正性维护、排错性维护）——更正产品交付后发现的错误。
  - 适应性维护——适应环境变化，保持软件产品能在变化后或变化中的环境中可以继续使用。
  - 完善性维护——为满足用户要求，修改现有功能、增加新功能、改善性能以及一般性的改进，是软件维护的主体部分。
  - 预防性维护——为了改进软件未来的可维护性或可靠性，或者为了给未来的改进提供更好的基础而对软件进行修改。

答案：A

（**2008** 下）在软件工程环境中进行风险识别时，常见的、已知的及可预测的风险类包括产品规模、商业影响等，与开发工具的可用性及质量相关的风险属于（20）风险。

A．客户特性　　　　B．过程定义　　　　　C．开发环境　　　D．构建技术

- 客户特性风险是指与客户的素质以及开发者和客户定期通信的能力相关的风险。
- 过程定义风险是指与软件过程被定义的程度以及它们被开发组织所遵守的程度相关的风险。
- 开发环境风险是指与用以构建产品的工具的可用性及质量相关的风险。
- 构建技术风险是指与待开发软件的复杂性及系统所包含技术的"新奇性"相关的风险。

答案：C

（**2008** 下）在信息系统开发过程中，系统规范描述了（21）。

A．每一个系统功能的实现方案　　　　B．系统的功能和行为

C．系统中使用的算法和数据结构　　　D．系统仿真需要的时间

- 系统规范（Specification），即系统规格说明书，描述了待开发系统的功能和行为。
- 点评：这道题要是把"系统规范"改成"系统规格说明书"，就严谨多了。

答案：B

（**2008** 下）结构化分析方法（SA）的主要思想是（22）。

A．自顶向下、逐步分解　　　　　　　B．自顶向下、逐步抽象

C．自底向上、逐步抽象　　　　　　　D．自底向上、逐步分解

- 结构化分析方法（SA）的主要思想是：自顶向下、逐步分解。

答案：A

（**2008** 下）To document your code can increase program　（72）　 and make program easier to　（73）.

（72）A．reliability　　　　B．security　　　C．readability　　　D．usability

（73）A．execute　　　　　B．interpret　　　C．compile　　　　D．maintain

- 代码文档化可以增加程序的可读性（readability），并使程序易于维护（maintain）。

答案：（72）C．（73）D

（**2009** 上）事务处理系统（TPS）一般有三种处理方法，它们是（1）。

A．订单处理、客户处理和供应商处理

B．批处理、联机处理和联机输入延迟处理

C．数据采集、数据编辑和数据修改

D．数据操作、数据存储和文档制作

- 事务处理系统（Transaction Processing System，TPS）的处理方法有三种：

（1）批处理方法。批处理是指将一段时间内的一批事务集中起来作一次处理。这段时间的长度通常根据用户的需要而定。例如，应收账款系统应按日处理发票和顾客的支付款，工资单系统接收时间记录卡并按双周处理以生成支票、更新员工工资记录和分配劳动成本。批处理系统的重要特征是在事件的发生和更新记录的最终事务处理之间有延迟。因此，批处理有时也称为延时处理或脱机处理。

（2）联机处理方法。联机事务处理（On-line Transaction Processing，OLTP）又称为实时处理。这种处理方法对事务采用即时处理，而不累积成批。数据输入后，计算机程序即刻完成必要的处理，并更新这一事务涉及到的数据库。因此，联机系统的数据在任何时刻都能反映当时状况，如航空订票系统就可以即时处理事务、更新座位和应收账款数据库。这种处理对诸如航空、订票代理处和股票投资公司等需要迅速获取数据和更新数据的业务是必需的。

（3）联机输入、延迟处理方法。它是批处理和联机处理的折中。事务或订单在发生时就送入系统，但并不立刻处理。

答案：B

（**2009 上**）在开发信息系统时，用于系统开发人员与项目管理人员沟通的主要文档是（2）。

A．系统开发合同 　　　　B．系统设计说明书

C．系统开发计划 　　　　D．系统测试报告

- 用于系统开发人员与项目管理人员沟通的主要文档是系统开发计划。
- 系统设计说明书是开发人员与设计人员沟通的主要文档。

答案：C

（**2009 上**）在软件生命周期中，需求分析是软件设计的基础。需求分析阶段研究的对象是软件项目的（21）。

A．规模　　B．质量要素　　　C．用户要求　　　D．设计约束

- 需求分析阶段研究的对象是软件项目的用户要求。

答案：C

（**2009 上**）一个软件开发过程描述了"谁做"、"做什么"、"怎么做"和"什么时候做"，RUP 用（22）来表述"谁做"。

A．角色　　　B．活动　　　C．制品　　　D．工作流

- RUP（Rational Unified Process，统一软件开发过程）是 Rational 公司（已被 IBM 收购）的软件工程方法，是一种典型的迭代模型。
- RUP 应用了角色、活动、制品和工作流 4 种重要的模型元素：

（1）角色表述"谁做"。

（2）制品表述"做什么"。

（3）活动表述"怎么做"。

（4）工作流表述"什么时候做"。

答案：A

（**2009 上**）在 UML 中，图是系统体系结构在某个侧面的表示，所有图在一起组成系统的完整视图。在 UML 的九种图中，（23）是静态图，（24）是动态图。

（23）A．序列图　　　B．配置图　　　C．协作图　　　D．数据流图

（24）A．对象图　　　B．数据流图　　　C．组件图　　　D．状态图

- UML 1.3 中有五种行为图（动态图）：
  - 用例图（Use case diagram）用于描述系统与外部系统及用户之间的交互，即捕捉系统的功能需求。
  - 序列图（Sequence diagram）、协作图（Collaboration diagram）适合描述单个用例中多个对象之间的协作行为。序列图强调时间顺序，协作图强调对象协作。二者可互相转换，经常被统称为交互图。
  - 状态图（State diagram）适合描述跨越多个用例的单个对象的行为，不适合描述多个对象之间的协作行为。
  - 活动图（Activity diagram）适合描述多个对象跨越多个用例时的总面貌。
- UML 1.3 中有四种结构图（静态图）：
  - 类图（Class diagram）表示类以及类之间的相互关系，是面向对象系统建模中最常用的图，用于说明系统的静态设计视图。
  - 对象图（Object diagram）表示对象以及对象之间相互关系，用于说明类的实例（即对象）的数据结构和静态快照。
  - 构件图（Component diagram）表示系统中构件与构件之间，类或接口与构件之

间的关系，用于说明系统的静态实现视图。

- 部署图/配置图（Deployment diagram）显示运行时处理节点以及在其上存活的构件、过程和对象的配置，用于说明体系结构的静态实施视图。

- 提醒：虽然 UML 2.0 新增了四种图（包图、组合结构图、计时图、交互纵览图），但考试常考的、大家平时工作中常用的还是原来的九种图。

静态模型 （系统结构）	UML 2.0 Diagrams	动态模型 （系统行为）
类图 Class Diagrams		顺序图 Sequence Diagrams
对象图 Object Diagrams		通信图 Communication Diagrams
构件图 Component Diagrams		计时图 Timing Diagrams
部署图 Deployment Diagrams		交互纵览图 Interaction Overview Diagrams
包图 Package Diagrams		活动图 Activity Diagrams
组合结构图 Composite Structure Diagrams		状态机图 State Machine Diagrams
		用例图 Use Case Diagrams

- UML 2.0 中的通信图就是原来的协作图（Collaboration diagram）。

答案：（23）B．（24）D

（**2009 上**）UML 的包是一种对模型元素进行成组组织的通用机制，以便于理解复杂的系统。包与包之间的联系主要是依赖和（25）。

A．泛化　　　B．继承　　　C．跟踪　　　D．嵌套

- 包与包之间的关系主要是依赖（Dependency）和泛化（Generalization）两种。

答案：A

（**2009 上**）为了满足用户提出的增加新功能、修改现有功能以及一般性的改进要求和建议，需要对软件进行（27）。

A. 完善性维护　　　B. 适应性维护
C. 预防性维护　　　D. 改正性维护

- 软件维护活动可分为：
  - 正确性维护（更正性维护、校正性维护、改正性维护、排错性维护）——更正产品交付后发现的错误。
  - 适应性维护——适应环境变化，保持软件产品能在变化后或变化中的环境中可以继续使用。
  - 完善性维护——为满足用户要求，修改现有功能、增加新功能、改善性能以及一般性的改进，是软件维护的主体部分。
  - 预防性维护——为了改进软件未来的可维护性或可靠性，或者为了给未来的改进提供更好的基础而对软件进行修改。

答案：A

（**2009 上**）与客户机/服务器（Client/Server）架构相比，浏览器/服务器（Browser/Server）架构的最大优点是（29）。

A. 具有强大的数据操作和事务处理能力，模型思想简单，易于人们理解和接受
B. 部署和维护方便、易于扩展
C. 适用于分布式系统，支持多层应用架构
D. 将应用一分为二，允许网络分布操作

- C/S 模式将应用一分为二，客户机与服务器分离，允许网络分布操作，服务器（后台）负责数据管理，客户机（前台）完成与用户的交互任务。
- C/S 模式具有强大的数据操作和事务处理能力，模型思想简单，易于人们理解和接受。
- 为了解决 C/S 模式中客户端的问题，发展形成了 B/S 模式。
- 为了解决 C/S 模式中服务器端的问题，发展形成了三层（多层）C/S 模式，即多层应用架构。
- B/S 架构的最大优点是部署和维护方便、易于扩展。
- A、D 都是 C/S 架构的特点，C 是两种模式共有的特点。

答案：B

（**2009 上**）软件需求规格说明书在软件开发中的作用不包括（35）。

A．软件设计的依据　　　　B．软件可行性分析的依据

C．软件验收的依据　　　　D．用户和开发人员对软件要做什么的共同理解

- 2007 年下半年考试第 29 题的原题重现。

答案：B

（2009 上）In software engineering and systems engineering, （71） is a description of a system's behavior as it responds to a request that originates from outside of that system.

A．black box　　　　　　B．business rule

C．use case　　　　　　D．traceability matrix

- 在软件工程和系统工程领域，用例（Use Case）用来描述系统对外部请求的响应行为。

答案：C

（2010 上）（2）一般不作为需求分析阶段所使用的工具或办法。

A．头脑风暴法　　　　B．U/C 矩阵　　　C．N-S 图　　　　D．需求跟踪表

- N-S 图也叫做盒图，设计编码阶段使用，下图为一个示例：

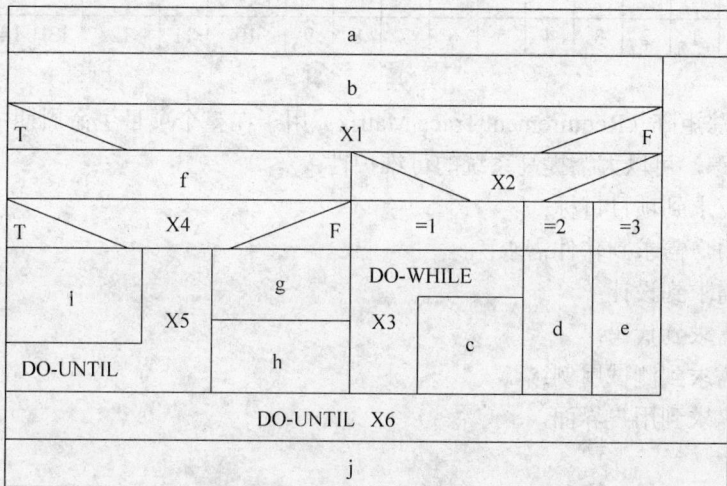

- U/C 矩阵适于表达过程与数据之间的关系，比如在下图所示的矩阵中，列表示数据类，行表示过程（功能），字母 U（Use）和 C（Create）表示过程对数据类的使用和产生。

功能＼数据类	客户	订货	产品	工艺流程	材料表	成本	零件规格	材料库存	成本库存	职工	销售区域	财务计划	计划	设备负荷	物资供应	任务单	列号Y
经营计划		U				U						U	C				1
财务规划						U				U		C	U				2
资产规模												U					3
产品预测	U		U								U						4
产品设计开发	U		C	U	C		C						U				5
产品工艺			U		C		C	U									6
库存控制							C	C							U	U	7
调度			U	U					U					U		C	8
生产能力计划			U											C	U		9
材料需求			U		U				U							C	10
操作顺序				C										U	U	U	11
销售管理	C	U	U							U	U						12
市场分析	U	U	U								C						13
订货服务	U	C	U							U	U						14
发运		U	U							U	U						15
财务会计	U	U								U	U	U	U				16
成本会计		U	U			U						U					17
用人计划										C							18
业绩考评										U							19
行号X	1	2	3	4	5	6	7	8	9	10	11	12	13	14	15	16	

- 需求跟踪矩阵（Requirement Trace Matrix）用于在整个项目生命周期中对需求进行双向跟踪，可以大幅提高系统的可维护性：
  - 从需求到项目目标；
  - 从用户需求到软件需求；
  - 从需求到设计；
  - 从需求到代码；
  - 从需求到测试用例；
  - 从需求到用户界面。

答案：C

（2010 上）原型法是面向用户需求而开发的一个或多个工作模型，以下关于原型法的叙述不正确的是（3）。

A. 可以减少文档的数量

B．可以逐步明确系统的特性

C．开发人员可以从实践中快速获得需求

D．可以改善开发人员与用户的交流

- A 错，原型法并不能减少文档的数量。
- 原型法是软件开发人员惯常使用的一种方法，它可以根据用户的需求开发一个或多个工作模型，以便快速识别用户的需求，同时，用户可以对照这个模型，印证实际业务将用到的需求，也可以激发思维，更加清晰地描述业务系统的典型特点。
- 当系统开发人员与用户就某个原型进行沟通时，可以更加明确的了解到用户实际的需求，而用户可以从原型中看到系统将来的雏形，也从侧面坚定了用户的信心，有助于双方愉快地交流。

答案：A

（**2010 上**）软件需求分析方法中不属于模型驱动法的是（26）。

A．SA（结构化分析）　　　　　B．IE（信息工程建模）

C．OOA（面向对象分析）　　　D．RAA（快速架构分析）

- A．C．D 都属于模型驱动法（Model Driven Analysis，MDA）。
- RAA（Rapid Architecture Analysis，快速架构分析）是利用原有项目建设经验的粗略分析方法，并不进行建模。

答案：D

（**2010 上**）在软件需求调研过程中，用户要求承建单位搭建的业务系统采用 SOA 架构实现，且须遵循用户内部的《数据维护与管理规范》、《信息分类编码规范》等制度进行数据库设计，这类要求属于（28）。

A．目标需求　　B．业务需求　　C．功能需求　　D．非功能性需求

- 功能需求定义了开发人员必须实现的软件功能。
- 非功能性需求，是指为满足用户业务需求而必须具有除功能需求以外的特性，包括系统性能、可靠性、可维护性、易用性、对技术和对业务的适应性等。
- 题干上所列的这些要求经常被通称为设计约束。

答案：D

（**2010 上**）UML 提供了几种不同的图用于组成不同的视图，下列不属于静态图的是（29）。

   A. 对象图   B. 类图   C. 序列图   D. 配置图

- 序列图是动态图。

答案：C

（2010 上） 在软件产品交付后产品仍然需要不断进行修改，其中用来检测和纠正软件产品中的潜在故障，使其不成为有效故障的行为是（32）。

   A. 完善性维护   B. 适应性维护

   C. 改正性维护   D. 预防性维护

- 软件维护活动可分为：
  - 正确性维护（更正性维护、校正性维护、改正性维护、排错性维护）——更正产品交付后发现的错误。
  - 适应性维护——适应环境变化，保持软件产品能在变化后或变化中的环境中可以继续使用。
  - 完善性维护——为满足用户要求，修改现有功能、增加新功能、改善性能以及一般性的改进，是软件维护的主体部分。
  - 预防性维护——为了改进软件未来的可维护性或可靠性，或者为了给未来的改进提供更好的基础而对软件进行修改。
- 提示：和"未来"、"潜在"、"风险"、"预防"有关的维护一般都是预防性维护。

答案：D

（2010 上） 构件设计的原则是（33）。

   A. 低内聚高耦合   B. 高内聚低耦合

   C. 低内聚低耦合   D. 高内聚高耦合

- 构件设计的原则是：高内聚、低耦合。

答案：B

（2010 上） 下列关于 GB/T 8567—2006《计算机软件文档编制规范》的叙述，不正确的是（34）。

   A. 该标准规定了软件开发过程中文档编制的布局

   B. 该标准规定了何种信息对于文档管理者是可用的

   C. 该标准是软件开发过程中文档编写质量的检验准则

   D. 该标准规定了软件开发过程中文档编制的内容

- A 错,《GB/T 8567—2006 计算机软件文档编制规范》规定了软件开发过程中应编制的各种文档,以及每份文档中应具有的内容,但并不限制文档的具体排版、布局和风格。

答案:A

(2010 上)One tool that is useful during both analysis and design is the （72）, which is a pictorial representation of the items of information （entities） within the system and the relationships between these pieces of information.

    A. data dictionary   B. dataflow diagram

    C. use case diagram   D. entity-relationship diagram

- 实体关系图（entity-relationship diagram, E-R 图）是一种既用于分析也用于设计的工具,它是系统中的实体(信息)和这些实体之间的关系的图形化表达。

答案:D

(2010 下)(1)可组成 BI(商业智能)系统。

    A. 数据仓库、OLTP 和神经网络   B. 数据仓库、OLAP 和数据挖掘

    C. 数据库、OLTP 和数据挖掘   D. 数据库、MIS 和 DSS

- BI（Business Intelligence,商业智能）的核心技术是数据仓库（Data Warehouse）、数据挖掘（Data Mining）和 OLAP（On-Line Analytics Processing. 联机分析处理）。
- OLTP 是 On-Line Transaction Processing（联机事务处理）的缩写。
  - OLTP 主要用于事务处理,与数据库相关联。
  - OLAP 主要用于决策分析,与数据仓库相关联。
- DSS 是 Decision Support System（决策支持系统）的缩写。
- MIS 是 Management Information System（管理信息系统）的缩写。

答案:B

(2010 下)(2)是系统建模的替代方法,是可选的系统设计方法,经常用于系统开发项目中,特别是用户难以陈述或者可视化业务需求时。

    A. 设计用例   B. 数据建模   C. 结构化功能需求   D. 建立原型

- 需求不明确的项目,可选用:原型法、迭代法、螺旋模型。

答案:D

（**2010 下**）面向对象开发技术中，对象定义为系统中用来描述客观事物的一个买体，对象之间通过（3）执行有关操作。

A. 信息共享　　　　　B. 调用　　　　　　　　C. 继承　　　　　D. 消息

- 一个对象通过发送消息（Message）来调用另一个对象的方法。

答案：D

（**2010 下**）数据字典应在（26）阶段建立。

A. 前期规划　　　　　B. 需求分析　　　　　　C. 概要设计　　　　D. 详细设计

- 数据字典（Data dictionary）是结构化分析的重要工具，在需求分析阶段被建立。
- 数据字典是关于数据的信息的集合，也就是对数据流图中包含的所有元素的定义的集合。
- 数据字典通常包括数据项、数据结构、数据流、数据存储和处理过程五个部分。

答案：B

（**2010 下**）数据流程图（DFD），是一种能全面地描述信息系统逻辑模型的主要工具，在数据流程图中方框表示（28），（29）不属于数据流程图的基本成分。

（28）A. 数据流　　　B. 数据的源点或终点　　　C. 数据存储　　　D. 加工
（29）A. 外部实体　　　B. 处理过程　　　　　　　C. 数据结构　　　D. 数据流

- 数据流图（Data Flow Diagram，DFD）中有四个要素：
  - 箭线，表示数据流。
  - 圆形（或椭圆），表示数据加工（数据处理）。
  - 双杠（两条平行线），表示数据存储。
  - 方框，表示数据的源点或终点（外部实体）。

答案：（28）B．（29）C

（**2010 下**）常用的设计模式可分为（31）三类。

A. 对象型、实现型和结构型

B. 创建型、结构型和行为型

C. 抽象型、过程型和实现型

D. 创建型、接口型和行为型

- 软件复用是人类长久以来的梦想：函数库和类库用于代码的复用、设计模式（Design

Pattern）用于设计的复用，需求模式（Requirement Pattern）用于需求的复用。

- 主要的设计模式分为三种类型，共 23 种。

（1）创建型：单例模式、抽象工厂模式、建造者模式、工厂模式、原型模式。

（2）结构型：适配器模式、桥接模式、装饰模式、组合模式、外观模式、享元模式、代理模式。

（3）行为型：模版方法模式、命令模式、迭代器模式、观察者模式、中介者模式、备忘录模式、解释器模式、状态模式、策略模式、职责链模式、访问者模式。

答案：B

（2010 下）（32） 不是基于组件的开发模型的特点。

A．使软件的版本控制更为简单

B．了支持可重用组件的开发

C．与面向对象技术相结合将获得更好的应用效果

D．提高了项目开发效率，增加了项目开发成本

- D 错，基于组件的开发模型会提高开发效率，降低开发成本。

答案：D

（2010 下） 为扩充功能或改善性能而进行的修改，属于（35）。

A．纠错性维护　　　　B．适应性维护

C．预防性维护　　　　D．完善性维护

- 软件维护活动可分为：
  - 正确性维护（更正性维护、校正性维护、改正性维护、排错性维护）——更正产品交付后发现的错误。
  - 适应性维护——适应环境变化，保持软件产品能在变化后或变化中的环境中可以继续使用。
  - 完善性维护——为满足用户要求，修改现有功能、增加新功能、改善性能以及一般性的改进，是软件维护的主体部分。
  - 预防性维护——为了改进软件未来的可维护性或可靠性，或者为了给未来的改进提供更好的基础而对软件进行修改。

答案：D

（2011 上） 面向对象分析与设计中，（3）是类的一个实例。

A．对象　　　B．接口　　　C．构件　　　D．设计模式

- 对象是类的一个实例。

答案：A

（2011 上） 以下关于软件需求分析的说法中，不正确的是（21）。

A．需求分析需要进行软件功能和性能的技术实现方法描述

B．需求分析文档可用于指导后续的开发过程

C．软件需求包括业务需求、用户需求、功能需求和非功能需求等

D．软件需求一般应由用户方组织进行确认

- A 错，软件功能和性能的技术实现方法应在设计文档中描述。

答案：A

（2011 上） 数据仓库的内容是随时间变化的，这种变化趋势不包括（22）。

A．不断增加新的数据内容

B．捕捉到的新数据会覆盖旧的快照

C．不断删去过期的数据内容

D．综合数据将随时间变化而不断地进行重新综合

- 数据仓库（Data Warehouse）是一个面向主题的（Subject Oriented）、集成的、相对稳定的、反映历史变化的数据集合，用于支持管理决策。
- 数据仓库中的数据通常包含历史信息，系统记录了组织从过去某一时刻到当前各个阶段的信息，通过这些信息，可以对组织的发展历程和未来趋势做出定量分析和预测。
- C 错，数据仓库内的数据通常只做增加不做删除，数据仓库的数据通常会持续增长。

答案：C

（2011 上） 软件的（23）反映了组织机构或客户对系统、产品高层次的目标要求。

A．业务需求　　　B．技术先进性　　　　C．功能需求　　　D．性能需求

- 软件需求（Software Requirement）可以细分成三个层次。

层次	需求	常见文档
上层	业务需求（Business Requirement）	愿景与范围（Vision And Scope）
中层	用户需求（User Requirement）	用例（Use Case）与场景（Scenario）
下层	功能需求（Functional Requirement） 非功能需求（Nonfunctional Requirement）	软件需求规格说明书（Software Requirements Specification，SRS）

- 业务需求反映了组织或客户高层次的目标,业务需求描述了组织为什么要开发一个系统,即组织希望达到的目标。
- 用户需求描述了用户能使用系统做什么,即用户要求系统必须完成的任务。
- 功能需求描述的是开发人员需要实现什么,即规定开发人员必须在产品中实现的软件功能,用户借此来完成任务,从而实现业务目标。
- 业务需求通常来自项目的投资人、购买产品的客户、实际用户的领导、市场营销部门或产品策划部门。
- 用户需求通常来自实际使用系统的最终用户。
- 功能需求和非功能需求通常由需求分析师根据用户需求分析整理而成。
- 关于业务需求、用户需求、功能需求的层次关系,可参考下面这张图(因此图非常经典,故保留英文原图)。

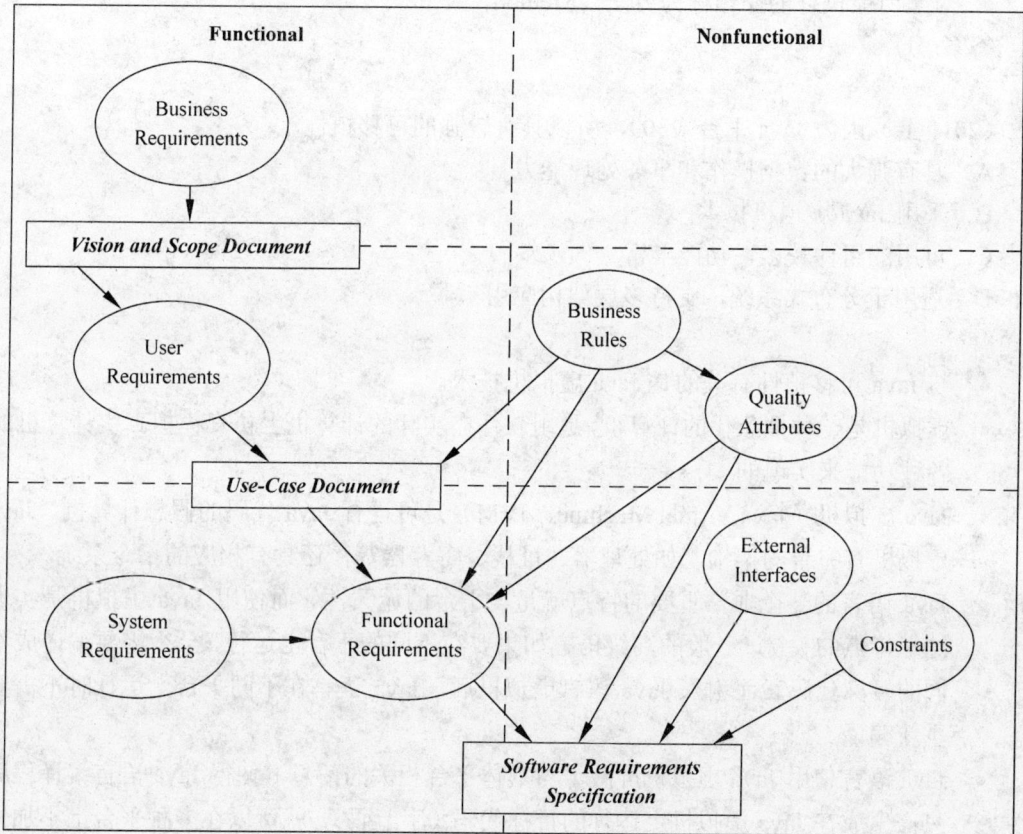

答案:A

(**2011** 上)统一建模语言 UML 中用来反映代码的物理结构的是(24)。

A. 用例图　　　　B. 协作图　　　　C. 组件图　　　　D. 状态图

- 构件图/组件图（Component diagram）：表示系统中构件与构件之间，类或接口与构件之间的关系，用于说明系统的静态实现视图。

答案：C

（2011 上）在面向对象软件开发方法中，一个对象一般由（25）组成。

A. 名称、消息、函数　　　　　　　　B. 名称、属性、实例

C. 对象名、属性、消息　　　　　　　D. 对象名、属性、方法

- 对象由对象名、属性和操作三部分组成。
- 对象所能执行的操作称为方法（Method）。

答案：D

（2011 上）因为 Java 平台（30），所以具有较强的可移植性。

A. 具有强大的数据操作和事务处理能力

B. 采用 Java 虚拟机技术

C. 可用的组件较多，功能丰富

D. 适用于分布式系统，支持多层架构应用

- 与 Java 可移植性有关的是 Java 虚拟机技术。
- 虚拟机是一种抽象化的计算机,是用软件在实际的计算机上仿真模拟真实计算机的各种功能来实现的。
- Java 虚拟机（Java Virtual Machine，JVM）是可运行 Java 代码的假想计算机。Java 虚拟机有完善的架构，如处理器、堆栈、寄存器等，还具有相应的指令系统。
- Java 语言的一个非常重要的特点就是与平台的无关性。而使用 Java 虚拟机是实现这一特点的关键。一般的高级语言如果要在不同的平台上运行，至少需要编译成不同的目标代码。而引入 Java 语言虚拟机后，Java 语言在不同平台上运行时不需要重新编译。
- Java 语言使用 Java 虚拟机屏蔽了与具体平台相关的信息，使得 Java 语言编译程序只需生成在 Java 虚拟机上运行的目标代码（字节码），就可以在多种平台上不加修改地运行。Java 虚拟机在执行字节码时，再把字节码解释成具体平台上的机器指令执行。

答案：B

（**2011 上**）在面向对象编程及分布式对象技术中，（31）是类和接口的集合。

A．对象　　　B．组件　　　C．实例　　　D．属性

- 在面向对象编程及分布式对象技术中，组件（Component）是类和接口的集合，是对数据和方法的简单封装。
- OMG（Object Management Group，对象管理组织）将组件定义为：“系统中一种物理的、可代替的部件、它封装了实现并提供了一系列可用的接口。一个组件代表一个系统中实现的物理部分，包括软件代码（源代码、二进制代码、可执行代码）或者一些类似内容，如脚本或者命令文件。”

答案：B

（**2011 上**）Which statement about the preliminary design stage of a software development project is true?（75）.

A.　The preliminary design is an internal document used only by programmers

B.　The preliminary design is the result of mapping product requirements info software and hardware functions

C.　The preliminary design of the product comes from the requirement specification

D.　The developers produce the preliminary design by defining the software structure in enough detail to permit coding

- 下列关于软件开发项目概要设计阶段的描述，正确的是（75）。
- A．概要设计是仅供程序员使用的内部文档
- B．概要设计是产品需求到软件和硬件功能的映射
- C．产品概要设计源于需求规格说明
- D．开发人员进行概要设计时，要把软件结构定义得足够细，细到可以编码的程度
- 提示：“细到可以编码的程度”的设计文档是详细设计，不是概要设计。

答案：C

（**2011 下**）（3）属于软件详细设计阶段的任务。

A．算法设计　　　　　B．功能设计

C．调用关系设计　　　D．输入/输出设计

- 概要设计描述所设计软件的总体结构、外部接口、各个主要部件（模块）的功能与数据结构以及各主要部件（模块）之间的接口；必要时还必须对主要部件的每一个子部件进行描述。

- 详细设计描述每一个基本部件（模块）的数据结构、算法和过程。
- 部件的功能设计、部件的输入/输出设计、部件之间的调用关系设计均属于概要设计阶段的任务。
- 提示：整个系统的功能和输入/输出由软件需求规格说明书描述。

答案：A

（2011 下）需求分析中开发人员应主要从用户那里了解（21）。

A．软件做什么　　　　B．使用界面　　　C．输入的信息　　　D．软件的规模

- 软件需求分析主要解决"做什么"的问题，即功能需求。
- B 和 C 分别是界面需求和接口需求。

答案：A

（2011 下）下列书法错误的是（22）。

A．数据仓库具有时间相关性
B．数据仓库的数据是不稳定的
C．数据仓库是集成的
D．数据仓库是面向主题的

- 数据仓库（Data Warehouse）是一个面向主题的（Subject Oriented）、集成的、相对稳定的、反映历史变化的数据集合，用于支持管理决策。
- 与操作型数据库相比，数据仓库的主要特点如下。

（1）面向主题：操作型数据库的数据按业务应用进行组织，各个业务系统之问各自分离，而数据仓库中的数据按主题进行组织。主题指的是用户使用数据仓库进行决策时所关心的某些方面，一个主题通常与多个业务应用系统相关。

（2）集成：数据仓库集成了多个异构的数据源，数据仓库中的数据是在对原有分散的数据库数据抽取、清理的基础上经过系统加工、汇总和整理得到的，消除了源数据中的不一致性，保证数据仓库内的信息是整个组织的一致性的全局信息。

（3）相对稳定：操作型数据库中的数据通常是实时更新的，数据根据需要及时发生变化。而存放在数据仓库中的数据一般不再改动。数据仓库的数据主要供企业决策分析之用，数据一旦进入数据仓库，一般情况下将被长期保留，数据仓库中有大量的查询操作，但通常不进行修改和删除操作。

（4）反映历史变化：操作型数据库主要关心当前的数据，而数据仓库中的数据通常包含历史信息，系统记录了组织从过去某一时刻到当前各个阶段的信息，通过这些信息，可以对组织的发展历程和未来趋势做出定量分析和预测。

- B 错，数据仓库内的数据是相对稳定的。

答案：B

（2011 下）下述 CMMI 四个能力成熟度等级，级别最高的是（23）。

A．已定义级　　B．优化级　　　C．可重复级　　　D．已管理级

- CMM（Capability Maturity Model，软件能力成熟度模型）和 CMMI（Capability Maturity Model Integration，软件能力成熟度模型集成）的具体分级是：

CMM	CMM
■ 一级，初始级（Initial）	一级，初始级（Initial）
■ 二级，可重复（Repeatable）	二级，已管理级（Managed）
■ 三级，已定义级（Defined）	三级，已定义级（Defined）
■ 四级，已管理级（Managed）	四级，量化管理级（Quantitatively Managed）
■ 五级，优化级（Optimizing）	五级，优化级（Optimizing）

答案：B

（2011 下）在 UML 提供的图中，（26）用于描述系统与外部系统及用户之间的交互；（27）用于按时间顺序描述对象间的交互。

（26）A．用例图　　　B．类图　　　　C．对象图　　　D．部署图
（27）A．网络图　　　B．状态图　　　C．协作图　　　D．序列图

- UML 1.3 中有五种行为图（动态图）：
  - 用例图（Use case diagram）用于描述系统与外部系统及用户之间的交互，即捕捉系统的功能需求。
  - 序列图（Sequence diagram）、协作图（Collaboration diagram）适合描述单个用例中多个对象之间的协作行为。序列图强调时间顺序，协作图强调对象协作。二者可互相转换，经常被统称为交互图。
  - 状态图（State diagram）适合描述跨越多个用例的单个对象的行为，不适合描述多个对象之间的协作行为。
  - 活动图（Activity diagram）适合描述多个对象跨越多个用例时的总面貌。

答案：（26）A．（27）D

（2011 下）（28）不是云计算的服务类型。

A. SaaS   B. IaaS   C. PaaS   D. NaaS

- 云计算（cloud computing）有三种服务模式：
  - SaaS（Software as a Service，软件即服务），提供给客户的服务是运营商运行在云计算基础设施上的应用程序，用户可以在各种设备上通过客户端界面访问，如浏览器。消费者不需要管理或控制任何云计算基础设施，包括网络、服务器、操作系统、存储等等。
  - PaaS（Platform as a Service，平台即服务），提供给消费者的服务是把客户采用提供的开发语言和工具（例如 Java、Python、.NET 等）开发的或收购的应用程序部署到供应商的云计算基础设施上去。客户不需要管理或控制底层的云基础设施，包括网络、服务器、操作系统、存储等，但客户能控制部署的应用程序，也可能控制运行应用程序的托管环境配置。
  - IaaS（Infrastructure as a Service，基础设施即服务），提供给消费者的服务是对所有设施的利用，包括处理、存储、网络和其他基本的计算资源，用户能够部署和运行任意软件，包括操作系统和应用程序。消费者不管理或控制任何云计算基础设施，但能控制操作系统的选择、储存空间、部署的应用，也有可能获得有限制的网络组件（例如，防火墙、负载均衡器等）的控制。

答案：D

（**2011 下**）好的软件结构应该是（30）。

A. 高耦合、高内聚   B. 低耦合、高内聚
C. 高耦合、低内聚   D. 低耦合、低内聚

- 好的软件结构应该是：高内聚、低耦合。

答案：B

（**2011 下**）如果有两个事务，同时对数据库中的同一数据进行操作，不会引起冲突的操作是（31）。

A. 其中有一个是 DELETE
B. 一个是 SELECT，另一个是 UPDATE
C. 两个都是 SELECT
D. 两个都是 UPDATE

- UPDATE 和 DELETE 都涉及写操作，都需要对该数据进行锁定，因而没法与其他操作同时进行。

- SELECT 只涉及读操作，针对同一数据，多个 SELECT 操作同时进行也不会引起冲突。

答案：C

（**2011 下**）监督检查承建单位的软件开发过程和管理是监理方质量控制的重要手段。根据国家标准 GB 8566—2007《信息技术软件生存周期过程》的规定，软件生存周期基本过程的 5 个子过程分别是获取过程、供应过程、开发过程、（39）和维护过程。

A．改进过程　　　B．运作过程　　　C．确认过程　　　D．验证过程

- 根据《GB 8566—2007 信息技术软件生存周期过程》，软件生存周期基本过程分为 5 个子过程，分别是获取过程、供应过程、开发过程、运作过程和维护过程。

答案：B

（**2011 下**）The prototyping method is a dynamic design processes，which requires people who use prototyping method to have the following capability of （71）．

A．Proficient program expertise

B．Immediately acquire requirement

C．Coordinate & organize eloquently

D．Handle tools smartly

- 原型法是一个动态的设计过程，它要求原型法的使用者具有下列能力（71）。
  A．丰富的编程经验
  B．及时获取需求
  C．善于协调和组织
  D．巧妙使用工具

答案：B

（**2011 下**）Maintenance activities do not include （74）．

A．making enhancements to software products

B．developing a new software product

C．correcting problems

D．adapting products to new environments

- 维护活动不包括（74）。
  A．对软件产品进行改进

B. 开发一个新的软件产品

C. 修改错误

D. 修改产品以适应新环境

- A 是完善性维护，C 是正确性维护，D 是适应性维护。

答案：B

（2012 上）软件生存周期一般划分为六个阶段，包括软件项目计划、软件需求分析和定义、软件设计、程序编码、软件测试以及（1）。

    A. 部署实施   B. 调整完善   C. 运行维护   D. 结项验收

- 软件生命周期通常分为六个阶段：软件项目计划、需求分析、软件设计、程序编写、软件测试、运行维护。

答案：C

（2012 上）SOA 应用体系架构主要优点是（3）。

    A. 提高整体性能   B. 有利于应用集成

    C. 提高安全性   D. 有利于硬件集成

- SOA（Service-Oriented Architecture，面向服务的体系结构）是一种粗粒度、松耦合服务架构，服务之间通过简单、精确定义接口进行通信，不涉及底层编程接口和通讯模型。
- SOA 可以看作是 B/S 模型、XML/Web Service 技术的自然延伸。它可以根据需求通过网络对松散耦合的粗粒度应用组件进行分布式部署、组合和使用。
- SOA 凭借其松耦合的特性，使得企业可以按照模块化的方式来添加新服务或更新现有服务，以解决新的业务需要，提供选择从而可以通过不同的渠道提供服务，并可以把企业现有的或已有的应用作为服务，从而保护了现有的 IT 基础建设投资。
- SOA 提供了应用集成功能，能够将 ERP、CRM、HR 等异构系统进行集成。SOA 将应用程序的不同功能单元（称为服务）通过这些服务之间的接口联系起来。接口是采用中立的方式进行定义的，独立于实现服务的硬件平台、操作系统和编程语言。这使得构建在各种各样的系统中的服务可以使用一种统一和通用的方式进行交互。

答案：B

（2012 上）下列选项中不适用于判断和评价程序复杂度的是（27）。

    A. 执行路径数   B. 算法的难易程度

    C. 系统用户数   D. 程序的代码行数

- 显然，系统用户数不适用于判断和评价程序复杂度。一个简单的程序也可以有大量的用户使用，一个复杂的程序也可以只有几个人使用。

答案：C

（2012 上）类之间的关系不包括（32）。

A. 依赖关系　　　B. 泛化关系　　　C. 实现关系　　　D. 分辨关系

- UML 类之间的关系有 6 种：
  - 关联（Association）；
  - 依赖（Dependency）；
  - 组成（Composition）；
  - 聚集/聚合（Aggregation）；
  - 泛化/继承（Generalization）；
  - 实现（Realization）。

答案：D

（2012 上）形成 Web Service 架构基础的协议主要包括（33）。

A. SOAP、HTTP、UDDI　　　　　B. WSDL、SOAP、DHCP
C. SOAP、DHCP、WSDL　　　　　D. WSDL、SOAP、UDDI

- 形成 Web Service 架构基础的协议或技术有：
  - XML（Extensible Markup Language，可扩展标记语言），是 Web Service 中表示数据的基本格式。
  - WSDL（Web Services Description Language，Web 服务描述语言），用来描述 Web 服务和说明如何与 Web 服务通信的 XML 语言。
  - UDDI（Universal Description Discovery and Integration，统一描述、发现和集成协议），用来帮助服务的请求者查找 Web 服务。
  - SOAP（Simple Object Access Protocol，简单对象访问协议），用于 Web 服务提供者和 Web 服务请求者之间通信。

答案：D

亲爱的同学：当你做到这里，本章的所有考点你都已经见识过了，现在准备毕业吧！

15.2　通关测试

以下 10 题答对 8 题以上的可以通关！

（**2012**上）Models drawn by the system analysts during the process of the structured analysis are （72）。

A．PERTs　　　　　B．EMV　　　　　C．UMLs　　　　　D．DFDs

（**2012** 下）某软件开发项目的用户在项目初始阶段提出的需求不全面也不明确，此项目宜采用（1）开发。

A．生命周期法　　　　　　　　　B．原型法

C．面向对象的开发方法　　　　　D．瀑布式开发方法

（**2012** 下）某单位数据中心对外提供云计算服务，可以使个人或企业用户使用其数据中心的服务器、磁盘存储等资源，则其对外提供的云计算服务是（16）。

A．PaaS　　　　　B．IaaS　　　　　C．SaaS　　　　　D．CaaS

（**2012** 下）下列耦合形式中，耦合度最弱的是（27）。

A．标记耦合　　　B．公共耦合　　　C．数据耦合　　　D．控制耦合

（**2012** 下）模块内部的算法设计在采用结构化方法进行开发的（28）阶段进行。

A．系统设计　　　B．概要设计　　　C．详细设计　　　D．编码（实现）

（**2012** 下）一个软件系统应具有什么样的功能，这是在（29）阶段决定的。

A．总体设计　　　B．需求分析　　　C．详细设计　　　D．程序设计

（**2012** 下）信息系统开发方法各有优、缺点，下面描述中，（30）不属于原型法的主要优点。

A．原型法的开发过程是一个循环往复的反馈过程，符合用户对计算机应用认识逐步发展、螺旋式上升规律

B．原型法使用户能很快接触和使用系统，可提高用户参与系统开发的积极性

C．原型法开发周期短，使用灵活，对于管理体制和组织结构不稳定，有变化的系统比较适合

D．整个开发过程阶段和步骤清楚，每一阶段和步骤均有明确的成果，并可能为下一阶段的工作依据

（**2012** 下）数据库设计依次为（32）。

A．物理设计阶段、逻辑设计阶段、概念设计阶段

B．概念设计阶段、逻辑设计阶段、物理设计阶段

C. 逻辑设计阶段、概念设计阶段、物理设计阶段

D. 概念设计阶段、物理设计阶段、逻辑设计阶段

（2012 下）面向对象方法的基本思路是用（41）作为描写客观事物的基本单元，它包括封装在一起的对象属性和对象操作。

A. 对象   B. 数据   C. 方法   D. 组件

（2012 下）In software engineering and systems engineering，（71）is a description of a system's behavior as it responds to a request that originates from outside of that system.

A. black box   B. business rule

C. traceability matrix   D. use case

15.3 通关测试解析

（2012 上）Models drawn by the system analysts during the process of the structured analysis are（72）.

A. PERTs   B. EMV   C. UMLs   D. DFDs

- 在结构化分析过程中，系统分析员绘制的是 DFD（数据流图）模型。

答案：D

（2012 下）某软件开发项目的用户在项目初始阶段提出的需求不全面也不明确，此项目宜采用（1）开发。

A. 生命周期法   B. 原型法

C. 面向对象的开发方法   D. 瀑布式开发方法

- 需求不明确的项目，可选用原型法、迭代法、螺旋模型。

答案：B

（2012 下）某单位数据中心对外提供云计算服务，可以使个人或企业用户使用其数据中心的服务器、磁盘存储等资源，则其对外提供的云计算服务是（16）。

A. PaaS   B. IaaS   C. SaaS   D. CaaS

- 云计算（cloud computing）有三种服务模式：
  - SaaS（Software as a Service，软件即服务），提供给客户的服务是运营商运行在

云计算基础设施上的应用程序，用户可以在各种设备上通过客户端界面访问，如浏览器。消费者不需要管理或控制任何云计算基础设施，包括网络、服务器、操作系统、存储等等。

- PaaS（Platform as a Service，平台即服务），提供给消费者的服务是把客户采用提供的开发语言和工具（例如 Java、Python、.NET 等）开发的或收购的应用程序部署到供应商的云计算基础设施上去。客户不需要管理或控制底层的云基础设施，包括网络、服务器、操作系统、存储等，但客户能控制部署的应用程序，也可能控制运行应用程序的托管环境配置。

- IaaS（Infrastructure as a Service，基础设施即服务），提供给消费者的服务是对所有设施的利用，包括处理、存储、网络和其他基本的计算资源，用户能够部署和运行任意软件，包括操作系统和应用程序。消费者不管理或控制任何云计算基础设施，但能控制操作系统的选择、储存空间、部署的应用，也有可能获得有限制的网络组件（例如，防火墙、负载均衡器等）的控制。

- 通俗地说，SaaS 就是消费者从服务运营商处租用基于 Web 的软件，PaaS 就是消费者在服务商提供的运行平台（运行环境）上部署自己的应用，IaaS 就是消费者从服务运营商处租用 Internet 上的计算基础设施。

- 该数据中心的服务模式是典型的 IaaS。

答案：B

（2012 下）下列耦合形式中，耦合度最弱的是（27）。

A．标记耦合　　　B．公共耦合　　　C．数据耦合　　　D．控制耦合

- 按耦合度从低到高依次有 7 种耦合方式：
（1）非直接耦合（独立运行）。
（2）数据耦合（用参数表传递简单数据）。
（3）标记耦合（传递数据结构或者一部分）。
（4）控制耦合（传递的信息包括控制模块的信息）。
（5）外部耦合（模块与软件之外的环境有关）。
（6）公共耦合（多个模块引用同一全局的数据区）。
（7）内容耦合（访问内部数据，代码重叠或者多个入口）。

答案：C

（2012 下）模块内部的算法设计在采用结构化方法进行开发的（28）阶段进行。

A．系统设计　　　B．概要设计　　　C．详细设计　　　D．编码（实现）

- 概要设计描述所设计软件的总体结构、外部接口、各个主要部件（模块）的功能与数据结构以及各主要部件（模块）之间的接口。
- 详细设计描述每一个基本部件（模块）的数据结构、算法和过程。

答案：C

（**2012 下**）一个软件系统应具有什么样的功能，这是在（29）阶段决定的。

A. 总体设计   B. 需求分析   C. 详细设计   D. 程序设计

- 一个软件系统应具有什么样的功能，这是在需求分析阶段决定的。

答案：B

（**2012 下**）信息系统开发方法各有优、缺点，下面描述中，（30）不属于原型法的主要优点。

A. 原型法的开发过程是一个循环往复的反馈过程，符合用户对计算机应用认识逐步发展、螺旋式上升规律

B. 原型法使用户能很快接触和使用系统，可提高用户参与系统开发的积极性

C. 原型法开发周期短，使用灵活，对于管理体制和组织结构不稳定，有变化的系统比较适合

D. 整个开发过程阶段和步骤清楚，每一阶段和步骤均有明确的成果，并可能为下一阶段的工作依据

- D 描述的是瀑布式模型或结构化开发方法的特点。
- 可参见 2008 年上半年考试第 23 题的解析。

答案：D

（**2012 下**）数据库设计依次为（32）。

A. 物理设计阶段、逻辑设计阶段、概念设计阶段

B. 概念设计阶段、逻辑设计阶段、物理设计阶段

C. 逻辑设计阶段、概念设计阶段、物理设计阶段

D. 概念设计阶段、物理设计阶段、逻辑设计阶段

- 数据库设计过程：

（1）需求分析阶段，准确了解与分析用户需求（包括数据与处理），是整个设计过程的基础，是最困难、最耗费时间的一步。

（2）概念结构设计阶段，是整个数据库设计的关键，通过对用户需求进行综合、归纳

与抽象，形成一个独立于具体 DBMS（数据库管理系统）的概念模型。

（3）逻辑结构设计阶段，将概念结构转换为某个 DBMS 所支持的数据模型，并对其进行优化。

（4）数据库物理设计阶段，为逻辑数据模型选取一个最适合应用环境的物理结构（包括存储结构和存取方法）。

（5）数据库实施阶段，运用 DBMS 提供的数据语言、工具及宿主语言，根据逻辑设计和物理设计的结果，建立数据库，编制与调试应用程序，组织数据入库，并进行试运行。

（6）数据库运行和维护阶段，数据库应用系统经过试运行后即可投入正式运行。在数据库系统运行过程中必须不断地对其进行评价、调整与修改。

答案：B

（**2012 下**）面向对象方法的基本思路是用（41）作为描写客观事物的基本单元，它包括封装在一起的对象属性和对象操作。

A．对象　　　B．数据　　　C．方法　　　D．组件

- 面向对象方法的基本思路是用对象作为描写客观事物的基本单元，它包括封装在一起的对象属性和对象操作。

答案：A

（**2012 下**）In software engineering and systems engineering,（71）is a description of a system's behavior as it responds to a request that originates from outside of that system.

A．black box　　　　　　　B．business rule

C．traceability matrix　　　D．use case

- 2009 年上半年考试第 71 题的原题重现。
- 在软件工程和系统工程领域，用例（Use Case）用来描述系统对外部请求的响应行为。

答案：D

　　　想知道你考试能得多少分么？本书提供了两种估算方法：1．将每章通关测试得分乘以该章的权重（前言中附有题量统计），累加即可；
2．进行下篇的真题模拟考试。两种方法互为校验，信度极高！

第 16 章　软件质量、软件测试和配置管理

本章对应《信息系统监理师教程》之 19.3~19.4 节以及 20.3 节的考试内容，平均到每次考试，上午题量为 5.7 分，下午题量为 5.7 分。

16.1　历年试题解析

（2005 上）三个可靠度 R 均为 0.8 的部件串联构成一个系统，如下图所示：

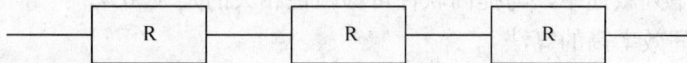

则该系统的可靠度为（5）。

A. 0.240　　B. 0.512　　C. 0.800　　D. 0.992

- 串联系统：假设一个系统由 n 个子系统组成，当且仅当所有的子系统都有能正常工作时，系统才能正常工作，这种系统称为串联系统，如下图所示。

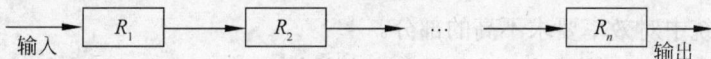

- 设串联系统的各个子系统的可靠性分别用 R_1，R_2，R_3，…，R_n 表示，则该串联系统的可靠性 $R = R_1 \times R_2 \times R_3 \times \ldots \times R_n$。
- 本题所示系统的可靠性 $= R \times R \times R = 0.8 \times 0.8 \times 0.8 = 0.512$。

答案：B

（2005 上）以下关于信息库（Repository）的叙述中，最恰当的是（18）；（19）不是信息库所包含的内容。

（18）A. 存储一个或多个信息系统或项目的所有文档、知识和产品的地方

　　　B. 存储支持信息系统开发的软件构件的地方

　　　C. 存储软件维护过程中需要的各种信息的地方

　　　D. 存储用于进行逆向工程的源码分析工具及其分析结果的地方

（19）A. 网络目录　　B. CASE 工具　　C. 外部网接口　　D. 打印的文档

- 信息库（Repository）是存储大量数据、信息文档的资料库，是系统分析员，系统

设计人员和系统构造人员保存与一个或者多个系统或项目有关的文档、知识和产品的地方。可以为单个项目建立一个信息库，也可以使所有项目和系统共享一个信息库。

- 信息库通常包含以下内容：

（1）一个网络目录，目录中存储了字处理软件、电子表格软件以及其他含有项目信件、报告和数据的计算机文件；

（2）一个或者多个 CASE 工具目录或百科全书；

（3）打印的文档；

（4）一个到上述组织的内联网网站接口。

- （19）题，C 错，应为内部网接口。

答案：（18）A. （19）C

（2005 上）下列叙述中，与提高软件可移植性相关的是（20）。

A. 选择时间效率高的算法

B. 尽可能减少注释

C. 选择空间效率高的算法

D. 尽量用高级语言编写系统中对效率要求不高的部分

- 软件可移植性是指与软件可从某一环境移植到另一环境的能力有关的一组属性。
- 高级语言具有较好的可移植性，但没有汇编语言效率高，所以可以尽量用高级语言编写系统中对效率要求不高的部分。
- 减少注释会降低软件的可维护性与可移植性。

答案：D

（2005 上）关于软件测试对软件质量的意义，有以下观点：

①度量与评估软件的质量；　　②保证软件的质量；

③改进软件开发过程；　　　　④发现软件错误。

其中正确的是（23）。

A. ①、②、③　　　　　B. ①、②、④

C. ①、③、④　　　　　D. ①、②、③、④

- ②错，软件测试不能保证软件的质量。

答案：C

（2005 上）软件质量的定义是 （24）。

A．软件的功能性、可靠性、易用性、效率、可维护性、可移植性

B．满足规定用户需求的能力

C．最大限度达到用户满意

D．软件特性的总和，以及满足规定和潜在用户需求的能力

- 软件质量的标准定义是：软件特性的总和，软件满足规定和潜在用户需求的能力。

答案：D

（2005 上）采用瀑布模型进行系统开发的过程中，每个阶段都会产生不同的文档。以下关于产生这些文档的描述中，正确的是（25）。

A．系统计划和需求说明在概要设计阶段产生

B．集成测试计划在程序设计阶段产生

C．系统计划和需求说明在详细设计阶段产生

D．在进行编码的同时，设计独立的单元测试计划

- A 错、C 错，系统计划和需求说明分别在软件项目计划阶段和需求分析阶段产生。
- B 错，根据瀑布模型（注意，不是 V 模型），集成测试计划应在测试阶段产生。此外，如果根据 V 模型，集成测试计划应在概要设计阶段产生。
- 单元测试工作需要与编码同步进行，D 选项正确。

答案：D

（2005 下）某计算机系统的可靠性结构是如下图所示的双重串并联结构，若所构成系统的每个部件的可靠度为 0.9，即 R=0.9，则系统的可靠度为（3）。

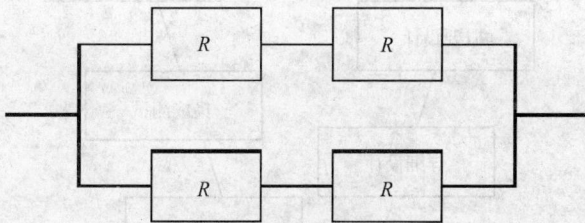

A．0.9997　　　　B．0.9276　　　　C．0.9639　　　　D．0.6561

- 并联系统：假如一个系统由 n 个子系统组成，只要有一个子系统能够正常工作，系统就能正常工作，如下图所示：

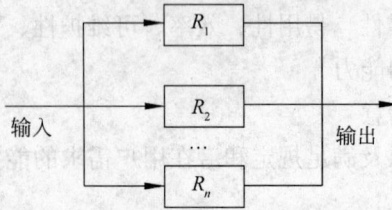

- 设并联系统各个子系统的可靠性分别用 R_1，R_2，R_3，...，R_n 表示，则该并联系统的可靠性 $R=1-（1-R_1）\times（1-R_2）\times（1-R_3）\times...\times（1-R_n）$。
- 本题系统的可靠性=$1-（1-0.9\times0.9）\times（1-0.9\times0.9）=1-0.19\times0.19=0.9639$。

答案：C

（**2005**下）应该在（14）阶段制定系统测试计划。

A．需求分析　　　B．概要设计　　　C．详细设计　　　D．系统测试

- 根据 V 模型：
（1）应该在需求分析阶段制定系统测试计划。
（2）应该在概要设计阶段制定集成测试计划。
（3）应该在详细设计阶段制定单元测试计划。

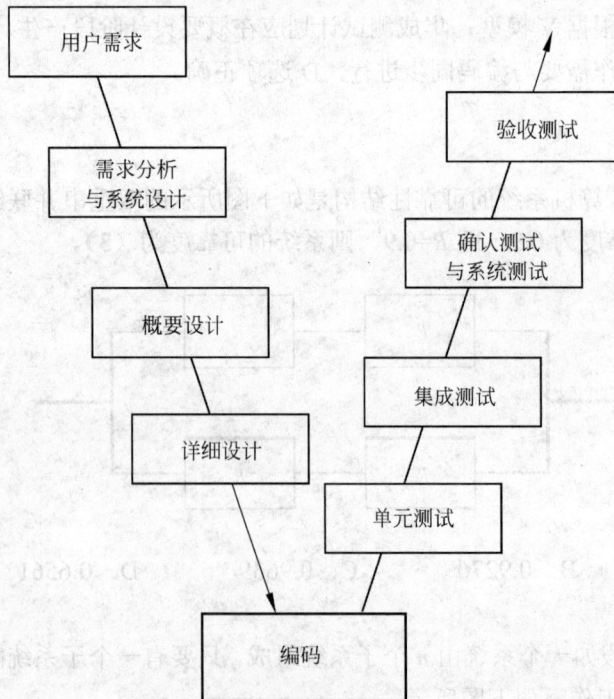

- 根据 V 模型，软件测试工作与软件开发阶段的具体对应关系如下：

开发阶段/测试阶段	单元测试	集成测试	确认测试	系统测试
软件需求分析	无	无	完成确认测试计划	完成系统测试计划
软件概要设计	无	完成软件集成测试计划	开始设计确认试用例、编写确认测试说明	开始设计系统测试用例、编写系统测试说明
软件详细设计	完成软件单元测试计划	开始设计集成测试用例、编写集成测试说明		
软件编码	编写软件单元测试说明、执行软件单元测试、编写软件单元测试报告			
软件测试	无	完成集成测试说明、执行集成测试、进行测试分析、编写软件集成测试报告	完成软件确认测试说明、执行软件确认测试、进行测试分析、编写确认测试报告	完成系统测试说明、执行系统测试、进行测试分析、编写系统测试报告

- 参见《信息系统监理师教程》448 页。

答案：A

（2005 下）代码走查（code walkthrough）和代码审查（code inspection）是两种不同的代码评审方法，这两种方法的主要区别是（16）。

A. 在代码审查中由编写代码的程序员来组织讨论，而在代码走查中由高级管理人员来领导评审小组的活动

B. 在代码审查中只检查代码中是否有错误，而在代码走查中还要检查程序与设计文档的一致性

C. 在代码走查中只检查程序的正确性，而在代码审查中还要评审程序员的编程能力和工作业绩

D. 代码审查是一种正式的评审活动，而代码走查的讨论过程是非正式的

- D 正确，代码审查是一种正式的评审活动，而代码走查的讨论过程是非正式的。
- A 错误，在代码走查中由编写代码的程序员来组织讨论，而在代码审查中由高级管理人员来领导评审小组的活动。
- B 错误，无论代码走查还是代码审查都要检查程序与设计文档的一致性。
- C 错误，无论代码走查还是代码审查都不应与"程序员的编程能力和工作业绩"挂

钩，评审代码，而不是评审代码的生产者。

答案：D

（2006 上）若某计算机系统是由 500 个元器件构成的串联系统，且每个元器件的失效率均为 10^{-7}/H，在不考虑其他因素对可靠性的影响时，该计算机系统的平均故障间隔时间为（9）小时。

A. 2×10^4　　　　B. 5×10^4　　　　C. 2×10^5　　　　D. 5×10^5

- 所谓失效率是指产品在单位时间内发生失效的概率，一般记为 λ，它是平均失效间隔时间 MTBF（Mean Time Between Failure，也叫平均无故障时间）的倒数。
- 如果串联系统的各个子系统的失效率分别用 λ_1，λ_2，λ_3，…，λ_n 来表示，则该串联系统的失效率 $\lambda=\lambda_1+\lambda_2+\lambda_3+\dots+\lambda_n=500\times10^{-7}$/H$=5\times10^{-5}$/H。
- 系统的平均故障间隔时间为：

$$MTBF=\frac{1}{\lambda}=\frac{1}{\lambda_1+\lambda_2+\lambda_3+\dots+\lambda_n}=2\times10^4\ (H)$$

答案：A

（2006 上）高可用性的信息系统应该具有较强的容错能力，提供容错的途径不包括（10）。

A. 使用空闲备件　　　　B. 负载平衡
C. 备份/恢复　　　　　　D. 镜像

- 容错（Fault Tolerance）是指在出现一般性故障时，系统可以继续运行。
- 常见的容错手段有：使用空闲备件、负载平衡、镜像、复现（延迟镜像）、热可更换。
- 备份/恢复用来保护数据免受意外的损失，不属于容错手段（使故障系统能继续运行的手段或途径）。

答案：C

（2006 上）关于软件质量的描述，正确的是（18）。

A. 软件质量是指软件满足规定用户需求的能力
B. 软件质量特性是指软件的功能性、可靠性、稳定性、容错性、可维护性、可移植性
C. 软件质量保证过程就是软件测试过程
D. 以上描述都不对

- 软件质量的标准定义是：软件特性的总和，软件满足规定和潜在用户需求的能力。
- A 错在没提潜在用户需求。
- B 错误，根据《GB/T 16260—2006 软件工程 产品质量》，软件质量特性是用以描述和评价软件产品质量的一组属性，具体分为内部质量属性、外部质量属性、使用质量的属性三类。

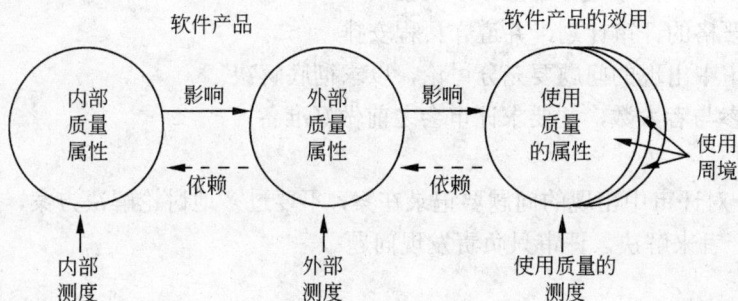

- 软件的外部和内部质量属性可划分为六个特性（功能性、可靠性、易用性、效率、维护性和可移植性），并进一步细分为若干子特性。

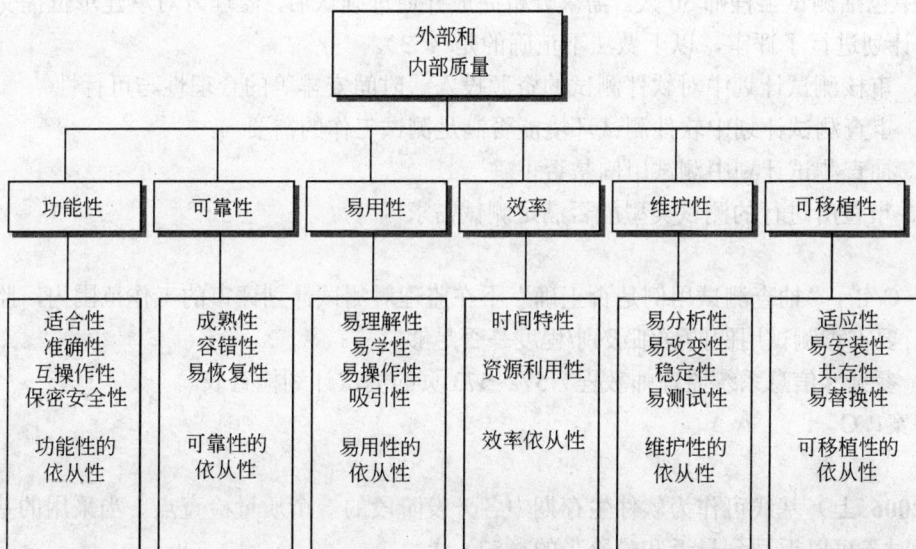

- 软件使用质量的属性分为四个特性：有效性、生产率、安全性和满意度。

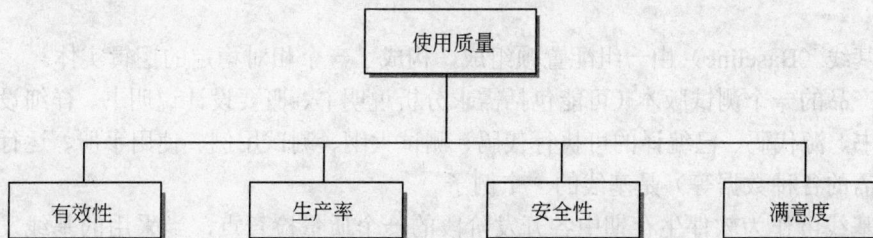

答案：D

（**2006 上**）正式的技术评审 FTR（Formal Technical Review）是软件工程师组织的软件质量保证活动，下面关于 FTR 指导原则中不正确的是（20）。

A. 评审产品，而不是评审生产者的能力

B. 要有严格的评审计划，并遵守日程安排

C. 对评审中出现的问题要充分讨论，以求彻底解决

D. 限制参与者人数，并要求评审会之前做好准备

- C 错，对评审中出现的问题要记录在案，不要过多地讨论解决方案，把问题留给软件生产者来解决，评审只负责发现问题。

答案：C

（**2006 上**）一个投资额为 3000 万的大型信息化软件开发项目，承建单位计划投入 100人，其中包括测试工程师 30 人。需求分析完成并通过确认后，监理方对承建单位提交的测试工作计划进行了评审，以下做法不正确的是（53）。

A. 审核测试计划中对软件测试的资源投入、时间安排等的合理性与可行性

B. 审查测试计划中软件测试环境能否满足测试工作的需要

C. 抽查测试计划中测试用例是否正确

D. 审查所进行的测试类型能否满足测试需求

- C 错，"抽查测试用例是否正确"不在监理对测试计划评审的工作范围内，监理主要审查测试用例的详细级别/程度是否足够。
- 参见《信息系统监理师教程》572~573 页的测试计划检查表。

答案：C

（**2006 上**）基线可作为软件生存期中各开发阶段的一个质量检查点。当采用的基线发生错误时，可以返回到最近和最恰当的（57）上。

A. 配置项　　　B. 程序　　　C. 基线　　　D. 过程

- 基线（Baseline）由一组配置项组成，构成了一个相对稳定的逻辑实体。
- 产品的一个测试版本（可能包括需求分析说明书、概要设计说明书、详细设计说明书、源代码、已编译的可执行代码、测试大纲、测试用例、使用手册、运行软件所需的各种数据等）是基线的一个例子。
- 基线可作为软件生存期中各开发阶段的一个质量检查点，当采用的基线发生错误

时，可以返回到最近和最恰当的基线上。

- 注意：配置管理中的基线概念不同于进度或成本控制中的基线概念。

答案：C

（2006 下）软件的质量应当在（26）中加以保证。

A．软件设计阶段　　　　　　　　B．软件开发阶段
C．软件评审阶段　　　　　　　　**D．整个生命周期**

- 软件质量保证（Software Quality Assurance，SQA）是指为保证软件系统或软件产品能够充分满足用户要求的质量标准而进行的有计划的、系统的活动，这些活动贯穿于软件生产的各个阶段（即整个生命周期）。

答案：D

（2006 下）软件测试的目的在于（27）。

A．修改所有错误　　　　　　　　**B．发现错误**
C．评估程序员水平　　　　　　　D．证明程序正确

- 软件测试的目的在于发现错误。

答案：B

（2006 下）软件黑盒测试的测试用例设计主要考虑（28）。

A．软件功能　　　B．输入数据　C．输出数据　　　　D．内部逻辑

- 软件测试技术根据是否需要软件运行可以将测试分为静态测试和动态测试，根据是否需要了解软件内部构造将测试分成白盒测试和黑盒测试。
- 黑盒测试（Black-box Testing），也称功能测试，是一种从软件需求出发，根据软件需求规格说明设计测试用例，并按照测试用例的要求运行被测程序的测试方法。它较少关心程序内部的实现过程，侧重于程序的执行结果，将被测程序看成是不可见的黑盒子，因此被称为黑盒测试。黑盒测试着重于验证软件功能和性能的正确性。
- 白盒测试（White-box Testing），也叫结构测试或逻辑驱动测试，是一种按照程序内部的逻辑结构和编码结构设计并执行测试用例的测试方法。白盒测试用来检测产品内部动作是否按照设计规格说明书的规定正常进行。采用这种测试方法，测试者需要掌握被测程序的内部结构。

答案：A

（**2006 下**）确认测试是以软件（29）为依据进行的测试。

A．源程序　　　　　B．需求说明　　　C．根本设计　　　D．详细设计

- 确认测试（Validation Testing）：检查软件的功能、性能和其他特征是否与用户需求一致，它以需求规格说明书作为测试依据，采用黑盒测试方法。

答案：B

（**2006 下**）Integration（68）is the process of verifying that the components of a system work together as described in the program design and system design specifications.

A．trying　　　　　B．testing　　　　C．checking　　　D．coding

- 集成测试（Integration testing）就是验证系统各个组成部分能否按程序设计和系统设计规格说明书所描述的方式一起工作的过程。

答案：B

（**2007 上**）计算机系统（21）的提高，不利于提高系统的可移植性。

A．效率　　　　　B．可维护性　　　C．可靠性　　　　D．可用性

- 编程语言越低级，效率就越高，但用它编写的程序就越难移植，反之亦然。

答案：A

（**2007 上**）在软件开发中必须采取有力的措施以确保软件的质量，这些措施至少包括以下的（27）。

①在软件开发初期制定质量保证计划，并在开发中坚持执行

②开发工作严格按阶段进行，文档工作应在开发完成后集中进行

③严格执行阶段评审

④要求用户参与全部开发过程以监督开发质量

⑤开发前选定或制定开发标准或开发规范并遵照执行

⑥争取足够的开发经费和开发人力的支持

A．①③⑤　　　　B．①②④　　　C．①②③④⑤⑥　　D．①③④⑤

- ②"文档工作应在开发完成后集中进行"错误，文档编写应与开发工作同步进行。
- ④"要求用户参与全部开发过程以监督开发质量"，显然不妥，也不现实。
- ⑥"争取足够的开发经费和开发人力的支持"，不是质量保证措施。

答案：A

（2007 上）（28） 是指系统和（或）其组成部分能在其他系统中重复使用的程度。

（28）A．可扩充性　　　　B．可移植性　　　C．可重用性　　　D．可维护性

- 可重用性是指系统和（或）其组成部分能在其他系统中重复使用的程度。

答案：C

（2007 上） 下面关于软件测试的说法，**（30）** 是错误的。

A．软件测试就是程序测试

B．软件测试贯穿于软件定义和开发的整个期间

C．需求规格说明、设计规格说明都是软件测试的对象

D．程序是软件测试的对象

- A 错，软件测试不只是程序测试，文档（如需求规格说明、设计规格说明）也是软件测试的对象。
- 软件测试技术根据是否需要软件运行可以将测试分为静态测试和动态测试，根据是否需要了解软件内部构造将测试分成白盒测试和黑盒测试。
- 通过评审文档、阅读代码等方式测试软件称为静态测试，通过运行程序测试软件称为动态测试。
- 静态测试包括代码检查、静态分析等。

（1）代码检查包括代码走查、桌面检查、代码审查等方式，主要检查代码和设计的一致性，代码对标准的遵循、可读性，代码的逻辑表达的正确性，代码结构的合理性等方面。代码检查可以发现违背程序编写标准的问题，程序中不安全、不明确和模糊的部分，找出程序中不可移植部分、违背程序编程风格的问题。检查内容具体包括变量检查、命名和类型审查、程序逻辑审查、程序语法检查和程序结构检查等。

（2）静态分析通过对需求规格说明书、软件设计说明书、源程序等文档做控制流分析、数据流分析、接口分析和表达式分析、流程图分析、符号执行（Symbolic Execution）来找出错误和可疑之处，例如不匹配的参数、不适当的循环嵌套和分支嵌套、不允许的递归、未使用过的变量、空指针的引用等。

- 动态测试就是通常意义上的软件测试，通过运行程序来测试软件。

答案：A

（2007 上） 软件测试方法可分为黑盒测试法和白盒测试法两种。黑盒测试法是通过分析程序的 **（31）** 来设计测试用例的方法。

A．应用范围　　　B．内部逻辑　　　C．功能　　　D．输入数据

- 黑盒测试法是通过分析程序的功能来设计测试用例的方法。
- 白盒测试法是通过分析程序的内部逻辑来设计测试用例的方法。

答案：C

（2007 上）集成测试也叫做 (32) 。

A. 部件测试　　　B. 组装测试　　　C. 确认测试　　　D. 集合测试

- 集成测试（System Testing，也称组装测试）：主要用来发现设计阶段产生的错误，是对各模块组装而成的程序进行测试，主要检查模块间的接口和通信，采用黑盒测试。
- 单元测试（Unit Testing）：主要用来发现编码和详细设计中产生的错误，一般在编码阶段，采用白盒测试。
- 没有集合测试这个说法，是干扰项。

答案：B

（2007 上）按照软件配置管理的原始指导思想，受控制的对象应是 (33) 。实施软件配置管理包括 4 个最基本的活动，其中不包括 (34) 。

(33) A. 软件元素　　　B. 软件项目　　　C. 软件配置项　　　D. 软件过程
(34) A. 配置项标识　　　B. 配置项优化　　　C. 配置状态报告　　　D. 配置审计

- 配置项（Configuration Item）是指在软件生命周期的各个阶段所产生的各种形式和各种版本的文档、程序、部件及数据的集合，是配置管理的控制对象。
- 所谓配置管理（Configuration Management）就是通过对在软件生命周期的不同的时间点上的配置项进行标识，并对这些配置项的更改进行系统控制，从而达到保持产品完整性、一致性和可溯性的过程。
- 软件配置管理的 4 个最基本活动是：配置项标识（Configuration Item Identification）、配置项控制（变更控制）、配置状态报告（Configuration Status Accounting）、配置审计（Configuration Audit）。

答案：(33) C. (34) B

（2007 上）通常影响软件易维护性的因素有易分析性、易修改性和 (35) 。

(35) A. 易使用性　　　B. 易恢复性　　　C. 易替换性　　　D. 易测试性

- 根据《GB/T 16260—2006 软件工程 产品质量》，软件维护性的子特性有：易分析性、易修改性、稳定性、易测试性。

（1）易分析性，诊断软件中的缺陷或失效原因或识别待修改部分的能力。

（2）易改变性，指定的修改可以被实现的能力。修改包括编码、设计和文档的更改。

（3）稳定性，避免由于软件修改而造成意外结果的能力。

（4）易测试性，已修改软件能被确认的能力。

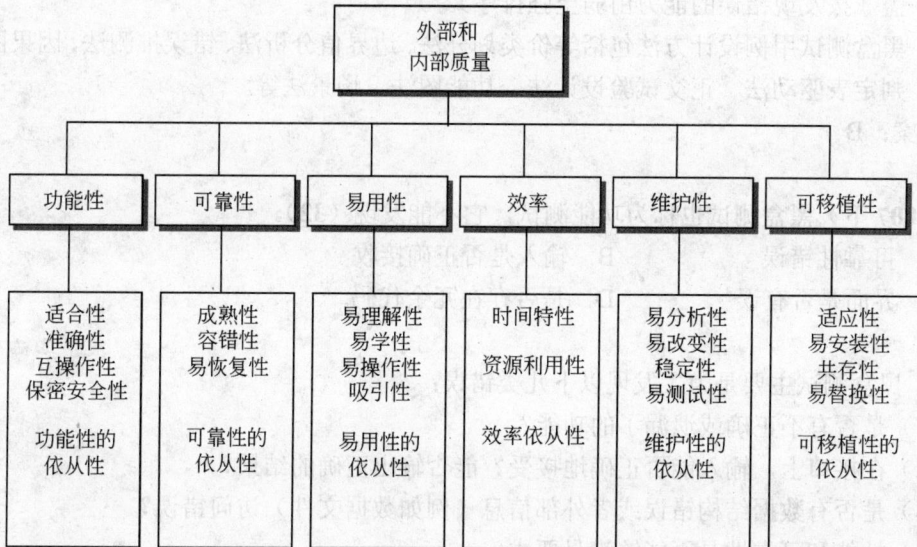

答案：D

（2007 下） 白盒测试通常采用的方法是（30）。

A．静态测试　　　　　　　　B．动态测试

C．静态、动态测试　　　　　D．静态、动态测试和复审

- 软件测试技术根据是否需要软件运行可以将测试分为静态测试和动态测试，根据是否需要了解软件内部构造将测试分成白盒测试和黑盒测试。
- 通过评审文档、阅读代码等方式测试软件称为静态测试，通过运行程序测试软件称为动态测试。
- 白盒测试既可做静态测试又可做动态测试，黑盒测试只能做动态测试。

答案：C

（2007 下） （31）不属于白盒测试用例设计方法。

A．基本路径测试　　　　　　B．因果图测试

C．循环覆盖测试　　　　　　D．逻辑覆盖测试

- 白盒测试通常根据覆盖准则设计测试用例，使程序中的每个语句、每个条件分支、每个控制路径都在程序测试中受到检验。
- 白盒测试用例设计方法包括逻辑覆盖、循环覆盖和基本路径测试等。其中逻辑覆盖包括：语句覆盖、判定覆盖、条件覆盖、判定/条件覆盖、条件组合覆盖和路径覆盖（按发现错误的能力由弱至强排序）。
- 黑盒测试用例设计方法包括等价类划分法、边界值分析法、错误推测法、因果图法、判定表驱动法、正交试验设计法、功能图法、场景法等。

答案：B

（**2007 下**）黑盒测试也称为功能测试，它不能发现 （32）。

A．可靠性错误   B．输入是否正确接收

C．界面是否有误   D．是否存在冗余代码

- 黑盒测试主要是为了发现以下几类错误：
- （1）是否有不正确或遗漏了的功能？
- （2）在接口上，输入能否正确地接受？能否输出正确的结果？
- （3）是否有数据结构错误或者外部信息（例如数据文件）访问错误？
- （4）性能和可靠性是否能够满足要求？
- 在黑盒测试中，源代码和程序的内部逻辑对测试者是不可见的，软件被当作一个不透明的黑盒子，测试只能在程序接口或交互界面进行，只能检查程序是否按照需求规格说明书的规定正确地接收输入数据并产生正确的输出信息。
- 黑盒测试不可能发现程序是否存在冗余代码。

答案：D

（**2007 下**）为了提高软件测试的效率，应该 （33）。

A．随机地选取测试数据

B．取一切可能的输入数据作为测试数据

C．在完成编码以后制定软件的测试计划

D．选择发现错误可能性较大的测试用例

- 为了提高软件测试的效率，应该选择发现错误可能性较大的测试用例。
- C 错误，软件的测试计划不能在编码后才制定，根据 V 模型。
- （1）应该在需求分析阶段制定系统测试计划
- （2）应该在概要设计阶段制定集成测试计划
- （3）应该在详细设计阶段制定单元测试计划

答案：D

（**2007 下**）与设计测试用例无关的文档是 (34)。
A．项目开发计划　　　　B．需求规格说明书
C．设计说明书　　　　　D．源程序

- 需求规格说明书、设计说明书都是设计测试用例的依据。项目开发计划与设计测试用例无关。
- 提示：需求规格说明书、设计说明书和源代码也是软件测试的对象。
答案：A

（**2007 下**）在软件的开发与维护过程中，用来存储、更新、恢复和管理软件的多版本的工具是 (35)。
A．文档分析工具　　　　B．项目管理工具
C．成本估算工具　　　　D．版本控制工具

- 在软件的开发与维护过程中，用来存储、更新、恢复和管理软件的多版本的工具是版本控制工具。
- 版本控制工具可与各种流行的开发工具进行无缝的连接，有机地结合在一起，从而完整地保存开发过程中每一个源文件所有的修改记录，配置库中的所有配置项都被自动予以版本标识，并保证版本命名的唯一性。
答案：D

（**2008 上**）(7) 是软件生存期中的一系列相关软件工程活动的集合，它由软件规格说明、软件设计与开发、软件确认、软件改进等活动组成。(8) 是以追求更高的效益和效率为目标的持续性活动。
(7) A．软件过程　　B．软件工具　　C．质量保证　　D．软件工程
(8) A．质量策划　　B．质量控制　　C．质量保证　　D．质量改进

- 软件过程（Software Process）是软件生存期中的一系列相关软件工程活动的集合，它由软件需求分析、软件设计与开发、软件确认、软件改进等活动组成。
- 软件工程（Software Engineering）是将系统化的现代工程管理方法应用于软件的开发、运行和维护。
- 质量改进（Quality Improvement），也称持续改进，是以追求更高的效益和效率为目标的持续性活动。

答案：（7）A．（8）D

（2008 上） 为了提高测试的效率，应该（24）。

A．随机地选取测试数据

B．取一切可能的输入数据作为测试数据

C．在完成编码以后制定软件的测试计划

D．选择发现错误可能性大的数据作为测试数据

- 这是 2007 年下半年考试第 33 题的原题重现。

答案：D

（2008 上） 使用白盒测试方法时，确定测试数据应根据（25）和指定的覆盖标准。

A．程序的内部逻辑   B．程序的复杂结构

C．使用说明书的内容   D．程序的功能

- 白盒测试是一种按照程序内部的逻辑结构和编码结构设计并执行测试用例的测试方法。
- 白盒测试应根据程序的内部逻辑和指定的覆盖标准设定测试数据，以使程序中的每个语句、每个条件分支、每个控制路径都在程序测试中受到检验。

答案：A

（2008 下） 计算机系统的可靠性通常用（7）来衡量。

A．平均响应时间   B．平均故障间隔时间

C．平均故障时间   D．数据处理速率

- 计算机系统的可靠性通常用平均故障间隔时间 MTBF（Mean Time Between Failure，也叫平均无故障时间）来衡量。

答案：B

（2008 下） 计算机系统可维护性是指（8）。

A．对系统进行故障检测与修复的定期时间间隔的长度

B．系统失效后能被修复的概率

C．在单位时间内完成修复的概率

D．系统失效后在规定的时间内可修复到规定功能的能力

- 计算机系统可维护性是指系统失效后在规定的时间内可修复到规定功能的能力，通常用平均修复时间（MTTR）来衡量。
- 平均修复时间（Mean Time to Repair，MTTR）是描述产品由故障状态转为工作状态时修理时间的平均值。

答案：D

（2008 下）ISO/IEC 9126 软件质量模型中第一层定义了六个质量特性，并为各质量特性定义了相应的质量子特性。子特性（9）属于可靠性质量特性。

A．准确性　　　　B．易理解性　　　　C．成熟性　　　　D．易学性

- 根据《GB/T 16260—2006 软件工程 产品质量 IDT ISO/IEC 9126 软件质量模型》，软件可靠性的子特性有成熟性、容错性、易恢复性。

（1）成熟性：软件产品为避免由软件中故障而导致失效的能力。

（2）容错性：在软件出现故障或者违反其指定接口的情况下，软件产品维持规定的性能级别的能力。

（3）易恢复性：在失效发生的情况下，软件产品重建规定的性能级别并恢复受直接影响的数据的能力。

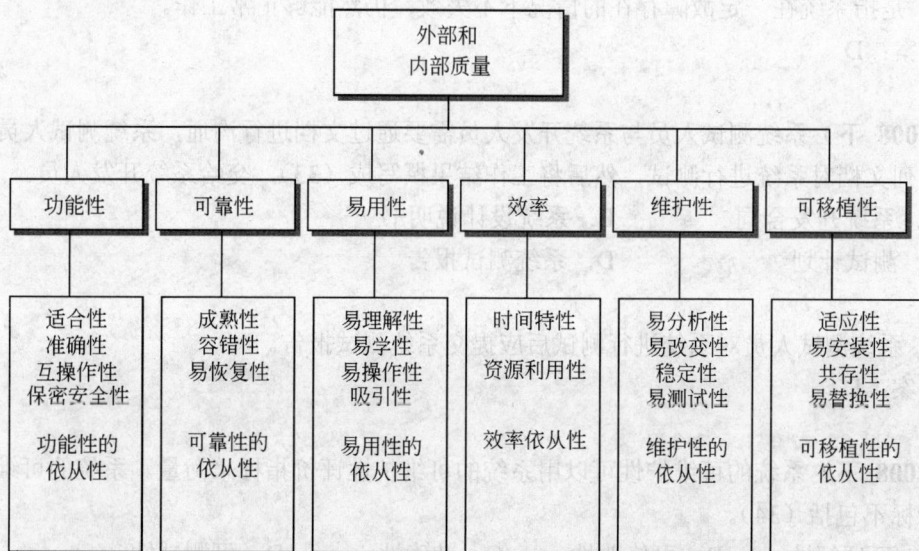

外部和内部质量					
功能性	可靠性	易用性	效率	维护性	可移植性
适合性 准确性 互操作性 保密安全性 功能性的 依从性	成熟性 容错性 易恢复性 可靠性的 依从性	易理解性 易学性 易操作性 吸引性 易用性的 依从性	时间特性 资源利用性 效率依从性	易分析性 易改变性 稳定性 易测试性 维护性的 依从性	适应性 易安装性 共存性 易替换性 可移植性的 依从性

- 很多同学反映这张图记不住，数十个"性"，问有没有什么窍门？
- 其实这对汉语言好的同学很简单，凭语感就可选出答案，无须死记硬背。
  - 准确性是功能性的子特性。
  - 易理解性和易学性都是易用性的子特性。

　　答案：C

（2008 下） 软件开发中，常用（24）作为软件调试技术。

A．边界值分析　　　　B．演绎法　　　　C．循环覆盖　　　　D．集成测试

- 边界值分析是黑盒测试用例设计方法。
- 循环覆盖是白盒测试用例设计方法。
- 软件调试方法主要有试探法、回溯法、演绎法、归纳法等。

答案：B

（2008 下） 对于一个具有容错能力的系统，（32）是错误的。

A．通过硬件冗余来设计系统，可以提高容错能力

B．在出现一般性故障时，具有容错能力的系统可以继续运行

C．容错能力强的系统具有更高的可靠性

D．容错是指允许系统运行时出现错误的处理结果

- 容错的英文是 Fault Tolerance，是容忍故障（Fault），而不是容忍错误（Bug、Error），是指系统在一定故障存在的情况下不失效，仍然能够正常工作。

答案：D

（2008 下） 系统测试人员与系统开发人员需要通过文档进行沟通，系统测试人员应根据一系列文档对系统进行测试，然后将工作结果撰写成（33），交给系统开发人员。

A．系统开发合同　　　　B．系统设计说明书

C．测试计划　　　　　　D．系统测试报告

- 系统测试人员对系统进行测试后应提交系统测试报告。

答案：D

（2008 下） 系统的可维护性可以用系统的可维护性评价指标来衡量。系统的可维护性评价指标不包括（34）。

A．可理解性　　　B．可修改性　　　C．准确性　　　　D．可测试性

- 根据《GB/T 16260—2006 软件工程 产品质量》，可维护性的子特性有：易分析性、易修改性、稳定性、易测试性。
- 准确性是功能性的子特性。

答案：C

（2009 上）允许年停机时间为 53 分钟的系统，其可用性指标为（14）。

A．99.9%　　　　　B．99.95%　　　　C．99.99%　　　　D．99.999%

- 可用性=可用时间/总时间。
- 总时间=365×24×60=525 600。
- 该系统的可用性=1-53/525600=99.98992%≈99.99%。

答案：C

（2009 上）针对面向对象类中定义的每个方法的测试，基本上相当于传统软件测试中的（26）。

A．集成测试　　　B．系统测试　　　C．单元测试　　　D．验收测试

- 针对面向对象类中定义的每个方法的测试，相当于传统软件测试中的单元测试。
- 单元测试是在软件开发过程中要进行的最低级别的测试活动，软件的独立单元将在与程序的其他部分相隔离的情况下进行测试。
- 对于单元测试中单元的含义，一般来说，要根据实际情况去判定其具体含义，如 C 语言中单元指一个函数，Java 中单元指一个类，图形化的软件中可以指一个窗口或一个菜单等。总的来说，单元就是人为规定的最小的被测功能模块。

答案：C

（2009 上）某软件在应用初期运行在 Windows NT 环境中。现该软件需要在 UNIX 环境中运行，而且必须完成相同的功能。为适应这个要求，软件本身需要进行修改，而所需修改的工作量取决于该软件的（28）。

A．可扩充性　　　B．可靠性　　　C．复用性　　　D．可移植性

- 可移植性：软件产品从一种环境迁移到另外一种环境的能力。

答案：D

（2009 上）以下关于软件测试的说法正确的包括（30）。

①代码走查是静态测试方法，黑盒测试是动态测试方法

②黑盒测试的对象是程序逻辑结构，白盒测试的对象是程序接口

③无论黑盒测试，还是白盒测试，都无法用穷举法设计全部用例

④对发现错误较多的程序段，应进行更深入的测试。因为发现错误数多的程序段，其

质量较差，同时在修改错误过程中又容易引入新的错误

⑤测试覆盖标准从发现错误的强弱能力依次是路径覆盖、条件组合覆盖、判定覆盖、条件覆盖、语句覆盖

A. ①③④　　　　B. ①②③　　　　C. ③④⑤　　　　D. ②③④

- ②错，黑盒测试的对象是程序接口，白盒测试的对象是程序逻辑结构。
- ⑤错，逻辑覆盖包括：语句覆盖、判定覆盖、条件覆盖、判定/条件覆盖、条件组合覆盖和路径覆盖（按发现错误的能力由弱至强排序）。

答案：A

（2009 上）进行软件测试的目的是（31）。

A. 尽可能多地找出软件中的缺陷　　　　B. 缩短软件的开发时间

C. 减少软件的维护成本　　　　　　　　D. 证明程序没有缺陷

- 进行软件测试的目的是尽可能多地找出软件中的缺陷。
- B 和 C 是软件测试的作用和价值。

答案：A

（2009 上）对那些为广大用户开发的软件而进行的 β 测试是指在（32）的情况下所进行的测试。

A. 开发环境下，开发人员可不在场

B. 开发环境下，开发人员应在场

C. 用户的实际使用环境下，开发人员可不在场

D. 用户的实际使用环境下，开发人员应在场

- α 测试（Alpha Testing）是用户在开发环境下进行的测试，现场有开发者的"指导"，即在受控的环境中进行。α 测试发现的错误，可以在测试现场立刻反馈给开发人员，由开发人员及时分析和处理。
- β 测试（Beta Testing），在用户实际使用环境下测试，开发者不在现场；通常是由软件开发者组织各方面的典型用户在日常工作中实际使用 β 版本，并要求用户报告异常情况、提出改进意见。

答案：C

（2009 上）ISO/IEC 9126 软件质量模型中第一层定义了六个质量特性，并为各质量特性定义了相应的质量子特性，其中易分析子特性属于软件的（34）质量特性。

A．可靠性　　　　B．效率　　　C．可维护性　　　D．功能性

- 易分析性是可维护性的子特性。

答案：C

（2009 上）Configuration management is the process of managing change in hardware, software, firmware, documentation, measurements, etc. As change requires an initial state and next state, the marking of significant states within a series of several changes becomes important. The identification of significant states within the revision history of a configuration item is the central purpose of （75） identification.

A．baseline　　　B．value　　　C．cost　　　D．control

- 配置管理是管理硬件、软件、固件、文件、测量等方面变更的过程。
- 变更需要有一个初始状态和下一个状态，在一系列变更中，将明显的状态标识出来是非常重要的。
- 配置项在修改历史中的状态识别是<u>基线（baseline）</u>识别的中心目的。

答案：A

（2010 上）某计算机系统结构如下图所示，若所构成系统的每个部件的可靠度均为 0.9，即 $R=0.9$，则该系统的可靠度为（4）。

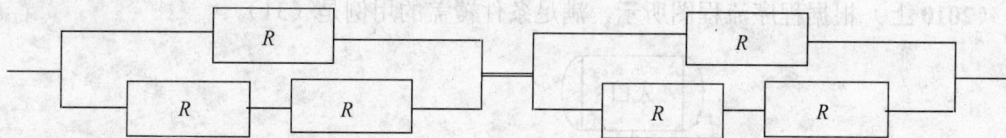

A．0.9801　　　B．0.5905　　　C．0.6561　　　D．0.9624

- 系统左半部分的可靠度 $=1-(1-R)\times(1-R^2)=1-0.1\times0.19=0.981$。
- 系统的可靠度 = 左半部分的可靠度 × 右半部分的可靠度 $=0.981^2=0.9624$。

答案：D

（2010 上）下列关于软件质量保证活动要素的叙述中，不正确的是（27）。

A．质量保证人员不能是兼职的

B．软件开发必须严格按照软件开发规范进行

C．验证和确认软件质量所用的方法和评审、审查、审计、分析、演示、测试等

D．应在软件开发过程中及时记录与质量保证有关的活动

- A 错，可根据软件项目的规模配备专职或兼职的质量保证人员。比如只有 2 个人的软件开发项目，显然不可能配备一名专职的质量保证人员。再比如，一个 800 人规模的大型软件开发项目，一名质量保证人员显然不够用，需要多个。

答案：A

（**2010 上**）黑盒测试是将被测试的程序看成一个黑盒子，不考虑程序内部结构的情况，而只考虑程序的输入与输出之间的关系，下列属于典型黑盒测试方法的是（30）。

A．等价类划分法　　　　B．静态结构分析法
C．代码检查法　　　　　D．代码覆盖率分析法

- 白盒测试用例设计方法包括逻辑覆盖、循环覆盖和基本路径测试等。其中逻辑覆盖包括语句覆盖、判定覆盖、条件覆盖、判定/条件覆盖、条件组合覆盖和路径覆盖（按发现错误的能力由弱至强排序）。
- 黑盒测试用例设计方法包括等价类划分法、边界值分析法、错误推测法、因果图法、判定表驱动法、正交试验设计法、功能图法、场景法等。
- 静态结构分析和代码检查属于静态测试，而黑盒测试不能做静态测试，黑盒测试只能做动态测试。

答案：A

（**2010 上**）根据程序流程图所示，满足条件覆盖的用例是（31）。

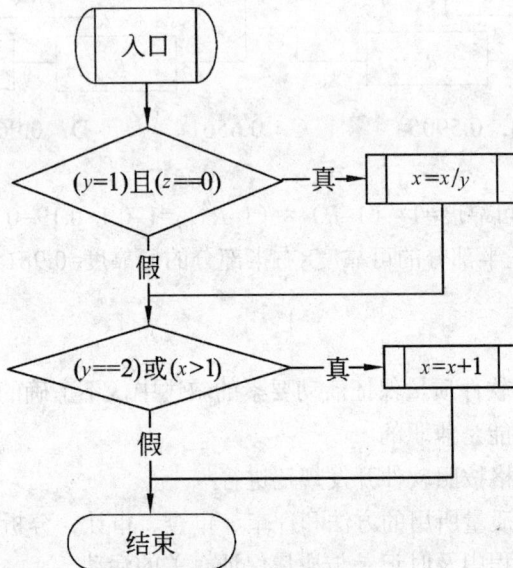

①CASE1：X=1，Y=3，Z=0
②CASE2：X=3，Y=2，Z=1
③CASE3：X=1，Y=2，Z=0
④CASE4：X=1，Y=1，Z=0
A．①②　　　B．②③　　　C．②④　　　D．①④

- 所谓条件覆盖就是设计若干个测试用例，运行所测程序，使得程序中每个判断的每个条件的可能取值至少执行一次。
- 图中共有 4 个条件：Y==1，Z==0，Y==2，X>1。
- 每个条件有 2 个取值，总共 8 个可能取值：
  - 在第一个判断中：Y==1，Y≠1，　Z==0，Z≠0。
  - 在第二个判断中：Y==2，Y≠2，X>1，X≤1。
- ②，在第一个判断中：Y≠1，Z≠0，在第二个判断中，Y==2，X>1。
- ④，在第一个判断中：Y==1，Z==0，在第二个判断中，Y≠2，X≤1。
- ②和④组合恰好覆盖了这 8 个可能取值，其他组合都不能做到完全覆盖。

答案：C

（2010 下）软件质量保证活动应贯穿软件开发的全过程，下列有关叙述中不正确的是（27）。

A．必须及时将软件质量保证工作及结果通知给相关组织和个人
B．软件质量保证是 CMMI 1 级的一个关键过程域
C．应对软件质量进行阶段性评审，并形成完整的评审记录
D．软件质量保证工作需要企业最高领导者参与

- 这道题容易至极，只要你对 CMMI 有一点了解，就会选 B。
- 这是因为，CMM 和 CMMI 的第 1 级都是初始级（Initial），都不包含任何关键过程域。
- 此外，SQA（Software Quality Assurance，软件质量保证）是 CMM 第 2 级的关键过程域（Key Process Area，KPA），CMMI 的 KPA 中就没有 SQA。
- CMMI 中与质量保证有关的 KPA 是 PPQA（Process and Product Quality Assurance，过程和产品质量保证），位于 CMMI 的第 2 级。

答案：B

（2010 下）（30）不是 Web 性能测试的基本指标。

A．响应时间　　　B．吞吐量　　　C．登录系统用户数　　　D．资源利用率

- Web 性能测试的基本指标是：

（1）响应时间，指从客户端发起一个请求开始，到客户端接收到从服务器端返回的响应结束，这个过程所耗费的时间。响应时间通常会称为 TTLB（Time To Last Byte），意思是从发起一个请求开始，到客户端收到最后一个字节的响应所耗费的时间。响应时间的单位一般为"秒"或者"毫秒"。响应时间=网络延迟+应用程序响应时间。

（2）并发数，指同时进行请求的客户的数量，并发数用于模拟用户的真实负载情况（并发情况是对系统最大的考验），并发数≠同时使用系统的用户数。

（3）吞吐量，单位时间内处理的客户端请求数量。通常情况下，吞吐量用"请求数/秒"或者"页面数/秒"来衡量。从业务角度看，吞吐量也可以用"访问人数/天"或者"页面访问量/天"来衡量。

（4）资源利用率，对不同系统资源的使用程度，例如服务器的 CPU、内存、网络带宽等。资源利用率通常以占用资源总量的百分比来衡量。

答案：C

（2010 下）基线（Baseline）是指一个（或一组）配置项在项目生命周期的不同时间点上通过（33）而进入正式受控的一种状态。

A．领导批准　　　B．质量控制　　　C．正式评审　　　D．验收测试

- 基线（Baseline）是指一个（或一组）配置项在项目生命周期的不同时间点上通过正式评审而进入正式受控的一种状态。
- 配置项的状态转换过程如下图所示：

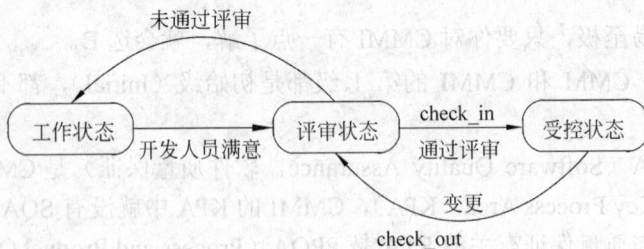

答案：C

（2010 下）在进行软件配置管理工作中，可以设立配置控制委员会协助项目经理进行软件配置管理（34）属于配置控制委员会的职责。

A．批准、发布配置管理计划

B．决定项目起始基线和软件开发工作里程碑

C．建立、更改基线的设置，审核变更申请

D．执行版本控制和变更控制方案

- 配置管理过程的主要参与人员与职责如下：

（1）项目经理（Project Manager，PM）是整个信息系统开发和维护活动的负责人，他根据配置控制委员会的建议，批准配置管理的各项活动并控制它们的进程。其具体工作职责如下：

- 制定项目的组织结构和配置管理策略；
- 批准、发布配置管理计划；
- 决定项目起始基线和软件开发工作里程碑；
- 接受并审阅配置控制委员会的报告。

（2）配置控制委员会（Configuration Control Board，CCB）负责指导和控制配置管理的各项具体活动的进行，为项目经理的决策提供建议。其具体工作职责如下：

- 批准配置项的标志，以及软件基线的建立；
- 制定访问控制策略；
- 建立、更改基线的设置，审核变更申请；
- 根据配置管理员的报告决定相应的对策。

（3）配置管理员（Configuration Management Officer，CMO）根据配置管理计划执行各项管理任务，定期向 CCB 提交报告，并列席 CCB 的例会。其具体工作职责如下：

- 软件配置管理工具的日常管理与维护；
- 提交配置管理计划；
- 各配置项的管理与维护；
- 执行版本控制和变更控制方案；
- 完成配置审计并提交报告；
- 对开发人员进行相关的培训；
- 识别开发过程中存在的问题并制定解决方案。

（4）开发人员（Developer），开发人员的职责就是根据项目组织确定的配置管理计划和相关规定，按照配置管理工具的使用模型来完成开发任务。

答案：C

（2011 上） 配置管理是软件质量保证的重要一环，软件配置管理的基本任务包括配置

标识、版本管理、变更管理、（26）和配置报告。在配置管理库中，受控库（CL）通常以（27）为单位建立并维护。

（26）A. 配置组管理　　　B. 配置对象管理　　　C. 配置审核　　　D. 配置库管理

（27）A. 开发项目　　　　B. 配置管理项　　　　C. 子系统　　　　D. 软件产品

- 软件配置管理的基本任务包括：

（1）配置项标识（Configuration Item Identification）；

（2）版本管理（Version Management）；

（3）发布管理（Release Management）；

（4）配置项控制，即变更控制（Change Control）；

（5）配置审计（Configuration Audit）；

（6）配置状态报告（Configuration Status Accounting）。

- 配置库有三类：开发库、受控库和产品库。

（1）开发库（Development Library），存放正在开发或修订的组件，开发人员个人专用的工作空间。库中的信息可能有较为频繁的修改，只要开发库的使用者认为有必要，无需对其做任何限制。因为这通常不会影响到项目的其他部分。

（2）受控库（Controlled Library），用于管理当前基线和控制对基线的变更，被置于完全的配置管理之下。在信息系统开发的某个阶段工作结束时，将工作产品存入或将有关的信息存入。受控库通常以配置项为单位建立并维护。

（3）产品库（Product Library），包含已分发使用的各种基线的保存档，被置于完全的配置管理之下。在开发的信息系统产品完成系统测试之后，作为最终产品存入库内，等待交付用户或现场安装。产品库通常在系统、子系统级上设立并维护。

- 版本升级或后续开发时，应将软件产品的待修订版本从产品库转移到受控库，程序员将需要修改的代码 Check out 到自己的个人工作空间（开发库）中，修改完毕后再将修改好的代码 Check in 到受控库。全部修改完毕后，最终产品存入于产品库。

答案：（26）C.（27）B

（**2011 上**）ISO/IEC 9126 定义的软件质量特性，包括功能性、可靠性、（32）、效率、可维护性和可移植性。成熟性子特性属于软件的（33）质量特性。

（32）A. 稳定性　　　B. 适合性　　　C. 易用性　　　D. 准确性

（33）A. 功能性　　　B. 可靠性　　　C. 可维护性　　　D. 可移植性

- 再复习一下这张图吧：

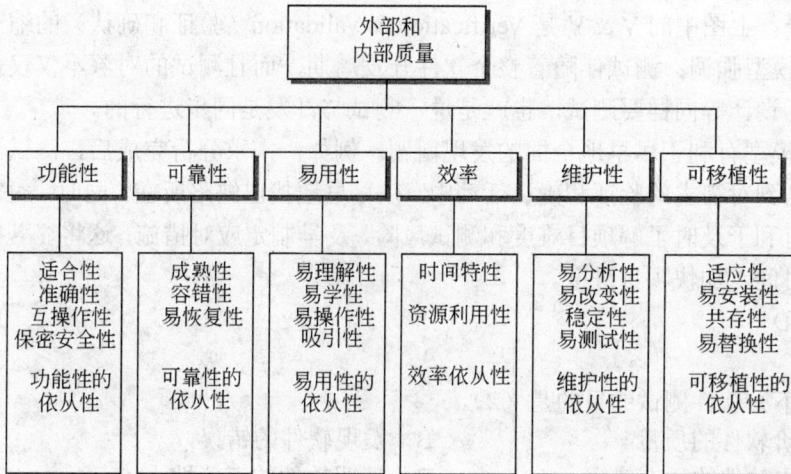

答案：（32）C.（33）B

（2011 上） 审查测试设计是监理方质量控制的重要手段，根据常用的 W 模型测试策略，在需求分析与系统设计过程中，监理方应审查的相应测试设计为（39）。

A. 验收测试设计与性能测试设计

B. 用户测试设计与集成测试设计

C. 单元测试设计与集成测试设计

D. 确认测试设计与系统测试设计

- 相对于 V 模型，W 模型增加了软件各开发阶段中应同步进行的验证和确认活动。如下图所示，W 模型由两个 V 字型模型组成，分别代表测试与开发过程，图中明确表示出了测试与开发的并行关系。

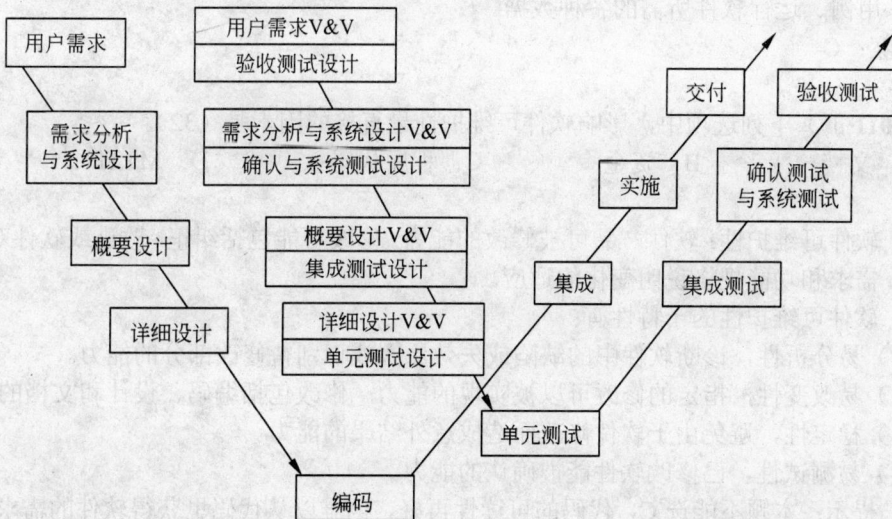

- 注释：上图中的 V & V 是 Verification & Validation（验证和确认）的缩写。
- W 模型强调：测试伴随着整个软件开发周期，而且测试的对象不仅仅是程序，需求、设计等同样要测试，也就是说，测试与开发是同步进行的。
- W 模型有利于尽早地全面的发现问题。例如，需求分析完成后，测试人员就应该参与到对需求的验证和确认活动中，以尽早地找出缺陷所在。同时，对需求的测试也有利于及时了解项目难度和测试风险，及早制定应对措施，这将显著减少总体测试时间，加快项目进度。

答案：D

（**2011 下**）软件测试的目的是（2）。

A. 评价软件的质量　　　　　　　　B. 发现软件的错误
C. 找出软件的所有错误　　　　　　D. 证明软件的正确性

- 软件测试的目的是发现软件的错误。

答案：B

（**2011 下**）软件配置项是软件配置管理的对象，指的是软件工程中所产生的（24）。

A. 接口　　　　B. 软件环境　　　　C. 信息项　　　　　　D. 版本

- 软件配置项是软件配置管理的对象，指的是软件工程中所产生的各种信息项，包括在软件生命周期的各个阶段所产生的各种形式和各种版本的文档、程序、部件及数据。
- 典型的配置项包括项目计划书、需求文档、设计文档、源代码、可执行代码、测试用例、运行软件所需的各种数据。

答案：C

（**2011 下**）下列选项中，影响软件可维护性最直接的因素是（32）。

A. 文档　　　　　　B. 资金　　　　　　C. 程序代码　　　　D. MTTF

- 软件可维护性：软件产品可被修改的能力。修改可能包括纠正、改进或软件对环境、需求和功能规格说明变化的适应。
- 软件可维护性的子特性有：
（1）易分析性，诊断软件中的缺陷或失效原因或识别待修改部分的能力。
（2）易改变性，指定的修改可以被实现的能力。修改包括编码、设计和文档的更改。
（3）稳定性，避免由于软件修改而造成意外结果的能力。
（4）易测试性，已修改软件能被确认的能力。
- 提示：本题不能选 C，代码的可读性再好，也难以从代码里获得软件的需求、设计等信息。历史上，曾有一些厌恶编写文档的程序员鼓吹过"代码就是文档"，但随即被软件工程界批驳推翻。

- MTTF（Mean Time To Failure，平均失效前时间），设备在规定的环境下，正常生产到发生下一次故障的平均时间，是可靠性的度量指标，干扰项。

答案：A

（2011 下） 软件质量因素不包括（33）。

A．正确性　　　　B．高性能　　　　　　C．可测试性　　　D．可理解性

- 高性能不在《GB/T 16260—2006 软件工程 产品质量 IDT ISO/IEC 9126 软件质量模型》中所规定的软件质量特性和子特性之中。

答案：B

（2012 上）（2）非常明确地标明了软件开发测试过程中存在的不同级别，且清楚地描述了这些测试阶段和开发过程各阶段的对应关系。

A．螺旋模型　　　B．喷泉模型　　　C．瀑布模型　　　　D．V 模型

- V 模型非常明确地标明了软件开发测试过程中存在的不同级别，且清楚地描述了这些测试阶段和开发过程各阶段的对应关系。

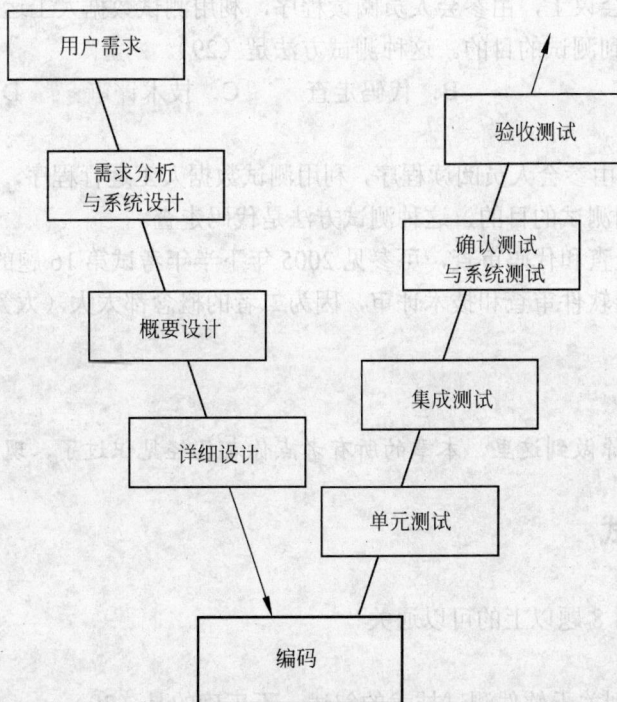

答案：D

（**2012 上**）软件错误产生的原因有很多，（26）不是导致软件错误的主要原因。

A．测试错误   B．设计错误

C．编码错误   D．软件需求规格说明错误

- 显然，测试错误不是导致软件错误的主要原因。
- 测试错误只能导致软件错误没有被发现，或是将无错项误报为错误，但不会产生软件错误。

答案：A

（**2012 上**）在信息系统工程建设过程中，（28）不属于配置管理工具。

A．文档版本信息表   B．系统变更流程

C．系统用户权限表   D．基线

- 系统用户权限表用于信息安全管理，不用于配置管理。

答案：C

（**2012 上**）在会议上，由参会人员阅读程序，利用测试数据人工运行程序，对输出结果进行审查，以达到测试的目的。这种测试方法是（29）。

     A．软件审查   B．代码走查   C．技术评审   D．代码审查

- 在会议上，由参会人员阅读程序，利用测试数据人工运行程序，对输出结果进行审查，以达到测试的目的，这种测试方法是代码走查。
- 关于代码走查和代码审查，可参见 2005 年下半年考试第 16 题的解析。
- 这题不能选软件审查和技术评审，因为二者的概念都太大（太笼统），包含的范围太广。

答案：B

亲爱的同学：当你做到这里，本章的所有考点你都已经见识过了，现在准备毕业吧！

16.2   通关测试

以下 10 题答对 8 题以上的可以通关！

（**2012 上**）下列关于软件测试技术的叙述，不正确的是（30）。

A. 用黑盒测试的结论分辨数据库或系统层面的错误

B. 要满足较高的覆盖准则，路径数量有可能非常庞大

C. 搭建测试环境时必须尽可能地与真实运行环境一致

D. 兼容性验证测试和用户环境模拟测试可以不同

（**2012 上**）性能测试工具 LoadRunner 用来覆盖性能测试基本流程的三大主要功能模块不包括（31）。

A. Bugzilla

B. Virtual User Generator

C. Controller

D. Analysis

（**2012 下**）计算机系统由 CPU、存储器、I/O 三部分组成，假设各部分的可靠性分别为 0.95、0.91 和 0.98，则计算机系统的可靠性为（13）。

A. 0.95　　　　　B. 0.91　　　　　C. 0.86　　　　　D. 0.85

（**2012 下**）通常，（34）是在编码阶段进行的测试，它是整个测试工作的基础。

A. 系统测试　　　　B. 确认测试　　　　C. 集成测试　　　　D. 单元测试

（**2012 下**）不属于黑盒测试方法（35）。

A. 等价类测试　　　B. 功能图测试　　　C. 边界值测试　　　D. 变异测试

（**2012 下**）软件配置管理应满足“（38）”、“可见性”和“可控性”要求。

A. 有效性　　　　　B. 可靠性　　　　　C. 实用性　　　　　D. 全面性

（**2012 下**）软件测试可由不同机构组织实施，以下说法正确的是（39）。

A. 软件单元测试由承建单位组织，一般由软件开发组实施测试

B. 软件集成测试由业主单位组织，软件开发组和软件测试组联合实施测试

C. 软件确认测试由业主单位组织，软件测试组实施测试

D. 系统测试由监理单位组织，成立联合测试组实施测试

（**2012 下**）在软件配置管理规程中应明确规定（40）。

①各级、各库中所管的软件实体的清单

②保证安全性、可靠性、保密性、正确性、完备性、一致性和可追踪性的具体措施

③入库控制办法和审批手续

④出库条件及其必备手续

⑤变更控制办法和审批手续

A. ③④⑤   B. ①②③④⑤   C. ①②③④   D. ①③④⑤

（2012 下）软件质量的含义应完整包括（42）。

①能满足给定需要的特性全体

②具有所希望的各种属性的组合的程度

③顾客或用户认为能满足其综合期望的程度

④软件的组合特性，它确定软件在使用中满足顾客一切要求的程度

A. ①   B. ①②   C. ①②③   D. ①②③④

（2012 下）（51）的质量从根本上决定着软件项目的适用性，是软件质量形成的关键环节。

A. 开发环境   B. 软件开发设计

C. 软件测试   D. 软件安装测试

16.3 通关测试解析

（2012 上）下列关于软件测试技术的叙述，不正确的是（30）。

A. 用黑盒测试的结论分辨数据库或系统层面的错误

B. 要满足较高的覆盖准则，路径数量有可能非常庞大

C. 搭建测试环境时必须尽可能地与真实运行环境一致

D. 兼容性验证测试和用户环境模拟测试可以不同

- A 错，在黑盒测试中，软件和系统的内部逻辑对测试者是不可见的，软件被当作一个不透明的黑盒子，黑盒测试无法进行错误定位，无法分辨错误具体来自哪个层面。

答案：A

（2012 上）性能测试工具 LoadRunner 用来覆盖性能测试基本流程的三大主要功能模块不包括（31）。

A. Bugzilla   B. Virtual User Generator

C. Controller   D. Analysis

- LoadRunner 是 Mercury 公司（已被 HP 收购）的一款自动负载测试工具，通过以模拟大量用户实施并发负载及实时性能监测的方式来确认和查找问题，可预测系统行为并评估系统性能。
- LoadRunner 有三个核心组件：

（1）Virtual User Generator（虚拟用户生成器），用于捕获最终用户业务流程和创建自动性能测试脚本。

（2）Controller（控制器），用于组织、驱动、管理和监控负载测试。

（3）Analysis（分析器），用于查看、分析和比较性能结果。

- Bugzilla 是 Mozilla 公司的一款开源的免费 Bug 追踪系统（Bug Tracking System），用来帮助用户管理软件开发，建立完善的 Bug 跟踪体系。

答案：A

（**2012 下**）计算机系统由 CPU、存储器、I/O 三部分组成，假设各部分的可靠性分别为 0.95、0.91 和 0.98，则计算机系统的可靠性为（13）。

A. 0.95　　　　　B. 0.91　　　　　C. 0.86　　　　　D. 0.85

- CPU、存储器和 I/O 这三者的关系满足串联系统的定义，当且仅当所有的子系统都有能正常工作时，系统才能正常工作。
- 该计算机系统的可靠性=0.95×0.91×0.98=0.847。

答案：D

（**2012 下**）通常，（34）是在编码阶段进行的测试，它是整个测试工作的基础。

A. 系统测试　　　B. 确认测试　　　C. 集成测试　　　D. 单元测试

- 在编码阶段进行的测试是单元测试。
- 单元测试是整个测试工作的基础。

答案：D

（**2012 下**）不属于黑盒测试方法（35）。

A. 等价类测试　　B. 功能图测试　　C. 边界值测试　　D. 变异测试

- 黑盒测试用例设计方法包括等价类划分法、边界值分析法、错误推测法、因果图法、判定表驱动法、正交试验设计法、功能图法、场景法等。
- 变异测试（也叫变异分析）通过有意识地选择一些变异操作，并将其植入源代码中，以求在细节方面改进程序源代码。这些变异操作或者是模拟典型应用错误（例如，使用错误的操作符或者变量名字），或者是强制产生有效值（例如使得每个表达式都等于 0）。使用变异操作后的程序叫"突变异种"，如果"突变异种"在被测试过程中被察觉出有变异操作，那么就称"该突变异种被杀害了"。
- 变异测试是一种白盒测试方法。

答案：D

（2012 下） 软件配置管理应满足 "（38）"、"可见性" 和 "可控性" 要求。
A．有效性　　　　　B．可靠性　　　　　C．实用性　　　　　D．全面性

- 软件配置管理应满足 "有效性"、"可见性" 和 "可控性" 要求。

答案：A

（2012 下） 软件测试可由不同机构组织实施，以下说法正确的是（39）。
A．软件单元测试由承建单位组织，一般由软件开发组实施测试
B．软件集成测试由业主单位组织，软件开发组和软件测试组联合实施测试
C．软件确认测试由业主单位组织，软件测试组实施测试
D．系统测试由监理单位组织，成立联合测试组实施测试

- 软件测试应由独立于软件设计开发的人员进行，根据软件项目的规模等级和安全性关键等级，软件测试可由不同机构组织实施。
（1）软件单元测试由承建单位自行组织，一般由软件开发组实施测试。
（2）软件集成测试由承建单位自行组织，软件开发组和软件测试组联合实施测试。
（3）软件确认测试由承建单位自行组织，软件测试组实施测试。
（4）系统测试应由业主单位组织，成立联合测试组（一般由专家组、业主单位、软件评测单位、承建单位等联合组成）实施测试。

答案：A

（2012 下） 在软件配置管理规程中应明确规定（40）。
①各级、各库中所管的软件实体的清单
②保证安全性、可靠性、保密性、正确性、完备性、一致性和可追踪性的具体措施
③入库控制办法和审批手续
④出库条件及其必备手续
⑤变更控制办法和审批手续
A．③④⑤　　　　　B．①②③④⑤　　　　　C．①②③④　　　　　D．①③④⑤

- ①②③④⑤都是软件配置管理规程中应明确规定的内容。

答案：B

（2012 下） 软件质量的含义应完整包括（42）。

①能满足给定需要的特性全体

②具有所希望的各种属性的组合的程度

③顾客或用户认为能满足其综合期望的程度

④软件的组合特性，它确定软件在使用中满足顾客一切要求的程度

A．①　　　　　B．①②　　　　C．①②③　　　　D．①②③④

- ④错，"满足顾客一切要求"这种说法显然有误。

答案：C

（**2012 下**）（51）的质量从根本上决定着软件项目的适用性，是软件质量形成的关键环节。

A．开发环境　　　　　　　B．软件开发设计

C．软件测试　　　　　　　D．软件安装测试

- 软件开发设计的质量从根本上决定着软件项目的适用性，是软件质量形成的关键环节。

答案：B

想知道你考试能得多少分么？本书提供了两种估算方法：1. 将每章通关测试得分乘以该章的权重（前言中附有题量统计），累加即可；2. 进行下篇的真题模拟考试。两种方法互为校验，信度极高！

中篇　案例分析（下午考试）全题精解（2005年上半年~2012年下半年）

说明：由于案例考试命题越来越精细化，一道大题的几个小题经常分属于多个不同的知识领域，因此下午考试暂不进行分类编排，但会在本篇末尾对每章题目进行分类统计，以供读者检索。

第17章 2005年上半年考试下午试题解析

（2005 上）试题一（20 分）

集成商 A 经过政府采购招标过程，承接国家机关 B 的信息化工程项目建设任务，合同规定的投资金额为 980 万元，建设周期 2 年。

但在系统试运行阶段，由于《行政许可法》的颁布实施，B 的工作流程发生了变化，需要新增和改造部分功能；B 认为该项目变更部分由 A 继续承担较为合适，决定不再进行招标，并且双方通过协商决定新增投资 100 万元。

【问题 1】（4 分）

对于业主的做法，你认为是否合适？并说明理由。

【问题 2】（4 分）

在此过程中，最重要的监理工作内容是什么？并说明理由。

【问题 3】（7 分）

对于该项目来说，变更的控制流程主要有哪些？

【问题 4】（5 分）

集成商 A 要对新增和改造软件部分功能进行需求调研和分析，从监理的角度来看，集成商 A 在本阶段应产出的主要成果是什么？

（2005 上）试题一答案

【问题 1】（4 分）

（1）业主的做法不合适。

（2）业主应该首先提出变更申请。

（3）经过变更分析，确定变更需要追加的投资。

（4）如果项目追加的投资超过原来总投资的 10%，按照政府采购法规定，应该重新招标。

- 提示：《政府采购法》第四十九条 政府采购合同履行中，采购人需追加与合同标的相同的货物、工程或者服务的，在不改变合同其他条款的前提下，可以与供应商协商签订补充合同，但所有补充合同的采购金额不得超过原合同采购金额的百分之十。

【问题 2】（4 分）

最重要的是：变更控制、进度控制、投资控制与合同管理。

原因：由于新增和改造部分功能，项目发生了变更，因此要进行变更控制；由于变更影响到了投资和项目进度，需要重新评估投资，确定进度计划，因此要进行投资和进度控制；此外，需要对原合同签订补充合同，因此要进行合同管理。

【问题 3】（7 分）

第一步，B 向监理工程师提出变更请求，提交书面的项目变更申请书。

第二步，监理单位首先明确界定项目变更的目标，根据收集的信息判断变更的合理性和必要性，如果合理，进行变更分析。

第三步，进行变更分析时，主要分析项目变化对项目预算、进度、资源配置的影响和冲击。

第四步，三方进行协商讨论，根据变更分析结果，确定最优变更方案。

第五步，下达变更通知书，并把变更实施方案告知有关部门和实施人员，为变更实施做好准备。

第六步，监控变更的实施。

第七步，进行变更效果评估。

- 提示：这道题其实就是复述一下《信息系统监理师教程》166 页的变更控制流程图。

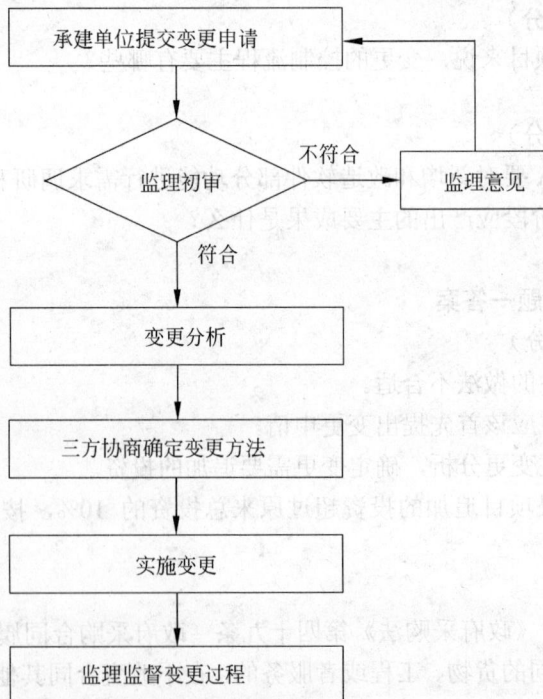

【问题 4】（5 分）

（1）项目开发计划。

（2）软件需求说明书。

（3）软件质量保证计划。

（4）软件配置管理计划。

（5）软件（初步）确认测试计划。

（6）用户使用说明书初稿。

• 提示：参见《信息系统监理师教程》552 页。

（2005 上）试题二（15 分）

某政府机关的电子政务一期工程包括网络平台建设和应用系统开发，通过公开招标，确定工程的总承建单位是公司 A。A 公司自行决定，将其中的一部分核心软件开发工作分包给其下属公司 B，而公司 B 又将部分软件开发工作分包给了公司 C。

【问题 1】（4 分）

假如你是此项目的监理工程师，请陈述承建单位 A 的做法是否正确？并且说明原因。

【问题 2】（6 分）

简要描述该项目验收工作的步骤。

【问题 3】（5 分）

承建单位提出对网络系统和应用软件系统验收时，需要提交哪些必要文档？（考生回答时只需列出一种系统所需提交的文档即可）

（2005 上）试题二答案

【问题 1】（4 分）

不正确。

通过招投标方式签订合同的项目，承建单位可按照合同约定或者经建设单位同意，将中标项目的部分非主体、非关键性工作分包给他人完成，本项目的承建单位未经建设单位同意就将部分工作分包他人，并且分包出去的工作是关键性开发工作，这两种做法都是错误的。

分承建单位应当具备相应的资格条件，并不得再次分包。

【问题 2】（6 分）

（1）提出验收申请；

（2）制定验收计划；

（3）成立验收委员会；

（4）进行验收测试和配置审计；

（5）进行验收评审；

（6）形成验收报告；

（7）移交产品。

（正确回答出其中 6 条即可得满分）

- 提示：参见《信息系统监理师教程》590 页。

【问题 3】（5 分）

软件开发过程中产生的文档如下：

（1）可行性研究报告；

（2）项目开发计划；

（3）软件需求说明书；

（4）数据要求说明书；

（5）概要设计说明书；

（6）详细设计说明书；

（7）数据库设计说明书；

（8）用户手册；

（9）操作手册；

（10）模块开发卷宗；

（11）测试计划；

（12）测试分析报告；

（13）开发进度月报；

（14）项目开发总结报告。

（正确回答出其中 10 条即可得满分）

- 提示：参见《信息系统监理师教程》458 页。

网络系统验收需提交的文档是：

（1）系统设计说明书；

（2）系统功能说明书；

（3）系统结构图；

（4）工程详细实施方案；

（5）工程开工报告；

（6）工程实施报告；

（7）工程质量测试报告；

（8）工程检查报告；

（9）测试报告；

（10）材料清单；

（11）工程实施质量与安全检查记录；

（12）工程竣工图纸；

（13）操作使用说明书；

（14）售后服务保证文件；

（15）培训文档。

（正确回答出其中 10 条即可得满分）

- 提示：参见《信息系统监理师教程》410~411 页。

（2005 上）试题三（20 分）

信息网络系统是信息系统重要的组成部分，对信息网络系统的监理工程实施是信息网络工程建设重要的组成部分。

【问题 1】（5 分）

信息网络系统的现场实施通常分哪几个步骤进行？

【问题 2】（5 分）

请简述网络设备采购到货环节监理的流程？

【问题 3】（5 分）

请列出 2 种信息网络系统常用的监理方法，并对列出的监理方法给出简要说明。

【问题 4】（5 分）

在信息网络系统完工时，应由建设单位、承建单位和监理单位三方共同确定验收方案。验收方案确认的重点工作之一就是确认工程验收的基本条件是否满足要求，这时监理单位的主要工作是什么？

（2005 上）试题三答案

【问题 1】（5 分）

（1）网络设备的到货验收；

（2）全部网络设备加电测试；

（3）模拟建网调试及连通性网络测试；

（4）网络系统和主要设备参数的详细设置；

（5）实际网络安装调试；

（6）全网络系统测试。

（正确回答其中 5 条或者 5 条以上得满分）

- 提示：参见《信息系统监理师教程》322 页。

【问题 2】（5 分）

（1）承建商提前三天通知业主和监理方设备到达时间和地点，并提交交货清单。

（2）监理方协助业主做好设备到货验收准备。

（3）监理方协助业主进行设备验收，并做好记录，包括对规格、数量、质量进行核实，以及检查合格证、出厂证、供应商保证书及规定需要的各种证明文件是否齐全，在必要时利用测试工具进行评估和测试，评估上述设备能否满足信息网络建设的需求。

（4）发现短缺或破损，要求设备提供商补发或免费更换。

（5）提交设备到货验收监理报告。

- 提示：参见《信息系统监理师教程》388 页。

【问题 3】（5 分）

（1）评估，评估是指依据信息系统工程项目的总体需求和网络设备的指标，判断网络设备是否能够满足信息系统工程的建设需求。由于通常情况下，网络设备提供商提供技术指标比较准确，可信度较高，因此评估方法主要适用于网络设备的选型和采购。

（2）网络仿真，使用网络仿真的方法，可以对网络设计方案进行必要的评估，验证承建方的网路设计方案是否能够满足建设方的需要。

（3）现场旁站，即在网络施工的过程中，采用旁站的方式进行监理，主要的目的在于保证项目实施过程中的工程标准的符合性，尽可能保证施工过程符合国家或国际相关标准。现场旁站比较适合于网络综合布线的质量控制。

（4）抽查测试，即对于某些网络的连通性和通信质量进行一定比率的抽查测试，抽查测试比较适合于综合布线，结合现场旁站的手段，根据手持式网络测试仪抽测的结果，能够分析网络综合布线的效果，可以有效保证网络综合布线的质量。

（5）网络性能测试，主要是通过必要的网络测试工具，对网络的性能进行测试。

- 提示：参见《信息系统监理师教程》325 页。

【问题 4】（5 分）

(1) 是否符合工程设计和合同约定的各项内容；

(2) 技术立档和工程实施管理资料是否完备；

(3) 工程涉及的主要设备、材料的进场和检验报告是否完备；

(4) 各单项工程的设计、实施、工程监理等单位分别签署的质量合格文件是否完备；

(5) 承建单位的售后服务和培训计划是否完备。

- 提示：参见《信息系统监理师教程》408 页。

（2005 上）试题四（20 分）

某政府部门 A 定制开发的业务信息化系统通过多年的使用，运行稳定，但是，由于业务的扩展，系统已经满足不了业务的需要，A 在征集了各业务处室的改进建议之后，决定借鉴原系统的成功经验，重新开发一套新的业务信息化系统。

【问题 1】（5 分）

承建单位决定采用增量模型加瀑布模型的开发模式，作为监理工程师，你认为承建单位的选择是否合适？并给出理由。

【问题 2】（6 分）

列出影响项目进度的因素并加以简要说明。

【问题 3】（4 分）

某一子系统大约需要 50 000 行码，如果开发小组写完了 25 000 行代码，能不能认为他们的工作已经完成了大约一半？并说明原因。

【问题 4】（5 分）

请简述软件测试的目的。

（2005 上）试题四答案

【问题 1】（5 分）

合适。

虽然 A 当前正在使用的业务信息化系统为新系统提供了原型基础，但是由于业务发生了较大的变化，承建单位不能很快明确所有的业务需求；因此，承建单位应尽可能及早明确已知的业务需求，完成相应的需求分析，并按瀑布模型的方法进行第一次开发工作，保证基本需求的最快实现。

随后，通过实验或者试运行找出系统中的欠缺和不足之处，明确那些未知的软件需求，再迭代进行增加部分的需求分析和开发。

【问题 2】（6 分）

（1）工程质量的影响，质量指标的不明确、不切实际的质量目标、质量不合格，都将对工程进度产生大的影响。

（2）设计变更的影响，设计的变更通常会引发质量、投资的变化，加大工程建设的难度，因而影响进度计划。

（3）资源投入的影响，人力、部件和设备不能按时、按质、按量供应。

（4）资金的影响，如果建设单位不能及时给足预付款，或是由于拖欠阶段性工程款，都会影响承建单位资金的周转，进而殃及进度。

（5）相关单位的影响，项目建设单位、设计、实施单位、设备供应单位、资金供应单位、监理单位、监督管理信息系统工程建设的政府部门等等都可能对项目的进度带来直接或间接的影响。

（6）可见的或不可见的各种风险因素的影响，风险因素包括政治上的、经济上的、技术上的变化等等。监理单位要加强风险管理，对发生的风险事件给予恰当处理，有控制风险、减少风险损失及其对进度产生影响的措施。

（7）承建单位管理水平的影响，承建单位的施工方案不恰当、计划不周详、管理不完善、解决问题不及时等，都会影响工程项目的施工进度。

- 提示：参见《信息系统监理师教程》100～101 页。

【问题 3】（4 分）

不能认为完成了一半的工作量：
（1）对整个软件的代码行的估计可能不准确；
（2）已写完的代码可能相对容易；
（3）如果代码没有通过测试，就不能算完成。

【问题 4】（5 分）

（1）通过测试，发现软件错误；
（2）验证软件是否满足软件需求规格说明和软件设计所规定的功能、性能及其软件质量特性的要求；
（3）为软件质量的评价提供依据。

- 提示：参见《信息系统监理师教程》446 页。

第18章　2005年下半年考试下午试题解析

（2005 下）试题一（20 分）

某县电子政务信息系统工程，总投资额度约 500 万元，主要包括网络平台建设和业务办公应用系统开发，监理公司承担了全过程监理任务。建设单位自行决定采用邀请招标方式选择承建单位，但是监理单位指出采取邀请招标的方式不妥当，应当采取公开招标方式。最终建设单位接受监理的意见进行公开招标。在招标文件中要求省外的投标人需具备计算机信息系统集成一级资质、省内投标人具备计算机信息系统集成二级资质，招标文件于 9 月 15 日发出，并规定 9 月 28 日为投标截止时间。A、B、C、D、E、F 等多家公司参加投标。但本次招标由于招标人原因导致招标失败。建设单位重新招标后确定 A 公司中标，于 10 月 30 日向 A 公司发出中标通知书，并在中标通知书发出后第 40 天，与 A 公司签订了项目建设合同。

合同生效后，A 公司自行决定，将其中一部分核心软件开发工作分包给 B 公司并签订了价值 100 万元的分包合同。监理发现问题后，会同建设单位要求 A 公司立即终止分包行为并处以 2 万元罚款。A 公司表示接受惩罚并宣布与 B 公司签订的分包合同无效。

在随后的应用系统建设过程中，监理工程师发现 A 公司提交的需求规格说明书质量较差，要求 A 公司进行整改。但是 A 公司解释说，由于建设合同没有规定应用软件系统开发应遵循的质量标准方面的条款，建设单位也没有相关的质量准则，因此 A 公司以自己公司相关的质量标准为依据进行需求调研、分析和编写需求规格说明书，是符合 A 公司质量标准的，从而拒绝进行修改。在这种情况下，监理单位建议 A 公司与建设单位就此问题签订补充协议或遵循相关的国家标准（GB/T8567—88、GB/T9385—88 等）遭到 A 公司的拒绝。

【问题 1】（5 分）

指出该工程招标过程中的不妥之处，为什么？

【问题 2】（4 分）

监理单位认为建设单位采取邀请招标的方式不妥当的依据是什么？

【问题 3】（5 分）

监理会同建设单位对 A 公司进行经济惩罚额度是否合适？请阐明理由。A 公司宣布与 B 公司签订的分包合同无效的法律依据是什么？

【问题 4】（6 分）

A 公司的做法是否正确？监理的建议是否妥当，请阐明理由。

（2005 下）试题一答案

【问题 1】（5 分）

不妥之处：对省内与省外投标人提出了不同的资质要求；公开招标应平等地对待所有的投标人。

不妥之处：招标文件发出至提交投标文件截止的时间间隔为 14 天，少于 20 天。根据《招标法》的规定：依法必须进行招标的项目，自招标文件开始发出之日起至投标人提交投标文件截止日止，最短不得少于 20 日。

不妥之处：建设单位与承建单位签订合同的日期已超过法定期限；《招标投标法》规定：招标人和中标人应当自中标通知书发出之日起 30 日内，按照招标文件和中标人的投标文件订立书面合同。

- 提示：《招标投标法》的原文如下
  - 第六条　依法必须进行招标的项目，其招标投标活动不受地区或者部门的限制。任何单位和个人不得违法限制或者排斥本地区、本系统以外的法人或者其他组织参加投标，不得以任何方式非法干涉招标投标活动。
  - 第十八条　招标人不得以不合理的条件限制或者排斥潜在投标人，不得对潜在投标人实行歧视待遇。
  - 第二十四条　招标人应当确定投标人编制投标文件所需要的合理时间；但是，依法必须进行招标的项目，自招标文件开始发出之日起至投标人提交投标文件截止之日止，最短不得少于二十日。
  - 第四十六条　招标人和中标人应当自中标通知书发出之日起三十日内，按照招标文件和中标人的投标文件订立书面合同。

【问题 2】（4 分）

《招标投标法》规定适用邀请招标的项目包括："国务院发展计划部门确定的国家重点项目和省、自治区、直辖市人民政府确定的地方重点项目不适宜公开招标的"，经国务院发展计划部门或者省、自治区、直辖市人民政府批准，可以进行邀请招标。

- 提示：《招标投标法》第十一条　国务院发展计划部门确定的国家重点项目和省、自治区、直辖市人民政府确定的地方重点项目不适宜公开招标的，经国务院发展计划部门或者省、自治区、直辖市人民政府批准，可以进行邀请招标。

【问题 3】（5 分）

　　罚款 2 万元不合适。理由是：根据《招标投标法》的有关规定，对 A 公司的上述违规行为处罚的额度应该在"分包项目金额千分之五以上千分之十以下"。本项目中，分包项目金额是 100 万元，因此最多的罚款金额不能超过 100 万×0.1=1 万元。

　　根据《招标投标法》的有关规定：违反招标投标法规定将中标项目的部分主体、关键性工作分包给他人的，或者分包人再次分包的，转让、分包无效。

- 提示：《招标投标法》第五十八条　中标人将中标项目转让给他人的，将中标项目肢解后分别转让给他人的，违反本法规定将中标项目的部分主体、关键性工作分包给他人的，或者分包人再次分包的，转让、分包无效，处转让、分包项目金额千分之五以上千分之十以下的罚款；有违法所得的，并处没收违法所得；可以责令停业整顿；情节严重的，由工商行政管理机关吊销营业执照。

【问题 4】（6 分）

　　A 公司的做法不正确，监理公司的建议是妥当的。

　　这个问题涉及到合同条款空缺的解决。根据合同法的有关规定：合同生效后，当事人就质量、价款、履行地点等内容没有约定或者约定不明确的，可以协议补充。因此监理要求 A 公司与建设单位就此问题签订补充协议是正确的做法。

　　合同法还规定，如果合同内容不明确，又不能达成补充协议时可以适用的相关条款是：质量要求不明确的，按照国家标准、行业标准履行。因此监理的建议是合理的。

- 提示：《合同法》的原文如下。
  - 第六十一条　合同生效后，当事人就质量、价款或者报酬、履行地点等内容没有约定或者约定不明确的，可以协议补充；不能达成补充协议的，按照合同有关条款或者交易习惯确定。
  - 第六十二条　当事人就有关合同内容约定不明确，依照本法第六十一条的规定仍不能确定的，适用下列规定：

　　（一）质量要求不明确的，按照国家标准、行业标准履行；没有国家标准、行业标准的，按照通常标准或者符合合同目的的特定标准履行。

（2005 下）试题二（20 分）

　　某地区政府部门建设一个面向公众服务的综合性网络应用系统，对现有的零散管理系统和服务平台进行重组和整合，整个项目有政府的信息中心负责统一规划分期建设，由各共建单位的主要领导组成了领导小组，招标选择了监理公司全程监理建设过程。一期重点建设了社保、民政和交换中心三个应用系统。

建设过程中由于机构改革、职能需要重新定位等原因，《需求规格说明书》始终找不到最终用户签字，在监理方和承建单位的一再努力下，只有一个共建单位的主管领导在该子系统的需求分析上签字确认，为了赶进度承建单位决定先行设计和实施，监理方认为可以理解且就目前的实际情况而言，也只好默许。

在实施中，承建单位制定了如下图所示的单元测试进度计划，图中已标出每个节点的最早开始时间和最迟开始时间。监理工程师在第 5 天进行检查时，发现工作 A 已经完成，工作 B 已经实施 3 天，工作 C 已经实施 1 天，工作 D 已经实施 1 天。

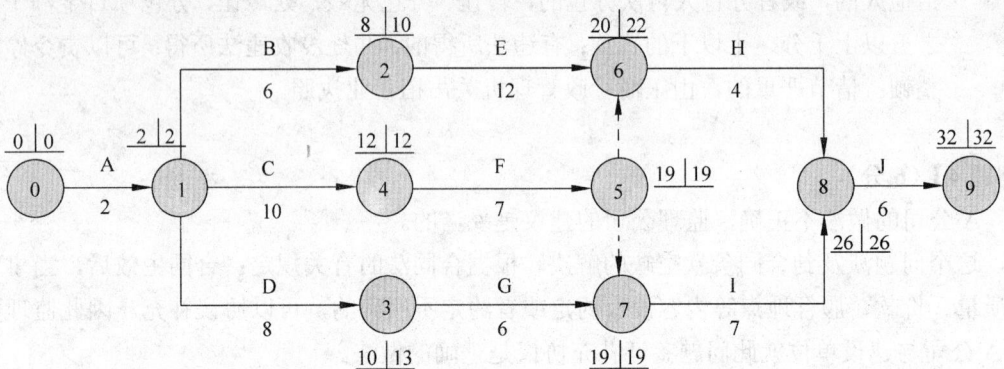

工程竣工验收时，承建单位向监理单位提交了验收申请并将竣工验收所需要的全部资料报送项目监理单位，申请竣工验收。总监理工程师认为系统已经过初验和 3 个月的试运行，并且运行情况良好，随即对验收申请予以签认，并协助建设单位进行后续的验收工作。

【问题 1】（6 分）

在本项目的需求分析阶段的监理中，监理方有没有不妥当的地方，监理应该怎样做？阐述软件需求分析监理的主要任务。

【问题 2】（6 分）

根据对单元测试进度检查的结果，请确定：①工作 B、C、D 的进度是正常还是延误（给出延误的天数）；是否影响工期并说明为什么。②在项目总工期允许拖延的情况下，请重新计算网络时间参数并填入下图的空（1）~（30）中。总工期是正常还是延误？若延误，请给出延误天数。

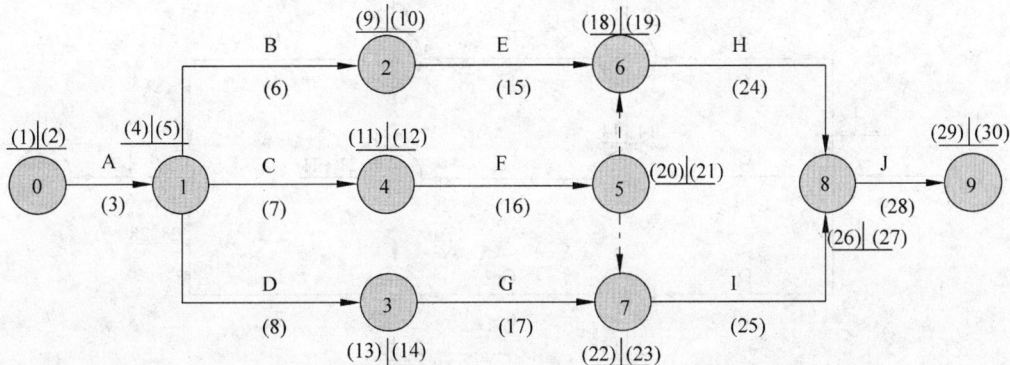

【问题 3】（4 分）

阐述承建单位应该产生的单元测试工作成果。

【问题 4】（4 分）

竣工验收时，总监理工程师在执行验收程序方面的做法正确吗？如果正确，请说明理由；如果不正确，请说明正确的做法。

（2005 下）试题二答案

【问题 1】（6 分）

监理默认承建单位进入下一阶段的工作是不妥当的。《需求规格说明书》没有最终用户签字，承建单位擅自决定进入下一阶段，监理应该阻止。

软件需求分析阶段监理的主要任务是对软件需求分析的相关内容（重点是：工程需求、功能需求、性能需求、设计约束等）、需求分析过程、需求分析活动、文档格式进行审查，确认是否满足要求；给出是否符合要求的结论；确定其可否作为软件开发的前提和依据。

- 提示：参见《信息系统监理师教程》555 页。

【问题 2】（6 分）

（1）工作 B 进度正常；

工作 C 延误 2 天，因其为关键工作，故影响项目总工期 2 天；

工作 D 延误 2 天，但其有 3 天的总时差，故不会影响项目总工期，但影响其紧后工作 G 的最早开始时间。

（2）项目总工期延误 2 天。重新计算后的网络时间参数如下图所示：

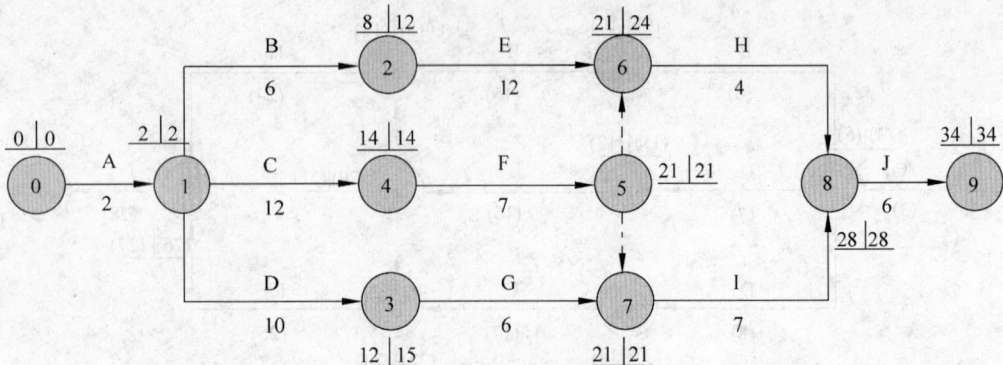

- 提示：双代号网络图的活动在箭线上，节点耗时为 0，即节点的最早开始时间等于最早完成时间，从而合成为一个最早时间（标注于节点左上方）；节点的最迟开始时间等于最迟完成时间，从而合成为一个最迟时间（标注于节点右上方）。
- 提示：节点 5 到节点 6、节点 7 的虚线为虚活动（Dummy Activity）。

【问题3】（4分）

（1）单元测试报告，包括测试记录、测试结果分析；

（2）软件问题报告单和软件修改报告单；

（3）与软件修改报告单一致的，经过修改的全部源程序代码；

（4）回归测试的测试记录和测试结果。

- 提示：参见《信息系统监理师教程》578 页。

【问题4】（4分）

不正确。

正确的做法是：承建单位提出验收申请后，监理单位（或总监理工程师）应该首先对其验收计划和验收方案进行审查。主要审查内容包括：

（1）验收目标；

（2）各方责任；

（3）验收内容；

（4）验收标准；

（5）验收方式。

- 提示：参见《信息系统监理师教程》87 页。

（2005 下）试题三（20分）

某监理单位承担了某政府机关的网络平台和机房建设工程的监理工作。通过公开招标，确定工程的承建单位是 Simple 公司，按照《合同法》的要求与 Simple 公司签订了工程建设合同并在合同中规定，Simple 公司可以将机房工程这样的非主体、非关键性子工程分包给具备相关资质的专业公司。在工程项目的实施过程中，发生了如下事件：

事件 1：Simple 公司在征得建设单位同意后，将其中的机房工程建设工作分包给具有相应资质的 Perfect 公司，并将分包结果以书面形式通知了监理单位。

事件 2：在机房的工程实施中，总监理工程师在巡视中发现施工人员为了赶工期，把信号线和电源线放在了同一条槽中，违反了有关规范中信号线防干扰的规定。总监理工程师随即要求 Perfect 公司保护好施工现场并于 2 小时内将发生质量事故的情况以书面形式上报建设单位和监理单位以便共同确认处理意见。

事件 3：签订合同后，Simple 公司向监理提交了《网络工程建设进度计划》，监理审核后认为该计划符合要求并予以签认。

事件 4：工程验收是信息网络系统建设的收尾工作，Simple 公司按《网络工程建设进度计划》规定的时间于 9 月 10 日完工，并于 9 月 15 日提出验收申请。在确认工程项目已经达到验收的条件的情况下，三方决定对项目实施验收，成立的工程验收小组由 5 人组成，其中建设单位项目负责人 1 人、监理单位人员 1 人、外聘专家 3 人。

【问题 1】（3 分）

在事件 1 中，Simple 公司的分包过程是否妥当？为什么？

【问题 2】（5 分）

在事件 2 中，总监理工程师的做法是否妥当？为什么？

【问题 3】（5 分）

在事件 3 中，监理单位的做法妥当吗？阐述监理在实施进度控制时，可以采用的基本措施是什么？

【问题 4】（7 分）

在事件 4 中，验收小组组成妥当吗？为什么？正式验收的一般程序包括 8 个步骤，请列出。

（2005 下）试题三答案

【问题 1】（3 分）

不妥当。

分包前，应由监理单位组织审核分包单位的资质是否符合项目要求。要事先通过监理的审核，而不是事后通知。

【问题 2】（5 分）

不妥当。

《工程暂停令》应签发给 Simple 公司项目组，因 Perfect 公司项目组和建设单位没有合同关系（或 Perfect 公司只是 Simple 公司的分包单位）。

显然总监理工程师知道违规操作已经造成了质量隐患，而工程质量事故发生后，总监理工程师首先要做的是事情是签发《工程暂停令》。

【问题 3】（5 分）

监理单位的做法妥当。

（1）组织措施：落实监理单位进度控制的人员组成，具体控制任务和管理职责分工。

（2）技术措施：确实合理定额，进行进度预测分析和进度统计。

（3）合同措施：合同期与进度协调。

（4）信息管理措施：实行计算机进度动态比较，提供比较报告。

- 提示：参见《信息系统监理师教程》106 页。

【问题 4】（7 分）

不妥当。监理方人员原则上不进入工程验收组，避免出现"谁监理谁验收"的状况。

正式验收的一般程序包括以下 8 个步骤：

（1）承建方作关于项目建设情况、自检情况及竣工情况的报告；

（2）监理方作关于工程监理内容、监理请客以及工程竣工意见的报告；

（3）验收小组全体人员进行现场检查；

（4）验收小组对关键问题进行抽样复核（如测试报告）和资料评审；

（5）验收小组对工程进行全面评价并给出鉴定结果；

（6）进行工程质量等级评定；

（7）办理验收资料的移交手续；

（8）办理工程移交手续。

- 提示：关于验收的组织，信息网络系统与信息应用系统并不相同，考生需细心揣摩，详见《信息系统监理师教程》409~410 页、591 页。

（2005 下）试题四（15 分）

Simple 公司拟建设面向内部管理的 ERP 系统和面向外部客户的网络营销系统，并选择了某监理单位承担该项目的全程监理工作。监理单位介入项目后，发生了如下事件：

事件 1：建设单位根据外聘专家组的意见，从众多的 ERP 厂商提供的解决方案中选择了两个方案备选。预计现金流量（NCF）（单位：千元）以及现值系数如下表所示（贴现率为 10%）。建设单位要求监理对方案的选择提出监理意见。

t	0	1	2	3	4	5
A 方案现金净流量	−20 000	8000	7000	6000	5000	4000
B 方案现金净流量	−10 000	−10 000	6800	6800	6800	6800
复利现值系数	1.00	0.909	0.826	0.751	0.683	0.621
年金现值系数	1.00	0.909	1.736	2.487	3.170	3.791

事件 2：网络营销系统的建设有两个方案备选，计算出的各项指标如下表所示。建设单位要求监理对方案的选择提出监理意见。

	A 项目	B 项目
投资额	2000	9000
净现值	1669	1557
内部报酬率	16.04%	17.88%

事件 3：在项目建设过程中，监理发现承建单位的需求调研和分析工作不到位，存在着重大的质量隐患，于是签发监理通知单报承建单位，责令承建单位整改。

【问题 1】（4 分）

根据事件 1 提供的预计现金流量分别计算 A、B 两方案的净现值，并据以比较选其一。

【问题 2】（4 分）

在事件 2 中，如果这两个方案是互斥的（即同时只能选择一个方案）且无资金限量，你应该如何决策？为什么？

【问题 3】（7 分）

监理的做法正确吗？为什么？阐述需求分析的目标和需求分析阶段研究的对象。

（2005 下）试题四答案

【问题 1】（4 分）

$NPV_A = 8000 \times PVIF_{10\%,\ 1} + 7000 \times PVIF_{10\%,\ 2} + 6000 \times PVIF_{10\%,\ 3} + 5000 \times PVIF_{10\%,\ 4} + 4000 \times PVIF_{10\%,\ 5} - 20\ 000 \times 1$

$= 8000 \times 0.909 + 7000 \times 0.826 + 6000 \times 0.751 + 5000 \times 0.683 + 4000 \times 0.621 - 20\ 000 \times 1$

$= 7272 + 5782 + 450\ 6 + 3415 + 2484 - 20\ 000 = 23\ 459 - 20\ 000 = 3459$（千元）

$NPV_B = 6800 \times PVIF_{10\%,\ 2} + 6800 \times PVIF_{10\%,\ 3} + 6800 \times PVIF_{10\%,\ 4} + 6800 \times PVIF_{10\%,\ 5} - (10\ 000 \times 1 + 10\ 000 \times PVIF_{10\%,\ 1})$

$$= 6800×0.826+6800×0.751+6800×0.683+6800×0.621-（10\,000×1+10\,000×0.909）$$

$$= 19\,590.8-19\,090 = 500.8（千元）$$

或 $NPV_B= 6800×PVIFA_{10\%,\,4} × PVIF_{10\%,\,1}-（10\,000×1+10\,000×PVIF_{10\%,\,1}）$

$$= 6800×3.17×0.909-（10000×1+10\,000×0.909）$$

$$= 19\,594.4-19\,090 = 504.4（千元）$$

两个方案的 NPV 都大于 0，财务上都是可行的，但 $NPV_A > NPV_B$，所以选择 A 方案。

- 提示：PVIF（Present Value Interest Factor），即复利现值系数，常记作 $PVIF_{i,\,n}$

$$PVIF_{i,\,n} = \frac{1}{\left(1 + i\right)^{n}}$$

其中，i 是利率（折现率），n 是期数。例如，$PVIF_{10\%,\,5}$ 表示利率为 10%时 5 期的复利现值系数。

- 提示：PVIFA（Present Value Interest Factor of an Annuity），即年金现值系数，常记作 $PVIFA_{i,\,n}$

$$PVIFA_{i,\,n} = \sum_{j=1}^{n} PVIF_{i,\,j} = \sum_{j=1}^{n} \frac{1}{\left(1 + i\right)^{j}} = \frac{\left(1 + i\right)^{n} - 1}{i × \left(1 + i\right)^{n}}$$

- Annuity 就是固定的年金，每年或者每期支付或收入的相等金额的资金。
- 提示：年金系数只适合每年收益相同的情况下，可简化计算，但有一定的误差。

【问题 2】（4 分）

选择项目 A。

因为在无资金限量的情况下，利用净现值法在所有的投资评价中都能做出正确的决策。而利用内部报酬率在互斥选择决策中有时会做出错误的决定。

【问题 3】（7 分）

监理的做法不正确，签发的监理通知单也应该报建设单位（业主单位）。

需求分析的目标是深入描述软件的功能和性能，确定软件设计的约束个性软件同其他系统的接口细节，定义软件的其他有效性需求。

需求分析阶段研究的对象是软件项目的用户要求。包括：必须全面理解用户的各项要求，但又不能全盘接受所有的要求；要准确地表达被接受的用户要求，只有经过确切描述的软件需求才能成为软件设计的基础。

- 提示：参见《信息系统监理师教程》551 页。

第19章　2006年上半年考试下午试题解析

（2006上）试题一（9分）

同任何事物一样，软件也有一个孕育、诞生、成长、成熟、衰亡的过程，这就是软件的生存周期，在软件生存周期内对所产生的各种文档、程序和数据进行管理和变更控制的最重要的手段就是进行软件配置管理。

【问题1】（6分）

简要说明软件生存周期分哪六个阶段。

【问题2】（3分）

对于一般的软件过程来说，应该建立哪三种配置管理库？

（2006上）试题一答案

【问题1】（6分）

软件生存周期大致分为软件项目计划、软件需求分析（和定义）、软件设计、程序编码、软件测试以及运行维护6个阶段。

- 提示：参见《信息系统监理师教程》440页。

【问题2】（3分）

开发库、受控库、产品库。

- 提示：参见《信息系统监理师教程》445页。

（2006上）试题二（7分）

在机房和综合布线工程实施过程中，对隐蔽工程的监理非常重要，因为隐蔽工程一旦实施完成隐蔽后，再出现问题会耗费很大的工作量，同时会对已经完成的工程造成不良的影响。承建单位 Simple 公司在进行管内穿线作业时，制订了如下的操作规程：

（1）穿在管内绝缘导线的额定电压不应高于380V；

（2）管内穿线应该在建筑物的抹灰、装修以及地面工程结束前进行，在穿入导线前，应该将管子中的积水以及杂物清理干净；

（3）不同系统：不同电压、不同电流类别的线路不能穿进同一根管内，但是可以穿在线槽的同一个孔槽内；

（4）管内导线的总截面积（不包括外层）不应该超过管子截面的 40%；

（5）线管进入箱体，宜采用上进线或者设置防水弯以防箱体进水；

（6）使用的传输线路宜选择不同颜色的绝缘导线，以区分功能及正负极；

（7）导线穿入钢管前，在导线的出入口处装护线套保护导线。

【问题 1】（3 分）

综合布线工程包括哪三个主要环节？

【问题 2】（4 分）

指出该承建单位制订的操作规程中的不正确之处。

（2006 上）试题二答案

【问题 1】（3 分）

包括设备安装、布放线缆和缆线端接三个环节

- 提示：参见《信息系统监理师教程》393 页。

【问题 2】（4 分）

规程 1，额定电压不应该高于 500V。

规程 2，管内穿线应该在建筑的抹灰、装修以及地面工程结束后进行。

规程 3，不同系统、不同电压、不同电流类别的线路不可以穿在线槽的同一个孔槽内。

规程 4，管内导线的总截面积（包括外护层）不应该超过管子截面的 40%。

规程 5，线管进入箱体，宜采用下进线或者设置防水弯以防箱体进水。

（共 5 处不正确之处，答对 1 处 1 分，答对任意 4 项即可得 4 分）

- 提示：参见《信息系统监理师教程》397 页。

（2006 上）试题三（18 分）

某省大型电子政务信息系统工程建设，总投资额度约 8000 万元，主要包括工程实施标准体系建设、网络平台建设和多个业务部门应用系统开发。建设单位将全过程监理任务委托给某信息系统工程监理公司，并签订了工程建设委托监理合同。

该监理单位建议建设单位采取公开招标方式选取承建单位，由于项目建设的涉及面广、技术难度高，因此在招标公告中要求投标者应具有系统集成一级资质，并规定允许多个独立法人组成联合体进行投标。共有 A、B、C、D、E、F、G、H 共 8 家承建单位和承建单位联合体参加投标。

事件 1：在委托工程建设监理合同中，对建设单位和监理单位的权利、义务和违约责

任所做的某些规定如下:

(1) 在实施期间,任何工程变更只要由监理方审核、认可,并发布变更指令方即为有效。

(2) 监理方应在建设单位的授权范围内对委托的工程建设项目实施监理。

(3) 对承建单位工程设计中的错误或不符合信息工程建设相关规定的之处,监理方有权要求承建单位改正。

(4) 监理方仅对本工程的质量实施监督控制,建设单位则实施进度控制和投资控制任务。

(5) 在任何情况下,监理方在监理工作中都应维护建设单位的利益。

(6) 当事人一方要求变更或解除合同时,应当提前通知对方,因解除合同使一方遭受损失的,除依法免除责任的外,应由责任方负责赔偿。

事件 2: 在开标中,D 承建单位联合体是由三家单位联合组成的联合体,其中甲公司是一级集成公司,乙是国家级的标准化研究院,丙是二级系统集成公司。该联合体被认定为不符合投标资格要求,撤销了投标书。

事件 3: 按照招标文件中确定的综合评价标准,6 家投标人(除去两个被取消的投标人后)综合得分从高到低依次顺序为 B、H、A、C、G、F,故评标委员会确定投标人 B 为中标人。由于从报价情况来看,6 个投标人的报价从低到高的依次顺序为 H、C、B、F、G、A,因此,作为招标人的建设单位又与中标人 B 就合同价格进行了多次谈判,结果中标人 B 将价格降到略低于投标人 C 的报价水平,最终双方在规定要求的期限内签订了书面合同。

【问题 1】(6 分)

请指出事件 1 中的哪几项条款存在不妥之处,为什么?

【问题 2】(6 分)

在事件 2 中,为什么 D 承建单位联合体被认定不符合投标资格?

【问题 3】(6 分)

在事件 3 中,招标人和中标人的做法是否符合《招标投标法》的有关规定,为什么?

(2006 上)试题三答案

【问题 1】(6 分)

(1) 第(1)条不妥。任何工程变更要得到三方的认可,仅有监理单位的审核、认可即为有效是不对的。

　　（2）第（4）条不妥。监理的质量、进度、投资、变更四大控制目标是相互联系的，让监理单位只控制一个目标是不切实际的。

　　（3）第（5）条不妥。监理单位作为公正的第三方，以批准的建设文件，有关的法律法规以及监理合同和工程建设合同为依据进行监理。因此，监理单位应站在公正立场上行使自己的监理权，既要维护建设单位的合法权益，也要维护被监理单位的合法权益。

【问题 2】（6 分）

　　《招标投标法》规定：由同一专业的单位组成的联合体，按照资质等级较低的单位确定资质等级，根据这个规定，由 D 承建单位组成的联合体的资质应该按照丙公司的资质认定，故投标无效，应当取消 D 承建单位组成的联合体的投标资格。

- 提示：《招标投标法》第三十一条　两个以上法人或者其他组织可以组成一个联合体，以一个投标人的身份共同投标。联合体各方均应当具备承担招标项目的相应能力；国家有关规定或者招标文件对投标人资格条件有规定的，联合体各方均应当具备规定的相应资格条件。由同一专业的单位组成的联合体，按照资质等级较低的单位确定资质等级。

【问题 3】（6 分）

　　在确定中标人之前和中标通知书发出后，招标人不应与中标人就价格进行谈判。按规定，招标人和中标人应按照招标文件和投标文件订立书面合同，不得再行订立背离合同实质性内容的其他协议。

- 提示：《招标投标法》的原文：
  - 第四十三条　在确定中标人前，招标人不得与投标人就投标价格、投标方案等实质性内容进行谈判。
  - 第四十六条　招标人和中标人应当自中标通知书发出之日起三十日内，按照招标文件和中标人的投标文件订立书面合同。招标人和中标人不得再行订立背离合同实质性内容的其他协议。

（2006 上）试题四（16 分）

　　某地区政府部门建设一个面向公众服务的综合性网络应用系统，主要包括机房建设、网络和主机平台建设以及业务应用系统开发，Simple 监理公司承担了该项目的全过程监理任务。在工程项目的实施过程中，发生了如下事件：

　　事件 1：在监理合同签订后，由于工期紧张，建设单位要求承建单位提前进行应用系统需求调研与分析，同时向监理单位提出对需求调研与分析过程进行质量把关的要求，在此情况下监理单位为满足建设单位要求，决定由参加本项目的现场实施工作的监理工程师编写监理规划并直接报送建设单位，监理规划的部分内容提纲如下：

（1）工程概况；

（2）监理的范围、内容与目标；

（3）工程专业的特点；

（4）监理依据、程序、措施及制度；

（5）监理控制的要点目标；

（6）监理工具和设施。

事件 2：机房建设子项工程的承建单位按照要求，将其根据下表给定的逻辑关系绘制的双代号网络计划（如下图所示）提交给监理审核。

工作名称	A	B	C	D	E	G	H	I
紧后工作	C, D	E	G		H, I			

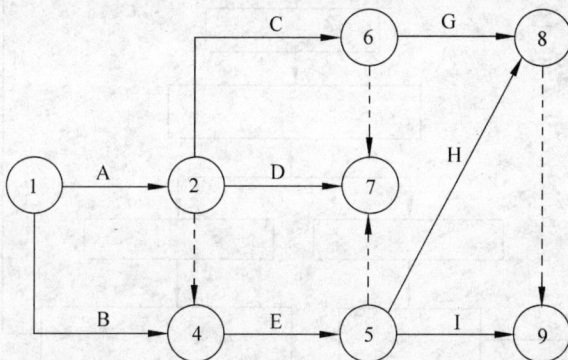

事件 3：在实施监理工作之前，监理与建设单位就"进度控制程序"的实施原则进行了充分沟通并达成一致意见。确定监理采用的进度控制工作程序从监理机构审查承建单位的工程进度计划开始，然后对计划进行跟踪检查、分析（与计划目标的偏离程度），并根据执行情况采取相应的措施。

【问题 1】（3 分）

在事件 1 中，你认为监理公司在监理规划编制方面是否有不妥之处？为什么？

【问题 2】（4 分）

如果你是本项目的监理工程师，请指出事件 2 中的绘图错误（在以下选项中选择；错选则本题不得分；少选得部分分）。

A．节点编号有误　　　　B．有循环回路　　　　C．有多个起始节点

D．有多个终止节点　　　E．不符合给定逻辑关系

【问题 3】（9 分）

根据事件 3 中确定的"进度控制程序"的实施原则，把下列进度控制的工作按照正确

的顺序通过下面给出的框图联系起来（将工作序号恰当地填写到框图中），形成进度控制工作程序图。

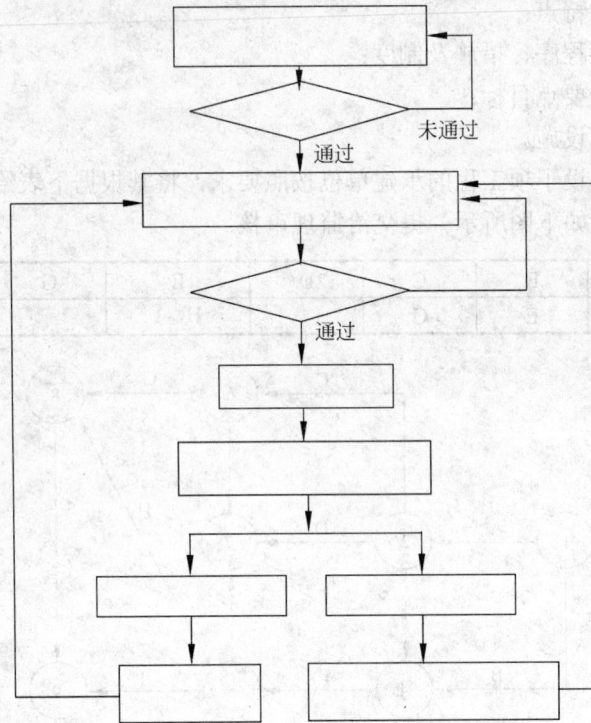

①基本实现计划目标

②按进度计划组织实施

③承建单位编制工程总进度计划填写《工程总进度计划》报审表

④承建单位编制单体工程、或阶段作业进度计划，填写《项目进度分解计划报审表》

⑤总监理工程师审查

⑥总监理工程师签发监理通知指示承建单位采取调整措施

⑦严重偏离计划目标

⑧监理工程师对进度实施情况进行跟踪检查、分析

⑨承建单位编制下一期计划

（2006 上）试题四答案

【问题 1】（3 分）

监理规划应该由总监理工程师组织编写、签发。

"工程专业的特点、监理控制的要点目标"这两个内容不应包括在监理规划的内容中，应该在监理细则中描述。

监理规划中应该有"监理项目部的组织结构与人员"方面的内容。

【问题 2】（4 分）

D，E

- 提示：图中出现了 2 个终止节点：节点 7 和节点 9。
- 提示：任务 A 与任务 E 之间没有依赖关系，图中节点 2 和节点 4 之间的虚线不符合给定的逻辑关系。
- 提示：没有节点 3 不是绘图错误，若图中出现了两个节点 2 才算错误，即节点编号可以不连续，但不可以重复。

【问题 3】（9 分）

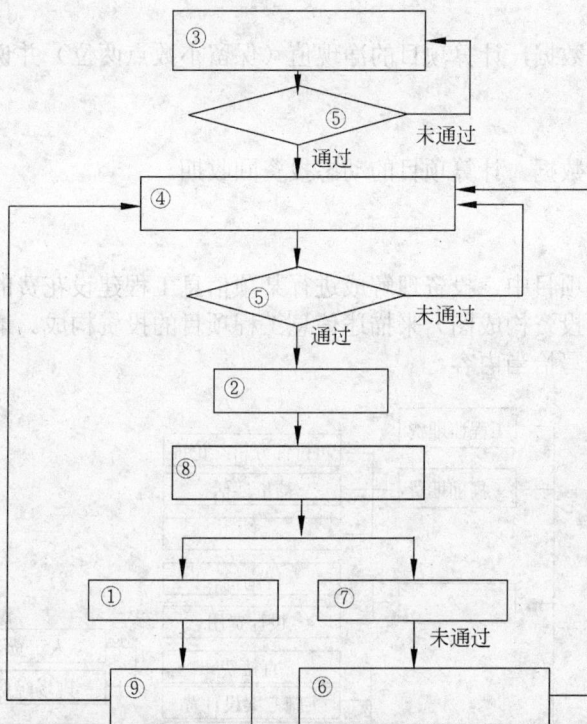

- 提示：原图见《信息系统监理师教程》104 页。

（2006 上）试题五（15 分）

Simple 公司拟建设一个面向生产管理的信息系统，以提高企业的生产管理水平。该项目的建设期为 2 年，运营期为 7 年。

在某工程咨询单位编制的项目可行性研究方案中，项目各年预计净现金流量（NCF）、折现系数以及计算出的折现净现金流如下表所示（贴现率为 10%）。建设单位要求监理对方案投资的可行性提出监理意见。

项目	建设期		投产期						
	1	2	3	4	5	6	7	8	9
净现金流	-380	-400	-9.00	272.86	272.86	272.86	272.86	272.86	747.86
折现系数	0.9091	0.8264	0.7513	0.6830	0.6209	0.5645	0.5132	0.4665	0.4241
折现净现金流	-345.46	-330.56	-6.67	186.36	169.42	154.03	140.03	127.29	317.17

【问题1】（3分）

根据上表给出的数据，计算项目的净现值（保留小数点两位）并说明项目是否可行。

【问题2】（2分）

根据上表给出的数据，计算项目的动态投资回收期。

【问题3】（10分）

在信息工程建设项目中，投资理解成进行某项信息工程建设花费的全部费用，可以用下图（信息工程项目投资构成图）来描述信息工程项目的投资构成。请在信息工程项目投资构成图的空缺处填写恰当内容。

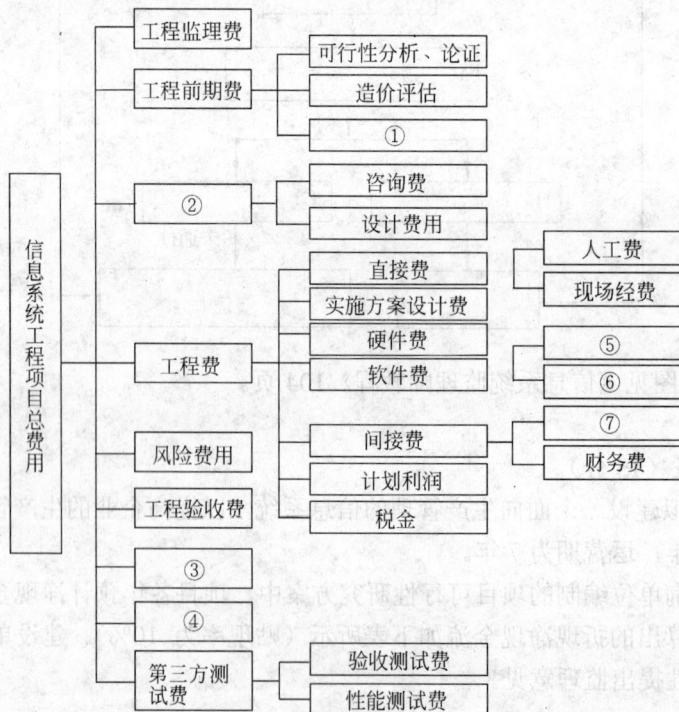

（2006上）试题五答案

【问题1】（3分）

项目净现值=186.36+169.42+154.03+140.03+127.29+317.17–（345.46+330.56+6.76）

=411.52（万元）

项目净现值>0，方案可行。

【问题2】（2分）

首先计算项目的累计折现净现金流：

累计折现 净现金流	–345.46	–676.02	–682.78	–496.42	–327.0	–172.97	–32.94	94.35	411.52

累计折现净现金流在第8年为正数，即动态投资回收期=7.x年。

动态投资回收期 =（8–1）+（32.92/127.29）=7.26（年）。

【问题3】（10分）

①招投标费用　　　②咨询设计费　　　③系统运行维护费

④其他费用　　　　⑤开发软件　　　　⑥系统软件

⑦企业管理费

- 提示：原图见《信息系统监理师教程》118页。

（2006上）试题六（10分）

测试是信息系统工程质量控制的重要手段，某电子政务系统组件逻辑部署如下图所示，在系统建设完成之后，用户方提出对该项目进行负载压力性能测试，以验证系统是否满足负载压力性能需求。

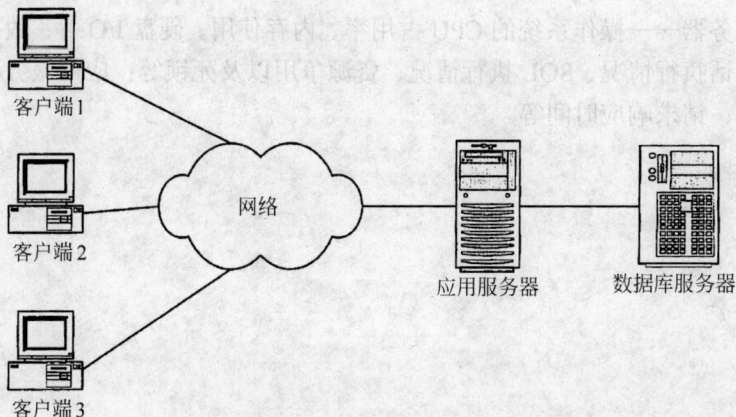

【问题1】（2分）

试说明该系统在应用环境下主要承受哪些类型的负载压力。

【问题2】（2分）

简要描述进行负载压力测试的目的。

【问题3】（6分）

假设该系统在大量用户并发访问时，某业务操作响应时间长，不能满足用户需求。

现欲通过负载压力测试对该系统做故障定位，应重点关注哪些系统组件性能，以及获取哪些关键性测试指标能够有效定位故障原因。

（2006上）试题六答案

【问题1】（2分）

并发访问用户数、无故障稳定运行的时间、大数据量操作。

【问题2】（2分）

（1）在真实环境下检测系统性能，评估系统性能是否可以满足系统的性能设计要求。

（2）预见系统负载压力承受力，对系统的预期性能进行评估。

（3）进行系统瓶颈分析、优化系统。

【问题3】（6分）

应重点关注客户端、网络、服务器（包括应用服务器和数据库服务器）的性能。

应获取的关键测试指标如下：

- 客户端——并发用户数、响应时间、交易通过率以及吞吐量等；
- 网络——带宽利用率、网络负载、延迟以及网络传输和应用错误等；
- 服务器——操作系统的 CPU 占用率、内存使用、硬盘 I/O 等；数据库服务器的会话执行情况、SQL 执行情况、资源争用以及死锁等；应用服务器的并发连接数、请求响应时间等。

第 20 章　2006 年下半年考试下午试题解析

（2006 下）试题一（20 分）

某大型电子政务信息系统工程建设，总投资额度超过亿元，主要包括工程实施标准体系建设、系统平台建设和多个业务部门应用系统开发。Simple 信息工程监理公司负责该项目的全过程监理。

【问题 1】（6 分）

为了开发高质量的软件，从计划阶段开始，不但需要明确软件的功能，还要明确软件应达到什么样的质量标准，即制定软件的质量目标。在本项目中软件开发所依据的质量标准选择《GB/T16260—2003 软件工程　产品质量》。

《GB/T16260—2003 软件工程　产品质量》标准中规定了 6 个内部和外部质量特性及相关的（1）个质量子特性。质量特性包括（2）、（3）、（4）、（5）、可维护性和（6）等。

（1）A. 16　　　　　B. 21　　　　　C. 2　　　　　D. 28

（2）～（6）

A. 可靠性　　　　B. 适应性　　　　C. 易用性　　　　D. 可移植性

E. 一致性　　　　F. 功能性　　　　G. 依从性　　　　H. 互操作性

I. 时间特性　　　J. 资源特性　　　K. 效率　　　　　L. 安全性

【问题 2】（5 分）

在开发过程的各个阶段，监理的工作任务之一是审核承建单位提交的各类文档。在软件项目的实施中，文档的编制占有突出的地位和相当大的工作量。高质量、高效率地开发、分发、管理和审核文档对于充分发挥软件项目的效益有着重要的意义。为使软件文档能起到多种桥梁的作用，使它有助于维护人员进行有效的修改和扩充，文档的编制必须保证质量。

请从下列关于文档编制的叙述中选出 5 条正确的叙述（答案多于 5 个本题不得分）。

① 可行性研究报告应评述为了合理地达到开发目标而可能选择的各种方案，以便用户抉择。因此，编写者不必提出结论。

② 操作手册的编写工作应该在软件测试阶段之前完成。

③ 软件的开发单位应该建立本单位文档的标识方法，使文档的每一页都具有明确的标识。

④ 为了使得文档便于修改且保持一致，各文档的内容不应有相互重复的地方。

⑤ 用户手册要使用专门术语，并充分地描述该软件系统的结构及使用方法。

⑥ 详细设计说明书中可以使用判定表及必要的说明来表示程序的逻辑。

⑦ 概要设计说明书中可以使用 IPO 图来说明接口设计。

⑧ 测试分析报告应把每次实际测试的结果，与软件需求规格说明书和概要设计说明书中规定的要求进行对照并做出结论。

⑨ 软件需求规格说明书中可以对软件的操作人员和维护人员的教育水平和技术专长提出要求。

⑩ 项目开发计划除去规定项目开发所需要的资源、开发的进度等内容以外，还可以包括用户培训计划。

【问题 3】（5 分）

信息系统工程项目是由建设单位、承建单位和监理单位共同实施的，三方的最终目标是一致的，那就是高质量地完成项目，因此，质量控制任务也应该由建设单位，承建单位和监理单位共同完成。三方都应该建立各自的质量保证体系，而整个项目的质量控制过程包括建设单位的质量控制过程、承建单位的质量控制过程和监理单位的质量控制过程。在本项目的建设过程中，监理必须对承建单位的质量保障体系进行审查并监督其执行。

请简要叙述监理过程中对承建单位质量保证体系进行监督和检查的主要内容。

【问题 4】（4 分）

本项目中某业务应用子系统项目成员 10 人，预计开发期为 30 天，项目团队集中于某宾馆进行封闭开发。该子系统项目总预算为 150,000 元，预算每人日的成本是：住宿+餐饮+交通+薪水+…=500 元。到第 10 天末，监理做了一次项目状态评估：实际上只完成了应该 8 天完成的工作，总共花费了 45,000 元。

根据以上情况，请计算 BCWS、BCWP、ACWP、SV、CV，并对项目的状态做出评估结论。

（2006 下）试题一答案
【问题 1】（6 分）

（1）C

（2）～（6）A、C、D、F、K

说明：（2）～（6）的顺序可以换位。

- 提示：这张图上午考试考了很多次，下午考试也常考。

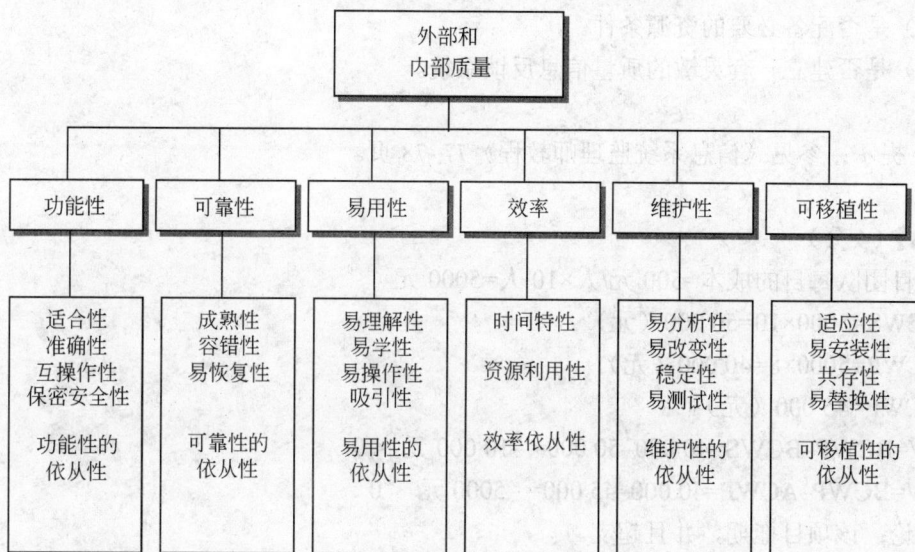

【问题 2】(5 分)

①错　②对　③对　④错　⑤错　⑥对　⑦对　⑧错　⑨错　⑩对

- 提示:
  - ①错,可行性研究报告是为管理者提供该项目是否可以立项的决策依据,编写者在提出可能的候选方案并分析各种可行性后应当给出结论,说明该项目是否值得立项,能否获得成功。
  - ④错,编写文档时应尽量保持各个文档的独立性,不能到处都是"参看××说明书××节",应允许各文档有重复的地方。这样一来,文档的维护者修改的时候虽然要麻烦一些,但是会大大方便读者的阅读。
  - ⑤错,用户手册应当使用用户熟知的术语,不应使用专业术语。应阐明系统的使用方法,不必详细介绍系统的结构。
  - ⑧错,举个反例,编码阶段的单元测试,就不应使用需求信息和概要设计信息来做结果比较。
  - ⑨错,软件需求规格说明是针对开发软件系统提出的要求,不包括对软件操作人员和维护人员的教育水平和技术专长的要求。

【问题 3】(5 分)

(1) 是否制定明确的质量计划。

(2) 是否建立和健全专职质量管理机构。

(3) 是否实现管理业务标准化、管理流程程序化。

（4）是否配备必要的资源条件。

（5）是否建立一套灵敏的质量信息反馈系统。

- 提示：参见《信息系统监理师教程》77~78 页。

【问题 4】（4 分）

项目团队每日的成本=500 元/人×10 人=5000 元

BCWS=5000×10=50 000（元）

BCWP=5000×8=40 000（元）

ACWP=45 000（元）

SV=BCWP–BCWS=40 000–50 000=–10 000 元 ＜ 0

CV=BCWP–ACWP=40 000–45 000= –5000 元 ＜ 0

结论：该项目拖期，并且超支。

（2006 下）试题二（17 分）

某市大型电子政务信息系统工程建设，总投资额度 4300 万元，主要是业务应用系统的建设，承建单位和建立单位通过招标选定。在项目实施过程中，发生了如下事件。

事件 1：由于承建单位原因造成正在进行的项目存在质量缺陷，无法按照合同约定的期限完成项目建设。

事件 2：在应用系统子项目建设的需求调研过程中，由于建设单位原因造成需求调研工作累计中断 7 个工作日，使关键路径的实施工作中断。承建单位要求给予工期延长，并且由于延期影响工程总体进度计划，承建单位同时提交了修改后的工程总体进度计划。监理根据对工程情况的分析，确认承建单位要求延长工期的要求具有合理性，在与承建单位协商确认后，由监理工程师对工程延期申请予以签认。

事件 3：在软件开发过程中，对业务系统进行了大量的测试，下面的控制图显示了系统测试最初 30 周积压的未解决问题的报告数目。

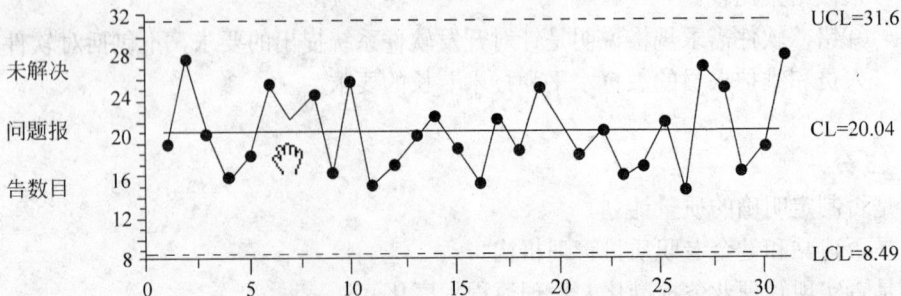

【问题1】（4分）请判断下列对事件1中出现的问题进行责任认定的正确性。

A. 监理单位、承建单位、建设单位共同分担责任

B. 监理单位不承担责任

C. 属于承建单位违约，承建单位应支付违约金，如造成损失还应支付赔偿金

D. 监理单位应承担部分责任，扣除部分监理费用

【问题2】（4分）

监理在事件2中的做法正确吗？为什么？

【问题3】（4分）

请根据事件3给出的控制图判断问题解决过程的状态，并回答在这30周中，平均积压的问题有多少个？如果在任何点上超过了上限，就问题解决过程而言，意味着什么？

【问题4】（5分）

请列举5种软件测试用例的设计方法。

（2006下）试题二答案

【问题1】（4分）

A. 错　　　B. 对　　　C. 对　　　D. 错

【问题2】（4分）

有错误。

在这个情况下，错误主要有两个：

（1）监理应该与业主单位和承建单位协商确认，而不能只与承建单位协商确认。

（2）应由总监理工程师对工程延期申请予以签认。

【问题3】（4分）

此图表明问题解决过程是平稳的。

平均积压约20个问题（中心线CL等于20.04）。

积压问题的上控制限（UCL）约是32，下控制限（LCL）约是8。如果在任何点上超过了上限，那么这可能就表明问题解决过程中存在问题，也许是有一个特别棘手的缺陷耗费资源，因此导致了问题的堆积。如果想要过程恢复到原来的（特征）行为，就必须采取纠偏行动。

【问题4】（5分）

等价类划分、边界值分析、判定表、因果图、错误推测、正交试验、功能图和场景

法等。

（2006 下）试题三（10 分）

回答下列信息安全方面的问题 1 和问题 2。

【问题 1】（5 分）

请简要描述信息安全管理的控制过程。

【问题 2】（5 分）

请简要叙述信息安全防范可采取的主要技术措施。

（2006 下）试题三答案

【问题 1】（5 分）

（1）确认信息安全管理的对象和范围。

（2）分析针对该对象的安全隐患或攻击行为和方式。

（3）划清安全管理等级，落实对应的控制措施。

（4）跟踪检查信息安全落实情况。

（5）持续改进，防漏补缺。

【问题 2】（5 分）

（1）防火墙技术，防止网络外部"敌人"的侵犯。目前，常用的防火墙技术分组过滤、代理服务器和应用网关。

（2）数据加密技术，防止"敌人"从通信信道窃取信息。目前，常用的加密技术主要有对称加密算法（如 DES）和非对称加密算法（如 RSA）。

（3）入侵监测和漏洞扫描技术。

（4）物理隔离技术，如网闸。

（5）访问限制的主要方法有用户口令、密码和访问权限设置等。

（2006 下）试题四（13 分）

软件项目进度控制的目标是在规定的时间内，在保证质量的前提下完成软件系统建设的任务。进度计划是进度控制的基础，便于不同层次的项目管理部门控制进度。

【问题 1】（6 分）

按照不同管理层次对进度控制的要求，监理方的进度控制主要分为哪三类？请简要说明。

【问题 2】（3 分）

请简要说明监理在软件项目实施过程中进度控制工作的主要内容。

【问题 3】（4 分）

软件项目的进度控制常采用甘特图法和网络图法，通常情况下这两种方法需要配合使用，请简要说明各自的作用。

（2006 下）试题四答案

【问题 1】（6 分）

（1）项目总进度控制。项目总监、总监代表等高层项目监理人员对项目中各个里程碑事件的进度控制。

（2）项目主进度控制。主要是项目监理部对项目中每一个主要事件的进度控制，在多级项目中，这些事件可能就是各个分项目。

（3）项目详细进度控制。主要是各项目监理小组或监理工程师对各具体作业进度计划的控制。

- 提示：参见《信息系统监理师教程》509 页。

【问题 2】（3 分）

（1）监控项目的进展。

（2）比较实际进度与计划进度的差别。

（3）监督修改进度计划。

- 提示：参见《信息系统监理师教程》508 页。

【问题 3】（4 分）

甘特图法可以比对各工作的计划进度和实际进度，能十分清楚地了解计划执行的偏差，以便于对偏差进行处理。

网络图法能够充分提示各工作项目之间的相互制约和相互依赖的关系，从中找出关键路径，进行重点控制。

- 提示：参见《信息系统监理师教程》512～513 页。

（2006 下）试题五（15 分）

某"校校通"工程项目的建设内容包括光纤物理网建设、业务网工程建设、应用服务系统集成、机房建设等内容。

【问题 1】（4 分）

在机房工程设计与建设过程中，下述关于机房电源技术指标要求的描述，请说明哪些是错误的，并指出错误之处。

（1）电源规格：电压为 220~280VAC，频率为 47~63Hz，其他单一谐波不得高于 3%。

（2）设备电力总容量是指各单位设备电力容量的总和另加 30%的安全容量。

（3）勿将机房电源与下列设备共用同一电源或同一地线，例如电梯、升降机、窗型冷气机、复印机等。

（4）在机房内可以安装适当数量的普通插座，以供维修人员使用，这些插座可以与电源系统共用电源。

（5）配电箱的位置应尽量远离机房，以免受到干扰。

【问题 2】（6 分）

光缆布线系统的测试是工程验收的必要步骤。对光缆可进行连通性测试、端-端测试、收发功率测试等，请简要说明上述任意两种测试的测试方法。

【问题 3】（5 分）

在整个信息系统中，网络系统是信息和应用的载体。请说明计算机网络系统划分成哪五个平台。并简要说明每个平台包含的主要内容。

（2006 下）试题五答案

【问题 1】（4 分）

不正确的是（1）、（2）、（4）、（5）。

（1）电压：180～264V。

（2）设备电力总容量是指各单位设备电力容量的总和。

（4）这些插座不宜与电源系统共用电源。

（5）配电箱的位置应尽量靠近机房，并且便于操作。

- 提示：参见《信息系统监理师教程》391 页。

【问题 2】（6 分）

（1）连通性测试。

在光纤一端导入光线（如手电光），在光纤的另外一端观察是否有闪光即可。

（2）端-端损耗测试。

使用一台功率测量仪和一个光源，先在被测光纤的某个位置作为参考点，测试出参考功率值，然后再进行端-端测试，并记录下信号增益值，两者之差即为实际端到端的损耗值，用该值与相应标准值相比即可确定这段光缆的连接是否有效。

（3）收发功率测试。

在发送端，将测试光纤取下，用跳接线取而代之，跳接线的一端为原来的发送器，另一端为光功率测试仪，使光发送器工作，即可以在光功率测试仪上测得发送端的光功率值。

在接收端，用跳接线取代原来的跳线，接上光功率测试仪，使发送端光发送器工作，即可在光功率测试仪上测得接收端的光功率值。

发送端与接收端的光功率之差，就是该光纤链路所产生的损耗。

- 提示：参见《信息系统监理师教程》401~402 页。

【问题 3】（5 分）

（1）网络基础平台。包括网络传输、路由、交换、接入系统、服务器及操作系统、存储和备份等系统。

（2）网络服务平台。既包括 DNS、WWW、电子邮件等 Internet 网络服务系统，也包括 VoIP、VOD、视频会议等多媒体业务系统。

（3）网络安全平台。包括防火墙、入侵监测和漏洞扫描、网络防病毒、安全审计、数字证书等系统。

（4）网络管理平台。主要指网络管理系统。

（5）环境平台。包括机房和综合布线系统。

- 提示：参见《信息系统监理师教程》291~292 页。

第21章 2007年上半年考试下午试题解析

（2007 上）试题一（18 分）

Simple 公司利用银行贷款进行电子商务工程建设，主要包括 ERP 系统建设、连接多个分厂的网络平台建设、多个业务部门应用系统开发、机房建设等。建设单位将全过程监理任务委托给某信息工程监理公司，并签订了工程建设委托监理合同。在工程建设过程中，发生了如下事件。

事件 1，拟签订的监理合同部分内容如下：

（1）监理单位为本工程项目的最高管理者；

（2）监理单位应维护建设单位的权益；

（3）在合同责任期内，若监理方未按合同要求的职责履行约定的义务，或者委托人违背对监理方（合同约定）的义务，双方均应向对方赔偿造成的经济损失；

（4）当事人一方要求变更或解除合同时，应当在 42 日前通知对方，因解除合同使一方遭受损失的，除依法免除责任的外，应由责任方负责赔偿；

（5）在实施期间，因监理单位的过失发生重大质量事故，监理单位应付给建设单位相当于质量事故损失的 20%的罚款。

事件 2，该业主进行电子商务建设的贷款年利率为 12%。银行给出两个还款方案，甲方案为第五年末一次偿还 5000 万元；乙方案为第 3 年末开始偿还，连续 3 年每年末偿还 1500 万元。

【问题 1】（8 分）

事件 1 中所列各条款中是否正确？如有不妥之处，怎样才是正确的？

【问题 2】（5 分）

针对事件 2 中银行提出的还款方案，业主要求监理工程师核算一下，哪种还款方案更优？（要求给出计算过程）

【问题 3】（5 分）

下面关于机房接地系统技术方面的要求的描述有部分是错误的，请指出哪些是错误的，并给出正确的描述。

（1）网络及主机设备的电源应有独立的接地系统，并应符合相应的技术规定。

（2）分支电路的每一条回路都需有独立的接地线，此接地线应直接接地。

（3）配电箱与接地端应通过单独绝缘导线相连；其线径至少需与输入端、电源线径相同，接地电阻应小于 8Ω。

（4）接地线可使用零线或以铁管代替。

（5）在雷电频繁地区或有架空电缆的地区，必须加装避雷装置。

（6）网络设备的接地系统不可与避雷装置共用，应各自独立，并且其间距应在 10m 以上；与其他接地装置也应有 1.5m 以上的间距。

（7）在有高架地板的机房内，应有 16mm^2 的铜线地网，此地网应直接接地；若使用铝钢架地板，则可用铝钢架代替接地地网。

（8）地线与零线之间所测得的交流电压应小于 1 伏特。

（2007 上）试题一答案

【问题 1】（8 分）

第（1）条不妥。监理单位不是本工程项目建设的最高管理者。监理单位是受建设单位委托就工程的实施对承建单位进行全面的监督、管理，是为建设单位提供项目管理服务的；建设单位在项目管理中处于主导地位，涉及重大决策问题还必须由业主做出决定。

第（2）条不妥。监理单位作为项目管理服务的提供方，自然要维护建设单位的权益，但仍应是合法权益，不是所有的权益；同时作为公正的第三方，监理单位也要维护被监理方的合法权益。

第（3）条正确。

第（4）条正确。

第（5）条不妥。因监理单位的过失而发生重大质量事故，造成了建设单位的经济损失，监理单位应当向建设单位赔偿：累计赔偿总额不应超过监理报酬总额（如果考生考虑税金的问题不扣分）。

【问题 2】（5 分）

甲方案第 5 年末还款 5000 万元，即甲方案在第 5 年末的未来值 FV$_甲$=5000 万元。

按照复利终值计算公式，乙方案在第 5 年末的未来值：

FV$_乙$=1500×（1+12%）^{2}+1500×（1+12%）+1500=5061.6（万元）

FV$_甲$<FV$_乙$，结论：按照甲方案还款更优。

【问题 3】（5 分）

（2）错。正确的是：分支电路的每一条回路都需有独立的接地线，并接至配电箱内与接地总线相连。

（3）错。正确的是：接地电阻应小于 4Ω。

（4）错。正确的是：接地线不可使用零线或以铁管代替。

（6）错。正确的是：网络设备的接地系统与其他接地装置应有 4m 以上的间距。

- 提示：参见《信息系统监理师教程》391 页。

（2007 上）试题二（12 分）

某信息工程监理机构在信息工程项目的监理工作中，出现了如下的情况。

事件 1：建设单位采取公开招标的方式选定承建单位。2006 年 3 月 6 日招标公告发出后，共有 A、B、C、D、E、F 等 6 家信息系统集成商参加了投标。招标文件规定 2006 年 3 月 30 日为提交投标文件和投标保证金的截止日期，2006 年 3 月 31 日举行开标会。其中，E 单位在 2006 年 3 月 30 日提交了投标文件，并于 2006 年 3 月 31 提交了投标保证金。经过对这 6 家单位进行评标等过程，于 2006 年 4 月 5 日确定了 D 为中标人，随即发出了中标通知书。

事件 2：承建单位开始实施项目后一个月，建设单位因机构调整，口头要求承建单位暂停实施工作，承建单位亦口头答应停工一个月。项目按照合同规定的期限进行初验时，监理和承建单位发现项目质量存在问题，要求进行完善。两个月后，项目达到合同约定质量。竣工时，建设单位认为承建单位延迟交付项目，应偿付逾期违约金。承建单位认为，建设单位要求临时停工并不得顺延完工日期，承建单位抢工期才出现了质量问题，因此迟延交付的责任不在承建单位。建设单位则认为：临时停工和不顺延工期是当时承建单位答应的，其应当履行承诺，承担违约责任。

【问题 1】（4 分）

在上述招标投标过程中，有哪些不妥之处？请说明理由？

【问题 2】（3 分）

从招标投标的性质看，在事件 1 中招标文件、投标文件、中标通知书与要约、承诺、要约邀请的对应关系是什么？（对应关系请用连线标注在下图上）

要　　约		招标文件
承　　诺		投标文件
要约邀请		中标通知书

【问题 3】（5 分）

作为监理工程师你认为事件 2 中，承建单位应当承担违约责任吗？请说明原因。

（2007 上）试题二答案

【问题 1】（4 分）

招标文件规定提交投标文件的截止日期是 3 月 30 日，与举行开标会的日期（3 月 31 日）不是同一时间，此为不妥之处 1。理由是：按照《招标投标法》的规定，开标应当在招标文件确定的提交投标文件截止时间的同一时间公开进行。

E 单位于 2006 年 3 月 31 日提交投标保证金居然被接受，此为不妥之处 2。理由是：因为招标文件规定提交投标保证金与提交投标文件两者的截止日期是同一天——皆为 3 月 30 日。因此，对于未能在所规定的期限内提交投标保证金的 E 单位的投标，招标单位视其为不响应投标即无效投标而予以拒绝。

- 提示：《招标投标法》第三十四条　开标应当在招标文件确定的提交投标文件截止时间的同一时间公开进行；开标地点应当为招标文件中预先确定的地点。

【问题 2】（3 分）

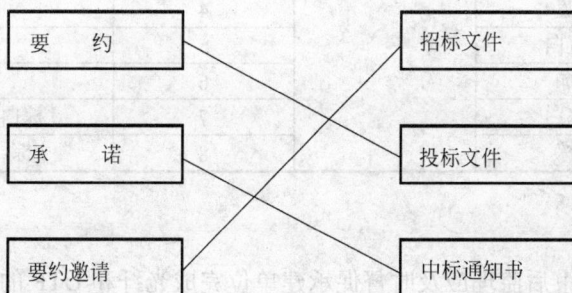

【问题 3】（5 分）

承建单位应当承担违约责任。

原因：

（1）事件 2 中的变更未经建设单位、承建单位和监理单位三方书面确认，而只有前两方的口头确认；

（2）凡变更须执行变更控制程序，经变更控制委员会批准，而事件 2 对这两点要求都未做到；

（3）事件 2 中双方未就合同变更进行书面确认，属无效变更；

（4）原合同仍有效，双方须按原合同执行。

（2007 上）试题三（15 分）

某机关网络系统工程改造项目，建设内容包括网络工程建设、应用服务系统集成、综合布线与机房建设等内容，经建设单位同意及监理审查确认后，甲承建单位选择了乙承建单位作为分包单位，承担机房与综合布线建设任务。监理实施过程中，在方案设计选优、选备选型、现场旁站、工程深化设计、工程实施、工程测试、验收以及技术培训等方面实施全过程监理服务。

【问题 1】（5 分）

在网络工程实施中，有两台网络交换机需要进行级联，但不能使用以太交换机的级联口。工程人员需要按照 EIA/TIA568 标准制作级联双绞线，并且一端已经制作完成，线序如下表所示。请根据给定条件填写表中的待制作端线序，并回答表中提出的问题（填写到问题下的空白处）。

级联线已完成端			级联线待制作端		
序号	已完成端线序	已完成端采用的标准？	序号	待制作端线序	待制作端采用的标准？
1	橙白		1		
2	橙		2		
3	绿白		3		
4	蓝		4		
5	蓝白		5		
6	绿		6		
7	棕白		7	棕白	
8	棕		8	棕	

【问题 2】（5 分）

布线系统安装结束后监理应及时督促承建单位完成光纤和 UTP 的测试。请列出至少 5 项 UTP 测试项。

【问题 3】（5 分）

在项目实施过程中，甲承建单位的资金出现困难，无法按分包合同约定支付乙承建单位的工程款。乙承建单位向项目监理机构提出了支付申请。项目监理机构受理并征得建设单位同意后，即向乙承建单位签发了由建设单位付款的凭证。请指出监理的上述做法是否妥当，指出妥当或不妥当之处并给出理由。

（2007 上）试题三答案
【问题 1】（5 分）

级联线已完成端			级联线待制作端		
序号	已完成端线序	已完成端采用的标准？	序号	待制作端线序	待制作端采用的标准？
1	橙白		1	绿白（0.5 分）	
2	橙		2	绿（0.5 分）	
3	绿白		3	橙白（0.5 分）	
4	蓝	EIA/TLA 568B	4	蓝（0.5 分）	EIA/TLA 568A
5	蓝白		5	蓝白（0.5 分）	
6	绿		6	橙（0.5 分）	
7	棕白		7	棕白	
8	棕		8	棕	

- 提示：
  - 直通线——两端都按 568A 或 568B 线序制作。不同级别设备互连：PC—Hub；PC—交换机；Hub 普通口—Hub 级联口。
  - 交叉线——一端 568A 线序，一端 568B 线序。同级别设备互连：PC—PC；Hub 普通口—Hub 普通口；Hub 级联口—Hub 级联口；ADSL Modem—Hub。

【问题 2】（5 分）

UTP 测试包括链路长度、连线长度、连通、接线方式（开路、短路、异位）、信号衰减、信号串扰、近端串扰、远端串扰、SRL、回波损耗、特性阻抗和衰减串扰化等性能指标的双向测试，所有指标应符合规范。

- 提示：参见《信息系统监理师教程》398 页。

【问题 3】（5 分）

不妥。不妥之处在于：项目监理机构受理乙承建单位的支付申请，并签发付款凭证。理由是：建设单位与乙承建单位没有合同关系，不能向乙承建单位直接支付分包费。

（2007 上）试题四（15 分）

对应用软件系统建设过程的监理是信息化工程建设的重要组成部分。

【问题 1】（5 分）

承建单位在签署合同后，针对工程实际情况，制订了工作计划网络图（如下图所示）。在实际开发过程中，G 工作因为发现问题较多，需要进行代码修改和回归测试的工作量较大，从而造成 G 工作用了 6 个月才完成。请问，G 工作的拖期是否会影响整个工程的工期？为什么？

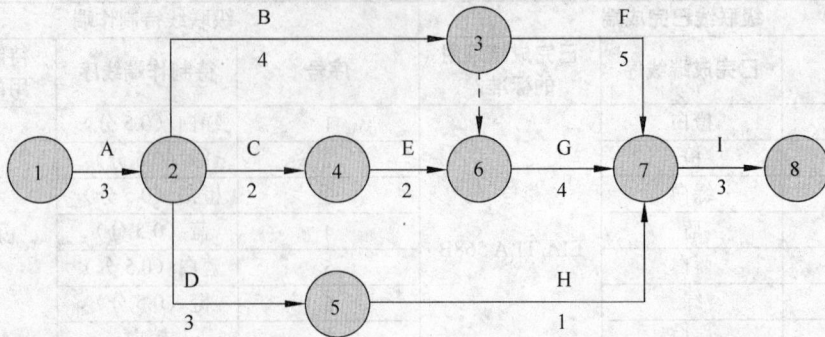

注：图中时间单位为"月"。其中：A 为需求调研；B 为数据库设计；C 为业务逻辑设计；D 为用户界面设计；E 为应用编码；F 为数据加载及压力测试；G 为应用集成测试；H 为界面优化及测试；I 为系统整体试运行。

【问题 2】（5 分）

请指出下面关于软件项目建设有关的标准和文档的叙述是否正确（每个选项 0.5 分）。

（1）国家标准是由政府或国家级机构制定或批准，适用于全国的标准。这些标准都是强制性的，相关产品必须严格执行标准。

（2）ISO 9001 是设计、开发、生产、安装和服务中的质量保证标准，ISO 9000-3 是使 ISO 9001 适合于软件的质量保证指南。

（3）软件工程标准化可提高软件的生产率。

（4）软件质量保证体系是贯穿于整个软件生存期集成化过程体系，而不仅仅体现在最后产品的检验上。

（5）软件维护是一件简单的不具备创造性的工作。

（6）软件测试计划始于需求分析阶段，完成于软件设计阶段。

（7）任何一个文档都应具有完整性、独立性。

（8）在新文档取代旧文档后，管理人员应随即删去旧文档。

（9）软件开发机构应保存一份完整的主文档，并允许开发人员可以保存主文档中的一部分。

（10）软件需求分析报告是给开发人员使用的，不是给其他人员，如维护人员、用户等使用的。

【问题 3】（5 分）

在项目进行验收时，承建单位提交给建设单位的部分文本资料是英文版本，建设单位要求承建单位提交的最终文档必须是中文版，且由于翻译造成的时间延误以及增加的项目开销均由承建单位自行承担。请问建设方的要求是否合理？为什么？

（2007 上）试题四答案

【问题 1】（5 分）

G 工作的拖期会影响整个工程的工期。

原因：该项目的原关键路径是 1-2-3-7-8，工期为 15 个月；G 项任务拖期后，关键路径发生了改变，成为了 1-2-4-6-7-8，工期变为 16 个月；于是整个工程的工期比原计划推迟 1 个月。

【问题 2】（5 分）

①错　②对　③对　④对　⑤错　⑥对　⑦对　⑧错　⑨对　⑩错。

- 提示：
  - ①错，国家标准不都是强制性标准，以 GB/T 开头的都是推荐性标准。
  - ⑤错，软件维护同样需要创造性，对已有软件的修修补补有时比重新开发的难度更大、需要的创造性更高。
  - ⑧错，从软件配置管理的角度来讲，在新文档取代旧文档后，管理人员不应删除旧文档。因为文档反映了软件发展进程中特定历史时刻的软件版本信息，文档的旧版本作为软件配置项仍需保留。
  - ⑩错，软件需求分析报告是给开发人员使用的，但其他人员，如管理者和用户等，也需要利用需求分析报告了解软件的需求，参与需求评审和监督软件需求的实现。维护人员也可能要参照需求理解软件、修改软件。

【问题 3】（5 分）

应当根据合同（包括招标文件及投标文件等）进行确认，如果在合同中明确规定提交的文件应当是中文版，则建设单位提出的要求是合理的，否则是不合理的。

（2007 上）试题五（15 分）

承建单位于 2006 年 6 月与建设单位签订了某应用软件开发项目承建合同，工期半年。合同规定软件开发过程的质量要求遵循国家有关标准。对于监理来说，信息工程建设最终实现质量目标至关重要，对于建设各方来说质量控制贯穿在项目可行性研究、设计、开发、实施、验收、启用及使用维护的全过程。在质量控制过程中各方承担着各自不同的质量责任。

【问题 1】（5 分）

如果设计方案确实存在有较大问题，监理工程师可以指导承建单位进行改进设计吗？为什么？

【问题 2】（5 分）

在项目实施过程中，对于承建单位提交的软件设计文档，监理应依据何种标准审核？审核要点是什么？

【问题 3】（5 分）

在验收工作中，验收委员会（专家组）的主要权限是什么？如果该应用软件开发项目未通过验收该怎么处理？

（2007 上）试题五答案

【问题 1】（5 分）

不可以。监理工程师指导承建单位进行改进设计属越位行为，其只能在自己职权范围内执行任务，不能做超出职权范围的事；而且这样做会使自己乃至监理单位承担不必要的责任。

【问题 2】（5 分）

审查软件设计文档应该依据国家标准《计算机软件产品开发文件编制指南》（说出 GB 8567—2006 得 3 分，说出 GB 8567—88 得 2 分）中与设计相关的条款。

审查的要点是：

（1）审查该文档所对应的设计方案是否符合已确认的软件需求规格说明及其可能的补充说明和修改说明中的内容。

（2）文档是否完整（一般包括概要设计说明书、详细设计说明书和测试计划初稿），是否具有清晰性、非歧义性和可读性等。

【问题 3】（5 分）

验收委员会（专家组）有权：

（1）要求业主单位、监理单位及承建单位对开发过程中的有关问题进行说明。

（2）决定应用软件开发项目是否通过验收。

如果验收未通过，则承建单位根据验收评审意见修复有关问题，然后重新进行验收或者转入合同争议处理程序。

● 提示：参见《信息系统监理师教程》591、595 页。

第 22 章 2007 年下半年考试下午试题解析

（2007 下）试题一（18 分）

建设单位采取公开招标的方式选定承建单位，有 A、B、C 三家信息系统集成商参加了投标。在招标过程和合同签订过程中，发生了如下事件。

事件 1：招标文件中规定：评标采用最低评标价中标的原则；工期不得长于 18 个月，若投标人自报工期少于 16 个月，在评标时将考虑其给建设单位带来的收益，折算成综合报价进行评标。

事件 2：投标人 C 按照招标文件的要求，将技术和商务标书分别封装，在封口上加盖本单位公章并且由法定代表人签字后，在投标截止日期前 1 天上午将投标文件送达招标代理机构。次日（即投标截止日当天）下午，在规定的开标时间前 1 小时，投标人 C 又向招标人递交了一份补充材料，声明将原来的投标报价降低 4%。但是，招标代理机构的有关工作人员认为，根据国际上"一标一投"的惯例，一个投标人不得递交两份投标文件，因而拒绝投标人 C 的补充材料。

事件 3：假如贷款月利率为 1%，各单项工程完成后付款，在评标时考虑工期提前给建设单位带来的收益为每月 20 万元。三家单位投标书中与报价和工期有关的数据见下表（三个单项工程是按照机房工程、应用开发和安装调试顺序进行实施的，表中搭接时间是指后项工程与前项工程的重叠时间，例如投标单位 A 应用开发在进行到 7 个月的时候，安装调试工作可以开始）。

投标单位	机房工程		应用开发		安装调试		安装调试与应用开发搭接时间
	报价	工期	报价	工期	报价	工期	
A	360 万元	3 月	900 万元	9 月	1100 万元	6 月	2 月
B	400 万元	4 月	1050 万元	8 月	1080 万元	6 月	2 月
C	380 万元	3 月	1080 万元	8 月	1000 万元	6 月	2 月

下表为相应的复利现值系数表。

N	1	2	3	4	5	6	7	8	9	10
PVIF	0.990	0.980	0.970	0.960	0.951	0.942	0.932	0.923	0.914	0.905
N	11	12	13	14	15	16	17	18	19	20
PVIF	0.896	0.887	0.878	0.869	0.861	0.852	0.844	0.836	0.827	0.819

【问题 1】（6 分）

请回答事件 1 中招标文件中的规定是否合理并给出理由。根据《招标投标法》的规定，中标人的投标应符合哪两个条件。

【问题2】（5分）

招标代理机构有关工作人员拒绝接受投标人 C 补充材料的做法正确吗？为什么？

【问题3】（7分）

每个投标人的总工期是多少？在考虑资金时间价值的情况下，应选择哪家单位中标？（请利用复利现值系数表进行计算）

（2007下）试题一答案

【问题1】（6分）

合理。因为该招标规定没有违反任何法律、法规的规定。

《招标投标法）第四十一条中标人的投标应当符合下列条件之一：

（一）能够最大限度地满足招标文件中规定的各项综合评价标准；

（二）能够满足招标文件的实质性要求，并且经评审的投标价格最低：但是投标价格低于成本的除外。

【问题2】（5分）

不正确。

招标代理机构的有关工作人员不应拒绝接受投标人 C 的补充材料，因为根据《招投标法》规定，投标人 C 在投标截止时间之前所递交的任何正式书面文件都是有效文件（都是投标文件的有效组成部分）（3 分）。补充文件与原有投标文件共同组成一份投标文件，而不是两份相互独立的投标文件（1 分）。

【问题3】（7分）

A 的总工期为 3+9+6–2=16（月）。

A 的综合报价=360×$PVIF_{1\%, 3}$+900×$PVIF_{1\%, 12}$+1100×$PVIF_{1\%, 16}$

=360×0.970+900×0.887+1100×0.852=2084.7（万元）

B 的总工期为：4+8+6–2–16 （月）。

B 的综合报价=400×$PVIF_{1\%, 4}$+1050×$PVIF_{1\%, 12}$+1080×$PVIF_{1\%, 16}$

=400×0.960+1050×0.887+1080×0.852=2235.51（万元）

C 的总工期为：3+8+6–2=15 （月）。

C 的综合报价=380×$PVIF_{1\%, 3}$+1080×$PVIF_{1\%, 11}$+1000×$PVIF_{1\%, 15}$–20×$PVIF_{1\%, 15}$

=380×0.970+1080×0.896+1000×0.861–20×0.861=2180.06（万元）

因此，A 单位评标价最低，应选 A 单位为中标人。（1 分）

- 提示：PVIF（Present Value Interest Factor），即复利现值系数，常记作 $PVIF_{i,n}$

$$PVIF_{i,n} = \frac{1}{(1+i)^n}$$

- 其中，i 是利率（折现率），n 是期数。例如，$PVIF_{10\%,5}$ 表示利率为 10% 时 5 期的复利现值系数。

（2007 下）试题二（12 分）

Simple 公司进行企业信息化工程建设，主要包括综合布线工程、网络与主机平台建设、应用系统开发。

【问题 1】（4 分）

综合布线系统一般由哪几个子系统组成？请列出。

【问题 2】（5 分）

请简要叙述采购设备到货监理的工作重点。

【问题 3】（3 分）

常用的质量控制基本工具中，统计方法除排列图外还有哪些图？请叙述其主要用途。

（2007 下）试题二答案

【问题 1】（4 分）

工作区子系统、水平子系统、管理间子系统、垂直干线子系统、设备间子系统、建筑群子系统。

【问题 2】（5 分）

（1）设备是否与工程量清单所规定的设备（系统）规格相符。

（2）设备是否与合同所规定的设备（系统）清单相符。

（3）设备合格证明、规格和供应商保证等证明文件是否齐全。

（4）设备等要按照合同规定准时到货。

（5）配套软件包（系统）是否是成熟的、满足规范的。

- 提示：参见《信息系统监理师教程》387~388 页。

【问题 3】（3 分）

（1）直方图法（质量分布图）：其作用是通过观察图形来判断产品的生产过程的质量

状况。

（2）因果分析图法：其作用是将引发事故的重要因素分层（分枝）加以分析。

（3）控制图法：其作用是判断生产过程的稳定性，以实现对工序质量的动态控制。

（4）散列图（散布圈、相关图）法：其作用是寻求两个质量特性间的相互关系，以及关系的密切程度。

（5）检查表：其作用是收集数据。

（6）流程图：其作用是将一个过程（如测试过程、检验过程和质量改进过程等）的步骤用图的形式表示出来。

（2007 下）试题三（17 分）

某监理单位承担了一个信息工程项目全过程的监理工作。在讨论制定监理规划的会议上，监理单位人员对编制监理规划提出了构思并据此进行编写，用以指导监理工作的开展。

监理工程师在审核建设单位（甲方）和承建单位（乙方）的工程实施合同草稿（合同草稿由乙方拟订）条款后，指出其中某些条款存在不妥之处。

在进行网络系统安装调试时，出现了质量事故。经查明质量事故的原因，属实施人员违反操作规程，致使核心交换机的一块板卡被毁坏。承建单位项目管理人员已承担责任并及时更换了该板卡，并希望监理方不报告业主，以维护承建单位和监理单位的信誉。监理方出于多方考虑，接受了承建单位的建议。

【问题 1】（6 分）

请回答编写监理规划的主要依据是什么。

【问题 2】（6 分）

下述为甲、乙方草拟合同中的有关条款，请指出其不妥当之处并说明原因。

（1）在终审验收前，监理机构对乙方承担的软件项目进行确认测试，测试结果合格，是乙方承担的软件项目进行终验的必要条件之一。

（2）乙方按照监理方批准的实施方案组织实施，乙方不承担因此引起的工程延期责任和质量责任。

【问题 3】（5 分）

针对网络系统安装调试时出现的质量事故，有人认为现场的监理方也有一定的责任，正确吗？请说明原因。监理方未将事故发生的情况告诉业主的做法正确吗？请说明原因。

（2007 下）试题三答案
【问题 1】（6 分）

（1）与信息系统工程建设有关的法律、法规及项目审批文件等。

（2）与信息系统工程监理有关的法律、法规及管理办法等。

（3）与本工程项目有关的标准、设计文件和技术资料等，其中标准应包含公认应该遵循的相关国际标准、国家或地方标准。

（4）监理大纲、监理合同文件及与本项目建设有关的合同文件。

- 提示：参见《信息系统监理师教程》64页。

【问题2】（6分）

第1条不妥当之处在于：甲乙双方的合同中不应当涉及到给第三方安排任务（2分）。根据我国合同法的相关规定，会造成该条款甚至合同无效（1分）。

第2条不妥当之处在于：乙方的实施方案不合理，无论如何都要向甲方承担责任（2分），至于监理方未检查出实施方案的不合理之处，需要承担责任不是本合同应当关注的问题（1分）。

【问题3】（5分）

监理方没有责任。因为实施的直接指挥者是承建单位，而监理方只对网络系统的安装调试相关检查点进行检查，乙方当然要对违反操作规程所造成的后果负责任。

未将事故发生的情况告诉业主的做法是不正确的。监理应当及时将检查结果（特别是质量事故）报告给业主。

（2007下）试题四（14分）

【问题1】（5分）

某计算机系统设备安装工程双代号网络计划如下图所示。该图中已标出每个节点的最早时间和最迟时间，请判断对下图的解释是正确的还是错误的。

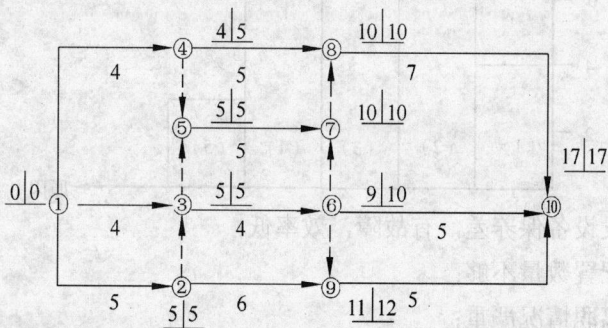

对上图的解释	判断
A．工作 1-3 为关键工作	
B．工作 1-4 的总时差为 1	
C．工作 3-6 的自由时差为 1	
D．工作 4-8 的自由时差为 0	
E．工作 6-10 的总时差为 3	

【问题2】（5分）请指出下面关于软件可维护性有关叙述是否正确（每个选项 0.5 分）。

（1）在进行需求分析时需同时考虑如何实现软件可维护性问题。

（2）完成测试作业后，为了缩短源程序的长度应删去程序中的注解。

（3）尽可能在软件生产过程中保证各阶段文档的正确性。

（4）编程时应尽可能使用全局变量。

（5）在程序易修改的前提下，选择时间效率和空间效率尽可能高的算法。

（6）尽可能利用硬件的特点。

（7）重视程序结构的设计，使程序具有较好的层次结构。

（8）使用维护工具或支撑环境。

（9）在进行概要设计时应加强模块间的联系。

（10）提高程序的可读性，尽可能使用高级语言编写程序。

【问题3】（4分）请指出如下所示的排列图有哪些错误。

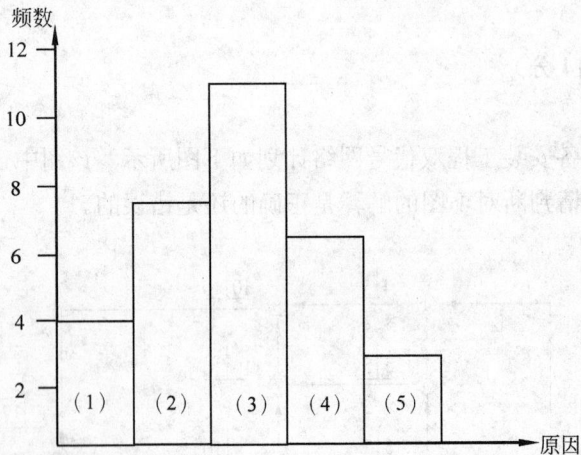

图中：（1）开发设备保养差，有故障，效率低；

（2）测试设备配置数量不够；

（3）开发人员离职情况严重；

（4）其他原因；

（5）开发模式不合理。

（2007 下）试题四答案

【问题 1】（5 分）

对上图的解释	判断
A. 工作 1-3 为关键工作	×
B. 工作 1-4 的总时差为 1	√
C. 工作 3-6 的自由时差为 1	×
D. 工作 4-8 的自由时差为 0	×
E. 工作 6-10 的总时差为 3	√

● 提示：

（1）关键路径是：1-2-3-5-7-8-10。

（2）工作 3-6 的最早完成时间是 9，其后续任务有三个 6-10、8-10、9-10，这三个后续任务的最早开始时间的最小值是 9，即工作 3-6 的自由时差=9-9=0。

（3）工作 4-8 的最早完成时间是 9，其后续任务只有一个 8-10，8-10 的最早开始时间是 10，即工作 4-8 的自由时差=10-9=1。

【问题 2】（5 分）

正确的叙述有：（3）、（5）、（7）、（8）、（10）

不正确的叙述为（1）、（2）、（4）、（6）、（9）

● 提示：

■ （1）错，在需求分析时主要考虑软件要"做什么"，这一阶段对可维护性可以提出要求，要达到什么指标，而如何实现可维护性，是在设计和实现阶段考虑的问题。

■ （2）错，在程序中加入注释，这是提高程序可读性，从而提高可维护性的重要手段，不能因为测试通过就删去它们。

■ （4）错，在编程时尽可能少用全局变量，以降低模块间的耦合性，以利于软件的后期维护、扩展、移植和复用。

■ （6）错，尽可能利用硬件的特点，这样的程序可移植性很差，自然维护起来就相当困难了。

■ （9）错，在软件概要设计时，对产生的程序模块结构的评价方法就是看模块之间的耦合（联系）是否松散。如果联系密切，这样的结构各部分牵连太多，是不好的设计。

【问题3】（4分）

该排列图的错误是：

（1）未按原因从大到小排列；

（2）未画出各项原因的累积频率曲线；

（3）未做出主、次和一般原因的ABC分类。

- 提示：排列图的作图步骤如下

（1）作表，排列图所用的数据表中应包含有：各项原因导致的缺陷数目、各项缺陷所占百分比及累计百分比。

（2）按缺陷数量从大到小顺序将各项原因填入表中，其他项的数据由许多小项目的数据合并在一起，不必计较大小排在最后。

（3）画两根横轴和纵轴。左边纵轴标件数（频数）。右边纵轴标比率（频率）。最大为100%。横轴标各项原因。

（4）在横轴上将各项原因按频数由大到小顺序依次画直方柱。

（5）在每个直方柱的右上方标出累计频率百分数，描点，用实点连线，画累计频率折线（帕累托曲线）。

（6）做出主、次和一般原因的ABC分类。

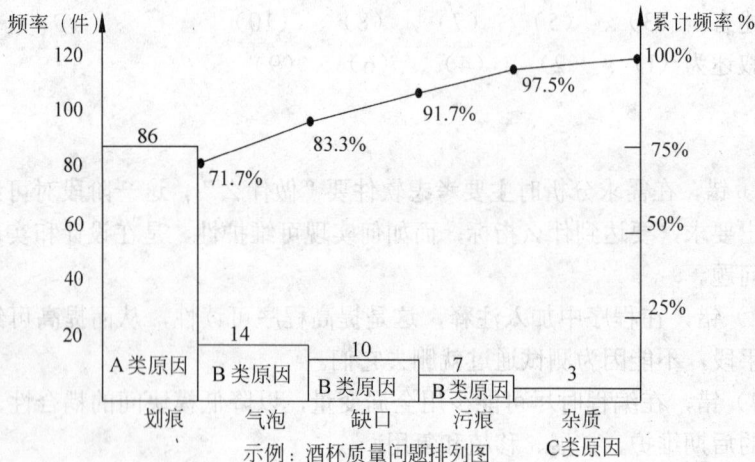

示例：酒杯质量问题排列图

（2007下）试题五（14分）

建设单位甲于2005年2月与承建单位乙签订了Simple公司企业信息化应用软件开发项目承建合同，工期1年。合同中约定开发的应用软件最终形成产品供甲及其下属单位使用，并约定软件著作权全部归甲方拥有。对于监理来说，信息工程建设最终实现质量目标非常重要；对于建设各方来说质量控制贯穿在项目可行性研究、设计、开发、实施、验收、启用及使用维护的全过程。在质量控制过程中各方承担着各自不同的质量责任。

【问题 1】（4 分）

测试是信息工程监理质量控制的主要方法与手段。软件测试是与开发紧密相关的一系列有计划的系统性活动。软件测试需要用测试模型去指导实践。软件测试专家通过测试实践总结出了很多很好的模型。V 模型是最具有代表意义的测试模型，请将开发活动与相应的测试活动用连线连接。

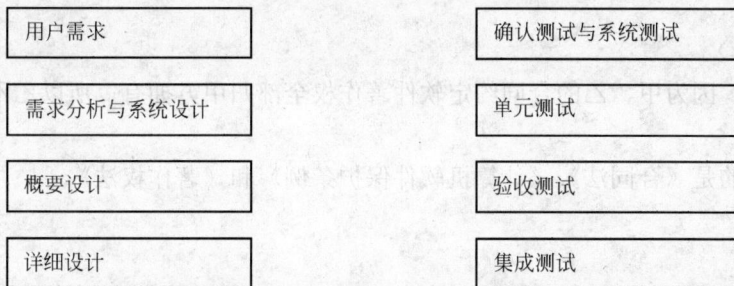

【问题 2】（5 分）

请简要叙述监理单位对承建单位的测试工作进行监理的主要内容。

【问题 3】（5 分）

该应用软件投入运行后为甲带来良好的经济效益，乙自行对该软件作品进行了提高和改善，形成新版本销售给了甲的同业竞争对手丙、丁、戊。请回答：乙单位的行为是否构成侵权，为什么？依据的是哪些相关法律？

（2007 下）试题五答案

【问题 1】（4 分）

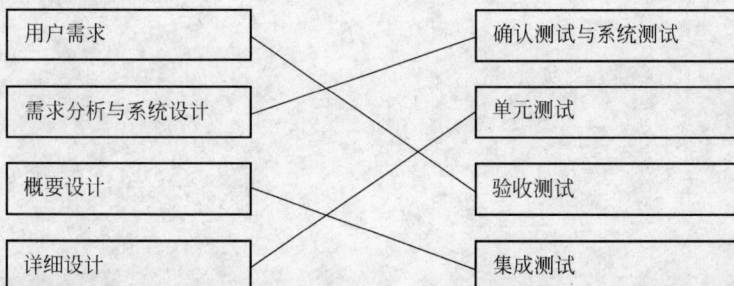

【问题 2】(5 分)

（1）督促承建单位建立项目测试体系，成立独立的测试小组。

（2）督促承建单位制定全过程的测试计划，从项目需求分析阶段开始，直到项目结束，要进行不间断的测试，并且随着项目的进展，制定分系统的测试计划和详细的测试方案。

（3）对测试方案和测试计划进行审核，对承建单位选择的测试工具的有效性进行确认。

（4）对测试结果的正确性进行审查。

（5）对测试问题的改正过程进行跟踪。

- 提示：参见《信息系统监理师教程》90 页。

【问题 3】(5 分)

构成侵权，因为甲、乙的合同约定软件著作权全部归甲方拥有，所以乙不享有该软件作品的所有权。

主要依据的是《合同法》、《计算机软件保护条例》和《著作权法》。

第23章 2008年上半年考试下午试题解析

（2008 上）试题一（15 分）

某监理单位承担了某网络工程项目全过程的监理工作。在项目实施过程中，发生了如下事件。

事件 1： 该项目的分项工程之一的机房建设可分解为 15 个工作（箭头线表示），根据工作的逻辑关系绘出的双代号网络图如下图所示，监理工程师在第 12 天末进行检查时，A、B、C 三项工作已完成，D 和 G 工作分别实际完成 5 天的工作量，E 工作完成了 4 天的工作量。

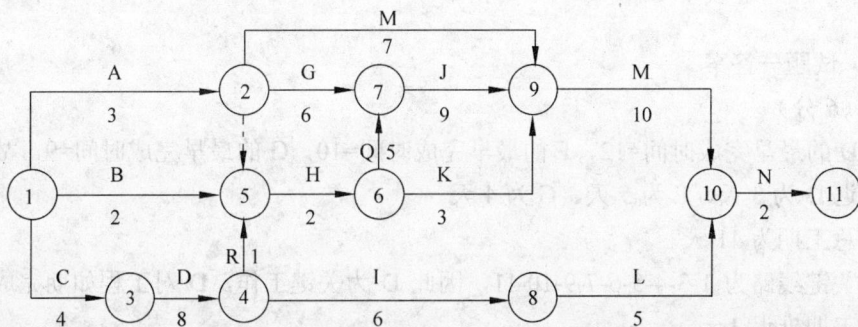

事件 2： 由于项目已经无法按照原进度计划进行实施，建设单位要求承建单位编制相关变更文件，并授权项目监理机构就进度变更引起的有关问题与承建单位进行协商。项目监理机构在收到承建单位提交的进度计划变更文件后，经研究对其今后工作安排如下：

（1）由总监理工程师负责与承建单位进行工期问题的协商工作；

（2）要求承建单位调整进度计划，并报建设单位同意后实施；

（3）针对承建单位进度计划的调整，需要对监理规划进行相应修订，由总监理工程师代表主持修订工作；

（4）由负责合同管理的专业监理工程师全权处理合同变更和可能出现的合同争议。

事件 3： 在项目实施过程中，由于承建单位的原因使得建设单位和承建单位之间产生合同争议。监理机构及时进行调查、取证和调解，并在调解失败的情况下向合同约定的仲裁委员会申请仲裁。

【问题1】（6分）针对事件1：

（1）按工作最早完成时间计，D、E、G 三项工作各推迟了多少天？

（2）根据图中给出的参数，机房建设原来计划的总工期是多少天。

（3）D、E、G 三项工作中，哪些工作对工程如期完成会构成威胁？该威胁使工期推迟多少天？

【问题 2】（5 分）

针对事件 2，指出在协商变更进度过程中项目监理机构的（1）、（2）、（3）和（4）的安排是否妥当？对于你认为的不妥之处请写出正确做法。

【问题 3】（4 分）

针对事件 3，回答监理机构的做法是否正确。对于你认为的不妥之处请说明理由和正确的做法。

（2008 上）试题一答案

【问题 1】（6 分）

（1）D 的最早完成时间=12，E 的最早完成时间=10，G 的最早完成时间=9，故 3 个工作分别推迟 D 为 3 天、E 为 5 天、G 为 4 天。

（2）总工期为 41 天。

（3）关键线路为 1-3-4-5-6-7-9-10-11，因此 D 为关键工作，D 对工程如期完成构成威胁，导致工期推迟 3 天。

【问题 2】（5 分）

（1）妥当。

（2）不妥；正确做法：调整后的进度计划应先经项目监理机构（或总监理工程师）审核、签认。

（3）不妥；正确做法：由总监理工程师主持修订监理规划。

（4）不妥；正确做法：由总监理工程师负责处理合同变更和可能出现的合同争议。

【问题 3】（4 分）

监理机构及时进行调查、取证和调解的做法是正确的，但是在调解失败的情况下向合同约定的仲裁委员会申请仲裁的做法不正确。理由是：监理单位不是承建单位和建设单位所签订合同的当事人，正确的做法是由建设单位或承建单位向合同约定的仲裁委员会申请仲裁。

（2008 上）试题二（15 分）

Simple 公司进行企业信息化工程建设，主要包括综合布线系统、机房、网络及主机系统、软件开发等分项工程建设，分别由不同的承建单位承担建设任务。在工程建设过程中，发生了如下事件。

事件 1：负责该项目的专业监理工程师根据监理规划编制了监理实施细则，设置了质量控制点。

事件 2：承建单位为了抢进度，在完成敷设线槽、线缆后马上派相关人员到该项目监理办公室请负责该项目的专业监理工程师对隐蔽工程进行验收。该监理工程师立即到现场进行检查，发现槽内线缆等方面不符合质量要求，随即口头指示承建单位整改。

事件 3：在机房工程的实施中，机房工程承建单位提出质疑，认为总集成单位提出的机房设备布置图存在问题，将会影响到后续施工和验收。监理就该问题组织了专题讨论会，会议由总监理工程师主持，建设单位、总集成单位、机房工程承建单位参加。

【问题 1】（4 分）

请给出进行质量控制点设置时应遵守的原则。

【问题 2】（7 分）

（1）如此进行隐蔽工程验收，在程序上是不妥当的，请问正确的程序是什么？

（2）监理工程师要求承建单位整改的方式有何不妥之处？正确做法是什么？

【问题 3】（4 分）

（1）会议纪要由谁整理？

（2）会议纪要的主要内容是什么？

（3）会议上出现不同意见时，在纪要中应该如何处理？

（2008 上）试题二答案

【问题 1】（4 分）

（1）选择的质量控制点应该突出重点。

（2）选择的质量控制点应该易于纠偏。

（3）质量控制点设置要有利于参与工程建设的三方共同从事工程质量的控制活动。

（4）保持控制点设置的灵活性和动态性。

- 提示：参见《信息系统监理师教程》79 页。

【问题 2】（7 分）

（1）正确的程序是：隐蔽工程结束后，承建单位先自检，自检合格后，报监理机构进行现场检验，合格后由现场监理工程师或其代表签署认可后，方能进行下一阶段的工作；否则签发不合格项目通知，要求承建单位整改。

（2）监理工程师以口头方式要求承建单位整改，其方式不妥，正确做法是：监理工程师应按照要求书面指令承建单位进行整改。

【问题3】（4分）

（1）由监理工程师整理会议纪要。

（2）会议纪要的主要内容如下：

① 会议地点和时间；

② 会议主持人；

③ 出席者姓名、隶属单位、职务；

④ 会议内容；

⑤ 决议事项（包括负责落实单位、负责人和时限要求）；

⑥ 其他事项。

（3）会议有不同意见时，特别对重大问题有不一致意见时，应将各方主要观点如实进行记录。

- 提示：参见《信息系统监理师教程》284 页。

（2008 上）试题三（16 分）

某市教育信息网建设项目全部由政府投资。该项目为该市建设规划的重点项目之一，且已列入地方年度固定投资计划，现决定对该项目进行招标。招标人于 2006 年 8 月 8 日在国家级报刊上发布了招标公告，并规定 9 月 5 日 14 时为投标截止时间。A、B、C、D、E 等 5 家公司购买了招标文件。

9 月 5 日这 5 家承包商均按规定的时间提交了投标文件。但投标单位 A 在送出投标文件后发现报价估算有较严重的失误，即赶在投标截止时间前 10 分钟递交了一份书面声明：撤回已提交的投标文件。

开标时，由招标人委托的市公证处人员检查投标文件的密封情况，确认无误后，由工作人员当众拆封。由于投标单位 A 已撤回投标文件，故招标人宣布有 B、C、D、E 四家投标单位投标，并宣读该 4 家投标单位的投标价格、工期和其他主要内容。

评标委员会委员由 7 人组成，由招标人直接指定，其中招标人代表 2 人，本系统技术专家 2 人、经济专家 1 人，外系统技术专家 2 人。

在评标过程中，评标委员会要求 B、E 两投标单位分别对其施工方案作详细说明，并对若干技术要点和难点提出问题，要求其提出具体、可操作的实施措施。

按照招标文件中确定的综合评标标准，评标委员会确定综合得分最高的投标单位 B 为中标人。由于投标单位 B 为外地企业，招标人于 11 月 10 日将中标通知书以挂号方式寄出，承包商 B 于 11 月 14 日收到中标通知书。

【问题 1】（2 分）

《中华人民共和国招标投标法》中规定的招标方式有哪几种？

【问题 2】（6 分）

开标、评标时出现了以下情况：

B 投标单位虽按招标文件的要求编制了投标文件但有一页文件漏打了页码；

C 投标单位投标保证金超过了招标文件中规定的金额；

D 投标单位投标文件记载的招标项目完成期限超过招标文件规定的完成期限；

E 投标单位某分项工程的报价有个别漏项。

请分别回答 B、C、D、E 单位的投标文件是否有效并说明理由。

【问题 3】（8 分）

从所介绍的背景资料来看，在该项目的招标投标程序中哪些方面不符合《中华人民共和国招标投标法》的有关规定？请逐一说明。

（2008 上）试题三答案

【问题 1】（2 分）

《中华人民共和国招标投标法》中规定的招标方式有公开招标和邀请招标两种。

【问题 2】（6 分）

B 单位投标文件有效。漏打了一页页码属于细微偏差。

C 单位投标文件有效。投标保证金只要符合招标文件规定的最低投标保证金即可。

D 单位投标文件无效。项目完成期限超过招标文件规定的完成期限属于重大偏差。

E 单位投标文件有效。个别漏项属于细微偏差，投标单位可根据要求进行补正。

- 提示：
  - 细微偏差是指投标文件在实质上响应招标文件要求，但在个别地方存在漏项或者提供了不完整的技术信息和数据等情况，并且补正这些遗漏或者不完整不会对其他投标人造成不公平的结果。细微偏差不影响投标文件的有效性。
  - 下列情况属于重大偏差：

（1）没有按照招标文件要求提供投标担保或者所提供的投标担保有瑕疵；

（2）投标文件没有投标人授权代表签字和加盖公章；

（3）投标文件载明的招标项目完成期限超过招标文件规定的期限；

（4）明显不符合技术规格、技术标准的要求；

（5）投标文件载明的货物包装方式、检验标准和方法等不符合招标文件的要求；

（6）投标文件附有招标人不能接受的条件；

（7）不符合招标文件中规定的其他实质性要求。

- 投标文件有上述情形之一的，为未能对招标文件做出实质性响应，作废标处理。

【问题3】（8分）

（1）招标人不应仅宣布4家承包商参加投标。《招标投标法》规定：招标人在招标文件要求提交投标文件的截止时间前收到的所有投标文件，开标时都应当当众拆封、宣读。

（2）评标委员会委员不应全部由招标人直接指定。按规定，评标委员会中的技术、经济专家，一般招标项目应采取在国务院有关部门或者省、自治区、直辖市人民政府有关部门提供的专家名册或者招标代理机构的专家库内的相关专业的专家库中随机抽取方式确定，特殊招标项目可以由招标人直接确定。本项目显然属于一般招标项目。

（3）如果招标人授权评标委员会直接确定中标人，由评标委员会定标是对的；否则，就是错误的。

- 提示：《招标投标法》的相关条文。
  - 第三十七条 评标由招标人依法组建的评标委员会负责。

依法必须进行招标的项目，其评标委员会由招标人的代表和有关技术、经济等方面的专家组成，成员人数为五人以上单数，其中技术、经济等方面的专家不得少于成员总数的三分之二。

前款专家应当从事相关领域工作满八年并具有高级职称或者具有同等专业水平，由招标人从国务院有关部门或者省、自治区、直辖市人民政府有关部门提供的专家名册或者招标代理机构的专家库内的相关专业的专家名单中确定；一般招标项目可以采取随机抽取方式，特殊招标项目可以由招标人直接确定。

与投标人有利害关系的人不得进入相关项目的评标委员会；已经进入的应当更换。

评标委员会成员的名单在中标结果确定前应当保密。

  - 第四十条 评标委员会应当按照招标文件确定的评标标准和方法，对投标文件进行评审和比较；设有标底的，应当参考标底。评标委员会完成评标后，应当向招标人提出书面评标报告，并推荐合格的中标候选人。

招标人根据评标委员会提出的书面评标报告和推荐的中标候选人确定中标人。招标人也可以授权评标委员会直接确定中标人。

（2008上）试题四（15分）

某承建单位通过投标获得了 Simple 公司信息系统建设项目总包任务，主要建设内容是机房工程、网络系统建设和应用软件开发。承建单位、监理单位分别与建设单位签订了承建合同、监理合同。承建单位将机房建设中的空调系统等部分建设内容分包给了专业性公司，并签订了分包合同。在项目实施过程中，发生了如下事件。

事件 1： 人力资源管理系统分项工程是该企业本次信息系统建设的重点之一。该系统可供操作员和系统维护人员使用，也可供人事处负责人和主管人事的副总经理等查询人事信息用。人力资源管理系统通过录入人事数据和修改、删除等操作，产生和更新各类人事文件，通过搜索这些文件进行各类人事信息的查询。该建设单位有 3000 多名工人、管理和技术人员，有管理科室、生产车间、后勤服务和开发研制等几类部门。承建单位派出系统分析师张某负责进行系统分析。考虑到人事处有大量的查询信息要求、频繁的人事信息修改和文件存档、查阅等特点，系统分析师张某决定认真设计人机交互界面，首先设计好在终端上的交互式会话的方式。

系统分析师张某通过调查收集到如下 10 条意见。

（1）某系统维护人员认为：系统在屏幕格式、编码等方面应具有一致性和清晰性，否则会影响操作人员的工作效率。

（2）某操作人员认为：在交互式会话过程中，操作人员可能会忘记或记错某些事情，系统应当提供 HELP 功能。

（3）某操作人员认为：既然是交互式会话，那么对所有的输入都应当做出响应，不应出现击键后，计算机没有任何反应的情况。

（4）某操作人员认为：在出错的时候，交互式会话系统应当给出出错信息，并且尽可能告诉我们出错的性质和错在什么地方。

（5）某系统维护人员认为：终端会话也应当符合程序员编制程序时的习惯，这样可以更高效地维护人事管理系统。

（6）教育科干部甲认为：应当对操作员进行一些必要的培训，让他们掌握交互式会话系统的设计技巧，有助于提高系统的使用效率。

（7）教育科干部乙认为：尽管操作人员的指法已经强化训练但在交互式会话时应尽可能缩短和减少操作员输入的信息，以降低出错概率。

（8）某程序员认为：由于本企业中有很多较大的文件，文件的查找很费时间，交互式会话系统在响应时间较长时应给予使用者以提示信息。

（9）人事处干部丙认为：我们企业的人事资料相当复杂，格式非常之多，希望交互式系统使用十分清晰的格式，并容易对输入数据中的错误进行修改。

（10）人事处干部丁认为：人事管理系统应当具有相当的保密性和数据安全性，因此在屏幕上显示出的信息应该含混一些，以免泄密。

事件 2： 空调系统的分包单位在做空调工程时，经中间检查发现实施不符合设计要求——噪音超标，并自认为难以达到合同规定的要求，于是向监理工程师提出终止合同的书面申请。

事件 3：在进行初步验收时，承建单位认为应该根据投标书要求的质量标准进行验收，业主认为应按合同条款要求的质量标准进行验收，为此发生争议。

【问题 1】（6 分）

事件 1 中，系统分析师张某对上述调查情况和其他要求作了分析后提交监理进行审核，监理发现收集到的 10 条意见中有 3 条意见是不能接受的，请写出这 3 条意见的编号并简单地叙述理由。

【问题 2】（6 分）

在事件 2 中：

（1）监理工程师应如何协调处理？

（2）合同的变更和解除，会影响当事人要求赔偿损失的权利吗？

【问题 3】（3 分）

在事件 3 中，监理工程师应支持哪种意见？为什么？

（2008 上）试题四答案

【问题 1】（6 分）

不能接受的 3 条意见及其理由是：

（1）人机交互界面首先考虑的是用户如何使用起来方便，与程序员编制程序时的习惯无关。

（2）操作人员无须掌握交互式会话系统的设计技巧。

（3）屏幕上的信息应很清晰易懂，屏幕的正常显示与泄密无因果关系。

【问题 2】（6 分）

（1）监理工程师应做如下协调处理：

① 拒绝接受分包单位关于终止合同的书面申请。

② 要求总包单位与分包单位双方协商，达成一致后解除合同。

③ 要求总包单位对不合格工程返工处理。

（2）合同的变更和解除，不影响当事人要求赔偿的权利。

【问题 3】（3 分）

监理工程师应支持业主意见。因为按规定，合同条件与投标书条件有矛盾时，解释顺序为合同条款在投标书之先（说出解释顺序为合同条款在投标书之先的意思即可）。

- 提示：解释顺序≠时间顺序，正因为合同条款的时间顺序在后，所以解释顺序优先。

（2008 上）试题五（14 分）

建设单位于 2005 年 3 月与承建单位签订了 Simple 公司企业信息化应用软件开发项目承建合同，工期 2 年。承建单位、监理单位分别签订了承建合同、监理合同。

【问题 1】（6 分）

在某个检查点，监理工程师对项目进行检查后发现：项目的 BCWS（计划工作预算费用）=20000 万元，BCWP（完成工作预算费用）=17000 万元，ACWP（完成工作实际费用）=18000 万元，那么该项目的 SV（进度偏差）、CV（成本偏差）是多少，进度业绩指标（SPI）、费用业绩指标（CPI）是多少？请列出计算公式并计算出结果。

【问题 2】（3 分）

在分项工程财务管理系统开发过程中，监理工程师发现开发过程存在的缺陷分布如下：

缺陷	缺陷类型				总计
	需求	设计	编码	测试	
严重	10	15	7	6	38
一般	24	45	56	7	132
建议	11	13	22	5	51
合计	45	73	85	18	221

请问在几种质量控制的统计分析方法中，监理工程师宜选择哪种方法来分析存在的质量问题？

【问题 3】（5 分）

该工程全部完工后，进入到工程竣工验收阶段，其中流程分别为：

（1）验收文件资料准备；

（2）验收申请；

（3）验收申请的审核；

（4）签署验收申请；

（5）组织工程验收。

请问以上各流程各由哪个单位完成？

（2008 上）试题五答案

【问题 1】（6 分）

SV=BCWP–BCWS=17 000–20 000= –3000（万元）

CV=BCWP–ACWP=17 000–18 000= –1000（万元）

SPI=BCWP / BCWS=17 000 / 20 000= 0.85

CPI=BCWP / ACWP=17 000 / 18 000= 0.94

【问题 2】（3 分）

在几种质量控制的统计分析方法中，监理工程师宜选择 Pareto 图（排列图）的方法进行分析。

- 提示：常见质量控制的统计分析方法区别如下。
  （1）检查（调查）表：收集数据。
  （2）直方图：查看缺陷的分布情况。
  （3）因果图：理清思路，寻找原因。
  （4）Pareto 图（排列图）：找出主要因素。
  （5）散布图：研究两个因素之间的关系。
  （6）控制图：判断过程稳定与否，发现异常。

【问题 3】（5 分）

验收各流程的完成单位是：
（1）验收文件资料准备由承建单位完成。
（2）验收申请由承建单位完成。
（3）验收申请的审核由监理单位完成。
（4）签署验收申请由监理单位完成。
（5）组织工程验收由建设单位完成。

第24章 2008年下半年考试下午试题解析

（2008 下）试题一（20 分）

某市政务信息系统建设项目全部由政府投资。建设单位甲采用公开招标的方式选定监理公司（丙）承担这个项目建设过程的监理工作，并签订了委托监理合同。建设项目招标时，应甲方要求，丙方编写了招标文件。在招标文件中有以下几项主要内容：

（1）项目的技术要求；

（2）项目工程的设计说明；

（3）对投标人资格审查的标准；

（4）投标报价要求；

（5）评标标准；

（6）承建单位的实施组织设计；

（7）确保项目工程质量、进度的技术措施；

（8）材料、设备、系统软件的供应方式；

（9）关键工序、关键部位的实施要求。

招标人于 2007 年 7 月 21 日在国家级报刊上发布了招标公告，并规定 2007 年 8 月 15 日 14 时为投标截止时间。A、B、C、D、E 共 5 家公司购买了招标文件。招标人对投标单位就招标文件所提出的所有问题统一做了书面答复，如下表所示，并以备忘录的形式分发给各投标单位。

问题答复表

序号	问题	提问单位	提问时间	答复

在书面答复投标单位的提问后，招标人组织各投标单位进行了现场踏勘。并于 8 月 5 日招标人书面通知各投标单位，由于某种原因，决定将机房工程从原招标项目范围内删除。

A、B、C、D、E 这 5 家公司于 2007 年 8 月 15 日 14 时前提交了投标文件。开标前招标代理机构组建了 5 人评标委员会。由于项目资金比较紧张，为了评标时能够统一意见，建设单位安排信息中心主任和总工程师参加评标委员会（包括在 5 人委员会内）。经过评标委员会的评选最终 B 单位以低于成本 150 万元的投标价一举中标。

【问题 1】（6 分）

根据《招标投标法》规定，招标文件中内容有哪些不妥？为什么？还应包括哪些方面的内容？

【问题2】（5分）

单位B中标是否妥当？为什么？

【问题3】（9分）

招标人的招标做法还有哪些不正确之处？请逐一说明。

（2008下）试题一答案

【问题1】（6分）

招标文件内容不妥当处包括第（6）条和第（7）条，这两条内容都属于投标文件的内容，而不是招标文件的内容。

除第（1）、（2）、（3）、（4）、（5）、（8）、（9）条已列出的项目外，根据《招标投标法》第十九条的规定还应包括：拟签订合同的主要条款、工期、应遵循的相关技术标准。

【问题2】（5分）

选择B投标人为中标单位的做法不妥当。因为《招标投标法》规定：中标人的投标能够满足招标文件的实质性要求，并经评审的投标价格最低，但是投标价格低于成本价的除外。

【问题3】（9分）

（1）招标人对投标单位提问只能针对具体的问题做出明确答复，但不应提及具体的提问单位（或者回答为：招标人在书面答复中，不应提及具体的提问单位）（2分），因为按《招标投标法》规定，招标人不得向他人透露已获取招标文件的潜在投标人的名称、数量以及可能影响公平竞争的有关招标投标的其他情况。

或者回答为：招标人对投标人提问只能针对具体的问题做出明确答复，但不应提及具体的提问单位，一旦提及具体提问单位，就透露了已获取招标文件的潜在投标人了，这是《招标投标法》所禁止的。

（2）于8月5日招标人书面通知投标单位，由于某种原因，决定将机房工程从原招标项目范围内删除的做法错误。根据《招标投标法》规定：招标人对已发出的招标文件进行必要的澄清或者修改的，应当在招标文件要求提交投标文件截止日期至少十五日前，以书面形式通知所有招标文件收受人。该澄清或者修改的内容为招标文件的组成部分。

（3）由招标代理机构组建评标委员会错误，评标委员会应当由招标人组建（2分）。

（4）评标委员会成员中技术、经济等方面的专家不得少于成员总数的2/3，招标人的代表不得超过评标委员会总人数的1/3，招标人代表有2人进入评标委员会，超过了1/3。

- 提示：信息中心主任和总工程师不符合《招标投标法》中关于专家的定义，"专家应当从事相关领域工作满八年并具有高级职称或者具有同等专业水平，由招标人从国务院有关部门或者省、自治区、直辖市人民政府有关部门提供的专家名册或者招标代理机构的专家库内的相关专业的专家名单中确定；一般招标项目可以采取随机抽取方式，特殊招标项目可以由招标人直接确定。"

（2008 下）试题二（13 分）

某企业甲进行企业信息化工程建设，甲以邀请招标的方式委托了监理公司丙承担了该工程项目的监理任务，并签订了监理合同。甲又以公开招标的方式选择了公司乙承担该项目的建设任务，并签订了实施合同。项目过程中，发生了如下事件。

事件 1：甲要求丙在委托监理合同签订后 30 日内提交监理规划，丙马上组织人员投入编制工作。

事件 2：某子项工程实施前，乙向丙提出了包括 10 项工作的工程实施进度网络计划，如下图所示（时间单位：天），要求监理工程师审批。

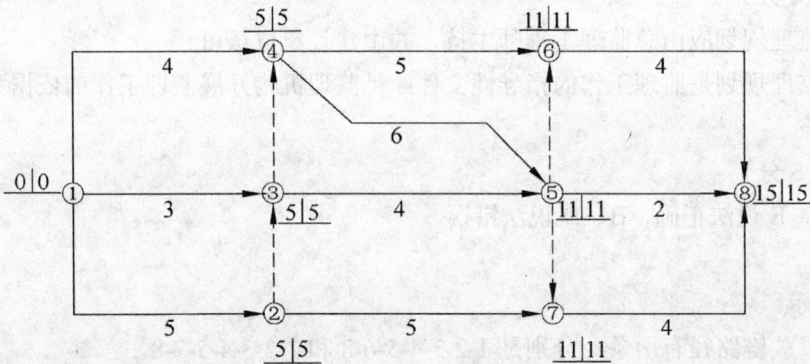

事件 3：在软件开发的测试过程中，监理工程师收集了一段期间内通过两轮测试发现的缺陷数据，并画出了直方图（如图 a、图 b 所示）。

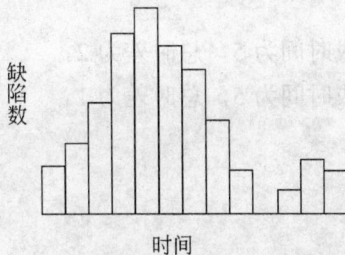

图 a

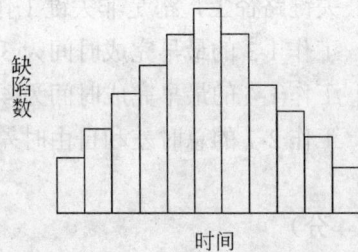

图 b

【问题 1】（4 分）

监理规划的编制应由谁来主持并由谁来认可？简述监理规划的目的和作用。

【问题2】（5分）

请指出针对事件 2 中双代号网络图而得出的下列说法是否正确。

A．所有节点均为关键节点

B．所有工作均为关键工作

C．计算工期为 15 天且关键线路有两条

D．工作 1—3 与工作 1—4 的总时差相等

E．工作 2—7 的总时差和自由时差相等

【问题3】（4分）

图 a 和图 b 分别呈怎样的分布状态？该分布状态说明了什么？

（2008下）试题二答案

【问题1】（4分）

（1）监理规划应由总监理工程师主持，并由建设单位认可。

（2）监理规划是监理工作的指导性文件；是监理机构开展监理工作的依据和基础。

【问题2】（5分）

A、C、E 说法正确，B、D 说法错误。

- 提示：
  - 关键路径有两条：分别是 1-2-3-4-5-6-8 和 1-2-3-4-5-7-8。
  - 所有结点都在关键路径上，所以都是关键结点。
  - 但不是所有的工作都是关键工作，工作 1-3、1-4、2-7、3-5、4-6、5-8 都不在关键路径上，都是非关键工作。
  - 工作 1-3 的最早完成时间为 3，最迟完成时间为 5，总时差为 2。
  - 工作 1-4 的最早完成时间为 4，最迟完成时间为 5，总时差为 1。
  - 工作 2-7 的总时差和自由时差均为 1。

【问题3】（4分）

（1）图 a 呈孤岛分布，由短期内不熟练的人员加入（替代）造成。

（2）图 b 接近于正态分布状态，说明测试过程是正常的稳定的，满足质量要求。

- 提示：常见的直方图分布图形大体上有 8 种，如下图所示。

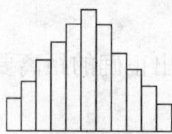 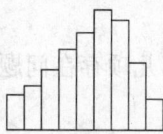 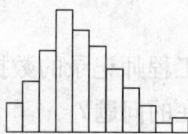 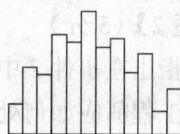

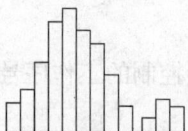 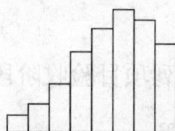 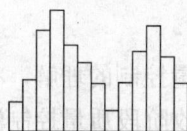 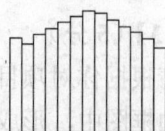

（1）对称分布（正态分布）：生产过程正常，质量稳定。

（2）偏态分布：正常生产情况。但由于技术、习惯原因所产生的偏态分布，为异常生产情况。

（3）锯齿分布：分组的组数不当、组距不是测量单位的整数倍，或测试时所用的方法和读数有问题。

（4）孤岛分布：短期内不熟练的人员替代造成。

（5）陡壁分布：剔除不合格品、等外品或超差返修后造。

（6）双峰分布：由两种不同的分布混在一起检查的结果。

（7）平峰分布：生产过程有缓慢变化的因素起主导作用的结果。

（2008 下）试题三（15 分）

建设单位甲进行企业信息化工程建设，主要包括综合布线系统、机房、网络及主机系统等分项工程建设，甲就工程项目与承建单位乙、监理公司丙分别签订了建设合同、监理合同。在项目实施过程中发生了以下几个事件。

事件 1：在甲乙双方签订的合同中规定，网络和综合布线工程的材料由甲指定厂家供货。当第一批综合布线线缆运抵实施现场后，乙认为既然是甲指定厂商的产品，质量肯定没有问题。乙在收集了合格证、供应商保证书及合同规定需要的各种证明文件后便投入了使用。

事件 2：监理工程师在对机房建设和设备布置、安装进行巡检时，发现机房内通道与部分设备（机柜）间的距离存在问题。监理工程师记录的相关情况如下：

（1）两相对机柜正面之间的距离为 1.2m。

（2）机柜侧面（或不用面）距墙 0.5m。

（3）安装需要维修测试的设备，这部分机柜距墙的距离为 1.2m。

（4）走道净宽为 1m。

事件 3：在网络工程完成了全部工程实施任务后，承建单位提交了验收申请。

【问题 1】（5 分）

针对事件 1 的情况，监理工程师应当如何处理？

【问题2】（5分）

指出在事件2中监理工程师记录的数据中哪几项存在问题？并给出正确的距离要求。监理工程师应如何处理存在的问题？

【问题3】（5分）

请根据你对项目阶段质量控制的理解，将下列项目验收阶段质量控制的工作序号填入下面的框图中，形成项目验收阶段质量控制流程。

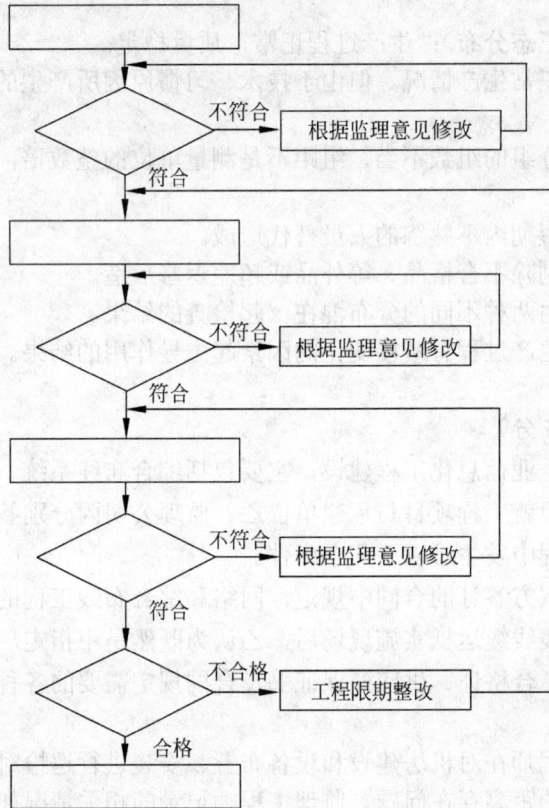

a. 审查验收条件

b. 审查验收过程

c. 验收组实施验收

d. 承建单位提交验收申请

e. 工程竣工

f. 审查验收方案

g. 验收是否合格

h. 承建单位提交验收方案

（2008 下）试题三答案
【问题 1】（5 分）

（1）监理工程师应当立即报告总监理工程师，并由总监理工程师向承建单位签发"停工令"，并报建设单位备案。

（2）监理工程师应当对进场的材料进行检查和验收，如果材料经检验合格，则由承建单位填写"复工报审表"报项目监理部审批，由总监理工程师签发"复工令"。如果材料经检验不合格，则监理工程师应书面形式通知承建单位，不得将这批线缆使用在工程上，并汇报建设单位备案。

【问题 2】（5 分）

（1）两相对机柜正面之间的距离存在错误，正确的是：不应小于 1.5m；走道净宽存在错误，正确的是：走道净宽不应小于 1.2m。

（2）监理工程师发现工程质量存在问题后应及时下达监理通知书，要求承建单位进行整改。

【问题 3】（5 分）

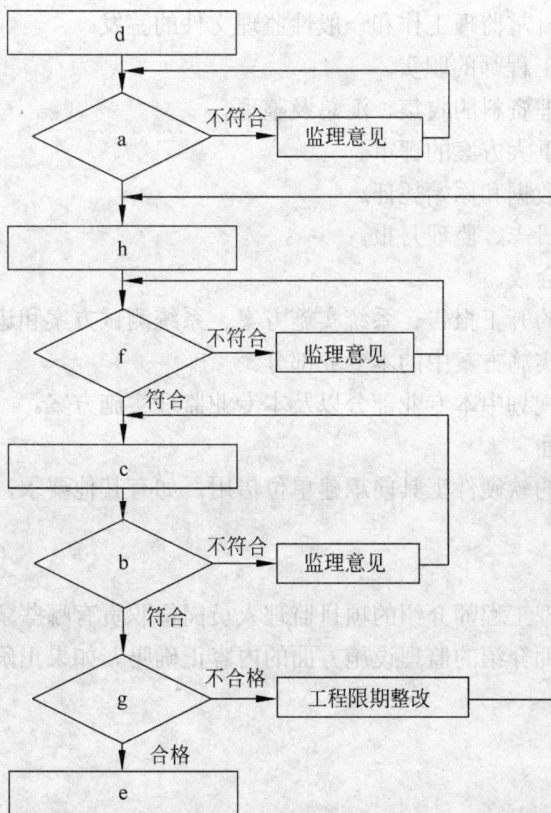

- 提示：原图见《信息系统监理师教程》87页。

（2008下）试题四（15分）

某承建单位乙通过投标获得了某企业甲的信息系统建设项目总包任务，主要建设内容是主机系统建设、系统软件采购和应用软件开发。甲分别与承建单位乙、监理单位丙签订了承建合同、监理合同，在两份合同中均给出了一些特定的免责条款。

【问题1】（5分）

在甲召开的项目第一次例会上，甲依据监理合同，宣布了对项目总监理工程师的任命和授权。总监理工程师依据监理规划介绍了项目监理机构的人员岗位职责和监理设施等情况。其中，

（1）项目监理人员的岗位职责。

- 总监理工程师代表职责。

①审查批准"监理实施细则"。

②调解建设单位和承建单位的合同争议，处理索赔，审批工程延期。

③调换不称职的监理人员。

④负责本项目的日常监理工作和一般性监理文件的签发。

- 专业监理工程师的职责。

①负责本专业监理资料的收集、汇总及整理。

②参与对工程的重大方案的评审。

③审核工程量的数据和原始凭证。

④参与编写监理日志、监理月报。

⑤主持监理工作会议。

⑥审定承建单位的开工报告、系统实施方案、系统测试方案和进度计划。

⑦负责审核系统实施方案中的本专业部分。

⑧负责编制监理规划中本专业部分以及本专业监理实施方案。

（2）监理设施方面。

监理工作所必需的软硬件工具向承建单位借用，如有其他要求，指令承建单位购置后提供给监理使用。

根据上述材料：

（1）请指出总监理工程师介绍的项目监理人员岗位职责有哪些条是不正确的。

（2）总监理工程师介绍的监理设施方面的内容正确吗？如果正确请说明理由，如果不正确请改正。

【问题2】（5分）

根据《合同法》的规定，怎样的免责条款是无效的？

【问题 3】（5 分）

软件测试监理是信息应用系统建设实施阶段的重点监理任务之一。软件测试的目的是 (1) 。为了提高测试的效率，应该 (2) 。使用白盒测试方法时，确定测试数据应根据 (3) 和指定的覆盖标准。与设计测试数据无关的文档是 (4) 。软件的集成测试工作最好由 (5) 承担，以提高集成测试的效果。

（1）A. 评价软件的质量　　　　　　B. 发现软件的错误

　　　C. 找出软件中的所有错误　　　D. 证明软件是正确的

（2）A. 随机地选取测试数据

　　　B. 取一切可能的输入数据作为测试数据

　　　C. 在完成编码以后制定软件的测试计划

　　　D. 选择发现错误的可能性大的数据作为测试数据

（3）A. 程序的内部逻辑　　　　　　B. 程序的复杂程度

　　　C. 使用说明书　　　　　　　　D. 程序的功能

（4）A. 该软件的设计人员　　　　　B. 程序的复杂程度

　　　C. 源程序　　　　　　　　　　D. 项目开发计划

（5）A. 该软件的设计人员　　　　　B. 该软件开发组的负责人

　　　C. 该软件的编程人员　　　　　D. 不属于该软件开发组的软件设计人员

（2008 下）试题四答案

【问题 1】（5 分）

（1）总监理工程师代表岗位职责不正确的是①、②、③；专业监理工程师岗位职责不正确的是②、⑤、⑥。

（2）监理设施方面的描述是不正确的。监理单位应根据工程情况，配备满足监理工作需要的软硬件工具和监理设备，而不是向承建单位借用或指令承建单位提供。

- 提示：参见《信息系统监理师教程》58~59、65 页。

【问题 2】（5 分）

《合同法》（第五十三条）合同中的下列免责条款无效：

（一）造成对方人身伤害的；

（二）因故意或者重大过失造成对方财产损失的。

【问题 3】（5 分）

（1）B、（2）D、（3）A、（4）D、（5）D

- 提示：这几道选择题都是上午考试反复考过的，详见本书"第 16 章　软件质量、软件测试和配置管理"。

（2008 下）试题五（12 分）

Simple 公司企业信息化项目，主要包括系统平台建设、网络系统建设和多个业务部门应用系统开发。某信息工程监理公司负责该项目的全过程监理。

【问题 1】（5 分）

某子项目的建设情况如下：

（1）项目计划。

选择软件 2 月 1 日到 3 月 1 日计划 100,000 元。

选择硬件 2 月 15 日到 3 月 1 日计划 80,000 元。

（2）进度报告。

3 月 1 日完成了硬件选择，软件选择工作完成了 80%。

（3）财务报告。

截止到 3 月 1 日，该项目支出了 170,000 元。

根据以上情况，请计算 BCWS、ACWP、BCWP、SV、CV，并对项目的状态做出评估结论。

【问题 2】（3 分）

项目招标文件中的工期为 555 天，而所签项目承建合同中的工期为 586 天。请问项目工期应为多少天？为什么？

【问题 3】（4 分）

在某部门应用系统的开发过程中，为了保证质量，建设单位要求监理方对承建单位的单元测试进行重点监控。请列出单元测试的主要工作内容。

（2008 下）试题五答案

【问题 1】（5 分）

BCWS=180 000

ACWP=170 000

BCWP=160 000

CV=BCWP−ACWP=160 000−170 000= −10 000

SV=BCWP−BCWS=160 000−180 000= −20 000

项目状况是：进度延迟，成本超支，需要改进。

【问题 2】（3 分）

项目工期应为 586 天。因为招标书在前，项目合同在后，根据规定应以合同中规定的工期为准。

【问题 3】（4 分）

    （1）软件单元的功能测试。

    （2）软件单元的接口测试。

    （3）软件单元的重要执行路径测试。

    （4）软件单元的局部数据结构测试。

    （5）软件单元的语句覆盖和分支覆盖测试。

    （6）软件单元的错误处理能力。

    （7）软件单元的资源占用、运行时间、响应时间等测试。

- 提示：参见《信息系统监理师教程》578 页。

第25章 2009年上半年考试下午试题解析

（2009上）试题一（20分）

某省政务信息网建设项目全部由政府投资。《可行性研究报告》和《初步设计报告》已经主管部门批准，现决定对该项目采取公开招标的方式选定承建单位，确定了投标保证金的数目，并委托某工程咨询单位为该项工程编制标底。招标人于2006年8月8日在国家级报刊上发布了招标公告，并规定2006年9月5日14时为投标截止时间。招标工作步骤如下：

（1）发放招标邀请书。

（2）发布招标公告。

（3）投标单位资格审查。

（4）召开标前会议（先进行现场踏勘）。

（5）接受投标书。

（6）开标。

（7）确定中标单位。

（8）评标。

（9）发中标通知书。

（10）签订合同。

A、B、C、D、E等5家公司购买了招标文件，并于2006年9月5日14时前提交了投标文件，但是投标人E由于银行手续方面的问题，于2006年9月5日16时才提交投标保证金。

开标会由招标代理机构主持，省公证处到场监督。开标前招标代理机构组建了10人评标委员会，其中包括招标人代表6人。

结果A、B、C、D等4个单位的投标报价均在7000万元以上，但由工程咨询单位编制的标底为5000万元，A、B、C、D的投标价与标底相差2000余万元，引起了投标人的异议。这4家投标单位向该省有关部门投诉，认为该工程咨询单位在编制标底的过程中，漏算了多项材料、设备、软件等费用，并少算了工作量。

为此，招标人请求省内的权威部门对原标底进行了复核。2006年12月10日，该权威部门拿出复核报告，证明该工程咨询单位在编制标底的过程中确实存在这4家投标单位提出的问题，复核标底与原标底相差近2000万元。

由于上述问题久拖不决，招标人决定终止本次招标，重新进行招标。

【问题 1】（4 分）

招标工作步骤的排列顺序有不妥之处，请给出正确的排列顺序。

【问题 2】（4 分）

招标人对投标单位进行资格审查应考虑哪四个方面的因素？

【问题 3】（6 分）

由于上述问题久拖不决，招标人决定终止本次招标，重新进行招标，该做法是否妥当？如果重新进行招标，给投标人造成的损失能否要求招标人赔偿，为什么？如果不能重新进行招标，请说明理由。

【问题 4】（2 分）

E 单位的投标文件应当如何处理？为什么？

【问题 5】（4 分）

招标人的招标做法还有哪些不正确之处？请逐一说明。

（2009 上）试题一答案

【问题 1】（4 分）

正确的排列顺序是：（1）→（3）→（2）→（4）→（5）→（6）→（8）→（7）→（9）→（10）。

【问题 2】（4 分）

企业资质、质量管理体系、相关项目经验、公司实力。

- 提示：参见《信息系统监理师教程》333~334 页。

【问题 3】（6 分）

（1）招标人可以要求重新进行招标。

（2）如果重新进行招标，给投标人造成的损失不能要求招标人赔偿。虽然重新招标是由于招标人的准备不够充分造成的，但是并非属于违反诚实信用的行为，而招标仅仅是要约邀请，对招标人不具有合同意义上的约束力，招标并不能保证投标人中标，投标的费用应当由投标人自理。

【问题 4】（2 分）

E 单位的投标文件应当被认为无效而拒绝，因为招标文件规定的投标保证金是投标文件的组成部分。

【问题 5】（4 分）

（1）开标会由招标代理机构主持是错误的，开标会应由招标人主持。

（2）由招标代理机构组建评标委员会是错误的，评标委员会应当由招标人组建。

（3）评标委员会应由 5 人以上单数，而不是双数组成。

（4）招标人的代表参加评标委员会的专家不得超过总人数的 1/3，招标人代表有 6 人进入评标委员会，超过了 1/3。

（2009 上）试题二（15 分）

企业甲就信息化网络工程项目与承建单位乙、监理单位丙分别签订了建设合同、监理合同。承建单位乙在得到甲同意的情况下，将机房工程分包给单位丁，并签订了分包合同。在项目实施过程中发生了以下几个事件。

事件 1： 在机房建设过程中，分包单位丁的施工人员为了赶工期，把信号线 PVC 管和电源线 PVC 管同放在一条泡沫条的槽中，造成质量隐患，专业监理工程师向总监理工程师及时汇报了情况。总监理工程师立即向承建单位乙和分包单位丁签发了整改通知。

承建单位乙称机房工程已根据合同由分包单位丁实施，现在机房工程出现问题，应由分包单位丁承担一切责任。

事件 2： 在布线过程中，承建单位乙的施工人员违反规范要求，贪图一时方便，线缆不够长，接一段了事，旁站监理工程师及时发现并报告给总监理工程师。如果继续施工，线缆将被隐蔽。所以总监理工程师立即向承建单位乙签发了"停工令"。

事件 3： 在网络工程的实施过程中，由于某些设备的到货延迟使整个工期受到影响，承建单位乙向监理提交了进度变更申请。

【问题 1】（6 分） 在事件 1 中：

（1）发现机房工程存在质量隐患，承建单位乙称应由分包单位丁承担一切责任，这种态度为什么不对？

（2）总监理工程师向承建单位乙和分包单位丁签发整改通知，有什么不妥之处吗？为什么？

【问题 2】（5 分） 在事件 2 中：

（1）在布线中，施工人员的做法可能会导致线缆的哪两项指标超标？

（2）总监理工程师签发的"停工令"恰当吗？

（3）总监理工程师在立即签发"停工令"前还应当做什么？

【问题 3】（4 分）

事件 3 中，作为监理工程师，请根据你对项目变更控制的工作任务的理解，把下列项目变更控制工作的序号填入如下的框图中，形成正确的项目变更控制流程图。

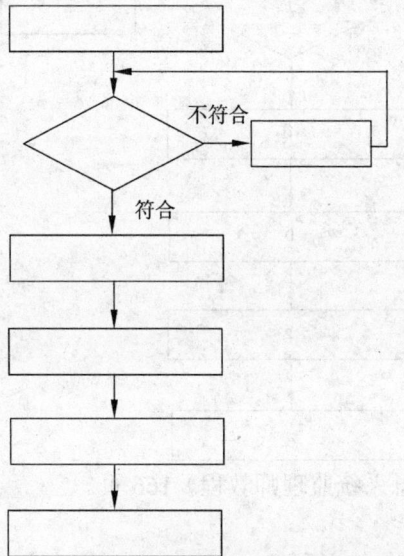

a. 提出监理意见　　　　　　b. 三方协商确定变更方法

c. 承建单位提交变更申请　　d. 变更分析

e. 监理监督变更过程　　　　f. 监理初审　　　g. 开始实施变更

（2009 上）试题二答案

【问题 1】（6 分）

（1）发现机房工程存在质量隐患，承建单位乙说不负责任的做法是不对的，因为工程分包后，不能解除总承包单位的责任和义务。分包单位的任何违约行为所导致的工程损害给建设单位造成的损失，应由总包单位负责，分包单位就分包项目承担连带责任。

（2）总监签发的整改通知应只发给总承包单位，因为只有总承包单位才与建设单位有合同关系。

【问题 2】（5 分）

（1）可能使衰减和串扰大大超标。

（2）总监理工程师签发"停工令"是恰当的。

（3）总监理工程师在立即签发"停工令"前还应当征求建设单位意见。

【问题 3】（4 分）

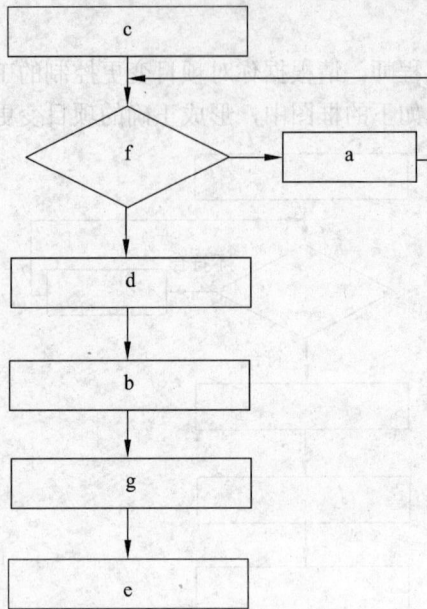

- 提示：原图见《信息系统监理师教程》166 页。

（2009 上）试题三（15 分）

某监理单位承担了某机房、网络和软件开发项目全过程的监理工作。

【问题1】（6 分）

该工程合同工期为 22 个月，承建单位制定的初始项目实施网络计划如下图所示（时间单位：月）。

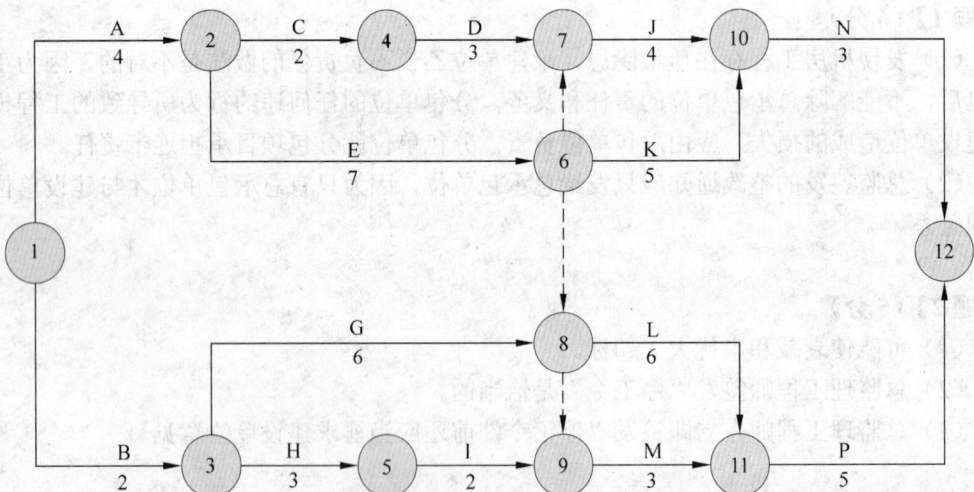

（1）请指出网络计划中的关键路径，说明该网络计划是否可行并简述理由。

（2）请计算 C 的总时差和自由时差。

【问题 2】（5 分）

（1）请指出在软件开发中软件总体结构、运行环境、出错处理设计应分别在哪个文档中阐述（选择候选答案的标号即可）。

①可行性研究报告　　　②项目开发计划　　　③软件需求规格说明
④数据要求规格说明　　⑤概要设计规格说明　⑥详细设计规格说明
⑦测试计划　　　　　　⑧测试报告　　　　　⑨用户手册

（2）请指出初步的用户手册、确认测试计划两个文档应分别在哪个阶段中完成（选择候选答案的标号即可）。

①可行性研究与计划　　②需求分析　　　　　③概要设计
④详细设计　　　　　　⑤测试　　　　　　　⑥维护

【问题 3】（4 分）

在机房建设中，计算机设备宜采用分区布置。请指出机房可分为哪几个区？

（2009 上）试题三答案
【问题 1】（6 分）

（1）该网络计划的关键路径是 A→E→L→P（或者 1→2→6→8→11→12）；由此得出计算工期是 22 个月，与合同工期一致，因此，该网络计划是可行的。

（2）工作 C 的最早开始时间为 4，最迟开始时间为 10．因此总时差为 10-4＝6；工作 D 的最早开始时间是 6，因此工作 C 的自由时差为 6-6＝0。

【问题 2】（5 分）

（1）按照顺序分别是⑤，③，⑤。
（2）按照顺序分别是②，②。

- 提示：软件的总体结构、出错处理设计应当在概要设计规格说明书中正确定义并给出准确描述。软件的运行环境最初在软件需求规格说明中定义。
- 提示：《信息系统监理师教程》552 页，需求分析阶段成果为：
（1）项目开发计划；
（2）软件需求说明书；
（3）软件质量保证计划；
（4）软件配置管理计划；

（5）软件（初步）确认测试计划；

（6）用户使用说明书初稿。

【问题3】（4分）

一般可分为主机区、存储器区、数据输入区、数据输出区、通信区和监控调度区等。具体划分可根据系统配置及管理而定。

（2009上）试题四（15分）

某大型电子政务工程建设项目，使用中央财政资金建设。在历经编写项目建议书、可行性研究报告、初步设计方案后获得批准。其中，硬件、网络基础支撑平台建设投资额3300万元；安全保障系统建设投资额760万元。这两项建设任务分别由2家承建单位承担，同时某监理单位承担了整个项目全过程监理工作。

由于项目建设历时较长，而且某些业务流程发生了必要变化，项目建设单位提出了增加和调整部分建设内容的变更需求。相应地投资发生了一定变化，其中硬件、网络基础支撑平台建设追加资金280万，安全保障系统建设追加资金92万元。

【问题1】（5分）

请指出上述案例中是否存在违规现象并说明理由。

【问题2】（5分）

简要叙述监理单位在变更控制过程中应开展的主要工作。

【问题3】（5分）

简述信息系统工程验收必须符合哪些基本前提条件。

（2009上）试题四答案

【问题1】（5分）

有违规之处。

按照《政府采购法》"第四十九条 政府采购合同履行中，采购人需追加与合同标的相同的货物、工程或者服务的，在不改变合同其他条款的前提下，可以与供应商协商签订补充合同，但所有补充合同的采购金额不得超过原合同采购金额的百分之十"规定，涉及安全产品的投资变化为92万，已经超出了760万×10%=76万的限定要求。

【问题2】（5分）

了解变化：接受变更申请；变更的初审；变更分析：确定变更方法；监控变更的实施；

变更效果评估。

- 提示：参见《信息系统监理师教程》166 页。

【问题 3】（5 分）

工程验收必须要符合下列要求：

（1）所有建设项目按照批准设计方案要求全部建成，并满足使用要求；

（2）各个分项工程全部初验合格；

（3）各种技术文档和验收资料完备，符合集成合同的内容；

（4）系统建设和数据处理符合信息安全的要求；

（5）外购的操作系统、数据库、中间件、应用软件和开发工具符合知识产权相关政策法规的要求；

（6）各种设备经上电试运行，状态正常；

（7）经过用户同意。

- 提示：参见《信息系统监理师教程》408 页。

（2009 上）试题五（10 分）

某信息系统网络工程建设内容包括网络系统和存储备份系统的采购、安装和调试等工作。监理在项目建设过程中，应适时开展对承建单位提交的测试计划、测试方案、测试记录和测试报告等测试文档的审查工作，同时还要对承建单位测试工作进行抽检。

【问题 1】（4 分）

在承建单位开展网络测试工作过程中，监理要对关键网络设备和关键部件的工作状况、链路的冗余能力、Telnet 的控制测试，以及 VLANTRUNK、VPN、FTP、DHCP 等功能的测试过程进行监督检查。

请简述在网络设备测试过程中，监理除了对上述已经描述的测试过程进行监督检查外，还需要检查其他哪些测试过程。

【问题 2】（4 分）

请指出网络设备的主要测试技术指标，并分别说明这些测试指标的作用。

【问题 3】（2 分）

请列举至少 2 个网络应用性能测试工具名称。

（2009 上）试题五答案

【问题 1】（4 分）

监理还需重点检查的测试过程包括：

（1）网络流量及路由转发能力测试；

（2）组播测试；

（3）动态路由测试；

（4）静态路由测试；

（5）端口控制功能测试；

（6）链路负载均衡。

- 提示：参见《信息系统监理师教程》413 页。

【问题 2】（4 分）

检测主要考虑以下技术指标：

（1）吞吐量。可以确定被测试设备（DUT）或被测试系统（SUT）在不丢弃包的情况下所能支持的吞吐速率。

（2）包丢失。通过测量由于缺少资源而未转发的包的比例未显示高负载状态下系统的性能。

（3）延时。测量系统在有负载条件下转发数据包所需的时间。

（4）背靠背性能。通过以最大帧速率发送突发传输流并测量无包丢失时的最大突发（Burst）长度（总包数量）来测试缓冲区容量。

- 提示：参见《信息系统监理师教程》413 页。

【问题 3】（2 分）

网络应用性能测试工具包括 Network Vantage、Application Expert 和 SmartBits 6000B 等。

- 提示：参见《信息系统监理师教程》429~430 页。

第 26 章　2010 年上半年考试下午试题解析

（2010 上）试题一（16 分）

某国有大型企业为了提升竞争力，利用银行贷款进行信息化建设，项目估算投资约为人民币 9000 万元，内容包括购买某知名 ERP 软件、定制开发部分应用系统、升级改造原有网络系统、部分硬件设备并进行软硬件系统的集成工作，某监理公司负责该项目全过程的监理作。

事件 1：在项目启动前期，该企业总经理决定由信息中心总体负责该单位的信息化建设，任命信息中心副主任为项目领导小组长，并要求信息中心的系统管理员 A 总体负责业务流程再造、组织机构的调整、业务的重新整合、培训等工作，要求系统管理员 B 负责总体协调，组织办公室、财务部、市场部、技术部、人力资源部及各生产车间的信息化实施工作。

事件 2：工程建设需要订购一批 3G 上网卡，上网卡生产商在得知消息后，向建设单位去函表示："本厂生产的 3G 上网卡，每块单价 90 元。如果贵单位需要，请与我厂联系。"建设单位回函："我部门愿向贵厂订购 500 块 3G 上网卡，每块单价 85 元。"两个月后，建设单位收到上网卡生产商发来的 500 块升级版 3G 上网卡，但每块价格仍为 90 元，建设单位拒收。

事件 3：在项目建设过程中，由于公司的主要业务为出口，受国际金融危机的影响，公司某月的资金链暂时中断，不得不临时使用部分所贷资金"救急"购买企业生产所需原材料计划待下月经营状况好转后再归还此部分资金。

事件 4：该项目中的定制开发应用系统子项建设，预计花费人民币 1000 万元，为期 12 个月，在工作进行到第 8 个月时，根据财务部门提供资料，成本预算是人民币 640 万元，实际成本支出是人民币 680 万元，挣值为人民币 540 万元。

【问题 1】（6 分）

作为本项目的总监理工程师代表，你对事件 1 中信息化建设组织的设置应提出哪些监理建议。

【问题 2】（4 分）

请分析在事件 2 中建设单位拒收是否构成违约，为什么？

【问题3】（2分）

作为本项目的总监理工程师代表，请你判断事件3中是否存在不妥，为什么？

【问题4】（4分）

根据事件4，请计算成本偏差（CV）、进度偏差（SV）、成本绩效指数 CPI、进度绩效指数 SPI。

（2010上）试题一答案：

【问题1】（6分）

（1）任命信息中心副主任为项目领导小组组长不妥，因为企业信息化是一项复杂的系统工程，它的实施自始至终都需要企业的最高管理层的介入或授权。

（2）要求系统管理员 A 总体负责业务流程再造、组织机构的调整、业务的重新整合、培训等工作不妥，因为这牵涉到企业的管理变革，必须由企业的最高管理者主导，管理层参与。

（3）要求系统管理员 B 负责总体协调，负责组织各部门的信息化实施工作不妥，他没有相应的管理权限来协调这些工作。

【问题2】（4分）

建设单位不违约，因为合同还未成立。建设单位对生产商的回函是一个附条件的新要约，因其对生产商的要约作出了实质性变更，这一行为并不是承诺，而是一个新要约。

因此，该合同没有成立，建设单位并不承担任何违约责任。

【问题3】（2分）

使用贷款资金购买企业生产所需原材料不妥（1分）。贷款资金专款专用。（1分）

【问题4】（4分）

CV=EV−AC=540−680= −140（万元）

SV=EV−PV=540−640= −100（万元）

CPI=EV/AC=540/680=0.794

SPI=EV/PV=540/640=0.843

（2010上）试题二（15分）

某国家机关拟定制开发一套适用于行政管理的业务应用系统，先以本级单位为试点，如应用效果良好，则在本系统内地方单位进行统一安装部署。计划通过公开招投标的方式选择开发单位。

事件 1：监理在审核招标文件过程中发现，拟签订合同条款中未针对本业务应用系统的知识产权进行规定，于是建议业主单位对该部分进行补充。

事件 2：在评标过程中，评标委员会要求所有投标的 4 家单位对原招标文件未规定的售后服务方案进行补充提交。

【问题 1】（5 分）

本项目招标文件中是否有必要对软件知识产权归属问题进行规定，如有请说明原因并指出对本项目验收后的使用产生的影响。

【问题 2】（4 分）

对于事件 2，评标委员会的做法是否存在不妥，请说明依据和原因。

【问题 3】（6 分）

按照《招投标法》中关于招标文件构成的规定，请简述监理在审核招标文件时应重点关注的内容。

（2010 上）试题二答案

【问题】（5 分）

（1）有必要；根据《著作权法》或《计算机软件保护条例》规定，如未在合同中进行约定，该标的物的知识产权不属于买受人，即知识产权归开发单位所有或不归业主单位所有。

（2）系统内安装推广会产生歧义；对系统今后的升级维护产生影响。

【问题】（4 分）

不妥；根据《招投标法》规定，评标委员会可以要求投标人对投标文件中含义不明确的内容作必要的澄清或者说明，但是澄清或者说明不得超出投标文件的范围或者改变投标文件的实质性内容。

【问题】（6 分）

（1）投标人资格要求是否满足工程建设需要。

（2）技术要求是否存在明显的倾向性。

（3）项目报价比重是否合理。

（4）评标标准是否合理。

（5）拟签订合同的主要条款是否适用于业主单位及项目实际（合同条款）。

（2010 上）试题三（15 分）

　　某监理单位承担了某市政府机关的办公应用系统建设工程的监理工作。经过公开招标，建设单位选择 A 公司作为工程的承建单位，目前项目已经进入分析设计阶段。A 公司完成了系统的需求分析工作。按照合同约定，建设单位组织专家组对需求规格说明书进行评审，专家组形成以下主要评审意见：

　　（1）需求规格说明书未能完全覆盖用户的业务需求；

　　（2）需求规格书明书存在多处前后描述不一致的情况；

　　（3）需求规格说明书中部分功能定义不明确，不能满足设计工作需要；

　　（4）承建单位须对需求规格说明书进行补充完善后，再次提交评审。

【问题 1】（4 分）

　　一般情况下，需求评审专家组的人员组成包括＿＿、＿＿、＿＿、＿＿。

①建设单位代表　　　②承建单位代表　　　③监理单位代表

④用户单位代表　　　⑤第三方测试机构代表　　⑥行业专家

⑦信息化领域专家

【问题 2】（5 分）

　　针对本次需求评审的结果，监理应重点开展哪五项工作？

【问题 3】（6 分）

　　分析设计阶段项目建设成果主要包括＿＿、＿＿、＿＿、＿＿、＿＿、＿＿。

① 立项建议书　　　　② 概要设计规格说明　　　③ 软件质量保证计划

④ 项目开发工作计划　⑤ 可行性分析报告　　　　⑥ 详细设计规格说明

⑦ 测试计划　　　　　⑧ 测试报告　　　　　　　⑨ 软件配置管理计划

（2010 上）试题三答案

【问题 1】（4 分）

　　①、④、⑥、⑦

- 提示：
  - 在评审需求规格说明书中，评审专家组成员可以包括建设单位代表、用户单位代表、行业专家、信息化领域专家。
  - 一般情况下，由于被评审的文档是承建单位完成的、文档形成过程是监理单位监理的，因此这两方角色不宜作为专家组成员。
  - 同时，目前工作仅为需求分析阶段，还未到测试验收阶段，因此不需要第三方测试机构代表的参与。

【问题 2】（5 分）

（1）研究落实专家评审意见。

（2）督促承建单位完善用户业务需求分析工作。

（3）监督承建单位修改和完善软件需求规格说明书。

（4）审核承建单位修改后的软件需求规格说明书。

（5）协助建设单位重新组织需求评审。

【问题 3】（6 分）

②、③、④、⑥、⑦、⑨

- 提示：《信息系统监理师教程》552 页、555 页。
  - 需求分析阶段成果为：

（1）项目开发计划；

（2）软件需求说明书；

（3）软件质量保证计划；

（4）软件配置管理计划；

（5）软件（初步）确认测试计划；

（6）用户使用说明书初稿。

  - 设计阶段成果为：

（1）概要设计说明书；

（2）数据库设计说明书；

（3）用户手册；

（4）软件概要设计说明书（数据库设计部分可单列一册）；

（5）软件详细设计说明书；

（6）软件编码规范；

（7）集成测试计划。

  - 立项建议书和可行性分析报告是项目建设单位在申报项目时应形成的成果，即在项目的前期准备阶段形成的。
  - 测试报告是在项目编码时或编码完成后的成果，即在项目的实施阶段或验收阶段形成的。

（2010 上）试题四（15 分）

某信息系统网络工程建设内容包括网络设备的采购、局域网建设、综合布线系统的建设、购买操作系统、数据库、中间件、应用软件和开发工具等。监理在项目建设过程中，针对设备采购进行了到货验收，并对综合布线、机房工程中的隐蔽工程等进行了旁站监理，目前工程已经进入验收阶段。

事件 1：在该网络系统验收前，承建单位提出了验收申请，监理工程师小张考虑到所有建设项目均按照标准设计方案要求全部建成，并满足建设单位的使用要求；承建单位提供的各种技术文档和验收资料完备；且外购的操作系统、数据库、中间件、应用软件和开发工具符合知识产权相关政策法规的要求，遂认为满足了验收的前提条件。

事件 2：在局域网建设过程中，监理针对影响局域网特性的主要技术要素，向项目建设单位提出了监理建议，根据监理意见，建设单位在对比了星型拓扑结构、总线型拓扑结构和环型拓扑结构后，决定本工程的局域网建设采用星型的拓扑结构。

事件 3：在本项目的信息网络系统完工时，建设单位、承建单位和监理单位三方共同确定了验收方案，建设单位和承建单位共同推荐验收人员、组成工程验收组，确认工程验收时应达到的标准和要求，确认验收的程序。

【问题 1】（4 分）

在事件 1 中，小张的判断是否正确？为什么？

【问题 2】（共 8 分，每个 2 分）

针对本项目网络系统验收，监理工程师要熟悉有关专业知识：

（1）监理针对影响局域网特性的主要技术要素，向项目建设单位提出了监理建议，决定局域网特性的技术要素为___、___、___。

① 网络的拓扑结构　　② 网络应用　　③ 网络的介质访问控制方法
④ 网络的布线方法　　⑤ 网络协议　　⑥ 网络的传输介质

（2）本工程局域网建设没有采用总线型拓扑结构或环型拓扑结构，是因为它们的主要缺点是_____。

① 网络所使用的通信线路最长，不易保护
② 某一结点（一般指中心结点）可能成为网络传输的瓶颈
③ 网中的任何一个结点的线路故障都可能造成全网的瘫痪
④ 网络的拓扑结构复杂，成本高

【问题 3】（共 3 分，各 1 分）

事件 3 中，关于信息网络系统验收、测试、售后服务及培训的监理工作，以下说法正确的是___、___、___。

① 监理方和承建方的人员原则上不参加工程验收组

② 验收组人选事先不应对监理方和承建方保密

③ 在发生设备、产品的配件不合格时，监理方应督促承建方与供货厂商联系更换或退货

④ 由于项目建设是一个整体，在进行网络系统验收监理时，应该将不同的子系统功能进行综合考察，有些性能指标的测试需要和应用系统结合在一起进行

⑤ 在验收阶段，监理工程师审核承建单位提交的阶段性付款申请，根据合同规定的付款条件，签发付款证书，并协助业主单位进行工程决算

⑥ 对 UTP 链路验收测试的方法主要有连通性测试、端-端损耗测试、收发功率测试和反射损耗测试四种

（2010 上）试题四答案
【问题 1】（4 分）

不正确，验收首先要经过用户同意，并包括：各个分项工程全部初验合格；系统建设和数据处理符合信息安全的要求；各种设备经加电试运行，状态正常。

- 提示：《信息系统监理师教程》408 页，信息网络系统工程验收必须要符合下列要求。
（1）所有建设项目均按照标准设计方案要求全部建成，并满足建设单位的使用要求。
（2）各个分项工程全部初验合格。
（3）承建单位提供的各种技术文档和验收资料完备，符合集成合同的内容。
（4）系统建设和数据处理符合信息安全的要求。
（5）外购的操作系统、数据库、中间件、应用软件和开发工具符合知识产权相关政策法规的要求。
（6）各种设备经加电试运行，状态正常。
（7）经过用户同意。

【问题 2】（8 分）
（1）①、③、⑥
（2）③

- 提示：
  - 决定局域网特性的技术要素为网络的拓扑结构、网络的介质访问控制方法、网络的传输介质，其中最重要的是介质访问控制方法。
  - 局域网常用的拓扑结构有总线、环型、星型三种。①、②、④是星型拓扑的缺点，③是总线和环型拓扑的缺点。

【问题 3】（3 分）

①、③、④

- 提示：
    - ② 错，工程验收组的成员，原则上不使用监理方和承建方的人员，避免出现"谁监理谁验收、谁施工谁验收"的状况，且验收组成员应对监理方和承建方保密。
    - ⑤ 错，审核承建单位提交的阶段性付款申请、签发付款证书都是总监理工程师的职责，且总监理工程师不得将此工作委托总监理工程师代表或专业监理工程师。
    - ⑥ 错，对 UTP 链路验收测试的主要内容包括接线图、链路长度、衰减、近端串扰损耗、连线长度、衰减值、近端串扰、SRL、等效远端串扰、综合远端串扰、回波损耗、特性阻抗、衰减串扰比等。连通性测试、端-端损耗测试、收发功率测试和反射损耗测试都是对光缆的测试方法。

（2010 上）试题五（14 分）

某机房改造项目涉及网络、存储等设备的升级改造及迁移等工作。监理在项目建设过程中，重点关注机房改造时关键系统的不间断运行情况，同时还要对承建单位各项测试工作进行旁站记录，必要时进行抽检。

事件 1：对于该项目中的机柜、机架安装工作，总监理工程师委派监理员进行了现场旁站监理。

【问题 1】（2 分）

承建单位在综合布线过程中，监理旁站了光纤的熔接过程。工作完成后，监理要求承建单位测试光纤的各项指标并记录相关数据，请将下列指标和测试该指标所使用的设备用直线连接。

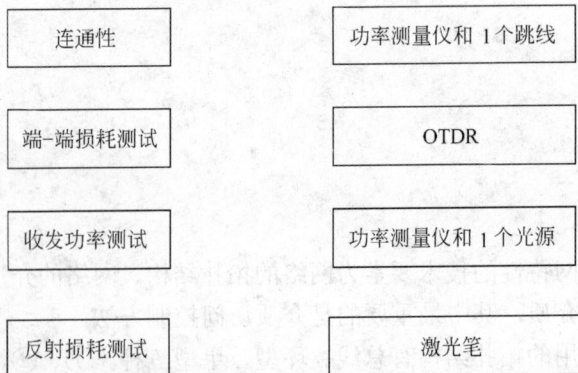

连通性		功率测量仪和 1 个跳线
端-端损耗测试		OTDR
收发功率测试		功率测量仪和 1 个光源
反射损耗测试		激光笔

【问题 2】（4 分）

为了保证网络升级改造工程的质量，设备迁移完成且网络恢复正常后，监理使用部分网络命令进行了测试，请判断下列网络故障诊断命令的描述是否正确。

（1）Ping：ping 本机地址是判断 SNMP 协议层是否正确，ping 其他设备是判断设备连接是否正常。

（2）Tracert：检查两个设备间连接的路径。

（3）Ipconfig：查看主机的 IP 设置，能够显示主机地址、子网掩码、网关等信息，不能显示 DNS 服务器的信息。

（4）Pathping：提供与目标之间的中间路由的网络滞后和网络丢失的信息。

（5）Arp：查看地址解析表。

（6）Netstat：可以监控 TCP/IP 网络情况，显示路由表，但不能显示接口设备的状态信息。

（7）Route：查看和修改路由表。

（8）Telnet：可以查看和修改远程主机参数。

【问题 3】（4 分）

各方准备对网络系统进行竣工验收，请根据你的工程经验，回答下述问题。

（1）验收测试的组织者是：＿＿＿＿＿＿。

    A. 项目经理   B. 总监理工程师

    C. 评审专家   D. 建设单位主管领导

（2）网络系统验收的步骤如下，请给出正确的顺序。

（a）总监理工程师组织专家对验收标准进行会审，提出评审意见，和业主方及承建方进行探讨，如有必要，提出修改意见；

（b）由业主方、承建方和监理方共同参与验收准备，按照验收方案对系统进行验收工作；

（c）监理工程师根据网络系统竣工的准备情况，确定是否满足系统验收条件；

（d）承建方在合同规定时间内提出验收标准；

（e）总监理工程师确认验收工作是否完成；

（f）监理工程师按照合同及相关文件对验收标准进行评审；

（g）监理方向业主方提交最终评审意见，业主方根据评审意见确认验收标准。

【问题 4】（4 分）

在事件 1 中，机柜、机架安装工作检查的要点有哪些？

（2010 上）试题五答案

【问题 1】（2 分）

连通性		功率测量仪和 1 个跳线
端–端损耗测试		OTDR
收发功率测试		功率测量仪和 1 个光源
反射损耗测试		激光笔

连通性 → 功率测量仪和 1 个光源
端–端损耗测试 → 功率测量仪和 1 个跳线
收发功率测试 → 激光笔
反射损耗测试 → OTDR

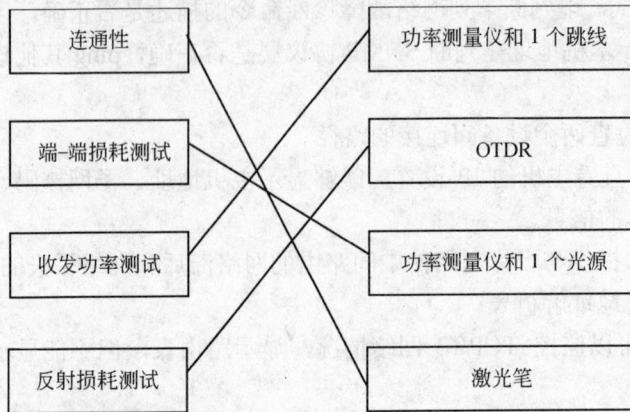

- 提示：参见《信息系统监理师教程》401~403 页、432 页。

【问题 2】（4 分）

错、对、错、对、对、错、对、对

- 提示：
  - （1）错，Ping 本机地址是判断本机的 TCP/IP 协议层是否能正常工作。
  - （3）错，Ipconfig 可以显示 DNS 服务器的信息。
  - （6）错，Netstat 可以显示接口设备的状态信息。

【问题 3】（4 分）

（1）B

（2）（d）→（f）→（a）→（g）→（c）→（b）→（e）

- 提示：验收测试应由监理单位的总监理工程师组织。由于是对承建单位的工作成果进行测试，承建单位的项目经理作为被测试方，因此不应由项目经理组织；评审专家只是参加相应成果的评审，不做具体的组织工作；建设单位的主管领导听取验收测试结果的汇报，也不做具体的组织工作。
- 提示：网络系统的验收测试组织与网络系统验收的步骤详见《信息系统监理师教程》322～323 页。

【问题 4】（4 分）

（1）机柜、机架安装完毕后，垂直偏差应不大于 3mm。

（2）机柜、机架安装位置应符合设计要求。

（3）机柜、机架上的各种零件不得脱落和碰坏，漆面如有脱落应予以补漆，各种标志应完整、清晰。

（4）机柜、机架的安装应牢固，如有抗震要求时，应按施工图的抗震设计进行加固。

提示：参见《信息系统监理师教程》427 页。

第27章　2010年下半年考试下午试题解析

（2010下）试题一（20分）

某大型国家电子政务工程建设项目，使用中央财政性资金，批复的总投资概算5000万元，建设内容主要包括网络平台建设和业务办公应用系统开发。某信息系统工程监理公司承担了全过程监理任务。在工程项目的建设过程中，发生了如下事件。

事件1： 项目建设单位已经收到初步设计方案和投资概算的批复，并开始项目建设工作。此时，国家出台了一项新政策。根据这一政策，建设单位认为有必要改变项目相应的建设内容，结果直接导致需要增加单项工程A的投资概算200万元，调减单项工程B的投资概算200万元。建设单位将这一方案征求监理单位意见。

事件2： 该电子政务项目的需求分析和初步设计中，按照信息安全等级保护的相关要求，形成了与业务应用紧密结合、技术上自主可控的信息安全解决方案。在项目建设过程中，监理单位发现，承建单位也切实落实了有关信息安全解决方案，完成了相关的建设内容。

事件3： 项目初步验收完成后，建设单位发现由于某些原因，不能按时提交竣工验收申请报告。

【问题1】（3分）

在事件1中，作为监理工程师，你认为项目建设单位关于投资概算的调整方案是否合规？请说明理由，并给出进一步的监理建议。

【问题2】（3分）

根据政府有关文件，项目建设单位在项目的试运行阶段，在信息安全方面还需要做哪些工作？

【问题3】（10分）

在项目进行初步验收时，项目建设单位应从哪几个方面进行验收，进而形成初验报告？监理文件验收是档案验收的一部分，根据《国家电子政务工程建设项目档案管理暂行办法》的相关规定，这些监理文件包括哪些？（至少列出16种）

【问题4】（4分）

根据事件3描述，监理单位针对该项目验收应提出哪些建议？

（2010 下）试题一答案

【问题 1】（3 分）

合规。

单项工程之间概算调整的数额不超过概算总投资 15%，业主可自行调整。

应将调整方案上报主管部门（国家发改委）备案。

- 提示：《国家发展改革委关于进一步加强国家电子政务工程建设项目管理工作的通知》（发改高技【2008】2544 号）中明确规定：

（1）项目建设部门应严格按照批复的初步设计方案和投资概算实施项目建设。

（2）主要建设内容或投资概算确需调整的，应事先向国家发展改革委提交调整报告，履行报批手续。

（3）对于投资规模未超出概算批复、原有建设目标不变且总概算规模内单项工程之间概算调整的数额不超过概算总投资 15% 的项目，并符合以下三种情况之一的可由项目建设部门自行调整，同时将调整批复文件报国家发展和改革委员会备案：

① 确属于对原项目技术方案进行完善优化的；

② 根据国家出台的新政策或中央领导部署的新任务要求，改变或增加相应建设内容的；

③ 根据所建电子政务项目业务发展的需要，在国家已批复项目建设规划的框架下适当调整相关建设进度的。

【问题 2】（3 分）

项目建设单位应在项目建设任务完成后试运行期间，组织开展该项目的信息安全风险评估工作或制定安全策略，并形成相关文档，作为项目验收的重要内容。

- 提示：国家发展和改革委员会、公安部、国家保密局《关于加强国家电子政务工程建设项目信息安全风险评估工作的通知》（发改高技【2008】2071 号）中明确规定：项目建设单位应在项目建设任务完成后试运行期间，组织开展该项目的信息安全风险评估工作，并形成相关文档，该文档应作为项目验收的重要内容。

【问题 3】（10 分）

工程、技术、财务和档案 4 个方面。

这些监理文件包括：

（1）监理大纲、监理规划、细则及批复。

（2）资质审核、设备材料报审、复检记录。

（3）需求变更确认。

（4）开工令、停工令、复工令、返工令。

（5）施工组织设计、方案审核记录。

（6）工程进度、延长工期、人员变更审核。

（7）监理通知、监理建议、工作联系单、问题处理报告、协调会纪要、备忘录。

（8）监理周（月）报、阶段性报告、专题报告。

（9）测试方案、试运行方案审核。

（10）造价变更审查、支付审批、索赔处理文件。

（11）验收、交接文件、支付证书、结算审核文件。

（12）监理工作总结报告。

（13）监理照片、音像。

【问题 4】（4 分）

建议项目建设单位及时向项目审批部门提出延期验收申请，经项目审批部门批准后，可以适当延期进行竣工验收。

- 提示：《国家电子政务工程建设项目管理暂行办法》第三十一条　项目建设单位应在完成项目建设任务后的半年内，组织完成建设项目的信息安全风险评估和初步验收工作。初步验收合格后，项目建设单位应向项目审批部门提交竣工验收申请报告，并将项目建设总结、初步验收报告、财务报告、审计报告和信息安全风险评估报告等文件作为附件一并上报。项目审批部门应适时组织竣工验收。项目建设单位未按期提出竣工验收申请的，应向项目审批部门提出延期验收申请。

（2010 下）试题二（15 分）

某部委以公开招标方式，利用中央财政资金采购一技术较复杂的大型信息系统。本次招标允许联合体投标，并要求投标人具有工业和信息化部颁发的计算机信息系统集成一级资质。甲、乙、丙、丁 4 家公司分别在招标公告要求的时间内购买了招标文件。截止到规定开标时间，共收到 A、B 两份投标文件。

事件 1：投标人 A 由甲、乙两家公司组成，甲公司具有计算机信息系统集成一级资质，乙公司具有计算机信息系统集成二级资质。

事件 2：因截至规定开标时间投标人不足 3 家，故根据相关规定进行第二次招标，但重新招标后，有效投标人数量仍不足 3 家，且招标文件及招标过程符合相关规定。

事件 3：丁公司认为招标文件内容具有明显的倾向性，故未参加本项目投标。在本次招标结果公示后丁公司和乙公司分别就招标文件内容向同级政府采购监督管理部门进行了投诉，但该部门对上述投诉均未予受理。

【问题 1】（4 分）

请根据事件 1 中的描述判断投标人 A 是否满足招标资质要求，并请说明理由。

【问题 2】（6 分）

监理根据事件 2 向业主提出专题报告，建议改变招标方式。请指明监理所建议的招标方式及其理由，并说明该项目后续还可能采取的采购方式。

【问题 3】（5 分）

该案例中，同级政府采购监督管理部门是否可以拒绝投诉受理，并说明理由。

（2010 下）试题二答案

【问题 1】（4 分）

投标人 A 资质不满足招标要求。

理由：依据《中华人民共和国招标投标法》，（或招投标法）。

国家有关规定或者招标文件对投标人资格条件有规定的，联合体各方均应当具备规定的相应资格条件。由同一专业的单位组成的联合体，按照资质等级较低的单位确定资质等级。

【问题 2】（6 分）

监理所建议的招标方式：竞争性谈判。

理由：根据《中华人民共和国政府采购法》，招标后没有供应商投标，或者没有合格标的，或者重新招标未能成立的，可以依照本法采用竞争性谈判方式采购。

单一来源采购。

【问题 3】（5 分）

可以拒绝。

理由：乙公司未按政府采购投诉程序（先质疑后投诉）进行；丁公司未参与项目投标。

- 提示：《政府采购法》相关条款的原文如下：
  - 第五十二条　供应商认为采购文件、采购过程和中标、成交结果使自己的权益受到损害的，可以在知道或者应知其权益受到损害之日起七个工作日内，以书面形式向采购人提出质疑。
  - 第五十三条　采购人应当在收到供应商的书面质疑后七个工作日内作出答复，并以书面形式通知质疑供应商和其他有关供应商，但答复的内容不得涉及商业秘密。

- 第五十五条 质疑供应商对采购人、采购代理机构的答复不满意或者采购人、采购代理机构未在规定的时间内作出答复的，可以在答复期满后十五个工作日内向同级政府采购监督管理部门投诉。
- 第五十六条 政府采购监督管理部门应当在收到投诉后三十个工作日内，对投诉事项作出处理决定，并以书面形式通知投诉人和与投诉事项有关的当事人。
- 第五十八条 投诉人对政府采购监督管理部门的投诉处理决定不服或者政府采购监督管理部门逾期未作处理的，可以依法申请行政复议或者向人民法院提起行政诉讼。

（2010 下）试题三（15 分）

某单位在全国各主要城市都有分支机构，拟构建覆盖全国的网络系统，实现全国业务数据的采集、整理、汇总的业务目标。网络系统包括业务网与办公网，业务网与办公网物理隔离，办公网与互联网连接，业务网与办公网之间需要数据交换。项目主要建设内容包括机房的建设以及整个网络系统的搭建与联调。

事件 1：在网络机房建设过程中，承建单位提交了机房施工设计方案交由监理审核。

【问题 1】（2 分）

工程开工前，监理需要审核的内容主要包括审核实施方案、＿＿＿＿、审核工程实施人员和企业资质、审核实施组织计划。

① 审核实施变更计划　　　　　② 审核实施投资计划
③ 审核实施进度计划　　　　　④ 审核实施测试计划

【问题 2】（2 分）

从安全角度考虑，连接业务网和办公网用到的核心设备是＿＿＿＿。

① 交换机　　　② 防火墙　　　③ 路由器　　　④ 网闸

【问题 3】（4 分）

事件 1 中，该机房属于 A 级机房，监理需要参照《电子信息系统机房设计规范》（GB 50174—2008）的有关要求，对承建单位的施工设计方案进行审核。以下关于审核意见的说法正确的是＿＿＿＿、＿＿＿＿、＿＿＿＿、＿＿＿＿。（共 4 分，各 1 分）

① 由于该机房位于其他建筑物内，因此在主机房与其他部位之间应修砌耐火极限不低于 1 小时的隔墙，隔墙上的门应采用甲级防火门
② 在异地建立的备份机房，设计时应与主用机房等级相同
③ 机房图纸设计应合理，主机房内用于搬运设备的通道净宽不应小于 1.2m
④ 由于高端小型机发热量大，因此采用活动地板上送风、下回风的方式

⑤ 空调加湿系统应考虑水质对空调设备的影响，需提供水质净化解决方案

⑥ 因本机房属于 A 级主机房，因此设计方案中应预留后备柴油发电机系统配置位置，当市电发生故障时，后备柴油发电机应能承担全部负荷的需要

⑦ A 级主机房应设置洁净气体灭火系统。自动喷水灭火系统可以作为后备系统

⑧ 机房接地系统要求地线与零线之间所测得的交流电压应小于 1V

【问题 4】（7 分）

（1）从监理的角度，你认为本项目最典型的特点是____。

① 技术复杂度高　　　　　　　　② 安全性要求很高

③ 多节点工作　　　　　　　　　④ 地区差异大

（2）作为具有这样特点的项目，你认为监理单位编制监理大纲时，最适合该项目的组织结构是____。

① 总监理单位整体实施　　　　　② 总监理单位+下属工作部实施

③ 总监理单位+各区域监理单位实施　④ 各区域监理单位独立实施

（3）如果你作为该项目的总监理工程师，为了顺利实施该项目，你对业主还有哪些好的建议？

（2010 下）试题三答案

【问题 1】（2 分）

③ 审核实施进度计划

【问题 2】（2 分）

④ 网闸

【问题 3】（4 分）

②、⑤、⑥、⑧

- 提示：
  - ① 错，对隔墙的耐火极限设定错误，应为 1.5 个小时；
  - ③ 错，主机房内用于搬运设备的通道净宽不应小于 1.5m；
  - ④ 错，应采用下送风、上回风的方式；
  - ⑦ 错，自动喷水灭火系统不能作为后备系统，自动喷水灭火系统宜采用预作用系统。

【问题4】（7分）

（1）③多节点工作。

（2）②总监理单位+下属工作部实施。

（3）建议如下：

① 建议业主单位制定统一的标准，指导各节点的实施工作；

② 建议业主单位合理划分行政区域，便于分组开展工作；

③ 建议业主先期选取部分试点单位开展工作，总结相应的经验与教训，形成规范的总结报告，提炼出可行的方法与措施，然后进行推广（先试点、后推广）；

④ 建议业主引入总集成商，做好统一协调各承建单位的工作；

⑤ 建议业主做好文档管理工作，保证项目档案的完整性、可追溯性，也为后续验收及移交创造好的条件。

（2010下）试题四（15分）

某公司拟建设面向内部员工的办公自动化系统和面向外部客户的营销系统，通过公开招标选择A公司为承建单位，并选择了B监理公司承担该项目的全程监理工作。目前，各个应用系统均已完成开发，A公司已经提交了验收申请。

【问题1】（7分）

A公司在验收前提供了相应的软件配置内容，监理公司需要对其进行审查，审查的内容包括以下几个部分：

（1）可执行程序、源程序、配置脚本、测试程序或脚本；

（2）主要的开发类文档；

（3）主要的管理类文档。

在以下各文档中，____、____、____、____、____、____、____属于开发类文档。

A. 需求说明书   B. 项目计划书   C. 质量控制计划

D. 评审报告   E. 概要设计说明书   F. 程序维护手册

G. 会议记录   H. 开发进度月报   I. 配置管理计划

J. 用户培训计划   K. 测试报告   L. 程序员开发手册

M. 用户操作手册   N. 数据库设计说明书

【问题2】（8分）

建设单位与A公司签订的项目建设合同中明确规定，在项目验收阶段，为保证项目建设质量，需要进行第三方测试。针对第三方测试，监理需要做哪些工作？

（2010 下）试题四答案

【问题 1】（7 分）

A、E、F、K、L、M、N

- 提示：《信息系统监理师教程》592~593 页，验收前配置审查内容为：

（1）可执行程序、源程序、配置脚本、测试程序或脚本。

（2）主要的开发类文档：需求说明书、概要设计说明书、详细设计说明书、数据库设计说明书、测试计划、测试报告、程序维护手册、程序员开发手册、用户操作手册和项目总结报告。

（3）主要的管理类文档：项目计划书、质量控制计划、配置管理计划、用户培训计划、质量总结报告、评审报告、会议记录和开发进度月报。

- 提示：该文档分类方法与《GB/T 16680—1996 软件文档管理指南》并不一致。

【问题 2】（8 分）

（1）审查第三方测试机构资质；

（2）审查第三方测试方案；

（3）督促测试中发现的问题的解决；

（4）确认测试报告。

- 提示：参见《信息系统监理师教程》91 页。

（2010 下）试题五（10 分）

测试是信息系统工程质量控制最重要的手段之一，这是由信息系统工程本身的特点所决定的。信息系统工程一般由网络系统、主机系统、应用系统等组成，而这些系统的质量到底如何，只有通过实际的测试才能够进行度量。

【问题 1】（5 分）

请将下列测试类型与相应的测试方法用直线连接。

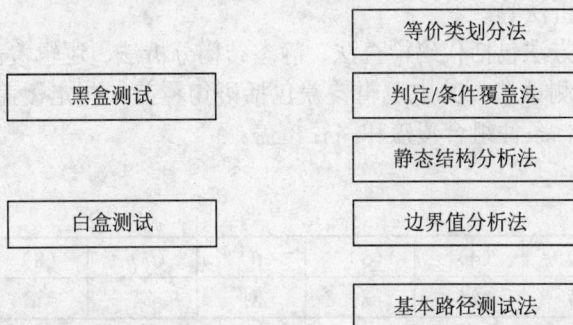

等价类划分法

黑盒测试　　　　　判定/条件覆盖法

静态结构分析法

白盒测试　　　　　边界值分析法

基本路径测试法

【问题2】（5分）

请指出下面关于软件测试的叙述是否正确（每个小题0.5分）。

（1）软件质量是满足规定用户需求的能力。

（2）监理工程师应按照有关国家标准审查提交的测试计划和测试规范，并提出审查意见。

（3）软件测试的目的是为了验证软件功能是否正确。

（4）软件测试计划始于软件设计阶段，完成于软件开发阶段。

（5）α测试是由一个用户在开发环境下进行的测试，也可以是公司内部的用户在模拟实际操作环境下进行的测试。

（6）代码审查是代码检查的一种，是由开发和测试人员组成一个审查组，通过阅读和讨论，对程序进行静态分析的过程。

（7）采用正确的测试用例设计方法，软件测试可以做到穷举测试。

（8）界面测试不是易用性测试包括的内容。

（9）验收测试是由承建方和用户按照用户使用手册执行软件验收。

（10）软件测试监理是对软件测试工程活动和产品进行评审和（或）审核，并报告结果。

（2010下）试题五答案

【问题1】（5分）

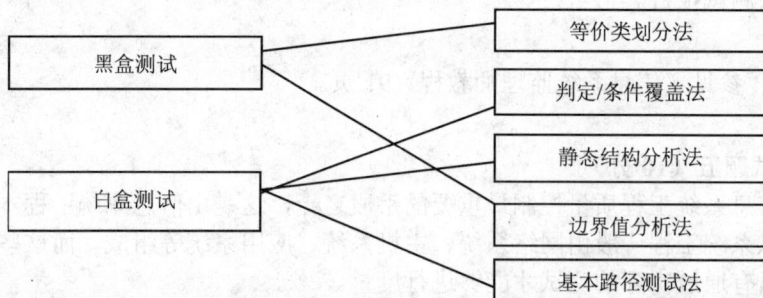

- 提示：
  - 黑盒测试方法包括等价类划分法、边界值分析法、因果图分析法、错误推测法、功能图分析法等。
  - 白盒测试方法包括代码检查法、静态结构分析法、逻辑覆盖法、循环覆盖法和基本路径测试法。其中逻辑覆盖包括语句覆盖、判定覆盖、条件覆盖、判定/条件覆盖、条件组合覆盖和路径覆盖。

【问题2】（5分）

（1）	（2）	（3）	（4）	（5）	（6）	（7）	（8）	（9）	（10）
错	对	错	错	对	对	错	错	错	对

- 提示：
  - （1）错，软件质量是软件特性的总和，软件满足规定和潜在用户需求的能力。
  - （3）错，软件测试的目的是发现软件的错误。
  - （4）错，软件测试计划始于软件需求分析阶段，完成于软件设计阶段。
  - （7）错，采用正确的测试用例设计方法，软件测试也不可以做到穷举测试。
  - （8）错，界面测试是易用性测试包括的内容。
  - （9）错，验收测试（Acceptance Testing）是由用户/客户进行的确认是否可以接受一个产品的正式测试。应根据项目合同、软件需求、验收标准进行验收测试。

第 28 章 2011 年上半年考试下午试题解析

（2011 上）试题一（18 分）

某国家级大型信息网络系统工程建设项目由中央财政投资。在完成编写项目建议书、可行性研究报告、初步设计方案后获得批准。建设单位通过公开招标方式选定某监理单位承担整个项目全过程监理工作。目前，正在进行工程总体设计和招标采购工作。在项目执行过程中发生了以下几个事件。

事件 1：可行性研究报告要求采购部分进口产品。

事件 2：为了更好地开展设备采购工作，保证项目实施质量。监理单位建议建设单位在采购过程中对核心网络交换机进行选型测试，为此需要选择第三方测试机构。

事件 3：由于两次公开招标后，没有足够数量的供应商参与投标，监理单位建议建设单位报请相关部门批准后，对部分网络服务器改用竞争性谈判的方式进行采购。

【问题 1】（4 分）

简要叙述监理单位在招投标阶段应开展的主要工作。

【问题 2】（6 分）

针对事件 1，建设单位在开始采购前应进行什么工作？这项工作包括哪些步骤或内容？

【问题 3】（3 分）

在事件 2 中，建设单位采纳了监理单位的建议，在该项工作实施过程中，监理单位应开展哪些工作？

【问题 4】（5 分）

针对事件 3，监理单位的建议是否合理？请说明理由。如果采用竞争性谈判的采购方式，请简述应遵循的采购流程。

（2011 上）试题一答案

【问题 1】（4 分）

招投标阶段监理单位的主要工作包括：

（1）协助建设单位确定招标方式。

（2）协助建设单位编制招标文件。

（3）参与和见证开评标过程。

（4）参加合同谈判和签订工作。

【问题 2】（6 分）

建设单位（采购单位）应按照财政部《政府采购进口产品管理办法》的要求，履行有关报批手续。步骤如下：

（1）建设单位应组织专家进行论证，形成进口产品专家论证意见。

（2）建设单位应将专家意见和有关申请材料上报行政主管部门审核。

（3）行政主管部门出具审核意见，并附建设单位上报材料，报财政管理部门批准。

【问题 3】（3 分）

在项目进行核心设备选型测试过程中，监理单位应开展以下工作：

（1）审核测试单位资质。

（2）审核选型测试方案。

（3）跟踪项目测试过程。

（4）审核测试报告。

【问题 4】（5 分）

合理。

根据《中华人民共和国政府采购法》，招标后没有供应商投标，或者没有合格标的，或者重新招标未能成立的，可以采用竞争性谈判方式采购。

竞争性谈判的采购流程如下：

（1）成立谈判小组。

（2）制定谈判文件。

（3）确定邀请参加谈判的供应商名单。

（4）进行谈判。

（5）确定成交供应商。

（2011 上）试题二（15 分）

某市政府机关为拓展公共服务渠道，丰富服务内容，拟重新建设该部门公共服务系统，完善市人才信息库,单位用户可在完成网上备案手续后进行人才信息查询并发布招聘信息，个人用户则可通过实名认证方式登录网站登记个人应聘信息，同时调整网上考试报名及审查系统，并增设人事政策在线咨询等全方位的服务功能。

事件 1：如该政务系统遭到互联网人为攻击和破坏，可能致使网民的注册信息遭受泄露，造成考试报名和审查系统瘫痪，这虽不涉及国家安全，但对该机构履行政务职能会造成一定程度的负面影响。

【问题1】（6分）

请简要说明系统建设应满足哪些基本条件才能进入设计阶段。

【问题2】（4分）

某监理公司审核该公共服务系统的外部接口设计时，监理重点审核哪几类接口的设计内容？

【问题3】（5分）

根据事件1的描述：

（1）在充分考虑到系统本身安全需求的同时，为避免因定级过高而造成的过度资源浪费，按照电子政务系统五个安全等级的界定，建设单位初步进行自主定级，建议应按照____保护要求设计和实施。

    A. 1级   B. 2级   C. 3级   D. 4级   E. 5级

（2）根据与本项目相适应的系统等级保护要求，下列说法中正确的有___、___、___。

    A. 为保证在遇到不可预见的故障时及时进行人为数据备份，系统单独设计超级入口模式，无须通过系统身份鉴别程序即可直接对数据库进行操作

    B. 应在初始化和对与安全有关的数据结构进行保护之前，对用户和管理员的安全策略属性进行定义

    C. 需在系统设计时，设计安全审计功能，并与用户标识与鉴别、访问控制等安全功能的设计紧密结合

    D. 应设计系统资源监测功能，即当系统资源的服务水平降低到预先规定的最小值时，系统应能监测和报警

    E. 应确保公众用户口令后台可见，以便在用户密码遗失后提供人工找回服务

（2011上）试题二答案

【问题1】（6分）

（1）项目开发计划、质量保证计划、配置管理计划等通过评审并正式批准。

（2）软件需求规格说明书通过评审。

（3）以软件需求规格说明书为核心的配置管理基线建立。

- 提示：参见《信息系统监理师教程》552～553页。

【问题 2】（4 分）

用户接口、硬件接口、软件接口、通信接口。

- 提示：根据《GB/T 8567—2006 计算机软件文档编制规范》，外部接口需求应分别说明：用户接口的需求、硬件接口的需求、软件接口的需求、通信接口的需求。

【问题 3】（5 分）

（1）B

（2）B、C、D

- 提示（1）：根据《GB/T 22240—2008 信息系统安全等级保护定级指南》，信息系统的安全保护等级分为以下五级：
  - 第一级，信息系统受到破坏后，会对公民、法人和其他组织的合法权益造成损害，但不损害国家安全、社会秩序和公共利益。
  - 第二级，信息系统受到破坏后，会对公民、法人和其他组织的合法权益产生严重损害，或者对社会秩序和公共利益造成损害，但不损害国家安全。
  - 第三级，信息系统受到破坏后，会对社会秩序和公共利益造成严重损害，或者对国家安全造成损害。
  - 第四级，信息系统受到破坏后，会对社会秩序和公共利益造成特别严重损害，或者对国家安全造成严重损害。
  - 第五级，信息系统受到破坏后，会对国家安全造成特别严重损害。

受侵害的客体	对客体的侵害程度		
公民、法人和其他组织的合法权益	第一级	第二级	第二级
社会秩序、公共利益	第二级	第三极	第四级
国家安全	第三级	第四级	第五级

- 提示（2）：
  - A 错，根据二级保护要求的相关规定，任何系统均不可单独设计超级入口模式（即无须通过系统身份鉴别程序即可直接对数据库进行操作）。
  - E 错，根据二级保护要求的相关规定，用户口令应设置为后台不可见。

（2011 上）试题三（12 分）

为深化金融行业数据的应用，某证券公司启动了数据处理中心建设工作，主要实施内容包括数据中心机房建设、软硬件设备采购及集成、安全防护等。经过公开招标，A 单位承担总集成工作，B 单位承担监理工作。

事件 1：机房建设过程中，B 单位对管路暗敷工作进行了旁站。

事件 2：A 单位编制了数据处理系统实施方案后提交给 B 单位审核，B 单位工程师认为实施方案中对数据采集、数据分析、数据处理需要重点说明。

事件 3：A 单位完成软硬件集成工作后，建设单位准备邀请第三方测试机构对系统进行全面测试。

【问题 1】（4 分）

请判断下列对管路暗敷的管材与适用场合的说法是否正确。

A. 薄壁钢管不适合电磁干扰影响较大的场合

B. 厚壁钢管耐腐蚀性好，因此在有腐蚀地段使用时，不必做防腐处理

C. PVC 管屏蔽性差，因此不宜在电磁干扰强度大的地方使用

D. 水泥管价格低，隔热性好，一般在智能化建筑引入处和跨距较大的地段使用

【问题 2】（6 分）

针对事件 2 的描述，请将下列数据处理分类与数据处理工作内容项用线条连接对应。

数据采集   数据分类

                 数据录入

数据分析   数据清洗

                 数据统计

                 数据迁移

数据处理   数据转换

【问题 3】（2 分）

针对事件 3，在组织进行第三方测试前，A 单位应完成的两项主要工作是_____和_____。

（2011 上）试题三答案：

【问题 1】（4 分）

×、×、√、×。

- 提示：暗敷管路的管材选用，可见下表。

管 材 名 称	别 名	特 点	适 用 场 合
薄壁钢管	普通碳素钢电线套管、电线管、电管、薄管	有一定机械强度、耐压力和屏蔽性能、耐蚀性较差	智能化建筑内暗敷管路均可采用，尤其是在电磁干扰影响较大的场合更应采用；不宜在有腐蚀或承受压力的场合使用

续表

管 材 名 称	别　名	特　点	适 用 场 合
厚壁钢管	对边焊接钢管、水管、厚管	机械强度和耐压力均高、耐蚀性好、且有屏蔽性能	可在建筑物底层和承受压力的地方使用，尤其适用于电磁干扰影响较大的场合；在有腐蚀的地段使用时，应做防腐蚀处理
硬聚乙烯塑料管	PVC 管	易弯曲、加工方便、绝缘性好、耐蚀性高、抗压力和屏蔽性能均差	在有腐蚀或需绝缘隔离的地段使用较好，不宜在有压力和电磁干扰较大的地方使用
软聚氯乙烯塑料管		与硬聚氯乙烯塑料管相似，绝缘性稍低	与硬聚氯乙烯塑料管相似，与电力线路过于接近时不宜使用
混凝土管	水泥管	价格低、制造简单、隔热性能好、强度和密闭性能差、管材重、管孔内壁不光滑	在一般智能化小区和智能化建筑引入处可以使用，能承受一定压力，不宜在地基不均匀下沉或跨距较大的地段使用，与其他管线过于邻近的场合也不适用

- 参见《信息系统监理师教程》382 页。

【问题 2】（6 分）

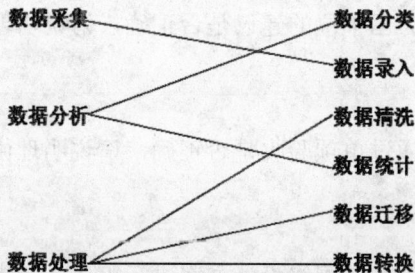

- 提示：数据的采集、分析、处理流程。
- （1）采用手工录入、机器扫描、批量导入等方式完成数据采集。
- （2）针对采集的数据进行分类、统计等数据分析工作。
- （3）分析完成后进行数据清洗、查重、迁移、转换等数据处理工作。

【问题3】（2分）

（1）完成系统内部联调测试。

（2）做好系统的文档整理。

（2011上）试题四（15分）

某信息网络系统包括屏蔽室建设、网络设备采购及集成等实施内容。建设单位要求总集成单位应具有系统集成一级资质，并要求监理单位应具有涉密工程监理单项资质。经招标，由甲单位承担该项目的总集成工作，乙单位承担该项目的监理工作。

事件1：乙单位审核甲单位资质后，认为甲单位不能承担屏蔽室建设内容，建议将该项工作分包，经各方协商同意后，由丙单位承担了屏蔽室建设的分包任务。

事件2：丙单位在建设任务完成后申请验收，乙单位检查测试后，同意通过屏蔽室单项验收。

事件3：甲单位与建设单位共同确定了整个网络的逻辑设计方案交由乙单位审核。

【问题1】（5分）

（1）在事件1中，应由_____最终批准屏蔽室建设分包单位。

    A. 甲单位   B. 乙单位   C. 保密管理部门   D. 建设单位

（2）丙单位承担屏蔽室建设应具有的涉密资质类型是_____。

    A. 甲级资质   B. 乙级资质   C. 单项资质   D. 二级资质

（3）在事件1中，你认为乙单位的建议是否正确，请说明理由。

【问题2】（5分）

请指出事件2中屏蔽室通过单项验收是否正确，请说明理由。

【问题3】（5分）

事件3中，乙单位对甲单位的网络设计方案进行审核，其中网络逻辑设计审核内容包括____、____、____、____、____等几方面。

① 网间传输协议的选择

② 路由器的选择和设计

③ 网络地址的分配

④ 虚拟网的划分及配置

⑤ 子网掩码的配置

⑥ 交换机参数的确定

⑦ 网络设备的购买及安装方案

⑧ 网络管理系统参数的确定

（2011 上）试题四答案

【问题 1】（5 分）

（1）D

（2）C

（3）正确。因为屏蔽室建设需要特定资质的单位才能承担。

- 提示：按照国家保密局关于涉及国家秘密的计算机信息系统集成资质的管理办法，涉密系统集成资质分为甲级、乙级和单项三种。

（1）甲级资质单位可在全国范围内承接涉密信息系统的规划、设计和实施业务，并仅可承担本单位承建的涉密信息系统的系统服务和系统咨询工作，不得从事其他单项资质业务。

（2）乙级资质单位仅限在所批准的省、自治区、直辖市所辖行政区域内承接涉密信息系统的规划、设计和实施业务，并仅可承担本单位承建的涉密信息系统的系统服务和系统咨询工作，不得从事其他单项资质业务。

（3）单项资质单位可在全国范围内开展业务；但仅限承接所批准的涉密系统集成单项业务，如：软件开发、综合布线、系统服务、系统咨询、屏蔽室建设、风险评估、工程监理、数据恢复、军工、保密安防监控等。

- 取得甲级或乙级资质的单位如需承接单项业务，必须申请并取得相应的单项资质。取得某一单项资质的单位如需从事其他单项业务，必须申请相应的单项资质。通俗地说，若一个企业既想承接综合集成业务又想从事单项业务至少需要获得两个认证。

【问题 2】（5 分）

不正确。只有经过专业机构对屏蔽室进行全面检测、鉴定后，才能进行验收，监理不能擅自同意通过验收。

【问题 3】（5 分）

①、③、④、⑥、⑧

- 提示：网络设计分物理设计和逻辑设计，网络逻辑设计方案应包含如下内容：

（1）网间传输协议的选择；

（2）路由协议的选择和设计；

（3）网络地址的分配；

（4）子网的划分及配置；

（5）虚拟网的划分及配置；

（6）路由器参数的确定；

（7）交换机参数的确定；

（8）网络管理系统参数的确定；

（9）其他网络设备、网络链路的参数配置。

● 参见《信息系统监理师教程》404 页。

（2011 上）试题五（15 分）

某国家重点电子政务工程建设项目由中央财政投资，建设内容是在已有基础软硬件环境下进行业务应用系统的开发。通过公开招标选择公司 A 为承建单位，并选择了 B 监理公司承担该项目的全过程监理工作。目前，各分项建设任务已经完成。

事件 1： 在开展项目初步验收工作时，建设单位拟组织系统用户对业务应用系统进行测试，并就重点测试内容咨询监理意见。

事件 2： 项目初步验收合格后，经过 6 个月的试运行，项目建设单位认为项目达到了竣工验收条件，拟向项目审批部门提交竣工验收申请。

事件 3： 项目通过竣工验收并投入使用 1 年后，建设单位拟委托项目承建单位 A 开展后评价工作。

【问题 1】（5 分）

针对事件 1 的描述，作为监理工程师，提供的咨询意见应包括哪些重点测试内容？

【问题 2】（5 分）

针对事件 2 的描述，建设单位向项目审批部门提交竣工验收申请时，需同时提交哪些材料？

【问题 3】（5 分）

在事件 3 中，建设单位的做法是否妥当？请说明理由。

（2011 上）试题五答案

【问题 1】（5 分）

（1）系统功能、性能是否符合需求规格说明书的要求。

（2）系统数据处理是否正确。

（3）界面是否友好，是否容易操作。

（4）系统是否易于维护。

（5）系统是否具有较好的可靠性。

- 提示：参见《GB/T 19668.5—2007 信息化工程监理规范 第五部分：软件工程监理规范》第 8.2.2 节：系统初验阶段的监理。

【问题 2】（5 分）

（1）项目建设总结。

（2）初步验收报告。

（3）财务报告。

（4）审计报告。

（5）信息安全风险评估报告、安全保护等级备案证明、安全等级测评报告。

- 提示：《国家电子政务工程建设项目管理暂行办法》第三十一条　项目建设单位应在完成项目建设任务后的半年内，组织完成建设项目的信息安全风险评估和初步验收工作。初步验收合格后，项目建设单位应向项目审批部门提交竣工验收申请报告，并将项目建设总结、初步验收报告、财务报告、审计报告和信息安全风险评估报告等文件作为附件一并上报。项目审批部门应适时组织竣工验收。项目建设单位未按期提出竣工验收申请的，应向项目审批部门提出延期验收申请。

【问题 3】（5 分）

不妥。原因如下：

（1）中央政府投资项目后评价工作的委托方为国家发改委，而非项目建设单位。

（2）不得委托参加过同一项目前期工作和建设实施工作的工程咨询机构承担该项目的后评价任务。

- 提示：《国家电子政务工程建设项目管理暂行办法》
  - 第五条　本办法所称项目审批部门是指国家发展改革委。项目审批部门负责国家电子政务建设规划的编制和电子政务项目的审批，会同有关部门对电子政务项目实施监督管理。
  - 第三十二条　项目审批部门根据电子政务项目验收后的运行情况，可适时组织专家或委托相关机构对建设项目的系统运行效率、使用效果等情况进行后评价。

第 29 章　2011 年下半年考试下午试题解析

监理公司丙承担了建设单位甲业务信息系统建设的全过程监理任务。该系统的建设内容主要包括服务窗口受理子系统、档案管理子系统、网上申报子系统、统计分析子系统、数据中心、门户网站等应用开发和服务器、存储系统及系统软件的采购。甲以公开招标的方式选择了承建单位乙承担项目的建设任务。建设合同约定，乙将档案管理子系统和网上申报子系统建设任务分包给分包单位丁，建设单位甲自行采购所需的设备和系统软件。在项目执行过程中发生了以下几个事件。

事件 1：为了保证设备质量，甲要求设备采购优先选择进口名牌产品。

事件 2：委托监理合同签订后，总监理工程师明确了项目监理规范编制的一些要求。

（1）为了使监理规划具有针对性，准备编制两份监理规划。

（2）监理规划要掌握项目运行规律。

（3）监理规划的表达应标准化、格式化、规范化。

（4）监理规划应根据项目实际情况进行编写，编写完成后由总监理工程师认可，便不准再行修改。

事件 3：在起草的项目监理规划中规定了项目监理机构的人员岗位职责。

（1）总监理工程师代表职责。

① 审查批准"监理实施细则"。

② 处理索赔事件，协调各方关系。

③ 调换不称职的监理人员。

……

（2）专业监理工程职责。

① 签发工程款支付证书。

② 主持审查和处理工程变更。

……

事件 4：档案管理子系统开发结束，并根据实施合同的约定及测试标准进行验收。监理工程师对档案管理子系统涉及的档案数据质量产生质疑，要求采取抽测的方式进行验证。

分包单位丁说："我们已完成自测，抽测验证应由单位乙负责"。监理工程师要求承建单位乙派人抽测验证，乙说："档案管理子系统已经全部承包给了公司丁，应该由他们进行抽测验证"。

【问题 1】（4 分）

针对事件 1，单位甲的做法正确吗？请说明理由。

【问题 2】（5 分）

请指出事件 2 中总监理工程师提出的关于监理规划编制的各项要求是否正确，并分别说明理由。

【问题 3】（5 分）

在事件 3 中，项目监理机构的人员岗位职责的各项内容正确吗？分别说明理由。

【问题 4】（3 分）

针对事件 4，单位乙和单位丁谁的说法正确？为什么？

（2011 下）试题一答案

【问题 1】（4 分）

单位甲的做法错误。

根据《政府采购法》第十条　政府采购应当采购本国货物、工程和服务。

也可回答：根据《国家电子政务工程建设项目管理暂行办法》（或发改委 55 号令），电子政务项目采购货物、工程和服务应遵从优先采购本国货物、工程和服务的原则。

- 提示：本题的不严谨之处在于题目没有明确指出是政府采购或电子政务项目，这使得很多考生感到无从下手。

【问题 2】（5 分）

在总监理工程师提出的监理规划编制要求中。

（1）不正确，一份监理合同对应的项目，应只编制一份监理规划；

（2）正确，掌握项目的运行规律是监理规划的指导作用所决定的；

（3）正确，可使监理规划的内容更加简洁、直观和明确；

（4）不正确，监理规划可根据项目进展情况不断地修改和完善，但应按照审批程序重新进行审批。

【问题 3】（5 分）

（1）在总监理工程师代表职责中，

① 不正确，审批"监理实施细则"是总监理工程师的工作职责。

② 不正确，按规定总监理工程师不能将"处理索赔事件，协调各方关系工作"委托

给总监理工程师代表来完成。

③ 不正确，按规定总监理工程师不能将"调换不称职的监理人员"委托给总监理工程师代表来完成。

（2）在专业监理工程职责中，

① 不正确，"签发工程款支付证书"是总监理工程师的职责。

② 不正确，"主持审查和处理工程变更"是总监理工程师代表的职责。

【问题4】（3分）

分包单位丁的说法正确。总包单位（承建单位乙）对分包工程的质量向建设单位负责，分包单位对其分包工程的质量承担连带责任。

（2011下）试题二（14分）

某市教育信息化建设项目，主要建设内容包括核心网络系统建设、连接各个学校的综合布线工程以及机房建设。通过公开招标，由承建单位乙承担该项目的总集成工作，监理单位丙承担该项目的监理工作。建设单位甲与承建单位乙合同约定：开工日期为2009年3月1日，工期为156天，甲负责机房施工现场准备工作及设备采购，设备安装工程由乙负责，可以分包。

经总监理工程师批准的施工总进度计划如下图所示（时间单位：天）。

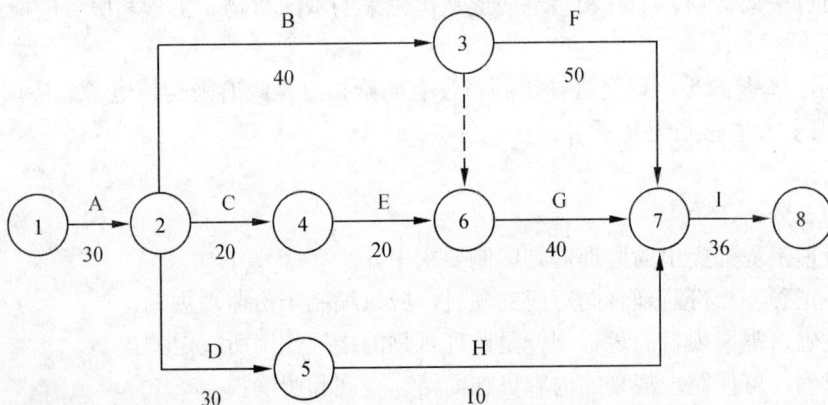

项目实施中发生了下列事件。

事件1：由于机房施工现场未按约定时间准备完毕，致使单位乙无法按期开工。2009年2月21日，单位乙向项目监理机构提出申请，要求开工日期推迟5天，经专业监理工程师审查，情况属实。

事件2：单位乙采购的布线电缆，因供应商未能提供出厂合格证明，单位乙按规定要求进行了检验，检验合格后向项目监理机构报验。为不影响工程进度，总监理工程师要求单位乙在监理人员的见证下取样复检，复验结果合格后，同意该电缆进场使用。

事件 3：单位乙将机房设备安装工程（G 工作）分包给分包单位丁，分包合同工期为 40 天。单位丁完成设备安装后，单机无负荷试车没有通过，经分析是设备本身出现问题。设备制造单位修理后，第二次试车合格。由此发生的设备拆除费 2 万元、修理费 5 万元、重新安装费 3 万元和重新试车费用 1 万元，G 工作实际持续时间延长了 6 天。施工单位丁向施工单位乙提出索赔后，施工单位乙遂向项目监理机构提出了顺延工期 5 天和补偿费用 11 万元的要求。

【问题 1】（3 分）

事件 1 中，项目监理机构应如何答复施工单位甲的要求？说明理由。

【问题 2】（3 分）

事件 2 中，总监理工程师的处理是否妥当？说明理由。

【问题 3】（8 分）

事件 3 中，单机无负荷试车应由谁组织？项目监理机构对于单位乙顺延工期和补偿费用的要求如何答复？（如果不同意，请说明理由，如果同意请给出同意顺延的天数和补偿的金额数目，并说明理由。）

（2011 下）试题二答案

【问题 1】（3 分）

答复：同意推迟 5 天开工（或：同意 2009 年 3 月 6 日开工）。

理由：机房施工环境没有准备好属建设单位甲责任，且施工单位乙在合同规定的有效期内（开工日期之前）提出了申请。

【问题 2】（3 分）

不妥。

理由：没有出厂合格证明的原材料不得进场使用。

【问题 3】（8 分）

单位乙组织

答复：

（1）同意补偿设备拆除、重新安装和试车费用合计 6 万元，因为设备本身出现问题，不属于单位乙的责任。

（2）同意顺延工期 5 天，理由：虽然工作 G 持续时间延长 15 天，但只影响工期 5 天。

- 提示（1）：设备修理费5万元是建设单位甲与设备供货单位之间的费用。
- 提示（2）：原网络图的关键路径是 A→B→F→I（1→2→3→7→8），工作 G 是非关键工作，有 10 天的自由时差。

（2011 下）试题三（15 分）

某省级电子政务工程项目，主要建设内容是运行于政务内网的应用软件开发。建设单位委托具有相应资质的监理单位承担项目的全过程监理任务，建设单位拟通过公开招标方式选择承建单位。在项目实施过程中，发生如下事件。

事件 1：在编制工程项目实施招标文件时，建设单位提出投标人资格必须满足以下要求：

（1）投标人具备《计算机信息系统集成》二级或以上资质。

（2）投标人通过 CMMI 认证（三级以上）。

（3）投标人在项目所在地行政辖区内进行了工商注册登记。

（4）投标人拥有国有股份。

（5）投标人取得涉密计算机系统集成资质。

事件 2：通过公开招标建设单位与承建单位签订了实施合同，计划工期 20 个月。项目开工后，第 7 个月末监理进行进度和投资控制时取得投资情况数据如下表所示。

项目 1-7 月投资情况表（单位：万元）

月份	第1月	第2月	第3月	第4月	第5月	第6月	第7月	合计
拟完工程计划投资	130	130	130	300	330	210	210	1440
已完工程计划投资	70	130	130	300	210	210	204	1254
已完工程实际投资	70	130	130	310	210	228	222	1300

事件 3：为了严格、有效地实施软件配置管理，建设单位和监理要求承建单位应按相关标准做好软件配置管理工作，以满足项目管理质量要求。

【问题 1】（5 分）

逐条指出事件 1 中建设单位提出的要求是否合理，分别说明理由。

【问题 2】（4 分）

事件 2 中，请分析第 7 月末的投资偏差和以投资额表示的进度偏差。

【问题 3】（6 分）

《ISO/IEC 12207—1995 信息技术 软件生存期过程》指出配置管理过程是在整个软件生存期中实施管理和技术规程的过程。针对事件 3，请选择恰当的内容填入下图中的 A、B、C 和 D 空中。

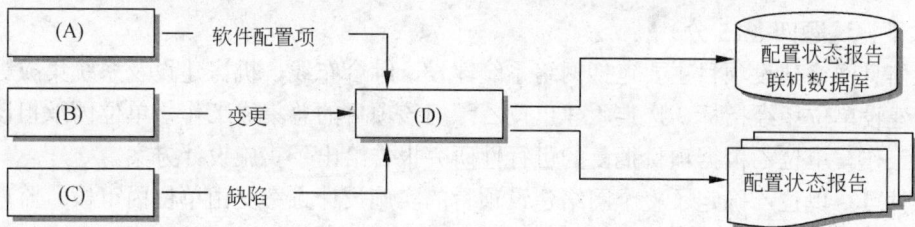

供选择的答案：

A～D：①配置审核　　　　　②配置标识　　　③配置控制

　　　④软件配置报告　　　⑤版本控制　　　⑥基线与变更控制

（2011 下）试题三答案

【问题 1】（5 分）

（1）投标人具备《计算机信息系统集成资质》二级以上资质的要求应采纳。

理由：工信部《系统集成资质管理办法》及相关配套文件。

（2）投标人通过 CMMI 认证（三级以上）的要求应采纳。

理由：可以保证工程质量（对保证工程质量有促进）。

（3）投标人在项目所在地行政辖区内进行了工商注册登记的要求不应采纳。

理由：以不合理条件限制或排斥潜在投标人。

（4）投标人拥有国有股份的要求不应采纳。

理由：以不合理条件限制或排斥潜在投标人。

（5）投标人取得涉密计算机系统集成资质的要求应采纳。

理由：因为系统要运行于内网，所以必须取得涉密计算机系统集成资质才能承担工作。

【问题 2】（4 分）

7 月末拟完工程计划投资 BCWS=1440 万元。

7 月末已完工程计划投资 BCWP=1254 万元。

7 月末已完工程实际投资 ACWP=1300 万元。

7 月末投资偏差 CV=BCWP−ACWP＝1254−1300 ＝ −46（万元）＜ 0，投资超支。

7 月末进度偏差 SV=BCWP−BCWS＝1254−1440 ＝ −186（万元）＜ 0，进度拖延。

【问题 3】（6 分）

A. ②　　　B. ③　　　C. ①　　　D. ④

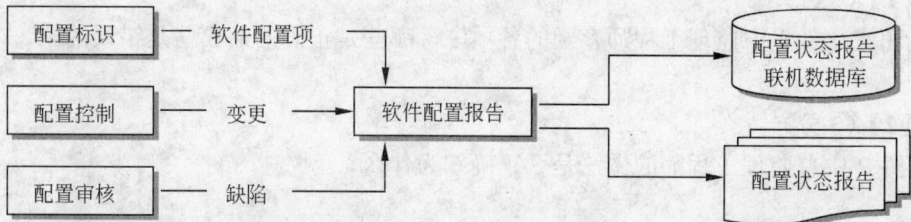

（2011 下）试题四（15 分）

某信息网络建设项目主要包括网络系统建设、综合布线、机房建设及系统集成等实施内容。建设单位甲经招标，选定承建单位乙承担该项目的总集成工作，单位丙承担该项目的监理工作。单位乙根据项目批复的可行性研究报告给出了实施设计方案。

事件 1：单位乙确定了整个网络建设项目的实施设计方案交由单位丙审核。监理工程师在审核方案时发现以下疑点：

（1）综合布线的楼层配线间的湿度正常范围：20%～90%。

（2）传输视频信号的电缆一般选用 100Ω 同轴电缆。

（3）垂直干线子系统布线走线应选择干线线缆最短、最经济、最安全的路由。

（4）信息插座与计算机设备的距离保持在 8m 范围内。

（5）综合布线系统的设备间地板承重压力不能低于 500kg/m^2。

（6）机房场地的位置应该于海拔 0～4570m 的高度之间。

（7）机房内预留维护工作空间和设备有效散热空间，机柜的前后左右至少各留 55cm 以方便日后的维护和散热。

（8）机房火灾报警系统除了火灾探测器完成火灾的自动探测外，还需要手动报警按钮联动控制模块、声光报警、信号输入模块、总线隔离模块。

（9）网络通信中，如果要实现双向同时通信就必须要有两条数据传输线。

（10）网络中通常使用电路交换、报文交换和分组交换技术。

事件 2：单位乙在网络系统建设中为了确保安装质量，在组织实施原定检测计划的基础上，又委托一家检测单位加强安装过程的检测。安装工程结束时，单位乙要求项目监理机构同意向单位甲索要其增加的检测费用，但被总监理工程师拒绝。

事件 3：在建设过程中，由于单位甲的需求有较大的变更，单位乙在单位甲的要求下对设计方案做了重大修改，征得单位甲和单位丙同意并办理变更手续后，按照变更后的方案实施项目，完成了整个变更过程。

事件 4：机房工程建设完成后，单位乙向单位丙提出验收申请，监理工程师在审核单位乙的验收材料时，发现建设文档不完整，要求单位乙将文档补齐后方可进行验收。

单位乙解释道："这是单位甲的要求，为了赶工期，需机房验收后马上进入网络系统安装调试阶段，缺少的文档在整体工程验收时补齐"，监理工程师依然坚持自己的做法。

【问题 1】（5 分）

指出在事件 1 中监理工程师存疑的各项中，哪些是正确的，哪些是错误的。

【问题 2】（3 分）

事件 2 中总监理工程师的做法是否正确？为什么？

【问题 3】（3 分）

事件 3 中，对项目设计变更的处理方法是否完整？如果完整，请说明理由；如果不完整，请补充。

【问题 4】（4 分）

事件 4 中，监理工程师的做法是否正确？说明依据。

（2011 下）试题四答案

【问题 1】（5 分）

（1）错（2）错（3）对（4）错（5）对

（6）对（7）错（8）对（9）错（10）对

- 提示：

（1）错，综合布线的楼层配线间的湿度正常范围：20%～80%。

（2）错，传输视频信号的电缆一般选用 75Ω 同轴电缆。

（4）错，信息插座与计算机设备的距离保持在 5m 范围内。

（7）错、机房内预留维护工作空间和设备有效散热空间，机柜的前后左右至少各留 75cm，建议为 90cm，以方便日后的维护和散热。

（9）错，全双工通信方式能够在同一信道的同一时刻进行双向数据传输。

【问题 2】（3 分）

正确。

理由：承建单位为了确保安装质量采取的技术措施所增加的费用应由承建单位承担。

【问题 3】（3 分）

不完整。根据《国家电子政务工程建设项目管理暂行办法》（或发改委 55 号令）项目责任人还应向项目审批部门报告项目建设过程中的设计变更等情况。

- 提示：《国家电子政务工程建设项目管理暂行办法》第十五条　项目建设单位应确定项目实施机构和项目责任人，并建立健全项目管理制度。项目责任人应向项目审批部门报告项目建设过程中的设计变更、建设进度、概算控制等情况。项目建设单位主管领导应对项目建设进度、质量、资金管理及运行管理等负总责。

【问题 4】（4 分）做法正确。

依据是：《国家电子政务工程建设项目档案管理暂行办法》规定，电子政务项目文件材料的收集、整理、归档应与项目建设进程同步实施。单项工程验收时。应同步进行档案验收。

- 提示：《国家电子政务工程建设项目档案管理暂行办法》第十一条 电子政务项目文件材料的收集、整理、归档应与项目建设进程同步实施。实施机构在项目建设初期通过制定归档制度、业务规范、合同条款、开展培训、交底等方式，对文件的收集、整理、归档提出明确要求；在项目建设过程中，结合项目进程，对电子政务项目文件的收集、整理情况进行检查；单项工程验收、合同验收时，应同步进行档案验收。

（2011 下）试题五（14 分）

某省级电子政务工程建设项目，重点建设内容是在已有基础软硬件环境下进行业务应用系统的开发。建设单位甲通过公开招标选择公司乙为承建单位，并选择了监理公司丙承担该项目的全过程监理工作。在建设过程中，发生了以下事件。

事件 1：单位甲的代表为了进一步摸清监理工程师的管理水平，特向监理工程师提出项目进度管理工具方面的一些问题。以下是监理工程师的回答：

软件项目的进度管理有许多方法，但（A）不是常用的进度控制图示方法。在这几种进度控制图示方法中，（B）难以表达多个子任务之间的逻辑关系，使用（C）不仅能表达子任务之间的逻辑关系，而且可以找出关键子任务。在箭线式 PERT 中，用带箭头的边表示（D），用圆圈结点表示（E），它标明（D）的（F）。

事件 2：单位乙的项目经理称工期太紧，无法满足预期要求。

事件 3：项目完成后，单位甲要求项目各相关单位按照规定程序进行项目初步验收。

【问题 1】（6 分）

作为监理工程师，针对事件 1 请选择恰当的选项将监理工程师的回答补充完整。

供选择的答案：

A～C ① 甘特图 ② IPO ③ PERT ④ 时标网状图

D～F ① 数据流 ② 控制流 ③ 事件 ④ 处理 ⑤ 起点或终点 ⑥ 任务

【问题 2】（4 分）

针对事件 2 的描述，为了避免工期延误，监理应对单位乙提出哪些建议？

【问题 3】（4 分）

在事件 3 中，初验应该由谁组织？依据是什么？在信息安全方面还有哪些工作需要完成？

（2011 下）试题五答案

【问题 1】（6 分）

　　A.　②、B.　①、C.　③、D.　⑥、E.　③、F.　⑤

- 提示：监理工程师的回答如下。
  - 软件项目的进度管理有许多方法，但（A. IPO）不是常用的进度控制图示方法。
  - 在这几种进度控制图示方法中，（B. 甘特图）难以表达多个子任务之间的逻辑关系。
  - 使用（C. PERT）不仅能表达子任务之间的逻辑关系，而且可以找出关键子任务。
  - 在箭线式 PERT 中，用带箭头的边表示（D. 任务），用圆圈结点表示（E. 事件），它标明（D. 任务）的（F. 起点或终点）。
- 提示：这道题的 C 不够严谨，时标网状图也可用于找出关键任务。

【问题 2】（4 分）

　　监理工程师应建议单位乙：增加人员等资源，适当加班，交叉作业，调换不称职项目人员，增加高水平人员，采用适当的开发模型和开发工具……

【问题 3】（4 分）

　　应由项目建设单位组织。依据是《国家电子政务工程建设项目管理暂行办法》在信息安全方面，项目建设单位或者相关单位组织信息安全风险评估，提出信息安全风险评估报告。

　　提示：《国家电子政务工程建设项目管理暂行办法》第三十一条　项目建设单位应在完成项目建设任务后的半年内，组织完成建设项目的信息安全风险评估和初步验收工作。初步验收合格后，项目建设单位应向项目审批部门提交竣工验收申请报告，并将项目建设总结、初步验收报告、财务报告、审计报告和信息安全风险评估报告等文件作为附件一并上报。项目审批部门应适时组织竣工验收。项目建设单位未按期提出竣工验收申请的，应向项目审批部门提出延期验收申请。

第30章 2012年上半年考试下午试题解析

（2012上）试题一（20分）

某地方政府拟对其门户网站进行改造，该工程涉及网站首页改版、二级页面改造、数据迁移、系统集成等建设内容，保护等级定位3级，初步设计和实施分别立项。在建设过程中，发生如下事件。

事件1：为了保证初步设计工作顺利开展，建设单位以邀标方式选中丙公司承担初步设计阶段的监理工作，丙公司对初步设计报告进行了审核。

事件2：该项目的初步设计通过主管部门批复后，建设单位以公开招标方式确定由乙公司承担该工程的实施阶段任务。同时考虑到丙公司对工程建设情况比较熟悉，因此建设单位直接与丙公司续签了监理合同，由丙公司承担工程实施阶段的项目监理工作。

事件3：由于乙公司项目团队专业技术能力的原因，造成数据迁移工作进展缓慢，对工程整体进度产生了不利影响。

事件4：为了保证系统的安全性符合国家相关规定，同时能顺利通过项目验收，正式上线运行前，丙公司建议建设单位进行系统安全方面的测评工作。

【问题1】（8分）

作为监理，你认为事件1中初步设计报告审核的重点有哪些？

【问题2】（4分）

请指出事件2中建设单位直接指定由丙公司承担工程实施阶段的项目监理工作是否妥当，并说明理由。

【问题3】（6分）

针对事件3的情况，丙公司应采取哪些措施以推进项目的实施？

【问题4】（2分）

针对事件4，丙公司应建议建设单位进行哪些系统安全方面的测评工作？

（2012上）试题一答案

【问题1】（8分）

（1）审核初步设计报告是否全面响应可行性研究报告批复精神（初设与可研的一致性

等答案也可)。

(2) 审核初步设计报告格式的完整性 (没有缺项、漏项等答案均可)。

(3) 审核初步设计需求分析的合理性 (深入的需求分析等答案也可)。

(4) 审核初步设计报告中各项指标、参数的合理性，并应符合市场规律 (指标合理、功能合理可行、概算合理等答案均可)。

(5) 审核初步设计报告相关资料的规范性 (文档规范性等答案也可)。

(6) 协助并组织专家预审工作 (专家审核等答案也可)。

【问题 2】(4 分)

不能，因为不符合《招标投标法》和政府主管部门关于电子政务建设项目的有关规定。

- 提示：由于初步设计和实施是分别立项，因此应以招标的方式来确定实施项目的监理方，而不能直接与丙续签合同。

【问题 3】(6 分)

(1) 组织召开专题会议，协商解决方案。

(2) 发出《监理通知单》，要求乙公司整改。

(3) 要求乙公司增加高层次技术人员 (加强团队技术实力等答案也可)。

(4) 要求乙公司提供更新的实施计划，纳入配置基线进行监管。

(5) 建议建设单位对乙公司进行延期索赔。

【问题 4】(2 分)

建议建设单位开展安全等级保护测评与安全风险评估工作。

(2012 上) 试题二 (16 分)

建设单位甲以招标的方式委托监理公司丙承担某电子政务工程项目任务，并签订了监理合同。甲又以公开招标的方式选择了承建单位乙承担该项目的建设任务，并签订了实施合同。项目过程中，发生了如下事件：

事件 1： 丙对该项目的监理工作非常重视，特指派公司的副经理任项目总监理工程师。总监理工程师要求公司技术负责人和技术部门人员主持编制该项目的监理规划，参加编写的人员将计算机中已有的其他项目的监理规划与投标时的监理大纲稍作修改作为该项目的监理规划，公司经理审核并签字后报送到甲。

事件 2： 项目原实施计划如下图所示，该工程总工期为 1 年，在工程按计划进行 14 周后（已完成 A 工作施工），甲向乙提出增加一项新的工作内容 K，该项工作要求在 C 工作结束以后开始，并在 D 工作开始前完成，以保证 D 工作在 B 和 K 工作完成后开始实施，根据由乙提出并经监理工程师研究认可的 K 工作计划，该项工作的实施时间需要 9 周。

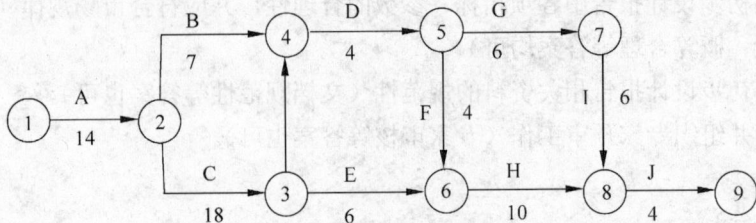

事件 3：按照原实施计划，C、G 两项工作均使用同一台测试设备先后进行测试，而新增加的工作 K 仍拟用该测试设备做测试。现乙提出，由于增加 K 工作后，使租用的测试设备增加了闲置时间，要求补偿设备闲置费用（按每台测试设备闲置一周 7000 元计）。

【问题1】（5分）

针对事件 1，指出监理公司丙编制监理规划工作的错误之处并给出正确做法。

【问题2】（6分）

针对事件 2，请回答：

（1）给出原实施计划的关键路径，并计算出实施工期。

（2）请指出增加一项新工作 K 后的关键路径，并计算此时的工期。

（3）实施新计划后项目工期可延长多少周？

【问题3】（5分）

针对事件 3，请问监理工程师是否应同意乙提出的补偿要求？如果补偿，应补偿费用多少元？如果不补偿，请说明理由。

（2012 上）试题二答案

【问题1】（5分）

（1）不应由公司技术负责人和技术部门人员主持编制该项目的监理规划；应由总监理工程师主持，各专业监理工程师参加编制。

（2）监理规划不应由公司经理进行审核和签字，应由总监理工程师进行审核和签字。

（3）不应将计算机中已有的其他项目的监理规划与投标时的监理大纲稍作修改作为该项目的监理规划，应根据合同，针对工程的特点和规模，编写监理大纲。

【问题 2】（6 分）

（1）原实施计划关键线路为 A→C→E→H→J，工期为 52 周。

（2）增加新工作 K 后，关键线路变为 A→C→K→D→F→H→J，工期为 63 周。

（3）63-52=11，故监理工程师应给予乙工期延长 11 周。

- 提示：增加新工作 K 后的网络图如下所示（加粗的线为关键任务）。

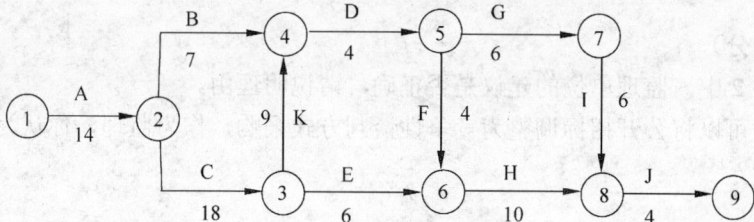

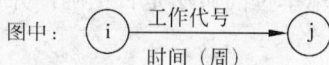

图中：(i) ---工作代号 / 时间（周)---> (j)

【问题 3】（5 分）

监理工程师应同意补偿，因为按原计划 C 工序完成后可进行 G 工序实施，无设备闲置时间，增加 K 工序后测试设备闲置时间为 4 周，应补偿 28 000 元。

- 提示：K 工序完成后还不能马上进行 G 工序实施，中间隔了 D 工序，导致该测试设备被闲置 4 周。

（2012 上）试题三（16 分）

某政府部门先期招标选定监理单位对其应用系统开发项目实施全过程监理。监理协助建设单位确定业务需求后，由招标代理机构启动了该项目招投标工作，在招投标过程中，发生如下事件。

事件 1：为了节约成本及增加招标成功率，招标代理机构先期发布了招标预审公告。

事件 2：预审过程中，投标资质符合要求的单位不足 3 家，建设单位准备直接将公开招标调整为竞争性谈判进行采购，监理单位对此提出了异议，并建议建设单位修改招标文件，继续以公开招标方式采购。

事件 3：预审结束后，招标代理机构发布了招标公告，确定 5 月 26 日上午 9 点 30 分开标。其中某个投标单位 9 点入场时，所有文件均未密封和盖章，投标单位按照要求现场密封投标文件及开标一览表。

事件4：投标截止时，只有3家单位投标，评标过程中，由于某投标单位的投标有效期不满足招标文件要求而废标，致使有效投标单位不足3家，专家组一致认定本次招标流标。

【问题1】（2分）

按照《中华人民共和国招标投标法实施条例》，发布招标预审公告后，提交资格预审申请文件的时间，是自资格预审文件停止发售之日起不得少于_____日。

A. 3   B. 5   C. 10   D. 20

【问题2】（6分）

（1）事件2中，监理单位的建议是否正确，请说明理由。

（2）假设可以将公开招标调整为竞争性谈判方式采购，作为监理，你认为应该履行哪些手续才可行？

【问题3】（4分）

事件3中，投标单位的做法是否正确，并说明原因。

【问题4】（4分）

事件4中，为了避免再次流标，提高招标投标活动的成功率，作为监理，你有哪些建议？

（2012上）试题三答案

【问题1】（2分）

B

- 提示：《中华人民共和国招标投标法实施条例》
  - 第十五条 招标人采用资格预审办法对潜在投标人进行资格审查的，应当发布资格预审公告、编制资格预审文件。
  - 第十六条 招标人应当按照资格预审公告、招标公告或者投标邀请书规定的时间、地点发售资格预审文件或者招标文件。资格预审文件或者招标文件的发售期不得少于5日。

【问题2】（6分）

（1）正确，因为尚不符合进入竞争性谈判的条件。

（2）公开招标调整为竞争性谈判方式采购，必须将调整理由报送财政主管部门审批同意后，方可执行。

- 提示：根据《政府采购法》，符合下列情形之一的货物或者服务，可以依照本法采用竞争性谈判方式采购。

（1）招标后没有供应商投标或者没有合格标的或者重新招标未能成立的；

（2）技术复杂或者性质特殊，不能确定详细规格或者具体要求的；

（3）采用招标所需时间不能满足用户紧急需要的；

（4）不能事先计算出价格总额的。

【问题 3】（4 分）

正确（或者只要是肯定的回答，即可给分），原因是未超过投标截止时间。

【问题 4】（4 分）

（1）建议建设单位向尽可能多的符合资质要求的单位发出邀请以增加投标单位数量。

（2）建议发布招标预审公告或招标公告时，突出强调招标文件中的星号条款等可能引起废标的相关规定。

（如回答建议修改投标有效期等其他答案，可酌情给分）

（2012 上）试题四（13 分）

某省重点电子政务工程建设项目由中央财政投资，建设内容包括综合布线、网络和主机系统等，工期一年。建设单位甲通过公开招标选择公司乙为承建单位，并选择了监理公司丙承担该项目的全过程监理工作。

事件 1：监理在审核综合布线系统设计方案时，发现下列设计中存在错误：

（1）综合布线系统（PDS）应是开方式星型拓扑结构，应能支持电话、数据、图文、图像等多媒体业务的需要。综合布线系统按照 4 个部分进行设计。

（2）水平子系统设计中：

①在工作区的跳线的最大长度不能超过 8 米。

②工作区子系统设计中，每 15 平方米为 1 个工作区，对于增强型设计等级，每个工作区安排 4 个信息插座。

事件 2：在项目的设计阶段，监理审核了技术方案中的信息安全保障措施，发现参与建设的各方对信息安全存在着许多不同看法：

① 信息根据敏感程度一般可分成非保密的、内部使用的、保密的、绝密的几类。

② 计算机系统的脆弱性主要来自于网络操作系统的不安全性。

③ 定期检查操作系统的安全日志和系统状态可以有助于提供操作系统安全。

④ 防火墙中应用的数据包过滤技术是基于数据包的 IP 地址及 TCP 端口号的而实现对数据过滤的。

⑤ 数字签名一般采用对称密码算法。

⑥ 网络服务对系统的安全没有影响，因此可以随意地增加网络服务。

事件 3： 经过一年的实施，项目主体工程已按照设计完成，能满足系统运行的需要，各类档案文件齐全。为本项目配套建设的机房的各项内容经过有关部门的检测均符合国家标准。但是由于机房所在的政务大楼的消防设施还未通过正式验收，因此机房的消防验收需要和政务大楼的消防验收同时进行。

【问题 1】（6 分）

针对事件 1，请在带有下划线的空白处填写正确答案。

（1）综合布线系统可分为＿＿＿＿子系统、＿＿＿＿子系统、＿＿＿＿子系统、＿＿＿＿子系统、＿＿＿＿子系统、＿＿＿＿子系统等六个部分。

（2）① 在工作区的跳线的最大长度不能超过＿＿＿米。

② 工作区子系统设计中，＿＿＿＿平方米为 1 个工作区，对于增强型设计等级，每个工作区安排＿＿＿个信息插座。

【问题 2】（3 分）

针对事件 2，请判断有关信息安全方面的看法是否正确。

【问题 3】（4 分）

针对事件 3，从监理的角度指出本项目是否可以进行验收并说明理由和依据。

（2012 上）试题四答案

【问题 1】（6 分）

（1）综合布线系统可分为 工作区 子系统、垂直干线 子系统、水平布线 子系统、设备间子系统、管理间 子系统、建筑群子系统。（每空 0.5 分，每空答案可互换）

（2）① 在工作区的跳线的最大长度不能超过 5 米。

② 工作区子系统设计中，每 10 平方米为 1 个工作区，对于增强型设计等级，每个工作区安排 2 个信息插座。

【问题 2】（3 分）

1① ×　　　② √　　　③ ×　　　④ √　　　⑤ ×　　　⑥ ×

- 提示：
    - ① 错，信息根据敏感程度一般可分成绝密、机密、秘密、敏感和公开五类。
    - ③ 错，定期检查操作系统的安全日志和系统状态可以有助于及时发现安全风险，但是并不能提高提供操作系统本身的安全性。
    - ⑤ 错，数字签名一般采用非对称密码算法（如 RSA）。
    - ⑥ 错，接受不必要的网络服务请求将增加系统的安全风险，不能随意地增加网络服务。

【问题 3】（4 分）

不能。根据《国家电子政务工程建设项目验收大纲》规定可以进行验收的前提条件之一是：建设项目涉及的系统运行环境的保护、安全、消防等设施已按照设计与主体工程同时建成并经试运行合格。

- 提示：《国家电子政务工程建设项目验收大纲》规定了如下验收条件。
    - （1）建设项目确定的网络、应用、安全等主体工程和辅助设施，已按照设计建成，能满足系统运行的需要。
    - （2）建设项目确定的网络、应用、安全等主体工程和配套设施，经测试和试运行合格。
    - （3）建设项目涉及的系统运行环境的保护、安全、消防等设施已按照设计与主体工程同时建成并经试运行合格。
    - （4）建设项目投入使用的各项准备工作已经完成，能适应项目正常运行的需要。
    - （5）完成预算执行情况报告和初步的财务决算。
    - （6）档案文件整理齐全。

（2012 上）试题五（10 分）

某电子商务应用系统项目已由承建单位完成了开发工作，正在开展验收前的各项测试工作。为了保证系统上线后业务的顺畅运行，建设单位要求监理单位对承建单位的性能测试进行重点把关和审核。在性能测试过程中，监理单位重点检查了承建单位测试方案及相应的测试指标设定，保证了测试的正确性和完整性。

【问题 1】（4 分）

（1）测试方案中设定的压力测试指标中，并发用户数是监理关注的重点内容，现假设该系统有 100 人同时在线，在线状态如下：

① 45 人填写调查问卷　　　② 30 人浏览各种网页　　　③ 25 人在线聊天

则对服务器系统压力最大的应用是＿＿＿＿＿＿＿＿（从下述候选答案中选择）。

A. ①　　　　　　B. ②　　　　　C. ③　　　　D. 无法判定

（2）监理人员需要了解性能测试相关的简单命令，比如查看内存统计的 Linux 命令是
　　　　　　　　　（从下述候选答案中选择）。

　　A．vmstat　　　　　B．iostat　　　　C．top　　　　D．netstat

【问题 2】（6 分）

　　为保证性能测试指标的合理性，监理审核了与操作系统、数据库、应用软件等相关的
性能指标，请指出这些性能指标包括哪些。

（2012 上）试题五答案

【问题 1】（4 分）

　　（1）D、（2）C

- 提示：
  - vmstat 命令报告关于内核线程、虚拟内存、磁盘、陷阱和 CPU 活动的统计信息。
  - iostat 命令用来监视系统输入输出设备负载，这通过观察与它们的平均传送速率
    相关的物理磁盘的活动时间来实现。
  - netstat 用于了解网络的整体使用情况，比如与 IP、TCP、UDP 和 ICMP 协议相
    关的统计数据，可以显示路由表、实际的网络连接以及每一个网络接口设备的
    状态信息，一般用于检验本机各端口的网络连接情况。
  - top 命令是 Linux 下常用的性能分析工具，能够实时显示系统中各个进程的资源
    占用状况，类似于 Windows 的任务管理器。
    - top 命令返回信息的前五行是系统整体的统计信息。
    - 第 1 行是任务队列信息、第 2、3 行为进程和 CPU 的信息（当有多个 CPU 时，
      这些内容可能会超过两行），第 4、5 五行为内存信息。
    - 内存信息具体包括：物理内存总量、使用的物理内存总量、空闲内存总量、
      用作内核缓存的内存量、交换区总量、使用的交换区总量、空闲交换区总量、
      缓冲的交换区总量。
    - 第 6 行之后为进程信息。

【问题 2】（6 分）

　　远程处理延迟、每秒交易量、最大用户数、CPU 平均利用率、内存平均使用率、内存
平均占用率

- 提示：
  - 影响操作系统的性能指标主要有：

（1）CPU 相关——CPU 利用率、系统调用率、进程队列长度。

（2）内存相关——如每秒钟处理的错误的页面、有效的空闲物理内存总量等。

（3）磁盘——读或写入磁盘请求提供服务所需的时间、当前磁盘队列长度。

- 影响数据库性能指标常见的有锁、处理延迟时间、最大用户连接数等。
- 影响到应用软件常见的指标有每秒交易数量、CPU 利用率、处理延迟时间等。

第31章 2012年下半年考试下午试题解析

（2012下）试题一（15分）

某监理公司丙承担了某市政务信息化项目实施的监理任务，该工程由承建单位乙承担建设任务，实施过程中发生了以下事件。

事件1：在招标文件中，按时间定额计算，工期的日历天数为505天，但在项目合同中，开工日期为2009年11月18日，交工日期为2011年4月23日，工期的日历天数为522天。

事件2：设计阶段，监理工程师发现有的业务流程不符合用户需求或与用户实际的业务流程不符。

事件3：在软件开发阶段，监理对承建单位的《质量保证计划》进行审查时发现承建单位依据的标准有误。

事件4：建设单位还要求监理机构对项目主要实施过程，无论是软件的开发过程与测试过程，还是设备安装与调试过程，都要求严格把好实施质量关，要达到合同规定的高标准和高质量保证率。

【问题1】（4分）

针对事件1，作为监理工程师，你认为项目实施的工期应为多少天？为什么？

【问题2】（5分）

针对事件2的情况，监理应如何处理？应由哪一方（监理单位、建设单位、承建单位）做出最终决定？

【问题3】（2分）

承建单位应依据_____标准编写《质量保证计划》。

A. GB/T 12504   B. GB/T 17504

C. GB/T 15504   D. GB/T 16260

【问题4】（4分）

针对事件4，请指出监理工程师进行实施过程质量控制的手段主要有哪几个？

（2012 下）试题一答案

【问题 1】（4 分）

虽然招标文件是签订合同所遵循的依据，但合理的工期应为 522 天，理由是合同与招标文件出现矛盾时，应该以合同为准。

【问题 2】（5 分）

监理应向建设单位（业主单位）提交监理意见。建设单位对承建单位做出整改决定。

【问题 3】（2 分）

A．GB/T 12504

- 提示：
    - GB/T 12504—1990——计算机软件质量保证计划规范。
    - GB/T 17504—1998——海洋自然保护区类型与级别划分原则。
    - GB/T 15504—1995——水质二硫化碳的测定二乙胺乙酸铜分光光度法。
    - GB/T 16260—2006——软件产品评价质量特性及其使用指南。

【问题 4】（4 分）

监理工程师进行施工过程质量控制的手段主要有评审、测试、旁站、抽查。

（2012 下）试题二（12 分）

建设单位甲以招标的方式委托监理公司丙承担某电子政务工程项目监理任务，并签订了监理合同。甲又以公开招标的方式选择了承建单位乙承担该项目的建设任务，并签订了实施合同。项目过程中，发生了如下事件。

事件 1：承建单位乙根据合同编制了下表所示的机房建设工作实施计划表。

工 作 名 称	紧 前 工 作	持 续 时 间
A	--	15
B	--	10
C	A、B	10
D	A、B	10
E	B	5
F	D、E	5
G	C、F	20
H	D、E	10
I	G、H	15

事件 2：工程实施过程中，为了保证电子政务基础环境的高质量和高可靠，建设单位甲要求针对综合布线系统进行全面的测试。

【问题 1】（9 分）对事件 1：

（1）根据实施计划表编制的部分进度计划网络图如下图所示，请在答题纸上将该计划网络图补充完整。

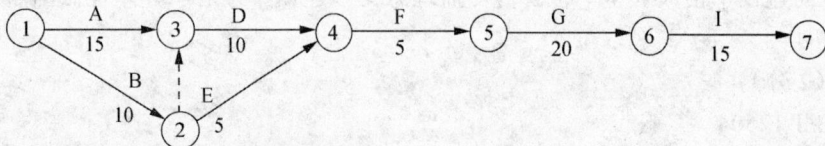

（2）指出该工程进度计划的关键线路，并计算总工期。

（3）由于承建单位自身原因，工作 E 持续时间增加 10 天，在其他条件不变的情况下，承建单位能保证交货日期吗？说明理由。

（4）由于设计变更原因，工作 H 持续时间增加 18 天，承建单位提出了延长工期 18 天的要求，监理工程师可以批准多少天的延期？为什么？此时总工期为多少天？

【问题 2】（3 分）

针对事件 2，作为监理工程师请回答：对 UTP 链路测试的主要内容有哪些？

（2012 下）试题二答案
【问题 1】（9 分）

（1）

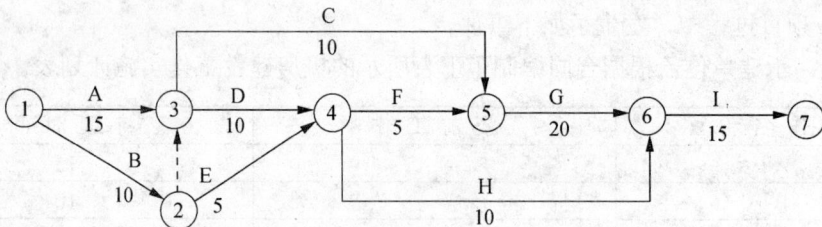

（C 和 H 每条线 1 分，共 2 分）

（2）关键线路为①→③→④→⑤→⑥→⑦（或 A→D→F→G→-I）（1 分），总工期为 65 天（1 分）。

（3）能（1 分）。因为 E 工作原处在非关键线路上，增加 10 天后，正好用掉了 E 工作的总时差，能保证工期不受影响（1 分）。

- 提示：不过，这时 E 已变成关键工作，处在关键线路上。

（4）只能批准 3 天（1 分），因为 H 工作处在非关键线路上，有 15 天自由时差（1 分），此时总工期为 68 天（1 分）。

【问题 2】（3 分）

对 UTP 链路测试的主要内容有：接线图、链路长度、衰减、近端串扰（NEXT）、接线、连线长度、衰减量、SRL（Structural Return loss）、等效式远端串扰、综合远端串扰、回波损耗、衰减串扰比（ACR）。

- 提示：参见《信息系统监理师教程》398～401 页。

（2012 下）试题三（13 分）

某企业信息化工程建设项目，建设单位甲分别与承建单位乙、监理单位丙签订了项目承建合同和监理合同。项目过程中，发生了如下事件。

事件 1：承担项目监理工作之初，总监理工程师召集有关监理人员专门讨论了如何加强监理文件档案资料的管理问题，涉及有关监理文件档案资料管理的意义、内容和组织等方面的问题。

事件 2：甲方要求设计开发出的软件系统具备较高的可移植性，为此乙方提出了提高软件可移植性的一些措施：

A. 提供没有错误的程序　　　　　　B. 建立质量保证制度

C. 改进程序文档质量　　　　　　　D. 明确软件质量标准

E. 增加测试人员数量

事件 3：乙方项目经理指定李工安排该项目的集成测试工作，李工决定由两个测试小组每天独立进行相关的测试，每个测试小组由程序设计人员和有关用户代表两类人员构成。

【问题 1】（7 分）

在事件 1 中，作为监理工程师，请简要叙述：

（1）对监理文件档案资料进行科学管理的意义。

（2）监理文件档案资料管理的主要内容。

【问题 2】（4 分）

事件 2 中，监理工程师审查了乙方给出的措施后，认为有两项措施无助于提高软件的可移植性，请你指出（只能选择两项）。

【问题3】（2分）

请指出事件3中李工在软件测试的组织工作中存在的问题。

（2012下）试题三答案

【问题1】（7分）

（1）对监理文件档案资料进行科学管理的意义为：

① 可以为监理工作的顺利展开创造良好条件。

② 可以极大地提高监理工作效率。

③ 可以为建设工程档案的归档提供可靠保证。

（2）监理文件档案资料管理的主要内容包括监理档案的收集、整理、立卷、保管、借阅、归档、作废。（答对其中的4点就可以得满分）

【问题2】（4分）

A、E

- 提示：
  - A．"提供没有错误的程序"根本就无法实现。
  - E．"增加测试人员数量"可以减少程序中的潜在Bug，但与提高可移植性无关。

【问题3】（2分）

测试小组当中还应包括专职测试人员。

（2012下）试题四（20分）

某省广播电视第三方服务公司（甲方公司）准备建设一套基于数字电视用户的消费账户支付系统和结算系统。经过市场调研，甲方公司认为目前该行业正处于市场培育期，没有可供借鉴的标准和经验，因此为了保证实施的效果，准备先期在某地市进行试点。同时，为了加快开发完成相关业务，甲方公司采取了"边设计、边实施、边监理"的工作模式，采用邀标的方式同时召入了设计单位A，集成单位B，监理单位C。项目过程中，发生了如下事件：

事件1：为了加快理解业务需求，甲方公司要求设计单位A、集成单位B投入充足的资源，分别开展调研工作，并由监理单位C进行总体协调。

事件2：经过设计单位A、集成单位B双方调研，最终确认需要开发核心交易类、运营管理类、辅助类等系统功能。

事件 3：集成单位 B 在投设备标时，获得了原厂供货的授权，但由于商务人员失误，最终以低于成本的价格中标，为了追求成本与利润的平衡，集成单位 B 从金牌代理商处协调设备供货，并正常顺利上架安装，但加电测试过程中，该批设备中某台设备由于主板损坏而宕机，甲方随即拨打原厂售后服务电话，但原厂以该设备不属于投标时原厂承诺的授权范围为由而拒绝提供原厂支持服务。

事件 4：集成单位 B 为了快速开发完成业务需求，使用了自由软件产品——报表系统，待开发完成，集成单位 B 为此向甲方公司、监理单位 C 提出追加费用要求。

【问题 1】（4 分）

站在监理的角度，请识别出事件 1 中存在的风险有哪些？

【问题 2】（3 分）

根据事件 2 中，从设计者的角度，你认为该系统中的账单查询、消费支付、用户管理等功能属于上述 3 类功能中哪一类的内容。

【问题 3】（10 分）

（1）在事件 3 中，原厂商拒绝提供支持服务是否恰当？监理单位应如何处理？

（2）作为该项目监理工程师，你认为该如何解决服务器宕机的问题？

【问题 4】（3 分）

针对事件 4，站在监理的角度，你是否支持集成单位 B 追加费用的请求，为什么？

（2012 下）试题四答案

【问题 1】（4 分）

（1）设计单位 A、集成单位 B 两者可能对业务人员充分调研而导致业务人员工作量增加，增大了调研失败的风险。（重复调研增加工作量、调研失败等答案均可）

（2）监理需要同时协调设计单位和集成单位的调研工作，沟通协调工作量大，难度高，可能使项目调研陷入混乱。（监理沟通协调难度高等答案也可）

【问题 2】（3 分）

账单查询属于辅助类；消费支付属于核心交易类；用户管理属于运营管理类。

【问题3】（10分）

（1）恰当。

监理应责成集成单位 B 尽快与原厂协调，获得原厂对甲方公司的设备授权，保证甲方公司的合法使用权限。

（2）解决服务器宕机问题的要点如下：

① 要求集成单位 B 查明宕机原因，提供事故分析报告。

② 要求集成单位 B 协调原厂更换损坏的主板。

③ 要求集成单位 B 提交事故处理报告，以及后续应急解决预案。

【问题4】（3分）

不支持。

因为这是甲方正常的业务需求（或乙方投标时已包含该部分功能需求实现的报价），不能因为乙方实现方法的不同而额外支付费用。

- 提示：自由软件（Free Software）是一种可以不受限制地自由使用、复制、研究、修改和分发的软件。自由软件授权协议主要有 GPL 和 BSD 两种。大部分的自由软件都是在线发布，并且不收任何费用。

（2012 下）试题五（15 分）

某市作为试点，由国家发改委立项批复智慧城市项目，使用财政资金作为国家重大项目进行实施，该市项目实施方（甲方）分两阶段完成项目规划设计的招标采购工作。首先进行概念设计阶段的招标，即招标该市智慧城市建设的概念设计，由某系统集成企业 A 中标，其后，根据 A 企业的设计思路，再进行项目总体规划招标，由中标单位完成总体规划编制工作。项目过程中，发生了如下事件。

事件 1： 在概念设计招标过程中，甲方考虑其余投标各方均进行了必要的工作，拟对未中标的所有单位以适当的经济补偿，并写入招标文件。

事件 2： 该项目设计思路上引用了国外某家企业的智慧平台理念，故障招标文件中明确了包含服务器型号、软件名称在内的全套产品。

事件 3： A 企业作为先期设计单位，对于建设内容的理解及把握存在一定优势，在总体规划项目的公开招标中中标，成为该项目的总体规划编制单位。

【问题1】（4分）

在事件 1 中，甲方行为是否恰当？请说明理由。

【问题 2】（6 分）

在事件 2 中，招标文件编制是否规范？请给出依据及理由。

【问题 3】（5 分）

在事件 3 中，A 企业通过公开招标成为项目总体规划编制单位是否合理，请说明理由。

（2012 下）试题五答案

【问题 1】（4 分）

不恰当。

理由：针对概念设计阶段的招标工作可以对满足招标文件要求的未中标单位进行补偿，而不是对所有未中标的单位进行补偿。

【问题 2】（6 分）

不规范。

理由：招标文件不得要求或者标明特定的投标人或者产品，以及含有倾向性或者排斥潜在投标人的其他内容。（如回答指向性、排他性可以适当给分，回答指定产品的也可以适当给分）

- 提示：《招标投标法》第二十条　招标文件不得要求或者标明特定的生产供应者以及含有倾向或者排斥潜在投标人的其他内容。

【问题 3】（5 分）

不恰当。

理由：

（1）在信息系统建设中，受托为整体采购项目或者其中分项目的前期工作提供设计、编制规范、进行管理等服务的供应商，对于理解及把握采购内容具有一定的优势，其再参加该项目的采购活动，存在违反公平竞争原则。（2 分）

（2）为保证政府采购公平、公正，凡为整体采购项目提供上述服务的法人及其附属机构（单位），不得再参加该整体采购项目及其所有分项目的采购活动；凡为分项目提供上述服务的法人及其附属机构（单位），不得再参加该分项目的采购活动。（3 分）

- 提示：依据财库[2011]59 号《财政部关于信息系统建设项目采购有关问题的通知》

附：历年下午试题分布

本书试题分类	2005 上	2005 下	2006 上	2006 下	2007 上
1. 监理基础			7		
2. 项目管理					
3. 质量控制	26	16		9	15
4. 进度控制	10	11	13	17	5
5. 投资控制		8	15	4	5
6. 变更控制	14		1		
7. 合同管理	5	23	13	4	30
8. 知识产权保护					
9. 信息安全管理				10	
10. 信息管理					
11. 组织协调					
12. 计算机基础					
13. 网络技术	2.5			5	
14. 机房工程与综合布线			7	10	15
15. 软件技术	12.5	13	17	5	5
16. 软件质量、软件测试和配置管理	5	4	3	11	

历年下午试题分布

本书试题分类	2007 下	2008 上	2008 下	2009 上	2010 上
1. 监理基础	6		9		6
2. 项目管理					
3. 质量控制	17	19	14	20	19
4. 进度控制	5	11	5	6	
5. 投资控制	7	6	5		6
6. 变更控制				9	
7. 合同管理	22	29	28	21	14
8. 知识产权保护					5
9. 信息安全管理					
10. 信息管理					
11. 组织协调		4			
12. 计算机基础					
13 网络技术				10	12
14. 机房工程与综合布线	4		5	4	7
15. 软件技术	5	6		5	6
16. 软件质量、软件测试和配置管理	9		9		

历年下午试题分布

本书试题分类	2010 下	2011 上	2011 下	2012 上	2012 下
1. 监理基础	7		10	5	
2. 项目管理					
3. 质量控制	14	17	5	12	13
4. 进度控制			21	17	9
5. 投资控制	3		4		
6. 变更控制			3		
7. 合同管理	15	11	15	20	30
8. 知识产权保护					
9. 信息安全管理	3	15	2	5	
10. 信息管理	10		4		7
11. 组织协调					
12. 计算机基础					
13. 网络技术	2	5			
14. 机房工程与综合布线	4	4	5	6	3
15. 软件技术		18			7
16. 软件质量、软件测试和配置管理	17	5	6	10	6

下篇 真题模拟考试
（2013 年上半年～2013 年下半年）

真题是命题组出的模拟题，是最真实的水平测试。

第32章　2013年上半年考试上午试题

试题（1）

以下信息系统项目一定不属于电子政务项目的是（1）。

A. 宏观经济管理信息系统　　　　　B. 土地招拍挂管理信息系统

C. ERP 系统　　　　　　　　　　　D. 基础空间地理信息库管理系统

试题（2）

信息系统采用结构化开发方法时，需要考虑的因素不包括（2）。

A. 用户至上原则　　　　　　　　　B. 每个阶段有明确的任务

C. 开发文档标准化　　　　　　　　D. 强调系统开发过程的局部性和阶段性

试题（3）

原型化方法是用户和软件开发人员之间进行的一种交互过程，适用于开发（3）系统。

A. 需求不确定性高的　　　　　　　B. 管理信息

C. 需求确定性高的　　　　　　　　D. 决策支持

试题（4）

（4）决定计算机的运算精度。

A. 主频　　　　　B. 字长　　　　　C. 内存容量　　　　　D. 硬盘容量

试题（5）

Cache 存储器的存取方式是（5）。

A. 只读存取　　　　B. 随机存取　　　　C. 顺序存取　　　　D. 先进先出存取

试题（6）

在 Internet 域名体系中，域的下面可以划分子域，各级域名用圆点分开，按照（6）。

A. 从左到右越来越小的方式分 4 层排列

B. 从右到左越来越小的方式分 4 层排列

C. 从左到右越来越小的方式分多层排列

D. 从右到左越来越小的方式分多层排列

试题（7）

将 IP 地址转换为物理地址的协议是（7）。

A. ARP　　　　　B. TCP　　　　　C. ICMP　　　　　D. DNS

试题（8）

10 个终端都连接到一个 10Mbps 的以太网交换机上，那么每个终端得到的带宽（8）。

A. 小于等于 1Mbps　　　　　B. 小于等于 10Mbps

C. 为 1～10Mbps　　　　　D. 随机分配

试题（9）

不正确的 VLAN 划分方式是（9）。

A. 基于交换机端口划分　　　　　B. 基于网卡地址划分

C. 基于 IP 地址划分　　　　　D. 基于用户名划分

试题（10）

决定局域网特性的主要因素一般认为有三个，分别是（10）。

A. 传输介质、差错检测方法和网络操作系统

B. 通信方式、同步方式和拓扑结构

C. 传输介质、拓扑结构和介质访问控制方法

D. 数据编码技术、介质访问控制方法和数据交换技术

试题（11）

从技术角度看，（11）不是云计算所采用的关键技术方法。

A. 从强调单机的性能（Scale up）向"虚拟化、分布式、智能化"等方向发展（Scale out）

B. 通过大量低成本服务器替代传统专用大/小型机/高端服务器

C. 通过分布式软件替代传统单机操作系统，通过自动管控软件替代传统的集中管控

D. 通过利用物理存储设备性能的提高来实现数据读写性能的提高

试题（12）

以下不属于云计算主要特征的是（12）。

A. 资源配置静态化　　　　B. 网络访问便捷化

C. 资源虚拟化　　　　D. 需求服务自助化

试题（13）

将单位内部的局域网接入 Internet（因特网）所需使用的接入设备是（13）。

A. 防火墙　　　　B. 集线器　　　　C. 路由器　　　　D. 中继转发器

试题（14）

通过监视网络中发生的错误和出现的故障，验证网络系统的存活能力，这属于网络测试中的（14）。

A. 可接受性测试　　　　　　　　B. 响应时间测试

C. 吞吐量测试　　　　　　　　　D. 可靠性测试

试题（15）

光缆测试参数不包括（15）。

A. 回波损耗　　　　B. 近端串扰　　　　C. 衰减　　　　　D. 插入损耗

试题（16）

依照《电子信息系统机房设计规范》（GB 50174—2008）的要求，室外安装的安全防范系统设备应采取防雷电保护措施，电源线、信号线应采用屏蔽电缆，避雷装置和电缆屏蔽层应接地，且接地电阻不应大于（16）。

A. 1Ω　　　　　　B. 5Ω　　　　　　C. 10Ω　　　　　D. 100Ω

试题（17）

在隐蔽工程的槽道设计中，槽道与热力管道在没有保温层的情况下，最小净距是（17）m。

A. 0.15　　　　　B. 0.5　　　　　　C. 1.0　　　　　　D. 1.5

试题（18）

隐蔽工程中，暗管宜采用金属管。预埋在墙体中间的暗管内径不宜超过（18）mm。

A. 50　　　　　　B. 60　　　　　　C. 80　　　　　　D. 100

试题（19）

网络工程施工过程中需要许多施工材料，这些材料有的必须在开工前就备好，有的可以在开工过程中准备。在施工前至少必须就位的材料有（19）。

① 防火板　　　　② 塑料槽板　　　　③集 线器　　　　④ PVC 防火管

A. ①②　　　　　B. ②③　　　　　C. ③④　　　　　D. ②④

试题（20）

以下关于垂直干线系统敷设光缆的监理工作要求，叙述准确的是（20）。

A. 光缆埋地时，要加铁管保护

B. 光缆在地下管道穿过时最好使用水泥管

C. 光缆需要拐弯时，其曲率半径不能小于 60cm

D. 光缆在室内布线时必须外套金属软管

试题（21）

基于网络的入侵检测系统的输入信息源是（21）。

A. 系统的审计日志　　　　　　　　B. 系统的行为数据

C. 应用程序的事务日志文件　　　　D. 网络中的数据包

试题（22）

包过滤型防火墙作为比较简单的防火墙，主要机制是检查出入数据包（22）地址。

A. 物理层　　　　B. 网络层　　　　C. 数据链路层　　　　D. 应用层

试题（23）

下面属于监理员职责的是（23）。

A. 负责本项目的日常监理工作和一般性监理文件的签发

B. 负责调解建设单位和承建单位的合同争议

C. 负责本专业工作量的核定

D. 复核或从实施现场直接获取有关工程量核定数据并签署原始凭证、文件

试题（24）

（24）是监理工程师的法律责任的表现行为。

A. 违规行为　　　　　　　　　　　B. 违约行为

C. 违纪行为　　　　　　　　　　　D. 违背职业道德的行为

试题（25）

以下叙述符合信息系统监理师职业道德要求的是（25）。

A. 经过总监理工程师的认可，监理员可以接受承建单位的宴请

B. 监理单位不能作为承建单位的投资方

C. 监理人员去项目现场检查工作，交通费用应由承建单位承担

D. 在处理建设单位与承建单位的矛盾和纠纷时，现场监理人员首先应维护建设单位的利益

试题（26）

在软件需求分析过程中，一般应确定用户对软件的（26）。

A. 功能需求和性能需求　　　　　B. 性能需求和非功能需求

C. 测试需求和功能需求　　　　　D. 功能需求和非功能需求

试题 (27)

从用户角度看,软件使用质量模型的属性不包括 (27)。

A. 安全性　　　　B. 有效性　　　　C. 满意度　　　　D. 易安装性

试题 (28)

在软件质量因素中,软件在异常条件下仍能运行的能力称为软件的 (28)。

A. 安全性　　　　B. 健壮性　　　　C. 可用性　　　　D. 可靠性

试题 (29)

软件配置项的属性一般不包含 (29)。

A. 源代码　　　　B. 日期　　　　C. 标识符　　　　D. 作者

试题 (30)

集成测试的测试用例应根据 (30) 的结果来设计。

A. 需求分析　　　　B. 源程序　　　　C. 概要设计　　　　D. 详细设计

试题 (31)

软件测试过程中,与用户需求对应的测试是 (31)。

A. 验收测试　　　　B. 集成测试　　　　C. 单元测试　　　　D. 系统测试

试题 (32)

按照软件版本管理的一般规则,通过评审的文档的版本号最可能的是 (32)。

A. 1.21　　　　B. 1.0　　　　C. 0.9　　　　D. 0.1

试题 (33)

以下关于面向对象的说法,错误的是 (33)。

A. 采用面向对象方法开发软件的基本目的和主要优点是通过重用提高软件的生产率

B. 在面向对象程序中,对象是属性(状态)和方法(操作)的封装体

C. 在面向对象程序中,对象彼此间通过继承和多态启动相应的操作

D. 继承和多态机制是面向对象程序中实现重用的主要手段

试题（34）

面向对象程序设计将描述事物的数据与（34）封装在一起，作为一个相互依存、不可分割的整体来处理。

A．数据字典　　　B．数据隐藏　　　C．对数据的操作　　　D．数据抽象

试题（35）

使用软件系统文档的人员随着承担工作的不同，所关心的文档种类也不同。（35）一般不属于维护人员关心的文档。

A．需求规格说明　　　　　　　B．软件设计说明

C．测试报告　　　　　　　　　D．项目合同

试题（36）

变更和风险管理是信息系统的项目管理要素之一。其中，应对风险的基本措施不包括（36）。

A．转移　　　　　B．接受　　　　　C．减轻　　　　　D．规避

试题（37）

信息工程监理实施的前提是（37）。

A．信息工程建设文件　　　　　B．建设单位的委托和授权

C．有关的信息工程建设合同　　D．信息工程监理企业的专业化

试题（38）

项目监理中，监理单位重点涉及的"三管"，是指（38）管理。

A．合同、信息、风险　　　　　B．合同、安全、知识产权

C．合同、信息、安全　　　　　D．合同、安全、风险

试题（39）

在实施全过程监理的建设工程上，（39）是建设项目的管理主体。

A．监理单位　　　B．承建单位　　　C．建设单位　　　D．设计单位

试题（40）

下面关于信息工程监理表述不正确的是（40）。

A．信息系统工程监理与设备监理是我国实施的同一监理体系的两个分支

B．使用国家财政性资金的信息系统工程应当实施监理

C．信息系统工程监理内容中的"一协调"是指信息系统工程实施过程中协调有关单

位及人员间的工作关系

D. 信息系统工程监理中，知识产权保护比建筑工程监理中更突出

试题（41）

（41）符合信息系统工程监理单位甲级资质等级评定条件（2012年修订版）的规定。

A. 企业注册资本和实收资本均不少于1000万元

B. 具有信息系统工程监理工程师资格的人数不少于25名

C. 企业近三年的信息系统工程监理及相关信息技术服务收入总额不少于3500万元

D. 近三年完成的信息系统工程监理及相关信息技术服务项目个数不少于10个

试题（42）

不属于委托监理合同中监理单位义务的内容是（42）。

A. 在委托的工程范围内负责合同的协调管理工作

B. 负责建设工程外部协调工作

C. 按合同约定派驻人员

D. 不得泄露所申明的秘密

试题（43）

下面对于业主单位实施工程监理招标过程顺序的描述，正确的是（43）。

A. 招标、投标、评标、开标、决标、签订合同

B. 招标、投标、评标、决标、开标、签订合同

C. 招标、投标、开标、评标、决标、签订合同

D. 招标、投标、开标、决标、评标、签订合同

试题（44）

信息工程监理宜按（44）等基本过程进行实施。

A. 编制监理大纲、监理规划、监理细则，开展监理工作

B. 编制监理规划，成立项目监理机构，编制监理细则，开展监理工作

C. 编制监理规划，成立项目监理机构，开展监理工作，参加工程竣工验收

D. 成立项目监理机构，编制监理规划，开展监理工作，向业主提交工程监理档案资料

试题（45）

项目监理实施过程中使用的监理工具和方法通常在（45）中就需要加以说明。

A. 监理专题报告   B. 监理工作计划

C. 监理大纲   D. 监理规划

试题（46）

制定监理实施细则一般由项目总监理工程师主持，专业监理工程师参加，根据监理委托合同规定范围和建设单位的具体要求，以（46）为对象而编制。

A．被监理的承建单位 　　　　　　　B．被监理的信息系统工程项目

C．项目实施现场监理工程师 　　　　D．建设单位

试题（47）

以下关于信息系统工程质量控制原则的说法，不正确的是（47）。

A．质量控制要与建设单位对工程质量的监督紧密结合

B．质量控制是一种系统过程的控制

C．质量控制要实施全面控制

D．质量控制只在工程实施阶段贯穿始终

试题（48）

监理工程师在审核信息系统设计时，重点审查系统的（48）设计，防止对信息的篡改、越权获取和蓄意破坏以及预防自然灾害。

A．容错 　　　　B．结构化 　　　　C．可靠性 　　　　D．安全性

试题（49）

信息系统工程实施中，监理对工程实施条件的控制主要包括（49）。

① 人员 　　　② 材料设备 　　　③ 承建单位的组织结构

④ 程序及方法 　　⑤ 实施环境条件

A．①②③④ 　　B．①②④⑤ 　　C．②③④⑤ 　　D．①②③④⑤

试题（50）

在信息工程进度监测过程中，监理工程师要想更准确地确定进度偏差，其关键环节是（50）。

A．缩短进度报表的间隔时间

B．缩短现场会议的间隔时间

C．将进度报表与现场会议的内容更加细化

D．对所获得的实际进度数据进行计算分析

试题（51）

在信息系统工程实施过程中，监理工程师检查实际进度时发现某工作的总时差由原计划的 5 天变为-3 天，则说明该工作的实际进度（51）。

A．拖后 2 天，影响工期 2 天　　　　B．拖后 5 天，影响工期 2 天

C．拖后 8 天，影响工期 3 天　　　　D．拖后 3 天，影响工期 3 天

试题（52）

当采用匀速进展横道图比较法时，如果表示实际进度的横道线右端点位于检查日期的右侧，则该端点与检查日期的距离表示工作（52）。

A．实际少消耗的时间　　　　　　　B．实际多消耗的时间

C．进度超前的时间　　　　　　　　D．进度拖后的时间

试题（53）

监理工程师在检查工程网络计划执行过程中，如果发现某工作进度拖后，判断受影响的工作一定是该工作的（53）。

A．后续工作　　　B．平行工作　　　C．先行工作　　　D．紧前工作

试题（54）

信息系统工程项目投资构成中的工程费用，不包括（54）。

A．间接费　　　　B．税金　　　C．直接费　　　D．系统运维费

试题（55）

当某信息系统工程的费用偏差大于 0 时，表明（55）。

A．成本节约　　　B．工期提前　　　C．工期拖延　　　D．成本增加

试题（56）

信息系统工程成本估算的工具和方法不包括（56）。

A．参数建模　　　B．类比估计　　　C．累加估计　　　D．挣值分析

试题（57）

（57）不是信息系统工程竣工结算的审核内容。

A．审核项目成本计划的执行情况

B．审核项目成本计划的编制是否合理

C．审核项目的各项费用支出是否合理

D．审核项目竣工说明书是否全面系统

试题（58）

对于承建单位提出的工程变更要求，总监理工程师在签发《工程变更单》之前，应就

工程变更引起的工期改变和费用增减（58）。

A．进行分析比较，并指令承建单位实施

B．要求承建单位进行比较分析，以供审批

C．要求承建单位与建设单位进行协商

D．分别与建设单位和承建单位进行协商

试题（59）

关于变更控制的工作程序，描述不正确的是（59）。

A．项目变更控制是一个动态的过程，监理工程师应记录这一变化的过程，使其转化为静态过程进行监控

B．监理机构在变更的初审环节，对于完全无必要的变更，可以在征询建设单位的意见后驳回变更申请

C．工程变更建议书应在预计可能变更的时间之前 14 天提出

D．三方进行协商和讨论，根据变更分析的结果，确定最优变更方案

试题（60）

设计变更、洽商记录必须经（60）书面签认后，承建单位方可执行。

A．建设单位　　　　B．上级单位　　　　C．监理单位　　　　D．分包单位

试题（61）

关于分包合同的禁止性规定应该包括（61）。

①禁止转包　　　　　　②禁止将项目分包给不具备相应资质条件的单位

③禁止再分包　　　　　④禁止将主体结构分包

A．①②④　　　　B．①③④　　　　C．①②③　　　　D．①②③④

试题（62）

项目实施期间，承建单位从节约工程投资的角度，向监理工程师提出变更部分工程设计的建议。建设单位接受建议后，由于原设计单位当时因人力资源的限制不能在要求的时间内完成变更任务，与原设计单位协商并经其同意将此部分工作委托其他设计单位完成。变更设计方案经过监理工程师审核后用于实施，但实施中发现修改的设计方案存在重大缺陷。就变更程序而言，应由（62）承担责任。

A．原设计单位　　　　B．建设单位　　　　C．其他设计单位　　　　D．监理单位

试题（63）

下面关于实施知识产权保护的监理，描述错误的是（63）。

A. 知识产权保护的管理，应该坚持全过程的管理

B. 监理应建议建设单位制定知识产权的管理制度

C. 监理应协助承建单位制定知识产权管理制度

D. 对于待开发的软件，监理单位应及时提醒建设单位在合同中明确知识产权的归属

试题（64）

信息系统安全体系应当由（64）共同构成。

A. 技术体系、人员体系和管理体系

B. 人员体系、组织机构体系和管理体系

C. 技术体系、人员体系和组织机构体系

D. 技术体系、组织机构体系和管理体系

试题（65）

物理安全技术包括机房安全和·（65）。

A. 数据安全　　　B. 系统安全　　　　　C. 通信安全　　　D. 设施安全

试题（66）

以下监理文档，不属于监理实施文件的是（66）。

A. 监理月报　　　B. 监理实施细则　　　C. 竣工总结　　　D. 监理专题报告

试题（67）

下面关于监理文档管理描述正确的是（67）。

A. 监理资料的管理应该由总监理工程师代表负责，并指定专人具体实施

B. 监理资料应在验收阶段进行整理归档，其他阶段应重点编制文档内容

C. 文档编制策略是由建设单位主持制订的

D. 文档工作包括文档计划、编写、修改、形成、分发和维护等方面的内容

试题（68）

工程验收监理报告包含的要素是（68）。

① 信息系统安全等级

② 工程竣工准备工作综述

③ 验收测试方案与规范

④ 测试结果与分析

⑤ 验收测试结论

A. ①②③④⑤　　B. ①②③④　　　　　C. ②③④⑤　　　D. ①③④

试题（69）

进行组织协调的监理工作方法主要有（69）。

A．监理会议和监理报告　　　　B．沟通和监理培训

C．监理会议和监理培训　　　　D．监理培训和监理报告

试题（70）

下面关于监理例会的描述，错误的是（70）。

A．会议主要议题包括检查和通报项目进度情况，确定下一阶段的进度目标

B．监理例会是监理单位、承建单位和建设单位的三方会议，分包单位不能参加

C．项目监理例会是由总监理工程师组织并且主持的会议

D．监理例会的会议纪要需经总监理工程师签认后，发放到项目相关各方

试题（71）

In order to complete work on your projects，you have been provided confidential information from all of your clients．A university contacts you to help it in its research．Such assistance would require you to provide the university with some of the client data．What should you do?（71）.

A．Release the information，　but remove all references to the clients' names

B．Provide high-level information only

C．Contact your clients and seek permission to disclose the information

D．Disclose the information

试题（72）

TCP/IP is a communication protocol，which provides many different networking services．The TCP/IP Internet protocol suite is formed from two standards：the TCP （Transmission Control Protocol） and the IP （Internet Protocol）．（72）means it is on the transport layer.

A．ISO　　　　　B．IP　　　　　C．OSI　　　　　D．TCP

试题（73）

Earned value analysis is an example of（73）.

A．performance reporting　　　　B．planning control

C．Ishikawa diagrams　　　　　　D．integrating the project components into a whole

试题（74）

Quality control is normally performed by the（74）.

A. QA personnel   B. project team

C. operating personnel   D. project manager

试题（75）

Workarounds are determined during which risk management process?（75）

A. Risk identification   B. Quantitative risk analysis

C. Plan risk responses   D. Risk monitoring and control

第 33 章　2013 年上半年考试上午试题解析

试题（1）

以下信息系统项目一定不属于电子政务项目的是（1）。

A．宏观经济管理信息系统　　　　B．土地招拍挂管理信息系统

C．ERP 系统　　　　　　　　　　D．基础空间地理信息库管理系统

- ERP（Enterprise Resource Planning，企业资源计划）属于企业信息化，不属于电子政务。
- ERP 是一个以财务会计为核心的信息系统，用来识别和规划企业资源，对采购、生产、成本、库存、销售、运输、财务和人力资源等进行规划和优化，从而达到最佳资源组合，使企业利润最大化。

答案：（1）C

试题（2）

信息系统采用结构化开发方法时，需要考虑的因素不包括（2）。

A．用户至上原则　　　　B．每个阶段有明确的任务

C．开发文档标准化　　　D．强调系统开发过程的局部性和阶段性

- 结构化开发方法的特点是：

（1）遵循用户至上原则。

（2）严格区分工作阶段，每个阶段有明确的任务和取得的成果。

（3）强调系统开发过程的整体性和全局性。

（4）系统开发过程工程化，文档资料标准化。

- 结构化开发方法的缺点是：

（1）开发周期长；

（2）文档、设计说明烦琐，工作效率低；

（3）要求在开发之初就全面认识系统的信息需求，充分预料各种可能发生的变化，但这并不十分现实；

（4）若用户参与系统开发的积极性没有充分调动，造成系统交接过程不平稳，系统运行与维护管理难度加大。

答案：（2）D

试题（3）

原型化方法是用户和软件开发人员之间进行的一种交互过程，适用于开发（3）系统。

A．需求不确定性高的　　　　　　　B．管理信息

C．需求确定性高的　　　　　　　　D．决策支持

- 原型法适用于开发需求不确定的系统。

答案：（3）A

试题（4）

（4）决定计算机的运算精度。

A．主频　　　　　B．字长　　　　　C．内存容量　　　　　D．硬盘容量

- 字长是 CPU 的主要技术指标之一，指的是 CPU 一次能并行处理的二进制位数。CPU 的字长直接决定了数据总线的宽度，也决定了计算机的运算精度。
- 字长通常是 8 的整数倍，32 位计算机的 CPU 每次处理 32bit（4Byte），64 位计算机的 CPU 每次处理 64bit（8Byte）。

答案：（4）B

试题（5）

Cache 存储器的存取方式是（5）。

A．只读存取　　　　B．随机存取　　　　C．顺序存取　　　　D．先进先出存取

- Cache（高速缓冲存储器）和主存（内存）一样都是 RAM（Random Access Memory，随机存储器）。
- 只不过主存使用的是 DRAM（Dynamic Random Access Memory，动态随机存取存储器）。
- 而 Cache 使用的是快速且昂贵的 SRAM（Static Random Access Memory，静态随机存取存储器）。

答案：（5）B

试题（6）

在 Internet 域名体系中，域的下面可以划分子域，各级域名用圆点分开，按照（6）。

A．从左到右越来越小的方式分 4 层排列

B. 从右到左越来越小的方式分 4 层排列

C. 从左到右越来越小的方式分多层排列

D. 从右到左越来越小的方式分多层排列

- 域名应从右向左解读，比如域名 www.buaa.edu.cn。
  - 最右边为顶级域名，cn 代表中国。
  - edu 为二级域名（网络名），代表教育机构。
  - buaa 为三级域名（机构名），代表北京航空航天大学。
  - www 是主机名，代表 WWW 服务器。

答案：（6）D

试题（7）

将 IP 地址转换为物理地址的协议是（7）。

A. ARP   B. TCP   C. ICMP   D. DNS

- ARP（Address Resolution Protocol，地址解析协议）用于网络地址（IP 地址）向物理地址（MAC 地址）的转换。

答案：（7）A

试题（8）

10 个终端都连接到一个 10Mbps 的以太网交换机上，那么每个终端得到的带宽（8）。

A. 小于等于 1Mbps   B. 小于等于 10Mbps

C. 为 1～10Mbps   D. 随机分配

- 不同于集线器（Hub），交换机上的所有端口均有独享的信道带宽，以保证每个端口上数据的快速有效传输。交换机的每一端口都可视为独立的网段，连接在其上的网络设备独自享有全部的带宽，无须同其他端口上的设备竞争使用。
- 理论上，每个终端得到的带宽应为 10Mbps。当然，实际速度可能达不到。
- 10Mbps 的以太网交换机的速度显然不能超过 10Mbps，所以应选 B。

答案：（8）B

试题（9）

不正确的 VLAN 划分方式是（9）。

A. 基于交换机端口划分   B. 基于网卡地址划分

C. 基于 IP 地址划分   D. 基于用户名划分

- 基于交换机端口、基于网卡 MAC 地址、基于 IP 地址的 VLAN 划分都很常见。
- 基于用户名的 VLAN 划分却是没有的，为什么呢？
- OSI 七层协议概念清楚的同学想一下就明白了，交换机没法解析每个帧的用户名，用户名是应用层的东西，中间隔了好几层封装，交换机根本就看不到用户名。

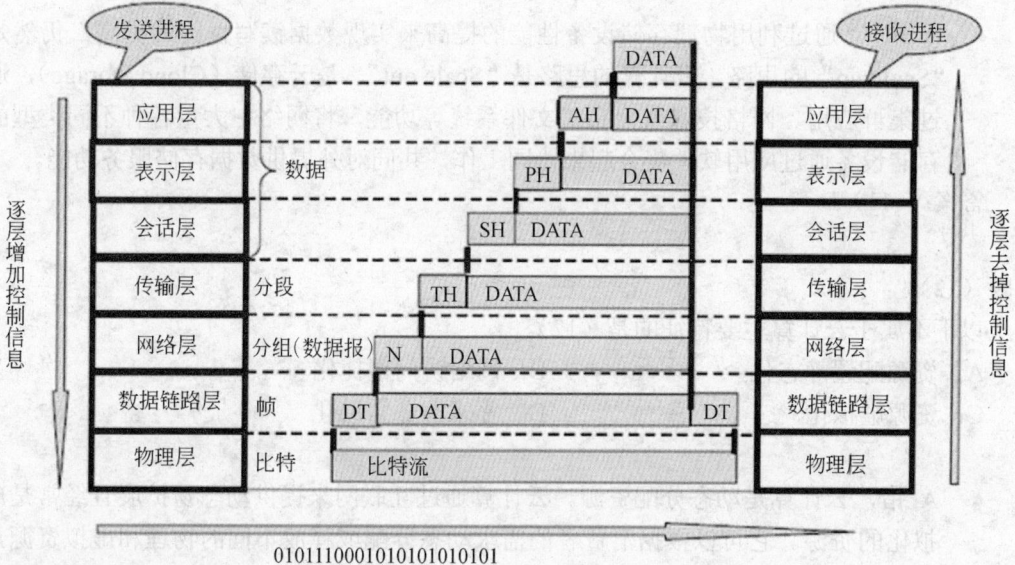

答案：（9）D

试题（10）

决定局域网特性的主要因素一般认为有三个，分别是（10）。

A. 传输介质、差错检测方法和网络操作系统
B. 通信方式、同步方式和拓扑结构
C. 传输介质、拓扑结构和介质访问控制方法
D. 数据编码技术、介质访问控制方法和数据交换技术

- 决定局域网特性的主要因素有三个：
（1）传输数据的介质（Transmission Medium）。
（2）连接各种设备的拓扑结构（Topological Structure）。
（3）共享资源的介质访问控制方法（Medium Access Control method），即局域网协议。

答案：（10）C

试题（11）

从技术角度看，（11）不是云计算所采用的关键技术方法。

A. 从强调单机的性能（Scale up）向"虚拟化、分布式、智能化"等方向发展（Scale out）

B. 通过大量低成本服务器替代传统专用大/小型机/高端服务器

C. 通过分布式软件替代传统单机操作系统，通过自动管控软件替代传统的集中管控

D. 通过利用物理存储设备性能的提高来实现数据读写性能的提高

- D 错，"通过利用物理存储设备性能的提高来实现数据读写性能的提高"仍然是"Scale up"的思路。云计算的思路是"Scale out"、是云存储（Cloud Storage），通过集群应用、网格技术或分布式文件系统等功能，将网络中大量各种不同类型的存储设备通过应用软件集合起来协同工作，共同对外提供数据存储服务功能。

答案：（11）D

试题（12）

以下不属于云计算主要特征的是（12）。

A. 资源配置静态化　　　　　　B. 网络访问便捷化

C. 资源虚拟化　　　　　　　　D. 需求服务自助化

- A 错，云计算是动态分配资源。云计算通过互联网来提供动态易扩展且经常是虚拟化的资源。它可以根据消费者的需求动态分配或释放不同的物理和虚拟资源，当增加一个需求时，可通过增加可用的资源进行匹配，实现资源的快速弹性提供；如果用户不再使用这部分资源时，可释放这些资源。

答案：（12）A

试题（13）

将单位内部的局域网接入 Internet（因特网）所需使用的接入设备是（13）。

A. 防火墙　　　B. 集线器　　　C. 路由器　　　D. 中继转发器

- 路由器用于将局域网接入 Internet。

答案：（13）C

试题（14）

通过监视网络中发生的错误和出现的故障，验证网络系统的存活能力，这属于网络测试中的（14）。

A. 可接受性测试　　　　　　　B. 响应时间测试

C. 吞吐量测试　　　　　　　　D. 可靠性测试

- 与"错误""故障""存活"这些字眼相关联的是可靠性。
- 响应时间测试、吞吐量测试都属于性能测试。
- 可接受性测试（Acceptance Testing），即验收测试，由用户/客户进行的确认是否可以接受一个产品的验证性测试。

答案：（14）D

试题（15）

光缆测试参数不包括（15）。

A．回波损耗　　　B．近端串扰　　　C．衰减　　　D．插入损耗

- 2012 年下半年考试第 24 题的原题重现。
- 近端串扰是双绞线的测试内容。
- 光纤中传输的是光，光不受电磁干扰影响，光纤没有串扰。

答案：（15）B

试题（16）

依照《电子信息系统机房设计规范》（GB 50174—2008）的要求，室外安装的安全防范系统设备应采取防雷电保护措施，电源线、信号线应采用屏蔽电缆，避雷装置和电缆屏蔽层应接地，且接地电阻不应大于（16）。

A．1Ω　　　　　B．5Ω　　　　　C．10Ω　　　　　D．100Ω

- 根据《GB 50174—2008 电子信息系统机房设计规范》

（1）直流工作接地，电阻不应大于 1Ω。

（2）交流工作接地，电阻不应大于 4Ω。

（3）安全工作接地，电阻不应大于 4Ω。

（4）防雷接地，电阻不应大于 10Ω。

答案：（16）C

试题（17）

在隐蔽工程的槽道设计中，槽道与热力管道在没有保温层的情况下，最小净距是（17）m。

A．0.15　　　　B．0.5　　　　C．1.0　　　　D．1.5

- 根据《GB 50312—2007 综合布线工程验收规范》，电缆槽道与各种管线平行或交叉时，其最小净距应符合下表中的要求：

电缆槽道与各种管线的最小净距（m）				
管道类别	一般工艺管道	具有腐蚀性液体或气体的管道	热力管道（包括管沟）	
			有保温层	无保温层
平行净距	0.4	0.5	0.5	1.0
交叉净距	0.3	0.5	0.5	1.0

答案：（17）C

试题（18）

隐蔽工程中，暗管宜采用金属管。预埋在墙体中间的暗管内径不宜超过（18）mm。

A. 50　　　　　　B. 60　　　　　　C. 80　　　　　　D. 100

- 隐蔽工程中，暗管宜采用金属管，预埋在墙体中间的暗管内径不宜超过 50mm；楼板中的暗管内径宜为 15～25mm。

答案：（18）A

试题（19）

网络工程施工过程中需要许多施工材料，这些材料有的必须在开工前就备好，有的可以在开工过程中准备。在施工前至少必须就位的材料有（19）。

① 防火板　　　　② 塑料槽板　　　　③ 集线器　　　　④ PVC 防火管

A. ①②　　　　　　B. ②③　　　　　　C. ③④　　　　　　D. ②④

- 网络工程施工过程需要许多施工材料，这些材料有的必须在开工前就备好料，有的可以在开工过程中备料。主要有以下几种：
  - 光缆、双绞线、插座、信息模块等；
  - 不同规格的塑料槽板、PVC 防火管、蛇皮管、自攻螺丝等布线用料；
  - 如果集线器是集中供电，则要准备好导线、铁管。

答案：（19）D

试题（20）

以下关于垂直干线系统敷设光缆的监理工作要求，叙述准确的是（20）。

A. 光缆埋地时，要加铁管保护

B. 光缆在地下管道穿过时最好使用水泥管

C. 光缆需要拐弯时，其曲率半径不能小于 60cm

D. 光缆在室内布线时必须外套金属软管

- 光缆的敷设要求:
（1）光缆敷设时不应该绞结;
（2）光缆在室内布线时要走线槽;
（3）光缆在地下管道中穿过时要 PVC 管或铁管;
（4）光缆需要拐弯时, 其曲率半径不能小于 30cm;
（5）光缆的室外裸露部分要加铁管保护, 铁管要固定牢固;
（6）光缆不要拉得太紧或太松, 并要有一定的膨胀收缩余量;
（7）光缆埋地时, 要加铁管保护;
（8）光缆两端要有标记。

- 同轴粗电缆的敷设要求:
（1）同轴粗电缆敷设时不应扭曲, 要保持自然平直;
（2）粗缆在拐弯时, 其弯角曲率半径不应小于 30cm;
（3）粗缆接头安装要牢靠;
（4）粗缆布线时必须走线槽;
（5）粗缆的两端必须加端接器, 其中一端应接地;
（6）粗缆上连接的用户间隔必须在 2.5m 以上;
（7）粗缆室外部分的安装与光纤电缆室外部分安装相同。

- 双绞线的敷设要求:
（1）双绞线敷设时线要平直, 走线槽, 不要扭曲;
（2）双绞线的两端点要标号;
（3）双绞线的室外部要加套管并考虑防雷措施, 严禁搭接在树干上;
（4）双绞线不要拐硬弯。

答案:（20）A

试题（21）

基于网络的入侵检测系统的输入信息源是（21）。

A．系统的审计日志　　　　　　B．系统的行为数据
C．应用程序的事务日志文件　　D．网络中的数据包

- 入侵检测系统（Intrusion Detection System, IDS）通过收集和分析网络行为、安全日志、审计数据以及计算机系统中关键点的信息, 检查网络或系统中是否存在违反安全策略的行为和被攻击的迹象。网络中的数据包是 IDS 的主要信息来源。

答案:（21）D

试题（22）

包过滤型防火墙作为比较简单的防火墙, 主要机制是检查出入数据包（22）地址。

　A．物理层　　　　B．网络层　　　　C．数据链路层　　　D．应用层

- 包过滤防火墙工作在网络层，主要根据出入数据包的 IP 地址进行过滤。

答案：（22）B

试题（23）

下面属于监理员职责的是（23）。

A．负责本项目的日常监理工作和一般性监理文件的签发

B．负责调解建设单位和承建单位的合同争议

C．负责本专业工作量的核定

D．复核或从实施现场直接获取有关工程量核定数据并签署原始凭证、文件

- 监理员的职责是：
  - 在监理工程师的指导下开展监理工作；
  - 检查承建单位投入工程项目的软、硬件设备、人力及其使用、运行情况，并做好检查记录；
  - 复核或从实施现场直接获取工程量核定的有关数据并签署原始凭证、文件；
  - 按详细设计说明书及有关标准，对承建单位的实施过程进行检查和记录，对安装、调试过程及测试结果进行记录；
  - 做好督导工作，发现问题及时指出并向本专业监理工程师报告；
  - 做好监理日记和有关的监理记录。
- A 是总监理工程师代表的职责。
- B 是总监理工程师的职责。
- C 是专业监理工程师的职责。

答案：（23）D

试题（24）

（24）是监理工程师的法律责任的表现行为。

A．违规行为　　　　　　　　B．违约行为

C．违纪行为　　　　　　　　D．违背职业道德的行为

- 监理工程师涉及到法律责任的表现行为有两种：

（1）违反法律法规的行为（违法行为）。

（2）违反合同约定的行为（违约行为）。

答案：（24）B

试题（25）

以下叙述符合信息系统监理师职业道德要求的是（25）。

A．经过总监理工程师的认可，监理员可以接受承建单位的宴请

B．监理单位不能作为承建单位的投资方

C．监理人员去项目现场检查工作，交通费用应由承建单位承担

D．在处理建设单位与承建单位的矛盾和纠纷时，现场监理人员首先应维护建设单位的利益

- A、C 错误，B 正确，监理单位不得与被监理项目的承建单位存在隶属关系和利益关系。
- D 错误，监理工作的公平、公正、独立原则，就是指监理单位在处理建设单位与承建单位的矛盾和纠纷时，要做到不偏袒任何一方，决不能因为监理单位是受建设单位的委托而故意偏袒建设单位，应当维护双方的合法利益，该是谁的责任就由谁来承担，该维护哪方的权益，就维护哪方的权益。

答案：（25）B

试题（26）

在软件需求分析过程中，一般应确定用户对软件的（26）。

A．功能需求和性能需求　　　　　B．性能需求和非功能需求

C．测试需求和功能需求　　　　　D．功能需求和非功能需求

- 需求分析过程应确定用户对软件的功能需求和非功能需求。
- 功能需求：一个系统、软件或者系统组件所必须完成的功能。
- 非功能性需求：不是描述软件做什么，而是描述软件如何（以何种性能或方式）完成这些功能。例如，软件性能需求、软件外部接口需求、软件设计约束、软件质量要求、可靠性、易用性、响应时间、存储要求等。

答案：（26）D

试题（27）

从用户角度看，软件使用质量模型的属性不包括（27）。

A．安全性　　　　B．有效性　　　　C．满意度　　　　D．易安装性

- 使用质量是基于用户观点的软件产品用于指定的环境和使用周境时的质量。它测

量用户在特定环境中能达到其目标的程度，而不是测量软件自身的属性。

- 软件使用质量的属性分为四个特性：有效性、生产率、安全性和满意度。

答案：（27）D

试题（28）

在软件质量因素中，软件在异常条件下仍能运行的能力称为软件的（28）。

A．安全性 　　　　 B．健壮性 　　　　 C．可用性 　　　　 D．可靠性

- 健壮性又称鲁棒性（Robust），是指软件对于规范要求以外的输入情况的处理能力。
- 所谓健壮的系统是指对于规范要求以外的输入能够判断出这个输入不符合规范要求，并能有合理的处理方式。
- 比如，输入 0 作为除数，软件应该能够自动判断出来，而不是直接崩溃掉。

答案：（28）B

试题（29）

软件配置项的属性一般不包含（29）。

A．源代码 　　　　 B．日期 　　　　 C．标识符 　　　　 D．作者

- 软件生存周期各个阶段活动的产物经审批后即可作为软件配置项。源代码是一种典型的配置项。
- 配置项的主要属性有名称、标识符、文件状态、版本、作者、日期等。
- 注意：别把配置项和配置项的属性搞混。

答案：（29）B

试题（30）

集成测试的测试用例应根据（30）的结果来设计。

A．需求分析 　　　　 B．源程序 　　　　 C．概要设计 　　　　 D．详细设计

- 根据 V 模型，集成测试的测试用例应根据详细设计的结果来设计。

开发阶段/测试阶段	单元测试	集成测试	确认测试	系统测试
软件需求分析	无	无	完成确认测试计划	完成系统测试计划
软件概要设计	无	完成软件集成测试计划	开始设计确认试用例、编写确认测试说明	开始设计系统测试用例、编写系统测试说明

续表

开发阶段/测试阶段	单元测试	集成测试	确认测试	系统测试
软件详细设计	完成软件单元测试计划	开始设计集成测试用例、编写集成测试说明		
软件编码	编写软件单元测试说明、执行软件单元测试、编写软件单元测试报告			
软件测试	无	完成集成测试说明、执行集成测试、进行测试分析、编写软件集成测试报告	完成软件确认测试说明、执行软件确认测试、进行测试分析、编写确认测试报告	完成系统测试说明、执行系统测试、进行测试分析、编写系统测试报告

答案：（30）D

试题（31）

软件测试过程中，与用户需求对应的测试是（31）。

A．验收测试　　　B．集成测试　　　C．单元测试　　　D．系统测试

- 根据 V 模型，与用户需求对应的是验收测试。

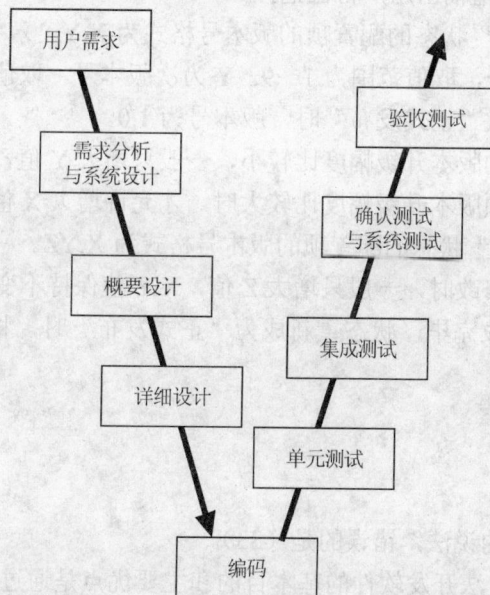

答案：（31）A

试题（32）

按照软件版本管理的一般规则，通过评审的文档的版本号最可能的是（32）。

A．1.21　　　　　B．1.0　　　　　C．0.9　　　　　D．0.1

● 软件文档的状态可分为草稿、正在修改、正式发布三种，状态转换过程如下图所示：

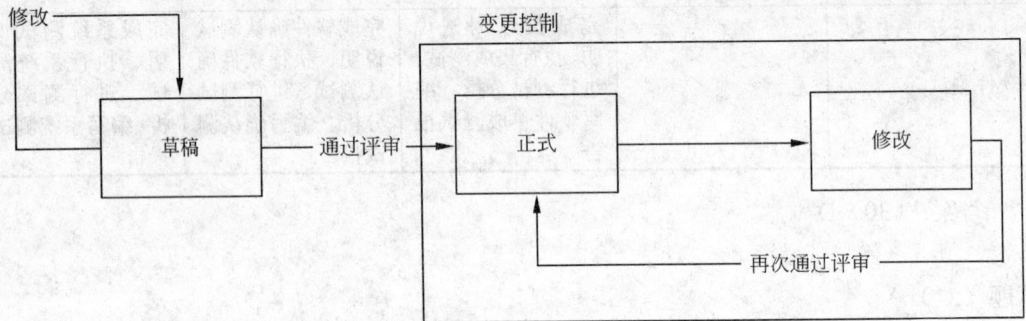

● 处于"草稿"状态的配置项的版本号格式为 0.YZ。
  ▪ YZ 的数字范围为 01～99。
  ▪ 随着草稿的修正，YZ 的取值应递增。
  ▪ YZ 的初值和增幅由用户自己把握。
● 处于"正式发布"状态的配置项的版本号格式为 X.Y。
  ▪ X 为主版本号，取值范围为 1～9。Y 为次版本号，取值范围为 0～9。
  ▪ 配置项第一次"正式发布"时，版本号为 1.0。
  ▪ 如果配置项的版本升级幅度比较小，一般只增大 Y 值，X 值保持不变。
  ▪ 只有当配置项版本升级幅度比较大时，才允许增大 X 值。
● 处于"正在修改"状态的配置项的版本号格式为 X.YZ。
  ▪ 配置项正在修改时，一般只增大 Z 值，X.Y 值保持不变。
  ▪ 当配置项修改完毕，状态重新成为"正式发布"时，将 Z 值设置为 0，增加 X.Y 值。

答案：（32）B

试题（33）

以下关于面向对象的说法，错误的是（33）。

A．采用面向对象方法开发软件的基本目的和主要优点是通过重用提高软件的生产率

B．在面向对象程序中，对象是属性（状态）和方法（操作）的封装体

C．在面向对象程序中，对象彼此间通过继承和多态启动相应的操作

D．继承和多态机制是面向对象程序中实现重用的主要手段

- C 错，对象之间的协作是通过发送消息（Message）完成的。一个对象通过发送消息来调用另一个对象的方法。

答案：（33）C

试题（34）

面向对象程序设计将描述事物的数据与（34）封装在一起，作为一个相互依存、不可分割的整体来处理。

A．数据字典　　　B．数据隐藏　　　C．对数据的操作　　　D．数据抽象

- 面向对象将描述事物的数据与对数据的操作封装在一起，作为一个相互依存、不可分割的整体来处理。

答案：（34）C

试题（35）

使用软件系统文档的人员随着承担工作的不同，所关心的文档种类也不同。（35）一般不属于维护人员关心的文档。

A．需求规格说明　　　　　　　　B．软件设计说明

C．测试报告　　　　　　　　　　D．项目合同

- 显然，项目合同无助于软件维护工作，维护人员不需要关心合同。

答案：（35）D

试题（36）

变更和风险管理是信息系统的项目管理要素之一。其中，应对风险的基本措施不包括（36）。

A．转移　　　　　B．接受　　　　　C．减轻　　　　　D．规避

- 应对负面风险（威胁）的三项基本措施是：规避、接受和减轻。
  - 回避/避免/规避（Avoid）——改变项目计划，以完全消除威胁；最极端的回避策略是取消整个项目。
  - 接受（Accept）——项目团队已决定不为处理某风险而变更项目管理计划，或者无法找到任何其他的合理应对策略。

- ■ 减轻/缓解（Mitigate）——是指把不利风险事件的概率或影响降低到可接受的临界值范围内。
- 提示：在 PMBOK 中还有一种风险应对措施：转移/转嫁（Transfer），但在《信息系统监理师教程》中被排除掉了。

答案：（36）A

试题（37）

信息工程监理实施的前提是（37）。

A. 信息工程建设文件
B. 建设单位的委托和授权
C. 有关的信息工程建设合同
D. 信息工程监理企业的专业化

- 信息工程监理的实施需要建设单位的委托和授权。
  - ■ 监理单位应根据委托监理合同和有关建设工程合同的规定实施监理。
  - ■ 信息工程监理只有在建设单位委托的情况下才能进行。只有与建设单位订立书面委托监理合同，明确了监理的范围、内容、权利、义务、责任等，监理单位才能在规定的范围内行使管理权，合法地开展建设工程监理。
  - ■ 监理单位在委托监理的工程中拥有一定的管理权限，能够开展管理活动，是建设单位授权的结果。
  - ■ 承建单位根据法律、法规的规定和它与建设单位签订的有关建设工程合同的规定接受监理单位对其建设行为进行的监督管理，接受并配合监理是其履行合同的一种行为。
- 注意：C 选项中的信息工程建设合同指的是建设单位与承建单位之间的合同，建设单位与监理单位之间的合同叫信息工程建设合同。

答案：（37）B

试题（38）

项目监理中，监理单位重点涉及的"三管"，是指（38）管理。

A. 合同、信息、风险
B. 合同、安全、知识产权
C. 合同、信息、安全
D. 合同、安全、风险

- 信息系统工程监理的"三管"指的是：合同管理、安全管理、信息管理。

答案：（38）C

试题（39）

在实施全过程监理的建设工程上，（39）是建设项目的管理主体。

A. 监理单位
B. 承建单位
C. 建设单位
D. 设计单位

- 不管哪种监理模式，建设单位都是建设项目的管理主体。

答案：（39）C

试题（40）

下面关于信息工程监理表述不正确的是（40）。

A. 信息系统工程监理与设备监理是我国实施的同一监理体系的二个分支
B. 使用国家财政性资金的信息系统工程应当实施监理
C. 信息系统工程监理内容中的"一协调"是指信息系统工程实施过程中协调有关单位及人员间的工作关系
D. 信息系统工程监理中，知识产权保护比建筑工程监理中更突出

- A 错，信息系统工程监理与设备监理是目前我国实施的两类不同的、相互独立的监理体系，仅在"信息工程设备监理"上有交叉，两者可以互相借鉴，但不矛盾。
- 提示：设备监理由国家质量监督检验检疫总局主管。

答案：（40）A

试题（41）

（41）符合信息系统工程监理单位甲级资质等级评定条件（2012 年修订版）的规定。

A. 企业注册资本和实收资本均不少于 1000 万元
B. 具有信息系统工程监理工程师资格的人数不少于 25 名
C. 企业近三年的信息系统工程监理及相关信息技术服务收入总额不少于 3500 万元
D. 近三年完成的信息系统工程监理及相关信息技术服务项目个数不少于 10 个

- 根据《信息系统工程监理单位资质等级评定条件（2012 年修定版）》，甲级资质的相关条件是：
  - 企业注册资本和实收资本均不少于 800 万元。
  - 具有信息系统工程监理工程师资格的人数不少于 25 名。
  - 近三年完成的信息系统工程监理及相关信息技术服务项目个数不少于 20 个，其中至少有 2 个合同额不少于 100 万元或 4 个合同额不少于 50 万元的项目。
  - 近三年完成的信息系统工程监理项目投资总值不少于 6 亿元，监理合同总额不少于 2400 万元。

答案：（41）B

试题（42）

不属于委托监理合同中监理单位义务的内容是（42）。

A．在委托的工程范围内负责合同的协调管理工作

B．负责建设工程外部协调工作

C．按合同约定派驻人员

D．不得泄露所申明的秘密

- B 错，工程外部协调工作应由建设单位负责。

答案：（42）B

试题（43）

下面对于业主单位实施工程监理招标过程顺序的描述，正确的是（43）。

A．招标、投标、评标、开标、决标、签订合同

B．招标、投标、评标、决标、开标、签订合同

C．招标、投标、开标、评标、决标、签订合同

D．招标、投标、开标、决标、评标、签订合同

- 2007 年下半年考试第 36 题的原题重现。
- 招标过程的顺序为：招标、投标、开标、评标、决标、签订合同。

答案：（43）C

试题（44）

信息工程监理宜按（44）等基本过程进行实施。

A．编制监理大纲、监理规划、监理细则，开展监理工作

B．编制监理规划，成立项目监理机构，编制监理细则，开展监理工作

C．编制监理规划，成立项目监理机构，开展监理工作，参加工程竣工验收

D．成立项目监理机构，编制监理规划，开展监理工作，向业主提交工程监理档案资料

- A 错，编制监理大纲是在为获得监理合同在投标阶段进行的工作，此时，项目监理工作尚未开始，编制监理大纲不能算作信息工程监理的基本过程。
- B、C 错，成立项目监理机构后才能够进行编制监理规划等方面的工作。通俗地想一下：监理规划由总监理工程师主持编制，如果项目监理机构尚未组建，也无法编制监理规划。简言之，获得监理任务后，要成立监理机构，由监理机构的人员编制监理规划，开展监理工作。

答案：（44）D

试题（45）

项目监理实施过程中使用的监理工具和方法通常在（45）中就需要加以说明。

A. 监理专题报告   B. 监理工作计划

C. 监理大纲   D. 监理规划

- 监理规划的主要内容有：
  （1）工程项目概况；
  （2）监理的范围、内容与目标；
  （3）监理项目部的组织结构与人员配备；
  （4）监理依据、程序、措施及制度；
  （5）监理工具和设施。
  答案：（45）D

试题（46）

制定监理实施细则一般由项目总监理工程师主持，专业监理工程师参加，根据监理委托合同规定范围和建设单位的具体要求，以（46）为对象而编制。

A. 被监理的承建单位   B. 被监理的信息系统工程项目

C. 项目实施现场监理工程师   D. 建设单位

- 监理实施细则以被监理的信息系统工程项目为对象而编制。
  答案：（46）B

试题（47）

以下关于信息系统工程质量控制原则的说法，不正确的是（47）。

A. 质量控制要与建设单位对工程质量的监督紧密结合

B. 质量控制是一种系统过程的控制

C. 质量控制要实施全面控制

D. 质量控制只在工程实施阶段贯穿始终

- D 错，质量控制应贯穿信息系统工程的始终，应用于信息系统工程的各个阶段，而不只是实施阶段。
  答案：（47）D

试题（48）

监理工程师在审核信息系统设计时，重点审查系统的（48）设计，防止对信息的篡改、越权获取和蓄意破坏以及预防自然灾害。

A. 容错   B. 结构化   C. 可靠性   D. 安全性

- 显然，与"信息的篡改、越权获取和蓄意破坏"有关的是安全性。

答案：（48）D

试题（49）

信息系统工程实施中，监理对工程实施条件的控制主要包括 (49)。

① 人员　　　　② 材料设备　　③ 承建单位的组织结构
④ 程序及方法　⑤ 实施环境条件

A. ①②③④　　B. ①②④⑤　　C. ②③④⑤　　D. ①②③④⑤

- 显然，承建单位的组织结构不属于工程实施条件，监理也无法对其进行控制。
- 工程实施条件通常与质量因素 4M1E 相对应。
- 所谓 4M1E，即 Man（人）、Machine（机器）、Material（物）、Method（方法）、Environments（环境），也就是人们常说的：人、机、料、法、环。
- 这道题里的①对应的是"人"、②是"料"、④是"法"、⑤是"环"。

答案：（49）B

试题（50）

在信息工程进度监测过程中，监理工程师要想更准确地确定进度偏差，其关键环节是（50）。

A. 缩短进度报表的间隔时间
B. 缩短现场会议的间隔时间
C. 将进度报表与现场会议的内容更加细化
D. 对所获得的实际进度数据进行计算分析

- 2008 年下半年考试第 58 题的原题重现。
- 所谓偏差（Variance）就是计划与实际的差别。
- A、B、C 有助于监理工程师获得更详细及时的实际进度数据。
- 要想更准确地确定进度偏差，光有更详细的原始数据是不够的，还要比照计划进度对实际进度数据进行计算分析，原始数据需要加工处理后才能发挥最终发挥效能，关键环节是 D。

答案：（50）D

试题（51）

在信息系统工程实施过程中，监理工程师检查实际进度时发现某工作的总时差由原计划的 5 天变为-3 天，则说明该工作的实际进度（51）。

A. 拖后 2 天，影响工期 2 天　　　　B. 拖后 5 天，影响工期 2 天
C. 拖后 8 天，影响工期 3 天　　　　D. 拖后 3 天，影响工期 3 天

- 该工作原来有总时差 5 天，现在为-3 天，即该工作拖后了 5-（-3）=8（天）。
- 该工作的拖后时间已超过其总时差，因此将导致项目工期延后 8-5=3（天）。

答案：（51）C

试题（52）

当采用匀速进展横道图比较法时，如果表示实际进度的横道线右端点位于检查日期的右侧，则该端点与检查日期的距离表示工作（52）。

A．实际少消耗的时间　　　　　　　　B．实际多消耗的时间
C．进度超前的时间　　　　　　　　　D．进度拖后的时间

- 匀速进展横道图比较法的步骤如下：
（1）编制横道图进度计划。
（2）在进度计划上标出检查日期。
（3）将检查收集到的实际进度数据经加工整理后按比例用涂黑的粗线标于计划进度的下方。
（4）对比分析实际进度与计划进度：
  - 如果涂黑的粗线右端落在检查日期左侧，表明实际进度拖后。
  - 如果涂黑的粗线右端落在检查日期右侧，表明实际进度超前。
  - 如果涂黑的粗线右端与检查日期重合，表明实际进度与计划进度一致。

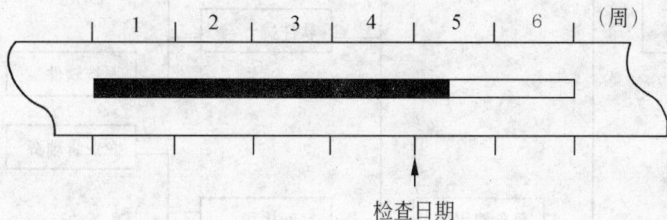

答案：（52）C

试题（53）

监理工程师在检查工程网络计划执行过程中，如果发现某工作进度拖后，判断受影响的工作一定是该工作的（53）。

A．后续工作　　　B．平行工作　　　　C．先行工作　　　D．紧前工作
- 显然，受影响的只能是该工作的后续工作。

答案：（53）A

试题（54）

信息系统工程项目投资构成中的工程费用，不包括（54）。

A．间接费　　　　B．税金　　　　C．直接费　　　　D．系统运维费

- 信息工程项目投资构成如下图所示：

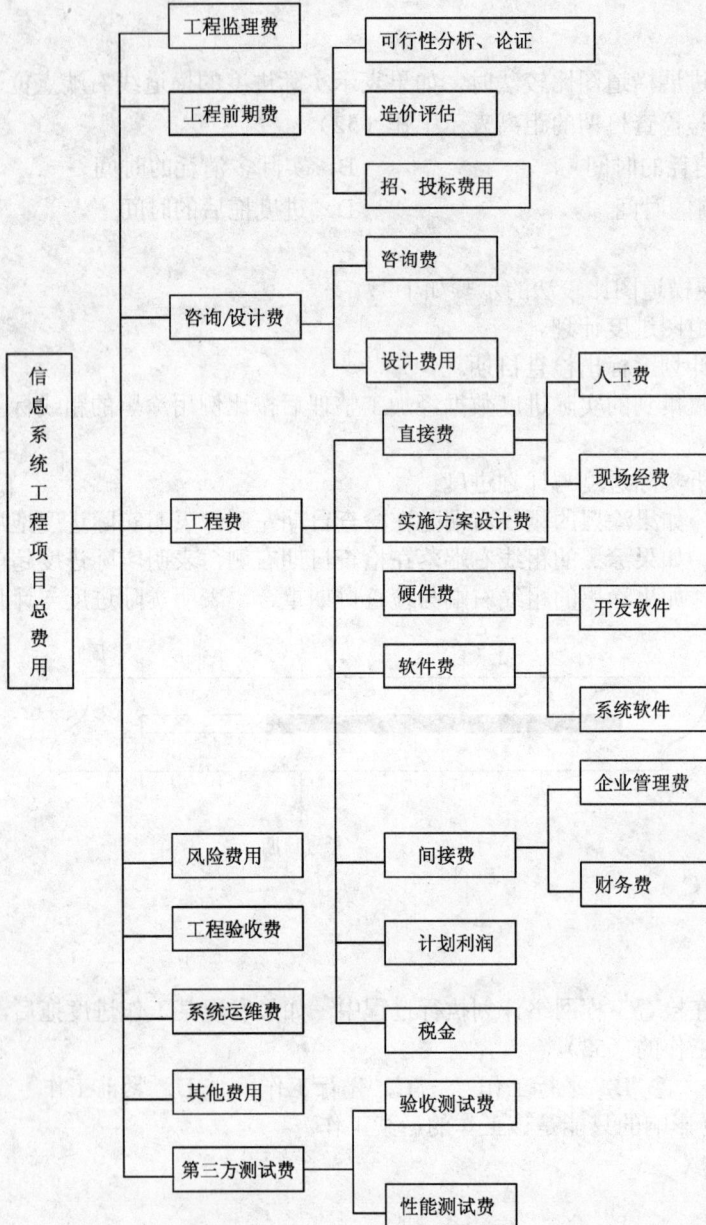

```
                              ┌── 工程监理费
                              │
                              │                    ┌── 可行性分析、论证
                              ├── 工程前期费 ───────┼── 造价评估
                              │                    └── 招、投标费用
                              │
                              │                    ┌── 咨询费
                              ├── 咨询/设计费 ──────┤
                              │                    └── 设计费用
    信                        │
    息                        │                    ┌── 直接费 ──┬── 人工费
    系                        │                    │           └── 现场经费
    统                        │                    ├── 实施方案设计费
    工  信息系统工程          │                    ├── 硬件费
    程  项目总费用 ───────────┼── 工程费 ──────────┼── 软件费 ──┬── 开发软件
    项                        │                    │           └── 系统软件
    目                        │                    ├── 间接费 ──┬── 企业管理费
    总                        │                    │           └── 财务费
    费                        │                    ├── 计划利润
    用                        │                    └── 税金
                              │
                              ├── 风险费用
                              │
                              ├── 工程验收费
                              │
                              ├── 系统运维费
                              │
                              ├── 其他费用
                              │                    ┌── 验收测试费
                              └── 第三方测试费 ─────┤
                                                   └── 性能测试费
```

答案：（54）D

试题（55）

当某信息系统工程的费用偏差大于 0 时，表明（55）。

A．成本节约　　　B．工期提前　　　C．工期拖延　　　D．成本增加

- 成本偏差（Cost Variance，CV）大于 0，成本节约。

答案：（55）A

试题（56）

信息系统工程成本估算的工具和方法不包括（56）。

A．参数建模　　　B．类比估计　　　C．累加估计　　　D．挣值分析

- 挣值分析用于进度控制和成本控制，而不用于成本估算。
- 成本估算的工具和方法有：

（1）类比估计，用先前类似项目的实际数据作为估计现在项目的基础。

（2）参数建模，把项目的一些特征作为参数，通过建立一个数学模型预测项目成本。

（3）累加估计，先将单个工作的逐个估计，然后累加得到项目成本的总计。

（4）计算工具，有一些项目管理软件被广泛利用于成本控制。

答案：（56）D

试题（57）

（57）不是信息系统工程竣工结算的审核内容。

A．审核项目成本计划的执行情况

B．审核项目成本计划的编制是否合理

C．审核项目的各项费用支出是否合理

D．审核项目竣工说明书是否全面系统

- 信息系统工程竣工结算的重点审核内容为：

（1）审核项目成本计划的执行情况，根据批准的初步设计和项目建设成本计划，核对竣工项目中有无计划外工程的增减，是否有监理工程师和承建单位双方的签证手续；工程设计的变更是否有设计部门和监理工程师的变更设计手续；根据批准的设计概算，审核竣工项目的实际成本额是节约还是超支了。

（2）审核项目的各项费用支出是否合理，根据财务制度审核分析各项费用的支出是否符合有关规定，有无乱挤成本、扩大开支范围、假公济私、铺张浪费等违反财经纪律和不

合理的情况。

（3）审核报废损失和核销损失的真实性，审核分析报废工程损失，应核销其他支出中的各项损失是否符合实际情况，是否经有关主管部门批准。特别是对报废工程要进行认真审核，要尽量回收利用减少损失。

（4）审核各项账目、统计资料是否准确完整，对各项账目和统计资料进行完整性和准确性审核。各项应收应付款是否全部结清；工程上应分摊的各项费用是否全部分摊完毕；应退余料是否退清等。

（5）审核项目竣工说明书是否全面系统，对项目竣工说明书的内容进行全面性、系统性审核，看其是否符合实际情况，是否对项目建设全过程取得的经验和存在的主要问题如实做了说明。说明书中有无虚假不实、掩盖矛盾等情况。

- B错，审核项目成本计划是在前期的设计阶段进行的工作。

答案：（57）B

试题（58）

对于承建单位提出的工程变更要求，总监理工程师在签发《工程变更单》之前，应就工程变更引起的工期改变和费用增减（58）。

A. 进行分析比较，并指令承建单位实施

B. 要求承建单位进行比较分析，以供审批

C. 要求承建单位与建设单位进行协商

D. 分别与建设单位和承建单位进行协商

- 2008年上半年考试第45题的原题重现。
- 总监理工程师在签发《工程变更单》之前，应就工程变更引起的工期改变及费用的增减分别与建设单位和承包单位进行协商，力求达成双方均能同意的结果。

答案：（58）D

试题（59）

关于变更控制的工作程序，描述不正确的是（59）。

A. 项目变更控制是一个动态的过程，监理工程师应记录这一变化的过程，使其转化为静态过程进行监控

B. 监理机构在变更的初审环节，对于完全无必要的变更，可以在征询建设单位的意见后驳回变更申请

C. 工程变更建议书应在预计可能变更的时间之前14天提出

D. 三方进行协商和讨论，根据变更分析的结果，确定最优变更方案

- A 错，监理工程师无法将项目变更控制这个动态的过程转化为静态的过程。
- 项目变更控制是一个动态的过程，监理工程师应记录这一变化过程，充分掌握信息，及时发现变更引起的超过估计的后果，以便及时控制和处理。

答案：（59）A

试题（60）

设计变更、洽商记录必须经（60）书面签认后，承建单位方可执行。

A．建设单位　　　B．上级单位　　　C．监理单位　　　D．分包单位

- 需求设计变更、洽商过程的管理措施：
  （1）设计变更、洽商无论由谁提出和批准，均须按设计变更、洽商的基本程序进行；
  （2）设计变更、洽商记录必须经监理单位书面签认后，承建单位方可执行；
  （3）设计变更、洽商记录的内容应符合有关规范、规程和技术标准；
  （4）设计变更、洽商记录填写的内容必须表述准确、图示规范；
  （5）设计变更、洽商的内容应及时反映在实施方案中；
  （6）分包项目的设计变更、洽商应通过总承建单位办理；
  （7）设计变更、洽商的费用由承建单位填写"费用报审表"报监理单位，由监理工程师进行审核后，总监理工程师签认；
  （8）设计变更、洽商的项目完成，并经监理工程师验收合格后，应按正常的支付程序办理变更项目费用的支付手续。

答案：（60）C

试题（61）

关于分包合同的禁止性规定应该包括（61）。

① 禁止转包　　　　　② 禁止将项目分包给不具备相应资质条件的单位
③ 禁止再分包　　　　④ 禁止将主体结构分包

A．①②④　　　B．①③④　　　C．①②③　　　D．①②③④

- 分包合同的禁止性规定包括：
  （1）禁止转包。所谓转包，是指承建单位将其承包的全部信息系统工程建设倒手转让给第三人，使该第三人实际上成为该建设项目新的承建单位的行为。承建单位也不得将其承包的全部建设项目肢解以后以分包的名义分别转包给第三人。
  （2）禁止将项目分包给不具备相应资质条件的单位。所谓相应的资质条件是指：第一，有符合国家规定的注册资本；第二，有相应的专业技术人员；第三，有相应的技术装备；第四，符合法律、法规规定的其他条件。

（3）禁止再分包。承建单位只能在其承包项目的范围内分包一次，分包人不得再次向他人分包。

（4）禁止分包主体结构。信息系统工程主体结构的实施必须由承建单位自行完成，不得向他人分包，否则签订的合同属于无效合同。

答案：（61）D

试题（62）

项目实施期间，承建单位从节约工程投资的角度，向监理工程师提出变更部分工程设计的建议。建设单位接受建议后，由于原设计单位当时因人力资源的限制不能在要求的时间内完成变更任务，与原设计单位协商并经其同意将此部分工作委托其他设计单位完成。变更设计方案经过监理工程师审核后用于实施，但实施中发现修改的设计方案存在重大缺陷。就变更程序而言，应由（62）承担责任。

A．原设计单位　　　　B．建设单位　　　　C．其他设计单位　　　　D．监理单位

- 在某些特殊情况下，发包人需要委托其他设计单位完成设计变更工作，如，变更增加的设计内容专业性特点较强，超过了设计人资质条件允许承接的工作范围，或施工期间发生的设计变更，设计人由于资源能力所限，不能在要求的时间内完成等原因。
- 在此情况下，发包人经原设计单位书面同意后，也可以委托其他具有相应资质的设计单位修改。
- 修改单位对修改的设计文件承担相应责任，原设计单位不再对修改的部分负责。

答案：（62）C

试题（63）

下面关于实施知识产权保护的监理，描述错误的是（63）。

A．知识产权保护的管理，应该坚持全过程的管理

B．监理应建议建设单位制定知识产权的管理制度

C．监理应协助承建单位制定知识产权管理制度

D．对于待开发的软件，监理单位应及时提醒建设单位在合同中明确知识产权的归属

- 监理没有义务协助承建单位制定知识产权管理制度。

答案：（63）C

试题（64）

信息系统安全体系应当由（64）共同构成。

A．技术体系、人员体系和管理体系

B．人员体系、组织机构体系和管理体系

C．技术体系、人员体系和组织机构体系

D．技术体系、组织机构体系和管理体系

- 信息系统安全的总体目标是物理安全、网络安全、数据安全、信息内容安全、信息基础设备安全与公共信息安全的总和；安全的最终目的是确保信息的机密性、完整性和可用性，以及信息系统主体（包括用户、组织、社会和国家）对于信息资源的控制。

- 从信息安全管理目标来看，其中的网络安全、数据安全、信息内容安全等可通过开放系统互连安全体系的安全服务、安全机制及其管理实现，但所获得的这些安全特性只解决了与通信和互连有关的安全问题，而涉及与信息系统工程的构成组件及其运行环境安全有关的其他安全问题（如物理安全、系统安全等）还需从技术措施和管理措施两方面结合起来。

- 为了系统地、完整地构建信息系统的安全体系框架，信息系统安全体系应当由技术体系、组织机构体系和管理体系共同构建。

答案：（64）D

试题（65）

物理安全技术包括机房安全和（65）。

A．数据安全　　　B．系统安全　　　C．通信安全　　　D．设施安全

- 为了系统地、完整地构建信息系统的安全体系框架，信息系统安全体系应当由技术体系、组织机构体系和管理体系共同构建。

（1）技术体系，技术体系是全面提供信息系统安全保护的技术保障系统，分为物理安全技术和系统安全技术两大类：

- 物理安全技术，包括机房安全和设施安全。
- 系统安全技术，包括平台安全、数据安全、通信安全、应用安全和运行安全。

（2）组织机构体系，组织机构体系是信息系统的组织保障系统，由机构、岗位和人事三个模块构成。

（3）管理体系，管理是信息系统安全的灵魂。信息系统安全的管理体系由法律管理、制度管理和培训管理三部分组成。

答案：（65）D

试题（66）

以下监理文档，不属于监理实施文件的是（66）。

A．监理月报　　　B．监理实施细则　　　C．竣工总结　　　D．监理专题报告

- 监理实施细则是总控类文档。
- 监理实施类文档（工程作业记录）主要包括项目变更文档、进度监理文档、质量监理文档、监理日报、监理月报、专题监理报告、验收报告、总结报告等。

答案：（66）B

试题（67）

下面关于监理文档管理描述正确的是（67）。

A．监理资料的管理应该由总监理工程师代表负责，并指定专人具体实施

B．监理资料应在验收阶段进行整理归档，其他阶段应重点编制文档内容

C．文档编制策略是由建设单位主持制订的

D．文档工作包括文档计划、编写、修改、形成、分发和维护等方面的内容

- A错，监理资料的管理应由总监理工程师负责，并指定专人具体实施；
- B错，监理资料应在各阶段监理工作结束后及时整理归档；
- C错，监理单位制订文档编制策略，文档策略是由监理单位主持制订的，对其他单位或开发人员提供指导。

答案：（67）D

试题（68）

工程验收监理报告包含的要素是（68）。

① 信息系统安全等级

② 工程竣工准备工作综述

③ 验收测试方案与规范

④ 测试结果与分析

⑤ 验收测试结论

A．①②③④⑤　　　B．①②③④　　　C．②③④⑤　　　D．①③④

- 工程监理验收报告必须包含以下几个要素。
- （1）工程竣工准备工作综述。
- （2）验收测试方案与规范。
- （3）测试结果与分析。

（4）验收测试结论。

答案：（68）C

试题（69）

进行组织协调的监理工作方法主要有（69）。

A．监理会议和监理报告   B．沟通和监理培训

C．监理会议和监理培训   D．监理培训和监理报告

- 组织协调一般通过监理会议、监理报告和沟通三种主要协调方法进行。

答案：（69）A

试题（70）

下面关于监理例会的描述，错误的是（70）。

A．会议主要议题包括检查和通报项目进度情况，确定下一阶段的进度目标

B．监理例会是监理单位、承建单位和建设单位的三方会议，分包单位不能参加

C．项目监理例会是由总监理工程师组织并且主持的会议

D．监理例会的会议纪要需经总监理工程师签认后，发放到项目相关各方

- 项目监理例会是履约各方沟通情况、交流信息、协调处理、研究解决合同履行中存在的各方面问题，由工程监理单位总监理工程师组织与主持的例行工作会议。
- 项目监理例会参加单位及人员通常包括总监理工程师、总监代表、有关监理工程师；承建单位项目经理、技术负责人及有关专业人员；建设单位驻现场代表等；根据会议议题的需要还可邀请设计单位、分包单位及其他有关单位的人员参加。

答案：（70）B

试题（71）

In order to complete work on your projects, you have been provided confidential information from all of your clients. A university contacts you to help it in its research. Such assistance would require you to provide the university with some of the client data. What should you do?（71）.

A. Release the information, but remove all references to the clients' names

B. Provide high-level information only

C. Contact your clients and seek permission to disclose the information

D. Disclose the information

- 为了完成项目工作，你从客户那里获得了一些机密信息。一个学校请你帮助它们进行研究工作，该协助工作需要你提供一些从客户那里得到的数据。你该怎么做？

A. 披露这些信息，但是删去所有对客户名字的引用

B. 只提供概括性的信息

C. 联系你的客户，寻求披露这些信息的许可

D. 透露这些信息

答案：（71）C

试题（72）

TCP/IP is a communication protocol，which provides many different networking services．The TCP/IP Internet protocol suite is formed from two standards：the TCP (Transmission Control Protocol) and the IP (Internet Protocol)．（72）means it is on the transport layer．

  A. ISO   B. IP   C. OSI   D. TCP

- TCP/IP 是一个提供了很多不同的网络服务的通讯协议。TCP/IP 网络协议族来源于两个标准，TCP（传输控制协议）和 IP（互联网协议）。TCP 意味着它在传输层。

答案：（72）D

试题（73）

Earned value analysis is an example of（73）．

  A. performance reporting   B. planning control

  C. Ishikawa diagrams   D. integrating the project components into a whole

- 挣值分析是（73）的一个例子。

A. 绩效报告   B. 计划控制

C. 石川图（因果图）   D. 集成项目组件为一个整体

- 提示：挣值分析图表是项目绩效报告的主要组成部分。

答案：（73）A

试题（74）

Quality control is normally performed by the（74）．

  A. QA personnel   B. project team

  C. operating personnel   D. project manager

- 质量控制通常是由（74）来执行。
- A．质量保证人员　　　　　　　B．项目团队
- C．操作人员　　　　　　　　　D．项目经理
- 提示：质量保证（QA）工作通常由专门的质量保证人员执行，质量控制（QC）工作通常由项目团队成员来完成。

答案：（74）B

试题（75）

Workarounds are determined during which risk management process?（75）

- A．Risk identification　　　　　B．Quantitative risk analysis
- C．Plan risk responses　　　　　D．Risk monitoring and control

- 权变措施是在哪一个风险管理过程中决定的？（75）
- A．风险识别　　　　　B．定量风险分析
- C．风险应对规划　　　D．风险监测与控制
- 权变措施（Workaround）：在风险监控过程中对以往未曾识别或被动接受的风险采取未经计划的应对措施。

答案：（75）D

本套试题总评：
（1）难度较低，通过较易
（2）往年试题多次原题重现
（3）网络技术和软件技术题目偏多

第34章 2013年上半年考试下午试题

（2013上）试题一（20分）

建设单位甲通过公开招标选择承建单位乙承担某电子商务应用项目的实施任务，并委托监理单位丙对项目实施全过程监理。该工程项目涉及机房建设、系统集成和应用软件开发等建设内容。在建设过程中，发生如下事件：

【事件1】 为了保证项目的质量，监理机构制定了旁站监理方案。在旁站方案中旁站监理人员的职责有：

（1）核查进场材料、配件、设备等的质量检验报告等，并可在现场监督承建单位进行检验；

（2）做好旁站监理记录和监理日记，保存旁站监理原始资料。

【事件2】 承建单位乙把机房的消防工程分包给一专业消防实施单位丁施工。该分包单位丁的资质未经监理机构验证，即进行施工，并已进行了部分消防工程的设备安装。

【事件3】 建设单位甲还要求监理机构对于主要的工程进行严格的质量控制，特别要求监理机构利用测试手段对软件开发进行质量控制。

【事件4】 监理机构制定了监理规划。在监理规划中写明，监理机构的工作任务之一是做好与建设单位、承建单位的协调工作。

【问题1】（6分）

旁站监理方案中旁站监理人员的职责是否全面？若不全面，请补充其缺项。

【问题2】（6分）

针对事件2，监理工程师应如何处理？

【问题3】（3分）

针对事件3的情况，对于软件开发部分，监理机构应主要对哪些方面进行测试？

【问题4】（5分）

针对事件4，在实施阶段，项目监理机构与承建单位的协调工作应包括哪些内容？

（2013上）试题二（15分）

某局使用财政资金进行网络升级改造，分为A、B两包。A包为存储设备及其他配套设备采购项目，B 包为网络服务设计项目，包括网络服务器及总集成。

【事件 1】　该局将 A 包拆分为 A1 包和 A2 包，A1 包为存储设备采购，A2 包为其他配套设备采购。A1 包和 A2 包的金额都低于该市规定的需要招标的最低额度，对 A1 包和 A2 包均采用竞争性谈判方式购买。

【事件 2】　B 包招标文件的部分内容如下：（1）1 台服务器：某品牌某型号产品；（2）项目招标文件于 2012 年 3 月 5 日起发售，2012 年 3 月 20 日开标；（3）项目评标委员会有业主方代表 2 名，其他技术、经济专家 5 名。因行业特殊性，其中 2 名技术专家由招标人直接确定。

【问题 1】（4 分）

在事件 1 中，该单位的行为是否恰当？请说明理由。

【问题 2】（6 分）

在事件 2 中，项目招标文件中的三项内容是否正确？请分别说明原因。

【问题 3】（5 分）

请简要回答监理方应围绕哪几方面审核网络服务的设计。

（2013 上）试题三（15 分）

建设单位甲选定监理单位丙对应用软件开发项目实施全过程监理，承建单位乙承担项目建设任务。在项目实施过程中，发生如下事件：

【事件 1】　在应用软件开发的初期，项目遇到了因需求频繁变动而导致进度滞后、质量低下等问题，甲方要求监理单位认真分析问题出现的原因并给出解决办法。

【事件 2】　软件测试是监理方进行质量控制的重要手段之一。总监理工程师要求监理工程师加强对乙方的测试方案、测试用例及测试数据等的重点监控。

【事件 3】　由于开发的应用系统是企业的核心业务系统，因此软件的后期维护至关重要。在讨论如何提高软件可维护性的会议上，监理和承建单位就软件维护的一些问题产生了异议。

【问题 1】（7 分）

针对事件 1，导致需求变更的原因很多，请你列出一些常见的原因及可能的解决办法。

【问题 2】（4 分）

针对事件 2，为了检验程序的正确性，使用白盒测试方法时，应根据（1）和指定的覆盖标准确定测试数据。与设计测试数据无关的是（2）。

（1）候选答案：

　　A. 程序的内部逻辑　　　　　　　　B. 程序的复杂程度

　　C. 使用说明书　　　　　　　　　　D. 程序的功能

（2）候选答案：

　　A. 该软件的设计人员　　　　　　　B. 程序的复杂程度

　　C. 源程序　　　　　　　　　　　　D. 项目开发计划

【问题 3】（4 分）

针对事件 3，一般来说，在软件维护过程中，大部分工作是由（1）引起的。在软件维护的实施过程中，为了正确、有效地修改程序，需要经历以下三个步骤：分析和理解程序、修改程序和（2）。修改（3）不归结为软件的维护工作。产生软件维护的副作用，是指（4）。

（1）候选答案：

　　A. 适应新的软件环境　　　　　　　B. 适应新的硬件环境

　　C. 用户的需求改变　　　　　　　　D. 程序的可靠性

（2）候选答案：

　　A. 重新验证程序　　　　　　　　　B. 验收程序

　　C. 书写维护文档　　　　　　　　　D. 建立目标程序

（3）候选答案：

　　A. 设计文档　　　B. 数据　　　C. 需求规约　　　D. 代码

（4）候选答案：

　　A. 开发时的错误　　　　　　　　　B. 隐含的错误

　　C. 因修改软件而造成的错误　　　　D. 运行时误操作

（2013 上）试题四（15 分）

在某省重点大型电子政务工程建设项目建设过程中，建设单位甲与承建单位乙签订了实施合同，并委托某监理公司丙承担项目全过程的监理任务。建设接近完成时，发生如下事件：

事件 1： 应用系统开发完成后，承建单位乙完成了自查、自评工作，提交了由项目经理签字的《软件验收申请报告》，并将全部验收资料报送项目监理机构，申请验收。总监理工程师认为实施过程中均按要求进行了检验和阶段验收，即同意了承建单位乙的验收申请。

事件 2： 经过近两年的实施，项目主体工程已按照设计完成，能满足系统运行的需要，各类档案文件齐全，达到竣工验收条件。建设单位甲要求监理单位根据国家有关电子政务项目竣工验收的要求，协助完成本项目的竣工验收工作。

【问题 1】（6 分）

事件 1 中，承建单位乙和总监理工程师的做法均存在不妥之处，请给出正确做法。

【问题 2】（4 分）

针对事件 2，作为监理工程师，请指出：

（1）电子政务建设项目验收分为哪两个阶段？

（2）本项目的竣工验收应由谁来组织？

【问题 3】（5 分）

针对事件 2，可由专家组负责开展竣工验收的先期基础性工作，请指出此过程重点检查的内容有哪些？

（2013 上）试题五（10 分）

某企业拟建设涉密数据中心，作为企业信息系统的运行中心、灾备中心，承载着企业的核心业务运营、信息资源服务、关键业务计算、数据存储和备份，以及确保业务连续性等重要任务。该项目已由承建单位完成了建设工作，正在开展验收前的各项测试工作。为了保证数据中心的各项指标确实能达到建设单位的需求和符合相关标准，建设单位要求监理单位加强对承建单位测试工作的管控。

【问题 1】（2 分）

在数据中心的测试中，_____是常见和实用的网络测试诊断工具集。

A．ping 和 junit　　　　　　　　B．ping 和 traceroute

C．ping 和 route　　　　　　　　D．ping 和 jtest

【问题 2】（2 分）

该数据中心仅会在某一特定时间内集中处理一批机密级数据，下列说法中正确的是_____。

A．该数据中心须按照所涉及处理的最高密级信息，即按机密级建设要求建设

B．由于该中心仅在特定时间内处理该部分数据，可根据相关要求，在该段时间内通过管理措施确保数据安全性

C．数据中心所有人员的保密等级应与机密级保持一致

D．考虑建设经费及使用频率，折中按秘密级建设本中心

【问题 3】（6 分）

为保证数据中心测试的合理性，针对承建单位提交的测试方案，监理重点审核了测试内容、测试步骤等，请指出数据中心测试的内容应包括哪些？

第 35 章　2013 年上半年考试下午试题解析

（2013 上）试题一答案

【问题 1】

旁站监理人员的职责不全面。其缺项有：

（1）检查实施单位现场人员到岗情况；

（2）检查实施技术和操作情况；

（3）在现场跟班监督关键部位、关键工序的实施执行实施方案以及工程建设强制性标准实施情况。

- 提示：参见《信息系统监理师教程》92 页。

【问题 2】

报告总监理工程师下达指令停工，检查分包单位资质。若审查合格，允许分包单位丁继续实施。若审查不合格，指令分包单位丁立即退场。无论分包单位资质是否合格，均应对其已安装完的消防工程设备进行质量检查。

【问题 3】

要对重要的功能、性能、安全性等进行测试。

【问题 4】

协调工作的主要内容有：

（1）与承建单位项目经理关系的协调；

（2）进度问题的协调；

（3）质量问题的协调；

（4）对承建单位违约行为的处理；

（5）合同争议的协调；

（6）对分包单位的协调；

（7）处理好人际关系。

（2013 上）试题二答案

【问题 1】

不恰当。该单位的行为违反《中华人民共和国招投标法》、《中华人民共和国政府采购

法》，答出 1 个即可）的相关规定。该单位不能将招标的项目化整为零规避招标

- 提示：
  - 《招标投标法》第四条　任何单位和个人不得将依法必须进行招标的项目化整为零或者以其他任何方式规避招标。
  - 《政府采购法》第二十八条　采购人不得将应当以公开招标方式采购的货物或者服务化整为零或者以其他任何方式规避公开招标采购。
  - 在答题时，只要说出招标投标法和政府采购法即可，不要求考生答出具体是哪一条。

【问题 2】

（1）不正确。招标文件不得要求或者标明特定的投标人或者产品。

（2）不正确。自招标文件开始发出之日起至投标人提起投标文件截止之日止，最短不得少于二十日。

（3）正确。招投标法，情况特殊评标专家可由招标人直接确定。

- 提示：

（1）《招标投标法》第二十条　招标文件不得要求或者标明特定的生产供应者以及含有倾向或者排斥潜在投标人的其他内容。

（2）《招标投标法》第二十四条　招标人应当确定投标人编制投标文件所需要的合理时间；但是，依法必须进行招标的项目，自招标文件开始发出之日起至投标人提交投标文件截止之日止，最短不得少于二十日。

（3）《招标投标法》第三十七条

  - 评标由招标人依法组建的评标委员会负责。
  - 依法必须进行招标的项目，其评标委员会由招标人的代表和有关技术、经济等方面的专家组成，成员人数为五人以上单数，其中技术、经济等方面的专家不得少于成员总数的三分之二。
  - 前款专家应当从事相关领域工作满八年并具有高级职称或者具有同等专业水平，由招标人从国务院有关部门或者省、自治区、直辖市人民政府有关部门提供的专家名册或者招标代理机构的专家库内的相关专业的专家名单中确定；一般招标项目可以采取随机抽取方式，特殊招标项目可以由招标人直接确定。

【问题 3】

（1）对业主单位应用系统的支撑能力。

（2）与操作系统的兼容性。

（3）应用层协议的选择和配置。

（4）网络服务软件的配置。

（5）网络服务的可靠性。

（6）网络服务的可扩展性。

（7）网络服务的可维护性。

（8）网络服务的安全性。

- 提示：参见《GB/T 19668.4—2007 信息化工程监理规范 第四部分：计算机网络系统工程监理规范》第6.3.4节：网络服务。

（2013 上）试题三答案

【问题1】

原因：

（1）开发人员对待需求开发的态度不认真；

（2）用户参与不够；

（3）用户需求的不断增加；

（4）模棱两可的需求；

（5）用户和需求开发人员在理解上的差异；

（6）开发人员的画蛇添足；

（7）过于简单的规格说明；

（8）忽略了用户分类。

可能的解决方法：

（1）需求阶段尽可能采用原型或者用例方法明确用户需求；

（2）采用严格的需求变更管理流程；

（3）采用良好的体系结构；

（4）采用面向对象方法。

【问题2】

（1）A　　（2）D

【问题3】

（1）C　　（2）A　　（3）B　　（4）C

- 提示：完善性维护——为满足用户要求，修改现有功能、增加新功能、改善性能以及一般性的改进，是软件维护的主体部分。

（2013 上）试题四答案
【问题 1】
（1）承建单位提交的《软件验收申请报告》应该由承建单位技术负责人签字。

（2）总监理工程师收到《软件验收申请报告》后，应会同建设单位了解被验收软件的功能、质量特性和文档等方面的内容，对验收申请报告进行审查，提出处理意见。

【问题 2】
（1）建设项目验收分为初步验收和竣工验收两个阶段。

（2）本项目的竣工验收应由本项目审批部门或其组织成立的电子政务项目竣工验收委员会来组织。

- 提示：国家发改委 55 号令《国家电子政务工程建设项目管理暂行办法》第三十条 电子政务项目应遵循《国家电子政务工程建设项目验收工作大纲》的相关规定开展验收工作。项目验收包括初步验收和竣工验收两个阶段。初步验收山项目建设单位按照《验收工作大纲》要求自行组织；竣工验收由项目审批部门或其组织成立的电子政务项目竣工验收委员会组织；对建设规模较小或建设内容较简单的电子政务项目，项目审批部门可委托项目建设单位组织验收。

【问题 3】
重点检查项目建设规划、设计、监理、施工、招标采购、档案资料、预（概）算执行和财务决算等情况，提出评价意见和建议。

- 提示：《国家电子政务工程建设项目验收大纲（提纲）》 七、竣工验收

（一）组织竣工验收的单位（机构）组建竣工验收委员会，下设专家组。

（二）专家组负责开展竣工验收的先期基础性工作，重点检查项目建设、设计、监理、施工、招标采购、档案资料、预（概）算执行和财务决算等情况，提出评价意见和建议。

（三）竣工验收委员会基于专家组评价意见提出竣工验收报告。

（2013 上）试题五答案
【问题 1】
B

- 提示：
  - A 错，Junit 是一个 Java 语言的单元测试框架。
  - C 错，Route 命令用来显示、人工添加和修改路由表，非网络测试诊断命令。
  - D 错，Jtest 是一个 Java 语言的自动化测试解决方案。
  - Ping 用来检测网络的连通情况和分析网络速度。
  - Traceroute（路由跟踪），在 Linux 系统中叫做 tracepath，Windows 系统中叫做 tracert，是一种电脑网络诊断工具，用于确定 IP 数据包访问目标所采取的路径，可以使用它来确定数据包在网络上的停止位置，从而进行故障定位。

【问题 2】

A

- 提示：
  - 信息根据敏感程度一般可分成绝密、机密、秘密、敏感和公开五类。
  - 处理保密信息的场所，必须与这些信息的保密等级相当或者更高。

【问题 3】

可用性测试、管理功能测试、性能测试、可伸缩性测试、安全性测试、备份和还原测试、稳定测试。

- 提示：答题思路如下

（1）首先，数据中心应是可以使用的，性能应达到一定的要求，并且安全可靠，否则其他都无从谈起，因此，可用性测试、性能测试和安全测试是一定要做的。

（2）面对着一个庞大的数据中心，各种设备很繁杂，如何管理是个大问题，因此易于管理很重要，需要进行可管理性测试。

（3）数据中心建好了，今后需求增加了，是不是很容易的进行扩展，因此要进行可伸缩性测试。

（4）数据中心存放了很多的数据和应用，数据会不会丢失，中心的运行是不是稳定都是用户所关心的问题，因此应该进行备份和还原测试、稳定测试等等。

第36章 2013年下半年考试上午试题

试题（1）

在计算机信息处理中，数据组织的层次依次是（1）。

A．数据、记录、文档、数据库　　　　B．数据、记录、文件、数据库

C．数据项、记录、字段、数据库　　　D．数据项、记录、文件、数据库

试题（2）

信息系统采用面向对象开发方法时，需要考虑的基本思想不包括（2）。

A．对象是由属性和操作组成

B．对象之间的联系采用封装机制来实现

C．对象可以按其属性来归类

D．对象是对客观事物抽象的结果

试题（3）

在软件开发的生命周期方法中，对模块的功能进行描述是（3）阶段的任务。

A．需求分析　　　B．概要设计　　　　C．详细设计　　　D．编码设计

试题（4）

主存储器和CPU之间增加高速缓冲存储器（Cache）的目的是（4）。

A．扩大存储系统的容量

B．解决CPU与主存的速度匹配问题

C．扩大存储系统的容量和提高存储系统的速度

D．便于程序的访存操作

试题（5）

衡量存储容量的常用单位有（5）。

A．μs、ns 和 ms　　　　　B．μb、nb 和 mb

C．Kb、Mb 和 Gb　　　　　D．B、KB、MB 和 GB

试题（6）

如果通过局域网连接互联网，需要设置 TCP/IP 协议属性，其中不需要针对（6）指定

IP 地址。

    A．本机   B．默认网关   C．Web 服务器   D．DNS 服务器

试题（7）、（8）

在使用路由器 R 的 TCP/IP 网络中，两主机通过一路由器 R 互联，提供主机 A 应用和主机 B 应用之间通信的层是（7），支持 IP 层和网络层协议的设备（8）。

    （7）A．应用层   B．传输层   C．IP 层   D．网络层

    （8）A．包括主机 A、B 和路由器 R   B．仅有主机 A、B

           C．仅有路由器 R   D．也应支持应用层和传输层协议

试题（9）

在国际标准化组织（ISO）发布的 OSI 参考模型中，为网络层实体提供数据发送和接收功能和过程的是（9）。

    A．数据链路层   B．应用层   C．物理层   D．传输层

试题（10）

关于以太网交换机的工作机制和特点，以下理解正确的是（10）。

    A．以太网交换机工作在传输层

    B．以太网交换机都支持全双工

    C．以太网交换机采用的交换方式是电路交换

    D．以太网交换机灵活性较差

试题（11）

（11）是指在云计算基础设施上为用户应用软件提供部署和运行环境的服务。

    A．SaaS   B．PaaS   C．IaaS   D．HaaS

试题（12）

操作系统的四个基本功能是（12）。

    A．运算器管理、控制器管理、内存储器管理和外存储器管理

    B．CPU 管理、主机管理、中断管理和外部设备管理

    C．用户管理、主机管理、程序管理和设备管理

    D．CPU 管理、内存储器管理、设备管理和文件管理

试题（13）

在默认配置的情况下，交换机的所有端口（13）。

A．处于直通状态　　　　　　　　　B．属于同一 VLAN
C．属于不同 VLAN　　　　　　　　 D．地址都相同

试题（14）

某无线网络的传输速率是 2Mbps，这相当于每秒传输（14）。

A．2×1024×1024 位　　　　　　　　B．2×1024×1024 字节
C．2×1000×1000 位　　　　　　　　D．2×1000×1000 字节

试题（15）

综合布线系统应采用共用接地的接地系统，如单独设置接地体时，接地电阻不应大于（15）。

A．1Ω　　　　　B．2Ω　　　　　C．3Ω　　　　　D．4Ω

试题（16）

进入屏蔽机房的各种线缆均需要进行（16），以保证机房内的信号不因线缆的进出而造成泄漏。

A．防雷处理　　　B．防静电处理　　　C．除静电处理　　　D．滤波处理

试题（17）

关于隐蔽工程管道安装时管内穿线的叙述，错误的是（17）。

A．穿在管内绝缘导线的额定电压不应高于 500V
B．管内穿线宜在建筑物的抹灰、装修及地面工程前进行
C．不同系统、不同电压、不同电流类别的线路不应穿同一根管内或线槽的同一孔槽内
D．导线穿入钢管前，在导线入出口处，应装护线套保护导线

试题（18）

隐蔽工程中，管内导线的总截面积（包括外护层）不应超过管子截面积的 (18)。

A．30%　　　B．40%　　　C．50%　　　D．60%

试题（19）

"62.5/125μm" 多模光纤的 62.5/125μm 指的是（19）。

A．光纤内外径　　　B．光纤可传输的光波波长
C．光缆内外径　　　D．光缆可传输的光波波长

试题（20）

安装在墙面或柱子上的信息插座底盒、多用户信息插座盒及集合点配线箱体的底部

离地面的高度宜为（20）mm。

    A．200   B．300   C．400   D．500

试题（21）

入侵检测系统执行的主要任务不包括（21）。

    A．监视、分析用户及系统活动，审计系统构造和弱点

    B．统计分析异常行为模式

    C．评估重要系统和数据文件的完整性

    D．发现所维护信息系统存在的安全漏洞

试题（22）

下面关于防火墙的说法中，正确的是（22）。

    A．防火墙可以解决来自内部网络的攻击

    B．防火墙可以防止受病毒感染的文件的传输

    C．防火墙会减弱计算机网络系统的性能

    D．防火墙可以防止错误配置引起的安全威胁

试题（23）

组织整理工程项目的监理资料是（23）的职责。

    A．总监理工程师   B．总监理工程师代表

    C．专业监理工程师   D．监理员

试题（24）

某网络项目刚开工不久，出现了一次严重的质量事故，在后续处理事故过程中，监理单位做法正确的是（24）。

    A．确认该事故由承建单位引起，由其全权负责赔偿

    B．使用仪器进行测试，寻找事故发生的原因

    C．通过公共媒体对承建单位的所有信息曝光，制造舆论压力

    D．责成承建单位分析事故的原因，并提供解决问题的思路和方案

试题（25）

总监理工程师代表由总监理工程师授权，可以（25）。

    A．审定系统测试方案   B．签发工程暂停令

    C．审批工程延期   D．主持编写工程项目监理规划

试题（26）

以下关于软件需求分析的说法，不正确的是（26）。

A. 需求分析不同于软件开发中的结构化分析，是面向功能的软件设计

B. 需求分析应始于业主单位的需要、期望和限制条件

C. 需求分析阶段研究的对象是软件项目的用户要求

D. 需求分析的目标是描述软件的功能和性能

试题（27）

软件质量保证应在（27）阶段开始定义和实施。

A. 需求分析　　　B. 设计　　　　C. 开发　　　　D. 运行

试题（28）

在软件质量因素中，软件在异常条件下仍能运行的能力称为软件的（28）。

A. 安全性　　　　B. 健壮性　　　C. 可用性　　　D. 可靠性

试题（29）

在软件配置管理中，（29）不是配置项。

A. 程序　　　　　B. 文档　　　　C. 过程　　　　D. 数据

试题（30）

软件测试类型按开发阶段划分依次是（30）。

A. 需求测试、单元测试、集成测试、验证测试

B. 单元测试、系统测试、集成测试、验收测试

C. 单元测试、集成测试、确认测试、系统测试

D. 调试、单元测试、集成测试、用户测试

试题（31）

性能测试工具 LoadRunner 可以完成（31）功能。

A. 黑盒测试　　　B. 白盒测试　　　C. 压力测试　　　D. 灰盒测试

试题（32）

软件配置管理（SCM）是对软件（32）的管理。

A. 需求变更　　　B. 版本　　　　C. 配置的质量　　D. 变化

试题（33）

面向对象技术具有的最重要的特征不包括（33）。

　　A. 多态性　　　　　B. 继承性　　　　　C. 可移植性　　　D. 封装性

试题（34）

以下不属于面向对象语言的是（34）。

　　A. Java　　　　　B. C　　　　　C. Smalltalk　　　D. C++

试题（35）

软件工程中，（35）不属于用户文档的内容。

　　A. 功能描述　　　B. 安装手册　　　C. 系统设计　　　D. 使用手册

试题（36）

信息系统项目管理中的质量管理构成的要素不包括（36）。

　　A. 质量计划编制　　B. 质量评估　　　C. 质量保证　　　D. 质量控制

试题（37）

信息系统项目的实施涉及主建方、承建单位、监理单位三方，主建方重点实施的是（37）。

　　A. 计划管理、质量管理　　　　　B. 成本管理、风险管理
　　C. 文档管理、沟通与协调管理　　D. 立项管理、评估与验收管理

试题（38）

监理单位应当按照合同规定认真履行自己的职责，这一要求体现了监理单位经营活动应遵循（38）准则。

　　A. 守法　　　　　B. 诚信　　　　　C. 公正　　　　　D. 科学

试题（39）

某信息系统项目在实施过程中，未能在到货验收时检查出设备关键配置指标的下降，同意了到货验收通过，导致设备在使用过程中无法满足需求。此时，作为监理人员，首先可以（39）。

　　A. 要求供货商更换设备　　　　B. 要求供货商提供情况说明
　　C. 要求前期到货验收结果作废　　D. 要求供货商退货并赔偿损失

试题（40）

信息系统工程监理单位甲级资质等级评定条件（2012 年修订版）规定，信息系统工程监理及相关信息技术服务的技术人员数量应不少于（40）人；甲级监理企业的技术负责人

从事信息系统工程监理工作的经历不少于（41）年。

（40）A. 50　　　　　B. 45　　　　　C. 30　　　　　D. 25

（41）A. 3　　　　　B. 5　　　　　C. 8　　　　　D. 10

试题（42）

信息系统工程项目建设中，开展监理工作的依据文件依次是（42）。

A. 承建合同、监理合同、招标文件、投标文件

B. 监理合同、承建合同、投标文件、招标文件

C. 监理合同、承建合同、招标文件、投标文件

D. 承建合同、监理合同、投标文件、招标文件

试题（43）

以下一般不属于监理合同主要内容的是（43）。

A. 业务需求　　　　B. 监理费用　　　　C. 违约责任　　　　D. 知识产权

试题（44）、（45）

与监理规划相比，项目监理实施细则更具（44），其作用不包括（45）。

（44）A. 全面性　　　　B. 系统性　　　　C. 指导性　　　　D. 操作性

（45）A. 体现监理单位的水平　　　　　　B. 有利于获得承建单位的信任

　　　C. 有利于工程管理　　　　　　　　D. 有利于避免与承建单位的纠纷

试题（46）

编制监理实施细则的依据包括（46）。

① 监理投标文件

② 已批准的监理规划

③ 与专业工程相关的标准、设计文件和技术资料

④ 信息工程建设的相关法律、法规及项目审批文件

⑤ 实施组织设计

A. ①②③　　　　B. ②③④　　　　C. ②③⑤　　　　D. ②④⑤

试题（47）

以下叙述正确的包括（47）。

① 测试对信息系统工程质量控制来说是必需的

② 能否选择优秀的系统承建单位是质量控制最关键的因素

③ 信息系统工程的建设过程是人的智力劳动过程，因此要控制质量，首先应对人加

强控制

④ 对发现的软件错误的改正代价越小，引发其他质量问题的可能性越小

A. ①②　　　　　B. ①②③　　　　C. ②③④　　　　D. ①②③④

试题（48）

在工程分析设计阶段，质量保证监理的主要内容不包括（48）。

A. 确保承建单位成立了软件质量保证活动的组织

B. 保障软件质量保证计划符合项目软件的规范要求

C. 审查软件质量保证活动，并给出软件质量保证监理报告

D. 协助承建单位拟定关键部位的测试方案

试题（49）

在机房工程建设实施过程中，监理工程师对勘察现场作业质量进行控制时，应检查原始记录表格是否经（49）签字。

A. 有关作业人员　　　　　　　　B. 现场监理人员

C. 项目负责人　　　　　　　　　D. 专业监理工程师

试题（50）

进度计划的（50）阶段是工程进度控制的核心。

A. 实施　　　　B. 编制　　　　C. 检查与调整　　　　D. 分析与总结

试题（51）

能够反映施工工序在施工中的机动时间的进度计划图是（51）。

A. 甘特图　　　　B. 直方图　　　　C. S 曲线　　　　D. 网络图

试题（52）

在实施过程中，监理单位应针对发现的问题，协调关系和排除矛盾，实行动态进度控制，（52）是不可缺少的手段。

A. 日常检查　　　B. 定期检查　　　C. 调度工作　　　D. 总结和分析

试题（53）

工程网络计划中，工作 M 的最早开始时间为第 17 天，其持续时间为 5 天。该工作有三项紧后工作，它们的最早开始时间分别为第 25 天、第 27 天和第 30 天，最迟开始时间分别为第 28 天、第 29 天和第 30 天，则工作 M 的总时差和自由时差（53）天。

A. 均为 6　　　　　　　　　　　B. 均为 3

C. 分别为 6 和 3　　　　　　　　　D. 分别为 11 和 8

试题（54）

信息系统工程项目投资构成中的实施方案设计费属于（54）。

A. 工程费　　　B. 工程前期费　　　C. 咨询费　　　D. 工程验收费

试题（55）

挣值法中，CPI 与（55）有关。

A. BCWS、ACWP
B. BCWP、BCWS
C. ACWP、BCW
D. BCWP、ACWP

试题（56）

监理单位在对信息系统工程项目进行投资控制时，除了进行资金规范性监督和管理外，还应在建设过程中采取监理措施，对项目成本进行有效控制。成本控制措施不包括(56)。

A. 组织措施　　　B. 技术措施　　　C. 合同措施　　　D. 法律措施

试题（57）

（57）不是竣工工程概况表的内容。

A. 初步设计和概算的批准机关、日期、文号
B. 项目计划与实际开、竣工日期
C. 主要技术经济指标
D. 建设成本构成情况

试题（58）

关于变更控制程序的相关描述，正确的是（58）。

A. 工程变更建议书应在预计可能变更的时间之前 14 天提出
B. 承建单位向建设单位提出变更要求或建议，建设单位再要求监理工程师进行变更初审
C. 监理机构在进行变更的初审时，应首先明确界定变更的合理性
D. 最优的变更方案由监理机构分析和评估后进行确定

试题（59）

监理工程师可以通过（59），来帮助管理项目进度计划的变更。

A. 编写进度计划
B. 审核进度计划
C. 实际检查
D. 合同约束

试题（60）

成本变更控制的主要方法不包括（60）。

A. 偏差控制法 B. 专家评估法

C. 进度-成本同步控制法 D. 成本分析表法

试题（61）

合同管理的原则中，不包括（61）。

A. 事前预控原则 B. 实时纠偏原则

C. 公正处理原则 D. 事后追溯原则

试题（62）

一个实施合同的当事人在合同中未选择协议管辖，实施合同发生纠纷后，实施企业应当向（62）人民法院提出诉讼申请。

A. 承建单位所在地 B. 工程项目所在地

C. 合同签订地 D. 建设单位所在地

试题（63）

实施合同的合同工期是判定承包人提前或延误竣工的标准。订立合同时约定的合同工期概念应为：从（63）的日历天数计算。

A. 合同签字日起按投标文件中承诺

B. 合同签字日起按招标文件中要求

C. 合同约定的开工日起按投标文件中承诺

D. 合同约定的开工日起按招标文件中要求

试题（64）

在信息系统逻辑访问的控制方面，监理工程师在项目建设过程中重点分析并评估的对象不包括（64）。

A. 信息系统策略 B. 组织结构

C. 业务流程 D. 计算机设备在搬动时是否需要设备授权通行的证明

试题（65）

对于物理环境安全，监理单位应注意的问题，包括（65）。

① 硬件设施在合理的范围内是否能防止强制入侵

② 计算机设备在搬动时是否需要设备授权通行的证明

③ 智能终端是否上锁或有安全保护，以防止电路板、芯片或计算机被搬移

④ 程序中是否被植入了木马

A．①②④　　　　B．②③④　　　　C．①②③　　　　D．①②③④

试题（66）

信息系统工程建设信息中的（66）不是进度控制信息。

A．分目标进度　　　　　　　　B．资金及物资供应计划

C．劳动力及设备的配置计划　　D．工程预算

试题（67）

依据《国家电子政务工程建设项目档案管理暂行办法》，监理周（月）报归档后保管期限是（67）。

A．10 年　　　　B．20 年　　　　C．30 年　　　　D．永久

试题（68）

信息工程监理表格体系中，属于承建单位用表的是（68）。

A．工程合同评审表　　　　　　B．合格供方名单

C．工程进度报表　　　　　　　D．工程进度计划检查表

试题（69）

监理实践中，监理工程师对核心问题有预先控制措施，凡事要有证据，体现了（69）原则。

A．公平　　　　B．诚信　　　　C．科学　　　　D．独立

试题（70）

在监理工作过程中，应当由（70）负责与建设工程有关的外部关系的组织协调工作。

A．监理单位　　　　　　　　　B．承建单位

C．建设单位　　　　　　　　　D．建设单位与监理单位共同

试题（71）

Since risk is associated with most projects, the best course of action is to（71）.

A．cover all project risks by buying appropriate insurance

B．ignore the risks, since nothing can be done about them and move forward with the project in an expeditious manner

C．avoid projects with clear and present risk

D．identify various risks and implement actions to mitigate their potential impact

试题（72）

OSPF routing protocol typically runs over（72）.

A. IP　　　　　　B. TCP　　　　　C. UDP　　　　D. ARP

试题（73）

Cost of quality is（73）.

A. primarily caused by poor workmanship of workers who are building or manufacturing the product

B. associated with non-conformance to specifications and requirements

C. used to determine whether a quality management program is suitable for a given project

D. negligible for most large projects

试题（74）

Schedule control is concerned with all the followings except（74）.

A. influencing the factors that create schedule changes to ensure that the changes are beneficial

B. determining that the schedule has changed

C. managing the actual changes when and as they occur

D. changing the schedule based on customer demands

试题（75）

With a clear SOW a contractor completes work as specified，but the buyer is not pleased with the result. The contract is considered to be（75）.

A. incomplete because the buyer is not pleased

B. incomplete because the specs are incorrect

C. complete because the contractor meets the terms and conditions of the contract

D. complete because the contractor is satisfied

第 37 章　2013 年下半年考试上午试题解析

试题（1）

在计算机信息处理中，数据组织的层次依次是（1）。

A. 数据、记录、文档、数据库　　　　　B. 数据、记录、文件、数据库

C. 数据项、记录、字段、数据库　　　　D. 数据项、记录、文件、数据库

- 在计算机信息处理中，数据组织的层次从小到达依次是：位、字节、数据项、记录、文件、数据库。

答案：（1）D

试题（2）

信息系统采用面向对象开发方法时，需要考虑的基本思想不包括（2）。

A. 对象是由属性和操作组成

B. 对象之间的联系采用封装机制来实现

C. 对象可以按其属性来归类

D. 对象是对客观事物抽象的结果

- B 错，对象之间的联系是通过传递消息（Message）来实现的。一个对象通过发送消息来调用另一个对象的方法。

答案：（2）B

试题（3）

在软件开发的生命周期方法中，对模块的功能进行描述是（3）阶段的任务。

A. 需求分析　　　　B. 概要设计　　　　C. 详细设计　　　　D. 编码设计

- 概要设计描述所设计软件的总体结构、外部接口、各个主要部件（模块）的功能与数据结构以及各主要部件（模块）之间的接口；必要时还必须对主要部件的每一个子部件进行描述。

- 详细设计描述每一个基本部件（模块）的数据结构、算法和过程。

- 提示：整个系统的功能和输入/输出由软件需求规格说明书描述。

答案：（3）B

试题（4）

主存储器和 CPU 之间增加高速缓冲存储器（Cache）的目的是（4）。

A．扩大存储系统的容量

B．解决 CPU 与主存的速度匹配问题

C．扩大存储系统的容量和提高存储系统的速度

D．便于程序的访存操作

- 2007 年上半年考试第 4 题的原题重现。
- Cache（高速缓冲存储器）的出现主要是为了解决 CPU 运算速度与内存读写速度不匹配的矛盾。因为 CPU 运算速度要比内存读写速度快很多，这样会使 CPU 花费很长时间等待数据到来或把数据写入内存。
- Cache 中保存着 CPU 刚用过或循环使用的一部分数据，当 CPU 再次使用该部分数据时可从 Cache 中直接调用，这样就减少了 CPU 的等待时间，提高了系统的效率。

答案：（4）B

试题（5）

衡量存储容量的常用单位有（5）。

A．μs、ns 和 ms   B．μb、nb 和 mb

C．Kb、Mb 和 Gb   D．B、KB、MB 和 GB

- 计算机存储容量的常用单位换算关系如下：
  - $1TB=1024GB=2^{40} Byte$
  - $1GB=1024MB=2^{30} Byte$
  - $1MB=1024KB=2^{20} Byte$
  - $1KB=1024Bytes=2^{10} Byte$
  - 1Byte（字节）=8 bit（比特）

答案：（5）D

试题（6）

如果通过局域网连接互联网，需要设置 TCP/IP 协议属性，其中不需要针对（6）指定 IP 地址。

A．本机   B．默认网关   C．Web 服务器   D．DNS 服务器

- 通过局域网连接互联网时，需要设置的 TCP/IP 属性如下图所示：

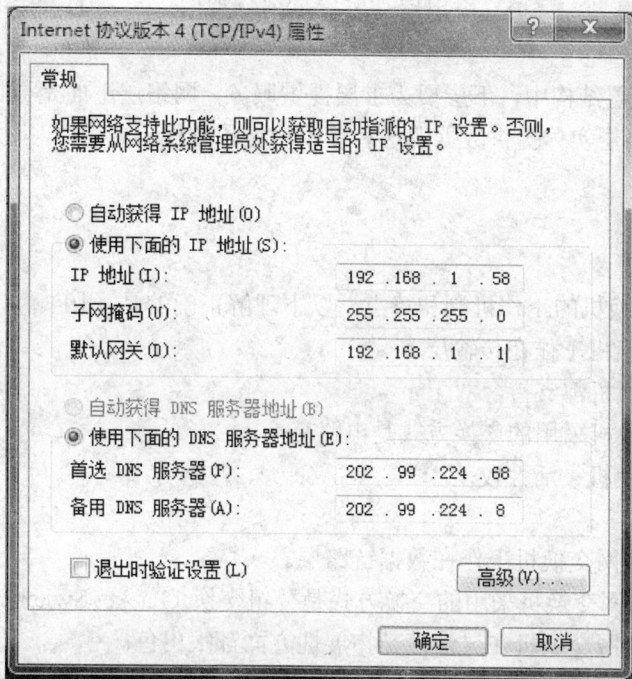

答案：（6）C

试题（7）、（8）

在使用路由器 R 的 TCP/IP 网络中，两主机通过一路由器 R 互联，提供主机 A 应用和主机 B 应用之间通信的层是（7），支持 IP 层和网络层协议的设备（8）。

（7）A．应用层　　　　B．传输层　　　　C．IP 层　　　D．网络层

（8）A．包括主机 A、B 和路由器 R　　　　B．仅有主机 A、B

　　　C．仅有路由器 R　　　　　　　　　D．也应支持应用层和传输层协议

- 为应用提供通信的层为传输层，传输层提供端到端，即应用程序之间的通信，主要功能是数据分割与重组、连接管理、差错控制、流量控制等。
- 提示：TCP/IP 的 IP 层对应于 OSI/RM 的网络层。
- 路由器工作在网络层；主机应用工作在应用层，自然也支持下面的网络层协议。

答案：（7）B、（8）A

试题（9）

在国际标准化组织（ISO）发布的 OSI 参考模型中，为网络层实体提供数据发送和接

收功能和过程的是（9）。

    A．数据链路层　　　　B．应用层　　　　C．物理层　　　　D．传输层

- OSI/RM 七层结构中，下层要为上层提供服务，网络层下面是数据链路层，数据链路层为网络层实体提供数据发送和接收功能和过程。

答案：（9）A

试题（10）

关于以太网交换机的工作机制和特点，以下理解正确的是（10）。

A．以太网交换机工作在传输层

B．以太网交换机都支持全双工

C．以太网交换机采用的交换方式是电路交换

D．以太网交换机灵活性较差

- A 错，以太网交换机工作在数据链路层。
- C 错，以太网交换机采用的交换方式是分组交换（Packet Switching，也称包交换）。
- D 错，以太网交换机在灵活性、拓展性方面都很出色。

答案：（10）B

试题（11）

（11）是指在云计算基础设施上为用户应用软件提供部署和运行环境的服务。

    A．SaaS　　　　　　B．PaaS　　　　　C．IaaS　　　　　D．HaaS

- 云计算（cloud computing）有三种服务模式：

（1）SaaS（Software as a Service，软件即服务），提供给客户的服务是运营商运行在云计算基础设施上的应用程序，用户可以在各种设备上通过客户端界面访问，如浏览器。消费者不需要管理或控制任何云计算基础设施，包括网络、服务器、操作系统、存储等等；

（2）PaaS（Platform as a Service，平台即服务），提供给消费者的服务是把客户采用提供的开发语言和工具（例如 Java、Python、.NET 等）开发的或收购的应用程序部署到供应商的云计算基础设施上去。客户不需要管理或控制底层的云基础设施，包括网络、服务器、操作系统、存储等，但客户能控制部署的应用程序，也可能控制运行应用程序的托管环境配置；

（3）IaaS（Infrastructure as a Service，基础设施即服务），提供给消费者的服务是对所有设施的利用，包括处理、存储、网络和其他基本的计算资源，用户能够部署和运行任意

软件，包括操作系统和应用程序。消费者不管理或控制任何云计算基础设施，但能控制操作系统的选择、储存空间、部署的应用，也有可能获得有限制的网络组件（例如，防火墙、负载均衡器等）的控制。

- 通俗地说，SaaS 就是消费者从服务运营商处租用基于 Web 的软件，PaaS 就是消费者在服务商提供的运行平台（运行环境）上部署自己的应用，IaaS 就是消费者从服务运营商处租用 Internet 上的计算基础设施。

答案：（11）B

试题（12）

操作系统的四个基本功能是（12）。

A．运算器管理、控制器管理、内存储器管理和外存储器管理

B．CPU 管理、主机管理、中断管理和外部设备管理

C．用户管理、主机管理、程序管理和设备管理

D．CPU 管理、内存储器管理、设备管理和文件管理

- 操作系统的四个基本功能是：

（1）处理器（CPU）管理——对处理器进行分配，并对其进行有效的控制和管理。处理器的分配多以进程为基本单位，因此对处理器的管理可归结为对进程的管理。

（2）存储管理——即内存管理，包括以下功能：内存分配、内存保护、地址映射和内存扩充等。

（3）设备管理——完成用户提出的 I/O 请求，为用户分配 I/O 设备；提高 CPU 和 I/O 设备的利用率；提高 I/O 速度；以及方便用户使用 I/O 设备。为实现上述任务，操作系统应具有缓冲管理、设备分配和设备处理，以及虚拟设备等功能。

（4）文件管理——对用户文件和系统文件进行管理，以方便用户使用，并保证文件的安全性。为实现上述任务，操作系统应具有文件存储空间的管理，目录管理，文件的读、写管理以及文件的共享与保护等功能。

答案：（12）D

试题（13）

在缺省配置的情况下，交换机的所有端口（13）。

A．处于直通状态　　　　　　　　B．属于同一 VLAN

C．属于不同 VLAN　　　　　　　D．地址都相同

- 在缺省配置的情况下，交换机的所有端口属于同一 VLAN，通常是 Vlan1。
- A 错，比如在默认情况下，交换机的级联端口就不处于直通状态。

答案：（13）B

试题（14）

某无线网络的传输速率是 2Mbps，这相当于每秒传输（14）。

A．2×1024×1024 位　　　　　　　　B．2×1024×1024 字节

C．2×1000×1000 位　　　　　　　　D．2×1000×1000 字节

- bps 是 bits per second 的缩写。
- bit（比特），即二进制数字中的位，信息量的最小度量单位。
- 2Mbps=2×1024×1024 位/秒。

答案：（14）A

试题（15）

综合布线系统应采用共用接地的接地系统，如单独设置接地体时，接地电阻不应大于（15）。

A．1Ω　　　　　　B．2Ω　　　　　　C．3Ω　　　　　　D．4Ω

- 当综合布线系统采用单独的接地系统时，接地体的接地电阻不得大于 4Ω。
- 当综合布线系统同其他系统一起采用共用接地时，接地体一般利用建筑物基础内的钢筋作为自然接地体，要求联合接地体的接地电阻不应大于 1Ω。

答案：（15）D

试题（16）

进入屏蔽机房的各种线缆均需要进行（16），以保证机房内的信号不因线缆的进出而造成泄漏。

A．防雷处理　　　　B．防静电处理　　　　C．除静电处理　　　　D．滤波处理

- 进入屏蔽机房的各种线缆均需要进行滤波处理，以保证机房内的信号不因线缆的进出而造成泄漏。

答案：（16）D

试题（17）

关于隐蔽工程管道安装时管内穿线的叙述，错误的是（17）。

A．穿在管内绝缘导线的额定电压不应高于 500V

B．管内穿线宜在建筑物的抹灰、装修及地面工程前进行

C．不同系统、不同电压、不同电流类别的线路不应穿同一根管内或线槽的同一孔槽内

D．导线穿入钢管前，在导线入出口处，应装护线套保护导线

- 隐蔽工程管道安装要求：

（1）穿在管内绝缘导线的额定电压不应高于 500V。

（2）管内穿线宜在建筑物的抹灰、装修及地面工程结束后进行，在穿入导线之前，应将管子中的积水及杂物清除干净。

（3）不同系统、不同电压、不同电流类别的线路不应穿同一根管内或线槽的同一孔槽内。

（4）管内导线的总截面积（包括外护层）不应超过管子截面积的 40%。

（5）在弱电系统工程中使用的传输线路宜选择不同颜色的绝缘导线以区分功能，区分正负极。同一工程中相同线别的绝缘导线颜色应一致，线端应有各自独立的标号。

（6）导线穿入钢管前，在导线入出口处，应装护线套保护导线；在不进入盒（箱）内的垂直管口，穿导线后，应将管口作密封处理。

（7）线管进入箱体，宜采用下进线或设置防水弯以防箱体进水。

答案：（17）B

试题（18）

隐蔽工程中，管内导线的总截面积（包括外护层）不应超过管子截面积的（18）。

A．30%　　　　　　B．40%　　　　　　C．50%　　　　　　D．60%

- 隐蔽工程中，内导线的总截面积（包括外护层）不应超过管子截面积的 40%。

答案：（18）B

试题（19）

"62.5/125μm"多模光纤的 62.5/125μm 指的是（19）。

A．光纤内外径　　　　　B．光纤可传输的光波波长

C．光缆内外径　　　　　D．光缆可传输的光波波长

- 光导纤维是由两层折射率不同的玻璃组成。一般内芯玻璃的折射率比外层玻璃大 1%。

- 光纤的传输原理是"光的全反射"，当光线射到内芯和外层界面的角度大于产生全反射的临界角时，光线透不过界面，全部反射。

- 62.5/125μm 意指光纤芯径为 62.5μm，而包层（cladding）直径为 125μm。

答案：（19）A

试题（20）

安装在墙面或柱子上的信息插座底盒、多用户信息插座盒及集合点配线箱体的底部离地面的高度宜为（20）mm。

A．200　　　　　B．300　　　　　C．400　　　　　D．500

- 根据《GB 50311—2007 综合布线系统工程设计规范》，信息插座的安装宜符合下列规定：

（1）安装在地面上的接线盒应防水和抗压。

（2）安装在墙面或柱子上的信息插座底盒、多用户信息插座盒及集合点配线箱体的底部离地面的高度宜为300mm。

答案：（20）B

试题（21）

入侵检测系统执行的主要任务不包括（21）。

A．监视、分析用户及系统活动，审计系统构造和弱点

B．统计分析异常行为模式

C．评估重要系统和数据文件的完整性

D．发现所维护信息系统存在的安全漏洞

- 入侵检测系统（Intrusion Detection System，IDS）的主要功能是：

（1）监视、分析用户及系统活动，查找非法用户和合法用户的越权操作；

（2）寻找系统的弱点，提示管理员修补；

（3）识别并反映已知攻击的活动模式，向管理员报警，并且能够实时对检测到的入侵行为做出有效反应；

（4）对异常行为模式进行统计分析，总结出入侵行为的规律，并报告给管理员；

（5）评估重要系统和数据文件的完整性；

（6）操作系统的审计跟踪管理，识别用户违反安全策略的行为；

- D选项描述的是漏洞扫描,漏洞扫描器是与防火墙、入侵检测系统并列的安全工具。

答案：（21）D

试题（22）

下面关于防火墙的说法中，正确的是（22）。

A．防火墙可以解决来自内部网络的攻击

B. 防火墙可以防止受病毒感染的文件的传输

C. 防火墙会减弱计算机网络系统的性能

D. 防火墙可以防止错误配置引起的安全威胁

- A 错，防火墙的特点是防外不防内，无法抵御内部攻击。
- B 错，防火墙不能防病毒。
- C 正确，防火墙位于内部网和外部网之间，流入流出内部网的所有信息和数据均要经过防火墙，这会增加网络的时延，影响网络的性能。
- D 错，防火墙不能防止错误配置引起的安全威胁。

答案：（22）C

试题（23）

组织整理工程项目的监理资料是（23）的职责。

A. 总监理工程师　　　　　　　B. 总监理工程师代表

C. 专业监理工程师　　　　　　D. 监理员

- 组织整理工程项目的监理资料是总监理工程师的职责。
- 提示：该职责可委托给总监理工程师代表。
- 专业监理工程师负责本专业监理资料的收集、汇总及整理。

答案：（23）A

试题（24）

某网络项目刚开工不久，出现了一次严重的质量事故，在后续处理事故过程中，监理单位做法正确的是 (24)。

A. 确认该事故由承建单位引起，由其全权负责赔偿

B. 使用仪器进行测试，寻找事故发生的原因

C. 通过公共媒体对承建单位的所有信息曝光，制造舆论压力

D. 责成承建单位分析事故的原因，并提供解决问题的思路和方案

- 根据《GB/T 19668.1—2005 信息化工程监理规范 第一部分：总则》，监理机构可参照以下程序处理工程中出现的质量事故：

（1）监理机构应要求承建单位在事故发生后立即采取措施，尽可能控制其影响范围，并及时签发停工令（工程暂停令），报业主单位；

（2）监理机构应在接到事故申报后立即组织有关人员检查事故状况、分析原因，与业主单位、承建单位共同确认初步处理意见；

（3）监理机构应监督承建单位采取措施，查清事故原因，审核承建单位提出的事故解决方案及预防措施，提出监理意见，提交业主单位签认；

（4）监理机构应审查承建单位报送的事故报告及复工申请，条件具备时，经总监理工程师签发复工令。

答案：（24）D

试题（25）

总监理工程师代表由总监理工程师授权，可以（25）。

A．审定系统测试方案　　　　　B．签发工程暂停令

C．审批工程延期　　　　　　　D．主持编写工程项目监理规划

- 总监理工程师不得将下列工作委托总监理工程师代表：

（1）根据工程项目的进展情况进行监理人员的调配，调换不称职的监理人员；

（2）主持编写工程项目监理规划及审批监理实施方案；

（3）签发工程开工/复工报审表、工程暂停令、工程款支付证书、工程项目的竣工验收文件；

（4）审核签认竣工结算；

（5）调解建设单位和承建单位的合同争议，处理索赔，审批工程延期。

答案：（25）A

试题（26）

以下关于软件需求分析的说法，不正确的是（26）。

A．需求分析不同于软件开发中的结构化分析，是面向功能的软件设计

B．需求分析应始于业主单位的需要、期望和限制条件

C．需求分析阶段研究的对象是软件项目的用户要求

D．需求分析的目标是描述软件的功能和性能

- A错，言语混乱，需求分析显然不是面向功能的软件设计。
- 结构化方法中的需求分析通常叫结构化分析。
- 面向对象方法中的需求分析通常叫面向对象分析（OOA）。

答案：（26）A

试题（27）

软件质量保证应在（27）阶段开始定义和实施。

A．需求分析　　　　B．设计　　　　C．开发　　　　D．运行

- 软件质量保证（SQA）应贯穿于软件开发项目的各个阶段，显然应该从一开始（需求阶段）就定义和实施。

答案：（27）A

试题（28）

在软件质量因素中，软件在异常条件下仍能运行的能力称为软件的（28）。

A. 安全性　　　　　B. 健壮性　　　　　C. 可用性　　　　　D. 可靠性

- 2013 年上半年考试第 28 题的原题重现，题号都没变。
- 健壮性又称鲁棒性（Robust），是指软件对于规范要求以外的输入情况的处理能力。
- 所谓健壮的系统是指对于规范要求以外的输入能够判断出这个输入不符合规范要求，并能有合理的处理方式。
- 比如：输入 0 作为除数，软件应该能够自动判断出来，而不是直接崩溃掉。

答案：（28）B

试题（29）

在软件配置管理中，（29）不是配置项。

A. 程序　　　　　B. 文档　　　　　C. 过程　　　　　D. 数据

- 配置项（Configuration Item）是指在软件生命周期的各个阶段所产生的各种形式和各种版本的文档、程序、部件及数据的集合，是配置管理的控制对象。

答案：（29）C

试题（30）

软件测试类型按开发阶段划分依次是（30）。

A. 需求测试、单元测试、集成测试、验证测试
B. 单元测试、系统测试、集成测试、验收测试
C. 单元测试、集成测试、确认测试、系统测试
D. 调试、单元测试、集成测试、用户测试

- 软件测试类型按开发阶段划分依次是：单元测试、集成测试、确认测试、系统测试、验收测试。
- 确认测试的适用对象为完整的软件。
- 系统测试的适用对象为整个计算机系统，包括硬件系统和软件系统。

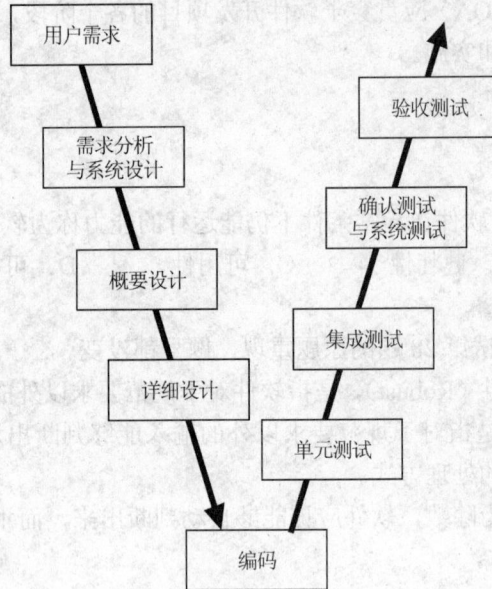

```
                          ┌──────────┐                              ↗
                          │ 用户需求  │                    ┌──────────┐
                          └──────────┘                    │ 验收测试  │
                               │                          └──────────┘
                          ┌──────────┐                         │
                          │ 需求分析  │                    ┌──────────┐
                          │与系统设计 │                    │ 确认测试  │
                          └──────────┘                    │与系统测试 │
                               │                          └──────────┘
                          ┌──────────┐                         │
                          │ 概要设计  │                    ┌──────────┐
                          └──────────┘                    │ 集成测试  │
                               │                          └──────────┘
                          ┌──────────┐                         │
                          │ 详细设计  │               ┌──────────┐
                          └──────────┘               │ 单元测试  │
                               │                     └──────────┘
                               ↓                    ↗
                          ┌──────────┐
                          │  编码    │
                          └──────────┘
```

答案：（30）C

试题（31）

性能测试工具 LoadRunner 可以完成（31）功能。

A．黑盒测试   B．白盒测试   C．压力测试   D．灰盒测试

- LoadRunner 是 Mercury 公司（已被 HP 收购）的一款自动压力测试（Stress Testing）工具，通过以模拟大量用户实施并发负载及实时性能监测的方式来确认和查找问题，可预测系统行为并评估系统性能。

答案：（31）C

试题（32）

软件配置管理（SCM）是对软件（32）的管理。

A．需求变更   B．版本   C．配置的质量   D．变化

- 软件配置管理（Software Configuration Management，SCM）活动的目标就是为了标识变更、控制变更、确保变更正确实现并向其他有关人员报告变更。

答案：（32）D

试题（33）

面向对象技术具有的最重要的特征不包括（33）。

A．多态性　　　　　B．继承性　　　　C．可移植性　　　D．封装性

- 面向对象技术的主要特征是：对象唯一性、封装性、继承性和多态性。

答案：（33）C

试题（34）

以下不属于面向对象语言的是（34）。

A．Java　　　　　　B．C　　　　　　　C．Smalltalk　　　D．C++

- C 语言不是面向对象语言。C 语言是一种通用的、过程式的、结构化的编程语言，广泛用于系统与应用软件的开发。具有高效、灵活、功能丰富、表达力强和较高的可移植性等特点，在程序员中备受青睐。

答案：（34）B

试题（35）

软件工程中，（35）不属于用户文档的内容。

A．功能描述　　　　B．安装手册　　　C．系统设计　　　D．使用手册

- 系统设计属于开发文档，是为软件开发人员准备的，不属于用户文档。

答案：（35）C

试题（36）

信息系统项目管理中的质量管理构成的要素不包括（36）。

A．质量计划编制　　B．质量评估　　　C．质量保证　　　D．质量控制

- 根据 PMBOK 2012（第五版），项目质量管理包含三个过程：
  - 质量规划（Quality Planning），即质量计划编制。
  - 质量保证（Perform Quality Assurance）。
  - 质量控制（Perform Quality Control）。

答案：（36）B

试题（37）

信息系统项目的实施涉及主建方、承建单位、监理单位三方，主建方重点实施的是（37）。

A．计划管理、质量管理　　　　　　　　B．成本管理、风险管理

C. 文档管理、沟通与协调管理   D. 立项管理、评估与验收管理

- 对于信息系统项目管理的 14 个要素，建设单位重点实施的是"立项管理"与"评估与验收管理"。其余的要素，建设单位应密切关注并提出反馈意见。
- 除立项管理之外，项目管理的其余 13 个要素，都是承建单位所要重点实施的。

答案：（37）D

试题（38）

监理单位应当按照合同规定认真履行自己的职责，这一要求体现了监理单位经营活动应遵循（38）准则。

A. 守法   B. 诚信   C. 公正   D. 科学

- 监理单位应当按照合同规定认真履行自己的职责，这体现了"守法"准则。

答案：（38）A

试题（39）

某信息系统项目在实施过程中，未能在到货验收时检查出设备关键配置指标的下降，同意了到货验收通过，导致设备在使用过程中无法满足需求。此时，作为监理人员，首先可以（39）。

A. 要求供货商更换设备   B. 要求供货商提供情况说明
C. 要求前期到货验收结果作废   D. 要求供货商退货并赔偿损失

- 监理首先应要求前期到货验收结果作废，或将验收结果修改为不合格。
- 监理不能直接要求供货商退货、换货或者赔偿损失，因为监理和供货商之间没有合同关系，这些工作应由购货者来进行。

答案：（39）C

试题（40）

信息系统工程监理单位甲级资质等级评定条件（2012 年修订版）规定，信息系统工程监理及相关信息技术服务的技术人员数量应不少于 (40) 人；甲级监理企业的技术负责人从事信息系统工程监理工作的经历不少于 (41) 年。

（40）A. 50   B. 45   C. 30   D. 25
（41）A. 3   B. 5   C. 8   D. 10

- 根据《信息系统工程监理单位资质等级评定条件（2012 年修订版）》，甲级资质的

相关条件是:

(1) 从事信息系统工程监理及相关信息技术服务工作的技术人员不少于 45 人,其中大学本科及以上学历人员所占比例不低于 80%;

(2) 具有信息系统工程监理工程师资格的人数不少于 25 名;

(3) 已建立人力资源管理体系并能有效实施。

答案:(40) B、(41) B

试题（42）

信息系统工程项目建设中,开展监理工作的依据文件依次是 (42)。

A. 承建合同、监理合同、招标文件、投标文件

B. 监理合同、承建合同、投标文件、招标文件

C. 监理合同、承建合同、招标文件、投标文件

D. 承建合同、监理合同、投标文件、招标文件

- 监理开展工作首要依据是监理合同,其次是承建合同,再次是投标文件和招标文件。
- 承建合同的效力大于投标文件,投标文件的效力大于招标文件。
- 根据《建设工程实施合同示范文本》,合同文件应能相互解释,互为说明。除另有约定外,组成本合同的文件及优先解释顺序如下:

(1) 本合同(合同履行中,双方有关工程的洽商、变更等书面协议或文件视为本合同的组成部分)。

(2) 中标通知书。

(3) 投标书及附件。

(4) 本合同专用条款。

(5) 本合同通用条款。

(6) 标准、规范及有关技术文件。

(7) 图纸。

(8) 工程量清单。

(9) 工程报价单或预算书。

- 提示:招标文件其实应是最低的,不响应招标文件早就被废标了。所以招标文件不在"实施合同"的解释序列中。

答案:(42) B

试题（43）

以下一般不属于监理合同主要内容的是 (43)。

A. 业务需求　　　　B. 监理费用　　　　C. 违约责任　　　　D. 知识产权

- 建设单位与监理单位所签订的监理合同的主要内容为：

（1）监理业务内容；

（2）双方的权利和义务；

（3）监理费用的支付；

（4）违约责任及争议的解决办法；

（5）双方约定的其他事项。

- 信息系统的业务需求应该在建设单位与承建单位的承建合同中体现。

答案：（43）A

试题（44）、（45）

与监理规划相比，项目监理实施细则更具（44），其作用不包括（45）。

（44）A．全面性　　　　　　B．系统性　　　　　C．指导性　　　　　D．操作性

（45）A．体现监理单位的水平　　　　　　　　　B．有利于获得承建单位的信任

　　　　C．有利于工程管理　　　　　　　　　　D．有利于避免与承建单位的纠纷

- 监理实施细则：在监理规划指导下，监理项目部已经建立，各项专业监理工作责任制已经落实，配备的专业监理工程师已经上岗，再由专业监理工程师根据专业项目特点及本专业技术要求所编制的、具有实施性和可操作性的业务性文件。
- 监理实施细则对建设单位的作用：
  - 监理单位将一份切合工程实际的监理实施细则提供给建设单位，通过对工程的监理工作的具体、全面的叙述，来体现监理的水平，从而消除建设单位对监理工程师素质的怀疑，有利于取得建设单位对监理的信任与支持。
  - 通过这份监理实施细则，使建设单位对工程的质量、进度、投资、变更等控制方法有一定的把握，从而有利于建设单位对工程的管理和控制。
- 监理实施细则对承建单位的作用：
  - 监理单位把监理实施细则提供给承建单位，能起到工作联系单或通知书的作用。因为，除了强制性要求的验收内容外，承建单位不清楚还有哪些工序监理项目组必须进行检查。而细则中通过质量控制点设置的安排，可告诉承建单位在相应的质量控制点到来前必须通知监理项目组，避免承建单位遗忘通知监理单位，从而也就避免了由此引发的纠纷。
  - 监理单位把监理实施细则提供给承建单位，能为承建单位起到提醒与警示的作用。主要是提醒承建单位注意质量通病，使之为预防通病出现应采取相应的措施，同时提醒承建单位对工程过程中可能出现的问题采取相应的应急措施。
- 详见《信息系统监理师教程》66 页。

答案：（44）D、（45）B

试题（46）

编制监理实施细则的依据包括（46）。

① 监理投标文件

② 已批准的监理规划

③ 与专业工程相关的标准、设计文件和技术资料

④ 信息工程建设的相关法律、法规及项目审批文件

⑤ 实施组织设计

A．①②③   B．②③④   C．②③⑤   D．②④⑤

- 编制监理实施细则的依据是
- （1）已经批准的项目监理规划；
- （2）与信息系统工程相关的国家、地方政策、法规和技术标准；
- （3）与工程相关的设计文件和技术资料；
- （4）实施组织设计；
- （5）合同文件。
- 监理投标文件是订立监理合同的依据。
- 信息工程建设的相关法律、法规及项目审批文件是编制监理规划的依据。

答案：（46）C

试题（47）

以下叙述正确的包括（47）。

① 测试对信息系统工程质量控制来说是必需的

② 能否选择优秀的系统承建单位是质量控制最关键的因素

③ 信息系统工程的建设过程是人的智力劳动过程，因此要控制质量，首先应对人加强控制

④ 对发现的软件错误的改正代价越小，引发其他质量问题的可能性越小

A．①②   B．①②③   C．②③④   D．①②③④

- ④ 错，"软件错误的改正代价"和"引发其他质量问题的可能性"这两者没有必然的联系，不存在直接的逻辑关系。

答案：（47）B

试题（48）

在工程分析设计阶段，质量保证监理的主要内容不包括（48）。

A．确保承建单位成立了软件质量保证活动的组织

B．保障软件质量保证计划符合项目软件的规范要求

C．审查软件质量保证活动，并给出软件质量保证监理报告

D．协助承建单位拟定关键部位的测试方案

- 软件质量保证监理的主要内容：

（1）确保项目遵循书面的承建单位管理策略来实施软件质量保证，承建单位成立了软件质量保证活动的组织；

（2）控制承建单位依据书面规程，为软件项目制定软件质量保证计划，保障软件质量保证计划符合项目软件过程的规范要求；

（3）参加承建单位的软件质量保证组按照软件质量保证计划进行活动；

（4）参加承建单位的软件质量保证组评审软件工程活动，验证软件工程活动与软件项目计划的一致性；

（5）参加承建单位软件质量保证组审核指定的软件产品，依据指定的软件标准、规程和合同需求对可交付的软件产品进行评价，验证软件产品与软件项目计划的一致性；

（6）控制承建单位依据书面规程，归档和处理软件活动和软件工作产品中的偏差，管理和控制不一致性问题的文档；

（7）软件监理人员和业主的软件质量保证人员定期对软件质量保证组的活动和结果进行评审；

（8）跟踪和记录软件质量保证活动的情况，审查软件质量保证活动，并给出软件质量保证监理报告。

- "协助承建单位拟定关键部位的测试方案"不是监理的职责范围，测试方案应由承建单位完成，并由监理进行审核。

答案：（48）D

试题（49）

在机房工程建设实施过程中，监理工程师对勘察现场作业质量进行控制时，应检查原始记录表格是否经（49）签字。

A．有关作业人员　　　　　　　B．现场监理人员

C．项目负责人　　　　　　　　D．专业监理工程师

- 工程勘察工作的原始记录应当在勘察过程中及时整理、核对，确保取样、记录的真实、准确，严禁离开现场追记或者补记。

- 原始记录表格应按要求认真填写清楚，并经有关作业人员检查签字。

- 每一项工程作业完毕，首先由作业人员自检按规定自检，自检合格后与下一工序的

作业人员交接检查，如满足要求则由承包单位专职质检员进行检查，以上自检、交检、专检均符合要求后则由承包单位向监理工程师提交"报验申请表"，监理工程师收到通知后，应在规定的时间内及时对其质量进行检查，确认其质量合格后予以签认验收。

答案：（49）A

试题（50）

进度计划的（50）阶段是工程进度控制的核心。

A．实施　　　　　B．编制　　　　　C．检查与调整　　　D．分析与总结

- 进度计划的实施阶段是工程进度控制的核心。

答案：（50）A

试题（51）

能够反映施工工序在施工中的机动时间的进度计划图是（51）。

A．甘特图　　　　B．直方图　　　　C．S 曲线　　　　　D．网络图

- 网络图可以通过计算自由时差、总时差等反映施工工序在施工中的机动时间。

答案：（51）D

试题（52）

在实施过程中，监理单位应针对发现的问题，协调关系和排除矛盾，实行动态进度控制，（52）是不可缺少的手段。

A．日常检查　　　B．定期检查　　　C．调度工作　　　　D．总结和分析

- 实行动态进度控制，调度工作是不可缺少的手段。可以说，调度工作起着各环节、各专业、各工程协调动作的核心作用。
- 调度工作的主要任务是掌握计划的实施情况，协调关系，排除矛盾，加强薄弱环节，保证作业计划和进度控制目标的实现。
- 调度工作的内容是：检查作业计划执行中的问题，找出原因，采取措施予以解决；督促供应商按照进度计划的要求供应资源；控制实施现场临时设施等正常使用，搞好平面管理，发布调度令，检查决议执行情况等。
- 调度工作应以作业计划和现场实际需要为依据，按政策和规章制度办事，加强预测，信息灵通，及时、准确、灵活、果断，确保工作效率。
- 在接受监理的工程中，调度工作应与监理单位的协调工作密切结合，承建单位排除

障碍、解决矛盾应取得监理的支持、协助，执行监理指令，召开调度会及监理的协调会应结合进行，调度会应请监理参加，监理协调会应视为调度会的一种形式。

答案：（52）C

试题（53）

工程网络计划中，工作 M 的最早开始时间为第 17 天，其持续时间为 5 天。该工作有三项紧后工作，它们的最早开始时间分别为第 25 天、第 27 天和第 30 天，最迟开始时间分别为第 28 天、第 29 天和第 30 天，则工作 M 的总时差和自由时差（53）天。

A．均为 6   B．均为 3
C．分别为 6 和 3   D．分别为 11 和 8

- 总时差（Total Float）。
  - 在不影响项目总工期的前提下，某任务可以推迟开始的最大时间量。
  - 等于本任务的最迟完成时间减去本任务的最早完成时间（或最迟开始减最早开始）。
- 自由时差（Free Float）。
  - 在不影响后继任务的最早开始时间的前提下，某任务可以推迟开始的最大时间量。
  - 等于后继任务最早开始时间的最小值减去本任务最早完成时间。
- 依据"后继任务的最迟开始时间分别为第 28 天、第 29 天和第 30 天"即可得出 M 的最迟完成时间为 28 天，再减去 M 的最早完成时间 22 天（17 天+5 天），即可得出 M 的总时差是 6 天。

ES：最早开始
EF：最早完成
LS：最迟开始
LF：最迟完成
DU：工期
Float：总浮动

- M 的总时差=Min（25，27，30）−22 = 25−22 = 3（天）。

答案：（53）C

试题（54）

信息系统工程项目投资构成中的实施方案设计费属于（54）。

A．工程费　　　　B．工程前期费　　　　C．咨询费　　　　D．工程验收费

- 信息工程项目投资构成如下图所示：

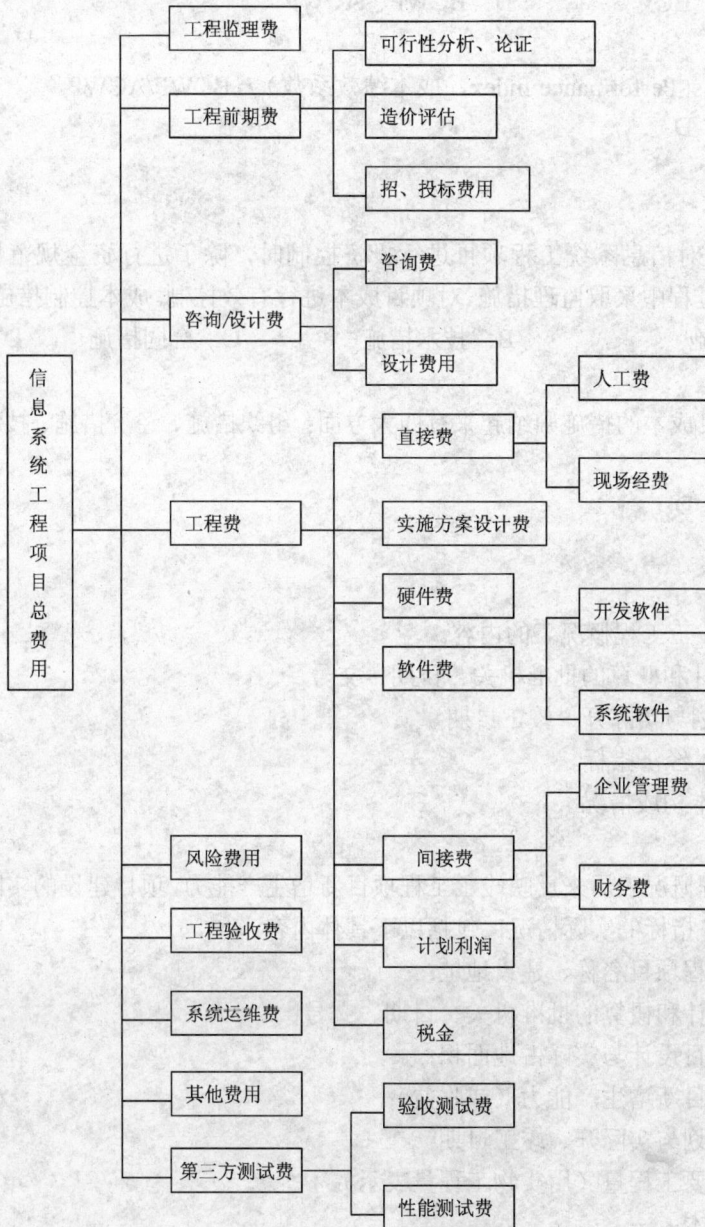

信息系统工程项目总费用
- 工程监理费
- 工程前期费
  - 可行性分析、论证
  - 造价评估
  - 招、投标费用
- 咨询/设计费
  - 咨询费
  - 设计费用
- 工程费
  - 直接费
    - 人工费
    - 现场经费
  - 实施方案设计费
  - 硬件费
  - 软件费
    - 开发软件
    - 系统软件
  - 间接费
    - 企业管理费
    - 财务费
  - 计划利润
  - 税金
- 风险费用
- 工程验收费
- 系统运维费
- 其他费用
- 第三方测试费
  - 验收测试费
  - 性能测试费

答案：（54）A

试题（55）

挣值法中，CPI 与（55）有关。

A．BCWS、ACWP   B．BCWP、BCWS

C．ACWP、BCW   D．BCWP、ACWP

- CPI（Cost Performance Index，成本绩效系数）＝ BCWP/ACWP。

答案：（55）D

试题（56）

监理单位在对信息系统工程项目进行投资控制时，除了进行资金规范性监督和管理外，还应在建设过程中采取监理措施，对项目成本进行有效控制。成本控制措施不包括（56）。

A．组织措施   B．技术措施   C．合同措施   D．法律措施

- 控制项目成本的措施归纳起来有四大方面：组织措施、经济措施、技术措施和合同措施。

答案：（56）D

试题（57）

（57）不是竣工工程概况表的内容。

A．初步设计和概算的批准机关、日期、文号

B．项目计划与实际开、竣工日期

C．主要技术经济指标

D．建设成本构成情况

- 竣工工程概况表用来反映竣工工程项目新增生产能力，项目建设的实际成本及各项技术经济指标的实际情况，包括以下具体内容：

（1）竣工工程项目名称、建设地址；

（2）初步设计和概算的批准机关、日期、文号；

（3）工程项目设计与实际占地面积；

（4）竣工项目新增生产能力（或收益）；

（5）项目计划与实际开、竣工日期；

（6）完成主要工程量（用实物工程量表示）；

（7）建设成本；

（8）主要技术经济指标。

- 项目预算和竣工决算中包含项目成本构成信息，前者是计划，后者是实际结果。

答案：（57）D

试题（58）

关于变更控制程序的相关描述，正确的是（58）。

A. 工程变更建议书应在预计可能变更的时间之前 14 天提出

B. 承建单位向建设单位提出变更要求或建议，建设单位再要求监理工程师进行变更初审

C. 监理机构在进行变更的初审时，应首先明确界定变更的合理性

D. 最优的变更方案由监理机构分析和评估后进行确定

- A 正确，工程变更建议书应在预计可能变更的时间 14 天之前提出。在特殊情况下，工程变更可不受时间的限制。
- B 错，变更申请单位向监理工程师提出变更要求或建议，提交书面工程变更建议书。
- C 错，项目监理机构应了解实际情况和收集与项目变更有关的资料，首先明确界定项目变更的目标，再根据收集的变更信息判断变更的合理性和必要性。
- D 错，三方进行协商和讨论，根据变更分析的结果，确定最优变更方案。

答案：（58）A

试题（59）

监理工程师可以通过（59），来帮助管理项目进度计划的变更。

A. 编写进度计划 　　　　　　B. 审核进度计划

C. 实际检查 　　　　　　　　D. 合同约束

- 为强调遵守并达到项目进度计划的重要性，监理人员可以执行一系列的实际检查，来管理项目进度计划的变更。

（1）信息系统工程的变更通常反映在对实施进度的变化上，监理在项目准备阶段就要对项目的进度计划进行必要的检查和审核，然而这时的进度计划是个草案，只能通过对它的检查了解项目最初的进度期望值，并依次做相应的投资估算等。

（2）在项目的需求调研完成后，承建单位务必对进度计划进行必要的修改、完善，用于指导项目的实施过程，这是比较具体的实施进度计划，具有可操作性。

（3）在实施阶段对进度的审查来自项目各种会议。项目有关人员通常会通过定期的会议听取、审查有关项目进展方面的信息，了解项目中各项活动是否严格遵守进度计划安排，并采取预防性的措施。当出现实际进度与计划进度严重冲突时，监理必须提请建设单位并要求承建单位解决冲突，制定必要的整改措施，修正实际进度。

- 这道题也可以用排除法：

（1）编写进度计划是承建单位的工作，A 错。

（2）审核进度计划与管理进度计划的变更是两回事儿，B 错。

（3）合同约束是变更所不能突破的限制，与管理变更是两回事儿，D 错。

答案：（59）C

试题（60）

成本变更控制的主要方法不包括（60）。

A．偏差控制法　　　　　　　　　B．专家评估法

C．进度-成本同步控制法　　　　　D．成本分析表法

- 成本变更控制的方法主要有：

（1）偏差控制法，在制定出计划成本的基础上，通过采用成本分析方法找出计划成本与实际成本间的偏差和分析产生偏差的原因与变化发展趋势，进而采取措施以减少或消除偏差，实现目标成本的一种科学管理方法。

（2）成本分析表法，包括日报、周报、月报表、分析表和成本预测报表等，是利用表格的形式调查、分析、研究项目成本的一种方法。

（3）进度-成本同步控制法，运用成本与进度同步跟踪的方法控制分部分项工程的实施成本。成本控制与计划管理、成本与进度之间有着必然的同步关系。即项目进行到什么阶段，就应该发生相应的成本费用。如果成本与进度不对应，就要作为不正常现象进行分析，找出原因，并加以纠正。

答案：（60）B

试题（61）

合同管理的原则中，不包括（61）。

A．事前预控原则　　　　　　　　B．实时纠偏原则

C．公正处理原则　　　　　　　　D．事后追溯原则

- 合同管理的原则是指监理单位在信息系统工程监理过程中针对各类合同的管理须遵循的宗旨，贯穿合同管理的全过程，包括事前预控原则、实时纠偏原则、充分协商原则、公正处理原则。

答案：（61）D

试题（62）

一个实施合同的当事人在合同中未选择协议管辖，实施合同发生纠纷后，实施企业应当向（62）人民法院提出诉讼申请。

A. 承建单位所在地   B. 工程项目所在地

C. 合同签订地   D. 建设单位所在地

- 《民事诉讼法》第二十四条规定，因合同纠纷提起的诉讼，由被告住所地或者合同履行地人民法院管辖。
- 《最高人民法院关于审理建设工程施工合同纠纷案件适用法律问题的解释》第二十四条规定：建设工程施工合同纠纷以施工行为地为合同履行地。
- 例如，一个北京的房地产公司在四川成都开发一个房地产项目，承建方为重庆的一家建筑公司，若发生合同纠纷，合同中又未约定管辖，则重庆建筑公司可向北京或成都的法院提起诉讼。
- 这道题不够严谨，虽然现实中大多数的工程合同纠纷都是在工程项目所在地进行诉讼的，但实施企业也可以向被告住所地人民法院提起诉讼。

答案：（62）B

试题（63）

实施合同的合同工期是判定承包人提前或延误竣工的标准。订立合同时约定的合同工期概念应为：从（63）的日历天数计算。

A. 合同签字日起按投标文件中承诺

B. 合同签字日起按招标文件中要求

C. 合同约定的开工日起按投标文件中承诺

D. 合同约定的开工日起按招标文件中要求

- 订立合同时约定的合同工期概念应为：从合同约定的开工日起按投标文件中承诺的日历天数计算。
- 提示：中标方在投标文件中承诺的工期一定小于或等于招标文件要求的工期。

答案：（63）C

试题（64）

在信息系统逻辑访问的控制方面，监理工程师在项目建设过程中重点分析并评估的对象不包括（64）。

A. 信息系统策略   B. 组织结构

C. 业务流程   D. 计算机设备在搬动时是否需要设备授权通行的证明

- 在逻辑访问控制方面，监理工程师应着重分析并评估项目建设过程中的信息系统策略、组织结构、业务流程及访问控制，以保护信息系统及数据，避免非法访问泄漏或损坏的发生。

- "计算机设备在搬动时是否需要设备授权通行的证明"属于物理访问控制的关注点。

答案：（64）D

试题（65）

对于物理环境安全，监理单位应注意的问题，包括（65）。

① 硬件设施在合理的范围内是否能防止强制入侵

② 计算机设备在搬动时是否需要设备授权通行的证明

③ 智能终端是否上锁或有安全保护，以防止电路板、芯片或计算机被搬移

④ 程序中是否被植入了木马

A. ①②④　　　　B. ②③④　　　　C. ①②③　　　　D. ①②③④

- 物理访问控制的风险大多可能来自那些恶意或犯罪倾向的行为。在安全监理中值得注意的问题如下：

（1）硬件设施在合理范围内是否能防止强制入侵；

（2）计算机设备的钥匙是否有良好的控制以降低未授权者进入的危险；

（3）智能终端是否上锁或有安全保护，以防止电路板、芯片或计算机被搬移；

（4）计算机设备在搬动时是否需要设备授权通行的证明。

- "程序中是否被植入了木马"属于逻辑访问控制的关注点。

答案：（65）C

试题（66）

信息系统工程建设信息中的（66）不是进度控制信息。

A. 分目标进度　　　　　　　　B. 资金及物资供应计划

C. 劳动力及设备的配置计划　　D. 工程预算

- 信息系统工程建设信息按照用途可以划分为投资控制信息、进度控制信息、质量控制信息、合同管理信息、组织协调信息及其他用途的信息等。

（1）投资控制信息包括费用规划信息，如投资计划、投资估算、工程预算等；实际费用信息，如各类费用支出凭证、工程变更情况、工程结算签证，以及物价指数、人工、软件环境、硬件设备等市场价格等；投资控制的分析比较信息，如费用的历史经验数据、现行数据、预测数据及经济与财务分析的评价数据等。

（2）进度控制信息包括信息工程项目进度规划，如总进度计划、分目标进度计划、各实施阶段的进度计划、单项工程及单位工程实施进度计划、资金及物资供应计划、劳动力

及设备的配置计划等；工程实际进度的统计信息，如项目日志、实际完成工程量、实际完成工作量等；进度控制比较信息，如工期定额、实现指标等。

（3）质量控制信息包括信息工程项目实体质量信息，如质量检查、测试数据、隐蔽验收记录、质量事故处理报告，以及材料、设备质量证明及技术验证单等；信息工程项目的功能及使用价值信息，如有关标准和规范，质量目标指标，设计文件、资料、说明等；信息工程项目的工作质量信息，如质量体系文件、质量管理工作制度，质量管理的考核制度、质量管理工作的组织制度等。

（4）合同管理信息包括合同管理法规，如招标投标法、经济合同法等；信息系统工程合同文本，如设计合同、实施合同、采购合同等；合同实施信息，如合同执行情况、合同变更、签证记录、工程索赔等。

（5）组织协调信息包括工程质量调整及信息工程项目调整的指令；工程建设合同变更及其协议书；政府及主管部门对工程项目建设过程中的指令、审批文件；有关信息系统工程有关的法规及技术标准。

（6）其他用途的信息是除上述五类用途的信息外，对信息系统工程项目建设决策提供辅助支持的某些其他信息，如工程中往来函件等。

- 详见《信息系统监理师教程》252～253 页。

答案：（66）D

试题（67）

依据《国家电子政务工程建设项目档案管理暂行办法》，监理周（月）报归档后保管期限是（67）。

A．10 年　　　　B．20 年　　　　C．30 年　　　　D．永久

- 根据《国家电子政务工程建设项目档案管理暂行办法》和《国家重大建设项目文件归档要求与档案整理规范》，监理周（月）报归档后保管期限是 10 年。

序　　号	归 档 文 件	保 管 期 限
5	监理文件	
5.1	监理大纲、监理规划、细则及批复	30 年
5.2	资质审核、设备材料报审、复检记录	30 年
5.3	需求变更确认	30 年
5.4	开（停、复、返）工令	10 年
5.5	施工组织设计、方案审核记录	30 年
5.6	工程进度、延长工期、人员变更审核	10 年
5.7	监理通知、监理建议、工作联系单、问题处理报告、协调会纪要、备忘录	10 年

续表

序　号	归 档 文 件	保 管 期 限
5.8	监理周（月）报、阶段性报告、专题报告	10 年
5.9	测试方案、试运行方案审核	10 年
5.10	造价变更审查、支付审批、索赔处理文件	30 年
5.11	验收、交接文件、支付证书、结算审核文件	30 年
5.12	监理工作总结报告	永久
5.13	监理照片、音像	30 年

答案：（67）A

试题（68）

信息工程监理表格体系中，属于承建单位用表的是 (68)。

A．工程合同评审表　　　　　　　B．合格供方名单

C．工程进度报表　　　　　　　　D．工程进度计划检查表

- 工程合同评审表、合格供方名单和工程进度计划检查表都是监理方用表。
- 工程进度报表是承建单位用表。

答案：（68）C

试题（69）

监理实践中，监理工程师对核心问题有预先控制措施，凡事要有证据，体现了 (69) 原则。

A．公平　　　　B．诚信　　　　C．科学　　　　D．独立

- 信息系统工程是代表高科技的工程，监理的业务活动要依据科学的方案，运用科学的手段，采取科学的方法，进行科学的总结。
- 在监理实践中，监理工程师对核心问题有预先控制措施，凡事要有证据，体现了科学原则。

答案：（69）C

试题（70）

在监理工作过程中，应当由 (70) 负责与建设工程有关的外部关系的组织协调工作。

A．监理单位　　　　　　　　　　B．承建单位

C．建设单位　　　　　　　　　　D．建设单位与监理单位共同

- 与建设工程有关的外部关系的组织协调工作应由建设单位负责。

答案：（70）C

试题（71）

Since risk is associated with most projects，the best course of action is to　(71)．

A．cover all project risks by buying appropriate insurance

B．ignore the risks，since nothing can be done about them and move forward with the project in an expeditious manner

C．avoid projects with clear and present risk

D．identify various risks and implement actions to mitigate their potential impact

- 由于绝大多数项目都存在着风险，因此最好的做法是：
  - A．通过买合适的保险来覆盖所有的项目风险
  - B．无视这些风险，因为没有什么可以阻止它们
  - C．避免去做带有明确的现实风险的项目
  - D．识别出各种风险并采取措施去减轻风险的潜在影响

答案：（71）D

试题（72）

OSPF routing protocol typically runs over　(72)．

A．IP　　　　　　B．TCP　　　　　　C．UDP　　　　　　D．ARP

- OSPF 协议通常运行在 IP 之上。
- OSPF（Open Shortest Path First，开放最短路径优先）是一种基于链路状态的内部网关协议，用于在单一自治系统内的路由决策。OSPF 是基于 IP 的路由协议。

答案：（72）A

试题（73）

Cost of quality is　(73)．

A．primarily caused by poor workmanship of workers who are building or manufacturing the product

B．associated with non-conformance to specifications and requirements

C．used to determine whether a quality management program is suitable for a given project

D．negligible for most large projects

- 质量成本：
  - ■ A. 主要是由生产制造产品工人的不良工艺所引起的
  - ■ B. 与不符合规范和与需求不一致相关联
  - ■ C. 用于确定质量管理程序是否适合一个给定的项目
  - ■ D. 对大多数项目是可以忽略不计的
- 质量成本（Cost of Quality，CoQ）是指在整个产品生命周期中的、与质量相关的所有努力的总成本。
- 质量成本包括在产品生命周期中为预防不符合要求、为评价产品或服务是否符合要求，以及因未达到要求（返工），而发生的所有成本。
- 失败成本常分内部（项目内部发现的）和外部（客户发现的）两类。失败成本也称为劣质成本。

一致性成本　　　　　　　　　　　　　　**非一致性成本**

预防成本
（生产合格产品）
- 培训
- 流程文档化
- 设备
- 选择正确的做事时间

评价成本
（评定质量）
- 测试
- 破坏性测试导致的损失
- 检查

在项目期间用于防止
失败的费用

内部失败成本
（项目内部发现的）
- 返工
- 废品

外部失败成本
（客户发现的）
- 责任
- 保修
- 业务流失

项目期间和项目完成后
用于处理失败的费用

答案：（73）B

试题（74）

Schedule control is concerned with all the followings except（74）.

A. influencing the factors that create schedule changes to ensure that the changes are beneficial

B. determining that the schedule has changed

C. managing the actual changes when and as they occur

D. changing the schedule based on customer demands

- 进度控制不考虑以下哪一项？
  - A. 对造成进度变更的因素施加影响，以确保变更是有利的
  - B. 确认进度变更是否已经发生
  - C. 当变更发生时，对实际的变更进行管理
  - D. 根据客户需求变更进度计划

答案：（74）D

试题（75）

With a clear SOW a contractor completes work as specified，but the buyer is not pleased with the result. The contract is considered to be（75）.

A. incomplete because the buyer is not pleased

B. incomplete because the specs are incorrect

C. complete because the contractor meets the terms and conditions of the contract

D. complete because the contractor is satisfied

- 根据明确的工作说明书，承包商按规定完成了工作，但是买方对结果不满意。这个合同被认为是：
  - A. 未完成，因为买方不满意
  - B. 未完成，因为规格不正确
  - C. 已完成，因为承包商满足了合同的条款和条件
  - D. 已完成，因为承包商满意

答案：（75）C

本套试题总评：

（1）难度较低，通过较易

（2）往年试题多次原题重现

（3）网络技术和软件技术题目偏多

第38章 2013年下半年考试下午试题

（2013 下）试题一（20 分）

国务院某部委负责实施"十二五"期间的一项国家政务信息化工程建设项目。该项目涉及与其他 10 个部委的信息交换共享以及基础设施、设备采购、软件开发、系统集成、系统安全、标准等建设任务。目前项目的初步设计报告及概算已经国家发改委批复同意。经过公开招标，A 公司中标该项目，负责项目建设总集成，B 公司负责该项目的总监理。在项目建设过程中，发生如下事件。

事件 1： 某参与建设的部委提出，由于本部门提供的数据具有较高的敏感性，无法联网提供，建议 A 公司修改外部数据交换标准。

事件 2： B 公司建议各共建单位就此项目联合办公，获得了各部委的认可并成立了联合办公室。

事件 3： 在联合办公室召开的某次例会上，某设备集成商提出了由于设备停产，需要进行型号、配置变更的申请，联合办公室要求 B 公司牵头处理此事。

事件 4： 该工程完成所有建设任务后，招入第三方测评机构开展安全保护等级的测评工作。在测评工作中，该机构发现部分共建部委的系统存在安全隐患，要求进行整改。

【问题 1】（5 分）

在事件 1 中，作为监理，请就 A 公司是否同意修改外部数据交换标准给出建议，并说明理由和解决措施。

【问题 2】（4 分）

根据事件 2：

（1）请列举 B 公司建议共建单位联合办公的理由；

（2）请给出这类联合办公机构的一般称谓。

【问题 3】（4 分）

根据事件 3，如果你是 B 公司的项目总监理工程师，该如何处理？

【问题 4】（3 分）

根据事件 4，监理需要在安全整改过程中开展哪些工作？

【问题 5】（4 分）

你认为"十二五"国家政务信息化工程的典型特征是什么？

（2013 下）试题二（15 分）

某政府部门拟对内网进行升级改造，现计划通过公开招标方式采购一批网络设备，按照综合评分法确定最终供应商，其中投标报价部分采用最低价得最高分的原则，监理单位协助客户对招标文件进行规范性审核。

【事件 1】　因该部门预算相对充足，较为重视设备后续的技术支持及维保等服务，因此将价格分值比重设置为 20%。

【事件 2】　共 3 家投标人参与本次招标，评分如下：

投标人名称	商务得分	技术得分	报价得分	总分
A 公司	28	42	20	90
B 公司	26	44	20	90
C 公司	22	50	18	90

【问题 1】（5 分）

请简述综合评分一般需考虑哪些主要因素。

【问题 2】（5 分）

在事件 1 中，价格分值比重设置是否合理，请给出依据及理由。

【问题 3】（5 分）

根据事件 2 中的信息，请给出最终中标人，并说明原因。

（2013 下）试题三（15 分）

建设单位甲选定监理单位丙对某应用软件开发项目实施全过程监理，承建单位乙承担项目建设任务。在项目实施过程中，发生了如下事件。

事件 1：为保证系统建设过程中文档的完整和有效，甲方要求丙方对项目各阶段应当产生的文档进行严格的把控。

事件 2：在项目实施过程中，为了确保代码质量，承建单位乙除了按合同要求对开发过程进行了有效控制外，还将测试的覆盖率由 50% 提高到 60%，为此增加成本 32 万元。实施完成后，承建单位乙向监理工程师提出费用补偿的要求。

事件 3：该项目的计划工期为 1 年，预算总成本 800 万元，实施半年后的实际情况是：实际成本发生额为 200 万元，所完成工作的计划预算成本额为 100 万元。与项目预算成本比较可知：当工期过半时，项目计划成本发生额应该为 400 万元。

【问题 1】（6 分）

针对事件 1，概要设计阶段完成时应产生哪些文档？

【问题 2】（4 分）

针对事件 2，作为监理工程师，你是否同意承建单位乙的费用补偿要求，并说明理由。

【问题 3】（5 分）

针对事件 3，请列出计算公式计算项目的成本偏差 CV 和进度偏差 SV，并根据计算结果说明成本执行情况和计划完工情况。

（2013 下）试题四（15 分）

建设单位甲与承建单位乙签订了某省重点大型电子政务工程建设项目实施合同，并委托监理单位丙承担项目全过程的监理任务。合同规定项目验收包括初步验收和竣工验收两次验收过程，初步验收和竣工验收根据国家有关电子政务项目验收的要求进行。

【问题 1】（5 分）

在（1）～（5）中填写恰当内容。

项目建设接近完成时，按照合同要求进行初步验收。初步验收中，各工作的主要完成者是：初步验收文件资料准备由（1）完成；申请工程初步验收由（2）完成；审核初步验收申请由（3）完成；签署初步验收申请由（4）完成；组织工程初步验收由（5）完成。

（1）～（5）供选择的答案：

A．建设单位　　　　　　　　　B．承建单位　　　　　　C．监理单位

D．项目审批部门　　　　　　　E．设计单位

【问题 2】（6 分）

在（1）～（3）中填写恰当内容。

根据国家有关电子政务项目验收的要求，在完成项目建设任务后的（1）个月内，应完成建设项目的（2）工作和（3）工作。

（1）供选择的答案：

A．3　　　　　　　B．6　　　　　　　C．10　　　　　　　D．12

（2）、（3）供选择的答案：

A．项目文档整理　　　　　　　　　B．信息安全风险评估

C．初步验收　　　　　　　　　　　D．财务决算

【问题 3】（4 分）

在应用系统的验收过程中，监理抽测发现系统的查询响应时间超标，要求承建单位进

行整改。此时，承建单位告知监理：此前他们已经独自选择了一家权威的第三方测试机构对项目进行了全面测试，全部合格，并拿出了测试报告。请问，就系统的查询响应时间超标这一问题，监理应该承认第三方测试机构的测试结果吗？请说明理由。

（2013 下）试题五（10 分）

某企业建设云计算数据中心，作为企业信息系统的运行中心、灾备中心，承载着企业的核心业务运营、信息资源服务、关键业务计算、数据存储和备份，以及确保业务连续性等重要任务。目前，该项目已由承建单位完成了建设工作，正在开展验收前的各项测试工作。为了保证云计算数据中心的各项指标确实能达到建设单位的需求和符合相关标准，建设单位要求监理单位对云计算数据中心的测试和运维管理方案进行有效把控。

【问题 1】（4 分）

在（1）～（4）中填写恰当内容（从候选答案中选择一个正确选项，将该选项编号填入答题纸对应栏内）。

在云计算数据中心的测试中，网络测试主要包含（1）、（2）、（3）和（4）四个部分。

（1）～（4）供选择的答案：

A．连通性测试　　　　　B．安全测试　　　　　C．确认测试

D．虚拟化测试　　　　　E．高可靠测试　　　　　F．单元测试

G．用户测试　　　　　　H．性能测试　　　　　I．云测试

【问题 2】（4 分）

规范管理数据中心是其安全、稳定运行的关键。针对数据中心的运维管理，判断下列选项的正误：

（1）值班人员不得任意关闭设备告警，不得因私占用业务电话。

（2）非保密技术档案与资料可以直接由值班人员携出机房。

（3）交接班时因漏交或错交产生的问题，由交班人员承担责任；交接双方均未发现的问题，由接班人承担责任。

（4）机房内未经许可禁止照相。

【问题 3】（2 分）

在数据中心的测试中，_____命令用于显示以太网的统计信息。

供选择的答案：

A．netstat -a　　　　　　　　B．netstat -e

C．ping -a　　　　　　　　　D．ping -c

第39章 2013年下半年考试下午试题解析

【问题 1】

不能。因为既然强调敏感数据无法联网提供，没有必要修改已经批准的外部数据交换标准，只需要对该部委的数据交换方式作适当调整即可。建议的解决措施是：利用光盘或其他保密方式进行数据交换。

【问题 2】

（1）能够加强沟通的效率；能够降低实施成本；能够加快实施进度。

（2）PMO 或项目管理办公室。

【问题 3】

（1）要求该设备集成商提供设备停产的原厂证明文件。

（2）要求 A 公司分析变更申请的合理性。

（3）可以召集专家进行变更的分析和论证。

（4）联合办公室要求建设单位、总监理单位、总集成单位、设备集成商四方确认变更方案。

（5）跟踪监督变更过程。

（6）组织变更评估工作。

【问题 4】

（1）督促安全项目承建单位编制整改方案。

（2）审核整改方案。

（3）监督整改过程。

（4）评估整改结果。

【问题 5】

（1）电子政务统筹协调发展不断深化。

（2）应用发展取得重大进展。

（3）政府公共服务和管理应用成效明显。

（4）电子政务信息共享和业务协同取得重大突破。

（5）电子政务技术服务能力明显加强。

（6）电子政务信息安全保障能力持续提升。

（2013 下）试题二答案

【问题 1】

综合评分的主要因素包括价格，技术，财务状况、信誉、业绩、资质、服务、对招标文件的响应程度，以及相应的比重或者权值，等等。

【问题 2】

不合理。

理由：本项目属于货物采购，参照《政府采购货物和服务招标投标管理办法》，采用综合评分法的，货物项目的价格分值占总分值的比重（即权值）为 30%～60%。

- 提示：财政部 18 号令《政府采购货物和服务招标投标管理办法》综合评分法中价格所占权值：

（1）货物为 30%～60%。

（2）服务为 10%～30%。

（3）执行统一价格标准的服务项目，其价格不列为评分因素（限价）。

（4）有特殊情况需要调整的，应当经同级人民政府财政部门批准。

【问题 3】

中标人为 B 公司。

理由：采用综合评分法的，按评审后得分由高到低顺序排列。得分相同的，按投标报价由低到高顺序排列。得分且投标报价相同的，按技术指标优劣顺序排列。

（2013 下）试题三答案

【问题 1】

（1）概要设计说明书。

（2）数据库设计说明书。

（3）用户手册。

（4）软件编码规范。

（5）集成测试计划。

（其他正确内容也可以酌情给分）

【问题 2】

不同意补偿。

因为提高测试覆盖率，是承建单位为了保证工程质量而采取的技术措施，而不是合同、技术规范或设计文件的要求，监理工程师也没有下达变更指令，所以这一措施造成的成本增加应由承建单位自己承担。

【问题3】

BCWS=400万元，ACWP=200万元，BCWP=100万元。

成本偏差 CV=BCWP - ACWP=100万元–200万元= –100万元。

进度偏差 SV=BCWP - BCWS=100万元–400万元= –300万元。

CV<0 表明本项目处于成本超支状态，SV<0 表示本项目实施落后于计划进度。

（2013下）试题四答案

【问题1】

(1) B　　　(2) B　　　(3) C　　　(4) C　　　(5) A

【问题2】

(1) B　　　(2) B　　　(3) C

- 提示：这个知识点已经考过五六次了。

【问题2】

不承认。

理由是：聘请的第三方测试机构应经建设单位和监理机构同意。

- 提示：《信息系统监理师教程》88页，对于工程中的关键性技术指标，以及有争议的质量问题，监理机构应要求承建单位出具第三方测试机构的测试报告。第三方测试机构应经建设单位和监理机构同意。

（2013下）试题五答案

【问题1】

(1) B　　　(2) D　　　(3) E　　　(4) H

- 提示：对于数据中心，应进行性能测试、安全测试、高可靠性测试。对于云计算数据中心，还应该进行虚拟化测试。

【问题2】

(1) √　　　(2) ×　　　(3) ×　　　(4) √

- 提示：
  - B 错，技术档案与资料不可直接由值班人员携出机房，这会带来安全风险。
  - C 错，因漏交或错交而产生的问题由交班人承担责任；因漏接或错接而产生的问题由接班人承担责任；交接双方均未发现的问题，由双方承担责任。

【问题 3】

B

- 提示：
  - Ping 用来检测网络的连通情况和分析网络速度。
  - Netstat 用于了解网络的整体使用情况，比如与 IP、TCP、UDP 和 ICMP 协议相关的统计数据，可以显示路由表、实际的网络连接以及每一个网络接口设备的状态信息，一般用于检验本机各端口的网络连接情况。
    - netstat –e 显示以太网的统计信息。
    - netstat –a 显示所有有效连接信息，包括已建立的连接（Established）、监听连接请求（Listening）的连接。